普通高等教育“十三五”规划教材

经华管信 创新系列

Economic Law

经济法学

主　编□秦成德

副主编□刘晶芳　刘廷民　秦立崴

電子工業出版社

Publishing House of Electronics Industry

北京·BEIJING

内 容 简 介

经济创新成为国民经济和社会信息化的重要组成部分，我国经济创业和创新的应用已经渗透到社会生产的各个行业，由此也拉动了社会对经济法律人才的巨大需求。本书阐述了经济活动过程涉及的法律问题、市场竞争法制环境的问题。对诸如公司企业、财产权、财税与经济监督中的法律问题等广为关注。而对于最新的经济法律难题和经济法律新的进展，特别是解决经济法律纠纷的实务给予应有的重视。本书根据教育部教学指导委员会的精神，制订了“经济法”课程新的教材写作大纲，在电子工业出版社经管系列教材编委会的指导下，完成了《经济法学》的撰写工作。作者力图提供一本课程体系合理、学科理论深入、教学内容充实、支撑材料新颖、涉及范围宽广、叙述简明扼要、条理渐进清晰，适合经管类、法学类专业教学需要的经济法律方面的教材。本书配备电子课件、习题参考答案和章后案例、附录中二维码对应的阅读资料，读者可登录华信教育资源网免费注册下载。

本书不但适合经济管理、电子商务、国际贸易、物流管理、法学等专业本科生或研究生使用，也可供从事经济法律实务或科学研究的人员，如律师、法官、检察官等一切对此有兴趣的人士阅读。

图书在版编目（CIP）数据

经济法学 / 秦成德主编 .—北京：电子工业出版社，2017.1

（华信经管创新系列）

ISBN 978-7-121-30003-5

Ⅰ.①经… Ⅱ.①秦… Ⅲ.①经济法－法的理论－中国－高等学校－教材 Ⅳ.① D922.290.1

中国版本图书馆 CIP 数据核字 (2016) 第 233619 号

策划编辑：王志宇
责任编辑：郝黎明
印　　刷：三河市良远印务有限公司
装　　订：三河市良远印务有限公司
出版发行：电子工业出版社
　　　　　北京市海淀区万寿路 173 信箱　邮编：100036
开　　本：787×1092　1/16　印张：25.5　字数：653 千字
版　　次：2017 年 1 月第 1 版
印　　次：2017 年 1 月第 1 次印刷
定　　价：49.00 元

前言
Preface

经济法调整对象认定为人们在社会化生产过程中合作创造、分享、消费及促进竞争时产生的经济关系，进而把经济法学科体系划分为微观经济法与宏观经济法。经济法通过对国家与市场主体之间的合作关系的认可和保护来促进经济可持续发展。虽然当前国际危机对中国经济的负面影响隐约可见，但是经济活动却在蓬勃发展，日新月异。经济创新已经成为我们知难而进、迎战危机的强大动力和坚定支撑。经济活动与经济法律体系相辅相成。经济改革的各个方面都需要并且影响着相关法律体系的完善。法律环境的每一项举措也都引导、规范、支撑、保障着我国经济的发展。完善我国的经济政策法律体系，是改善我国经济社会基础环境、促进战略产业与网络经济发展、实现信息化社会构想的基本条件。经济改革的广泛应用和迅猛发展急需法律的保护和规范。近几年来，随着经济法体系的实施，刑法、合同法、公司法、证券法的修改，以及我国市场业务的飞速发展，极大地促进了我国经济法律制度的构建和完善。

在“十三五”规划刚刚开启的关键时刻，根据教育部的文件精神，我们确定了“经济法”课程新的教材写作大纲。在这种情况下，受电子工业出版社的委托，我们着手《经济法》的撰写工作，力图为经济管理类、法学类专业学生提供一本理论深入、内容充实、材料新颖、范围宽广、叙述简洁、条理清晰，适合教学的经济法律方面的教材。我们对经济法的体系进行了重新构筑，形成了符合经济管理类、法学类专业教学要求的理论体系。本书是作者在教学层次上采纳了众多教学理论和实践的经验及总结的基础上完成的。

本书分为 16 章，其中第 1 章属于经济法的基础理论；第 2 章介绍了经济法主体制度；第 3 章为企业法律制度；第 4 章为公司法；第 5 章为财产法律制度；第 6 章为竞争法律制度；第 7 章是消费者权益保护法律制度；第 8 章是产品质量法律制度，即整个市场交易过程所涉及的法律问题；第 9 章为会计与审计法律制度；第 10 章为合同法律制度；第 11 章为财政与税收法律制度；第 12 章为金融法律制度；第 13 章为对外贸易法律制度；第 14 章是循环经济相关法律制度；第 15 章涉及了劳动与社会保障法律制度；附录中提供了经济仲裁和经济司法的相关内容。

本书的撰写工作由国内多所院校的经济法教师共同完成，主要参与编写的人员为西安邮电大学秦成德教授，刘晶芳、刘廷民讲师；西南财经大学秦立崴副教授；西京学院张旭东讲师等。本书写作的分工是：第 1、9、11、13、14 章由秦成德编写；第 2、12 章由秦立崴编写；

第 3 章由张旭东编写；第 4、5、15 章，附录由刘晶芳编写；第 6、7、8、10 章由刘廷民编写；全书由秦成德统稿。

本书写作过程中，不但依靠了全体撰稿人的共同努力，同时也参考了许多中外有关研究者的文献和著作，在此一并致谢。经济法学是一个日新月异的领域，许多问题尚在发展和探讨之中，观点的不同、体系的差异，在所难免。本书不当之处，恳请专家及读者批评指正。

秦成德[1]

注：1. 主编秦成德，西安邮电大学教授，中国电子商务协会移动商务专家委员会秘书长，中国信息经济学会常务理事，中国法学会信息法学研究会理事，西安仲裁委员会仲裁员，陕西岚光律师事务所律师，中国电子金融产业联盟副秘书长，北京信息产业协会专家委员会专家。

目录 Contents

第 3 章　企业法律制度

第 4 章　公司法

第 5 章 财产法律制度

第 6 章 竞争法律制度

第 7 章 消费者权益保护法律制度

第 8 章 产品质量法律制度

第 9 章 会计与审计法律制度

第 10 章 合同法律制度

第 11 章 财政与税收法律制度

第 12 章　金融法律制度

第 13 章　对外贸易法律制度

第 14 章　循环经济相关法律制度

第 15 章 劳动与社会保障法律制度

附 录 经济仲裁与经济司法

第1章

经济法的基础理论

本章提要

学习经济法必须了解与掌握经济法的发展历史，要重点掌握与理解不同国家经济法产生的一般规律。经济法是顺应现代市场经济的完善而发展起来的新型的法律制度，也是现代国家规范市场经济运行的有效措施。学习经济法必须要深入理解与掌握下列经济法的基本理论问题：经济法的调整对象及其概念，经济法所奉行的基本原则，经济法的本质与特征。这些内容是现实经济法现象的概括与抽象，因此，学习该内容具有重要的理论意义。在学习中应注意结合经济法的历史沿革与经济法的本质，全面理解经济法的地位及其与其他法律部门的区别与联系，实施经济法的重要意义及其实施的途径与手段，是经济法的具体贯彻和落实，是经济法规范的要求在社会生活中获得实现的活动。

导入案例

中国移动运营商擅停服务纠纷案

2007 年 1 月 13 日，李女士突然发现自己的手机无法通话，屏幕一直显示“正在查找”字样，即使换了别人的手机，仍然显示“正在查找”。意识到可能不是手机的问题，李女士随即来到中国移动营业厅进行咨询。接待的营业员称，该移动通信卡没有问题，而是由于系统升级导致的故障，但不知系统升级完成的确切日期，因此需要李女士进行换卡。然而在换卡时，李女士却被告知要支付 10 元的换卡费用。在交涉无效的情况下，李女士只好拨打 10086 投诉。最终接线员表示可以免费换卡，并答应赠与 30 元话费，但同时补充说明：这并非赔偿。

李女士对中国移动单方提出“赠与 30 元话费”的赔偿方案非常不满。“由于整整 9 天不能使用手机，我和许多亲朋好友联络困难，甚至造成了误解，但对此运营商却没有作出任何合理的解释和通告，而且中国移动在处理过程中我觉得非常傲慢，因此我认为中国移动侵犯了我的通信自由权！”在没有进行通告的情况下，中国移动单方停止服务达 9 天，经投诉未果后，北京李女士遂以侵犯其通信自由权为由，将中国移动告上法庭。北京市东城区人民法院日前已正式受理此案。

2 月 5 日，李女士向法院提交了起诉书，要求其承担侵犯通信自由权的责任并赔偿各种损失及赔礼道歉。但当其代理律师到法院提交起诉状时，法院以“侵犯通信自由权”不在最高法院规定的法院受理案件受理案由范围内为由，要求将案由修改为“电信合同纠纷”才能立案。经过修改后，法院正式立案。

但变更后的案由，为原告在法庭上争取和维护通信自由权造成了一定的困难。代理律师表示，不会变更原来的诉讼请求，“我们想以此表明我们起诉的态度和目的，那就是我们的诉讼不单是要求赔偿损失，更重要的是表明我们对弱小公民个人通信自由权利的重视，以及对被告利用垄断地位、无视消费者合法权益行为的不满与抗议。”

（资料来源：法制网）

问题：

1. 移动运营商为何不能擅自停止服务？

2. 你认为本案中移动运营商的行为违反了何种法律？

1.1 经济法的产生与发展

1.1.1 国外经济法发展的历史

1. 西方国家的经济法

西方国家经济法起源于市场经济的发展与国家实现其公共管理职能、经济职能的要求。它是国家介入到原本由私法所调整的社会关系领域而形成的一种不同于其他法律制度的一种新型的法律制度。从西方国家经济法的产生来看，国家因素从一开始就起着举足轻重的作用。

在自由资本主义时期，社会经济关系的运行主要取决于社会经济主体的意思自治，国家在社会经济生活中的作用只处于“守夜人”“仲裁人”的地位，因而政府对社会经济的作用有限。社会经济生活中贯彻的是私法自治、缔约自由等基本原则，社会对政府的基本观念与要求是“管得越少的政府就是越好的政府”。这种经济制度和国家管理方式适应了资本主义国家在建立市场经济体制初期的基本要求，也适应了早期资产阶级占有廉价劳动力、积聚财富的要求，短期内使资本主义国家的少数人积累起了巨额的社会财富。

这种几乎完全自由竞争的市场经济运行活动给社会带来了一系列的问题：无序的竞争不仅不能完全实现运用市场机制去最佳配置社会资源的理想目标，相反，在某种程度上浪费了社会资源而得不到最佳配置；资本主义进入垄断阶段后，失业率居高不下，经济危机频繁，经济发展停滞，社会不同阶层之间的经济矛盾与社会矛盾日趋激化。为了缓和因垄断而引起的各种矛盾，实现现代国家正常的管理经济的职能，国家必须以一定的方式介入到原来自由放任的经济生活中，以确保社会经济关系的正常发展和社会制度的稳定。于是，西方国家纷纷介入到原本是由私人意志决定的社会经济关系中，从而以国家公权力去干预和协调私人利益范围内的社会经济问题。

西方国家介入经济生活的形式，主要是贯彻与落实经济政策。国家以发布命令和决定的方式来实施对社会经济的管理，以扭转因完全自由竞争或战争而歪曲的社会经济关系，保持整个国家经济秩序的稳定。这种社会调整方式在实践中逐渐以法律法规的形式确定下来，形成了一系列与传统法律制度有着鲜明区别、体现国家管理经济意志与社会个体意志结合、体现以社会责任为本位的新的法律群，这种法律群就是经济法的萌芽。

关于经济法这一概念的起源，各学者之间有不同的看法，一般认为是来自于 1755 年法国空想社会主义者莫莱里的《自然法典》和 1842 年法国空想共产主义者德萨米的《公有法典》两本书。也有学者认为是早期从客观法角度提出“经济法”的人，如法国重农学派的博多也是其中一位，他在 1771 年出版的《经济哲学初步入门或文明状态分析》一书中，更加明确地提出经济法是自然法的思想。但这些提法都不是从真正的法的意义上来讲的，也没有涉及经济法的本质特征。基于现代市场经济而产生的西方国家经济法，其核心内容是反垄断法。美国在 1890 年颁布了第一部完整意义上的经济法典《谢尔曼法》。美国的经济立法活动注重实践，而作为科学的经济法概念，作为一个独立部门的经济法，其发源地一般被认为是德国。

2. 苏联、东欧国家经济法的历史沿革

苏联与东欧国家在改革前奉行高度集中的计划经济体制。这种经济体制的基本要求就是国家运用计划的形式组织、领导、指挥国民经济，作为行政附庸的社会主体必须按照国家不同类型的计划进行社会经济活动。这种行政领导经济的做法，致使国民经济缺乏活力。法学界就如何解决计划经济条件下产生的弊端进行了法律上的思考，并提出了许多经济法观点，同时在社会上也进行了经济法的实践。

（1）苏联的经济法学说

由于对这一特殊的新型社会制度下的经济法律制度的理解不同，苏联出现了许多有关经济法的学说。20 世纪 20 年代颁布民法典时所提出的“两成分学说”是其经济法的起点。该学说认为，苏维埃民法可以分为两个部分：一部分是调整国民经济中社会主义成分的组织技术性质的规范；另一部分是以个人意志自由为出发点，贯穿资产阶级原则，调整逐渐消失的私人成分的规范，即民法性质的规范。前一种成分的规范，实际就是经济行政法规范，并认为随着计划作用的增长，民法最终将被“经济行政法”所取代。由此理论而产生的按照计划组织原则对国有企业间关系的调整，形成了经济法这一新的法律部门。这种学说在社会主义国家首次提出了关于社会主义组织技术性规范的经济法概念。

“战前经济法学派”是 20 世纪 30 年代兴起的一种经济法学派。它主张经济法规范社会整体经济关系，社会主义组织间的经济关系和公民间的经济关系都应当纳入经济法的调整范围。在计划经济体制的状态下，应该运用经济法的手段规范社会秩序及社会主体的经济活动，并以此发展国民经济。这种学派提出的必须研究有关制订计划、经济核算和经济合同的法律问题，对日后的经济法学的发展具有积极的影响。

20 世纪五六十年代兴起的新的经济法学派即“现代经济法学派”，是苏联占主导地位的经济法学说，它的代表人物是拉普捷夫。该学说认为，经济法是苏维埃法统一体系的一个独立部门，它的调整对象是社会主义组织在进行经济活动和领导活动中所发生的经济关系，这些经济关系都是由计划组织要素和财产要素构成。横向经济关系与纵向经济关系的统一，以及在所有这些关系中计划组织因素和财产因素的结合是经济法作为部门法的理论基础。

（2）东欧国家的经济法

捷克斯洛伐克和民主德国在 20 世纪 60 年代进行了社会主义经济法的开拓性的实践。在全民组成社会共同体、共同劳动、共同管理的思想下，两个国家的官方都对经济法的独立法律部门地位予以认可。前者还于 1964 年制定了《捷克斯洛伐克社会主义共和国经济法典》，后者对作为经济法的合同法和新企业法进行了修订。罗马尼亚、匈牙利等其他一些东欧国家，在经济法的制定上也有着一定的创新和进展。

3. 战后经济法阶段

这一时期的经济法，主要是指一些国家在第二次世界大战后为恢复国民经济而采取经济法的措施。这个阶段以日本的经济法为代表。第二次世界大战后，日本的经济几乎崩溃，社会经济生活极度混乱。为了恢复和复兴经济，提高经济活力，日本政府采取了一系列的措施来应对战后的萧条。大力限制垄断财团的发展，促进中小企业的振兴，恢复经济领域中的自由竞争和经济民主，根据国家经济的需要制定产业政策和国家规划，为此颁布了大量的经济法律与经济法规。这些法律范围广泛、互相配合、结构严谨、自成体系。与经济立法相适应，日本的经济法学也获得了比较长足的进展。战后经济法与前两种经济法相比，多了许多国家自觉的因素，也更体现了经济法全面系统调整的思想，但它仍然具有被动应对的特点，是一种不太成熟的经济法。

4. 现代经济法阶段

这一时期的经济法，主要是指一些国家在和平时期为了发展国民经济而采取经济法措施的时期。这是继战后经济法之后经济法发展的新时期，它是经济法发展的高级阶段，是比较成熟的经济法。它通过恢复因经济危机和战争而被国家所忽略的经济民主与自由，维护市场竞争的有序进行，以促进市场经济的协调发展。现代经济法的主要标志是：经济法解决社会经济矛盾的宗旨，已经从由单纯的对市场主体的意志和行为的干预和管制转化为尽可能创造充分、适度、公平的竞争制度。欧洲各国的反垄断法乃至当今欧盟反垄断法长时期内较为注重政策功能和管理功能，并运用管制手段，保证追求社会资源最佳配置和宏观经济效益目标，便证明了经济法的这一特点。

在现代西方国家，基于市场经济而产生的反垄断法是经济法的核心部分，并处于“经济宪法”的地位。

西方国家的现代经济法已经发展到了比较成熟的阶段，成为国家自觉运用法律手段管理市场经济的有效工具。

1.1.2 我国经济法的产生与发展

我国经济体制改革前奉行的是计划经济体制。经济体制改革的目标是建立与完善社会主义市场经济。在此前提下，作为现代国家而言，一方面要运用法律制度来培育、扶持与促进市场经济的建立与完善；另一方面则需要通过市场经济的运行实施国家整体的经济目标。因此，传统法律部门对保障实现这一基本目标是很难胜任的，这就必然引发出我国经济法的产生和发展。

（1）我国经济法的产生

法的部门的产生，是主客观统一的结果。客观上必须有经济法律与经济法规的出现和经济法学说的出现，两个条件同时具备，因此，我国经济法的产生，只能是在 20 世纪 70 年代改革开放之后。但在改革开放之前的计划经济体制下，我国所颁布的大量的经济法律和经济法规成为现代经济法的萌芽。由于经济体制改革前后的经济管理方式发生了巨大的变化，从而经济法的发展也体现出两个截然不同的阶段。

在经济体制改革前，我国也实行高度集中的计划管理体制。为了巩固和发展社会主义公有制，进行社会主义经济建设，实施国家的经济职能，曾颁布了大量的具有直接经济内容和直接体现国家管理意志的经济法律和经济法规。由于实行高度集中的计划经济体制，在根本上否定商品经济，否定市场的基础性调节作用，主要经济活动都是通过行政体系，运用行政手段来完成，因此，与之相适应的经济法律和经济法规都兼具经济行政法的性质。尽管这些经济法律和经济法规在某些方面也体现着经济法的某些特性与原则，但仍称不上是科学意义上的经济法，只能算是我国特殊历史阶段的一批经济法规，也是我国经济法发展的萌芽。

在总结历史经验教训的基础上，我国进行了经济体制改革，以解放生产力，促进社会主义经济的快速发展。在对计划经济和市场经济充分了解和实践的基础上，提出了建立社会主义市场经济体制的改革目标。在改革旧的产品经济的计划经济体制过程中，确立充分发展商品生产和商品交换的现代市场经济；在保持必要的国家调节的基础上，突出市场在资源配置方面的作用；在削弱多级别与多层次行政管理权力的基础上，大力发展横向经济关系和社会主义经济民主。

经济体制改革后所颁布的经济法律和经济法规与改革前相比，有着明显的不同。其一，在立法的经济体制条件上，两者有着计划经济体制和市场经济体制的明显不同。其二，在立法的指导思想上，经济体制改革后的立法更加体现企业的意志和利益，体现社会经济民主的一面。其三，在规范的内容上，经济体制改革后的法律法规的经济内容更加直接，竞争规律、价值规律等市场经济自身的规则得到了应有的尊重。其四，在法律调整手段的结构上，新的经济法律和经济法规摆脱了原来单纯依赖于行政手段的传统，综合地运用行政、民事、刑事等多种调整手段来调节经济关系。

经济体制改革后的经济法律和经济法规，体现了现代经济法平衡协调、维护社会公平竞争、社会责任本位的基本精神。一系列经济法律和经济法规的出现，再加上我国经济法学者的积极倡导，现代意义上的经济法在我国产生了，并以其崭新的面貌和思想体系影响着我国司法实践和法学理论的发展。

（2）我国经济法的发展

从 1979 年我国法学界提出经济法的概念起，经济法的发展过程大致可分为两个阶段。第一阶段（1979—1986 年）为经济法的形成发展阶段。在这个阶段，我国经济法学从创建时期提出的简单朴素的理论要点，逐步发展到集中探讨和论证我国经济法的概念、地位、调整对象、基本原则、经济法主体和经济法体系等基本理论问题。第二阶段（1987 年至今）为经济法的调整发展阶段。在这一阶段，经济法的独立法律部门地位得到了立法机关和法学界的认同，经济法与民法的关系、经济法与行政法的关系等问题得到了深入的论证，经济法进入了纵深发展的时期。

随着对法治和市场经济关系的认识不断深入，经济法在市场经济法律体系中的地位也受到了充分的重视。中央和地方经济立法的速度不断加快，立法技术也逐渐成熟。经过 20 余年的时间，我国已经建立起符合市场经济需要的比较完善的经济法体系。

在经济管理方面，经济法律和经济法规已经趋于完善，主要有《中华人民共和国预算法》《中华人民共和国税收征收管理法》《中华人民共和国个人所得税法》《中华人民共和国外商投资企业和外国企业所得税法》《中华人民共和国会计法》《中华人民共和国审计法》《中华人民共和国中国人民银行法》《中华人民共和国商业银行法》《中华人民共和国外汇管理条例》《中华人民共和国对外贸易法》《中华人民共和国土地管理法》等一系列法律法规。

在企业管理和投资方面，有《中华人民共和国全民所有制工业企业法》《中华人民共和国公司法》《中华人民共和国城镇集体所有制企业条例》《中华人民共和国中外合作经营企业法》《中华人民共和国外资企业法》《中华人民共和国中外合资经营企业法》《中华人民共和国证券法》等一系列法律法规。

在维护正常市场活动和公平竞争方面，有《中华人民共和国反不正当竞争法》《中华人民共和国消费者权益保护法》《中华人民共和国产品质量法》《中华人民共和国广告法》《中华人民共和国价格法》等一系列法律法规。

（3）我国经济法学说

我国经济法产生至今已经有20多年的历史，经济法独立部门地位已经得到理论界和我国官方的认可。但是在法学界，对于经济法这一社会现象还存在着不同的观点和看法，主要分为“肯定说”和“否定说”两大类。持主流观点的“肯定说”认为，在市场经济体制下经济法理应成为独立的法律部门，经济法的地位是其他传统法律部门无法替代的。在“肯定说”内部，在肯定经济法独立地位的前提下，大多数学者只是在对经济法的调整对象与概念、经济法应遵循的基本原则、经济法的适用范围、经济法的调整方法等问题的表述上存在着分歧。极少数学者所主张的“否定说”认为，现行传统的法律部门可以胜任对社会市场经济关系进行有效的整体调整，没有必要另行创制新的法律部门，从而否认经济法的独立地位。在“否定说”内部，也可根据否定经济法独立法律部门地位的观点和理由分为不同的派别。各种经济法学说的存在与交流，加速了社会对经济法这一现象的更加深入的研讨。

1.2 经济法形成的一般规律

1.2.1 社会化生产与生产关系

任何一个法律部门的产生，都根源于社会经济基础的发展，是社会经济发展的需要。从根本上说，生产力与生产关系这对社会发展的基本矛盾是现代经济法产生的根本原因。

在资本主义社会，社会发展的基本矛盾表现为社会化大生产与生产关系的矛盾。资本主义经济的发展对生产关系不断提出社会化的要求，客观上要求社会成员共同占有生产资料。但是，在垄断资本主义阶段，个别人或个别财团对经济的垄断和资本的集中是该时期生产发展的主要形式，因而资本主义不断发展的社会化大生产与私人垄断经济的过度集中的生产关系的矛盾也不断地被激化。对该矛盾引起的社会关系的法律调整的重任显然不能为民法所担负，西方传统的自由平等观念也容不得行政法在私人经济生活的领域内肆虐，因而必然要求新的法律部门来调整这种特殊的社会关系。于是，以社会责任为本位，体现平衡协调思想的经济法在资本主义国家便应运而生。

在社会主义国家，全体劳动人民共同占有生产资料，生产力与生产关系的矛盾已经基本解决。现代社会经济发展所要求的人们共同占有生产资料这一条件在社会主义国家得到了实现，但是在具体的经济管理体制上，还存在着一定的问题。社会主义国家建国初期都实行高度集中的计划管理体制，由于过分超越生产关系的实际，使得经济缺乏活力，并引起了一系列的社会问题。这种高度集中的计划经济体制使生产关系中某些环节与生产力的发展很不适应，亟须解决。根据社会主义国家建国后的实践和西方资本主义国家市场经济的经验，对这些社会关系的调节单纯地依靠私法自治为原则的民法或命令与服从为原则的行政法都无法解决，这就使得社会主义经济法必然产生。

1.2.2 现代国家介入经济生活

从奴隶制、封建制社会到自由资本主义时期，传统的国家职能都是以政治统治为中心目的和基本内容，包括对内镇压敌对阶级和政治势力的反抗，对外抵御侵略并侵略他国。随着生产社会化的发展和社会的全面发展和进步，到了 19 世纪末，国家作为经济调节和管理的职能得到了较快的发展和改进，国家职能逐渐社会公共职能化，这是国家职能的重大进步。到了现代社会，国家的经济管理职能得到了进一步强化。

现代社会生产和经济的社会化，使经济关系日趋复杂，社会主体之间及不同个体与社会整体之间的经济利益和经济行为的冲突愈加频繁和激烈，有时甚至可能影响到社会秩序的稳定和经济发展的正常进行。为此，客观上要求在经济领域内必须有一个经济调节和利益协调的中心，使经济管理社会化，从社会利益出发实行必要的经济管理和监督。在公共领域，更要求一个公共机构来承担在整个社会层面上开展合作与沟通的、行使经济管理职能的组织。这样的中心或组织，是任何阶层、集团或个人都不能胜任的，唯有拥有特殊权力和责任的国家方可承担。20 世纪现代市场经济形成以来，各个国家都在一定经济体制的基础上，根据本国经济发展的实际，日益加强干预和参与经济生活的广度、深度和力度，充分发挥着国家管理、组织、监督经济的职能。而且，国家的这些职能主要都是通过立法的手段实现的，现代经济法也因而产生。

当然，国家介入经济生活并对经济生活施加影响，并不是片面地强调经济关系的直接国家意志，而是说国家对经济生活的参与或引导对于经济发展是合理和适当的。国家干预、参与和管理经济生活的根本目标，是为了维持社会经济发展的正常秩序，促进经济发展的活力和生机，而非单纯的管理和限制。经济法的平衡协调精神，社会责任本位原则也正体现了国家对经济生活的适度干预和管理。

1.2.3　无形之手与有形之手

“无形之手”即市场调节之手，“有形之手”为国家调节之手。在现代市场经济条件下，国家不可能实行完全自由放任的经济政策，而是发挥国家职能的作用，日益加强对社会经济生活的介入、管理和监督。因此，依靠单一的“无形之手”或单一的“有形之手”去调节经济生活，都不利于社会经济的发展，无论是社会主义社会还是资本主义社会概莫能外。经济法是“无形之手”与“有形之手”协同并用的产物。

在自由资本主义时期，为了适应商品经济自由竞争的需要，国家对经济发展采取不干预、不参与的自由放任政策。社会经济主要靠市场机制的自发调节运行，并以此来保持整体经济发展的平衡。资产阶级民法在这种情况下占据主导地位，行政法萎缩，经济法当然也无从产生。

资本主义进入垄断阶段后，由于资本的集中和垄断的盛行，市场秩序和整个社会经济的稳定受到了严重的威胁，单纯的市场调节之手已经无力使社会经济顺利健康地发展。垄断本身就是对市场调节基础机制之一的自由竞争的否定。在危胁到资本主义制度生存基础的情况下，资产阶级政府不得不摈弃以往的不干预政策，大量地运用经济法律手段和行政手段来限制垄断和其他不正当竞争行为，恢复被扭曲的市场关系。当然，经济法律手段的运用仍然不能脱离市场经济的基础，不能违背客观的经济规律，它是以保留和恢复市场调节能力为目的的国家干预。伴随着市场之手与国家之手的共同作用，国家意志直接或间接地体现在原本完全意思自治领域的经济关系中，两只手并用的调整手段必然要在法律法规中体现出来，经济法也因此而产生。

社会主义国家两只手共同作用形成的原因与资本主义国家刚好相反。由于在观念上对市场和计划手段的认识误区，社会主义国家实行计划管理体制，通过行政体制和强有力的行政手段来调整经济的运行，而市场调节之手极度萎缩，发育不全。因此带来了非常大的弊端，即经济体制僵化、企业缺乏活力、劳动生产率不高等。经济体制改革的目的就是要改革这种僵化的经济管理体制，发挥市场在资源配置方面的基础性作用，即促进市场调节之手的发展。当然，大力发展市场调节的作用，并不完全否定国家经济管理手段的实施，国家的宏观调控是现代市场经济不可或缺的基本属性。随着国家调节之手与市场调节之手的共同作用，现代经济法在社会主义国家也就产生了。

可见，无论是资本主义国家，还是社会主义国家，国家或市场任何一个方面的独自作用，都不可能产生现代经济法。只有在两只手并存、协同作用的情况下，才可能产生现代经济法。两种不同制度类型国家的经济法的产生过程从相反的方面证实了这个规律。

1.2.4 经济集中与经济民主

经济集中与经济民主的对立统一是经济法产生和形成的最一般、最根本的原因。这二者之间的矛盾，既存在于经济基础之内，又表现在上层建筑之中，如国家干预、参与和管理监督与市场主体独立自主的矛盾，中央统一领导与地方分权的矛盾，纵向经济关系与横向经济关系的矛盾等。社会化生产与生产关系的矛盾、现代国家介入经济生活、“无形之手”与“有形之手”的协同并用等几个规律都是经济集中与经济民主对立统一的反映。资本主义经济法和社会主义经济法都是在对立统一的矛盾中产生的。

社会主义国家高度集权的计划经济体制，要求突出国家对经济的集中管理，广大的企业却处于无权的地位，很少享受到经济民主。这种过度集中并不能形成真正的科学的现代经济法，只是产生了以集中为基本特点的行政法或经济行政法。经济体制改革在保持必要的经济集中的前提下，大力提倡经济民主，发挥市场在资源配置方面的基础性作用，提高企业的活力，以实现社会主义的经济民主。社会主义经济法正是在解决经济集中和经济民主的矛盾的过程中产生和发展的，一开始就体现着经济集中和经济民主的对立统一，是这对基本矛盾的产物。资本主义经济法也是在经济集中和经济民主的对立统一中产生并发展起来的。早期自由资本主义突出经济民主，抑制经济集中的作用，虽然在当时的历史条件下促进了经济的发展，但随着垄断阶段的到来，这种调整方法失去了存在的土壤。垄断集团的出现形成了以私人垄断为基础的经济集中，破坏了资产阶级的经济民主和自由。资产阶级国家为了整个资本主义的利益干预、参与经济生活，实行以国家利益为目的的集中。这种集中与私人垄断的集中针锋相对，其目的是促进了资本主义经济民主和自由竞争的发展。资本主义经济法也是在资本主义社会所特有的经济集中与经济民主的矛盾中产生并发展起来的。

1.3 经济法的内涵

1.3.1 经济法的概念

1. 有关经济法含义的表述

对于经济法这一新型的法律部门的含义如何表述，学术界大致存在着两种观点：一种为肯定说，即认为经济法有着独特的调整对象，是一个独立的法律部门。另一种为否定说，即不认同经济法是独立的法律部门，而是传统法律部门的补充或是依附于某法律部门的组成部分。

1）肯定说

（1）大经济法说

大经济法说认为，经济法是国民经济管理主体和经济组织之间，以及它们与公民之间，在生产、交换、分配、消费过程中发生的经济关系的法律规范的总称。该学说将经济法对象的范围界定过宽，将应属于民事领域中的意思自治的社会关系也包括在经济法的调整对象之中，忽视了民法与价值规律的自发作用在市场经济中的地位，由于缺乏社会基础的支持，该学说很快就被抛弃。

（2）企业经济法说

企业经济法说认为，经济法是调整企业在经营管理活动中所产生的经济关系的法律规范的总称。它以企业为中心，以调整企业在经营管理活动中与各方面发生的关系为对象。该学说在经济法和经济法学创立时期，对经济法这一新型法律部门的地位和性质的探索具有积极的意义，在经济法的发展中占据着重要的历史地位。

（3）宏观调控法说

宏观调控法说认为，经济法的调整对象是国家作为经济管理主体与市场主体之间间接宏观调控性经济关系，其他平等性质的经济关系、商事主体间的商品货币流通关系、国家作为行政主体与市场主体间的直接管理性经济关系等，则分别由民法、商法、行政法等调整。这种学说侧重于为经济法定性，但这种界定使经济法的研究和实践缺乏可操作性，无法具体将经济法与民法、商法、行政法等区分开来。

（4）国民经济运行法说

国民经济运行法说认为，经济法是法在调整国民经济总体运行过程中所形成的法制度、法形式和法方法的总和。它是关于国民经济总体运行的法，包括国民经济组织法、经济活动法和经济秩序法。这种观点认识到传统的法律体系和法律部门划分理论在现代经济条件下遇到的困境，试图从法的机制出发来构造经济法的体制。该学说的关键在于为经济法定性，以论证经济法存在于社会的价值和基本作用。

（5）经济管理法说

经济管理法说是官方的立场和观点。该学说认为，经济法是调整经济管理关系的法律规范的总称。经济管理关系包括政府对经济的管理、国家和企业之间的关系，企业内部的纵向关系及实际上属于经济管理关系的不平等主体间的经济关系，这些关系既可以是强制性的命令与服从、监督与被监督的关系，也可以是非强制性的指导和被指导关系。

（6）纵横统一说

纵横统一说也可称为管理协调法学说，它是我国经济法学界占主流地位的学说。该学说认为，经济法是有关确立国家机关、社会组织和其他经济实体的经济法律地位，以及调整它们在经济管理过程中和经营协调活动中所发生的经济关系的法律规范的统一体。该学说认识到，社会经济关系中不管是纵向经济关系还是横向经济关系，都是具有国家规划、监督、组织等因素的经济关系，它们共同构成了经济法的特定的调整对象；经济法实际上是国家自觉遵守经济规律并在此基础上组织、管理经济的法律手段。由于该学说符合我国社会经济生活的实际状况，因而自改革开放之初经济法学创立时起，就得到我国经济法学界多数人的赞同。

2）否定说

（1）综合法律部门说

综合法律部门说认为，经济法是以经济民法方法、经济行政方法、经济劳动方法来调整平等的、行政管理性的、劳动和社会关系的法律规范的总和。也就是说，经济法是多种法律部门规范的集合。这种观点将经济法视为适用不同调整方法调整经济关系的法律规范的综合，实际是在否定经济法的独立法律部门地位。它的主要缺陷是对法律部门的划分采取了多重标准，严重影响了法律部门划分的理论和实践价值。

（2）学科经济法说

学科经济法说认为，经济法只不过是研究经济法规运用各个基本法手段和原则对经济关系进行综合调整的规律的法律学科，并不存在经济法部门。所谓的经济法不过是运用民法、行政法、刑法、程序法、财政法、劳动法等基本部门法的手段来调整经济关系的法律法规，它并非一个法律部门，而只是一个法律学科。它看到了当代国家对各种经济关系普遍运用民事、行政、刑事等手段进行统一调整的现象和趋势，但该学说囿于法律部门的传统划分，没有能够对法律学科与法律部门的关系作出合理的解释。

（3）经济行政法说

经济行政法说认为，经济法就是经济行政法，它与行政法其他部分的区别在于经济行政法所调整的经济关系兼有经济性和行政性。经济行政法在采用传统的行政法调整方法和行政命令方法的同时，还广泛运用其他调整方法，特别是着重发挥经济调节手段的作用。其要旨是认为经济法隶属行政法，是行政法的一个分支，不构成任何法律部门。这种学说是依据传统法律部门的划分理论做出的阐述。由于该学说不能有力地解释社会实践中产生的法律现象，因此，其理论缺陷也是非常明显的。

2. 经济法的概念

经济法的概念或含义，一般是根据传统的独立法律部门应有自己的调整对象的要求概括的，即通过界定经济法的调整对象的方法来确定经济法的含义。当然，也可以从经济法的性质等其他方面来界定其含义。

经济法是新出现的法律部门，必然有其存在的必要性和与其他法律部门的本质差别。因而，界定经济法概念还必须满足以下几个前提条件。

其一，必须是出现了新型的经济关系，而传统法律部门对其调整无能为力或不能适应。新的法律部门出现的前提是由于经济的发展和变革而产生了新的经济关系，且这种新型经济关系需要法律的调整。只有新型经济关系性质或特点不能为原有法律部门调整，或者以原有法律部门调整影响到该原有法律部门的系统性和完整性时，才有创设新的法律部门的必要。

其二，新型社会经济关系的形成需要新的法律部门调整。即使出现了新的经济关系，如果属于传统法律部门的调整范围，当然应当归入传统部门法调整，没有必要也不可能产生新的法律部门。只有新型的社会经济关系具有不同于原有社会关系的性质和特征，且需要法律部门调整时，新的法律部门的出现才有客观必要。

其三，新型法律部门对新型社会经济关系的调整应该是有效的。新型法律部门对于新型社会经济关系的调整不是没有意义的，也不是达不到目的的，而应该是富有成效的。否则新型法律部门也就没有产生的意义。

在满足以上条件的基础上，纵横统一说比较确切地概括了经济法的本质和规律，符合我国公有制经济和市场经济体制的发展状况，准确地界定了我国现代经济法的含义。

1.3.2　经济法的调整对象

1. 经济管理关系

经济法所调整的经济管理关系，是指国家在管理经济过程中形成的物质利益关系。它主要是以国家为管理主体的经济管理关系。具体而言，经济管理关系是指在社会生产和再生产过程中，国家为实施组织经济职能，促进社会经济协调稳定发展，通过国家机关和授权组织，对国民经济整体和社会经济个体进行规划、组织、指挥、调节、监督等过程中所发生的社会关系。经济管理关系属于纵向经济关系的范畴。它是一种领导与被领导、管理与被管理、监督与被监督的经济关系。在这类关系中参加者的地位并不平等，它们虽有一定的行政管理性质，但它们之间的经济管理关系实质上是不同物质利益实体之间的经济关系，属于经济法的调整范围。经济法的经济管理关系主要包括以下几种情形：综合领导机关对社会经济组织的经济管理关系，主管部门对社会经济组织的经济管理关系，职能机关对社会经济组织的经济管理关系，行业组织经济管理关系，区域经济管理关系，经济监督关系，各级经济管理机关之间所发生的经济管理关系等。经济管理关系包括宏观管理和微观管理两方面的经济管理关系。宏观经济管理关系是指那些事关国家和社会整体的管理关系，包括国家规划和产业政策的制定和实施，国家经济预算及其主导下的投资、税收、金融、物价调节、土地利用规划、标准化管理等活动中产生的经济关系。微观经济管理关系是指那些针对社会个体的具体的经济管理关系，包括在税收征收管理、金融证券监督、贸易管制、价格监督、技术监督、企业登记管理、交易秩序管理等活动中产生的经济关系。总之，国家在实施规划、协调、监督、服务等经济管理职能过程中所发生的经济管理关系都属于经济法的调整对象。

2. 市场竞争关系

市场竞争关系是指现代国家在实现其竞争政策的过程中，为了维护市场经济的正常运行及其活力，采取相关措施维护、促进或限制竞争的过程中所形成的社会经济关系。市场竞争是现代市场经济中市场基础性地位和作用的重要体现，是市场经济活力和生机的重要来源，它对于维持正常的市场经济秩序和整个社会经济的稳定具有举足轻重的作用。正因为市场竞争关系涉及国家竞争政策、整体竞争秩序、消费者权益、竞争者竞争权利的实现、社会资源配置等市场经济体制中发生的重要问题，所以，现代国家均将市场竞争关系纳入到经济法的调整领域。由自由竞争发展到垄断和限制竞争，是自由竞争和合同自由发展的必然结果。自由竞争的直接结果是优胜劣汰，个别具有竞争力的企业或个人积聚了巨额财富。为了避免竞争的风险或出现两败俱伤的局面，少数企业联合起来，限制某种或某些产品的生产和销售，并从中攫取巨额利润。这种联合和限制的结果必然导致不正当竞争或限制竞争的出现，最终损害整个社会正常的竞争秩序。这已为西方资本主义国家的历史事实所证明。对此问题的解决不能通过否定市场经济的方法，也不能单纯依靠行政权力，而应当采取适应市场经济内在要求的法律措施，如反垄断法或反不正当竞争法等经济法律对其进行规范。对市场竞争关系的调整，体现着国家意志和经营者的意志的结合，是一种具有组织管理性质的物质利益关系，应当属于经济法调整。

3. 经营协调关系

经济法所调整的经营协调关系，是指国家在实现其总体经济规划、区域经济规划及其他重要经济发展目标过程中而形成的社会经济关系。这类关系主要是在平等地位的或彼此不具有任何管理关系的参加者之间发生的经济关系。经济法所调整的经营协调关系不同于完全体现当事人意思自治的平等主体间的财产关系，它是含有组织管理要素的财产关系。国家意志通过不同方式，在不同程度上与当事方的意志协调结合。这类经济关系主要包括：①由国家规划发生和制约的横向经济关系；②与国家经济管理直接、密切联系的横向经济关系；③各行业、各地区、各组织之间联合、协作和进行经济平衡时发生的经济关系；④有关全局、整体和长远利益的经济关系；⑤其他重要的、国家认为有必要管理和干预的横向经济关系。经济法调整的经营协调关系可分为两类——经济联合关系和经济协作关系。经济法所调整的经济联合关系是指与国家整体规划、全局部署相关联的合并、兼并、改组经济实体、组织联合体过程中所发生的横向经济关系，它所调整的经济协作关系是指与国家规划、产业规划、社会整体利益相联系的各地区、各部门、各行业、各组织之间的生产协作关系。

1.3.3 经济法的本质与特征

1. 经济法的本质与功能

1）经济法的本质

经济法的本质，在此不是说经济法的阶级性，而是指经济法不同于其他法律部门的法律属性。根据我国经济法的理论和实践，经济法的本质主要体现在以下几个方面。

（1）经济法是社会责任本位法

经济法属于社会责任本位法的基本含义是：现代市场经济体制是一种兼具国家因素的市场经济体制，而经济法调整领域则又与国家介入社会经济生活有关，因此无论属于何种形式的经济法主体，都必须对发展社会生产力、提高社会经济效益负责。对于经济管理主体即政府职能部门等主体而言，尽管它们在整体上代表着全局利益和长远利益，但是，它们必须按照国家法律、法律精神或国家经济政策对社会负责，不得以不当或者过度的行政权力和长官意志阻碍社会生产力的发展，破坏市场经济秩序。对于企业、公司等市场经济主体而言，不得片面强调自身局部利益而置社会利益于不顾，不得以权利自由而损害他人利益和社会整体利益。经济法体现的是权（力）利义务相统一的原则。经济法的社会责任本位，实际上是要求以社会责任为最高原则，无论是国家还是企业，都必须对社会负责，在对社会共同尽责的基础上处理和协调好彼此之间的关系。

（2）经济法是平衡协调法

在现代市场经济社会中，利益主体多元，经济关系复杂，利益冲突常常发生。在各种冲突中，既有社会主体之间的利益冲突，又有社会个体与社会整体之间的利益冲突，还有社会个体、社会整体与国家利益之间的冲突。经济法的平衡协调功能是贯穿于经济法始终的一种精神，也是经济法经济集中与经济民主对立统一的必然要求，它是经济法内在的本质和要求。其他法律部门虽然也有平衡协调的要求，但只是个别情况下的利益权衡。这与经济法将平衡协调作为贯彻始终的一个原则和精神的做法是根本不同的。

（3）经济法是系统调整法

根据传统理论，一个法律部门只能调整单一的社会关系，否则，这个法律部门就不能成立。但是，在现代市场经济条件下，社会经济关系复杂多样、相互联结、相互渗透，出现了对社会经济关系进行综合治理、系统调整的客观要求。对于这种呈现出“复合性”的现代社会经济关系，如果还是依照传统理论并运用传统的法律部门去调整的话，就不太可能是有效的、适当的调整。经济法的系统调整，主要表现在其调整的社会关系方面，包括经济管理关系、经营协调关系和经济竞争关系等不同领域的经济关系；横向经济关系和纵向经济关系等不同范围的经济关系等。这与民法调整平等主体之间的财产关系和人身关系的范围有着较大的差别。

(4) 经济法是公私法兼顾的法

公法与私法，是法学界研究并划分法律属性的一种方法。一般而言，规定国家公务的、具有强制性规定的法律为公法；规定个人（社会成员）利益的、体现当事人意思自治的法律为私法。按照传统理论，基于法律调整的社会关系的要求，一个法律要么属于公法要么属于私法，不太可能出现公法与私法兼顾的法律。但是，由于现代市场经济关系的特殊性，调整特殊经济关系的手段需要多样性，使得在现实生活中出现了体现公法与私法兼顾的经济法。经济法的产生即体现了这个特点，资本主义国家的私法公法化，我国在经济改革过程中一定程度上的公法私法化，从不同角度证明了经济法公私兼顾的属性。经济法兼顾公法与私法的目的，就在于有效地调整经济关系，有效地平衡协调主体之间的经济利益关系。

2）经济法的功能

经济法的功能是指它对社会经济生活的调节机制和作用，也包括它对法律、法学的发展机制和作用。现代经济法具有极大的适应性，它能在各种类型的国家和社会中发挥自己的综合平衡、协调发展的功能。经济法的功能和作用主要表现在以下几个方面。

(1) 全面确立社会经济组织的法律地位

社会经济组织是社会的细胞。社会经济组织的活力如何，直接影响到社会经济的发展。我国经济体制改革的中心环节是增强企业活力，即解放作为社会经济细胞的经济组织的生产力。为此，必须正确地确立经济组织的经济性质和法律地位，为搞活经济奠定基本的法律基础。经济法以其主体法律制度确立作为市场经济参与主体的社会经济组织的法律地位，并对企业的内部组织和管理关系进行相应的规范。

(2) 培育和完善社会主义市场体系

现代经济法是与现代市场经济相匹配并为之服务的，是现代市场经济法律体系中最重要的法律部门之一。经济法通过金融、税收、竞争、企业管理等各项子部门法，为建立并完善社会主义市场经济体系做出最基本的法律准备。称市场经济是法制经济，很大程度上讲的是对经济法的要求。经济法通过综合系统调整经济关系，平衡不同市场主体的利益关系，对培育和完善健全的社会主义市场体系具有举足轻重的作用。

(3) 保证国民经济持续、稳定、协调地发展

国家以经济法律和经济法规的形式，从多方面对社会经济生活进行直接的或间接的调控：制定、落实、修正国家的产业政策和竞争政策，并保障基于这些政策而制定的经济规划的实施；保持社会需求与供给的总量平衡，使国民经济大体上按比例地协调发展；建立符合现代市场经济要求的税收制度和金融体系，把握国民经济的命脉；贯彻物质利益兼顾原则，合理分配各方的利益收入，正确处理各社会主体间的利益分配关系；贯彻各项财经法律法规，加强对经济的管理和监督。因此，可以说经济法具有保证我国国民经济持续、稳定、协调发展的功能。

2. 经济法的特征

经济法的特征表明的是经济法与其他法律部门的区别。

(1) 经济性或专业性

这一特征是由经济法调整的经济关系所决定的。经济关系是一种客观的社会关系，它有自己的规律和要求。作为调整经济关系的经济法，当然不能违背经济规律的要求，不能超越经济发展的实际制定所谓的规则。因而，经济法往往把经济制度、经济活动的内容与要求直接规定为法律或法规，以期社会成员共同遵守。它比民法等其他法律部门更注重法律关系的

内容，而非其形式。在某些领域，它还直接赋予经济规则以法的效力，如我国为与国际会计制度接轨而制定的会计法律规范，实际就是直接将会计规则以法律的程序确定并公布。一些技术规范，同时又是法的规范，二者之间已没有明显的分界。

（2）政策性

这一特征是由经济法的根本内容决定的。从一定意义上说，经济法是经济政策的法制化。因此，经济法律规范中无不反映着国家经济政策的内涵与要求。经济法根源于国家对经济的自觉调控与参与，其要旨不是民法为主体设定权利和义务，而是应对经济生活中的某些现象，以使经济快速平衡发展，并提高国民经济整体上的竞争力。经济法的任务之一是实现一定的经济体制和经济政策的要求，从而比其他法律部门有着更加显著的政策性特征。在现代市场经济社会，经济的法律调整往往政策先行，并赋予政策以法的效力。政策随着经济形势的发展而不断发生变化，经济体制也并非一成不变，经济法受其影响也时常处于变动之中。另外，经济法的执法与司法的力度受经济政策的影响很大，随着政策的变化而波动。

（3）综合性

经济法调整经济关系所体现出的社会责任本位与利益平衡协调的功能，要求经济法具备综合性的特点。经济法综合性的特点表现在多个方面：首先，经济法是公私法因素的融合。经济法的产生是国家公权力介入到社会主体的私权利之中而形成的，是公私法结合的产物。其次，经济法在调整过程中将各种法律手段有机结合。经济法调整手段包括民事的、刑事的、程序的、褒奖的和社会性的等。最后，经济法在调整社会经济关系时处处体现着统分结合，指导和规制相结合的现代市场经济精神。

1.3.4 经济法的基本原则

经济法的基本原则是指在经济法的立法和具体适用中所应当遵循的基本准则，它是经济法精神和价值的反映，是经济法宗旨和本质的具体体现。经济法的基本原则是经济法基础理论体系的重要组成部分，它对我国的经济立法、经济司法、经济执法及经济法教学和经济法学研究都具有重要的指导作用。

1. 遵循经济规律的原则

经济规律和自然规律客观存在于社会经济生活中，不以人们的意志为转移。人们只有充分认识和利用这些经济规律，才能使自己的目标得到顺利的实现。由于经济法调整的经济关系的特点及经济法的本质、功能的要求，经济法必须将遵循经济规律作为首要原则。

我国是多种经济形式并存的社会主义国家，存在着多种规律，有生产关系适应生产力发展的规律、商品交换规律、价值规律、竞争规律、按劳分配规律等。在现代市场经济条件下，各种经济规律又相互交叉、相互制约地发生作用。必须认识并合理应用这些规律，才能制定出正确的经济法律和经济法规，才能使经济法律和经济法规切实得到贯彻执行。与我国社会所存在的大量相互交织的自然规律和经济规律相适应，经济法遵循经济规律原则也应体现在多个层次和领域，既要体现在市场竞争领域，也要落实于国家的经济管理过程中，从而在经济法意义上保证实现经济法的目标。

2. 国家调控市场、市场引导企业的原则

现代市场经济是一种“有形之手”与“无形之手”综合发挥作用的体制。国家实现其经济职能的有效手段，就是通过法律作用于市场，并在整体上调控市场经济运行；企业即经济法主体的存续目的在于追求自身经济利益，同时又给社会提供商品以满足社会的需求，因此，企业的经济活动又受制于市场。

国家调控市场，市场引导企业的原则不仅是国家管理企业的方式和方法，实质上还涉及计划与市场、计划调节与市场调节的关系问题。

这就决定了经济法应该遵循国家调控市场、市场引导企业的原则，在充分认识到国家调节和市场调节各自的优点与缺陷的基础上，既要准确地把握国家意志作用于市场的“度”并对其进行法律规定，利用市场去引导企业的生产经营活动，又要确认企业的法律地位以充分发挥企业的积极性与能动性，从而保证经济法目标的实现。

3. 有序竞争的原则

有序竞争的原则是经济法反映社会化经济的内在要求和理念的一项核心的、基础的原则。有序、公平竞争的要求不仅直接体现在竞争法，即反垄断法和反不正当竞争法中，而且在经济法的各项制度诸如发展计划、产业政策、财政税收、金融外汇、企业组织、经济合同等制度和具体执法及司法中，都必须考虑市场主体公平竞争的问题，政府的经济管理和市场操作也应该做到公开、公平、公正，不得违背和破坏市场公平竞争的客观法则。

有序竞争的原则实际是国家以公权力来纠正市场自发调节产生的弊端，并力求使市场机制正常发挥作用而形成的原则。

有序竞争的原则是经济法立法和执法的重要依据，它应当是市场经济中经济法追求的永恒目标。这是因为有序竞争原则要求通过法律保证市场竞争的一般规律充分地发挥作用，消除与禁止自由竞争所产生的反竞争行为，并以法律形式在市场竞争中落实与实现国家的竞争政策。

4. 责权利效相统一的原则

责权利效相统一的原则是指在经济法律关系中管理主体和公有制经营主体所承受的权（力）利、利益、义务和职责必须相一致。经济效益和社会效益是一切经济工作的出发点和终极目的，因而效益既是责权利的起点，又是责权利的终点，也是检验责权利的设置和制衡机制是否正确得当的实践标准。基于经济法的功能和本质要求，该原则就成为经济法的根本原则。

责指的是责任和义务。在该原则中责任有不同的层次。首先，它是一种角色责任，表明了经济法律关系对于特定角色的权利义务要求。在组织中的不同角色，决定了主体在经济法律关系中承受的权利义务和利益。其次，责任表明主体在违反义务时引起法律和国家对其的否定性评价，它是义务与制裁的连接点，执法及司法机关通过责任来确定相应的法律制裁。

权指的是权利和权力。在经济法中，权（力）利和义务一般而言具有一致性，只有区分不同的情形才能将其区分开来。经济管理主体在实施管理行为时所拥有的权力同时也是一项义务，其所拥有的权力对国家而言也是一种义务，只能以最大的善意代表国家保护国家利益和实现国家的利益和意志。

利指的是利益，这是由经济法的经济性决定的。将利与权责联系统一，不仅因为经济关系都是物质利益关系，经济法律关系往往涉及重大经济利益，更因为经济法要在其法律调整中引入物质利益原则，将作为公有主体成员的自然人或机构本身的利益同其在公有体系中所扮演的角色及其工作成效有机地联系起来。

效即效益，包括经济效益和社会效益。经济法的制度和规定都以效益为出发点，并以获得效益为终点，同时，各个局部效益必须符合整体效益的要求。

责权利效相统一原则贯穿于经济法的整体和始终，各种经济管理主体和公有制主体都必须遵循这一原则。权责不统一，就会导致有权无责或有责无权，引起权利及其救济的滞后。权责与利益不统一，也会发生同样的弊端，经济法的经济性、效益性也就无从体现。

1.4 经济法的地位及其实施

1.4.1 经济法的地位

1. 经济法的渊源

我国法的渊源主要是规范性法律文件，即制定法，其他形式获得国家有权机关的认定也可以成为法律渊源。经济法作为我国的重要法律部门之一，其法律渊源的种类与我国法的渊源相同。经济法的渊源与我国法律实践相适应，其渊源也主要是制定法。主要包括全国人民代表大会及其常务委员会制定的法律；国务院及其各职能部门、地方人民代表大会或地方人民政府授权制定的行政法规、部门规章和地方性法规、政府规章。除此之外，国家经济政策和习惯也可以作为经济法的渊源。

（1）全国人民代表大会及其常务委员会制定的法律

在我国，只有全国人民代表大会及其常务委员会才能制定法律形式的规范性文件，这种文件主要包括宪法和法律。宪法是国家的根本大法，具有最高的法律效力，宪法中关于我国基本经济制度的规定是其他有关经济法律和经济法规制定的依据，宪法是经济法最基本的渊源。经济法律包括全国人民代表大会制定的基本法律和全国人民代表大会制定的其他法律，如《反不正当竞争法》《价格法》《税收征收管理法》《对外贸易法》《公司法》《商业银行法》等法律。这些法律在宪法之下对我国基本经济制度进行比较系统的规定，是我国经济法的主体和核心部分。

（2）行政法规和部门规章

行政法规是国务院在其职权范围内制定发布的有关国家最高行政管理活动的规范性文件，其效力低于宪法和法律。国务院发布的具有规范性内容的决定和命令，与行政法规具有同等效力。国务院所属各部委在职权范围内制定发布规章，通常称为部门规章。部门规章的效力要低于宪法、法律和行政法规。行政法规和部门规章，规定国家具体经济管理制度和国家经济政策，是我国经济法的重要渊源。

（3）地方性法规和政府规章

地方性法规是省、自治区和直辖市人民代表大会和人大常委会制定或批准的规范性文件。地方性法规是地方权力机关根据本地区的实际情况而制定的只适用于本辖区的法律规范。为了确保国家法制的统一，地方性法规不得与宪法、法律和行政法规相抵触，否则，抵触的部分无效。地方政府也可以以“规章”的形式制定规范性文件，称为政府规章，其效力要低于地方性法规。由于地方性法规的数量很大，涉及经济管理的内容也较多，因而地方性法规和政府规章也是经济法的重要渊源。

除此之外，国家经济政策、某些习惯也可以作为经济法的渊源。

2. 经济法的体系

法的体系是指法的内部结构，即一国现行法分为不同的部门而由此形成的内在统一、有机联系的系统。由于法所调整的社会关系的性质及调整方法上的特点，再加上法学家对法的调整对象这一客观事物的主观理解和把握，从而把法分为内在统一而有联系的不同法律部门。经济法的体系则是经济法这一法律部门的具体部门法律所组成的内在有机统一，有机联系的系统。

每个国家都有自己独特的法律体系，我国的国情也决定了我国法律体系的特点。经济法是我国法律体系中的一个重要的部门法。由于经济法是调整社会经济关系的法，因而，经济法体系与我国市场经济法律体系有着紧密的联系，是我国市场经济法律体系的重要组成部分。

确立经济法的体系实质上是对经济法的结构与内容构建。合理的经济法体系应当在经济法的调整范围内，根据经济法的内在逻辑来确定，以做到结构合理、严谨。按照经济关系及其经济法调整的内在逻辑，经济法大致可分为经济组织法、经济管理法和经济活动法三个部分。

经济组织法主要是企业公司法。它是对经济活动主体的资格和条件的规定，也是确定市场准入的基本规则。企业是经济活动的前提和经济管理的对象，故企业法是经济法的起点。

经济管理法是经济法的核心部分，包括综合职能管理制度和行业管理制度两个部分。前者包括计划与产业政策、财税和预算内投资、金融和外汇管理等法律制度；后者如工业、农业、商业等特定产业的管理制度。

经济活动法是调整经济主体在从事经济行为的过程中发生的法律关系的法律制度，包括竞争法、反垄断法、消费者权益保护法等。经济法所调整的经济活动的特征，在于有国家意志的直接参与或国家的直接经济参与。

3. 经济法与相关法律部门

经济法独立部门法地位的确立，不仅表现在其特殊的调整对象及独立的法律体系上，也表现在经济法与其他部门法的区别上。

（1）经济法与民法

民法是市场经济条件下的基本法律制度。民法的调整对象是平等主体之间的财产关系和人身关系。基于这种社会关系的平等性和权利义务的相对性，民法强调的是意思自治原则、协调一致原则。民事法律制度也是以民事法律行为和意思表示制度为核心而构建的，其中贯穿着权利本位和私法自治的精神。经济法是现代市场经济体制的产物，是在民法对市场经济调整乏力的情况下为弥补市场缺陷而产生的新兴法律部门，也是公权力介入到私权利以维护社会整体利益和公共利益的必然结果。经济法的根本作用在于创建一个自由开放、有序竞争的市场环境，为民法作用的发挥创造必要的条件。民法与经济法在调整经济关系的过程中相辅相成、互相依赖。经济法调整的有些经济关系从表面上属于当事人之间的社会关系，但其内容却反映了国家调控社会即市场经济的要求，体现着社会责任本位的原则，如政府采购合同。

（2）经济法与行政法

行政法是国家依法行政的依据，它是调整行政关系和监督行政关系的法律规范的总称。行政法调整的行政关系是确定行政机关的设立及其职责权限、行政行为的程序和范围等。经济法调整的社会经济关系中，经济管理关系与行政关系具有一定的共同点。但从本质上讲，经济法所调整的经济管理关系直接或间接地为经济关系而不是一般的行政关系，是以物质利益为内容的经济关系。两者调整社会经济的目的也不同，经济法对经济关系调整的目的在于规范市场经济秩序，而行政法调整社会经济关系的目的在于规范具体的行政行为。两者是有很大区别的。

（3）经济法与国际经济法

国际经济法是调整国际经济关系的法律规范的总称。它涉及国际法与国内法、公法与私法、国际商法与各国民商法、国内涉外经济法等多种性质规范的综合体，国际经济法的特性就在于其国际性。经济法属于国内法的范畴，其调整对象具有直接国家意志性。在经济法领域中，经济法所调整的社会关系基本上可分为两大类，即国内的经济关系和涉外的经济关系。但是，这种分类并不影响其国内法的属性。经济法与国际经济法的调整对象、法的渊源、法的创制、执行方式等方面具有一定的差异。但由于国际经济关系的进一步发展和融合，其联系会越来越密切。

（4）经济法与刑法

刑法是调整国家在制裁犯罪的过程中所发生的社会关系的总称。它包括犯罪和刑罚两部分。刑法的作用范围很广，遍及社会生活的各种领域。经济法律规范文件中，经常有某些行为违法并造成严重社会后果时应当承担刑事责任的规定，也即经常有刑法规范的存在。但是，经济法中这些刑法性质的规定只是刑法的补充或配套，并不影响经济法的地位，也不影响经济法律规范的性质。

1.4.2 经济法的制定与实施

1. 经济法的制定

（1）经济法律规范性文件

规范性法律文件，是指由有关国家机关制定并发布的、具有普遍约束力的法律文件。它只能由国家机关或国家机关授权的机关制定并发布，并包含一定的行为规则或行为模式，其约束力具有普遍性。我国法的渊源，主要是以规范性法律文件的形式表现出来的。规范性法律文件是国家机关进行社会关系调整的依据。经济法律规范性文件，是指有关调整经济关系的法律文件的总称。由于经济关系的范围和领域的广泛性，经济法律规范性文件也体现在国家法律法规的各个领域和层次。它包括宪法中的经济法条款、全国人民代表大会及其常委会颁布的法律、国务院及其各职能部门颁布的法规、地方人民代表大会和地方人民政府颁布的法规、最高人民法院就经济法适用而做出的司法解释等。这些文件是经济管理机关执法和司法机关处理经济纠纷的依据。经济法律规范性文件是经济法体系的具体组成部分。

（2）经济法的制定

经济法的制定是指作为部门法的经济法的创制活动。经济法的制定是指有权国家机关依照法定的职权和程序制定、修改或废止经济法律规范的活动。经济法的制定可以从广义和狭义两个方面来理解，狭义的经济法的制定是指全国人民代表大会及其常务委员会依照法定职权和程序制定经济法律规范的活动；广义上是指全国人民代表大会及其常务委员会和其他有关国家机关依照法定的职权和程序制定经济法律规范的活动。

经济法的制定还要符合法的制定的一般原则，符合我国经济发展的实际。

其一，要实事求是，一切从实际出发。准确地把握我国的国情和经济发展的实际，从我国建设和改革开放的需要和可能出发，不能超越我国的客观实际。

其二，要坚持原则性与灵活性相结合的原则。在坚持实现国家各项重大方针、政策的同时又要结合当前的经济形势国际经济发展的需要，根据实际情况确定解决问题的具体方法和措施。

其三，经济法的制定要维持法律的严肃性、稳定性的原则。政策的稳定性较弱，反映经济政策的经济法却必须具有较强的稳定性，这也是保持法的严肃性的需要。因而，经济法的创制工作要求慎重、准确地把握经济政策中基本不变的问题。

其四，要坚持总结我国经验与借鉴外国经验相结合的原则。这是法的继承性在经济法的创制工作中的体现。经济发展有一定的规律，在立法中可以借鉴外国在发展市场经济方面立法的先进经验和技术，减少在摸索中的成本。

2. 经济法的实施

法的实施是使法律规范的要求在社会生活中得到实现的活动。经济法的实施是指经济法在社会经济生活中得到遵守、运用和实现的活动。它是抽象的经济法律规范具体化，由可能的法转变为现实的法的过程。经济法的实施一般包括经济法的遵守和经济法的执行两个方面，后者又可以分为经济执法和经济司法。经济法的遵守是指经济法主体遵守经济法律规范的活动，其中重要的是提高全社会的法治意识和每一位公民、企事业团体、国家机关及其工作人员守法的自觉性。经济执法则是指国家机关依照法定的职权和程序执行经济法律规范的活动，它是经济法律规范在社会中的正常实现形式。经济司法是指国家司法机关依照法定的职权和程序处理违反经济法律规范的案件的活动。经济法的实施与民法、行政法、刑法等其他法律部门的实施相辅相成，不可分割。经济法律关系的正常运行，还需要辅之以民事责任、行政责任、刑事责任等制裁手段。

1.4.3　经济法律关系

1. 经济法律关系的概念及其种类

1）经济法律关系的概念

经济法律关系与经济关系是两个有密切联系又有所区别的概念。经济法律关系是指经济关系经过相关经济法律和经济法规调整之后所形成的经济权利和经济义务关系。它是可以获得国家法律强制保护的法律关系。

经济关系是在人们的社会活动中形成的，是客观存在的社会关系。由于经济关系是人类社会最基本的社会关系，是人类社会存在与发展的基础，因此，自法律产生之日起，国家便将经济关系作为法的调整的主要方向与基本内容。

经济法律关系的产生以经济关系的存在为前提和基础，而经济法律和经济法规的存在也是经济法律关系产生的必要条件。经济关系只有经过国家法律规范调整之后才可以形成经济法律关系，并获得国家法律保护。经济关系的存在和法律法规的颁布是经济法律关系产生的两个必不可少的条件。

由经济法调整对象所决定，经济法律关系的基本特征也表现为公私法因素的融合，表现为国家意志与社会主体意志的相互沟通与协调。经济法律关系是一种新型的法律关系，它与意思自治为特征的民事法律关系和行政服从为特征的行政法律关系有着根本的区别。

2）经济法律关系的种类

经济关系涉及生产、交换、分配和消费多种关系。在不同领域的经济关系又表现为不同的特征。由于经济法调整的经济关系是多种多样的，经济法调整经济关系的形式也是多种多样的，因此而形成的经济法律关系也是多种多样的。一般可以从以下几个方面对经济法律关系进行分类。

（1）按照经济法律关系的经济内容分类

根据这一标准，可以将经济法律关系分为税收法律关系、金融法律关系、企业法律关系、工业法律关系、农业法律关系和商业法律关系等。这种分类的意义在于可以明确地分辨不同领域法律关系的特点。

（2）按照经济法律关系的性质分类

根据这一标准，可以将经济法律关系分为组织法律关系和财产法律关系。组织法律关系是指国家机关、社会组织等经济法主体在实施组织管理职能时发生的经济法律关系。财产法律关系是指以一定的具体的财产形态为客体的经济法律关系，是一种物质利益关系。它们是以财产要素为主的一类经济法律关系，是经济法律关系的主要部分。

（3）按照经济法律关系的结构形态分类

根据这一标准，可以将经济法律关系分为经济管理法律关系、经营协作法律关系和经济竞争法律关系。经济管理法律关系是指纵向经济关系被经济法律和经济法规调整后所形成的经济法律关系。经营协作法律关系是一种横向的经济关系，但具有明显的国家意志与个体意志相融合的特征，主要表现为经济合同关系。经济竞争法律关系主要是指在反垄断法和反不正当竞争法的调整中形成的经济法律关系。

（4）按照经济法律关系涉及的国家或地区分类

根据这一标准，可以将经济法律关系分为国内经济法律关系和涉外经济法律关系。这种分类的意义在于表明涉外经济法律关系可能适用不同国家的法律。随着国际经济的融合，这种分类的差别会越来越小。

2. 经济法律关系诸要素

法律关系的要素是指形成法律关系的必要条件。任何法律关系都是由主体、内容和客体三个要素组成的。主体是法律关系的参加者，内容是法律关系主体所指向的权利义务，客体则是主体权利义务所指向的对象，三者相互依存，缺一不可。作为法律关系其中一种的经济法律关系，当然也必须符合这些条件。

1）经济法律关系的主体

经济法律关系主体又称经济法主体，是指依法参加经济法律关系并享有经济权利并承担经济义务的当事人。经济法律关系主体是经济法律关系的启动者、组成者，是经济权利、经济义务的承受者，也是经济法律关系客体中的财物所有者、经营者，以及客体中行为的实施者。可以将经济法主体分为以下几类。

（1）社会组织

社会组织主要是指企业、公司、事业单位、农村经济组织、社会团体等。它们都必须是可以独立支配一定财产的经济实体，并依照一定的法律程序设立。部分社会组织还必须拥有法人资格。社会组织是经济法主体体系中最广泛、最基本的一类，可以参与所有经济法律关系。

（2）内部组织

内部组织是指企业、公司和其他经济组织的内部单位。它必须具有相对独立性，并有自己相对独立的利益，并非所有的内部组织都可以成为经济法的主体。将内部组织作为经济法主体是经济法部门的一种开拓性规定，它对于明确企业、公司等主体内部组织之间的权利义务，适应企业经济责任制改革的需要都具有积极的意义。

（3）个体户

个体户属于个人主体。主要包括个体工商户、农村承包户、农村专业户等。他们一般是民法上的主体，只有当他们参加经济管理性质的经济法律关系，或有经济法律和经济法规的规定时，才可以成为经济法的主体。

（4）国家职能部门（机关）

国家职能部门包括权力机关和管理机关。权力机关是指全国人民代表大会及其常委会，以及地方各级人民代表大会及其常委会，它们主要是财政法律关系、计划法律关系中的经济法立法主体。管理机关主要是指经济管理机关，包括国务院及其各部委、地方各级人民政府及其所属部门。它们所涉及的经济管理关系实质上是一种物质利益性质的经济法律关系。

（5）国家

国家只有在个别情况下才成为经济法主体，如国家以政府的名义与外国签订贸易协定或发行国家债券等。

经济法主体并不是僵化的，只要参与了经济法调整的经济关系的主体，都可以称为经济法主体。

2）经济法律关系的客体

经济法律关系的客体是指经济法主体承受的经济权利和经济义务共同指向的对象，也是经济法主体意图通过经济法律关系所要达到的目的。它是经济法律关系主体通过经济法律关系所追求的经济目标和经济利益。没有了客体，经济法律关系也就失去了存在的意义。

作为民事法律关系的客体的物、行为和智力成果一般是单独存在的，但在经济法律关系中，其客体往往是财物、经济行为、智力成果、管理行为等交织在一起而形成的混合体。另外，经济管理行为是经济法客体的重要组成部分。根据经济法律关系的特点，其客体可以分为以下几种。

（1）财物

财物是指经济法主体能够控制、支配并具有一定经济价值和实物形态的物品，并且法律允许这些物品进入经济法律关系。财物在物权法律关系中可以作为直接客体。

（2）经济行为

经济行为是指经济法主体为了达到经济目标而实施的行为，如完成工作、履行劳务等。其目的是为了实现一定的经济利益。经济行为也是经济法律关系的一种重要客体。

（3）智力成果

智力成果是指脑力劳动所创造的财富，它是一种无形财产。智力成果虽然不具备物的形态，却可以带来经济价值和经济效益。智力成果只有符合一定的条件才能成为经济法律关系的客体。

（4）经济管理行为

经济管理行为是指经济法主体为了实现经济管理目标而实施的行为，它是经济管理法律关系所特有的客体，也是经济法律关系所特有的客体。经济管理行为包括国家经济管理机关管理社会经济生活的行为和公司、企业等主体对内部组织的管理行为。

3）经济法律关系的内容

经济法律关系的内容是指经济法主体所承受的经济权利与经济义务。它们是联系主体之间及主体与客体之间的纽带。

（1）经济权利

经济权利（权力）是经济法所确认的许可和资格。享有经济权利的主体可以凭借这种许可和资格，在经济法规定的范围内，独立自主地支配财产或事物，从事经济活动。经济权利主体还可根据法律法规的规定要求义务主体的一方为一定行为或不为一定行为，以实现自己的利益和要求。经济权利主体因对方不依法履行经济义务时，可以要求国家机关强制其履行或给予其他法律救济。按照法律和法学理论，经济权利主要可分为以下几类。

①所有权。所有权是所有制的法律形式。它是指所有权人所享有的占有、使用、收益、处分等各种权能的总称。所有权的核心是处分权，其他权能都是在处分权的基础上产生的。它最早是民法的一项基本法律制度，但现在已经发展成为所有经济法律部门及其他有关财产的法律部门的一项共同的法律制度。

②法人财产权。法人财产权以企业经营权为核心，是一种由投资经营企业的行为而派生的他物权。法人财产权作为一种物权，是公司或企业对其全部财产的支配权，是一种企业法人能独立自主支配投资者财产的，连投资者都不能再任意抽回财产、干预经营的独立财产权利形态。这种他物权与所有权有着本质的区别，它不包括收益权这一所有权的核心权能。

③知识产权。知识产权是智力成果的创造人或工商业标记的所有人依法享有的权利的统称。它包括著作权和工业产权两个部分。而经济法中所涉及的知识产权主要是工业产权，包括商标权和专利权。

④债权。债权是权利人可以请求特定人为一定行为或不为一定行为的权利。它包括给付请求权，受领标的物权和请求法律保护权。根据债权涉及的不同领域，经济法上的债权可以分为经济管理债权、经济协作债权和内部经济债权等。

⑤经营管理权。经营管理权又称经营管理自主权，是指有权主体管理、支配经济事务的权利。经营管理权是包含经营权的一个概念，它是经济管理权与财产经营权的统一。经营管理权是一种非所有者享有并行使的一项权利，实践中多在国有企业中应用。

⑥经济职权。经济职权是指国家机关、社会组织，以及它们的领导人员、法定代表人等，在组织管理经济活动中依法享有的与本身职务相联系的一种特殊的经济权利。经济职权具有行政权力命令与服从的性质，包括计划决策权、组织协调权和检查监督权等职权。

（2）经济义务

经济义务是指经济法所规定的要求。承担经济义务的主体必须依照法律法规或协议的规定，为满足经济权利主体的利益要求而为一定行为或不为一定行为。经济义务主体违反法定义务或约定义务的，将会受到法律的惩罚。经济义务的表现形式，因其主体的社会性质不同而有很大的差异。经济义务主要有以下几种。

①贯彻执行国家的方针、政策、法律和法规的义务。方针政策是经济法主体行为的指南，法律法规则是行为的准则。经济法主体在其经济活动中必须贯彻执行。

②正确行使经济权利的义务。法律不仅赋予了经济法主体广泛的经济权利，同时也赋予经济法主体正确行使经济权利的义务。正确行使经济权利包括以下内容：一是不得滥用经济权利；二是不得超越权利；三是不得放弃权利；四是不得非法转让权利。

③服从合法干预的义务。经济法对社会经济关系的调整，体现着国家对社会经济活动的组织和调控，即体现着国家意志。因此，社会经济主体在从事经济活动时，必须服从国家经济管理机关依据其法定职权而实施的管理行为。

④征纳税金和其他费用的义务。税收是国家财政税收的重要来源，费用则是管理机关行使管理职能的必要经费条件。代表国家行使征税权力的税务机关，必须尽到依法征税的义务，而纳税人则有依法自觉纳税的义务。

⑤承担经济法律责任的义务。经济法律责任是国家对违反经济义务的违法行为的一种制裁，其目的在于恢复被破坏的社会经济秩序。这种恢复，除了要依赖于国家的强制权力，更要依靠经济法律主体的自觉执行来完成。

经济法主体的经济义务是一种比较复杂的法律现象，根据不同的标准，还可以将经济义务做不同的分类。根据经济义务产生的方式不同，可以分为法定义务和约定义务，前者是直接由法律规定产生的，后者是根据当事人之间的约定而产生的；根据经济义务的对象，可以将经济义务分为对象对人的义务、对国家的义务和对社会的义务，对象对人的义务基于经济法律关系而产生，对国家和对社会的义务大都取决于经济法律和经济法规的规定；与经济权利相对应，经济义务还可以划分为正确行使所有权的义务、经营责任、经济职责、经济债务、正确行使工业产权的义务等。

本章小结

通过本章学习应该理解经济法是顺应现代市场经济的完善而发展起来的新型的法律制度，也是现代国家规范市场经济运行的有效措施。我国经济体制改革的目标是建立与完善社会主义市场经济。实现这一改革目标的基本宗旨是扩大市场资源配置的基础性作用和实现国家经济政策。为了实现这一根本宗旨，经济法便应运而生。不同国家经济法的产生源自社会化生产与生产关系的矛盾，现代国家介入经济生活，“无形之手”与“有形之手”的协同并用，经济集中与经济民主的对立统一。经济法是调整经济法主体在经济管理过程中和经营协调活动中所发生的经济关系的法律规范的统一体。经济法特征的社会关系可分为经济管理关系、市场竞争关系、经营协调关系三大类。经济法具有社会责任本位、平衡协调、系统调整社会关系、公私法兼顾的本质属性。经济法具有全面确立社会经济组织法律地位、培育和完善社会主义市场经济体系、保证国民经济持续和协调地发展的功能。经济法的经济性或专业性、政策性、综合性的特征。经济法应遵循经济规律的原则、国家调控市场与市场引导企业的原则、有序竞争的原则、责权利效相统一的原则。经济法律规范的渊源，主要来自于国家的制定法，包括不同层次机构或部门制定的法律规范性文件。经济法调整的社会经济关系及其相应的法律渊源构成了经济法的体系。经济法律关系是实施经济法的法律途径。经济法律关系由经济法律关系主体、经济法律关系客体、经济法律关系内容三要素构成，缺一不可。

本章案例

请扫描右侧二维码阅读案例内容。☞

练习题

1. 叙述经济法产生于我国的历史背景。
2. 叙述经济法产生的一般规律。
3. 叙述经济法的调整对象及其概念。
4. 叙述经济管理关系、市场竞争关系、经营协调关系之间的联系与区别。
5. 叙述经济法的功能与特征之间的关系。
6. 叙述经济法应遵循责权利效相统一原则的实质。
7. 叙述经济法渊源的构成。
8. 叙述经济法体系的框架与内容。
9. 叙述经济法律关系构成的三要素。
10. 叙述经济法律关系主体的种类与特征。

第 2 章

经济法主体制度

本章提要

经济管理主体即参与经济法调整的社会经济关系的国家经济管理机关或机构，属于经济法律关系主体的范畴。经济管理主体是在经济法律关系中作为管理主体的当事人一方，承担着社会经济管理职能，是直接执行国家经济政策的机关。而经济法中的经济管理主体制度，旨在通过对经济执法管理机关的职责及权能的把握并研究其中的规律，构建我国经济管理的制度体系，以使我国的经济管理富有效率和稳定。

导入案例

网上银行服务协议纠纷案

2005 年 9 月 3 日，储户杨先生在 XX 银行海淀支行西苑储蓄所开具的一个存折上有 7.4 万余元存款，但在 9 月 15 日去银行取款时却发现账户上只剩下 1.3 万余元，6 万多元不翼而飞。杨先生以此起诉 XX 银行。XX 银行在庭上作出的解释是：此前杨先生已与他们签订了网上银行服务协议，2005 年 9 月 4 日至 15 日期间，杨先生的账户通过 XX 银行的网上银行系统汇款达 36 笔，总计 6 万元，手续费 600 元，这 36 笔交易是在对方凭杨先生的账号、密码登录网上银行系统后发出指令，他们依据该指令办理的。该指令的发出均应视为杨先生本人所为，因此造成的后果也应由其自行承担。杨先生表示那段时间自己并未使用过网上银行。

法院在审理此案时查明，在整个网上交易过程中，客户需要输入两个密码，即登录密码和支付密码。在首次登录时，客户还需输入在柜台申请开通网上银行时设置的初始登录密码，这些密码都是由客户自己掌握，银行并不知晓。而从杨先生提交的存折可以看出，杨先生此前进行过网上银行交易，他已对登录密码及支付密码进行过设置。对此法院认为，XX 银行在客户能够准确输入登录密码及支付密码的前提下接受汇款指令，并提供相关服务，完全履行了合同义务。在杨先生不能提供充分证据证明存款的消失是因 XX 银行过错导致的情况下，XX 银行不应对此承担法律责任，因此驳回了杨先生的诉讼请求。

问题：

1. 客户使用密码登录网上银行对其开户行发出的转账支付指令是否属于数字签名的

范畴？

2. 中国金融认证中心（CFCA）作为客户和网上银行之间的电子签名的第三方认证机构，是否应对本案承担责任？

2.1 经济法主体的一般含义

经济管理主体是指在经济法律关系中承担管理职能的当事人，即经济法管理主体。它们主要是根据宪法和组织法设立并明确规定其性质、职能、职权、隶属关系等，承担决策、协调、执行、监督等经济管理职能的组织或者机构。由国家或法律授权、承担某种社会或政府管理经济职能的其他组织，也可以成为经济管理主体。经济管理主体在经济法律关系中的权力也是该主体对国家、人民、上级的职责和义务，其职权与义务是一体的。

对经济管理主体的概念，可以从以下几个方面理解。第一，经济管理主体是以国家名义进行经济管理活动的社会实体。国家以管理者和调控者的身份介入社会经济运行是现代经济活动的一个突出特点，这种介入通常表现为国家对社会生产、分配、交换和消费的诸环节进行计划、组织、指导和监督。第二，经济管理主体是享有调控权和其他经济职权的社会实体。经济管理主体的经济职权主要表现为：制定经济和社会发展的战略、计划、方针和政策；制订资源开发、技术改造和智力开发的方案；协调部门、地区、行业之间的发展规划和经济关系；公布社会经济发展信息，为经济发展提供基础性的服务；掌握和运用经济调节手段与方法，调控宏观经济总量的平衡。第三，经济管理主体所享有的管理权是一种以间接调控为主的管理权。经济管理主体不以权力者的身份直接参与国民经济活动，而是通过信贷、税收、金融、统计、会计、价格等其他手段和方式来引导、规范和监督经济活动。

1. 经济法主体的定义

改革开放以来，学术界对于经济法主体理论的研究与经济法的地位相关，力求在抽象的类型化道路上提炼经济法主体的独特范畴。最近关于经济法主体理论在研究方法上取得了很大突破，并开始着重将提炼的主体给予经济法层面的学理解释，采用了如“政治国家—社会中间层—市民社会”“市场失灵与政府失灵”“结构功能主义下的角色理论”等宏观方法和“组织管理因素与财产因素相结合”“权力与权利分析”等微观方法。方法论的更新带来了许多有代表性的观点。如有学者认为，经济法主体“包括政府、经营者和消费者”三种，经济法主体的特殊性在于“经济法确立其主体制度时有着特殊的视角即着眼于经济运行的实际与法律的抽象归纳技术，与其他的法律部门有着明显的区别”。也有学者认为，经济法主体包括“经济行政主体、社会中间主体和市场主体”。经济行政主体是指具有经济职能的各级政府及其所属部门或机构，它体现了经济性与管理性的结合、统一性与合理性的结合；社会中间主体是指独立于政府与市场主体，为政府干预市场、市场影响政府和市场主体之间联系起中介作用的主体，具有中介性、公共性、民间性；市场主体则分为“投资者、经营者、劳动者和消费者”四种。还有的学者以经济权利、社会自治权力和经济权力为标准归纳出“市场、社会和国家”这三大抽象型经济法主体。

2. 经济法律中主体的类型

经济法主体是生活于特定法律场景中的人。上述法律反映了市场竞争过程中常见的市场规制行为及国家宏观经济调控行为的类型样态。据此从中可以归纳出以下几种基本的经济法主体类型。

（1）抽象的国家主体。这里的抽象，是指不代表具体的部门或者泛指所有的部门。这种抽象的“国家”主体在四部法律中都有体现。

（2）抽象的社会主体。与国家类似，将“社会”作为一种抽象的主体，如《中华人民共和国消费者权益保护法》。

（3）具体的行政机关。这里的行政机关又可以进一步分为中央行政机关、地方行政机关、中央及地方的行政机关三种：①中央行政机关如“国务院”“中国人民银行”等；②地方行政机关如“地方各级政府”“地方各级政府财政部门”等；③中央及地方的行政机关如“各级政府”“政府及其所属部门”“各级政府审计部门”等。

（4）具体的立法机关。这种主体类型在《中华人民共和国预算法》中比较常见，如全国人民代表大会及其常务委员会。

（5）具体的司法机关，如《中华人民共和国消费者权益保护法》规定了“人民法院”。

（6）具体的国家机关工作人员，如《中华人民共和国反不正当竞争法》中的“国家机关工作人员”。

（7）具体的社会中介组织、行业协会，如消费者协会、进出口商会。

（8）具体的市场主体，如《中华人民共和国反不正当竞争法》中的“经营者”“投标者”“公用企业或者其他依法具有独占地位的经营者”和《中华人民共和国对外贸易法》中没有许可的组织和个人。

根据我国行政管理体制及经济管理的特点，可以将我国的经济管理主体分为以下几类。

（1）政府及其职能部门

政府及其职能部门包括中央政府及其所属部门和地方政府及其所属部门，它们是经济管理主体的主要组成部分，是我国基本的经济管理主体。我国中央政府是指国务院，其所属经济管理部门包括国家发展计划与改革委员会、商务部，中国人民银行等宏观调控部门；国土资源部、信息产业部、中国证券监督管理委员会等部委和国家林业局、国家煤炭工业局等专门经济管理机关。地方政府及其所属部门是指县级以上地方各级人民政府及其所属的经济管理机关。

（2）各级人民代表大会及其常委会

人民代表大会是我国的权力机关，它管理包括经济的、政治的、法律的等一切社会事务。作为权力机关，它对经济关系的管理完全是一种间接的管理方式，通过制定经济法律法规、发布管理经济事务的命令等方式来实现其对社会经济的调控职能。根据宪法规定，我国的权力机关分为五级，即全国人民代表大会，省级人民代表大会，设区的市、自治州人民代表大会，县、不设区的市、市辖区人民代表大会和乡镇人民代表大会。除了乡镇人民代表大会外，其他各级人民代表大会还设有常委会。

（3）特殊企业

作为经济管理主体的特殊企业包括政策性经营的企业和专事国有资产投资或控股管理的企业两大类。政策性经营的企业承担着执行国家经济政策及相应的管理职能，如国家开发银行、中国农业发展银行和中国进出口银行。由于专事国有资产投资或控股管理的企业与国有资产管理密切相关，所以它具有经济管理主体的性质，如国家开发投资公司、中国长江三峡工程开发总公司等。

（4）经授权的其他组织

由于国民经济管理的复杂性和难度，法律规定的主体不可能对所有职权范围内的经济关系进行全面而细致的管理。有些主体既非政府机关，也非依法具有独特权能的特殊企业，但因政府的特别授权而获得了一定的管理职能，行使经济管理的权力，如国有粮食企业就是这一特殊的企业组织。

当前的经济法学界一般认为，经济法律关系的主体（可简称为经济法主体）是多元的，包括国家政府经济管理主体（可简称为管理主体）、市场经济活动主体（可简称为市场主体），此外还有市场中介组织。但显然，这些主体不是经济法所特有的，它与传统民法和行政法的主体是重叠的，这样的理论只能说明经济法与民法和行政法的相关性，却不能说明经济法相对于民法和行政法的独立性。

3. 能动性的经济法律关系主体——经济监管机关

确立实践标准识别国家法权调整意识与市场发展相统一的具体经济法权调整主体所在，需要一般地探讨如何认识法律调整下的社会关系主体。人的一切活动都是社会性的活动，人的主体地位是在社会中形成并相对于其他主体而存在的，只有社会中的人才能成为主体。主体意识包括关于对象的意识和主体的自我意识，它是人之所以具有能动性的重要根据。这非常精辟地总结了现代社会的主体性，主体只能是社会关系中的存在，一方面在社会关系中生成人的自我意识，另一方面人之所以对象化自然也是因为由社会关系所成就的人的对象意识。通俗地来说，人在自我意识下选择要和别人发生关系，在进一步考虑通过什么手段而与自我的对方发生关系时，从而产生了正视客体自然物的对象意识。所以，定位主体本质的能动性来源于主体的自我意识和对象意识。

就私法调整主体的确立而言，市场经济的交往方式决定了经济活动个体只能从交换中满足自己的需要，交换关系中自己的需要和别人的需要是不同的，自我意识产生以后，交换关系作用于自我意识的结果就是交换中互相被指认为平等的人。但要通过交换满足自己的需要，要交换成功，只意识到自己的需要是不够的，交换关系决定了利己心必须转向他人，转向他人的需要，于是在满足别人的需要是满足自己需要的手段的交换关系作用下，人考虑用自然物质来满足别人的需要，通过自然物质作为满足手段而和交换对方建立起交换关系。可见，交换的交往方式决定了人的主体性生成，市场经济基础决定了人与人之间的社会关系，决定了通过何种方式建立社会关系，体现其中的正是人的能动性所依凭的自我意识和对象意识。所以，就私法法律调整而言，交换关系所要求的平等个体就是私法法律关系主体。即使学者指认私法调整的实质在“司法法”，也无非表明私法调整对市场经济中交换所成就的平等主体的尊崇。

就经济法调整主体而言，需要调整社会需要和社会满足关系间的关系使二者统一以促进经济发展。经济法主体的自我意识是经济发展，对象意识是社会需要和社会满足统一。经济发展的自我意识从何而来，与经济发展形成关系的他方是从逻辑上来说的，经济发展只能和经济不发展形成关系。历史事实也印证了不同于经济不发展的经济发展，是经济法自我意识的来源，正是不同于经济不发展的意义，抽象历史中的具体经济立法实践，经济法被指认为危机对策法、战时经济法等。但徒有自我意识不成立主体性，就像个体关系的构建仅有个体需要是不够的，还必须在需要满足与满足手段的社会交往框架内思考怎么建立起关系。所以，在经济法调整中，经济发展和经济不发展之间依赖什么对象发生关系，即确立二者间可发生关系的对象，才生成主体成立所需要的对象意识。我们认为只有到了整体经济社会，现实经济生活中依赖国家发行的信用货币这一根本对象出现后，才使主体有了可以作用以建构起主体关系的对象。依赖于自我意识和对象意识，才确立了经济发展的主体地位。总之，只有主体自我意识和对象意识生成之后才能“思考自我实现”，由此，能动性才出现，凭借能动性的取得才成就主体地位。

总之，社会关系中能动性主体的自我意识即不同于其他社会主体的自我，以及对象意识即自我与其他社会主体间关系建立所依凭的对象客体，都不是当然成就的。所以，社会关系主体的产生是历史出现的，存在不是存在者本身，存在的可资建立经济发展和经济不发展关系的对象客体，后续的经济法律关系客体研究将进行更深入地探析。

主体并不是主体本身，能动性才是主体的本质属性。从主体能动性的本质出发，市场经济中的市场活动主体，经营者不具有能动性，逐利性的追求下经营者既不会有“要与整体经济利益建立关系”的自我意识，更不可能产生如何建立关系的对象意识而消费者在物欲面、个体需要面前，也不会有经济法调整内涵的自我意识、对象意识。概而言之就是个体因为个体利益当前决定了其不会成为能动的经济法律关系主体，而只能是协助经济法律调整主体定位、量化社会需要和社会满足的现实力量，通过引入消费者和经营者甚至经营者联合的社会组织，经济法法律调整能更好地践行符合资本增值过程本质要求的“可控制性”的经济法学谋划，服务于市场经济发展本身。

经济法调整中实现经济法调整目的的特有主体，是维护整体经济利益的经济监管机关，它相对独立于立法机关、司法机关和行政机关，其主要职责是依据法律授权，监督社会个体执行维护整体经济利益的法律规范的情况，导致个体利益最大化的行为使其有利于整体经济利益价值目标实现。经济法律关系主体只能是贯彻经济法调整目的以维护整体经济利益为旨归的能动主体，经济监管机关正是当仁不让的经济法调整主体。

2.2 经济管理主体的特征

一般而言，经济管理主体都属于政府及其职能部门的范畴。因而，经济管理主体表现为以下特征。

2.2.1 主体的法定性

主体的法定性是指经济管理主体的成立、撤销及行使职权都是依据法律而进行。经济管理主体所行使的职权是国家的经济管理权，是国家的公权力，为了确保在行使经济管理权的过程中不损害处于弱势地位的当事人，保证相对人的合法权益不受损害，也为了经济管理的效率和质量，法律法规对经济管理主体做了严格的规定。经济管理主体依法成立，依法撤销，其职权范围和行使职权的程序都由法律明确规定。对于行使经济管理职权的政府部门如此，对于行使部分经济管理职权的特殊企业来说也是这样，这些企业是通过国家或法律授权的形式而享有国家经济管理职能。

2.2.2 主体的复合性

作为法律主体的“人”并不只有单一的价值取向，也有着多种不同的行为方式。从经济法律规范中可以看出，经济法主体的类型是抽象性与具体性的复合。经济立法中主体的设置既有抽象性的“国家”和“社会”，也有具体的行政、立法、司法机关及个人。其中，经济立法对抽象与具体主体的设置都比较典型。对国家和社会的规定并不因为它们抽象就敷衍其辞，而仍然详细地描述其具体的行为特征。对于具体主体，则穷尽其具体的结构和类别，在具体的法律关系中基本上也没有遗漏。在这种复合关系中，由于具体法律关系的内容要求，不同的经济法主体之间存在着实质上的紧密联系，如行政机关内部的隶属关系，立法、司法和行政机关之间的制约关系，国家主体对社会中介组织和市场主体之间的监管关系等。在这些具体的法律关系中，虽然可能存在特定的关系致使各个主体之间存在着千丝万缕的联系，但从法律结构上可以看出，每个主体都表现出独立的品格，都在特定的行为特征下扮演具体的制度角色，在具体的法律关系中实现自身的功能。从以上可以看出，四部法律都出现了“国家”这一抽象主体，与作为抽象主体的国家相呼应，特定国家机关则作为具体主体将国家的抽象功能一一细化。法律始终是在普适性与特殊性这两种路径上求得平衡。尽管经济法中有大量的具体主体，但是也需要有一种抽象的主体来体现法律的“整体精神”。例如，《中华人民共和国反不正当竞争法》规定：“国家鼓励、支持和保护一切组织和个人对不正当竞争行为进行社会监督”；《中华人民共和国消费者权益保护法》规定：“全社会保护消费者的合法权益”。这种对“国家”和“社会”的设置是统摄性的，表明了立法者代表国家或社会在反不正当竞争和消费者权益保护问题上的基本立场。这种基本立场的集合就构成了整部法律的精神或理念。经济立法展示了立法领域对法律精神和理念的追求，这种追求通过从抽象到具体的主体类型得以承载，赋予经济法主体以价值性、应然性的内涵。经济立法对抽象主体和具体主体的复合性描述对主体理论的启示在于，抽象主体与具体主体都是经济法主体类型体系中不可或缺的部分，不能因为追求具体而忽略了抽象主体在经济法主体体系中的地位，也不能为了理论的抽象而忽视对具体经济法律关系中的特定主体进行逐一描述。

2.2.3　主体的层次性

通过具体行为能力的设置而界定经济法主体的法律技术具有高度的合理性和有效性。关注具体经济法律关系中主体之间的分层与交错，具体的法律主体类型只有“嵌”在“主体—行为”框架之中，才能获得法律上的意义和空间。经济法律在主体类型设置上遵循了传统法理学的基本思路，采取的是以经济法律关系为纲，不同的经济法律规范中蕴藏的特定的主体类型体系，继而以此为基础，折射出经济法主体结构的实际面貌。考察各部法律对主体的设置，可以发现主体类型的设置都以服务于具体的经济法律关系为中心，呈现出多元化和层次化的特征。每一部法律都是针对特定社会关系的调整规范，从而构成主体、行为（实际上还包括责任）设置的基础。抽象主体与具体主体之间的相互联系及彼此独立都是具体经济法律关系的要求。经济立法在主体的联系性和独立性之间的平衡对经济法主体理论的启示在于：对具体主体的描述，一定要注意其结构性的分层和交错，不同性质的国家机关、同一性质机关内部的不同层级、不同层级机构在具体法律关系中因分工和协调而组成的联合主体等，这些因主体系统的结构性和相互间分层交错而产生的各种具体主体类型，才是经济法主体之网的真正全貌。例如，在预算法中逐条、逐款、逐项地对立法主体、行政主体进行设置，并且详尽地规定各个主体之间的层级关系、隶属关系、独立关系，都是针对具体的预算法律关系而作出的特殊安排。与民事主体相比，经济法主体具有明显的层次性和多样性。民事主体以平等作为自身的识别标志，但这种平等是抽象的平等。经济法主体是物质利益实体，由于每个物质利益实体蕴含的物质利益不同，这种对“物质利益实体的管理关系”自然也必然会有区别，表现出层次性和多样性特征，因此，在物质利益实体的标准下，管理主体与市场主体本身必然是多样化、层次化、序列化的。这样的区分主要是人的差异性及其认识所致。民事主体中的人强调人的同一性，这里的人是抽象的人，人的各种具体的差异都被排除了。但是“人是差异性与同一性的统一”。也就是说，人从人类本质上而言都具有同一性，但现实社会中的人则是具体的、有差别的人。经济法主体的层次性正是这种人的差异性的具体反映。

2.2.4 主体的经济性

法律是通过确立人们的行为规则来调整社会生活的。作为立法成果的静态的法律制度规范，其所体现的秩序、公平与效率等法律价值目标，必须依赖于相关法律主体的行为及利益主体之间的行为博弈。经济法作为现代法，不同于传统私法的一个重要特征是具有明显的经济性，即“国家以社会协调的方式来解决有关经济循环所产生的矛盾和困难（通过私法自动调节的作用有局限）”，即经济法在调控国民经济整体运行中所展现出来的积极性功能。现代市场经济竞争日益激烈，市场主体在交易中竞争，在竞争中交易，法制秩序的演变孕育于其中，经济法的产生正是缘于这种经济秩序的演化。经济法主体特征中的经济性表现在两个方面：一是规制竞争行为的经济性，即为了规范竞争利益的生产与分配，需要对市场中的主体的不正当竞争行为予以规制，对消费者主体予以保护，规范个别人或少部分人的利益驱动，使个体利益获得普遍性的实现，从而维护市场竞争秩序；二是调控竞争行为的经济性，即国家与政府基于市场的盲目性与滞后性等状况，出于维护本国经济发展的现实需要，从社会整体利益角度对国家的经济运行作出调控，如预算法与对外贸易法等。经济法律表现出来的经济性最终是落实和实现主体整体的经济性目的，维护市场经济秩序及实现市场良性运行。与传统的部门法相比，经济法不仅保护各主体现有的经济权利和利益，而且也注重为将来的经济增长服务，为可持续发展服务，如经济法中的预算法、产业政策法等都是着眼于长远发展而制定的。因此，在一定的程度上，经济法是（促进）发展之法。

2.2.5 主体的权力与责任的一致性

这是责权利原则在经济法具体制度中的体现，也是经济责任制的直接要求。所谓经济责任制是指在公有制主导的经营管理中，企事业机关单位及其内部机构因角色设置及其实现，而相互承担义务和享有权益的经济法律关系。经济管理主体参与经济法律关系往往是依法行使经济权力，根据经济责任制的要求，在行使经济权力的同时，要全面履行经济责任，经济权力与经济责任要相一致。不允许存在无责任的权力和无权力的责任。由于长期的人治和非制度化传统的影响，我国经济管理主体的角色设定、运作及其责任等方面还存在着一系列的问题，如经济管理机关及其职责不确切、刚性不足；对经济管理机关及其管理人员的行为缺少法律法规的约束，少有制裁；传统的官僚体系行政管理与经济管理不分，等等。由于各种原因，经济管理主体权力与责任相一致的原则并没有真正得到贯彻。只有确实贯彻经济责任制，体现主体权力与责任相一致的原则，才能达到市场经济秩序和经济自由的和谐统一。

2.2.6 主体间关系的单方面性和隶属性

主体间关系的单方面性主要是指在经济管理主体与其被管理对象之间法律关系的形成上，往往是依据经济管理主体单方面的意思表示产生的。它们所行使的职权均来自于法律的规定，它们有权在法律规定的范围内创设、变更和终止某种经济法律关系。这种关系与行政管理过程中法律关系的产生及发展类似，而与民事法律关系当事人之间的平等性、有偿性有着明显的区别。隶属性主要体现在经济管理主体内部关系上。经济管理主体的基本构成是享有国家经济管理职权的各级行政机关。上下级行政管理机关之间，行政管理机关及其职权机关之间，都存在着职能上的隶属关系。

2.3 经济管理主体的职能与地位

2.3.1 经济管理主体的职能

经济管理主体的职能也可称为经济管理主体的功能或机能，它主要表现为经济管理主体的职权，表现为经济管理主体在经济法律关系中依法享有和行使的权力。经济管理的职权决定了其职能所在。

1. 经济管理职权

经济管理的职权又称为经济职权，是指国家机构依法行使和组织经济职能时所享有的经济管理权力和经济管理责任。它具有以下特征。

（1）经济管理职权由法律直接规定产生

无论是经济管理职权的产生，还是国家机构取得经济管理职权的方式，都是由法律法规直接规定或赋予的。没有法定或特定的事由，经济管理主体不得超出法律规定的范围行使经济管理权力，如宪法赋予全国人民代表大会及其常务委员会审查和批准国民经济和社会发展计划及计划执行情况的报告的权力、赋予国务院编制和执行国民经济和社会发展计划与国家预算的权力、宪法及地方各级人民代表大会组织法赋予各级行政机关管理经济的权力等。

（2）经济管理职权为特定的国家机构和组织所独有

经济管理职权是一种专属的职务权限。经济管理职权的享有者只能是国家各级权力机关和各级行政机关及其所属的职能部门，特殊企业和其他特定组织依照有权机关的授权代行部分经济管理职权。其他非国家机构的事业单位、企业单位所享有的权力只是财产上的所有权和对财产的经营管理权，而非经济管理职权。同时，规定经济管理职权的法律规范属于强制性的规范，不得任意改变，也不需要有关领导机关的同意和认可。

（3）经济管理职权以国家对国民经济的宏观调控为中心内容

国家管理经济的职能主要是对国民经济宏观上的决策与管理。经济管理职权也主要体现为国家对国民经济宏观上的控制权，而非微观上的干预和调控。在对宏观经济管理的方式上，主要应为以法律手段、经济手段进行间接调控的方式，而非行政手段的直接调控。

（4）经济管理职权的行使受到法律的严格限制

经济管理职权是一种以国家强制力为后盾的国家公权力，依据管理机关单方的意志即可发生法律效力。被管理主体在经济管理关系中往往处于弱者的地位，其合法权利很容易受到经济管理机关的侵害。因而，经济管理机关行使职权的方式、范围、程序等都受到法律的严格限制。

（5）经济管理职权是一种权力与责任相统一的权限

经济管理主体是代表国家行使经济职权的，国家通过这些机构行使经济管理职权，以达到管理社会经济的目的。因而，经济管理职权是一种权力主体必须行使的一种权力，它不得根据权力主体的意志而随意改变或抛弃，权力主体行使经济管理职权同时也是履行自己对国家的义务。管理主体不行使或不正当行使经济管理职权就会构成失职。

2. 不同经济管理主体的职能

从整体上讲，经济管理主体的职能是负责国民经济发展规划的决策、执行、检查监督、做出处罚等，包括所有经济管理主体的经济管理活动。就具体的经济管理主体而言，其职能是有关某一领域、行业或被授权的特殊领域的决策、执行、检查监督、做出处罚等。

（1）政府及其管理部门的经济管理职权

政府及其管理部门是经济管理主体的最重要组成部分。中央政府是国家的最高行政管理机关，因而也是最高国家经济管理主体，它对于社会经济的调节和管理是全面的、综合性的，其管理方式重在对整个社会经济从整体上和宏观上进行规划、调节和控制，也要对社会经济活动的某些重要方面、部门和环节，对某些区域、重大经济项目和活动进行比较具体的管理，但其管理的目的还在于实现经济在整体上的稳健运行。国务院是我国的中央政府，是最高国家行政机关，它负责领导和管理全国的经济工作和城乡建设，领导和管理教育、科学、文化、卫生、体育和计划生育工作，编制、执行国民经济和社会发展计划及国家预算等。国务院和地方政府承担经济管理职能的部门可分为宏观调控部门和专门经济管理部门，前者着眼于经济总量平衡，优化产业结构和经济秩序，促进经济的健康和可持续发展；后者主要是制定行业发展规划和行业政策，维护行业竞争秩序。县级以上人民政府在国务院统一领导下，依法管理本行政区域内的经济、城乡建设事业和财政税收等工作，并依法设置运作专门经济管理部门和宏观经济调控部门。

（2）各级人民代表大会及其常委会的经济职权

全国人民代表大会是最高国家权力机关，当然也是国家经济管理的最高权力机关，是最高国家经济管理主体。它对国家经济的管理，不局限于社会经济的某个方面或部门，而拥有全面管理之权，但并非事无巨细地包揽所有经济管理事务，而是对国民经济中一些特别重大的和根本性的问题进行管理。全国人民代表大会享有管理经济的最高权力，包括制定和修改宪法在内的最高立法权，并有权审查与批准国民经济和社会发展规划，国家预算及预算的执行情况等。县级以上各级人民代表大会在本地区内保证国家宪法、法律、行政法规、上级人民代表大会及其常委会的决议、国家计划和预算等在本地区的遵守执行；可以决定本地区的重大事项，如审查、批准本地区的国民经济和社会发展规划、预算，批准或做出重大经济决策等；还可以依照法律规定的权限，通过和发布决议，审查和决定地方的经济建设、文化建设和公共事业建设的计划。

（3）特殊企业的经济职权

不管是政策性经营的企业还是专事国有资产投资或控股管理的企业，都承担着本行业或领域的一定的经济管理职能，在法律规定的范围内从事经济管理。这类特殊企业一般由法律或国家政策明确规定，其经济管理职能也与企业所处的行业或领域相关。

（4）经授权的其他组织的经济管理职权

为了适应复杂的经济管理实际的需要，国家或法律也可以对其他具备一定条件的组织进行授权，允许其享有部分经济管理的职能。

经济管理主体的设置依赖于国家的行政体制和发展国民经济的需要，其职能也要服从和服务于社会经济生活的需要。因此，经济管理主体在参与经济法律关系过程中应当进行合理的职能设置，贯彻经济权力与经济责任相一致的原则。

3. 具体经济管理职权

（1）经济决策权

经济决策权是指国家为保证经济总量的平衡、经济结构的优化和全国市场的统一，实现国民经济和社会发展规划，在合理划分中央与地方经济管理权限中行使的权力。它既包括长期的决策，如国民经济和社会发展规划、也可以表现为临时的命令，如国家为整顿金融秩序、税收秩序而做出的决策。这种权力分别由国家权力机关和国家行政机关来行使，如国民经济和社会发展规划的审批和修改权，国家和地方预决算的审查、批准权，重大建设项目的决定权等。

（2）市场管理权

市场管理权是指国家机构行使管理国民经济职能时，对某些特定经济关系、主体资格及经济行为行使的命令、批准、确认、许可、审核、禁止或撤销的权力。

命令权是指国家经济管理机关要求相对人为某种行为或不为某种行为的权力。批准权是指经济管理机关依法同意特定人取得某种法律资格或实施某种行为的权力。确认权是指国家经济管理机关对存在争议的特定的法律事实或者法律关系依法宣告是否存在和有效的权力。许可权是指国家经济管理机关依法对特定人或特定事解除对一般人仍然有效的禁止的权力。审核权是指上级国家经济管理机关对所属单位的经济行为的合法性和真实性进行审查认可的权力；禁止权是指国家经济管理机关依法不允许相对人为某种行为的权力。撤销权是指国家经济管理机关依法对某种法律资格予以取缔或消灭的权力。

（3）经济协调权

经济协调权是指国家经济管理机关为了实现国民经济和社会发展计划目标，在促进横向经济联系中，协调地区、部门、企业之间经济关系的权力。这种协调既包括宏观经济规划和经济目标的协调，如在编制国民经济发展规划时平衡不同利益的协调，也包括具体经济活动中的协调，如在处理不同部门、地区利益冲突时的协调。

（4）经济监督权

经济监督权是指国家经济管理机关对社会再生产各个环节进行监督指导的权力。它包括计划、财政、税务、银行、物价、计量、产品质量、审计、会计、统计及工商监督等。计划监督是指对国民经济和社会发展规划的制订和执行进行的监督。财政监督是指对国家预算执行情况的检查。银行监督是指中国人民银行和政策性银行对全国的信贷、外汇使用等金融活动进行的监督。审计监督是指国家审查机关对国务院各部门和地方各级人民政府的政府收支、财政金融机构及企事业单位财务收支及经营效益进行的监督。会计监督是指依法行使会计职权的经济法主体对有关经济法主体的款项收支、财产收发、债权债务增减等活动的合法性和有效性进行的监督。

（5）经济立法权

经济立法权是指国家机构根据宪法的规定及最高权力机关的授权所享有的制定、修改和废止经济法律法规的权力。它是国家经济管理机关经济职权的重要内容，是国家对社会经济进行宏观调控的法律依据。我国的立法权分为中央和地方两级立法体制，而经济法律和经济法规的制定权主要是由全国人民代表大会及其常务委员会、国务院等中央的经济立法机关和依法享有地方性法规制定权的地方人民代表大会及其常务委员会行使。

2.3.2 经济管理主体的地位

经济法主体制度是经济法律关系的重要内容，而经济管理主体作为经济法主体制度的重要组成部分，在经济法律关系中具有举足轻重的作用。

从经济法调整的关系的角度看，无论是在经济管理关系、经济竞争关系中，还是在经营协调关系中，经济管理主体都可能成为经济法律关系的当事人，而且经济管理主体在参与经济法律关系时往往处于管理的一方，行使国家或法律赋予的管理、监督经济运行的职权，其行为直接或间接地影响到经济法调整的经济关系的稳定与正常运行。因此，规范经济管理主体便具有了重要的意义。

从经济法律关系当事人的角度看，经济管理主体的具体行为直接或间接地影响到对方当事人，即社会经济组织的经济利益。而经济管理主体在经济法律关系中往往处于强势一方，很可能对处于弱势地位的当事人的合法权益造成损害，故而经济管理主体更需要严格地履行法律规定的职责。

由于经济管理主体的重要性，以及可能对相关当事人的合法权益造成损害，法律需要对经济管理土体进行更加严格的规范。经济管理主体的产生、职权范围、履行职责的程序等都由法律予以明确规定。

2.4 经济管理主体与行政体制改革

2.4.1 创新经济法主体的模式

经济法律规范中的主体始终是主体理论研究的出发点和归宿。法律关系是法律权力、权利、义务、职责等各种元素的集合。因此，法律关系是法理学中的范畴，各个部门法可以具有自己的法律关系，事实上也就是从各自的角度对受其调整的特定社会关系进行拟制。经济法律关系是对社会关系的抽象和拟制，又是运用立法技术制定法律规范的基础。这种在实践与立法之间的承启功能，决定了经济法律关系应当是经济法主体设置的根基。

经济法主体的模式设定，本身就是从实在法的规定中，抽象出立法者所据以作出法律规定的“人的原形”。如何在具体、零散的经济法律关系与凝练、系统的主体理论之间寻找契合点呢？经济立法是对具体经济法律关系进行逐条、逐款、逐项的描述，经济法主体理论要在经济法律所呈现的主体内容的基础上有所超越，就必须找到一个既对经济法律关系具有统摄性，又能在技术上满足理论提炼要求的工具，这就必须通过主体设置模式的创新来完成，即对“主体 - 行为”这一模式的创造性吸收来达到。

主体与行为相联系而表现出自身的特质，是提炼经济法主体的一个重要的方法。“在市场经济条件下，摒弃行政型、家长式的经济体制，每个具体的公有主体都要面向市场，发挥主观能动性，积极应变，从事管理及市场经济活动，为此需要在经济法的各项制度中贯彻责权利相统一原则，将这种要求落实为众多单个主体的协调一致行为，建立一种确保所设置的各种公有主体角色不易错位、异化的内在机制。”因此，“主体 - 行为”这一框架在本质上是“责权利相统一”原则的要求和体现。经济法主体理论要在以经济法律关系为根基的前提下有所创新，首先必须强调“责权利相统一”原则对“主体 - 行为”这一基本模式进行创造性地运用。实际上，经济法主体的层次性特征内在地反映和要求“责权利相统一”原则的运用，如在《中华人民共和国预算法》中，不同的上下级立法机关、行政机关行使权利的角色不同，因而它们应当承担相应的责任或职责。这种运用同样体现了现代社会中的法律控制逐渐成为一种基于主体行为多元化的控制结构。同一个主体在不同的法律关系当中据以显示自身特质的，不是名称和形式，而是具体的行为。不同的行为产生不同的结果，从而衍生出具体的法律调整诉求。因此，在很大程度上是法律制度塑造了主体角色。例如，同样是国家，因政治行为的实施可以成为宪法主体，而因宏观经济调控行为的实施则可以成为经济法主体；同样是经营者（公司），实施注册登记行为可以成为民商事主体，而实施低价倾销行为就可能成为反不正当竞争法律关系的主体。现代社会的法律纷繁复杂，通过名称和形式绝难勾勒出法律主体的本质，只有关注具体的行为，分析不同行为蕴涵的法律含义，才可以洞察到经济法语境中的主体特质，也只有在这个意义上，经济法主体的特殊性才得以显现。

2.4.2　经济法主体的利益目标

利益冲突是法律产生之源，因此，利益是不同的法律背后最根本的识别标志。经济立法本身是一个公共选择过程，不完全是立法者基于理性的制度设计过程，而是不同利益主体之间博弈的过程和结果。经济法是社会本位法，社会整体利益是经济法主体不同于其他法律主体的基本法益追求目标，被视为经济法的基本范畴。经济法主体得以存在的标志不在于特定主体的人数或类型，也不在于具体利益的发生空间，而是建立在个体利益基础之上的绝大多数主体的欲求。个体利益的最大化满足与普遍化、持续化实现之间的矛盾与冲突，其中的协调、平衡与整合是经济法的基本功能。因此，在各类利益主体之间的博弈过程中，经济法主体关系的根本特征表现为平衡性、协调性。与其他部门法相比，民法主体关系的根本特征可以用“平等”来概括，行政法主体关系的根本特征则可以用“隶属”来衡量，而经济法则不然。无论是国家、市场还是社会等抽象主体，或是预算单位、对外贸易经营者、消费者等具体主体，它们之间的关系都无法用平等和隶属这样的范畴来简单形容，而应该通过平衡、协调利益来识别。

社会整体利益体现为具体的法律标准，其中之一就是在权利和义务、权力和职责等行为要素和责任要素的设置上采取社会本位的立场。“健全的市场经济体制要求法律制度发挥双重的作用：既要能激发个人追求自身利益的热情，又要能扼制住个人的这类行为转化为对他人和社会利益的侵害。”现代社会大量经济法律法规的产生，正是超越传统部门法功能的局限性而展现出社会本位的法益价值目标。这些经济立法集中体现和反映了社会整体利益的价值观，如在反不正当竞争和反垄断立法中，强调市场秩序的良性运行。而经济法律主体，在追求利益的博弈过程中，已超越传统的一般抽象身份而进入现实的物质利益角色之中。在市场竞争利益的创造与分配中，“社会本位”理念始终是各个行为主体信守的基本利益追求目标，经济法主体所彰显的经济性正是在此行为领域中予以体现与落实。例如，在《反不正当竞争法》中，国家机关（工商行政管理机关）已不仅是传统的纯粹意义上的行政管理者，而且是经济管理者。这种经济管理关系虽然具有一定的行政管理性质，但是它本质上是一种以物质利益为核心的经济关系，是国家对众多物质利益实体的管理关系，两者都应以权利主体和义务主体来对待。因此，工商行政管理机关是从社会整体利益角度出发，对损害市场秩序的不正当竞争行为予以规制的。

2.4.3　世界贸易组织与经济管理

为了促进各国经济发展并推动经济国际化的进程，世界贸易组织（WTO）专门规定了一些精神和原则，并以条约的形式要求参加方遵守与执行。“透明度原则”就是其中之一，它是指缔约方的法律文件要透明，即缔约方为调整社会关系而制定的所有法律、法规，以及各成员之间签订的影响国际贸易的协定要公之于众，以便于公众得以了解。透明度原则是最惠国待遇原则和国民待遇原则实现的保障，也是现代文明社会法律的基本原则，是各国法律应当遵守的基本精神。

我国加入世界贸易组织（WTO）后，受到WTO规则最大冲击的是政府，尤其是政府中的经济管理主体的思想理念及其管理模式。其一，政府要从原来的全能政府的理念转变为有限政府的理念。经济管理要有所为有所不为，主要从宏观上调控经济的运行，抛弃计划经济条件下过多地介入到公民私人事务的思想。其二，要从原来的神秘政府转变为透明政府。我国传统上的行政法规和规章数量众多并互相冲突，而经济管理上的有些问题的处理也处于不公开状态，这既为权力腐败提供了土壤，也使社会组织及公民个人权利得不到维护。要以加入WTO为契机，切实使政府的经济管理、社会管理行为透明化。其三，要从权力观念的政府转变为责任观念的政府。政府不仅行使社会管理、经济管理的权力，更要承担由此而带来的义务和责任，经济管理主体要落实经济责任制，应强调责任的重要性。

具体而言，国家实施经济管理的机关都是政府职能部门，且实施管理的依据往往又是其制定的法规或规章制度。在"透明度原则"的前提条件下，国家实施经济管理的职能部门及其职责权限也应当依法成立与设置，其制定颁布的法规或规章制度也应当向社会公布。使社会公众或参与国内经济贸易的国外公司企业及自然人明白自己的合法权利和要求，既督促政府依法行政，也保护了处于弱势地位的当事人的利益。同时，坚持透明度原则，对于保持一国法律在世界上的公正性和权威性，促进本国参与世界经济和政治合作，也有着非常大的积极意义。

我国已经加入世界贸易组织（WTO），经济体制改革已经取得丰硕的成果，确立了基本的经济管理制度。但是，国内方面，在完善政府经济管理部门对价格的调节，完善政府与国有企业的关系等问题上还需要进一步探讨；涉外经济关系中，对货物贸易和服务贸易的管理思想等问题还要继续研究。如何根据我国"入世"过程中所承诺的世界贸易组织（WTO）法律文件的要求并结合国情改革我国现行的经济管理体制，是行政体制改革的一项重要内容。

2.4.4 经济管理主体与行政体制改革

1. 经济管理主体与行政体制的关系

我国行政体制改革的目标，是建立办事高效、运转协调、行为规范的行政管理体系；完善国家公务员制度，建设高素质的专业化行政管理干部队伍；逐步建立适应社会主义市场经济体制的中国特色的行政管理体制。为了达到这个目标，应该在现有的行政体制的基础上逐步予以改革。按照发展社会主义市场经济的要求，转变政府职能，实现政企分开；按照精简、统一、效能的要求，调整政府组织结构，实行精兵简政；按照权责一致的原则，调整政府部门的职责权限；按照依法治国、依法行政的要求，加强行政体系的法制建设。要使行政管理体制能够符合社会主义市场经济体制的要求，同时也符合管理社会公共事务的要求。

经济管理主体以国家公权力的身份介入并干预社会经济事务，参与经济法律关系，行使国家经济管理职能。但就该管理主体的性质来看，经济管理主体仍属于国家行政机关的范畴，要受到国家行政管理体制的制约。因而，行政管理体制改革势必要涉及经济管理体制的改革，涉及经济管理主体自身的设立、职权范围、工作方式等。换言之，经济管理体制的改革属于行政体制改革的一部分。

2. 经济管理体制改革的趋势

政治体制改革与经济体制改革是促进经济发展的重要方式。经济管理体制改革则是经济体制改革的重要组成部分。我国的经济管理体制还存在着一系列的问题，一是市场体系不完善，市场对资源配置的基础性作用未得到充分发挥；二是国有企业改革需要深化，企业的市场主体地位没有完全确立起来；三是政府职能定位不准确；四是对外经济管理体制不完善。

根据我国经济管理体制中存在的问题，我国经济管理体制具体应做好以下几个方面的工作：其一，按照建立现代企业制度的要求，继续推进国有企业规范的公司制改革和股份制改造，完善监督机制；其二，继续完成电力、电信、民航、铁路等行业改革，自上而下有序地进行国有资产管理体制改革，创造各类市场主体公平竞争的环境；其三，稳步实施金融体制改革，完善金融法律法规，稳步开放我国的金融市场，继续推进财税、投资和融资体制改革。通过改革，使我国的经济管理体制符合社会主义市场经济秩序发展的要求，从而推动社会主义市场经济体制的完善。

经济管理体制改革，就其根本内容而言，就是要设置符合我国市场经济运行要求的经济管理主体，并授予经济管理主体相应的职责权限，要在制度上保证经济管理主体的工作人员能够依法行使职权。

从总的方面来讲，经济管理体制改革的基本方向应该是：完善我国现有的经济管理主体并向社会公开其职责权限，以符合世界贸易组织（WTO）的“透明度原则”的要求；建立并完善公务员制度，提高公务员的素质，以保证公务员真正做到依法行使职权；贯彻“收支两条线”，既监督经济管理主体依法行使职权，减少贪污腐败，同时也保障经济管理主体行使职权必需的物质条件。

本章小结

1. 国家管理经济职能的实现依赖于经济管理主体的设置及其管理活动。
2. 在我国，经济管理主体的设置具有层次性，主要包括政府及其职能部门、各级人民代表大会及其常委会、特殊企业、经授权的其他组织等。
3. 经济管理主体主要是经济管理机关或机构，因此它具有其他经济法主体不具备的特征。
4. 经济管理主体在经济法中具有重要的地位。
5. 经济管理主体的权利与责任是一致的，这为依法管理经济奠定了基础。
6. 经济管理主体与我国行政体制改革有着密切的关系。

本章案例

请扫描右侧二维码阅读案例内容。☞

练习题

1. 叙述国家管理经济职能与经济管理主体的关系。
2. 叙述经济管理主体的概念与种类。
3. 叙述经济管理主体的特征。
4. 叙述经济管理主体的职能和权限。
5. 叙述经济管理主体的权利与责任的基本要求。

第3章

企业法律制度

本章提要

本章主要介绍全民所有制工业企业和政府的关系；合伙企业与第三人的关系及有限合伙、特殊的普通合伙的概念；个人独资企业的权利和义务；外商投资企业法的概念；全民所有制工业企业权利和义务的主要内容；全民所有制工业企业的组织机构；合伙企业的财产；中外合资经营企业法，中外合作经营企业法，外资企业法；掌握个人独资企业的投资人和事务管理，有限合伙企业、特殊的普通合伙企业的概念及使用。

导入案例

张、王、李、赵各出资四分之一，设立通程酒吧（普通合伙企业）。合伙协议未约定经营期限。现围绕合伙份额转让、酒吧管理等事项，分析下列问题。（2011 年国家司法考试试卷三第 92 ~ 94 题）

酒吧开业半年后，张某在经营理念上与其他合伙人发生冲突，遂产生退出想法。下列说法正确的是:（A）可将其份额转让给王某，且不必事先告知赵某、李某;（B）可经王某、赵某同意后，将其份额转让给李某的朋友刘某;（C）可主张发生其难以继续参加合伙的事由，向其他人要求立即退出;（D）可在不给合伙人造成不利影响的前提下，提前 30 日通知其他合伙人要求退出。

酒吧开业 1 年后经营环境急剧变化，全体合伙人开会，协商对策。按照《合伙企业法》规定，下列事项的表决属于有效的表决是:（A）张某认为“通程”二字没有吸引力，提议改为“同升酒吧”。王某、赵某同意，但李某反对;（B）鉴于生意清淡，王某提议暂停业 1 个月，装修整顿。张某、赵某同意，但李某反对;（C）鉴于酒吧之急需，赵某提议将其一批咖啡机卖给酒吧。张某、王某同意，但李某反对;（D）鉴于私人缺乏酒吧经营之道，李某提议聘任其友汪某为合伙经营管理人。张某、王某同意，但赵某反对。

经全体合伙人同意，林某被聘为酒吧经营管理人，在其受聘期间自主决定采取下列管理措施符合《合伙企业法》规定的是:（A）为改变经营结构扩大影响力，将经营范围扩展至法国红酒代理销售业务;（B）为改变资金流量不足情况，以酒吧不动产为抵押，向某银行借款

50 万;(C) 为营造气氛，以酒吧名义与某音乐师签约，约定音乐师每晚在酒吧表演 2 小时;(D) 为整顿员工工作纪律，开除 2 名经常被顾客投诉的员工，招聘 3 名新员工。

3.1 企业法概述

3.1.1 企业的概念和分类

1. 企业的概念和特征

1）企业的概念

企业是依法成立的，从事生产经营或服务活动的，自主经营、独立核算、自负盈亏的，以营利为目的的经济组织，是现代社会中最常见、最基本的经济组织形式。企业是国民经济的基本单位，是近现代社会的重要的细胞和组成部分，是经济生活中最积极、最活跃的因素。企业是一个历史范畴，它是商品经济的产物，随着商品经济的发展而发展。当商品经济关系渗透到社会生活的各个领域，伴随着机器化生产方式的出现，出现了社会大生产，才出现了现代意义上的企业。企业从工业生产部门产生以后，随着生产社会化程度的提高，从早期的工业领域扩展到国民经济的各个领域和所有行业。现在，企业已成为社会物质生产部门和物质生产部门从事生产经营活动或服务性活动的基本经济单位的普遍称谓。

2）企业的特征

企业是经济法律关系的最基本的主体之一。在对经济法主体范畴提炼的过程中，有的学者把企业称为经济法的实施主体或者是经济活动的主体；还有的学者把它称为市场的主体，而市场主体又包括企业和居民两类；也有的学者把企业在经济法律关系中的主体称为生产经营主体和消费主体或者是管理受体。我们在学习和研究经济法主体时，必须对经济法主体的这一基本构成——企业，有一个基本的全面的了解。从上述定义，可以得出企业具有以下特征。

（1）企业是依法成立的经济组织

企业必须依法登记注册，取得法律关系的主体资格，才能以企业自己的名义从事生产经营活动。现代社会中，多数具有企业法人资格，不具备法人条件的企业，如合伙企业和个人独资企业，也具备相应的法律地位和合法经营权。未经法律许可的单位，不得从事生产经营活动。

（2）企业是从事生产经营或服务性活动的经济组织

企业是从事生产经营或服务性活动的经济组织，是从企业作为国民经济的基本生产单位的具体社会功能来分析的。企业作为经济组织，从事的是经济活动，包括物质资料的生产和经营销售，即生产经营活动，包括为满足人们的生产和生活需要的各方面的服务活动，就这一点来讲，企业不是享有和行使立法、行政和司法权力的有关国家机关，也不是从事社会公益活动的事业单位和社会团体。企业作为社会经济活动的基本单位，从社会经济生活的生产、分配、交换和消费等基本环节上体现出来。在生产领域企业是生产现场，企业通过对各种生产要素的组织、有效的利用，生产出各类商品或者提供各类服务。在分配环节领域，企业是劳动者——企业——国家（社会）这个链条的中间环节，现代社会的分配再分配均要通过企业这个中间环节进行。在交换领域，企业是实现交换的基本环节，直接从事交换活动的商业企业专门从事商品交换活动，是当然的交换环节。在消费领域，企业是社会基本消费单位，任何一个企业，它既是生产者或服务者，又是消费者，它的生产经营或者服务性活动是通过消费各类商品而实现的。

（3）企业是营利性的经济组织

企业是营利性的经济组织，是从企业的性质和企业设立的宗旨上来分析的。企业是以营利为目的，这是企业的重要本质属性。所谓“营利”，是指企业及其投资者以投资者的投资所形成的企业的资本来经营某项事业，通过其生产、经营活动来达到资本增值的目的。企业就是出于这种目的而从事某项生产经营或服务性活动的经济组织。同时，其营利手段、利润的分配和使用还必须合法，即它在获取利润时，其营利的手段必须合法，包括各种营销手段、竞争手段，产品和服务质量等必须合法，有法定标准的必须符合法定的标准，同时，企业要依法纳税，履行纳税义务。

（4）企业是自主经营、自负盈亏、独立核算的经济组织

企业是自主经营、自负盈亏、独立核算的经济组织，是从企业的独立性上来说的，在实行现代企业制度下的企业，不同于过去计划经济体制下的企业，那时，企业没有独立的市场主体地位，其生产经营活动完全靠政府的指示，进行生产经营活动，其生产面对的是政府，生产什么、生产多少不是根据市场来判断，而是根据政府的行政计划，导致企业完全丧失了活力。在市场经济条件下的企业，其生产经营完全依市场这只“看不见的手”的调节，依其为指挥棒，由企业自主决定其生产经营活动，优胜劣汰。

2. 企业的分类

企业作为社会经济生活的基本活动单位，其种类是由社会生产力发展水平、社会生产发展的集约化程度，以及特定社会所有制结构等诸多因素决定的。一般来说，确定企业种类的客观依据主要是：特定社会，包括特定国度的生产力发展和商品经济发展的规模水平；特定社会分工的广度和深度，以及商品生产和商品交换的社会化、集约化的程度；特定社会和国家的资本集聚和集中的程度，特别是金融事业的发展水平；特定社会和国度的产权结构，主要是所有制的主要形式及由此派生出来的企业责任形式；企业自身的经营管理以及企业生产经营的外部环境，等等。

一般来说，企业依据不同的标准可以有不同的分类：从企业所属的经济部门的不同来划分，可以分为农业企业、工业企业、交通运输企业、金融企业等；从企业使用的技术装备及生产力要素所占比重来分类，可以分为技术密集型企业、劳动密集型企业等；从企业规模来划分，可以分为大型企业、中型企业和小型企业等；从企业的内部结构来划分，可以分为单厂企业、多厂企业和联营企业等；从生产资料的所有制形式和性质来划分，可以分为国有企业、集体企业、私营企业、混合所有制企业等；从企业是否具备法人的主体资格划分，可以分为具有法人资格的企业和不具有法人资格的企业，等等。

目前世界上的各国对企业的分类，主要分为独资企业、合伙企业和公司。

我国的企业立法的模式也是按经济类型来划分的，主要有以下分类。

1）国有企业

国有企业是国家出资举办的，其全部财产属于国家所有。在我国，这种企业是国民经济的主导力量，在经济生活中扮演着重要的角色，起着支配的作用。国有企业的范围包括中央和地方各级国家机关、事业单位和社会团体使用国有资产投资所举办的企业，也包括实行企业化经营国家不再核拨经费或核发部分经费的事业单位及从事生产经营性活动的经济实体，还包括上述企业、事业单位、社会团体使用国有资产投资所举办的企业。为了坚持公有制经济的主导地位和充分发挥国有经济的作用，中共中央在《关于完善社会主义市场经济体制若干问题的决定》中提出：“需要由国有资本控股的企业，应区别不同情况实行绝对控股或相对

控股。完善国有资本有进有退、合理流动的机制，进一步推动国有资本更多的投向关系国家安全和国民经济命脉的重要行业和关键领域，增强国有经济的控制力。其他行业和领域的国有企业，通过资产重组和结构调整，在市场公平竞争中优胜劣汰。”明确指出了我国现阶段国有企业改革的重点是既要建立和健全国有资产监督和管理的体制，又要完善“产权清晰、权责明确、政企分开、管理科学”的现代企业制度，逐步完善法人的权利机构、决策机构、监督机构和经营管理机构之间的制衡机制。

2）股份制企业

我国的股份制企业主要是指股份有限公司和有限责任公司（包括国有独资公司）两种组织形式。我国要适应经济市场化不断发展的趋势，进一步增强公有制经济的实力，大力发展国有资本、集体资本和非公有制资本等参股的混合所有制经济，实现投资主体多元化的股份制经济。股份制企业以其灵活的机制、市场适应的能力，必将是公司发展的主要方向。

3）合作及集体所有制企业

（1）合作社企业

合作社企业是指按照合作社组织方式依法设立并运行的经济组织。它的成立没有人员限制，是以协调社员经济活动为目的的法律上的社团，它既要追求自身的利益又要服务于社员本身的利益。其在登记注册的范围内进行生产经营活动。合作社企业法律制度一般包括合作社企业的财产制度、组织制度和责任制度等。

（2）集体所有制企业

集体所有制企业是我国公有制经济成分的重要组成部分，包括城乡劳动者使用集体资本投资兴办的企业，以及部分个人通过集资自愿放弃其所有权并依法经工商行政管理机关认定为集体所有制的企业。

（3）股份合作企业

股份合作企业是一种以资本联合和劳动联合相结合作为其成立运作基础的经济组织。它把资本与劳动力这两个生产力的基本要素有效地结合起来，具有股份制企业与合作企业特点的新兴的企业组织形式。

4）私营企业

加入WTO后的中国，非公有制经济已经成为中国市场经济的组成部分，所以国家是鼓励和积极引导私营经济的发展的，非公有制经济是促进我国社会生产力发展的重要力量，目前，我国不仅修订了妨碍非公有制经济的发展的法律法规和政策，而且还放宽了市场的准入，允许非公有制资本进入法律法规未禁止的基础设施、公用事业及其他行业和领域。但鼓励不等于放任，作为非公有制经济的私营经济也要依法经营，照章纳税，保障职工的合法权益。

5）联营企业

联营企业是指企业之间或者企业、事业单位之间联营，组成新的经济实体，独立承担民事责任，具备法人条件的联营企业；或者是企业之间或企业、事业单位之间联营，共同经营，不具备法人条件的，由联营各方按照出资比例或者协议的约定，以各自所有的或者经营管理的财产承担民事责任的企业。如果按照法律规定或者协议的约定负连带责任的，则要承担连带责任。

6）外商投资企业

外商投资企业是中外投资者在中国境内经过中国政府批准设立的，包括中外合资经营企业、中外合作经营企业和外商独资企业三种形式。此处不再展开，后面专题论述。

7）港、澳、台投资企业

港、澳、台投资企业是指港、澳、台投资者依照中华人民共和国有关涉外经济法律、法规的规定，以合资、合作或者独资的形式在内地举办的企业。其适用的法律、法规，均以中华人民共和国涉外经济法律、法规为依据，在经济类型上它不同于涉外投资的经济类型。

8）公司

公司是依法设立的，以营利为目的的企业法人。综合各国公司法对公司的法定解释及学理上概括，一般称为依法设立的，以营利为目的的社团法人。公司是世界各国所普遍采用的企业组织形式中最重要的一种企业形态，它也是我国社会主义市场经济中的一种主要的企业组织形式。我国公司法规定其形式仅有有限责任公司和股份有限公司。

3.1.2 企业法的概念、调整对象及其表现形式

1. 企业法的概念

企业法是国家在调整企业在设立、存续和终止过程中所发生的社会关系的法律规范的总称。企业法是规范企业在产生、存续直到终止全部过程的行为准则，是企业必须遵守的行为规范，也是我国对企业实现宏观调控和管理的重要工具和法律依据，其是通过对各类企业法律地位的确认，对因企业的各种活动而产生的有关社会关系的调整，从而达到维护社会经济持续的目的，保证企业合法设立和正常开展经济活动，维护合法权益，限制、禁止、取缔和制裁企业的违法行为，促进国民经济的发展。所以，企业法是国家管理企业的基本行为规范，是国家对企业管理的基本法律依据，尤其是我国目前仍然处于发展中国家的地位，更要完善和进一步发展企业法，使其能够更好地为我国企业走向市场、走向世界，为企业的发展创造更为有利的条件。

2. 企业法的调整对象

企业作为以营利为目的的经济组织，在其设立、存续、终止的过程中所发生的，有企业法所调整的社会关系，即国家在协调经济运行过程中所发生的社会关系，也即一定范围的经济关系，只不过，其是在国家宏观调控下所发生的经济关系。所谓经济运行，是指生产、分配、交换、消费的全过程，其主要反映如下几种经济关系。

1）企业及企业与投资者之间的经济关系

（1）企业法要规定企业的资本形成的方式和资本结构的模式，如最低注册资本的规定、资本构成的内容和比例、资本形成的方式等。

（2）企业法要确认企业在设立以后，企业财产的归属。企业在设立后企业财产是否独立于投资者的个人财产，投资者的其他财产如果和企业财产分离了，则企业有独立的财产，如果投资者的其他财产和企业财产没有分离，则企业没有形成独立的财产。

（3）企业法要对企业的盈利如何分配作出规定。企业在经营过程中所创造的财产，在缴纳相应的税收后，如何分配，各类基金的提留数额，以及资产收益如何分配等作出规定。

（4）企业法要对企业所附债务如何承担作出规定。投资者对企业债务还要不要以个人的其他财产承担责任，以及企业对其自身的债务如何承担责任。我国企业法规定的责任承担行为有两种：一是投资者一个人的全部财产对企业债务承担无限连带责任；二是投资个人对企业债务仅以出资危险承担有限责任，企业以其全部资产承担责任。

（5）企业法要对企业财产如何转让作出规定。企业设立后，企业财产形成后，企业的财

产能否转让，如何转让，投资者能否抽回投资，公司股东能否退股等均由企业法加以规定。

（6）企业法要对企业终止、解散时财产分配作出规定。在企业设立后，在企业破产或解散时总会遇到企业财产分配的问题，包括分配的标准和顺序。

2）企业在设立、存续和终止过程中所发生的经济管理关系

（1）国家对企业的宏观调控关系。国家主要通过市场准入、生产经营许可、专卖、税收、价格等手段对企业进行调控。

（2）企业在运行过程中所发生的经济管理关系，如企业的产品质量和服务质量的问题、垄断与反垄断的问题、消费者权益保护的问题等。

（3）企业在设立、变更和终止过程中发生的经济管理关系，如企业的设厂准入和退出作出的规定。

（4）企业内部的经济管理关系。企业如何设立自己的组织机构，各个机构的职权和工作程序和地位等，企业法均要作出规定。

（5）企业外部的经济管理关系主要是指企业与税收部门、环保部门、工商部门等发生的关系，企业法也要进行调整。

3）企业内部的经济管理关系

（1）企业有权自主决定自己的生产经营活动，不受任何人或部门的不正当干涉。各个部门之间相互协调从事生产经营活动。

（2）所有权与经营权相分离。

（3）对企业内部的劳动关系、资金的运作等作出规定。

我国企业法的表现形式是以宪法为基础，以一批企业法律为主导、以众多的企业法规、规章为依托，相互衔接、彼此依存的有机联系的整体，虽存在一些不足和有待改进的地方，但已经形成了国有企业、集体企业、公司企业、合伙企业、个人独资企业和外商投资企业等的表现形式。

3.1.3　企业法的特征

企业法具有如下特征。

（1）组织法与行为法相结合，以组织法为主

企业法不仅对企业的种类、组织形式、组成的条件、各类企业必须设置的法定机构、负责人及其职权作出规定，而且还把组建企业及企业设立后的生产经营活动的基本行为应遵循的原则、行为的内容及行为的法律后果作出基本规定，以保证企业依法顺利地组建，正常地开展生产经营活动。所以，企业法既是一种组织法又是一种行为法。

（2）实体法与程序法相结合，以实体法为主

企业法在内容上规定诸如企业的种类、企业设立应具备的条件、企业注册资本数额及资本构成、投资者的权利和义务、内部机构的设置及职权等，均属实体法的规定。同时，企业法还规定了，为实现这些实体权利应履行的法定程序。譬如，企业的设立、变更、终止，乃至企业的组织机构的组成、会议的召集和主持，以及股票和债券的发行和募集等都有明确的程序上的规定。所以，整个企业法对企业的实体权利和义务与程序上的规定有机地结合起来，但又是以实体法为主的。

（3）强制性规范与任意性规范相结合，以强制性规范为主

企业法的内容既有数量众多的强制性规范条款，也有相当数量的任意性条款，而这有机

结合组成了企业法的全部内容。例如，公司法关于公司的注册资本的规定，不得低于法定注册资本的最低限额，但在最低限额之上又体现了不受上限限制的任意性规范。再如，股份公司的设立方式有发起设立和募集设立，这是法定的两种设立方式，但至于选择哪种设立方式，对于股份制企业来说又属于任意性的选择规范。由此可见，企业法是强制性规范与任意性规范相结合的，又是以强制性规范为主的法律制度。

（4）管理法与财产法相结合

企业法的制定遵循了设立企业的目的是根据国民经济和社会发展总目标的要求的总方向，来统一调整国家与企业间的关系，以至于把企业的全部活动纳入法制轨道，并且有企业法规范企业的生产及经营活动，来管理和监督企业。尽管如此，企业法调整的社会关系中有相当一部分是财产关系，如企业财产的归属、企业盈利的分配及企业的债权享有与债务承担、企业终止后的财产的分配等，这些都是以财产为内容的企业法的内容。所以，企业法不仅是管理法而且也是财产法，二者是相结合的。

3.1.4 企业法的主要内容

1. 企业的设立

企业的设立是指企业的创办人为使企业具备生产经营或者服务性活动的能力，取得合法的主体资格，依照法律规定的条件和程序所实施的一系列经济上和组织上的法律行为。企业的创办人要制定企业的章程、确定生产经营范围、组建法律规定的相应的机构，并依照法律规定的程序履行申报、审批和登记手续，依法取得进行生产或服务性活动主体资格。企业设立完成后取得了一定的法律上的主体资格，取得了合法凭证，有权正式开业，取得了企业名称专用权，同时也具备了承担法律责任的条件。

1）企业设立的方式

各国对企业的设立规定了不同的设立方式，概括起来大致有以下几种类型。

（1）自由设立

自由设立是指企业的创办人可以根据自己的意愿，自由设立企业从事生产经营活动，不需要履行法律上的手续的设立方式。根据这种设立方式，任何人不得干涉企业的设立人选择是否设立企业的行为，极度自由，大家都知道，完全的自由其实是不存在自由的，势必会带来设厂的混乱和无序。目前世界各国已基本不再采用该种设立方式。

（2）特需主义

特需主义是指企业的设立要有国家元首或国家法令特殊批准的一种设立方式。这种设立方式要求设立企业的方式特别严格，履行相当复杂的程序。目前，主要运用于承担公共职能的企业或公用型企业的设立。

（3）核准主义

核准主义是指企业设立时，不仅要具备法律规定设立企业的各项条件，同时要通过法定的主管行政机关对其设立进行审查，作出批准决定，企业方能进行注册登记的一种设立方式。

（4）准则主义

准则主义是指法律规定企业设立的条件，企业设立时只要符合法律规定的条件，无须任何部门的审批即可注册登记的一种设立方式。

（5）严格准则主义

严格准则主义是指企业除应具备法律规定的设立条件，同时规定国家对其设立加强管理和监督的一种设立方式。

2）我国企业设立的方式

我国的企业由行业主管部门核准设立，我国大多数企业的设立首先要经过行业主管部门的批准；其次由国务院批准特许设立，如金融性企业等由国务院批准设立；最后登记设立，由法律规定设立条件，在符合企业设立条件的情况下，可以登记设立。

2. 企业的变更

企业的变更是指以设立登记注册的企业在其存续期间，由于主客观情况的变化，根据生产经营活动的需要，在企业组织机构上和其他登记注册事项的改变。企业变更必须依法进行，变更的结果必须符合法律要求，并办理变更登记。企业变更主要包括企业的合并和企业的分立。

3. 企业的终止

企业的终止是指已经设立的企业因企业章程或法律规定事由的发生，致使企业停止生产经营活动，经注销登记后，企业在法律上主体资格消灭的一种法律行为或法律事实。当法律或章程规定的事由发生时，企业的主体资格尚未终止，只是停止了生产经营活动，这时企业需要进行清算，清理债权债务关系，分配剩余财产，待清算终止后，结束了对内对外的关系，办理了注销登记，企业才失去企业法人资格或其他主体资格。企业的终止分为两种：一是任意终止；二是法定终止。

3.2　全民所有制工业企业法律制度

全民所有制工业企业即国有工业企业，是我国经济法主体的基础。我国的社会主义市场经济仍然以公有制为主体，以全民所有制经济为主导。那么，搞好全民所有制工业企业不仅是掌握国民经济的命脉的问题，而且是关系到社会主义制度的经济基础问题。即便是在这样一个重视知识经济的今天，让全民所有制工业企业充满生机和活力，对推动整个国民经济的发展也有举足轻重的作用。

3.2.1　全民所有制工业企业法概述

1. 全民所有制工业企业法的概念

全民所有制工业企业法是指调整国有工业企业在设立、变更、终止过程中所发生的一定范围的经济关系的法律规范的总称。全民所有制工业企业包括国家全资和控股的企业，如果设立采取公司的形式的，除适用公司法外，国家有特别规定的，也应适用与其相关的特别规定。这里的“一定范围”的经济关系是指国家机关和全民所有制工业企业之间在国民经济管理过程中发生的经济关系；全民所有制工业企业内部上下级组织之间、企业内部各级组织与其成员之间在企业管理过程中发生的经济关系；全民所有制工业企业相互之间、全民所有制工业企业与其他社会组织或经济主体之间在经济协作过程中发生的经济关系；全民所有制工业企业内部各级组织之间在经济协作过程中发生的经济关系。

全民所有制工业企业是国民经济的支柱。搞好国有工业企业的改革和发展，对建立和完善社会主义市场经济体制和巩固社会主义制度具有极其重要的意义。正因如此，全民所有制工业企业的立法一直是我国企业法的核心。

2. 全民所有制工业企业的立法概况

目前现行的规范全民所有制工业企业的法律是1988年4月13日第七届全国人民代表大会第一次会议通过的《中华人民共和国全民所有制工业企业法》，它是我国的基本法律之一，该法不仅适用于全民所有制工业企业，而且还适用于全民所有制的交通运输、邮电、地质勘探、建筑安装、商业、外贸、物资，以及农林水利企业。除此之外，国家和地方立法机关针对国有企业制定的法律、法规，以及国务院有关业务主管部门和地方人民政府所制定的与其相配套的行政规章也是全民所有制工业企业立法的重要组成部分。

由于在计划经济向市场经济体制过渡的较长时期内，不可能完全放弃对不同性质的企业的区别对待和特殊管理，我国按企业的所有制性质进行企业立法和法律调整的做法还将在一定时期和一定范围内存在，对此，我们应该有清醒的认识。

3.2.2 全民所有制工业企业的设立、变更和终止

1. 全民所有制工业企业的设立

（1）设立条件

按照《全民所有制工业企业法》，设立全民所有制工业企业必须符合下列条件：①产品为社会所需要；②有能源、原材料、交通运输的必要条件；③有自己的名称和生产经营场所；④有符合国家规定的资金；⑤有自己的组织机构；⑥有明确的经营范围；⑦法律、法规规定的其他条件。

（2）设立程序

设立企业必须经过申请、审批和登记的法定程序。在符合上述条件的情况下，由工商管理部门核准登记，颁发《企业法人营业执照》，取得法人资格，其应在核准登记的范围内从事生产经营活动。否则，由工商管理部门说明不予设立的理由。

2. 全民所有制工业企业的变更和终止

企业的变更是指企业合并、分立，以及其他有关登记注册事项的变动。企业的终止是指企业在资格消灭。

企业的合并或者分立要依法进行，由政府或政府主管部门批准，准予变更的，应自审批机关批准后30日内，向登记主管机关申请办理变更登记、开业登记或者注销登记。

终止的原因概括地讲有两个：一是法律上的原因，如为了扩大经营而进行合并；二是经营上的原因，如企业违法的，或者出现了法定的情形，有关部门依法撤销或关闭。

《全民所有制工业企业法》规定的全民所有制工业企业的终止原因，有4个方面的规定：①违反法律、法规被责令撤销。譬如，涂改、转让营业执照的，工商管理部门有权责令其停办，吊销其营业执照。②政府主管部门依照法律、法规的规定，决定解散。譬如，对于经济效益差，污染严重的企业，环境保护部门就可以会同有关部门作出决定，予以关闭。③依法被宣告破产。④法律、法规规定的其他原因。

3.2.3 全民所有制工业企业权利和义务的主要内容

1. 全民所有制工业企业的权利

全民所有制工业企业的权利是指法律赋予全民所有制工业企业能够作出或不作出一定行为及要求他人相应作出或不作出一定行为的资格。

按照企业法和其他有关法律、法规、规章的规定，全民所有制工业企业的权利可以概括为以下几个方面：生产经营决策权；产品、劳务定价权；产品销售权；物资采购权；进出口权；投资决策权；留用资金支配权；资产处置权；联营、兼并权；劳动用工权；人事管理权；工资奖金分配权；对内部机构设置权；拒绝摊派权。

2. 全民所有制工业企业的义务

全民所有制工业企业的义务是指全民所有制工业企业必须依法作出一定行为和不得作出一定行为的责任。全民所有制工业企业的义务主要包括以下 9 个方面。必须完成指令性计划、履行依法订立的合同；保障固定资产的正常维修、改进和设备更新；遵守国家财务、劳动工资和物价管理规定，并接受有关机关的监督；保证产品质量和服务质量，对用户和消费者负责；厉行节约，反对浪费，提高劳动效率和经济效益；加强保卫工作，维护企业的生产经营秩序，保护国家财产；安全生产和文明生产；努力提高职工队伍的素质；支持和奖励职工进行有益生产经营活动。

3.2.4 全民所有制工业企业的管理体制

厂长（经理）负责制是指厂长（经理）对企业的生产指挥和经营管理工作，实行统一领导和全面负责的一项企业内部管理体制。

1. 厂长（经理）的任免和任期

厂长（经理）任期有两种方式：①政府主管部门委任或招聘；②企业的职工代表大会选举。除国务院另有规定外，以上两种方式究竟采取哪种方式，由政府主管部门根据企业情况决定。

无论采取哪种方式产生厂长（经理），都必须坚持条件，把好用人关。为保证厂长（经理）人选的质量，以免出现片面性。因此，政府主管部门委任或招聘厂长（经理）的，须征求企业职工代表大会的意见；企业职工代表大会选举的厂长（经理），须报请政府主管部门批准。

2. 厂长（经理）的免职或解聘

由政府主管部门委任或招聘的厂长（经理）应由政府主管部门免职或解聘，并征求政府主管部门的意见；由企业职工代表大会选举的厂长（经理），应由职工代表大会罢免并须报政府主管部门批准。

厂长（经理）领导企业的生产经营管理工作，行使如下职权：依照法律或国务院的规定，决定或报请审查批准企业的各项计划；决定企业的行政机构的设置；提请政府主管部门任免、聘任或解聘副厂级行政领导干部，或经政府主管部门授权，由厂长（经理）任免、聘任或解聘，报政府主管部门备案，法律或国务院另有规定的除外；提出工资调整方案、奖金分配方案和重要的规章制度，提请职工代表大会审查同意。提出职工福利基金使用方案和其他有关职工生活福利的重大事项的建议，提请职工代表大会审议决定；依法奖惩职工，提请政府主管部门奖惩副厂级行政领导干部。

厂长（经理）必须依靠群众履行《全民所有制工业企业法》规定的企业的各项义务，支持职工代表大会、工会和其他群众组织的工作，执行职工代表大会依法作出的决定。

为了使厂长（经理）更好的履行职责，企业设立管理委员会或通过其他形式，协助厂长（经理）决定企业的重大问题。管理委员会由企业各方面的负责人和职工代表组成。厂长（经理）任管理委员会的主任。

厂长（经理）领导企业出色地完成计划、提高产品质量和服务质量、提高经济效益和加强精神文明建设等方面成绩显著的，由政府主管部门给予奖励。

3. 职工和职工代表大会

《全民所有制工业企业法》为了实现我国构建和谐社会和人民是国家的主人的理念，具体规定了保障职工的主人翁地位和职工的合法权益的举措。职工享有的职权有：享有参加民主管理的权利，有对企业的生产和工作提出建议和意见的权利；有依法享受劳动保护、劳动保险、休息、休假的权利；有向国家机关反映真实情况，对企业领导干部提出批评和控告的权利；女职工有按照国家规定享受特殊劳动保护和劳动保险的权利。但是，职工在享有上述权利的同时，应以主人翁的姿态从事劳动，遵守劳动纪律和规章制度，完成生产和工作任务。

职工代表大会是企业实行民主管理的基本形式，是职工行使民主权利的机构。企业通过职工代表大会和其他形式，实行民主管理。职工代表大会的工作机构是企业的工会委员会。企业的工会委员会负责职工代表大会的日常工作。职工代表大会的职权为：听取和审议厂长（经理）关于企业的经营方针、长远规划、年度计划、基本建设方案、重大技术改造方案、职工培训计划、留用资金分配和使用方案、承包和租赁经营责任制方案的报告，提出意见和建议；审查同意或否决企业的工资调整方案、奖金分配方案、劳动保护措施、奖惩办法及其他重要的规章制度；审议决定职工福利基金使用方案、职工住宅分配方案和其他有关职工生活福利的重大事项；评议、监督企业各级行政领导干部，提出奖惩和任免的建议；根据政府主管部门的决定选举厂长（经理），报政府主管部门批准。

4. 企业党委

企业党委作为企业的政治领导核心，在全面建设社会主义的新时期，在实行厂长（经理）负责制后，仍然要对企业实行思想政治领导，发挥政治核心作用，保证企业沿着社会主义方向发展。企业党委的政治核心作用主要体现在：保证、监督党和国家方针、政策在本企业的贯彻执行；参与企业重大问题决策，支持厂长（经理）依法行使职权；全心全意依靠工人群众，领导和支持工会、共青团等群众性组织及职工代表大会依法独立自主地开展工作；领导企业思想政治工作和精神文明建设，努力建设有理想、有道德、有文化、有纪律的职工队伍；加强党的自身建设，搞好党性、党风教育，发挥党支部的战斗堡垒作用和党员的先锋模范作用。

3.2.5　全民所有制工业企业和政府的关系

国有工业企业的财产属于全民所有，根据党和国家建设现代企业制度的精神，我国对国有企业的改革的焦点在于实行产权清晰、权责明确、政企分开、管理科学的现代企业制度，企业要有活力必须做到自主经营、自负盈亏、自我约束、自我管理，政府对国有工业企业依法进行协调、监督和管理，为企业提供服务。其主要内容有：政府及有关部门分别行使各项职责，确保企业财产所有权；政府应当采取各项措施，加强宏观调控和行业管理，建立既有利于增强企业活力，又有利于经济有序运行的宏观调控体系；政府应当采取各项措施，培育和完善市场体系，发挥市场调节作用；政府应当采取各项措施，建立和完善社会保障体系；政府应当采取各项措施，为企业提供社会服务。

3.2.6　违反《全民所有制工业企业法》的法律责任

按照承担法律责任的主体划分，可以把企业法和《全民所有制工业企业转换经营机制条例》规定的法律责任分为四类。

1. 企业的法律责任

（1）企业在开业登记或变更、注销登记方面的法律责任。按照企业法规定，凡未经政府或政府主管部门审核批准和工商行政管理部门核准登记，以企业名义进行生产经营活动的，应责令停业，没收非法所得；向登记机关弄虚作假、隐瞒真实情况的，则应给予警告或处以罚款，情节严重的，吊销营业执照。

（2）企业在产品质量方面的责任。企业的产品质量责任主要有三种情况：①产品质量损害赔偿责任。即企业因生产、销售质量不合格产品，给用户和消费者造成财产、人身损害所要承担的赔偿责任。这种责任是因产品质量不合格在使用时发生质量事故引起的。②产品质量违约责任。即产品质量不符合合同的约定条件所承担的违约责任。产品质量条款是以产品为标的的合同的主要内容之一，其反映的是当事人对产品质量的特定要求，对于实现当事人签订合同的经济目的至关重要，已经确定就应该执行。否则无论违约方式是否给对方造成经济损失，均应追究其违约责任。③产品质量行政、刑事责任。鉴于目前生产、销售假冒伪劣商品的违法行为屡禁不止，已成为我国经济生活中亟待解决的突出问题，产品质量法及刑法的法律、法规对生产、销售质量不合格产品的行政责任和刑事责任做出了具体规定。

按照规定，行政责任主要包括：责令停止生产、销售；没收违法生产的产品和违法所得；罚款；吊销营业执照；等等。

对于构成犯罪的，除对直接责任人追究刑事责任外，对企业还可以给予没收财产的刑事处罚，即对其违法生产、销售的产品，以及违法所得的一切财物予以没收。

2. 政府和政府有关部门的法律责任

（1）撤销违法决定。大家都知道，在当前实践中存在的侵犯企业合法权益的行为，有相当一部分是政府或者政府有关部门实施的，对此类违法行为产生的违法决定，按照《中华人民共和国企业法》《禁止向企业摊派暂行条例》《全民所有制工业企业转换经营机制条例》，以及《中华人民共和国行政诉讼法》规定，有关行政机关或人民法院有权予以撤销。

（2）赔偿损失。政府和政府有关部门侵犯企业合法权益赔偿责任的规定，是我国行政侵权赔偿制度的重要内容，这既是保护企业合法权益的重要措施，也是改进政府和政府有关部门工作的重要手段，有利于调节政府与企业的关系，保证国家关于搞活企业的各项改革措施的顺利实施。这种赔偿大都是行政赔偿。

3. 企业和政府有关部门领导干部的法律责任

（1）企业领导干部侵犯职工合法权益、报复陷害职工的责任。对于企业领导干部滥用职权，侵犯职工合法权益，情节严重的，分别由政府主管部门或上级管理机关按照干部管理权限给予行政处分。企业领导干部滥用职权，假公济私，对职工进行报复陷害的，应依法追究刑事责任。

（2）企业和政府有关领导干部损害国家、社会和企业利益的责任。《企业法》第63条规定，企业和政府有关部门的领导干部，因工作过失给企业和国家造成较大损失的，由政府主管部门或者有关上级机关给予行政处分。企业和政府有关部门的领导干部玩忽职守，致使企业财产、国家和人民利益遭受重大损失的，依照《刑法》第397条之规定，追究刑事责任。

4. 企业职工及其他有关人员的法律责任

（1）阻碍企业管理人员依法执行职务的责任。这种责任的主体主要是本企业的一般职工，也包括企业职工的家属等其他成员。

企业法规定，阻碍企业领导干部依法执行职务，未使用暴力、威胁方法的，由企业所在地公安机关依照《治安管理处罚法》的规定处罚；以暴力、威胁方法阻碍企业领导干部依法执行职务的，依照《刑法》的规定追究刑事责任。

（2）扰乱企业秩序的责任。扰乱企业秩序是指对企业正常的工作、生产经营等秩序的破坏。这种违法行为在客观上的表现形式是多种多样的，比较典型的有：冲击、抢占企业的办公室、会议室、生产车间、营业场所，阻挠企业职工进行生产经营活动；在企业的生产或工作区聚众喧嚣、哄闹；设置障碍，封锁企业外出道路、围困企业；等等。从责任主体看，企业所在地的当地居民或者基层单位的人员居多。

对于扰乱企业秩序的行为，《企业法》《全民所有制工业企业转换经营机制条例》等法律、法规也分别作了两个方面的规定：第一，对于扰乱企业秩序，致使生产、营业工作不能正常进行，尚未造成严重损失的，由企业所在地公安机关依照《治安管理处罚法》的规定给予行政处罚；第二，对于扰乱企业秩序情节严重，致使生产、经营、工作无法进行，造成严重损失的，依照《刑法》的规定追究刑事责任。

3.3 合伙企业法律制度

3.3.1 合伙企业概述

1. 合伙企业

“合伙”从行为的角度观察是两个以上的民事主体共同出资、共同经营、共负盈亏的协议；从组织角度观察则是各合伙人订立合伙协议，共同出资、合伙经营、共享收益、共担风险，并对合伙企业债务承担无限连带责任的营利性组织。合伙在我国法律上不具有法人资格。

我国目前调整合伙法律关系的法律规范有两部：一是《民法通则》的相关规定，调整个人合伙与合伙联营的规定；二是《合伙企业法》，调整合伙企业，包括普通合伙企业和有限合伙企业。在此，需要指出的是，个人合伙不具有企业的性质，法律也没有要求其必须办理工商登记才能成立，甚至没有要求其具备合伙协议这一法律文件。我国现行法没有赋予个人合伙民事主体资格，也没有赋予其民事诉讼主体地位。

2006 年 8 月 27 日修订的《合伙企业法》，完善了我国合伙企业法律制度，并增加了新的合伙类型。依其规定，合伙企业是指自然人、法人、其他组织依照本法在中国境内设立的普通合伙企业和有限合伙企业。这样，就极大地扩展了合伙企业的外延，尤其是增加了有限合伙企业这一新的企业类型，丰富了我国合伙企业体系乃至整个企业体系。

2. 合伙企业法概述

（1）合伙企业法的概念

从理论上来讲，合伙企业法有广义和狭义之分，狭义的合伙企业法是指由国家立法机关 1997 年 2 月 23 日由第八届全国人民代表大会常务委员会第 24 次会议通过，2006 年 8 月 27 日第十届全国人民代表大会常务委员会第 23 次会议修订合伙企业法。广义的合伙企业法是指国家立法机关或者其他权力机关依法制定的、调整合伙企业关系的各种法律规范的总称。

根据《中华人民共和国合伙企业法》（以下简称《合伙企业法》），在理解和掌握我国《合伙企业法》的适用范围时，需要注意下列两个问题。

①采取合伙制的非企业专业服务机构的合伙人承担责任形式的法律适用问题。《合伙企

业法》规定，非企业专业服务机构依据有关法律采取合伙制的，其合伙人承担责任的形式可以适用《合伙企业法》关于特殊的普通合伙企业合伙人承担责任的规定。非企业专业服务机构是指不采取企业（如公司制）形式成立的、以自己的专业知识提供特定咨询等方面服务的组织，如律师事务所、会计师事务所等专业服务机构。

②外国企业或者个人在中国境内设立合伙企业的管理问题。《合伙企业法》规定，外国企业或者个人在中国境内设立合伙企业的管理办法由国务院规定。外国企业是指依照外国法律在中国境外设立的企业，外国个人即外国自然人，是指不具有中华人民共和国国籍的人。《合伙企业法》没有禁止外国企业或者个人在中国境内设立合伙企业，但具体的诸如一些程序性的问题，需要由国务院作出具体的规定。

（2）合伙企业法的基本原则

根据《合伙企业法》第4条至第8条的规定，合伙企业应遵循下列基本原则。

①意思自治原则。全体合伙人应当进行平等协商，协商一致，以书面形式制定合伙协议。

②诚实信用原则。全体合伙人应当恪守诚信，不得作出对合伙企业不利的行为。

③遵守法律，依法纳税原则。依法纳税是自然人和组织的法定义务，必须依法履行。

3. 合伙企业的法律特征

（1）以合伙协议为基础

全体合伙人共同参与制定合伙企业协议，制定的合伙协议经全体合伙人同意并接受全部条款，合伙企业方能产生。

（2）以共同出资为前提

任何企业的设立必须要有投资者的出资，合伙企业当然也不例外，合伙企业的原始财产只能来自于合伙人的出资，这是合伙企业成立的物质基础。

（3）合伙人共同经营、共享收益、共担风险

普通合伙人都参与合伙企业的经营管理、共享收益、共担风险，虽然有限合伙人并不执行合伙企业事务，并且其收益和风险也有别于普通合伙人，但本质上仍具有该特征。

（4）合伙事务可以授权部分合伙人执行

普通合伙人的经营管理权的拥有并不意味着合伙人必须亲自管理合伙企业，执行合伙企业事务，所以，不管是普通合伙企业还是有限合伙企业，都可以由一个或者几个合伙人负责执行合伙企业事务。

（5）人合性和延续的可能性

合伙企业的人合性远远高于公司企业，部分合伙人的退伙、死亡、被宣告死亡、丧失行为能力等都可能导致合伙企业的解散。当然，这些并不必然导致合伙企业的解散，如果具备了相应的条件，合伙企业仍可以继续维持下去。

4. 合伙企业的法律地位

我国的立法和理论通说均认为合伙企业具有民事主体资格，但却不具有法人资格，属于自然人、法人之外的第三民事主体。在这点上，合伙企业有别于个人合伙，个人合伙不具有民事主体资格和诉讼主体资格。

合伙企业具有民事主体资格，原因有以下几点。

（1）具有相对独立的财产

根据《合伙企业法》规定，合伙人以非货币出资的应依法办理财产权转移手续；合伙人

出资、以合伙企业名义取得的收益及依法取得的其他财产，均为合伙企业的财产，且在合伙企业解散前不得请求分割。

（2）经营管理上具有相对独立性

合伙企业的不动产的处分及变更企业名称等事项，都需要全体合伙人一致同意的意思表示。

（3）经营责任承担上具有相对独立性

普通合伙人虽然对合伙企业债务承担无限连带责任，但毕竟是以合伙企业财产不足以清偿为前提。

5. 合伙的分类

（1）民事合伙与商事合伙

以成立的依据和规范基础为划分标准。合伙成立的依据是民法，合伙人的权利义务关系适用民法规范的为民事合伙；合伙的设立与存在的规范基础是商法的，合伙人的权利义务关系适用商法规范的则为商事合伙。

由于我国是民商合一的国家，因此不存在该种分类。

（2）显名合伙与隐名合伙

以合伙中是否公开合伙人的身份、姓名及是否执行合伙企业的事务为分类的标准。如果在合伙中没有公开合伙人的身份、姓名且不参与合伙企业事务的管理的合伙人，则为隐名合伙，反之，为显名合伙。

我国法律中不存在该分类，因为我国《合伙企业法》第 63 条规定，合伙人要载明其身份、姓名或名称。

（3）有限合伙与普通合伙

以合伙中是否存在承担有限责任的合伙人为划分标准。如果合伙中所有的合伙人对合伙企业债务均承担无限连带责任，为普通合伙企业，如果至少有一名合伙人对合伙企业债务承担有限责任，则为有限合伙。

（4）一般的普通合伙企业和特殊的普通合伙企业

以普通合伙企业中合伙人承担责任的方式为划分标准。特殊普通合伙企业中，合伙人原则上都承担无限连带责任，但依据是否实施执业而有区别：就某一执业行为所引起的赔偿责任而言，因执业过错而发生该合伙债务的合伙人承担无限连带责任，其余合伙人承担有限责任。

3.3.2 合伙企业设立

1. 设立条件

（1）有两个以上的合伙人

这是合伙人数的下限规定，普通合伙企业没有合伙人人数的上限规定，但有限合伙企业不得超过 50 人。设立合伙企业的合伙人，如果是自然人的，要具有完全的民事行为能力，这就是说，限制行为能力人、无民事行为能力人不能成为合伙企业的设立人，即不能成为合伙企业的创始人，实际上也不能成为普通合伙人，但无民事行为能力人、限制行为能力人可以成为有限合伙人。《合伙企业法》第 48 条规定，经其他合伙人一致同意，无民事行为能力人、限制民事行为能力人可以转为有限合伙人；第 50 条规定，因为继承等原因，依照合伙协议约定或经其他合伙人一致同意，可以成为有限合伙人。

修订后的《合伙企业法》规定，合伙人不再是只有自然人，公司、单位都可以成为合伙人，但国有独资公司、国有企业、上市公司、公益性事业单位或社会团体这四类主体不能成为普通合伙人，只能成为有限合伙人。

（2）要有书面合伙协议

合伙协议作为合伙企业成立的基础，必不可少，也是合伙企业区别于个人合伙的一种标志，合伙协议为要式合同，经全体合伙人签字或盖章后生效，其修改或补充都要经过全体合伙人一致同意，除非合伙协议另有约定。

合伙协议为民事合同，合伙人违反的要对其他合伙人承担违约责任。

（3）有认缴或实缴的出资

合伙企业是一种人合性的企业组织，其信用来自于合伙人而非企业，是由普通合伙人对合伙企业债务承担无限连带责任，所以合伙企业的设立并不需要最低的注册资本的限制，合伙只要认缴即可，不以合伙人实缴资本为其成立条件。在这一点上，合伙企业的设立有别于公司。

（4）有合伙企业的名称、生产经营场所

合伙企业的名称应当名实相符。比如普通合伙标明“普通合伙”字样；特殊普通合伙应当标明“特殊普通合伙”字样；有限合伙应标明“有限合伙”字样。不得在名称中使用“有限公司”“股份公司”“股份有限公司”的字样。

合伙企业必须要有自己的生产经营场所。

2. 设立登记

合伙企业的设立，只要符合合伙企业的设立条件的，企业登记机关应该自受理之日起20日内予以登记，发给营业执照。营业执照的签发之日为其成立之日，所以，在此之前以合伙企业名义从事合伙业务的，因不具有民事主体资格而被禁止。如果合伙企业在经营过程中，登记事项发生变更的，应当及时申请变更登记；合伙事务执行人未按期办理变更登记的，应当赔偿由此带给合伙企业、其他合伙人、善意第三人的损失。

3. 税负

根据《合伙企业法》第6条规定，实行单层负责制，由合伙人分别缴纳所得税（如合伙人为自然人就缴纳个人所得税），合伙企业本身不缴纳企业所得税。

3.3.3　合伙企业的入伙与退伙

1. 入伙

（1）入伙的条件与程序

合伙企业的入伙必须经过全体合伙人的一致同意，入伙人必须与原合伙人订立书面的合伙协议，在订立入伙协议时，原合伙人应向入伙人告知原合伙企业的经营状况和财务状况。

（2）法律效果

随着入伙人入伙的完成，入伙人即取得合伙人的资格，同时产生如下法律效果：除合伙协议另有约定外，入伙人与合伙人享有同等权利，承担同等责任；入伙人对入伙前的合伙企业的债务承担连带责任，如果因为受让某一合伙人的合伙份额而入伙，则让与人也要对退伙前的合伙债务承担连带责任。

2. 退伙

退伙的形式大致包括声明退伙与法定退伙两类情形。从合伙协议的角度，声明退伙是合伙协议的单方解除与协议解除；法定退伙相当于合伙协议的法定解除。具体分析如下。

1）声明退伙

声明退伙又称自愿退伙，分为协议退伙和通知退伙。

（1）协议退伙

根据《合伙企业法》第45条的规定，协议退伙主要是指下列情形：协议约定的事由出现的；经全体合伙人一致同意的；发生合伙人难以继续参加合伙的事由的；其他合伙人严重违反合伙协议义务的。

具备上述情形之一的合伙人可以协议退出合伙企业。

（2）通知退伙

指合伙协议未约定合伙期限的，在不给合伙事务执行造成不利影响的情况下，合伙人可以不经其他合伙人同意而退伙，但应当提前30日通知其他合伙人。

（3）不当退伙的赔偿责任

合伙人未依照上述规定退伙的，应当赔偿因此而给合伙企业带来的损失。

2）法定退伙

法定退伙是指根据法律的规定而退出合伙企业，可以分为当然退伙和除名退伙。

（1）当然退伙

当然退伙是指合伙人死亡或终止，不再符合合伙人的法定条件，或者丧失了合伙份额。这类退伙的生效日为退伙事由的发生日。具体包括如下情形：自然人合伙人死亡或被依法宣告死亡；个人丧失偿债能力；法人或者其他组织合伙人依法被吊销营业执照、责令关闭、撤销，或被宣告破产的；法定或合伙协议约定的合伙人资格丧失的；被人民法院强制执行合伙企业中的全部财产份额。

合伙人被认定为无民事行为能力、限制民事行为能力的，经其他合伙人一致同意，可以依法转为有限合伙人，普通合伙企业转为有限合伙企业；如不能一致同意的，该合伙人退出合伙企业。

（2）除名退伙

除名退伙是指合伙人严重违反合伙人义务不应再当合伙人的，经其他合伙人一致同意，可以决议将其除名，其情形主要包括：未履行出资义务的；故意或重大过失给合伙企业造成重大损失的；执行合伙企业事务时有不正当行为的，如贪污、接受商业贿赂、违反竞业禁止义务等；合伙协议约定的事由。

除名决议应当以书面形式通知被除名人。被除名人自接到除名通知之日起，除名生效，被除名人退伙。

被除名人对除名有异议的，可在接到书面通知起30天内，向人民法院起诉。

3）退伙的效力

退伙的完成会产生如下效力。

（1）退伙人丧失合伙人资格

退伙人退伙后，即脱离原合伙协议约定的权利和义务关系，其对退伙后的合伙债务不再承担任何责任，但其对退伙以前发生的合伙企业债务，与其他合伙人承担连带责任。这是合伙企业对外的责任，不管合伙企业内部如何约定。

（2）导致合伙财产的清理和结算

合伙人退伙时，应当按照退伙时的合伙财产状况进行清算，未了结的合伙事务待了结后结算；退还退伙人的财产份额，退还办法由合伙协议约定或全体合伙人决定，但不一定退还原出资财产，可以退还货币，也可以退还实物；退伙人对合伙企业负赔偿责任的，应相对扣减；合伙财产少于合伙债务的，退伙人应当分担相应的亏损额。

（3）并不必然导致合伙企业的解散

合伙企业中合伙人的退伙并不必然导致合伙企业的解散，只有在退伙后合伙人少于 2 人的情况下，才会导致合伙企业解散。

除此之外，还应当注意合伙份额的继承的相关问题：合伙人死亡或被依法宣告死亡，份额归其继承人继承，任何人不得非法剥夺之，但这并不意味着其可以当然成为合伙人，根据合伙协议的约定或经全体合伙人一致同意，其继承人自继承开始之日起，成为合伙人。在以下三种情形下，只能退还被继承合伙人的财产份额：继承人不愿成为合伙人的；继承人不具备法定、约定的合伙人资格的；协议约定的其他情形。

另外，合伙人死亡是当然退伙的原因之一，当继承人有多个时，哪个继承人能成为合伙人要看原来所有合伙人的意见，当然，他享有的权利范围应以其继承范围为限。未加入合伙企业的其他继承人可以要求合伙企业退还财产份额。如果合法继承人为无民事行为能力、限制民事行为能力的，经其他合伙人一致同意，可以转为有限合伙人，不能一致同意的，退还合伙份额给该继承人。

3.3.4 合伙企业的解散和清算

1. 解散事由

合伙企业因下列原因之一而解散。

（1）合伙期限届满，合伙人决定不再经营的。

（2）约定的解散事由出现的。

（3）全体合伙人决定解散的。

（4）合伙人已不具备法定人数满 30 天的。

（5）约定的合伙目的已经实现或无法实现的。

（6）依法被吊销营业执照、责令关闭、被撤销的。

（7）法律、行政法规规定的其他原因出现的。

2. 清算

合伙企业解散后应当进行清算，其清算程序如下。

（1）清算人员的确定

清算人由全体合伙人担任；未能由全体合伙人担任清算人的，经全体合伙人过半数同意，可以自合伙企业解散后 15 日指定 1 名或者数名合伙人，或者委托第三人，担任清算人；15 日内未确定清算人的，合伙人、其他利害关系人可以申请法院指定清算人。

（2）通知和公告债权人

在确定清算人后 10 日内，通知债权人并于 60 日内公告，债权人自接到通知之日起 30 日内或公告 45 日内申报债权，清算人负责登记。清算期间合伙企业仍存续，但不得开展与清算无关的经营活动。

（3）清偿顺序

清算结束后，应当按下列顺序进行清偿：

第一是清偿清算费用；第二是清偿劳动者的工资和社会保险；第三是企业所欠的税款；第四是清偿普通债务；第五如果仍然有剩余，返还给合伙人。如果企业财产不足以清偿全部的债务，由全体普通合伙人承担无限连带责任。

（4）清算完结与注销登记

清算结束后，清算人编写清算报告，经全体合伙人签字盖章后报送登记机关，申请注销登记；注销登记后合伙企业消灭，但原普通合伙人对合伙企业存续的债务仍应当承担无限连带责任；合伙企业不能清偿到期债务的，债权人可以申请其破产，普通合伙人仍要承担无限连带责任。

（5）清算人的责任

①清算人未依法报送清算报告，或清算报告有虚假陈述的，责令改正，由此而产生的费用与损失，清算人承担和赔偿。

②清算人执行清算事务牟取不法收入或侵占合伙财产的，应将该收入、所侵占财产退还给合伙企业，造成的损失应予赔偿。

③清算人隐匿、转移合伙财产；对资产负债表、财产清单虚假记载；未清偿债务前分配财产的，均对债权人所受的损失赔偿。

3.3.5　普通合伙企业

1. 合伙人的出资

（1）出资物的种类

合伙人可以货币、实物、知识产权、土地使用权、其他财产权利出资，也可以劳务出资，这不同于公司股东的出资。

（2）出资评估

合伙人以非货币出资的，一律要评估作价。

（3）出资义务

根据《合伙企业法》第130条规定，合伙人应当依法履行出资义务，出资瑕疵履行的，要对其他合伙人承担违约责任，未履行出资义务的，其他合伙人一致同意可以将其除名。另外，按照合伙协议的约定或者经全体合伙人决定，合伙人可以增加、减少出资。

2. 合伙企业的财产

（1）合伙企业财产的组成

合伙企业的财产由两部分组成：一是合伙人的出资；二是以合伙企业名义取得的收益和其他财产。

（2）合伙企业财产的性质

合伙企业本身对合伙企业财产仅仅具有相对独立的财产权，合伙企业财产属于合伙人共同共有。

（3）合伙份额的转让

合伙人之间转让合伙企业中的全部或部分财产份额时，应通知其他合伙人；合伙人向合伙人之外的人转让其在合伙企业中的全部或部分财产时，须经其他合伙人一致同意，因为这涉及合伙协议的变更和第三人入伙的问题，所以必须经全体合伙人一致同意；转让合伙份额的协议转让的是持分权，自该协议生效时起受让人即取得该份额；向合伙人以外的人转让合伙财产份额的，在同等条件下，其他合伙人有优先受让的权利，除非合伙协议排除了这一权利。

（4）合伙份额的出质

合伙人以其份额出质的，经过其他合伙人的一致同意的有效，如果将来该质权被强制执行，则该合伙人不再享有份额，则当然退伙；如果未经其他合伙人一致同意，质权无效。如果无效的质权给质权人造成损失的，第三人可以主张出质人对其损失承担缔约过失的损害赔偿责任。

3. 合伙企业的事务执行

普通合伙企业的全体合伙人都可以参加合伙事务的执行，这点不同于有限合伙企业，具体有以下几点。

1）合伙人权利义务的分配

全体合伙人对合伙企业的事务执行，享有同等的权利。合伙企业事务执行中，合伙企业财产分配、亏损分担，有合伙协议约定的，按协议约定；没有合伙协议约定的，由合伙人协商确定；协商不成的，按实缴出资比例分配、分担；无法确定出资比例的，均额分配、分担。但是合伙协议不得约定将全部利润分配给部分合伙人，也不得由部分合伙人承担全部亏损。

2）合伙企业事务的执行方式

合伙企业事务的执行方式可以灵活掌握，只要合伙协议约定或经全体合伙人一致同意即可。可以选择以下三种模式：全体合伙人共同执行；数名合伙人共同执行或者一名合伙人单独执行；各合伙人分别执行。

另外，经全体合伙人一致同意，也可以聘任合伙人以外的人担任合伙企业的经营管理人员，管理合伙企业的日常事务。

3）事务执行主体

（1）执行合伙人

对外，执行合伙人代表合伙企业执行合伙企业事务，作为合伙企业的负责人，与合伙企业之间属于代表关系，合伙企业对于其执行合伙事务及对外代表权的限制，不得对抗善意第三人；对内，因执行合伙企业事务所产生的收益归合伙企业，所产生的费用、亏损当然也由合伙企业承担，执行合伙企业事务的合伙人不按合伙人的授权执行事务的，其他合伙人可以决定撤销该委托，如果执行合伙企业事务的合伙人利用职务之便侵占合伙企业利益、财产的，应负退还责任，造成损失的，应当负赔偿责任。

（2）非执行人

对外，非执行人不再享有执行合伙事务的权利，但是，依照一般民法原理，每一个合伙人与合伙企业的对外代表关系，对于非执行合伙事务的合伙人，擅自对外执行合伙事务的，善意第三人可凭借该合伙人的合伙人身份有理由相信其有代表权，是故，仍可以主张表见代理。那么，非执行合伙事务的合伙人给合伙企业或者其他合伙人造成损失的，应负赔偿责任。对内，在合伙企业内部，非执行合伙人享有监督权、知情权、异议权。上述监督权是指有权监督执行合伙人执行事务的情况；知情权是指可以主动查阅合伙企业会计账簿等财物资料；异议权是指非执行事务的合伙人提出异议的，执行合伙人应当暂停执行，由此发生的争议交付表决。

（3）经营管理人员

所谓合伙企业的经营管理人员是指由全体合伙人一致同意聘请的，代表全体合伙人的利益，管理合伙企业日常事务的合伙人以外的人，经营管理人员应当在合伙企业授权的范围内履行职务，其与合伙企业的关系属于委托代理关系。其法理为：对外，在合伙企业与第三人的关系上适用有关的委托代理的法律规定；对内，经营管理人员越权，或者因故意、重大过失致合伙企业损失的，负赔偿责任，若利用职务之便侵占合伙企业利益、财产的，应当负退还责任，造成损失的，应负赔偿责任。

4）合伙事务的表决

每个普通合伙人对合伙企业事务都享有表决权，表决的原则如下。

（1）表决权数

合伙人的表决权数由合伙协议自由约定，无约定的采用人头主义，即每一个合伙人有一个表决权，简称一人一票制。

（2）表决规则

一般的合伙事务的决定，经全体合伙人过半数通过即可通过，重要的合伙事务，根据规定，需经全体合伙人一致同意方能通过如下事项：改变合伙企业的名称；改变合伙企业的经营范围、主要营业场所的地点；处分合伙企业的不动产；转让或处分合伙企业的知识产权和其他财产权利；以合伙企业名义为他人提供担保；聘任合伙人以外的人担任合伙企业的经营管理人员。

除此之外，修改或补充合伙协议、新合伙人入伙、自我交易、合伙份额出质等事项也需要全体合伙人一致同意。

对于上述需要全体合伙人一致同意能得到执行的事务，如有合伙人擅自处理给合伙企业或者其他合伙人造成损失的，应予以赔偿。

5）合伙人的义务

不管合伙人是否执行合伙企业事务，都对合伙企业负有忠实的义务，不得从事损害合伙企业利益的活动，具体包括如下内容。

（1）竞业禁止

合伙人不得自营或者与他人合作经营与本企业相竞争的业务，否则，竞业交易所获得的收益由合伙企业行使归入权，造成合伙企业损失的，应负赔偿责任。

（2）自我交易限制

除合伙协议另有约定或者经全体合伙人同意外，合伙人不得同本合伙企业进行交易，否则，自我交易所获得的收益由合伙企业行使归入权，造成合伙企业损失的，应负赔偿责任。

4. 合伙企业与第三人的关系

1）合伙人的法定对外代表权

由于每一个合伙人无论是否负责执行合伙事务，都当然的享有对外代表合伙企业的权利，尽管在合伙企业内部可能对合伙人的这种对外代表权作出了限制，但这些限制不得对抗善意第三人。

2）与合伙企业债权人的关系

合伙企业对其债务，应先以合伙企业的全部财产进行清偿，合伙企业财产不足以清偿到期债务的，各普通合伙人应当承担无限连带责任。

3）与合伙人债权人的关系

某一合伙人的债权人不得以对合伙人的债权抵销其对合伙企业的债务，也不得代位行使该合伙人在合伙企业中的权利。但是，如果合伙人的个人财产不足以清偿其个人债务的，该债权人可以通过如下途径行使其权利。

（1）合伙人可以其从合伙企业分取的收益用于清偿。

（2）债权人也可以请求人民法院强制执行合伙企业中的财产份额用于清偿。在强制执行该合伙人的财产份额时，应当通知全体合伙人，其他合伙人有优先受让权，不购买又不同意转让给他人的，应当办理退伙结算。

5. 特殊的普通合伙企业

（1）概念与适用对象

特殊的普通合伙企业是指以专业知识和专门技能为客户提供有偿服务的专业服务机构。其适用于会计师事务所、审计师事务所、评估师事务所等。

根据《合伙企业法》第107条的规定，非企业专业服务机构采用合伙制的，也可以适用特殊的普通合伙企业的规定。

（2）责任机制

特殊的普通合伙企业在本质上仍是普通合伙企业，因此，其合伙人原则上仍然要对合伙企业的债务承担无限连带责任。但是，其之所以区别于普通合伙企业，自有其特殊之处，其与普通合伙企业的不同如下。

对外，在职业活动中，因为其故意或者重大过失造成合伙企业债务，行为人要承担无限责任或者无限连带责任，其他合伙人对该责任仅承担有限责任，对于该责任，如果用合伙企业财产偿付的，该合伙人应当对合伙企业负赔偿责任。

根据《合伙企业法》第59条规定，特殊的普通合伙企业必须办理执业风险基金和职业保险，执业风险基金应当单户管理，其功能在于偿付合伙人执业活动造成的债务。

3.3.6　有限合伙企业

1. 有限合伙企业的概念与特征

1）有限合伙企业的概念

所谓有限合伙企业，是指由承担有限责任的有限合伙人与承担无限责任的普通合伙人共同组成的，有限合伙人仅以出资为限对合伙企业债务承担责任但不参与合伙企业的事务管理的合伙企业。这是2006年对1997年《合伙企业法》修订中增加的一种合伙类型。有限合伙企业名称中应标明“有限合伙”字样。

2）有限合伙企业的特征

（1）有限合伙企业由承担有限责任的合伙人和承担无限责任的合伙人共同组成的合伙企业。其中，有限合伙人仅以出资为限对合伙企业承担责任，而普通合伙人则对合伙企业债务承担无限责任或无限连带责任。

（2）有限合伙企业中的有限合伙人不参与合伙企业事务的管理。有限合伙人以牺牲参与合伙企业事务的管理换得了对合伙企业债务承担有限责任，体现权利义务对等的理念。

（3）有限合伙人与普通合伙人共同承担合伙的盈亏责任，有限合伙人的收益不固定。有限合伙人的收益随着合伙企业的收益而发生变化，多利多分，少利少分，无利不分，有亏损则分担。

2. 有限合伙人的出资与份额

（1）出资物种类限制

因为有限合伙人仅以出资对合伙企业承担责任，所以有限合伙人只能以财产权出资，而不能以劳务出资。

（2）出资义务与违约责任

有限合伙人应当按期足额缴纳出资，否则，对合伙企业承担补缴责任，对其他合伙人承担违约责任。

为了便于执行和管理，有限合伙人的姓名、认缴出资额必须登记。

由于有限合伙人有出资信用，因此有限合伙人丧失个人偿债能力的，并不当然退伙。

（3）份额出质

根据《合伙企业法》的规定，除非合伙协议另有约定，有限合伙人可以单独决定出质其份额。

（4）份额转让

有限合伙人提前 30 日通知其他合伙人，可以将其份额转让给合伙人以外的人。

3. 有限合伙企业的事务执行

1）无执行权、代表权

有限合伙企业中，普通合伙人负责有限合伙企业事务执行，有限合伙人既不能执行合伙事务也不能对外代表合伙企业。但下列事项不属于执行合伙事务。

（1）建议：对合伙企业经营管理提出建议的。

（2）参与特定事项：参与决定普通合伙人的入伙、退伙，参与选择会计师事务所。

（3）知情：获取财务报告、查阅财务资料。

（4）诉讼：包括直接诉讼（在企业自身利益受到侵害向有责任的合伙人主张权利、起诉的）与代为诉讼（执行人怠于行使权利，督促其行使权利或为了企业利益以自己名义起诉）。

（5）担保：为本企业提供担保的。

例外规定，虽然有限合伙人没有执行权与代位权，但第三人有理由相信其为普通合伙人，且与之交易的，对于该笔交易，有限合伙人承担与普通合伙人相同的责任；有限合伙人擅自代表企业与第三人交易的，致企业或其他合伙人损失的，应负赔偿责任。

2）有限合伙人的行为能力

由于有限合伙人不参与执行合伙事务，因此对自然人的有限合伙人不要求其有完全的民事行为能力，具体来说：在企业存续期间，自然人有限合伙人丧失行为能力的，其他合伙人不得因此要求其退伙；作为有限合伙人的自然人死亡、法人及其他组织终止的，其继承人、权利承受人依法取得有限合伙人资格；当然，普通合伙人的继承人为无行为能力或限制行为能力的，经全体合伙人一致同意也可以成为有限合伙人。

3）有限合伙人的特殊权利

作为有限合伙人，除非合伙协议另有约定，可以与本企业进行自我交易；除非合伙协议另有约定，可以从事与本企业相竞业的业务。

4. 有限合伙人的利润分配与责任承担

（1）利润分配

有限合伙企业的合伙协议可以约定，利润分配给部分合伙人，这点有别于普通合伙企业。

（2）对企业债务的责任承担

有限合伙人只以其认缴的出资额对有限合伙企业的债务承担有限责任，但是如果是新入伙的有限合伙人，对其入伙以前的企业债务也承担责任，但仅以其出资为限；退伙后，有限合伙人对基于退伙前的原因发生的企业债务承担责任，但以其退伙时从企业取回的财产为限。

(3) 与个人债权人的关系

有限合伙人的自由财产不足以清偿与合伙企业无关的个人的债务的，该合伙人可以其从有限合伙企业中分取的收益用于清偿；债权人也可以依法请求人民法院强制执行该合伙人在有限合伙企业中的财产份额用于清偿。人民法院强制执行有限合伙人的财产份额时，应通知全体合伙人。在同等条件下，其他合伙人有优先购买权。

5. 有限合伙人与普通合伙人的转换

(1) 企业变更

有限合伙企业如果由于退伙等原因，仅剩下有限合伙人的，予以解散；如果仅剩下普通合伙人的，转换为普通合伙企业。

(2) 有限合伙人与普通合伙人的转换

在有限合伙企业存续期间，有限合伙人转换为普通合伙人，或者相反的，均应当经全体合伙人一致同意。有限合伙人转换为普通合伙人的，对以后的企业债务承担无限连带责任，当然，普通合伙人转换为有限合伙人的，责任转换为从无限连带责任转为有限责任。

3.4 个人独资企业法律制度

3.4.1 个人独资企业法概述

1. 个人独资企业的概念与特征

个人独资企业简称独资企业，是由一个自然人投资，全部资产为投资人所有的营利性经济组织。其典型特征为由个人出资，个人经营，自负盈亏和自担风险。

《中华人民共和国个人独资企业法》于 1999 年 8 月 30 日由九届全国人民代表大会第 11 次会议通过，自 2001 年 1 月 1 日起施行。该法共六章，48 条。该法第 2 条规定的独资企业的概念是：“本法所称个人独资企业，是指依照本法在中国境内设立，由一个自然人投资，财产为个人所有，投资人以其个人财产对企业债务承担无限责任的经营实体。”

个人独资企业的特征如下。

(1) 由一个自然人投资。这是独资企业在投资主体上与合伙企业和公司的区别所在。我国合伙企业法规定的合伙企业的投资人尽管也可以是自然人，但人数为 2 人以上，公司则不仅需要 2 人以上联合投资，而且投资人不仅包括自然人还包括法人和非法人组织。

(2) 企业财产为投资人个人所有。正因为如此，投资人对企业的经营与管理事务享有绝对的控制权与支配权，不受任何其他人的干预。

(3) 投资人以其个人财产对企业债务承担无限责任。这是责任形态方面独资企业与公司的本质区别。投资人个人对企业债务承担无限责任，可以有三种理解：一是企业的债务全部由投资人承担；二是投资人承担企业债务的责任范围不限于出资，其责任财产包括独资企业中的全部财产和其他个人财产；三是投资人对企业的债权人直接负责。不管是否在企业经营期间，只要在经营中产生的债务，企业财产又不能清偿，则投资人须以其个人所有的其他财产清偿。

(4) 独资企业不具有法人资格。尽管独资企业有自己的名称或商号，并以企业名义从事经营行为和参加诉讼活动，但并不具有独立的法人地位，企业只是自然人进行商业活动的一种特殊形态。这一点与普通合伙企业相同而区别于公司。

2. 个人独资企业法的概念和基本原则

（1）个人独资企业法的概念

理论上，将个人独资企业法的概念分为广义的个人独资企业法和狭义的个人独资企业法。广义的个人独资企业法是指国家关于个人独资企业的各种法律规范的总称；狭义的个人独资企业法则是指 1999 年 8 月 30 日第九届全国人民代表大会常务委员会第 11 次会议通过的，2000 年 1 月 1 日起施行的《中华人民共和国个人独资企业法》。

（2）个人独资企业法的基本原则

根据《个人独资企业法》的规定，个人独资企业法遵守下列基本原则。

①法律保护个人独资企业的财产和其他合法权益。

②个人独资企业从事经营活动必须遵守法律、行政法规，遵循诚实信用原则，不得损害社会公共利益。

③个人独资企业应履行依法纳税的义务。

④个人独资企业依法招用职工。

⑤个人独资企业的职工的合法权益受法律保护。

3. 个人独资企业和相关经济组织的区别

个人独资企业在出资形式上与个体工商户、一人公司、国有企业有相似之处，在责任承担上与合伙企业也很类似，但它们之间的区别也相当明显。

1）个人独资企业与个体工商户的区别

相同点：个人独资企业与个体工商户都是自然人出资。

区别：（1）个人独资企业仅能以个人出资设立；个体工商户则可以是一个自然人设立，也可以是以家庭财产出资设立。

（2）个人独资企业，投资人以其个人财产对企业债务承担无限责任；仅在企业设立登记时明确以其家庭共有财产作为个人出资的才依法以其家庭共有财产对企业债务承担无限责任。而个体工商户的债务如属个人经营的，以其个人财产承担，家庭经营的，以家庭财产承担。

(3)依据的法律不同。个人独资企业依照个人独资企业法设立，个体工商户依照民法通则、城镇个体工商户管理暂行条例及实施细则的规定设立。

（4）个人独资企业是经营实体，是一种企业组织形态，个体工商户则不采用企业形式。

2）个人独资企业与一人公司的区别

一人公司是指由一个股东投资设立的有限责任公司，投资人独资经营，但投资人对公司债务仅负有限责任。虽然个人独资企业和一人公司都是一人出资设立的企业，两者的不同之处也很明显。

（1）个人独资企业不是企业法人，不能取得法律上的独立的人格；一人公司作为公司的一种，是企业法人，在公司成立时取得法人资格。

（2）个人独资企业的投资人对企业的债务承担无限责任，如果企业财产不足以清偿企业债务，由投资人的其他财产清偿；而一人公司的投资人仅以出资额为限对公司负责，承担有限责任。

（3）个人独资企业的设立依据是个人独资企业法；一人公司的设立依据是公司法。

3）个人独资企业与全资国有企业的区别

传统的全资国有企业也是一种独资企业。与个人独资企业相比，二者的独资形式是一样的，但二者依然有不同之处。

（1）是否为法人企业不同。个人独资企业不具有企业法人资格；全资国有企业则是依法成立的企业法人。

（2）投资主体不同。个人独资企业的投资人是自然人；全资国有企业的投资人是国有出资人。

（3）承担责任的形式不同。个人投资企业的投资人对企业债务承担无限责任；国有出资人仅以出资为限对国有企业负责。

（4）设立依据不同。个人独资企业依照个人独资企业法设立；全资国有企业的设立依据则是全民所有制工业企业法。

4）个人独资企业与外商独资企业的区别

外商独资企业的投资人也仅有一个主体，与个人独资企业有相同之处，但也有区别。

（1）资本的来源不同。个人独资企业的出资来源于中国境内；而外商独资企业的资本则是来源于中国境外。

（2）出资者不同。个人独资企业的出资者只能是自然人；而外商独资企业的出资者既可以是自然人也可以是单个法人。

（3）设立依据不同。个人独资企业设立依据是个人独资企业法；外商独资企业的设立依据则是外资企业法。

（4）责任承担不同。个人独资企业的投资人对企业债务承担的是无限责任；外商独资企业通常为有限责任公司形式，投资人对企业债务承担的是有限责任，即仅以出资为限对企业债务承担责任。

5）个人独资企业与普通合伙企业的区别

个人独资企业出资人为自然人，合伙企业中的普通合伙人也大都是自然人，均对企业债务承担无限责任，二者也有区别。

（1）投资人人数不同。个人独资企业的出资人仅一人，而合伙企业的投资人为两人以上。

（2）财产的归属不同。个人独资企业的财产归出资人一人所有，合伙企业的财产归全体合伙人共有。

（3）责任承担不同。个人独资企业仅由出资人一人承担无限责任，合伙企业则由全体普通合伙人承担无限连带责任。

3.4.2 个人独资企业的设立

1. 个人独资企业的设立条件

根据个人独资企业法的规定，设立个人独资企业需要具备下列5个条件。

（1）投资人为一个自然人。个人独资企业的投资人必须且只能是一个自然人，而且这里的自然人只能是具有中华人民共和国国籍的自然人，不包括外国人和无国籍人，这也正说明了外商独资企业不能适用个人独资企业法而只能适用外资企业法的问题。

（2）有合法的企业名称。个人独资企业享有名称或商号权，但其名称应当与其责任形式及从事的经营范围相符合，而且其名称应当遵守企业名称登记管理的规定，只能适用一个名称，在登记主管机关管辖内不得与已登记注册的同行业的企业名称相同或相似。在其名称中不得使用“有限”“有限责任”字样。

（3）有投资人申报的出资。由于个人独资企业的出资人承担的是无限责任，因此个人独资企业法并不要求个人独资企业有最低的注册资本，仅要求有申报的出资即可。

（4）有固定的生产经营场所和必要的生产经营条件。固定的生产经营场所和必要的生产经营条件是企业生产和发展必不可少的基础，也是企业的债权人和其他权利人主张权利的保障。

（5）有必要的从业人员。

2. 个人独资企业的设立程序

个人独资企业的设立无须经过任何部门的批准，而是由投资人根据设立准则直接到工商行政管理部门申请登记，即采取直接登记制。

1. 个人独资企业设立申请

个人独资企业的投资人即个人独资企业的设立申请人，当然，投资人也可以委托其代理人，向个人独资企业所在的登记机关申请设立登记。在申请设立个人独资企业时，应向登记机关提交下列文件。

（1）设立申请书。设立申请书应当包含下列事项：企业的名称和住所（即其办事机构所在地是其住所）；投资人的名称和住所；投资人的出资额和出资方式；经营范围。

（2）投资人身份证明。

（3）生产经营场所使用证明等文件。

由委托代理人申请设立登记的，应当有投资人的委托书和代理人的合法证明。

2）核准登记与企业成立

个人独资企业申报文件后，登记机关应在收到申请文件之日起 15 日内，对符合个人独资企业法规定条件者，予以登记，发给营业执照；对不符合个人独资企业设立条件者，不予登记，并书面说明理由。个人独资企业的营业执照的签发日期为个人独资企业的成立日期。

3. 个人独资企业的分支机构的设立

个人独资企业的分支机构是指个人独资企业在住所地以外设立的从事业务活动的办事机构。其与设立个人独资企业的程序大体上是一样的。

（1）设立申请与登记

个人独资企业设立分支机构的，由投资人或其委托的代理人向分支机构所在地的登记机关申请登记，领取营业执照。

（2）登记备案。个人独资企业的分支机构经核准设立后，应当向个人独资企业所在地原登记机关备案。

（3）个人独资企业分支机构民事责任的承担。个人独资企业的分支机构是企业的一部分，其所产生的民事责任应当由个人独资企业承担，但由于投资人对个人独资企业的债务承担无限责任，因此，事实上，分支机构的责任承担还是由投资人承担。

4. 个人独资企业的变更

个人独资企业的变更是指个人独资企业存续期间登记事项发生变化。包括企业名称、住所、经营范围、经营期限等方面发生改变。个人独资企业应当在作出变更决定之日起 15 日内依法向登记机关申请变更登记。个人独资企业登记事项发生变更时，未按个人独资企业法规定办理有关变更登记的，责令限期办理变更登记；逾期不办理的，依法处以罚款。

3.4.3　个人独资企业的投资人和事务管理

1. 个人独资企业的投资人

1）个人独资企业的投资人的条件

个人独资企业的投资人是以其财产投资设立个人独资企业的自然人。投资的财产必须是投资人所有的财产。关于个人独资企业的投资人的条件，除个人独资企业法禁止的自然人之外的所有自然人均可投资设立。《个人独资企业法》第 16 条规定：法律、行政法规禁止从事营利性活动的人，不得作为投资人申请设立个人独资企业。这一规定表明了除法律、行政法规禁止从事营利性活动的自然人外，其余的自然人均可以作为个人独资企业的投资人。就我国法律、法规所禁止从事营利性活动的人包括法官、检察官、人民警察、国家公务员。

2）个人独资企业投资人的权利

（1）个人独资企业的投资人对企业的财产享有所有权。个人独资企业设立时的出资和经营过程中积累的财产都归独资企业的投资人所有。此处的财产主要是指企业的有形财产，不包括企业的无形财产。

（2）个人独资企业的投资人的有关权利可以依法转让或继承。由于个人独资企业的投资人的人格和企业的人格密不可分，企业财产所有权归投资人，投资人对于企业财产享有充分和完整的支配和处置权，投资人可以随意处置企业的财产，当投资人死亡或被宣告死亡时，其继承人可以依法继承独资企业的财产。

（3）个人独资企业投资人的责任

个人独资企业的投资人对企业债务承担无限责任。依照个人独资企业法的规定，个人独资企业在申请设立登记时明确以其家庭共有财产出资的，应当依法以其家庭共有财产对企业债务承担无限责任。

2. 个人独资企业的事务管理

（1）个人独资企业的事务管理方式

投资人有权自主选择企业事务的管理形式。概括起来，其管理方式有以下三种：自行管理、委托管理和聘任管理。采用委托管理或聘用管理的，应签订书面合同。委托管理的，明确委托的内容和授权的范围；聘用他人管理企业事务的，须由投资人与被聘用人签订书面合同，明确委托的具体内容和授予权利的范围。投资人委托或聘用的人员管理个人独资企业事务时违反双方订立的合同，给投资人造成损害的，应承担民事赔偿责任。投资人对受托人或被聘用人职权的限制，不得对抗第三人。

（2）受托人或被聘用人的义务

受托人或被聘用人应当履行诚信、勤勉义务，按照与投资人签订的合同负责个人独资企业的事务管理。

根据《个人独资企业法》第 20 条的规定，投资人委托或者聘用的管理个人独资企业事务的人员不得有下列行为：利用职务上的便利，索取或收受贿赂；利用职务或者工作上的便利侵占企业财产；挪用企业的资金归个人使用或者借贷给他人；擅自将企业资金以个人名义或者以他人名义开设账户存储；擅自以企业财产提供担保；未经投资人同意，从事与本企业相竞争的业务；未经投资人同意，同本企业订立合同或与本企业进行交易；未经投资人同意，擅自将企业商标或者其他知识产权转让给他人使用；泄露本企业的商业秘密；法律、行政法规禁止的其他行为。

投资人委托或聘用的人员违反上述规定，侵犯个人独资企业财产权益的，责令退还侵占的财产；给企业造成损失的，依法承担赔偿责任；有违法所得的，没收违法所得；构成犯罪的，依法追究刑事责任。

（3）个人独资企业的财务管理

个人独资企业应当依法设置会计账簿，进行会计核算。

（4）个人独资企业劳动管理与社会保障

个人独资企业招用职工的，应当依法与职工签订劳动合同，保障职工的劳动安全，按时、足额地发放工资。

个人独资企业应当按照国家规定为职工购买社会保险。譬如，养老保险、工伤保险、医疗保险等。

独资企业的职工可以依法组建工会，以维护职工的合法权益，独资企业应当为本企业的工会组织提供活动的场所。

个人独资企业违反《个人独资企业法》的规定，侵犯职工合法权益的，按照有关的法律、行政法规予以处罚，并追究有关人员的责任。

3.4.4 个人独资企业的解散和清算

1. 个人独资企业的解散

个人独资企业的解散是指个人独资企业出现了一些法定事由而导致其民事主体资格消灭的行为。个人独资企业出现下列情形之一时，应当解散。

（1）投资人决定解散

投资人可以投资设立一个个人独资企业，当然，在其不违反法律规定时，有权决定在任何时候解散个人独资企业。

（2）投资人死亡或者被宣告死亡，无继承人或者继承人放弃继承

在投资人死亡或者被依法宣告死亡的情况下，如果其继承人继承了独资企业，则该个人独资企业可以继续存在下去，只是需要办理变更登记，但若出现无继承人或者继承人放弃继承的情况下，该个人独资企业则失去了继续经营的必备条件，故应当解散。

（3）被依法吊销营业执照

这是个人独资企业的被动解散，也是强制解散，因个人独资企业出现了违法情形时，被处以吊销营业执照的处罚，该情形如下：个人独资企业提交虚假文件以欺骗手段取得登记情形严重的；涂改、出租、转让营业执照情节严重的；企业成立后无正当理由超过 6 个月未开业或开业后自动停业连续 6 个月以上的。

2. 个人独资企业的清算

企业解散后并非立即消灭，因为企业解散还要处理一些企业未了结的业务，这就是清算，企业清算结束，进行注销登记，个人独资企业才最后消灭。

（1）清算人的产生

《个人独资企业法》第 27 条规定，个人独资企业解散，由投资人自行清算或者由债权人申请人民法院指定清算人进行清算。所以，个人独资企业的清算原则上以投资人为其清算人，但经债权人申请，人民法院得指定投资人以外的人为清算人。

（2）通知与公告程序

投资人自行清算的，应当在清算前 15 日内书面通知债权人，无法通知的，应当予以公告。

债权人应当在接到通知之日起30日内，未接到通知的，应当在公告之日起60日内，向投资人申报其债权。

（3）偿债程序

清算人应当清理企业的债权债务，在清算期间，个人独资企业不得开展与清算目的无关的经营活动。在清算债务前，投资人不得转移、隐匿财产。个人独资企业及其投资人在清算前或清算期间隐匿或转移财产，逃避债务的，依法追回其财产，并按有关规定予以处罚；构成犯罪的，依法追究刑事责任。

（4）财产清偿顺序

个人独资企业解散的，应当按照下列顺序清偿。

①所欠职工工资和社会保险费用。

②所欠税款。

③其他债务。

个人独资企业的财产不足以清偿债务的，投资人应当以其个人的财产予以清偿。

（5）责任消灭制度

个人独资企业解散后，原投资人对个人独资企业存续期间的债务应承担偿还责任，但债权人自独资企业解散后5年以内未向债务人提出清偿请求的，该责任消灭。

（6）注销登记程序

根据《个人独资企业法》第32条规定，个人独资企业清算结束后，投资人或者人民法院指定的清算人应当编制清算报告，并于15日内到登记机关办理注销登记。注销登记一旦完成，个人独资企业即告消灭。

3.5 外商投资企业法律制度

3.5.1 外商投资企业概述

1. 外商投资企业的概念和特征

外商投资企业是指在中国境内设立的，依照中华人民共和国的法律的规定，由中国投资者和外国投资者共同投资或者仅有外国投资者投资的各类企业的总称。

目前我国的外商投资企业主要有中外合资经营企业、中外合作经营企业、外资企业。

外商投资企业具有下列基本特征。

（1）外商投资企业是外商直接投资举办的企业。直接投资是指投资者将资金或其他财产投入企业，并不同程度地参与企业的经营决策，通过企业盈利分配获取投资收益的投资方法。

（2）外商投资企业是吸引外国私人投资举办的企业。私人投资是指以公司、企业和其他经济组织或者个人的名义进行投资。它与政府的对外援助不同，具有民间经济技术合作的色彩。

（3）外商投资企业是依照中国的法律和行政法规，经中国政府批准，在中国境内设立的企业。根据我国法律和行政法规规定，设立外商投资企业必须经中国政府批准，并在中国境内设立。外商投资企业设立后，必须遵守中国的法律，同时，也受中国法律保护。

2. 外商投资企业法的概念

外商投资企业法是指国家在调整外商投资企业在设立、变更、终止过程中所发生的各种关系的法律规范的总称。其具有广义和狭义之分，狭义的外商投资企业法仅包括《中华人民共和国中外合资经营企业法》（全国人民代表大会于 1979 年 7 月 1 日通过，1990 年 4 月 4 日修正，2001 年 3 月 15 日第二次修正）、《中华人民共和国中外合作经营企业法》（全国人民代表大会于 1988 年 4 月 31 日通过，2000 年 10 月 31 日修正）和《中华人民共和国外资企业法》（全国人民代表大会于 1986 年 4 月 12 日通过，2000 年 10 月 31 日修正）。

3.5.2　中外合资经营企业法

1. 中外合资经营企业法概述

（1）中外合资经营企业的概念和特征

中外合资经营企业（以下简称合营企业），是指中国合营者和外国合营者依照中华人民共和国法律的规定，在中国境内共同投资、共同经营，并按投资比例分享利润、分担风险与亏损的企业。合营企业有以下法律特征。

①合营企业的投资者为中外合营者。

②合营企业依照中国法律在中国境内投资设立，受中国法律调整和管辖。

③合营企业的中外合营者共同投资、共同经营、共负盈亏、共担风险。

（2）中外合资经营企业的组织形式和法律地位

①合营企业的组织形式：《中外合资经营企业法》第 4 条第 1 款规定："合营企业的形式为有限责任公司。"合营各方以其认缴的出资额对企业承担有限责任，合营企业以其全部资本对其债务承担责任。

②合营企业的法律地位：合营企业是在中国境内依照中国法律设立的，是中国法人，受中国法律管辖和保护。

2. 中外合资经营企业的设立

（1）中外合资经营企业的设立条件

中外合资经营企业的设立应注重提高经济效益，促进国民经济的发展，具体来说应符合以下条件：采用先进的技术设备和科学的管理方法，能增加产品品种，提高产品质量和产量，节约能源和材料；有利于企业技术改造，能做到投资少、见效快、受益大；能扩大产品出口，增加外汇收入；能培训技术人员和经营管理人员。

但是，设立合营企业不得具备下列情形之一，否则，不予批准设立：有损中国主权的；违反中国法律的；不符合中国国民经济发展要求的；造成环境污染的；签订的协议、合同、章程显属不公平，损害合营一方权益的。

（2）设立的程序

设立合营企业要经历一个由申请、审批和登记组成的完整的程序。

①申请阶段。申请设立合营企业时中国合营者应向企业主管部门呈报与外国合营者设立合营企业的项目建议书和初步可行性研究报告，经审查同意并转报审批机构批准后，合营各方才能进行可行性研究为中心的各项工作，并在此基础上协商签订合营企业的协议、合同和章程。

②审批阶段。中华人民共和国商务部及受其委托的省、自治区、直辖市人民政府或者国务院有关部、委为合营企业的审批机构。设立合营企业，应由中国合营者负责向审批机构报送设立合营企业的申请书，可行性研究报告，合营企业协议，合同和章程，合营企业的董事长、

副董事长、董事人选名单，合营企业主管部门和合营企业所在地的省、自治区、直辖市人民政府对设立合营企业签署的意见。审批机构自接到全部文件之日起 3 个月内决定批准或不批准，经批准的发给批准证书。

③登记阶段。合营企业申请者领取批准证书后，依法应在 1 个月内向其所在地的省、自治区、直辖市工商管理部门办理注册登记，领取营业执照，该营业执照的签发日期为合营企业的成立日期。

3. 中外合资经营企业的注册资本和出资方式

（1）合营企业的注册资本

合营企业的注册资本是指为设立合营企业在登记管理机构注册的资本总额，即为合营各方认缴的出资额之和。在合营企业的注册资本中，外国合营者的投资比例一般不低于 25%。合营企业的注册资本应当与其生产经营的规模相适应。合营企业在生产经营过程中不得减少其注册资本。经合营一方同意和审批机构批准，合营的另一方可以向第三者转让其全部或部分出资额，一方转让出资额时，合营的另一方有优先购买权。

（2）合营企业的出资方式

合营各方可以用作出资的方式，可以是货币出资也可以是非货币出资。非货币出资的形式主要有：①实物，包括建筑物、厂房、机器设备或者其他物资；②工业产权、专有技术；③场地使用权。以实物、工业产权、专有技术出资的，其作价由合营各方按照公平、合理的原则协商确定，或者聘请各方同意的第三者评定。外国合营者作为出资的机器设备或者其他物料、工业产权、专有技术，应符合我国法律规定的条件，并报审批机构批准。

4. 中外合资经营企业的组织机构

（1）合营企业的权利机构

合营企业的董事会是合营企业的最高权力机构。

董事会的职权由合营企业的章程规定，讨论决定合营企业的一切重大问题。

董事会的人数由合营各方协商，在合营企业章程中确定，但不得少于 3 人。董事名额的分配，由合营各方参照出资比例协商确定。然后，由合营各方按照分配的名额分别委派董事。董事的任期为 4 年，经合营者继续委派可以连任。

董事长和副董事长由合营各方协商确定或由董事会选举产生。中外合营者的一方担任董事长的，由他方担任副董事长。董事长是合营企业的法人代表。董事长不能履行职责时，应当授权副董事长或者其他董事代表合营企业履行职责。

董事会会议每年至少召开一次。经三分之一以上的董事提议，可以召开董事会临时会议。董事会会议应当有三分之二以上的董事出席方能举行。举行董事会会议的地点一般应在合营企业的法定地址所在地。

下列事项须经出席董事会会议的董事一致通过方能做出决定：合营企业的章程的修改；合营企业的终止、解散；合营企业的注册资本的增加或转让；合营企业与其他经济组织的合并。关于其他事项，可以根据合营企业章程载明的议事规则作出决议。

2. 合营企业的经营管理机构

合营企业的经营管理机构负责合营企业的日常管理工作。经营管理机构设立总经理 1 人，副总经理若干人。总经理、副总经理可以由中国公民担任也可以由外国公民担任。总会计师由合营企业董事会聘请，通常由中国公民担任。

总经理执行董事会的决议，组织领导合营企业的日常经营管理工作。在董事会授权范围内，总经理对外代表合营企业，对内任免下属人员，行使董事会授予的其他职权。副总经理协助总经理工作。

合营企业可以根据生产经营需要，自行确定其机构设置和人员编制。合营企业需要在外国或我国的港、澳地区设立分支机构时，应报国家外经贸主管部门批准。

5. 中外合资经营企业的经营管理

1）中外合资经营企业的劳动人事管理

合营企业可以根据生产经营需要，自行确定其机构设置和人员的编制，聘用或辞退其工人、专业技术人员和经营管理人员（包括高级管理人员）。根据有关规定，合营企业可以开除职工，如果需要开除职工的，须报主管部门和所在地区劳动人事部门备案。

合营企业应当按照有关规定，向职工支付劳务费用及提高劳动保护，对职工进行奖惩，发生劳动争议后选择解决争议的方式。

2）中外合资经营企业的物资采购和产品销售

中国政府鼓励合营企业向国际市场销售其产品。合营企业所需要的机器设备、原材料、燃料、配套件、运输工具和办公用品等，有权决定在国际市场购买或向国外购买。在国内购买的物资价格，享受与国内企业同等的待遇。

3）中外合资经营企业的利润分配

合营企业缴纳所得税后的利润按下列顺序分配：（1）支付各项赔偿金、违约金、滞纳金、罚息、罚款；（2）弥补企业以前年度亏损；（3）提取储备基金、企业发展基金和职工奖励、福利基金；⑷向投资人分配利润。

4）中外合资经营企业的外汇管理

（1）外汇账户管理。外商投资企业必须在境内银行开立外币存款账户，经外汇管理局批准，可以根据需要在外国或我国港、澳地区开立外汇存款账户。

（2）外汇收入管理。外商投资企业的外汇收入可以不必结汇，但必须及时调回境内存入外币存款账户，企业的一切外汇支出都必须从外币存款账户支付。

（3）外汇支出管理。对于外商投资企业的经常性支出，可以持进口合同等付款单据直接到开户银行办理汇出手续，不必逐笔报外汇管理部门批准；外国投资者依法纳税后的纯利润和其他正当收益的汇出，须向外汇管理部门提交董事会或其他权力机构的分配利润决定书、纳税凭证及载有分配条款的合同，经批准后从外币存款账户中支付；外商投资企业终止后，经过清算外国投资者分得的外汇净资产依法缴纳所得税后经国家外汇管理局或其分局批准，从原企业的外汇存款账户中支付；外商投资企业的外籍职工和我国港、澳地区职工的工资和其他正当收益，依法纳税后可以汇出。

（4）外汇借款管理。外商投资企业的借款，无论是向境内银行借款还是向境外银行借款，均无须向外汇管理部门审批，但向境外借款须到外汇管理部门备案。

5）中外合资经营企业的税收管理

根据2007年3月16日第十届全国人民代表大会第五次会议通过的《中华人民共和国企业所得税法》的规定，中外合资经营企业的税收征收同样适用该法的规定。下面就新法的规定分别进行阐述。

（1）纳税义务人。由于外商投资企业属于我国的居民企业，因此合营企业依然是我国的纳税义务人，应当依法纳税。

（2）征税对象。作为居民纳税人，外商投资企业具有无限的纳税义务，就其中国境内、境外的生产、经营所得和其他所得缴纳企业所得税。

（3）税率。中外合资经营企业属于中国的居民企业，统一使用企业所得税的税率为25%。

（4）税收优惠。国家对重点扶持和鼓励发展的产业和项目，给予企业所得税优惠。国家通过减税、免税、税收抵免、税率优惠、加速折旧等措施实施优惠。

6. 中外合资经营企业的期限、解散和清算

1）中外合资经营企业的合营期限

根据《中华人民共和国中外合资经营企业法》第12条的规定，除法律特别规定外，合营企业可以约定也可以不约定合营期限。约定合营期限的合营企业，合营各方同意延长合营期限的，应在距合营期满6个月前向审批机关提出申请。审批机关自接到申请之日起1个月内决定批准或不批准。

2）中外合资经营企业的解散

合营企业有下列情形之一时解散。

（1）合营期限届满；（2）合营企业发生严重亏损，无力继续经营；（3）合营一方不履行合营企业协议、合同、章程规定的义务，致使合营企业无法继续经营；（4）合营企业因自然灾害、战争等不可抗力遭受严重损失，无法继续经营；（5）合营企业无法达到其经营目的，同时又无发展前途；（6）合营企业合同、章程规定的其他解散事由出现。

发生上述第（2）、（3）、（4）、（5）、（6）种情形时，应由董事会提出解散申请书，报审批机关批准。在上述第（3）种情形下，不履行合营企业协议、合同、章程规定的义务一方，应对由此给合营企业造成的损失负赔偿责任。

3）中外合资经营企业的清算

合营企业的解散，应依法组成清算委员会进行清算。合营企业清算工作结束后，由清算委员会提出清算结束报告，提请董事会会议通过后，报告原审批机关，并向原登记管理机构办理注销登记手续，注销营业执照。

7. 中外合资经营企业合营各方的争议解决

合营企业合营各方争议发生后，首先由双方协商或调解解决；其次依仲裁协议，可以提请中国国际经济贸易仲裁委员会仲裁，也可以提请外国投资者本国或第三国仲裁机构仲裁；最后，诉讼。诉讼只能由中国法院管辖，且与仲裁相排斥。

3.5.3　中外合作经营企业法

1. 中外合作经营企业的概念和特征

中外合作经营企业（以下简称合作企业）是指中国合作者和外国合作者依照中华人民共和国法律的规定，在中国境内共同投资设立的，按合作企业合同的约定分配收益或者产品、分担风险和亏损的企业。其具有以下法律特征。

（1）合作企业是典型的契约式的合营企业

中外合作者的投资或者提供的合作条件，不折算成股份，即各方的投资不作价，不计出资比例。收益或产品的分配及风险和亏损的分担，由合作企业合同约定。换言之，合作企业合同是合作企业成立的基本依据，合营各方的权利和义务不是取决于投资比例与股份，而是取决于合作企业合同的约定。这同中外合资经营企业是有明显区别的。所以，人们通常把合

作企业称为契约式合营，而合资企业则称为股权式合营。

（2）合作企业一般规模较小，灵活多样，更有利于吸引外资

中外合作者可以共同举办具有法人资格的合作企业，也可以共同举办不具有法人资格的合作企业。换言之，合作企业既可以是法人企业，也可以是非法人企业，而中外合资经营企业都是法人企业。

（3）中外合作经营企业的组织机构和管理方式具有灵活多样的特征

中外合作经营企业既可以采取董事会制、联合管理制，也可以是委托管理制。

（4）周期短、风险小

合作企业合同可以约定外方提前收回出资的方法，外方承担的风险相对较小，但合作期满，企业的资产均归中方所有。

（5）设立程序简便

合作企业设立中的申请、审批、登记等手续更加简便。

2. 中外合作经营企业的设立

（1）国家鼓励设立中外合作经营企业

《中外合作经营企业法》第 4 条规定："国家鼓励兴办产品出口的或者技术先进的生产型合作企业。"

（2）设立中外合作经营企业的申请与审批

设立中外合作经营企业，应当由中方合作者向登记批准机关报送下列文件：设立中外合作经营企业的项目建议书，并附送主管部门审查同意的文件；合作各方共同编制的可行性研究报告，并附送主管部门审查同意的文件；由合作各方的法定代表人或授权的代表签署的合作企业协议、合同、章程；合作各方的营业执照、资信证明及法定代表人的有效证明文件，外国合作者是自然人的，应提供有关身份、履历和资信情况的有效证明；合作各方协商确定的董事长、副董事长、董事或者联合管理委员会主任、副主任、委员名单；审查批准机关要求报送的其他文件。

合作企业协议是指合作各方对设立合作企业的原则和主要事项达成一致意见后形成的书面文件。合作企业章程是指按照合作企业合同的约定，经合作各方一致同意，约定合作企业原则、经营管理方法的书面文件。合作企业合同是合作各方就相互之间的权利、义务关系达成一致意见后形成的书面文件。合作企业协议、章程的内容和合同不一致的，以合作企业合同为准。

中外合作企业的设立由对外贸易经济合作部或者国务院授权的部门和地方人民政府批准。有下列情形的，由国务院授权的部门批准或者地方人民政府批准：投资总额在国务院规定由国务院授权的部门或地方人民政府审批的投资限额以内的；自筹资金，且不需要国家平衡建设、生产条件的；产品出口不需要领取国家有关部门发放的出口配额、许可证，或者需要领取，但在报送项目建议书前已征得国家有关主管部门同意的；有法律、行政法规规定由国务院授权的部门或者地方人民政府审查批准的其他情形的。

对外贸易经济合作部和国务院授权的部门批准设立的合作企业，由对外贸易经济合作部颁发批准证书。国务院授权的地方人民政府批准设立的合作企业，由有关地方人民政府颁发批准证书，并自批准之日起 30 日内将有关批准文件报送对外贸易经济合作部备案。

在下列情况下，设立合作企业的申请将得不到批准：损害国家主权或者社会公共利益的；危害国家安全的；对环境污染造成损害的；有违反法律、行政法规或者国家产业政策的其他情形。

（3）设立中外合作经营企业的登记

设立中外合作经营企业的申请经批准后，应当自接到批准之日起30日内向工商管理机关申请登记，领取营业执照。营业执照的签发日为企业的成立之日。合作企业自成立之日起30日内向税务机关办理税务登记。

3. 中外合作经营企业的出资

合作各方依法或以合同约定向合作企业投资或提供合作条件。出资的方式可以是货币，也可以是实物或者工业产权、专有技术、土地使用权等财产权利。合作各方缴纳投资或提供合作条件后，应当由中国注册会计师验资，合作企业据此发给合作各方出资证明书。

依法取得法人资格的合作企业，外方合作者的投资一般不低于合作企业注册资本的25%。不具备法人资格的中外合作企业，外方合作者的投资一般不低于中国和外国合作者投资之和的25%。

4. 中外合作经营企业的组织形式和经营管理

（1）合作经营企业的组织形式

《中外合作经营企业法》第2条第2款规定："合作企业符合中国法律关于法人条件的规定的，依法取得中国法人资格。"这就是说，可以申请设立具有法人资格的合作企业，也可以申请设立不具有法人资格的合作企业。

具有法人资格的合作企业，其组织形式为有限责任公司。合作各方对合作企业的责任以各自认缴的出资额或提供的合作条件为限。合作企业以其全部资产对其债务承担责任。不具有法人资格的合作企业，合作各方的关系是一种合伙关系。合作各方应根据其认缴的出资额或提供的合作条件，在合作合同中约定各自承担债务责任的比例，但不得影响合作各方连带责任的履行。偿还合作企业债务超过自己应承担数额的合作一方，有权向其他合作者追偿。

（2）中外合作经营企业的经营管理

《中外合作经营企业法》第12条规定，合作企业应当设立董事会或者联合管理机构，依照合作企业合同或者章程的规定，决定合作企业的重大问题。此外，该法还规定，合作企业成立后可以改为委托中外合作者以外的他人经营管理。分别总结以下三种管理形式。

①董事会制。具有法人资格的合作企业一般采取董事会制。董事会是合作企业的最高权力机构，董事会可以决定任命或者聘请总经理负责合作企业的日常经营管理工作。总经理对董事会负责。

②联合管理制。不具有法人资格的合作企业，一般采取联合管理制。联合管理机构由合作各方代表组成，是合作企业的最高权力机构，决定合作企业的重大问题。

③委托管理制。经合作各方一致同意合作企业可以委托中外合作者一方或第三方进行经营管理，委托第三方进行管理的，必须经董事会或者联合管理机构一致同意，并报审批机关批准，向工商管理机关办理登记手续。

5. 中外合作经营企业的利润分配和投资回收

（1）合作企业的利润分配

合作企业可以采取利润分成或产品分成的分配方式，后者一般在资源开发项目中采用。关于合作企业收益或产品的分配，以及利润与产品的分成比例，由中外合作者按照法律规定，在合作企业合同中约定。

（2）合作企业外国合作者投资的回收

《中外合作经营企业法》第21条第2款规定，中外合作者在合作企业合同中约定合作期满时合作企业的全部固定资产归中国合作者所有的，可以在合作企业合同中约定外国合作者在合作期限内先行收回投资的办法。

先行收回投资的办法一般有三种：①在按照投资或提供合作条件的基础上，在合作企业合同中约定扩大外国合作者收益分配的比例；②外国合作者在缴纳所得税之前回收投资；③经财政税务机关和审查批准机关批准的其他提前回收投资的方式。

3.5.4 外资企业法

1. 外资企业的概念与特征

外资企业是指依照中国法律在中国境内设立的全部资本由外国投资者投资的企业。外资企业有以下特征。

（1）外资企业是外国投资者根据中国法律在中国境内投资设立的。尽管外资企业的全部资本均来自于外国投资者，但它是根据中国法律在中国境内设立的，受中国法律保护和管辖的，具有中国国籍的企业。这是外资企业和外国企业的根本不同之处。

（2）外资企业的全部资本是由外国投资者投资的。这也决定了企业的全部利润归外国投资者，风险和亏损也由外国投资者独立承担。外资企业可以是公司、企业及其他经济组织或者个人，这是它与合营企业、合作企业的明显不同，后者的资本是由中外合营者或中外合作者共同投资的。

（3）外资企业是中国法人或非法人企业。外资企业是以自己的名义进行经营活动，独立承担民事责任，外国投资者对其债务不承担无限责任。这是外资企业和外国企业在中国境内设立的分支机构的根本不同，外国企业的分支机构不具有独立的民事主体资格，其进行经营活动由外国企业承担民事责任。

2. 外资企业的出资

（1）外资企业的出资方式

根据《外资企业法实施细则》第 26 条的规定，外国投资者可以用可自由兑换的外币出资，也可以用机器设备、工业产权、专有技术等作价出资。经审批机关批准，外国投资者也可以用其从中国境内兴办的其他外商投资企业获得的人民币利润出资。

外国投资者以机器设备作价出资的，机器设备必须符合下列要求：一是外资企业生产所必需的；二是中国不能生产，或者虽能生产，但在技术性能或供应时间上不能保证需要的。该机器设备的作价不得高于同类机器设备当时的国际市场正常价格。

外国投资者以工业产权、专有技术作价出资时，该工业产权、专有技术必须符合下列要求：一是外国投资者自己所有的；二是能生产中国急需的新产品或者出口适销产品的。该工业产权、专有技术的作价应当与当时国际上通常的作价原则相一致，作价金额不得超过外资企业注册资本的 20%。

（2）外国投资者的出资期限

外国投资者缴付的出资的期限应当在设立外资企业申请书和外资企业章程中载明。外国投资者可以分期缴付出资，但最后一期出资应当在营业执照签发之日起 3 年内缴清。其第一期出资不得少于外国投资者认缴的出资额的 15%，并应当在外资企业营业执照签发之日起 90 日内缴清。

外国投资者未能在外资企业营业执照签发之日起 90 日内缴付第一期出资的，或者无正当理由逾期30日不缴付其他各期出资的，外资企业批准证书即自动失效。外资企业应当向工商行政管理机关办理注销登记手续，缴销营业执照；不办理注销登记手和缴销营业执照，由工商行政管理机构吊销其营业执照，并予以公告。

3. 外资企业的设立与变更

1）外资企业的设立

（1）设立外资企业的条件。设立外资企业，必须有利于中国国民经济的发展，国家鼓励举办产品出口或者技术先进外资企业。禁止或者限制设立外资企业的行业，按照国家指导外商投资方向的规定及《外商投资产业指导目录》执行。

申请设立外资企业，有下列情形之一的，不予批准：有损中国主权或者社会公共利益的；危机中国国家安全的；违反中国法律、法规的；不符合中国国民经济发展要求的；可能造成环境污染的。

（2）设立外资企业的申请。外国投资者在提出设立外资企业的申请前，应当就下列事项向拟设立外资企业所在地的县级或县级以上地方人民政府提交报告。报告内容包括：设立外资企业的宗旨；经营范围、规模；生产的产品；使用的技术设备；用地面积及要求；需要用水、电、煤、煤气或者其他能源的条件及数量；对公共设施的要求等。县级或县级以上的地方人民政府应当在收到外国投资者提交的报告之日起30天内以书面形式答复外国投资者。

外国投资者设立外资企业，应当通过拟设立外资企业所在地的县级或县级以上人民政府向审批机关提出申请，并报送下列文件：设立外资企业申请书；可行性研究报告；外资企业法定代表人（或董事会人选）名单；外国投资者的法律证明文件和资信证明文件；拟设立外资企业所在地的县级或县级以上人民政府的书面答复；需要进口的物资清单；其他需要报送的文件。

两个或两个以上外国投资者共同申请设立外资企业，应当将其签订的合同副本报送审批机关。

（3）设立外资企业的审批。《外资企业法》第6条规定，设立外资企业的申请，由国家对外经济贸易主管部门或者国务院授权的机关审查批准。审查批准机关应当在接到申请之日起90日内决定批准或者不批准。根据上述规定，《外资企业法实施细则》对设立外资企业的审批作了具体规定。

设立外资企业的申请由国家对外经济贸易主管部门审查批准后，发给批准证书。设立外资企业的申请属于下列情形的，国务院授权省、自治区、直辖市和计划单列市、经济特区人民政府（以下简称受托机关）审查批准后，发给审批证书：一是投资总额在国务院规定的投资审批权限以内的；二是不需要国家调拨原材料，不影响能源、交通运输、外贸出口配额等全国综合平衡的。受托机关在国务院授权范围内批准设立外资企业。应当在审批后15天内报国务院对外经济贸易主管部门备案。国家对外经济贸易主管部门和审查机关，统称审批机关。还需要指出的是，申请在国家规定限制设立外资企业的行业中设立外资企业，除法律、法规另有规定外，须经国家对外经济贸易主管部门批准。申请设立的外资企业，其产品涉及出口许可证、出口配额、进口许可证或者属于国家限制进口的，应当依照有关管理权限事先征得国家对外经济贸易主管部门的同意。

审批机关应当在收到申请设立外资企业的全部文件之日起90日内决定批准或者不批准。审批机关如果发现上述文件不齐备或者有不当之处，可以要求限期补报或者修改。

（4）设立外资企业的登记。设立外资企业的申请经批准后，外国投资者应当在接到批准证书之日起30日内，向国家工商行政管理局或者国家工商行政管理局授权的地方工商行政管理局申请开业登记。登记主管机关应当在受理申请后30天内，做出核准登记或者不予核准登记的决定。申请开业登记的外国投资者，经登记主管机关核准登记注册，领取营业执照后，企业即告成立。外资企业的营业执照的签发日期为该企业的成立日期。外资企业应当在企业成立之日起30天内在税务机关办理税务登记。

外资企业符合中国法律关于法人条件规定的，依法取得法人资格。

2）外资企业的变更

外资企业改变名称、住所、经营场所、法定代表人、经济性质、经营范围、经营方式、注册资本、经营期限，以及增设或者撤销分支机构，应当报审查批准机关批准。

外资企业申请变更登记，应当在审查批准机关批准后30天内，向登记主管机关申请办理变更登记。

外资企业分立、合并、迁移，应当报审查批准机关批准，并在批准后30天内，向登记主管机关申请办理变更登记、开业登记或者注销登记。

4. 外资企业的组织形式和注册资本

（1）外资企业的组织形式

根据《外资企业法实施细则》的规定，外资企业的组织形式为有限责任公司。经批准也可以为其他责任形式。实践中外资企业大多数都采用了有限责任公司的形式，外国投资者对企业的责任以其认缴的出资额为限。即使投资者只有一人，也可以设立有限责任公司形式，所以外资企业中的一人公司是合法的，事实上是存在的。

外资企业为其他责任形式的，外国投资者对企业的责任适用中国法律、法规的规定。所谓其他责任形式，主要是指合伙形式和独资形式。如果外资企业采用是这类责任形式，则外国投资者应对企业债务承担无限责任或连带责任。

（2）外资企业的注册资本

外资企业的注册资本是指为设立外资企业在工商行政管理机关登记的资本总额，即外国投资者认缴的全部出资额。外国企业的注册资本要与其经营规模相适应，注册资本与投资总额的比例应当符合中国法律的有关规定。

外资企业在经营期内不得减少其注册资本。外资企业注册资本的增加、转让，须经审批机关批准，并向工商行政管理机关办理变更登记手续。

外资企业将其财产或者权益对外抵押、转让，须经审批机关批准，并向工商行政管理机关备案。

5. 外资企业的用地及费用

（1）外资企业的用地的解决

外资企业的用地，由外资企业所在地的县级或县级以上地方人民政府根据本地区的情况审核后，予以安排。

外资企业应当在营业执照签发之日起30日内，持批准证书和营业执照到外资企业所在地县级或县级以上地方人民政府的土地管理部门办理土地使用手续，领取土地证书。土地证书为外资企业使用土地的法律凭证。

外资企业的土地使用年限，与经审批的该外资企业的经营期限相同。外资企业在经营期限内未经批准，其土地使用权不得转让。

（2）外资企业土地使用费

外资企业在领取土地证时，应当向其所在地人民政府土地管理部门缴纳土地使用费。外资企业使用经过开发的土地，应当缴纳土地开发费。土地开发费包括征地拆迁安置费用和为外资企业配套的基础设施建设费用。土地开发费可由土地开发单位一次性计收或者分年计收。外资企业的土地使用费和土地开发费的计收标准，依照中国有关规定办理。

6. 外资企业的经营管理工作

（1）外资企业的物资采购。外资企业有权自行决定购买本企业自用的机器设备、原材料、燃料、零部件、配套件、元器件、运输工具和办公用品等。外资企业在批准的经营范围内所需要的原材料、燃料等物资，按照公平、合理的原则，可以在国内市场或者国际市场购买。外资企业在国内购买物资，在同等条件下享受与中国其他企业同等待遇。

（2）外资企业的产品销售。外资企业可以在中国市场或在国际市场销售其产品。外资企业可以自行在中国销售本企业生产的产品，也可以委托商业机构代理销售。具有经营自主权。

（3）外资企业的财务与会计。外资企业应当依照中国法律、法规和财政机关的规定，建立财务会计制度并报其所在地财政、税务机关备案。

（4）外资企业职工的劳动管理。外资企业在中国境内雇用职工，企业和职工双方应当依照中国法律、法规签订劳动合同。合同中应当订明雇佣、辞退、报酬、福利、劳动保护、劳动保险等事项。外资企业不得雇用童工。

7. 外资企业的经营期限、终止和清算

（1）外资企业的经营期限

外资企业的经营期限由外国投资者申报，由审批机关审批。期满需要延长的，应当在期满之日起 180 天以前向审查批准机关提出申请。审批机关应当在接到申请之日起 30 天内决定批准或者不批准。

（2）外资企业的终止

外资企业有下列情形之一的应予终止。

①经营期限届满。

②经营不善，严重亏损，外国投资者决定解散。

③因自然灾害、战争等不可抗力而遭受严重损失，无法继续经营。

④破产。

⑤违反中国法律、法规，危害社会公共利益被依法撤销。

⑥外资企业章程规定的其他解散事由已经出现。

外资企业存在上述②③④所列情形，应当提交终止申请书，报审批机关批准。

（3）外资企业的解散

外资企业如果出现前述第①②③⑥项所列情形终止的，应当在终止之日起 15 天内对外公告并通知债权人，并在终止公告发出之日起 15 天内，提出清算程序、原则和清算委员会人选，报审批机关审核后进行清算。清算委员会应由外资企业的法定代表人、债权人代表及有关主管机关的代表组成，并聘请中国的注册会计师、律师参加。清算委员会的职权包括：召集债权人会议；接管并清理企业财产，编制资产负债表和财产目录；提出财产作价和计算依据；制订清算方案；收回债权和清偿债务；追回股东应缴纳的款项；分配剩余财产；代表外资企业起诉和追诉。

本章小结

企业是依法成立的，从事生产经营或者服务活动的，自主经营、独立核算、自负盈亏的，以营利为目的的经济组织。在我国，其被划分为不同的立法形式，包括全民所有制企业、个人独资企业、合伙企业、外资企业、农村专业合作社及公司制企业等企业。不同的企业形式具有不同的立法制度和法律形式，都有其设立、变更和终止的产生、发展和消灭的过程，每一个过程都有相应的要求和规范。全民所有制企业是公有制经济的主要成分和形式，是国民经济的主导；修改后的合伙企业法，将合伙企业分为三类，分别为普通合伙企业、有限合伙企业和特殊普通合伙企业，其中合伙人的责任是有区别的，普通合伙人对合伙企业债务一般承担无限连带责任，有限合伙人则以出资为限承担有限责任，合伙企业的设立、财产、事务管理、合伙人的入伙和退伙、解散和清算等都需详细的掌握；个人独资企业是一个自然出资设立的，企业财产归投资人所有，投资人对企业债务承担无限责任的企业形式。其设立、解散、清算也应熟练掌握；外资企业法部分需要掌握，其具有三种形式，分为中外合资经营企业、中外合作经营企业、外商独资经营企业，其设立、变更、终止，尤其是设立条件和一般的企业不一样，要求更严格一些，要注意掌握。

本章案例

请扫描右侧二维码阅读案例内容。

练习题

1．选择题

（1）以下关于设立个人独资企业设立条件的表述正确的是（　　）。

A. 一个自然人投资　　B. 一个法人投资

C. 投资人承担无限责任　　D. 投资人以出资为限承担有限责任

（2）（2011 年试卷三第 29 题）甲、乙、丙、丁打算设立一家普通合伙企业。对此，下列哪一项表述是正确的。（　　）

A. 各合伙人不得以劳务出资

B. 如乙仅以其房屋使用权作为出资，则不必办理房屋产权过户登记

C. 该合伙企业名称中不得以任何一个合伙人的名字作为商号或字号

D. 合伙协议经全体合伙人签名、盖章并经登记后生效

（3）（2011 年试卷三第 30 题）赵、钱、孙、李设立一家普通合伙企业。经全体合伙人会议决议，委托赵与钱执行合伙事务，对外代表合伙企业。对此，下列哪一项表述是错误的？（　　）

A. 孙、李仍享有执行合伙事务的权限

B. 孙、李有权监督赵、钱执行合伙事务的情况

C.如赵单独执行某一合伙事务，钱可以对赵执行的事务提出异议

D.如赵执行事务违反了合伙协议，孙、李有权决定撤销对赵的委托

4.（2010年试卷三第33题）根据《合伙企业法》规定，第三人有理由相信有限合伙人并与其交易的，该有限合伙人对该笔交易承担与普通合伙人同样的责任。与此规定在合伙法原理上的称谓，下列哪一选项是正确的？（　　）

A.事实合伙　　　　B.表见普通合伙

C.特殊普通合伙　　　　D.隐名合伙

5.（2010年试卷三第34题）关于合伙企业的利润分配，如合伙协议未作约定且合伙人协商不成，下列哪一选项是正确的？（　　）

A.应当由全体合伙人平均分配

B.应当由全体合伙人按实缴出资比例分配

C.应当由全体合伙人按合伙协议约定的出资比例分配

D.应当按合伙人的贡献决定如何分配

6.（2011年试卷三第71题）2009年3月，周、吴、郑、王以普通合伙企业形式开办一家湘菜馆。2010年7月，吴某因车祸死亡，其妻欧某为唯一继承人。在下列哪些情况中，欧某不能通过继承的方式取得该合伙企业的普通合伙人资格？（　　）

A.吴某之父对欧某取得合伙人资格表示异议

B.合伙协议规定合伙人须具有国家一级厨师资格证，欧某不具有

C.郑某不愿意接纳欧某为合伙人

D.欧某因夫亡突遭打击，精神失常，经法院决定宣告为无民事行为能力人

7.（2010年试卷三第28题）中外合资经营企业是重要的外商投资企业类型。关于中外合资经营企业，下列哪一表述是错误的？（　　）

A.合营各方可在章程中约定不按出资比例分配利润

B.合营企业设立董事会并作为企业的最高权力机构

C.合营者如欲转让其在合营企业中的股份，需经审批机构批准

D.合营企业的组织形式为有限责任公司

8.（2011年试卷三第72题）中国海天公司与某国小宇公司准备成立一家中外合资经营企业，并签署了合资合同与章程，但海天公司迟迟未向主管机关报批。数月后，小宇公司因报批无望准备退出，但其为此次投资事宜已经花费70万元。根据中外合资经营企业法律的相关规定，下列哪些表述是正确的？（　　）

A.如最终未能获得审批机关的批准，则双方之间的合资合同为无效合同

B.拟成立的合资企业的组织形式可以是有限责任公司或有限合伙企业

C.小宇公司有权通过仲裁或诉讼，请求海天公司按照合同约定履行报批义务

D.小宇公司可以请求海天公司赔偿其70万元的损失

2.简答题

（1）简述企业的概念及分类。

（2）简述合伙企业的概念。

（3）简述有限合伙企业与普通合伙企业的关系。

（4）简述个人独资企业与一人公司的异同。

（5）简述中外合资经营企业与中外合作经营企业的不同点。

第4章

公司法

本章提要

本章主要介绍公司的一般规定及我国公司法关于有限责任公司和股份有限公司的基本制度。内容涉及有限责任公司和股份有限公司的特征、设立条件和程序；股票和债券发行制度；公司财务会计管理制度；公司分立、合并、解散、清算制度；公司内部组织机构等。

导入案例

李建军系上海佳动力环保科技有限公司（以下简称佳动力公司）股东，并担任总经理职务。佳动力公司股权结构为：葛永乐持股40%，李建军持股46%，王泰胜持股14%。三人共同组成董事会，由葛永乐担任董事长，其余二人为公司董事。公司章程规定：董事会行使包括聘任或者解聘公司经理等权力；董事会需由三分之二以上的董事出席方为有效；董事会对所议事项作出的决定应由占全体股东三分之二以上的董事表决通过方为有效。2009年7月18日，经葛永乐电话召集，佳动力公司召开董事会，会议经葛永乐、王泰胜表决同意通过了"鉴于总经理李建军不经董事会同意私自动用公司资金在二级市场炒股，造成巨大损失，现免去其总经理职务，即日生效"的决议。决议由葛永乐、王泰胜及监事签名，李建军未在决议上签名。李建军提起诉讼，要求撤销上述董事会决议。

上海市黄浦区人民法院经审理认为，虽然本案董事会决议在召集、表决程序上与公司法及公司章程并无相悖之处，但董事会形成的罢免原告总经理职务决议所依据的"未经董事会同意私自动用公司资金在二级市场炒股造成损失"的这一事实存在重大偏差，在该失实基础上形成的罢免总经理决议缺乏事实及法律依据，其决议结果是失当的。故判决对董事会决议予以撤销。

一审判决后，佳动力公司提起上诉。

上海市第二中级人民法院经审理认为，聘任和解聘总经理是公司董事会的法定职权，只要董事会决议在程序上不违反公司法和公司章程的规定，在内容上不违反公司章程的规定，法院对解聘事由是否属实不予审查和认定，其对董事会的决议效力也不构成影响。本案适用《公司法》第二十二条予以审查，认定系争董事会决议在召集程序、表决方式上均无任何瑕疵，不符合应予撤销的要件。2010年6月4日，法院判决：撤销原判，对李建军原审诉请不予支持。法院认为对于董事会决议效力的司法审查应遵循公司自治的原则，将审查范围严格限定在《公司法》第二十二条的规定事项之内，即审查董事会决议在程序上是否违反公司法和公司章程的规定，在内容上是否违反公司章程的规定。

4.1 公司法概述

4.1.1 公司

1. 公司的概念和特征

公司的一般定义为：公司是依法设立的以营利为目的的企业法人。从中可以看出公司的三个特征是法定性、营利性、法人性，但是这三个特征又不是公司所特有的，因为一般的企业，特别是国有企业也经常具有这几个特征。所以，为把公司与其他企业区别开来，公司的概念可以这样表述：公司是指全部资本由股东出资构成，股东以其出资额或所持股份为限对公司承担责任，公司以其全部资产对公司债务承担责任的企业法人。从公司的概念中可以看出公司具有以下特征：

首先，公司是以营利为目的的企业，这使公司与其他非营利性社团组织区别开来。

其次，公司具有法人资格，这体现在公司拥有自己的名称、自己的财产、自己的组织机构，并且能以自己的财产对外独立承担责任。

再次，公司是股权式企业，公司是由股东投资设立，股东的出资已变为公司的财产，股东以此取得对公司的股权，并因此享有分红、取得股息等权利，股东以自己的出资为限对公司承担有限责任。

最后，公司具有严格的法定性，公司是依照法定条件和法定程序设立的企业。

2. 公司的种类

我国公司法仅规定了有限责任公司和股份有限公司两类公司，但是按照公司法理论，依照不同的标准公司有不同的分类。

（1）按照出资人的责任形式公司分为无限公司、两合公司、股份有限公司和有限责任公司。无限公司是全部由无限责任股东组成的公司，无限责任股东除对公司负有一定的出资义务外，并且对公司债权人负无限连带责任。两合公司是由无限责任股东与有限责任股东两种成员组成的公司，无限责任股东对公司负无限责任，有限责任股东是以其对公司的出资额为限对公司债权人承担责任。股份有限公司是全部由股份股东组成的公司，股份股东以其所认购的股份为限对公司承担责任。有限责任公司是由定额的股东组成的公司，股东以其出资额为限对公司承担责任。

（2）按照公司的信用基础分为人合公司、资合公司及人合兼资合公司。人合公司是指以股东个人信用为基础的公司，人合公司中股东的人身信任、依赖性很强。资合公司是指以其资本额作为信用基础的公司。人合兼资合公司是指兼具人的信用和资本信用两种因素的公司。

人合公司的典型是无限公司，资合公司的典型是股份公司。其他几种公司则属于人合兼资合的公司。

（3）按照公司股东对象不同及股份能否转让分为封闭式公司和开放式公司（英美法系分

法）。封闭式公司又称不上市公司，是依法成立的，股东人数限制在50人以下，限制公司股份转让、禁止吸引公众购买其任何股份的公司。开放式公司又称上市公司，这种公司的股票可以在股票交易场所挂牌并公开进行交易。

（4）按照公司间的控制和依存关系划分为母公司和子公司。母公司是指拥有另一公司一定比例以上股份，并足以将其控制的公司。子公司是指其一定比例以上股份被另一公司所拥有，并因此受到该公司控制的公司。

我国公司法规定公司可以设立子公司，子公司具有独立的法人资格，依法独立承担民事责任。

（5）根据公司的内部管理系统划分可分为总公司和分公司。总公司是指依法首先设立的管理全部组织的总机构。分公司是指受总公司管辖的分支机构，可以有自己的名称，但没有法人资格，没有自己的独立财产权，也不能独立承担民事责任。

我国公司法规定，公司可以设立分公司。设立分公司，应当向公司登记机关申请登记，领取营业执照。分公司不具有法人资格，其民事责任由总公司承担。

（6）按照公司的国籍分为本国公司与外国公司。本国公司是指依本国法律在本国境内登记成立的公司。外国公司是指依外国法律在本国境外登记成立的公司。

4.1.2 公司法

1. 公司法的概念

公司法的概念有广义和狭义之分。广义的公司法是指国家关于公司的设立、组织与活动的各种法律、法规和规章的总称。狭义的公司法是指调整关于公司的设立、组织与活动的专门法律，即《公司法》这部法律。我国的《公司法》于1993年12月19日在第八届人大常委会第五次会议通过，自1994年7月1日起施行。1999年、2004年对《公司法》进行了两次小修改。2005年10月27日，第十届全国人大常委会第十八次会议对《公司法》进行了较大程度的修改。2013年12月28日，第十二届全国人大常委会第六次会议再次对《公司法》进行修订，自2014年3月1日起施行。

2. 公司法的特征

公司法体现着组织法和行为法的结合。公司法是以公司这种社会组织为规范的对象，规定及调整公司的设立、变更、终止、公司的法律地位和能力、公司的资本、股东相互间及其与公司的关系、公司内部的组织机构、公司与其他主体间的控制与被控制关系等，因此是组织法。另外，公司法又是规定公司行为活动的法律。公司作为一种企业组织形式，当然需要开展经营活动，公司法规定了公司股票的发行与交易、利润分配等，至于公司大量的其他经营行为如租赁、加工承揽等行为则由有关市场规则法律法规调整。

公司法体现着强制性规范和任意性规范的结合。公司作为现代企业制度的主要组织形式，是市场经济中的主体，因此公司法中有许多强制性法律规范，公司出资人、股东、公司及其管理人员等都必须遵守这些规范，不得违反。但公司法也有许多任意性规范，可由公司及其他人员任意选择，特别是《公司法》在2005年修改后，增加了许多章定条款，也就是公司章程中有规定的就按照公司章程来办，公司章程没有规定的再按照公司法的规定办。

公司法体现着实体法与程序法的结合。公司法有许多规范是规定股东、公司及相关人员的实体性权利和义务的，同时也规定了公司及相关主体行使权力、获取利益和承担义务、责任时必须遵守和履行的程序规则。

4.1.3 公司的一般法律制度和规定

1. 公司的设立方式

关于公司的设立方式，在公司的发展历程中及各国公司法的规定中都有所不同。主要有以下几种方式。

（1）自由设立主义（放任主义）

准许自由设立，国家不加限制和干涉。从理论上讲，这是把设立公司认为是个人间的合同行为，适用合同自由原则。在中世纪末公司兴起的初期以及法国大革命时期对无限公司等实行过这种办法，目前各国均不采用此种方式。

（2）特许设立（特许主义）

公司成立须经国家元首特许或由立法机关制定专门法律。这是公司发展早期的一种方式。近代各国，除对某些特殊公司外，对一般公司不采用此种办法。

（3）核准设立（许可主义）

公司成立须具备法定条件，且须经行政机关逐个批准。

（4）准则设立（准则主义）

设立公司只要符合所定要件，经专门登记管理机关登记即可成立。现代各国对一般公司大都实行准则主义。

我国公司法修改之前，我国对股份有限公司的设立采取核准主义，即设立股份有限公司首先需要经过有关部门的批准，然后再到工商管理机关进行登记领取企业法人营业执照。我国公司法修改后，一般有限责任公司和股份有限公司的设立均采取准则主义的设立方式，简化了股份有限公司的设立程序，降低了设立股份公司的门槛。

2. 公司资本三原则

资本三原则是有限责任的产物。在公司制度初期，盛行无限责任制，不存在资本三原则的生存空间。有限责任出现后，由于公司责任与股东个人责任相分离，当公司因经营失败而破产或解散时，债权人不能越过公司直接追索股东的个人财产偿债，公司债权人在交易中处于不利地位。为了保护债权人，维持公司的正常经营，立法者制定了一系列法律条文，学者将这些具有共同法理的条文归纳综合，把它称为“资本三原则”，即资本确定原则、资本维持原则和资本不变原则。

（1）资本确定原则

公司在成立时，不仅应在章程中记载资本额或记载股份数与每股金额，而且此资本应全部收足或全部股份认购完毕并交款，这是大陆法原有的制度。英美法实行授权资本制，在公司成立时，虽然在章程中规定资本额或股份数与每股金额，但不必一次全部发行和缴足股款，而是允许在公司成立后一定的期限内缴足即可，现在一些大陆法国家也采用这种制度。

（2）资本维持原则

公司必须在实质上保有与资本额相当的财产。公司成立后，资本金额已变为公司财产，公司仍应保有与资本额相当的财产以作为对公司债权人的担保。公司法中有许多规定都是为了实现这一原则，如禁止折价发行股份，公司成立时发起人与董事负有维持资本的责任，禁止公司持有本公司自己的股份，公司本年有盈利，按照财会制度的规定，应先弥补上一年度亏损，然后提取法定公积金、法定公益金，最后还有剩余才能向股东分红或者股息。

（3）资本不变原则

一旦确定公司资本额，公司成立后只许可增加，不许可任意减少，如果必须减少资本则需要按照严格的规定办理。这是资本确定原则与资本维持原则的当然结果，其目的在于保护股东与债权人的利益。

4.2 有限责任公司及其组织机构

4.2.1 有限责任公司的概念和特征

我国公司法规定的有限责任公司是指股东以其认缴的出资额为限承担责任，公司以其全部财产对公司的债务承担责任的公司。

有限责任公司的主要特征如下。

①股东人数一般有限制，有限责任公司规模较小，股东人数一般也不多，大部分国家公司法一般都规定其股东人数最多不得超过 50 人。

②不得公开向社会发行股票。

③股权一般不得随意转让。

④股东对公司的债务以其出资额为限承担有限责任。

⑤公司的财务状况一般无须向社会公开。有限责任公司属于封闭性公司，经营管理机构也比较简单，比较适合中小企业的发展。

4.2.2 有限责任公司的设立

1. 设立条件

按照我国公司法的规定，设立有限责任公司，应当具备下列条件。

（1）股东符合法定人数

我国公司法规定有限责任公司由 50 人以下股东出资设立。股东既可以是自然人，也可以是法人。

（2）股东出资达到法定资本最低限额

有限责任公司的注册资本为在公司登记机关登记的全体股东认缴的出资额。有限责任公司注册资本的最低限额为人民币 3 万元。法律、行政法规对有限责任公司注册资本的最低限额有较高规定的，从其规定。

公司全体股东的首次出资额不得低于注册资本的 20%，也不得低于法定的注册资本最低限额，其余部分由股东自公司成立之日起两年内缴足。其中，投资公司可以在五年内缴足。

股东可以用货币出资，也可以用实物、知识产权、土地使用权等可以用货币估价并可以依法转让的非货币财产作价出资。但是，法律、行政法规规定不得作为出资的财产除外。

对作为出资的非货币财产应当评估作价，核实财产，不得高估或者低估作价。法律、行政法规对评估作价有规定的，从其规定。全体股东的货币出资金额不得低于有限责任公司注册资本的 30%。

（3）股东共同制定公司章程

有限责任公司的章程必须由股东共同制定和签署。章程应当载明下列事项：公司名称和住所；公司经营范围；公司注册资本；股东的姓名或者名称；股东的出资方式、出资额和出资时间；公司的机构及其产生办法、职权、议事规则；公司法定代表人；股东会会议认为需要规定的其他事项。

（4）有公司名称，建立符合有限责任公司要求的组织机构

公司名称一般由4个部分组成，包括行政区划、商号或字号、经营业务和法律性质。例如，广州可口可乐食品饮料有限公司。另外，在公司成立前还有公司名称预先核准制度，即公司的名称在公司成立前已经经过公司登记管理部门的预先核准。

（5）有公司住所

公司的主要办事机构所在地为公司的住所，公司成立时公司的住所在公司登记管理机关都有登记注册，确定公司的住所具有一定的法律意义。

2. 设立程序

（1）制定公司章程

公司章程由发起人制定，没有公司章程或者公司章程不符合公司法规定的，公司登记机关不予登记，公司也就不能设立。

（2）股东缴纳出资

股东应当按期足额缴纳公司章程中规定的各自所认缴的出资额。股东以货币出资的，应当将货币出资足额存入有限责任公司在银行开设的账户。以非货币财产出资的，应当依法办理其财产权的转移手续。股东不按照前款规定缴纳出资的，除应当向公司足额缴纳外，还应当向已按期足额缴纳出资的股东承担违约责任。股东缴纳出资后，必须经依法设立的验资机构验资并出具证明。

（3）申请设立登记

股东的首次出资经依法设立的验资机构验资后，由全体股东指定的代表或者共同委托的代理人向公司登记机关报送公司登记申请书、公司章程、验资证明等文件，申请设立登记。在我国，公司的登记机关为工商行政管理机关。公司经核准登记后，领取公司营业执照，公司营业执照签发日期为公司成立日期。

有限责任公司成立后，发现作为设立公司出资的非货币财产的实际价额显著低于公司章程所定价额的，应当由交付该出资的股东补足其差额；公司设立时的其他股东承担连带责任。

有限责任公司成立后，应当向股东签发出资证明书。出资证明书应当载明下列事项：公司名称；公司成立日期；公司注册资本；股东的姓名或者名称、缴纳的出资额和出资日期；出资证明书的编号和核发日期。出资证明书由公司盖章。

有限责任公司应当置备股东名册，记载下列事项：股东的姓名或者名称及住所；股东的出资额；出资证明书编号。记载于股东名册的股东，可以依股东名册主张行使股东权力。公司应当将股东的姓名或者名称及其出资额向公司登记机关登记；登记事项发生变更的，应当办理变更登记。未经登记或者变更登记的，不得对抗第三人。

4.2.3 有限责任公司的组织机构

有限责任公司的组织机构是指对内管理事务、对外代表公司的法定机构。有限责任公司的组织机构由股东会、董事会（或执行董事）、监事会（或监事）组成。

1. 股东

股东虽然不是公司的组织机构，但是股东是公司形成的基础，公司的出资人即为公司的股东。股东的出资成为公司的财产，作为公司出资人的股东因而享有股权。除国家明令禁止或限

制的以外，有权代表国家投资的政府机构部门、企业法人、具有法人资格的事业单位、社会团体及自然人，均可成为有限责任公司的股东。股东在公司中可概括为两方面的权利：一方面为财产权，包括红利分配权、转让出资权、转资优先购买权、增资优先认购权和剩余资产分配权等；股东的另一方面权利表现为对公司的管理权，如参加股东会的表决权、选举权与被选举为公司董事或监事的权利、查阅公司文件、了解公司财会状况权、股东代表诉讼等权利。股东当然对公司也有义务，即要履行对公司的出资义务，并且以其认缴的出资额为限对公司承担责任。

2. 股东会

（1）股东会的性质和职权

有限责任公司股东会由全体股东组成，是公司的最高权力机构，依照我国公司法行使下列职权：决定公司的经营方针和投资计划；选举和更换非由职工代表担任的董事、监事，决定有关董事、监事的报酬事项；审议批准董事会的报告；审议批准监事会或者监事的报告；审议批准公司的年度财务预算方案、决算方案；审议批准公司的利润分配方案和弥补亏损方案；对公司增加或者减少注册资本作出决议；对发行公司债券作出决议；对公司合并、分立、解散、清算或者变更公司形式作出决议；修改公司章程；公司章程规定的其他职权。对上述所列事项股东以书面形式一致表示同意的，可以不召开股东会会议，直接作出决定，并由全体股东在决定文件上签名、盖章。

（2）股东会的形式

股东会会议分为定期会议和临时会议。定期会议应当依照公司章程的规定按时召开。代表十分之一以上表决权的股东，三分之一以上的董事，监事会或者不设监事会的公司的监事提议召开临时会议的，应当召开临时会议。

（3）股东会的召集程序

首次股东会会议由出资最多的股东召集和主持，依照我国公司法规定行使职权。以后的股东会，有限责任公司设立董事会的，股东会会议由董事会召集，董事长主持；董事长不能履行职务或者不履行职务的，由副董事长主持；副董事长不能履行职务或者不履行职务的，由半数以上董事共同推举一名董事主持。有限责任公司不设董事会的，股东会会议由执行董事召集和主持。董事会或者执行董事不能履行或者不履行召集股东会会议职责的，由监事会或者不设监事会的公司的监事召集和主持；监事会或者监事不召集和主持的，代表十分之一以上表决权的股东可以自行召集和主持。召开股东会会议，应当于会议召开15日前通知全体股东，但是，公司章程另有规定或者全体股东另有约定的除外。股东会应当对所议事项的决定作成会议记录，出席会议的股东应当在会议记录上签名。

（4）股东会的表决程序

股东会会议由股东按照出资比例行使表决权，但是，公司章程另有规定的除外。股东会的议事方式和表决程序，除我国公司法有规定的外，由公司章程规定。

股东会会议作出修改公司章程、增加或者减少注册资本的决议，以及公司合并、分立、解散或者变更公司形式的决议，必须经代表三分之二以上有表决权的股东通过。

3. 有限责任公司的董事会

董事会是公司股东会的执行机构，对股东会负责。董事会是公司的常设机构；董事会是公司的经营决策机构；董事会是公司的业务执行机构；董事会是公司的对外代表机构。

（1）董事会的组成

有限责任公司设董事会，其成员为3至13人，但是，股东人数较少或者规模较小的有限责任公司，可以设一名执行董事，不设董事会。执行董事可以兼任公司经理。执行董事的职权由公司章程规定。两个以上的国有企业或者两个以上的其他国有投资主体投资设立的有限责任公司，其董事会成员中应当有公司职工代表；其他有限责任公司董事会成员中可以有公司职工代表。董事会中的职工代表由公司职工通过职工代表大会、职工大会或者其他形式民主选举产生。董事会设董事长一人，可以设副董事长。董事长、副董事长的产生办法由公司章程规定。

董事任期由公司章程规定，但每届任期不得超过3年。董事任期届满，连选可以连任。董事任期届满未及时改选，或者董事在任期内辞职导致董事会成员低于法定人数的，在改选出的董事就任前，原董事仍应当依照法律、行政法规和公司章程的规定，履行董事职务。

（2）董事会的职权

我国公司法规定董事会对股东会负责，行使下列职权：召集股东会会议，并向股东会报告工作；执行股东会的决议；决定公司的经营计划和投资方案；制订公司的年度财务预算方案、决算方案；制订公司的利润分配方案和弥补亏损方案；制订公司增加或者减少注册资本及发行公司债券的方案；制订公司合并、分立、解散或者变更公司形式的方案；决定公司内部管理机构的设置；决定聘任或者解聘公司经理及其报酬事项，并根据经理的提名决定聘任或者解聘公司副经理、财务负责人及其报酬事项；制定公司的基本管理制度；公司章程规定的其他职权。

（3）董事会的召开

董事会会议由董事长召集和主持；董事长不能履行职务或者不履行职务的，由副董事长召集和主持；副董事长不能履行职务或者不履行职务的，由半数以上董事共同推举一名董事召集和主持。

董事会的议事方式和表决程序，除公司法有规定的外，由公司章程规定。董事会应当对所议事项的决定作成会议记录，出席会议的董事应当在会议记录上签名。董事会决议的表决，实行一人一票。

（4）经理

有限责任公司可以设经理，由董事会决定聘任或者解聘。经理对董事会负责，行使下列职权：主持公司的生产经营管理工作，组织实施董事会决议；组织实施公司年度经营计划和投资方案；拟订公司内部管理机构设置方案；拟订公司的基本管理制度；制定公司的具体规章；提请聘任或者解聘公司副经理、财务负责人；决定聘任或者解聘除应由董事会决定聘任或者解聘以外的负责管理人员；董事会授予的其他职权。公司章程对经理职权另有规定的，从其规定。经理列席董事会会议。

4. 监事会

监事会是对公司生产经营业务活动进行监督和检查的常设机构。

（1）监事会的组成

按照我国公司法的规定，有限责任公司设监事会，其成员不得少于三人。股东人数较少或者规模较小的有限责任公司，可以设一至两名监事，不设监事会。监事会应当包括股东代表和适当比例的公司职工代表，其中职工代表的比例不得低于三分之一，具体比例由公司章程规定。监事会中的职工代表由公司职工通过职工代表大会、职工大会或者其他形式民主选举产生。

监事会设主席一人，由全体监事过半数选举产生。监事会主席召集和主持监事会会议；监事会主席不能履行职务或者不履行职务的，由半数以上监事共同推举一名监事召集和主持监事会会议。董事、高级管理人员不得兼任监事。

监事的任期每届为3年。监事任期届满，连选可以连任。监事任期届满未及时改选，或者监事在任期内辞职导致监事会成员低于法定人数的，在改选出的监事就任前，原监事仍应当依照法律、行政法规和公司章程的规定，履行监事职务。

（2）监事会的职权

按照我国公司法的规定，监事会、不设监事会的公司的监事行使下列职权：检查公司财务；对董事、高级管理人员执行公司职务的行为进行监督，对违反法律、行政法规、公司章程或者股东会决议的董事、高级管理人员提出罢免的建议；当董事、高级管理人员的行为损害公司的利益时，要求董事、高级管理人员予以纠正；提议召开临时股东会会议，在董事会不履行我国公司法规定的召集和主持股东会会议职责时召集和主持股东会会议；向股东会会议提出提案；依照我国《公司法》第一百五十二条的规定，对董事、高级管理人员提起诉讼；公司章程规定的其他职权。监事可以列席董事会会议，并对董事会决议事项提出质询或者建议。监事会、不设监事会的公司的监事发现公司经营情况异常，可以进行调查；必要时，可以聘请会计师事务所等协助其工作，费用由公司承担。

（3）监事会的决议

监事会每年度至少召开一次会议，监事可以提议召开临时监事会会议。监事会的议事方式和表决程序，除公司法有规定的外，由公司章程规定。监事会决议应当经半数以上监事通过。监事会应当对所议事项的决定作成会议记录，出席会议的监事应当在会议记录上签名。监事会、不设监事会的公司的监事行使职权所必需的费用，由公司承担。

5. 公司董事、监事、高级管理人员的资格限制和竞业禁止

（1）资格限制

高级管理人员是指公司的经理、副经理、财务负责人，上市公司董事会秘书和公司章程规定的其他人员。依照我国公司法的规定，有下列情形之一的，不得担任公司的董事、监事、高级管理人员：无民事行为能力或者限制民事行为能力；因贪污、贿赂、侵占财产、挪用财产或者破坏社会主义市场经济秩序，被判处刑罚，执行期满未逾五年，或者因犯罪被剥夺政治权利，执行期满未逾五年；担任破产清算的公司、企业的董事或者厂长、经理，对该公司、企业的破产负有个人责任的，自该公司、企业破产清算完结之日起未逾三年；担任因违法被吊销营业执照、责令关闭的公司、企业的法定代表人，并负有个人责任的，自该公司、企业被吊销营业执照之日起未逾三年；个人所负数额较大的债务到期未清偿。

公司违反规定选举、委派董事、监事或者聘任高级管理人员的，该选举、委派或者聘任无效。董事、监事、高级管理人员在任职期间出现上述所列情形的，公司应当解除其职务。

（2）义务和竞业禁止

董事、监事、高级管理人员应当遵守法律、行政法规和公司章程，对公司负有忠实义务和勤勉义务。董事、监事、高级管理人员不得利用职权收受贿赂或者其他非法收入，不得侵占公司的财产。

依照我国公司法规定，董事、高级管理人员不得有下列行为：挪用公司资金；将公司资金以其个人名义或者以其他个人名义开立账户存储；违反公司章程的规定，未经股东会、股东大会或者董事会同意，将公司资金借贷给他人或者以公司财产为他人提供担保；违反公司章程的规定或者未经股东会、股东大会同意，与本公司订立合同或者进行交易；未经股东会或者股东大会同意，利用职务便利为自己或者他人谋取属于公司的商业机会，自营或者为他人经营与所任职公司同类的业务；接受他人与公司交易的佣金归为己有；擅自披露公司秘密；违反对公司忠实义务的其他行为。董事、高级管理人员如果违反上述规定则其所得的收入应当归公司所有。

董事、监事、高级管理人员执行公司职务时违反法律、行政法规或者公司章程的规定，给公司造成损失的，应当承担赔偿责任。

股东会或者股东大会要求董事、监事、高级管理人员列席会议的，董事、监事、高级管理人员应当列席并接受股东的质询。

董事、高级管理人员应当如实向监事会或者不设监事会的有限责任公司的监事提供有关情况和资料，不得妨碍监事会或者监事行使职权。

6. 股东代表诉讼

董事、高级管理人员执行公司职务时违反法律、行政法规或者公司章程的规定，给公司造成损失的，有限责任公司的股东、股份有限公司连续 180 日以上单独或者合计持有公司百分之一以上股份的股东，可以书面请求监事会或者不设监事会的有限责任公司的监事向人民法院提起诉讼；监事有执行公司职务时违反法律、行政法规或者公司章程的规定，给公司造成损失的，前述股东可以书面请求董事会或者不设董事会的有限责任公司的执行董事向人民法院提起诉讼。

监事会、不设监事会的有限责任公司的监事，或者董事会、执行董事收到前款规定的股东书面请求后拒绝提起诉讼，或者自收到请求之日起 30 日内未提起诉讼，或者情况紧急、不立即提起诉讼将会使公司利益受到难以弥补的损害的，前述股东有权为了公司的利益以自己的名义直接向人民法院提起诉讼。

他人侵犯公司合法权益，给公司造成损失的，前述股东也可以依法向人民法院提起诉讼。

董事、高级管理人员违反法律、行政法规或者公司章程的规定，损害股东利益的，股东可以向人民法院提起诉讼。

4.2.4　有限责任公司的股权转让

有限责任公司的股东之间可以相互转让其全部或者部分股权。

股东向股东以外的人转让股权，应当经其他股东过半数同意。股东应就其股权转让事项书面通知其他股东征求同意，其他股东自接到书面通知之日起满 30 日未答复的，视为同意转让。其他股东半数以上不同意转让的，不同意的股东应当购买该转让的股权；不购买的，视为同意转让。经股东同意转让的股权，在同等条件下，其他股东有优先购买权。两个以上股东主张行使优先购买权的，协商确定各自的购买比例；协商不成的，按照转让时各自的出资比例行使优先购买权。公司章程对股权转让另有规定的，从其规定。

人民法院依照法律规定的强制执行程序转让股东的股权时，应当通知公司及全体股东，其他股东在同等条件下有优先购买权。其他股东自人民法院通知之日起满 20 日不行使优先购买权的，视为放弃优先购买权。

转让股权后，公司应当注销原股东的出资证明书，向新股东签发出资证明书，并相应修改公司章程和股东名册中有关股东及其出资额的记载。对公司章程的该项修改无须再由股东会表决。

有下列情形之一的，对股东会该项决议投反对票的股东可以请求公司按照合理的价格收购其股权：公司连续五年不向股东分配利润，而公司该五年连续盈利，并且符合我国《公司法》规定的分配利润条件的；公司合并、分立、转让主要财产的；公司章程规定的营业期限届满或者章程规定的其他解散事由出现，股东会会议通过决议修改章程使公司存续的。

自股东会会议决议通过之日起 60 日内，股东与公司不能达成股权收购协议的，股东可以自股东会会议决议通过之日起 90 日内向人民法院提起诉讼。

自然人股东死亡后，其合法继承人可以继承股东资格，但是，公司章程另有规定的除外。

4.2.5 一人有限责任公司的特别规定

1. 一人有限责任公司的概念

一人有限责任公司是指只有一个自然人股东或者一个法人股东的有限责任公司。一人有限责任公司是有限责任公司的一种特殊形态。

2. 一人有限责任公司的特别规定

一人有限责任公司的注册资本最低限额为人民币 10 万元。股东应当一次足额缴纳公司章程规定的出资额。一个自然人只能投资设立一个一人有限责任公司。该一人有限责任公司不能投资设立新的一人有限责任公司。

一人有限责任公司应当在公司登记中注明自然人独资或者法人独资，并在公司营业执照中载明。

一人有限责任公司章程由股东制定。

一人有限责任公司不设股东会。股东作出我国《公司法》第三十八条所列决定时，应当采用书面形式，并由股东签名后置备于公司。

一人有限责任公司应当在每一会计年度终了时编制财务会计报告，并经会计师事务所审计。

一人有限责任公司的股东不能证明公司财产独立于股东自己的财产的，应当对公司债务承担连带责任。

4.2.6 国有独资公司的特别规定

1. 国有独资公司的概念

国有独资公司是指国家单独出资、由国务院或者地方人民政府授权本级人民政府国有资产监督管理机构履行出资人职责的有限责任公司。

国有独资公司是一种有限责任公司，它具有有限责任公司的一般特征，也具有其独特之处，即投资单一性，只有国家进行投资，而没有其他的股东。

2. 特别规定

国有独资公司章程由国有资产监督管理机构制定，或者由董事会制定报国有资产监督管理机构批准。

国有独资公司不设股东会，由国有资产监督管理机构行使股东会职权。国有资产监督管理机构可以授权公司董事会行使股东会的部分职权，决定公司的重大事项，但公司的合并、分立、解散、增加或者减少注册资本和发行公司债券，必须由国有资产监督管理机构决定。其中，重要的国有独资公司合并、分立、解散、申请破产的，应当由国有资产监督管理机构审核后，报本级人民政府批准。

国有独资公司设董事会，行使职权与一般有限责任公司董事会的职权相同。董事每届任期不得超过 3 年。董事会成员中应当有公司职工代表。董事会成员由国有资产监督管理机构委派，但是，董事会成员中的职工代表由公司职工代表大会选举产生。董事会设董事长一人，可以设副董事长。董事长、副董事长由国有资产监督管理机构从董事会成员中指定。

国有独资公司设经理，由董事会聘任或者解聘。经理行使职权与一般有限责任公司经理的职权相同。经国有资产监督管理机构同意，董事会成员可以兼任经理。

国有独资公司的董事长、副董事长、董事、高级管理人员，未经国有资产监督管理机构同意，不得在其他有限责任公司、股份有限公司或者其他经济组织兼职。

国有独资公司设监事会，监事会成员不得少于 5 人，其中职工代表的比例不得低于三分之一，具体比例由公司章程规定。监事会成员由国有资产监督管理机构委派，但是，监事会成员中的职工代表由公司职工代表大会选举产生。监事会主席由国有资产监督管理机构从监事会成员中指定。

监事会行使以下职权：检查公司财务；对董事、高级管理人员执行公司职务的行为进行监督，对违反法律、行政法规、公司章程或者股东会决议的董事、高级管理人员提出罢免的建议；当董事、高级管理人员的行为损害公司的利益时，要求董事、高级管理人员予以纠正；国务院规定的其他职权。

4.3　股份有限公司及其组织机构

4.3.1　股份有限公司的概念和特征

股份有限公司又称股份公司，是指将公司全部资本进行等额划分，股东以其所持股份为限对公司承担责任，公司以其全部资产承担责任的企业法人。

股份有限公司产生较早，一般认为 17 世纪荷兰的东印度公司、英国的东印度公司是最早出现的股份公司。股份公司的规模较大，涉及股东人数众多，便于公司集资。股份有限公司与有限责任公司相比，具有以下特征。①募股集资公开。股份有限公司是公开性公司，其设立时需向社会公开或在一定的范围内公开募集资本，另外由于其涉及的股东相对广泛的特征也要求其财务状况向社会公开。②股东数额有最低限制，没有上限。股份公司仅对公司设立时发起人的人数有限制，而对公司的股东的总人数没有也不可能作出限制，这是由股份有限公司的股东极为广泛和不确定性所决定的。③股份有限公司的资本作等额划分。股东是以其所持股份为限对公司承担责任，这一特征体现了股份公司的广泛性、公开性和平等性。④股份自由转让。股份有限公司的股份，特别是无记名股票的转让法律一般都不作限制，而有限责任公司股东转让其股权限制较多。⑤股份有限公司是典型的资合公司，其本身的组成和信用基础是公司的资本，与股东的个人人身性没有联系。而有限责任公司属于人合兼资合公司，其信用基础与股东个人的信誉、地位、声望都有很大的关系。

4.3.2　股份有限公司的设立

1. 设立方式

我国公司法规定，股份有限公司的设立，可以采取发起设立或者募集设立的方式。发起设立是指由发起人认购公司应发行的全部股份而设立公司。募集设立是指由发起人认购公司应发行股份的一部分，其余股份向社会公开募集或者向特定对象募集而设立公司。

2. 股份有限公司设立的条件

设立股份有限公司，应当具备下列条件。

（1）发起人符合法定人数。设立股份有限公司，应当有 2 人以上 200 人以下为发起人，其中需有半数以上的发起人在中国境内有住所。股份有限公司发起人承担公司筹办事务。发起人应当签订发起人协议，明确各自在公司设立过程中的权利和义务。

（2）发起人认购和募集的股本达到法定资本最低限额。发起人股东可以用货币出资，也可以用实物、知识产权、土地使用权等可以用货币估价并可以依法转让的非货币财产作价出资，但是，法律、行政法规规定不得作为出资的财产除外。对作为出资的非货币财产应当评估作价，核实财产，不得高估或者低估作价。法律、行政法规对评估作价有规定的，从其规定。全体股东的货币出资金额不得低于有限责任公司注册资本的 30%。

股份有限公司采取发起设立方式设立的，注册资本为在公司登记机关登记的全体发起人认购的股本总额。公司全体发起人的首次出资额不得低于注册资本的 20%，其余部分由发起人自公司成立之日起两年内缴足。其中，投资公司可以在五年内缴足。在缴足前，不得向他人募集股份。

股份有限公司采取募集方式设立的，注册资本为在公司登记机关登记的实收股本总额。

股份有限公司注册资本的最低限额为人民币 500 万元。法律、行政法规对股份有限公司注册资本的最低限额有较高规定的，从其规定。

（3）股份发行、筹办事项符合法律规定。

（4）发起人制定公司章程，采用募集方式设立的经创立大会通过。

股份有限公司章程应当载明下列事项：公司名称和住所；公司经营范围；公司设立方式；公司股份总数、每股金额和注册资本；发起人的姓名或者名称、认购的股份数、出资方式和出资时间；董事会的组成、职权和议事规则；公司法定代表人；监事会的组成、职权和议事规则；公司利润分配办法；公司的解散事由与清算办法；公司的通知和公告办法；股东大会会议认为需要规定的其他事项。

（5）有公司名称。建立符合股份有限公司要求的组织机构。

（6）有公司住所。

3. 股份有限公司的设立程序

（1）发起设立的程序

发起设立的股份有限公司的设立程序比较简单。以发起设立方式设立股份有限公司的，发起人应当书面认足公司章程规定其认购的股份；一次缴纳的，应即缴纳全部出资；分期缴纳的，应即缴纳首期出资。以非货币财产出资的，应当依法办理其财产权的转移手续。发起人不依照前款规定缴纳出资的，应当按照发起人协议承担违约责任。发起人首次缴纳出资后，应当选举董事会和监事会，由董事会向公司登记机关报送公司章程、由依法设定的验资机构出具的验资证明及法律、行政法规规定的其他文件，申请设立登记。

（2）募集设立的程序

①发起人缴纳出资。以募集设立方式设立股份有限公司的，发起人认购的股份不得少于公司股份总数的 35%，但是，法律、行政法规另有规定的，从其规定。

②向社会公开募股。发起人向社会公开募集股份，必须公告招股说明书，并制作认股书。招股说明书应当附有发起人制定的公司章程，并载明下列事项：发起人认购的股份数；每股的票面金额和发行价格；无记名股票的发行总数；募集资金的用途；认股人的权利、义务；本次募股的起止期限及逾期未募足时认股人可以撤回所认股份的说明。认股书也应当载明招股说明书所列事项，由认股人填写认购股份数、金额、住所，并签名、盖章。认股人按照所认购股份数缴纳股款。

发起人向社会公开募集股份，应当由依法设立的证券公司承销，签订承销协议。

发起人向社会公开募集股份，应当与银行签订代收股款协议。代收股款的银行应当按照协议代收和保存股款，向缴纳股款的认股人出具收款单据，并负有向有关部门出具收款证明的义务。

③召开创立大会。发行股份的股款缴足后，必须经依法设立的验资机构验资并出具证明。发起人应当自股款缴足之日起30日内主持召开公司创立大会。创立大会由发起人、认股人组成。发行的股份超过招股说明书规定的截止期限尚未募足的，或者发行股份的股款缴足后，发起人在30日内未召开创立大会的，认股人可以按照所缴股款并加算银行同期存款利息，要求发起人返还。发起人应当在创立大会召开15日前将会议日期通知各认股人或者予以公告。创立大会应有代表股份总数过半数的发起人、认股人出席，方可举行。创立大会行使下列职权：审议发起人关于公司筹办情况的报告；通过公司章程；选举董事会成员；选举监事会成员；对公司的设立费用进行审核；对发起人用于抵作股款的财产的作价进行审核；发生不可抗力或者经营条件发生重大变化直接影响公司设立的，可以作出不设立公司的决议。创立大会对上述所列事项作出决议，必须经出席会议的认股人所持表决权过半数通过。

④申请设立登记。董事会应于创立大会结束后30日内，向公司登记机关报送下列文件，申请设立登记：公司登记申请书；创立大会的会议记录；公司章程；验资证明；法定代表人、董事、监事的任职文件及其身份证明；发起人的法人资格证明或者自然人身份证明；公司住所证明。另外，我国公司法还规定以募集方式设立股份有限公司公开发行股票的，还应当向公司登记机关报送国务院证券监督管理机构的核准文件。

4. 发起人的责任

发起人、认股人缴纳股款或者交付抵作股款的出资后，除未按期募足股份、发起人未按期召开创立大会或者创立大会决议不设立公司的情形外，不得抽回其股本。

股份有限公司成立后，发起人未按照公司章程的规定缴足出资的，应当补缴；其他发起人承担连带责任。股份有限公司成立后，发现作为设立公司出资的非货币财产的实际价额显著低于公司章程所定价额的，应当由交付该出资的发起人补足其差额；其他发起人承担连带责任。

股份有限公司的发起人应当承担下列责任：

（1）公司不能成立时，对设立行为所产生的债务和费用负连带责任。

（2）公司不能成立时，对认股人已缴纳的股款，负返还股款并加算银行同期存款利息的连带责任。

（3）在公司设立过程中，由于发起人的过失致使公司利益受到损害的，应当对公司承担赔偿责任。

5. 其他规定

有限责任公司变更为股份有限公司时，折合的实收股本总额不得高于公司净资产额。有限责任公司变更为股份有限公司，为增加资本公开发行股份时，应当依法办理。

股份有限公司应当将公司章程、股东名册、公司债券存根、股东大会会议记录、董事会会议记录、监事会会议记录、财务会计报告置备于本公司。

股东有权查阅公司章程、股东名册、公司债券存根、股东大会会议记录、董事会会议决议、监事会会议决议、财务会计报告，对公司的经营提出建议或者质询。

4.3.3 股份有限公司的组织机构

1. 股东大会

（1）股东大会的性质和职权。股份有限公司股东大会由全体股东组成。股东大会是公司的权力机构，依法行使职权。股份有限公司股东大会的职权与有限责任公司股东会的职权相同。

（2）股东大会的形式。股东大会有定期会议和临时会议。依照我国公司法规定，股东大会应当每年召开一次年会。有下列情形之一的，应当在两个月内召开临时股东大会：董事人数不足我国公司法规定人数或者公司章程所定人数的三分之二时；公司未弥补的亏损达实收股本总额三分之一时；单独或者合计持有公司 10% 以上股份的股东请求时；董事会认为必要时；监事会提议召开时；公司章程规定的其他情形。

（3）股东大会的召集程序。股东大会会议由董事会召集，由董事长主持；董事长不能履行职务或者不履行职务的，由副董事长主持；副董事长不能履行职务或者不履行职务的，由半数以上董事共同推举一名董事主持。董事会不能履行或者不履行召集股东大会会议职责的，监事会应当及时召集和主持；监事会不召集和主持的，连续 90 日以上单独或者合计持有公司 10% 以上股份的股东可以自行召集和主持。

召开股东大会会议，应当将会议召开的时间、地点和审议的事项于会议召开 20 日前通知各股东；临时股东大会应当于会议召开 15 日前通知各股东；发行无记名股票的，应当于会议召开 30 日前公告会议召开的时间、地点和审议事项。

单独或者合计持有公司 3% 以上股份的股东，可以在股东大会召开 10 日前提出临时提案并书面提交董事会；董事会应当在收到提案后 2 日内通知其他股东，并将该临时提案提交股东大会审议。临时提案的内容应当属于股东大会职权范围，并有明确议题和具体决议事项。股东大会不得对通知中未列明的事项作出决议。

无记名股票持有人出席股东大会会议的，应当于会议召开 5 日前至股东大会闭会时将股票交存于公司。

（4）股东大会的决议。股东出席股东大会会议，所持每一个股份有一项表决权。但是，公司持有的本公司股份没有表决权。股东大会作出决议，必须经出席会议的股东所持表决权过半数通过。但是，股东大会作出修改公司章程、增加或者减少注册资本的决议，以及公司合并、分立、解散或者变更公司形式的决议，必须经出席会议的股东所持表决权的三分之二以上通过。我国公司法和公司章程规定公司转让、受让重大资产或者对外提供担保等事项必须经股东大会作出决议的，董事会应当及时召集股东大会会议，由股东大会就上述事项进行表决。

股东大会选举董事、监事，可以依照公司章程的规定或者股东大会的决议，实行累积投票制。累积投票制是指股东大会选举董事或者监事时，每一个股份拥有与应选董事或者监事人数相同的表决权，股东拥有的表决权可以集中使用。

股东可以委托代理人出席股东大会会议，代理人应当向公司提交股东授权委托书，并在授权范围内行使表决权。

股东大会应当对所议事项的决定作成会议记录，主持人、出席会议的董事应当在会议记录上签名。会议记录应当与出席股东的签名册及代理出席的委托书一并保存。

2. 董事会

股份有限公司董事会的性质与有限责任公司董事会的性质相同。

（1）董事会的组成。股份有限公司设董事会，其成员为 5 至 19 人。董事会成员中可以有公司职工代表。董事会中的职工代表由公司职工通过职工代表大会、职工大会或者其他形式民主选举产生。股份有限公司董事会的职权及董事的任期与有限责任公司相同。董事会设董事长一人，可以设副董事长。董事长和副董事长由董事会以全体董事的过半数选举产生。董事长召集和主持董事会会议，检查董事会决议的实施情况。副董事长协助董事长工作，董事长不能履行职务或者不履行职务的，由副董事长履行职务；副董事长不能履行职务或者不履行职务的，由半数以上董事共同推举一名董事履行职务。

（2）董事会的形式。董事会有定期会议和临时会议。我国公司法规定，董事会每年度至少召开两次会议，每次会议应当于会议召开 10 日前通知全体董事和监事。代表十分之一以上表决权的股东、三分之一以上董事或者监事，可以提议召开董事会临时会议。董事长应当自接到提议后 10 日内，召集和主持董事会会议。董事会召开临时会议，可以另定召集董事会的通知方式和通知时限。

（3）董事会的决议。董事会会议应有过半数的董事出席方可举行。董事会作出决议，必须经全体董事的过半数通过。董事会决议的表决，实行一人一票。董事会会议，应由董事本人出席；董事因故不能出席，可以书面委托其他董事代为出席，委托书中应载明授权范围。董事会应当对会议所议事项的决定作成会议记录，出席会议的董事应当在会议记录上签名。董事应当对董事会的决议承担责任。董事会的决议违反法律、行政法规或者公司章程、股东大会决议，致使公司遭受严重损失的，参与决议的董事对公司负赔偿责任。但经证明在表决时曾表明异议并记载于会议记录的，该董事可以免除责任。

（4）经理。股份有限公司可以设经理，由董事会决定聘任或者解聘。股份有限公司经理的职权与有限责任公司经理的职权相同。公司董事会可以决定由董事会成员兼任经理。

公司不得直接或者通过子公司向董事、监事、高级管理人员提供借款。公司应当定期向股东披露董事、监事、高级管理人员从公司获得报酬的情况。

3. 监事会

股份有限公司的监事会是对公司生产经营业务活动进行监督和检查的常设机构。

（1）监事会的组成。股份有限公司设监事会，其成员不得少于 3 人。监事会应当包括股东代表和适当比例的公司职工代表，其中职工代表的比例不得低于三分之一，具体比例由公司章程规定。监事会中的职工代表由公司职工通过职工代表大会、职工大会或者其他形式民主选举产生。

监事会设主席一人，可以设副主席。监事会主席和副主席由全体监事过半数选举产生。监事会主席召集和主持监事会会议；监事会主席不能履行职务或者不履行职务的，由监事会副主席召集和主持监事会会议；监事会副主席不能履行职务或者不履行职务的，由半数以上监事共同推举一名监事召集和主持监事会会议。

董事、高级管理人员不得兼任监事。

关于股份有限公司监事的任期与有限责任公司监事的任期相同。

（2）监事会的职权。股份有限公司监事的职权与有限责任公司监事的职权相同。监事会行使职权所必需的费用，由公司承担。

（3）监事会的形式。监事会有定期会议和临时会议。我国公司法规定监事会每 6 个月至少召开一次会议。监事可以提议召开临时监事会会议。

（4）监事会的决议。监事会的议事方式和表决程序，除公司法有规定的外，一般由公司章程规定。监事会决议应当经半数以上监事通过。监事会应当对所议事项的决定作成会议记录，出席会议的监事应当在会议记录上签名。

4. 上市公司组织机构的特别规定

我国公司法规定，上市公司是指其股票在证券交易所上市交易的股份有限公司。

上市公司在一年内购买、出售重大资产或者担保金额超过公司资产总额 30% 的，应当由股东大会作出决议，并经出席会议的股东所持表决权的三分之二以上通过。

上市公司设立独立董事，具体办法由国务院规定。

上市公司设董事会秘书，负责公司股东大会和董事会会议的筹备、文件保管及公司股东资料的管理、办理信息披露事务等事宜。

上市公司董事与董事会会议决议事项所涉及的企业有关联关系的，不得对该项决议行使表决权，也不得代理其他董事行使表决权。该董事会会议由过半数的无关联关系董事出席即可举行，董事会会议所作决议须经无关联关系董事过半数通过。出席董事会的无关联关系董事人数不足三人的，应将该事项提交上市公司股东大会审议。

5. 股份有限公司董事、监事、高级管理人员的资格、义务和责任

有关股份有限公司董事、监事、经理的资格、义务和责任与前面所述有限责任公司董事、监事、高级管理人员的资格、义务和责任相同。

4.4 公司股票

4.4.1 股份与股票

1. 股份的概念和特征

（1）股份的概念

股份有限公司的全部资本进行等额划分，即划分为等额股份，股份是股份有限公司特有的基本特征。股份一般有以下含义。①股份是指组成公司资本的基本单位，股份的总和即为公司的注册资本。②股份是指股东的地位和权益。它是决定股东在公司中的地位，决定其权利义务的经济依据，是股东权利和利益的直接的具体的体现。③股份是一种抽象的价值份额，它必须通过一定的“载体”表现出来，这就是股票。由于股份采用了股票这种形式，才使股份能实际运营，股东才能实施权力。

（2）股份的特征

①等额性，这是股份最基本的特征。②不可分性，因为股份已是公司资本的最小单位，所以无法再分。③平等性，它是股东权利的基础，每一份股份所包含的权利和义务都是一样和平等的，同股同权，一股一权。④可转让性，它是有价证券，其表现形式为股票。除法律明文规定者外，公司章程是不能禁止或限制其自由转让的。

2. 股票的概念、特征及种类

股票是股份证书的简称，是股份公司为筹集资金而发行给股东作为持股凭证并借以取得股息和红利的一种有价证券。股份与股票的关系即内容与形式的关系，股票是股份的表现形式。每股股票都代表股东对企业拥有一个基本单位的所有权。股票是代表股权的文书，也是股东身份的证明文件。合法持有公司股票的人即可根据该股票行使股东权力。股票也是一种可以转让的有价证券。在股份有限公司中，股份的转让都是以交付股票的形式进行的。股票持有者具有参与股份公司盈利分配和承担有限责任的权利与义务。根据公司法的规定，股票的持有者就是股份有限公司的股东，他有权或通过其代理人出席股东大会、选举董事并参与

公司的经营决策。股东权力的大小，取决于占有股票的多少。

按照不同的标准对股票可以有不同的分类，主要有以下几种。

（1）按照股份所反映的股东的权益和风险分，股票可分为普通股股票和优先股股票。所谓普通股股票，就是持有这种股票的股东都享有同等的权利，他们都能参加公司的经营决策，其所分取的股息红利是随着股份公司经营利润的多寡而变化。所谓优先股股票，是指持有该种股票股东的权益要受一定的限制。优先股股票的发行一般是股份公司出于某种特定的目的和需要，且在票面上要注明“优先股”字样。优先股股东的特别权利就是可优先于普通股股东以固定的股息分取公司收益并在公司破产清算时优先分取剩余资产，但一般不能参与公司的经营活动，其具体的优先条件必须由公司章程加以明确。

（2）根据股票的票面是否记载有票面价值，股票又可分为有面额股票和无面额股票。有面额股票是指股票票面上记载一定的金额，无面额股票又称比例股或部分股，股票票面上无具体金额，只表示其占有公司资本总额的一定比例。目前实行无面额的股票的数量不多。

（3）根据股票的票面是否记载有股东姓名，股票可分为记名股票和不记名股票。凡在股票上载有股东的姓名，并记载于公司的股东名册上称为记名股票。记名股除原主外，其他持有者不得行使其股权。凡在股票上不记载股东姓名的股票则称为无记名股票，此种股票的持有者可享有股东资格，行使股东权力。两种股权的行使、转让的手续和效力都有所不同，一般来说不记名股票的转让不受限制，而记名股票则需要背书转让才能发生效力。

3. 我国股票的分类

由于我国股市正经历着先发展、后规范的历程，我国股票的通俗分类和国外有所不同。按照投资主体的不同可分为国有股、法人股与自然人股。①国有股是国家持有股份，目前中国的法律还没有允许上市流通；②法人股是企业法人所持有的股份，不经过转让是不能直接上市流通的；③自然人股是一般个人所持有的股票，一旦该股票上市就可以流通的股票。

按股票发行对象和市场属性的不同可分为A股、B股、法人股和境外上市股票。A股股票是指已在或获准在上海证券交易所、深圳证券交易所流通的且以人民币为计价币种的股票，这种股票按规定只能由我国居民或法人购买，所以我国股民通常所言的股票一般都是指A股股票。B股股票是以人民币为股票面值、以外币为认购和交易币种的股票，它是境外投资者向我国的股份有限公司投资而形成的股份，在上海和深圳两个证券交易所上市流通。法人股股票是指在北京的STAQ和NET两个证券交易系统内上市挂牌的股票。在这两个系统内流通的股票只能由法人参与认购及交易，而自然人是不能在这两个系统内买卖股票的。境外上市股票是指我国的股份有限公司在境外发行并上市的股票，目前主要有在香港证券交易所流通的H股，还有在美国证券交易系统流通的N股。

4.4.2　股份发行

1. 股份发行的概念和种类

股份发行即股票发行，是指股份有限公司为设立公司筹集资本或为增加资本，通过法定方式分配或发售公司股份的行为。股份发行可以分为两种：设立发行和新股发行。设立发行是指公司设立时的股份发行，其目的就是为了募足公司得以成立的资本，使公司具备设立时的法定资本条件。股份有限公司采取募集设立的方式时，发起人认购不少于公司股份总额35%的股本额，其余向社会公开募集，即向社会公开发行股份。新股发行是指股份有限公司成立后，依照法律规定和股东大会决议，为增加资本而再次和继续发行股份的行为。

2. 股份发行的原则

股份的发行实行公开、公平、公正的原则，同种类的每一个股份应当具有同等权利。公开原则指公司发行股票应当面对所有投资者，不得有非法隐瞒、幕后交易活动。公平原则是指所有投资者地位一律平等，同股同权、同股同利，同次发行的同种类股票，每股的发行条件和价格应当相同。任何单位或者个人所认购的股份，每股应当支付相同价额。公正原则是指发行工作要公平合理，不得弄虚作假、徇私舞弊。公开是公平的前提，公正是公开、公平的目的和结果。

股票发行价格可以按票面金额，也可以超过票面金额，但不得低于票面金额。按票面金额即平价发行，超过票面金额即溢价发行，低于票面金额即为折价发行，法律禁止折价发行，原因在于其会导致公司实收资本额少于公司登记的资本额，会对公司的债权人不利。公司溢价发行时，所得溢价款按照法律规定记入公司资本公积金。

3. 股份发行的条件及程序

股份有限公司募集设立时发行股份的条件在前面已有论述。关于新股发行的条件，我国公司法规定，前一次发行的股份已募足，并间隔一年以上；公司在最近三年内连续盈利，并可向股东交付股利；公司在最近三年内财务会计文件无虚假记载；公司预期利润率可达同期银行存款利率。

新股发行应由股东大会作出决议，向社会公开募集的，则须经国务院证券管理部门批准。向社会公开发行新股时，必须公告新股招股说明书和财务会计报表及附属细表，并制作认股书。向社会公开发行，应由依法设立的证券机构承销，签订承销协议。发行新股募集后，应办理公司变更登记手续，并予以公告。

4.4.3 股份转让

1. 股份转让的概念

股东持有的股份可以依法转让。股份转让是指股份有限公司的股东依照法定方式和程序将自己的股份和股权转让给他人，使之成为股东的行为。广义的股份转让还包括股份的赠与和继承。股份转让是通过转让股票进行的。

股东转让其股份，应当在依法设立的证券交易场所进行或者按照国务院规定的其他方式进行。记名股票由股东以背书方式或者法律、行政法规规定的其他方式转让；转让后由公司将受让人的姓名或者名称及住所记载于股东名册。股东大会召开前 20 日内或者公司决定分配股利的基准日前 5 日内，不得进行记名股的股东名册的变更登记。但是，法律对上市公司股东名册变更登记另有规定的，从其规定。无记名股票的转让，由股东将该股票交付给受让人后即发生转让的效力。

2. 股份转让的限制

发起人持有的本公司股份，自公司成立之日起一年内不得转让。公司公开发行股份前已发行的股份，自公司股票在证券交易所上市交易之日起一年内不得转让。

公司董事、监事、高级管理人员应当向公司申报所持有的本公司的股份及其变动情况，在任职期间每年转让的股份不得超过其所持有本公司股份总数的 25%；所持本公司股份自公司股票上市交易之日起一年内不得转让。上述人员离职后半年内，不得转让其所持有的本公司股份。公司章程可以对公司董事、监事、高级管理人员转让其所持有的本公司股份作出其他限制性规定。

公司不得收购本公司股份。但是，有下列情形之一的除外：减少公司注册资本；与持有本公司股份的其他公司合并；将股份奖励给本公司职工；股东因对股东大会作出的公司合并、分立决议持异议，要求公司收购其股份的。

公司因减少公司注册资本、与持有本公司股份的其他公司合并、将股份奖励给本公司职工的原因收购本公司股份的，应当经股东大会决议。公司依照前款规定收购本公司股份后，属于因减少公司注册资本的，应当自收购之日起10日内注销；属于与持有本公司股份的其他公司合并、股东因对股东大会作出的公司合并、分立决议持异议，要求公司收购其股份的，应当在6个月内转让或者注销。

公司将股份奖励给本公司职工收购的本公司股份，不得超过本公司已发行股份总额的5%；用于收购的资金应当从公司的税后利润中支出；所收购的股份应当在一年内转让给职工。

公司不得接受本公司的股票作为质押权的标的。

记名股票被盗、遗失或者灭失，股东可以依照《中华人民共和国民事诉讼法》规定的公示催告程序，请求人民法院宣告该股票失效。人民法院宣告该股票失效后，股东可以向公司申请补发股票。

上市公司的股票依照有关法律、行政法规及证券交易所交易规则上市交易。

4.4.4　上市公司

1. 上市公司的概念

上市公司是指其股票在证券交易所上市交易的股份有限公司。其特点是，上市交易的股票是上市公司发行的股票；上市交易的地点只能是国家法定的交易场所，目前我国国内仅有深圳证券交易所和上海证券交易所。

2. 股票上市交易的条件

股票上市交易的条件主要包括：股票经国务院证券监督管理部门批准已向社会公开发行；公司股本总额不少于人民币5000万元；开业时间在三年以上，最近三年连续盈利，原国有企业依法改建而设立的可连续计算；持有股票面值达人民币1000元以上的股东人数不少于1000人，向社会公开发行股份达股份公司股份总数的25%以上，公司股本总额超过人民币4亿元的，其向社会公开发行的股份比例为15%以上；公司在最近三年内无重大违法行为，财务会计报告无虚假记载；国务院规定的其他条件。

3. 股票上市交易的程序

股份有限公司申请股票上市交易，应向国务院或国务院授权证券管理部门申请，并依法报送有关文件；上述有权审批部门予以批准或不批准；经批准后，上市公司必须公告其股票上市报告，申请文件存放在指定地点，供公众查阅；上市公司还应依法定期公开其财务状况和经营情况，在每个会计年度内半年公布一次财务会计报告。

4. 股票上市交易的暂停与终止

有下列情形之一的，由国务院证券监督管理机构决定暂停其股票上市。①公司股本总额、股权分布等发生变化不再具备上市条件。②公司不按规定公开其财务状况，或者对财务报告作虚假记载。③公司有重大违法行为。④公司最近三年连续亏损。

有下述情形的，由国务院证券监督管理部门决定终止其股票上市。①有公司股本总额、股权分布等发生变化不再具备上市条件的、公司最近三年连续亏损情形之一，在限期内未能消除，不具备上市条件的。②有公司不按规定公开其财务状况，或者对财务报告作虚假记载、公司有重大违法行为情形之一，经查实后果严重的。③公司决议解散、被行政主管部门依法责令关闭、被宣告破产的。

4.5 公司债券

4.5.1 公司债券的概念和种类

1. 公司债券的概念

公司债券是指公司依照法定程序发行、约定在一定的期限还本付息的有价证券。公司债券是公司债的表现形式，基于公司债券的发行，在债券的持有人和发行人之间形成了以还本付息为内容的债权债务法律关系。因此，公司债券是公司向债券持有人出具的债务凭证。公司债券与股票相比具有以下区别：①股票是一种股权凭证，债券是一种债权凭证。②股票的持有者即公司的股东不得要求公司返还股金，只能转让股票，而公司债券持有人在债券到期时可要求公司返还本金及利息。③股份通常没有固定的红利率，只有当公司盈利后才能进行分红，且红利率随盈利的多少而上下浮动；而公司债有固定的利率，无论公司是否盈利，公司债券持有人均有权要求公司按期支付利息。④股东有权参加股东大会并进行投票，对公司的经营决策有参与权，而公司债券持有人则一般无权参与公司的经营。⑤当公司解散时，公司债券持有人优先于股东得到清偿。因此公司债券与股票相比，股票投资的风险大于公司债券投资，相应的股票投资盈利的机会也高于公司债券投资。

2. 公司债券的分类

按照不同的标准，对公司债券可作不同的分类。

（1）按公司债券上是否登记持有人姓名或名称分为记名公司债券和无记名公司债券。记名公司债券是指在债券上登记持有人姓名或名称，支取本息要凭印鉴领取，转让时必须背书并到债券发行公司登记的公司债券。无记名公司债券是指债券上无须载明持有人姓名或名称，还本付息及流通转让仅以债券为凭，无须登记。

（2）按持有人是否参加公司利润分配可分为参加公司债券和非参加公司债券。参加公司债券是指除了可按预先约定获得利息收入外，还可在一定的程度上参加公司利润分配的公司债券。非参加公司债券是指持有人只能按照事先约定的利率获得利息的公司债券。

（3）按发行人是否给予持有人选择权分为可转换公司债券和不可转换公司债券。可转换公司债券是指可以转换成公司股票的债券。这种公司债券在发行时规定了转换为公司股票的条件和办法，当条件具备时，债券持有人享有将公司债券转换为公司股票的权利的选择权。不可转换公司债券是指不能转换为公司股票的公司债券。一般公司发行的债券未作特殊说明的都为不可转换公司债券。

4.5.2 公司债券的发行

1. 公司债券发行的条件

我国公司法规定，公司发行公司债券应当符合《中华人民共和国证券法》规定的发行条件。《证券法》规定，公开发行公司债券，应当符合下列条件：①股份有限公司的净资产额不低于人民币3000万元，有限责任公司的净资产额不低于人民币6000万元；②累计债券余额总额不超过净资产额的40%；③最近三年平均可分配利润足以支付公司债券一年的利息；④筹集的资金投向符合国家产业政策；⑤债券的利率不得超过国务院限定的利率水平；⑥国务院规定的其他条件。

但有下列情形之一的，不得再次发行公司债券。①前一次发行的公司债券尚未募足的；②对已发行的公司债券或者其债券有违约或者迟延支付本息的事实，且仍处于继续状态的。

发行公司债券筹集的资金，必须用于审批机关批准的用途，不得用于弥补亏损和非生产性支出。

上市公司经股东大会决议可以发行可转换为股票的公司债券，并在公司债券募集办法中规定具体的转换办法。上市公司发行可转换为股票的公司债券，应当报国务院证券监督管理机构核准。

2. 公司债券发行程序

股份有限公司、有限责任公司发行公司债券，应由董事会制订方案，股东会或股东大会作出决议，国有独资公司发行公司债券，应由国家授权投资的机构或国家授权的部门作出决议。上述决议作出后，公司应向国务院证券管理部门报请批准，国务院证券管理部门对公司的申请作出批准或不批准的决定。

发行公司债券的申请经国务院授权的部门核准后，应当公告公司债券募集办法。公司债券募集办法中应当载明下列主要事项：公司名称；债券募集资金的用途；债券总额和债券的票面金额；债券利率的确定方式；还本付息的期限和方式；债券担保情况；债券的发行价格、发行的起止日期；公司净资产额；已发行的尚未到期的公司债券总额；公司债券的承销机构。

公司发行公司债券应当置备公司债券存根簿。发行记名公司债券的，应当在公司债券存根簿上载明下列事项：债券持有人的姓名或名称及住所；债券持有人取得债券的日期及债券的编号；债券总额、债券的票面金额、利率、还本付息的期限和方式；债券的发行日期。发行无记名公司债券的，应当在公司债券存根簿上载明债券总额、利率、偿还期限和方式、发行日期及债券的编号。发行可转换为股票的公司债券，应当在债券上标明可转换公司债券字样，并在公司债券存根簿上载明可转换公司债券的数额。

4.5.3　公司债券的转让

我国公司法规定，公司债券可以转让，转让价格由转让人与受让人约定。公司债券在证券交易所上市交易的，按照证券交易所的交易规则转让。

记名公司债券，由债券持有人以背书方式或者法律、行政法规规定的其他方式转让；转让后由公司将受让人的姓名或名称及住所记载于公司债券存根簿。无记名公司债券的转让，由债券持有人将该债券交付给受让人后即发生转让的效力。

发行可转换为股票的公司债券的，公司应当按照其转换办法向债券持有人换发股票，但债券持有人对转换股票或者不转换股票有选择权。

4.6　公司的利润分配

4.6.1　公司财务会计的基本制度

公司应当依照法律、行政法规和国务院财政部门的规定建立本公司的财务、会计制度。

公司应当在每个会计年度终了时编制财务会计报告，并依法经会计师事务所审计。财务会计报告应当依照法律、行政法规和国务院财政部门的规定制作。公司聘用和解聘承办公司审计业务的会计师事务所，依照公司章程的规定，由股东会、股东大会或者董事会决定。公司股东会、股东大会或者董事会就解聘会计师事务所进行表决时，应当允许会计师事务所陈述意见。公司应当向聘用的会计师事务所提供真实、完整的会计凭证、会计账簿、财务会计报告及其他会计资料，不得拒绝、隐匿、谎报。

有限责任公司应当依照公司章程规定的期限将财务会计报告送交各股东。股份有限公司的财务会计报告应当在召开股东大会年会的20日前置备于本公司，供股东查阅；公开发行股票的股份有限公司必须公告其财务会计报告。

公司除法定的会计账簿外，不得另立会计账簿。对公司资产，不得以任何个人名义开立账户存储。

4.6.2 利润分配顺序

公司分配当年税后利润时，应当提取利润的10%列入公司法定公积金。公司法定公积金累计额为公司注册资本的50%以上的，可以不再提取。

公司的法定公积金不足以弥补以前年度亏损的，在依照前款规定提取法定公积金之前，应当先用当年利润弥补亏损。

公司从税后利润中提取法定公积金后，经股东会或者股东大会决议，还可以从税后利润中提取任意公积金。

公司弥补亏损和提取公积金后所余税后利润，有限责任公司股东按照实缴的出资比例分取红利；公司新增资本时，股东有权优先按照实缴的出资比例认缴出资。但是，全体股东约定不按照出资比例分取红利或者不按照出资比例优先认缴出资的除外。股份有限公司按照股东持有的股份比例分配，但股份有限公司章程规定不按持股比例分配的除外。

股东会、股东大会或者董事会违反前款规定，在公司弥补亏损和提取法定公积金之前向股东分配利润的，股东必须将违反规定分配的利润退还公司。

公司持有的本公司股份不得分配利润。

4.6.3 公积金

公积金是资本之外所保留的资金金额，又称为附加资本或准备金。我国公司法规定，公司的公积金用于弥补公司的亏损、扩大公司生产经营或者转为增加公司资本。但是，资本公积金不得用于弥补公司的亏损。法定公积金转为资本时，所留存的该项公积金不得少于转增前公司注册资本的25%。

4.7 公司的合并、分立与终止

4.7.1 公司合并

1. 公司合并的形式

公司合并可以采取吸收合并或者新设合并。一个公司吸收其他公司为吸收合并，被吸收的公司解散。两个以上公司合并设立一个新的公司为新设合并，合并各方解散。

2. 公司合并的程序

我国公司法规定，公司合并应当由合并各方签订合并协议，并编制资产负债表及财产清单。公司应当自作出合并决议之日起10日内通知债权人，并于30日内在报纸上公告。债权人自接到通知书之日起30日内，未接到通知书的自公告之日起45日内，可以要求公司清偿债务或者提供相应的担保。

公司合并时，合并各方的债权、债务，应当由合并后存续的公司或者新设的公司承继。

4.7.2 公司分立

1. 公司分立的形式

公司分立是指一个公司依法分为两个以上的公司。公司分立一般有两种形式：一是存续分立，是指公司把其部分财产和业务分出另设一个新的公司，原公司继续存续；二是新设分立，是指公司以其全部财产分别归入两个以上的新设公司，原公司解散。

2. 公司分立的程序

公司分立程序与公司合并的程序基本一样。我国公司法规定，公司分立，其财产作相应的分割。公司分立，应当编制资产负债表及财产清单。公司应当自作出分立决议之日起10日内通知债权人，并于30日内在报纸上公告。公司分立前的债务由分立后的公司承担连带责任。但是，公司在分立前与债权人就债务清偿达成的书面协议另有约定的除外。

4.7.3 公司解散

1. 公司解散的原因

我国公司法规定，公司解散的原因有以下五种情形：①公司章程规定的营业期限届满或者公司章程规定的其他解散事由出现；②股东会或者股东大会决议解散；③因公司合并或者分立需要解散；④依法被吊销营业执照、责令关闭或者被撤销；⑤人民法院依法予以解散。

公司有公司章程规定的营业期限届满或者公司章程规定的其他解散事由出现情形的，可以通过修改公司章程而存续。依此修改公司章程，有限责任公司须经持有三分之二以上表决权的股东通过，股份有限公司须经出席股东大会会议的股东所持表决权的三分之二以上通过。

公司经营管理发生严重困难，继续存续会使股东利益受到重大损失，通过其他途径不能解决的，持有公司全部股东表决权10%以上的股东，可以请求人民法院依法予以解散公司。

公司被依法宣告破产的，依照有关企业破产的法律制度实施破产清算。

2. 公司解散时的清算

公司解散时，应当依法进行清算。公司因公司章程规定的营业期限届满或者公司章程规定的其他解散事由出现；股东会或者股东大会决议解散；依法被吊销营业执照、责令关闭或者被撤销；人民法院依法予以解散而解散的，应当在解散事由出现之日起15日内成立清算组，开始清算。有限责任公司的清算组由股东组成，股份有限公司的清算组由董事或者股东大会确定的人员组成。逾期不成立清算组进行清算的，债权人可以申请人民法院指定有关人员组成清算组进行清算。人民法院应当受理该申请，并及时组织清算组进行清算。

清算组在清算期间行使下列职权：清理公司财产，分别编制资产负债表和财产清单；通知、公告债权人；处理与清算有关的公司未了结的业务；清缴所欠税款及清算过程中产生的税款；清理债权、债务；处理公司清偿债务后的剩余财产；代表公司参与民事诉讼活动。清算组成员应当忠于职守，依法履行清算义务。清算组成员不得利用职权收受贿赂或者其他非法收入，不得侵占公司财产。清算组成员因故意或者重大过失给公司或者债权人造成损失的，应当承担赔偿责任。

清算组应当自成立之日起10日内通知债权人，并于60日内在报纸上公告。债权人应当自接到通知书之日起 30 日内，未接到通知书的自公告之日起 45 日内，向清算组申报其债权。债权人申报债权，应当说明债权的有关事项，并提供证明材料。清算组应当对债权进行登记。在申报债权期间，清算组不得对债权人进行清偿。

清算组在清理公司财产、编制资产负债表和财产清单后，应当制订清算方案，并报股东会、股东大会或者人民法院确认。

公司财产在分别支付清算费用、职工的工资、社会保险费用和法定补偿金，缴纳所欠税款，清偿公司债务后的剩余财产，有限责任公司按照股东的出资比例分配，股份有限公司按照股东持有的股份比例分配。清算期间，公司存续，但不得开展与清算无关的经营活动。公司财产在未依照前款规定清偿前，不得分配给股东。

清算组在清理公司财产、编制资产负债表和财产清单后，发现公司财产不足清偿债务的，应当依法向人民法院申请宣告破产。公司经人民法院裁定宣告破产后，清算组应当将清算事务移交给人民法院。

公司清算结束后，清算组应当编制清算报告，报股东会、股东大会或者人民法院确认，并报送公司登记机关，申请注销公司登记，公告公司终止。

4.8 法律责任

我国《公司法》从第一百八十条至第三百一十五条规定了有关违反公司法的法律责任。责任主体涉及公司、发起人、股东、公司高级管理人员、清算组及其成员、评估验资或验证机构、公司登记机关等。责任行为有公司登记、发行股票和公司债券出资、抽资、财务会计、折价折股、评估验资等各个方面的违法行为及与职务有关的违法行为。责任形式有责令改正、处以罚款、责令停止违法行为、退还或没收违法所得、吊销营业执照和资格证书、给以行政处分等，情节严重的，追究刑事责任。

1. 公司发起人、股东的法律责任

违反公司法规定，虚报注册资本、提交虚假材料或者采取其他欺诈手段隐瞒重要事实取得公司登记的，由公司登记机关责令改正，对虚报注册资本的公司，处以虚报注册资本金额百分之五以上百分之十五以下的罚款。对提交虚假材料或者采取其他欺诈手段隐瞒重要事实的公司，处以五万元以上五十万元以下的罚款。情节严重的，撤销公司登记或者吊销营业执照。

公司的发起人、股东虚假出资，未交付或者未按期交付作为出资的货币或者非货币财产的，由公司登记机关责令改正，处以虚假出资金额百分之五以上百分之十五以下的罚款。

公司的发起人、股东在公司成立后，抽逃其出资的，由公司登记机关责令改正，处以所抽逃出资金额百分之五以上百分之十五以下的罚款。

2. 公司的法律责任

公司违反公司法规定，在法定的会计账簿以外另立会计账簿的，由县级以上人民政府财政部门责令改正，处以五万元以上五十万元以下的罚款。

公司在依法向有关主管部门提供的财务会计报告等材料上作虚假记载或者隐瞒重要事实的，由有关主管部门对直接负责的主管人员和其他直接责任人员处以三万元以上三十万元以下的罚款。

公司不依照我国公司法规定提取法定公积金的，由县级以上人民政府财政部门责令如数

补足应当提取的金额，可以对公司处以二十万元以下的罚款。

公司在合并、分立、减少注册资本或进行清算时，不依照我国公司法规定通知或公告债权人的，由公司登记机关责令改正，对公司处以一万元以上十万元以下的罚款。公司在进行清算时，隐匿财产，对资产负债表或财产清单作虚假记载，或者在未清偿债务前分配公司财产的，由公司登记机关责令改正，对公司处以隐匿财产或未清偿债务前分配公司财产金额百分之五以上百分之十以下的罚款；对直接负责的主管人员和其他直接责任人员处以一万元以上十万元以下的罚款。

公司在清算期间开展与清算无关的经营活动的，由公司登记机关予以警告，没收违法所得。

公司成立后无正当理由超过六个月未开业的，或者开业后自行停业连续六个月以上的，可以由公司登记机关吊销营业执照。公司登记事项发生变更时，未依照我国公司法规定办理有关变更登记的，由公司登记机关责令限期登记。逾期不登记的，处以一万元以上十万元以下的罚款。

外国公司违反公司法规定，擅自在中国境内设立分支机构的，由公司登记机关责令改正或者关闭，可以并处五万元以上二十万元以下的罚款。

公司违反公司法规定，应当承担民事赔偿责任和缴纳罚款、罚金的，其财产不足以支付时，先承担民事赔偿责任。

3. 清算组的法律责任

清算组不依照我国公司法规定向公司登记机关报送清算报告，或者报送清算报告隐瞒重要事实或有重大遗漏的，由公司登记机关责令改正。清算组成员利用职权徇私舞弊、谋取非法收入或侵占公司财产的，由公司登记机关责令退还公司财产，没收违法所得，并可以处以违法所得一倍以上五倍以下的罚款。

4. 承担资产评估、验资或验证的机构的法律责任

承担资产评估、验资或者验证的机构提供虚假材料的，由公司登记机关没收违法所得，处以违法所得一倍以上五倍以下的罚款，并可以由有关主管部门依法责令该机构停业、吊销直接责任人员的资格证书，吊销营业执照。

承担资产评估、验资或者验证的机构因过失提供有重大遗漏的报告的，由公司登记机关责令改正，情节较重的，处以所得收入一倍以上五倍以下的罚款，并可以由有关主管部门依法责令该机构停业、吊销直接责任人员的资格证书，吊销营业执照。

承担资产评估、验资或者验证的机构因其出具的评估结果、验资或者验证证明不实，给公司债权人造成损失的，除能够证明自己没有过错的外，在其评估或者证明不实的金额范围内承担赔偿责任。

5. 公司登记机关的法律责任

公司登记机关对不符合我国公司法规定条件的登记申请予以登记，或者对符合我国公司法规定条件的登记申请不予登记的，对直接负责的主管人员和其他直接责任人员，依法给予行政处分。

公司登记机关的上级部门强令公司登记机关对不符合我国公司法规定条件的登记申请予以登记，或者对符合我国公司法规定条件的登记申请不予登记的，或者对违法登记进行包庇的，对直接负责的主管人员和其他直接责任人员依法给予行政处分。

6. 其他主体利用公司名义从事违法行为的法律责任

未依法登记为有限责任公司或者股份有限公司，而冒用有限责任公司或者股份有限公司名义的，或者未依法登记为有限责任公司或者股份有限公司的分公司，而冒用有限责任公司或者股份有限公司的分公司名义的，由公司登记机关责令改正或者予以取缔，可以并处十万元以下的罚款。

利用公司名义从事危害国家安全、社会公共利益的严重违法行为的，吊销营业执照。

本章小结

公司的一般含义是指以营利为目的的企业法人。公司的种类有无限公司、两合公司、股份有限公司及有限责任公司。我国公司法仅规定有限责任公司和股份有限公司两种公司。我国公司法规定的有限责任公司是指股东以其认缴的出资额为限承担责任，公司以其全部财产对公司的债务承担责任的公司。有限责任公司设立要符合法定的条件及程序，其组织机构一般包括股东会、董事会及监事会。在我国，有限责任公司还包括一人公司、国有独资公司。股份有限公司又称股份公司，是指将公司全部资本进行等额划分，股东以其所持股份为限对公司承担责任，公司以其全部资产承担责任的企业法人。股份有限公司设立有发起设立和募集设立两种，其组织机构包括股东大会、董事会及监事会。掌握公司股票和公司债券的含义及发行条件。掌握公司法中对公司董事、监事、高级管理人员的资格限制和竞业禁止。掌握公司的合并、分立、解散和清算。

本章案例

请扫描右侧二维码阅读案例内容。

练习题

1. 简述公司的设立原则。
2. 简述有限责任公司的特点和股份有限公司的特点。
3. 简述有限责任公司的设立条件和股份有限公司的设立条件。
4. 简述记名公司债券与无记名公司债券、记名股票与无记名股票在转让方式上有何不同。
5. 公司法中对公司董事、监事、高级管理人员的资格如何限制?
6. 案例分析题

经纬国际有限责任公司作为发起人之一，与其他三家公司开会，要求大家都作为拟设立的一家股份有限公司的发起人，四家公司一致同意。公司的注册资本定为6000万元，经纬国际有限责任公司认购公司的股份额为1000万元，其他三家公司认购公司的股份额共为600万元，拟再向社会公开募集的股份数额为4400万元。公司如期募集股份成功，然后设立，在准备进行公司登记前，由律师对公司的章程草案和其他文件进行整理。

如果你是律师，对该股份公司的上述做法提出法律意见:

（1）4个发起人能否发起设立一家股份有限公司?

（2）公司法对发起人认购公司的股份有何限制?

第5章
财产法律制度

本章提要

本章对物权法律制度、债权法律制度、知识产权法律制度及国有财产监督管理制度作了简要介绍。需要了解和认识物权、所有权、他物权的基本知识，包括理解物权的概念和特征、物权的分类、物权的效力、物权法的基本原则、物权的变动；掌握所有权、建筑物区分所有权、房屋所有权、他物权、相邻关系的概念、特征、种类等；理解和掌握债权的一般知识及其与所有权的区别；掌握知识产权法的一般特征及著作权、专利权和商标权的内容；最后要了解我国与国有财产监督管理制度相关的内容。

导入案例

北京市王码计算机总公司起诉中国东南技术贸易公司“优化五笔字型”专利侵权纠纷案

原告王码计算机公司（以下简称王码公司）是“优化五笔字型”技术发明专利权人之一，该专利是五笔字型技术发展过程中的第三版技术。被告中国东南技术贸易公司（以下简称东南公司）制造、销售的东南汉卡中使用了五笔字型发展过程中的第四版技术。王码公司起诉称东南公司侵犯其专利权。经对比分析，五笔字型第四版技术与“优化五笔字型”专利技术相比，两者存在一定的区别，这些改进产生了明显的技术效果，使五笔字型第四版技术的最高输入速度比五笔字型第三版的最高输入速度提高近一倍。法院经审理认为，被告东南公司使用的五笔字型第四版技术与“优化五笔字型”专利技术属于同一类汉字编码体系，在技术上有联系，但二者的区别也是明显的，这些区别是具有实质性的。因此，五笔字型第四版技术与“优化五笔字型”专利技术是两个计算机汉字输入方案，不存在覆盖和依存关系，因而不构成对“优化五笔字型”专利技术的侵权，据此判决驳回王码公司的诉讼请求。

五笔字型汉字输入法在中国的计算机领域中可谓尽人皆知，曾被称为“中国第一软件”，加之本案被告使用的五笔字型第四版也是社会上广泛使用的版本，案件的处理结果将会对使用五笔字型是否侵权产生巨大影响，因此本案的审理引起了广泛的社会关注。本案中，原告的五笔字型第三版获得国家专利，而被告使用的是五笔字型第四版，本案的焦点就是五笔字型第三版专利权能否覆盖五笔字型第四版。由于五笔字型第三版的保护范围是“采用经优化（优选）的220个字根构成简繁汉字和词语依形编码的编码体系”，而第四版的许多技术特征已远远超过了第三版发明人的权利要求，因此，第四版并没有落入第三版专利保护范围之内，法院据此判决王码公司败诉。

5.1 物权法

5.1.1 物权法的一般原理

1. 物权的概念和特征

物权是民事主体依法直接支配特定的物、享受其权益并排除他人干涉的民事权利。物权具有以下法律特征。

第一，物权是绝对权。这是指物权的义务主体是权利人之外的不特定的一切人。

第二，物权属于支配权。这是指物权的权利人不必依赖他人的帮助就能行使其权利，从而实现自己的利益。

第三，物权是法定的。物权的设定采用法定主义。

第四，物权的客体一般为物。作为物权客体的“物”，是指有体物，包括动产和不动产，行为、智力成果和人身利益均不能成为物权的客体。

2. 物权法的概念与基本原则

物权法是调整物质资料占有关系，规定各种物权种类和内容的法律规范的总和。

物权法的基本原则包括物权法定原则、一物一权原则、物权公示原则和物权优先原则。

（1）物权法定原则

物权法定是指物权的种类、内容、效力、得失变更及其保护的方法均源自法律的直接规定，当事人不得自由创设。物权法定原则的具体内容如下。

第一，物权种类法定化。非经法律准许，当事人不得创设新类型的物权。

第二，物权内容法定化。物权制度的所有内容均是由法律直接加以规定的。

第三，物权效力法定化。即物权的法律后果源自法律的直接规定。

第四，物权的变更规则法定化。非经法定程序，不得取得、变更和消灭物权。

第五，物权保护方法法定化。物权保护方法和债权保护方法均为法定的物权保护方法。

（2）一物一权原则

一物一权原则是指一物之上只能存在一个所有权，不得有互不相容的两个以上的物权同时存在于同一标的物上。一物一权原则的具体内容如下。

第一，一个特定的标的物上只有一个所有权。共有是指数个人对一个物享有一个独立所有权，而不是每一个共有人各自都有一个独立的所有权。

第二，同一物上不得设有两个以上相互冲突和矛盾的物权。

（3）物权公示原则

物权公示原则是指民事主体对物权的享有与变动均应采取可取信于社会公众的外部表现方式的原则。物权的排他性决定了物权的变动会产生排他的效果，为了保护交易的安全，保护民事主体的合法权益，有必要对物权的变动规定公开的行为方式。物权公示原则的具体内容如下。

第一，物权的公示方法必须由法律规定。目前各国的立法普遍采取不动产登记、动产交付的公示方法。为防止不同人对同一物的争夺，保护善意第三人的利益，法律必须明确规定物权公示的方法，只有合法所有人均以法定的公示方法对外进行物权公示，才能使所有的第三人明确物的所有权归属情况。

第二，物权公示的效力必须由法律规定。依照我国法律的规定，普通的动产一经交付，便发生所有权转移的后果；不动产的转让一经办理登记手续，便发生该不动产的所有权转移的法律后果。

3. 物权的效力

（1）物权的排他效力

物权的排他效力是一物之上只能设定一个所有权和一物之上不得设立两个以上内容相冲突的物权。主要表现为：一物上只能设定一个所有权；同一物上不得设立两个以上用益物权；同一物上设立两个以上担保物权时依先后顺序确定效力。

（2）物权的优先效力

物权优先原则是指同一物上有两个或两个以上不同内容或性质的物权存在，或者该物权的标的物也为债权给付的标的物时，成立在先的物权有优先于成立在后的物权的效力，物权则有优先于债权的效力。

物权优先原则的具体内容如下。

第一，同一物上有两个或两个以上不同内容或性质的物权存在时，成立在先的物权有优先于成立在后的物权的效力。

第二，同一标的物上既有物权，也有债权时，无论物权成立于债权之前或之后，它均有优先于债权的效力。

（3）物权的追及效力

追及效力是物权的标的物无论辗转入何人之手，除法律另有规定外，物权人均可追及至物的所在行使物权的法律效力。追及效力不是绝对的，也要保护善意第三人。

（4）物上请求权

物上请求权是物权人对物的支配因受到他人妨碍而出现缺陷时，为恢复其对物的圆满支配状态而产生的请求权，包括返还原物请求权、排除妨碍请求权和恢复原状请求权。

4. 物权的分类

（1）所有权与他物权

所有权是财产所有人对自己所有的财产依法进行全面支配的物权。他物权是财产非所有人根据法律规定或者所有人的意思对他人所有的财产享有的进行有限支配的物权，他物权主要包括担保物权和用益物权。

（2）用益物权与担保物权

用益物权是以物的使用收益为目的而设立的物权。担保物权是以保证债务的履行、债权的实现为目的而设立的物权。

（3）动产物权与不动产物权

根据物的形态可分为动产物权与不动产物权。此外，还可以分为主物权与从物权、意定物权和法定物权、登记物权与非登记物权等。

5. 物权变动

物权变动是指物权的产生、变更和消灭的总称。

（1）物权关系的发生

物权关系的发生即物权的设立，是指民事主体依法设立新的物权从而产生新的物权法律关系。由于物权发生原因的法定性，物权的发生必须以法律规定作为前提，当事人依据法律的规定设立一定的物权，如以法定的方法取得标的物的所有权，或依法定的程序要求取得一定的他物权。

（2）物权关系的变更

物权关系的变更是指物权的标的、内容等部分的改变。物权关系的变更必须严格依照法定的程序和要求进行，如采取法定的方式、法定的公示方法等。

（3）物权关系的消灭

物权关系的消灭，即物权关系的终止，是指某一物权归于消灭。物权关系的消灭主要有两种情况：第一，因物权主体的原因而消灭，如权利人转让或抛弃物权或作为权利人的公民死亡等；第二，因物权客体的原因而消灭，如标的物毁损或灭失导致原物权的终止。

6. 物权的公示

物权公示是指确认物权设立、变动的依据，如登记。物权公示是为了让他人清楚地知道谁是权利人，以维护权利人、与交易相关人的合法权益。除有相反证据证明的以外，记载于不动产登记簿上的人是该不动产的权利人，动产的占有人是该动产的权利人。

（1）不动产登记

不动产登记是权利人申请国家登记机关将不动产发生和变更的事项记载于不动产登记簿，国家登记机关经审查后予以登记的行为。不动产物权的设立、转移、变更和消灭依法应当公示，一经登记，便产生对抗第三人的效力。不动产登记是不动产公示的唯一方式。

（2）动产的占有与交付

一般来说，动产的占有人是该动产的权利人。动产交付是指动产物权利人将自己占有的物或权利凭证移转其他人占有的行为。交付方式包括直接交付、简易交付、替代交付、占有改定、动产所有权的保留等。

5.1.2 所有权

1. 财产所有权概述

（1）财产所有权的概念及特征

财产所有权是指所有人依法对自己的财产享有占有、使用、收益和处分的权利。财产所有权包括占有权、使用权、收益权和处分权四项权能。所有权意味着人对物最充分、最完全的支配，是最完整的物权形式。我国《民法通则》对财产所有权作出了明确的规定。其中，财产所有权的类型主要包括国家所有权、劳动群众集体组织所有权、社会团体所有权和公民个人所有权。

（2）财产所有权的特征

财产所有权的法律特征主要表现在以下几个方面。

第一，财产所有权的独占性。财产所有权是一种独占的支配权，所有人的所有权不允许任何人妨碍或侵害，非所有人不得对所有人的财产享有所有权。

第二，财产所有权的全面性。财产所有权是所有人在法律规定的范围内对所有物加以全面支配的权利。所有人对所有物享有占有、使用、收益和处分的完整权利，是最完整、全面的一种物权形式。

第三，财产所有权的单一性。财产所有权并非占有、使用、收益和处分四项权利的简单相加，而是一个整体的权利。

第四，财产所有权的存续性。法律不限制各项财产所有权的存续期限。

第五，财产所有权的弹力性。财产所有权的各项权能可以通过法定的方式或合同约定的方式与作为整体的所有权相分离，如设定他物权。

2. 财产所有权的内容

（1）占有

占有是指所有人对物的实际控制的事实状态。占有权即对所有物加以实际管领或控制的权利。所有权的占有权既可以由所有人自己行使，也可以由他人行使。在民法理论和司法实践中通常把占有分成不同的种类，以区分不同的占有状态。

第一，所有人占有和非所有人占有。所有人占有即所有人在行使所有权过程中亲自控制自己的财产。非所有人占有则指所有人以外的其他人实际控制和管领所有物。

第二，合法占有和非法占有。这是对非所有人占有的进一步分类。合法占有是指基于法律的规定或所有人的意志而享有的占有权利。非法占有则指无合法依据也未取得所有人同意的占有。

第三，善意占有和恶意占有。这是对非法占有的再分类。善意占有是指非法占有人在占有时不知道或不应当知道其占有为非法。恶意占有则指非法占有人在占有时已经知道或应当知道其占有为非法。

（2）使用

使用是指依照物的属性及用途对物进行利用从而实现权利人利益的权利。所有人对物的使用是所有权存在的基本目的，人们通过对物的使用来满足生产和生活的基本需要。所有人在法律上享有当然的使用权。另外，使用权也可依法律的规定或当事人的意思移转给非所有人享有。

（3）收益

收益是指民事主体通过合法途径收取物所生的物质利益。收益权即民事主体收取物所生利益的权利。在民法上，物所生利益主要指物的孳息。孳息包括天然孳息和法定孳息两类。天然孳息是指因物的自然属性而生之物，如母牛所生牛崽；法定孳息是指依一定的法律关系而生之利益，如股票的股息。天然孳息在没有与原物分离之前，由原物所有人所有；法定孳息的取得则需依据一定的法律规定进行。

（4）处分

处分是指所有人依法处置物的权利。处分包括事实上的处分和法律上的处分。事实上的处分是指通过一定的事实行为对物进行处置，如消费、加工、改造、毁损等。法律上的处分是指依照法律的规定改变物的权利状态，如转让、租借等。

处分权是所有权内容的核心，是拥有所有权的根本标志，是决定物的命运的一项权能。因此，在通常情况下，处分权均由所有人来行使，但在特殊情况下，处分权可以基于法律的规定和所有人的意志而与所有权分离，如国有企业依法处分国有财产。

3. 财产所有权的取得、消灭和民法保护

（1）财产所有权的取得

财产所有权的取得方式可分为原始取得和继受取得。

原始取得是指所有权首次产生或不依赖于原所有人的意志而取得物的所有权。

根据法律的规定，原始取得的方式主要有以下几种。

第一，生产。这是指民事主体通过自己的劳动创造出新的财产进而取得该财产的所有权的方式。

第二，先占。这是指民事主体以所有的意思占有无主动产而取得其所有权的法律事实。先占应具备以下构成要件：①标的须为无主物；②标的须为动产；③行为人须以所有的意思占有无主物。

第三，添附。这是指不同所有人的物因一定的行为而结合在一起形成不可分割的物或具有新质的物。添附包括三种情形：①混合，即指不同所有人的动产因相互掺杂或融合而难以分开而形成新的财产。②附合，即指不同所有人的财产密切结合在一起而形成新的财产。③加工，即指一方使用他人的财产加工改造为具有更高价值的财产。

第四，善意取得，又称即时取得。这是指不法占有他人动产的人将其无权处分的动产转让给第三人时，如果该受让人取得财产是出于善意，则可取得该财产的所有权。善意取得的构成要件包括：①须让与人无权处分该动产。②受让人须通过支付相应的对价取得该动产。③受让人取得财产时必须出于善意。④转让的财产须是依法可以流通的动产。

第五，发现埋藏物和隐藏物。埋藏物和隐藏物是指埋藏或隐藏于他物之中，其所有权归属不明的动产。根据我国《民法通则》的规定，所有权人不明的埋藏物和隐藏物归国家所有。

第六，拾得遗失物。这是指发现他人不慎丧失占有的动产而予以占有的法律事实。根据我国《民法通则》的规定，拾得遗失物应当归还失主，拾得人不能取得遗失物的所有权。

第七，国有化和没收。国家根据法律、法规的强制性规定，采取强制措施将一定的财产收归国有的法律事实。

继受取得，又称传来取得，是指通过一定的法律行为或基于法定的事实从原所有人处取得所有权。根据法律的规定，所有权继受取得的原因主要有以下几点。

第一，因一定的法律行为而取得所有权。法律行为具体包括买卖合同、赠与、互易等。

第二，因法律行为以外的事实而取得所有权。例如，继承遗产、接受他人遗赠等。

第三，因其他合法原因取得所有权。例如，合作经济组织的成员通过合股集资的方式形成新的所有权形式。

（2）财产所有权的消灭

财产所有权的消灭是指因一定的法律行为或法律事实而使所有权人丧失物的所有权。所有权的消灭分为以下两种情形。

第一，所有权的绝对消灭。这是指所有权的标的因一定的法律事实或自然原因而不复存在，如因生活消费、生产消耗或自然灾害等原因导致财产的毁灭。

第二，所有权的相对消灭。这是指因一定的法律行为或法律事实的发生而导致原所有权人丧失所有权。引起所有权相对消灭的原因主要有：①财产所有权被抛弃。②财产所有权被依法转让。③财产所有权的主体资格丧失，如作为所有人的公民死亡、法人或其他经济组织被解散或撤销。④财产所有权因国家采取强制性措施而消灭，如财产被依法征收。

（3）财产所有权的民法保护

根据权利人保护所有权请求的不同性质，财产所有权的民法保护方法可以分为物权方法和债权方法。物权方法是指通过行使物上请求权对物权加以保护的方法。物上请求权，即物权的请求权，是指物权受到妨害或有被妨害的危险时，物权人为恢复其对权利的控制状态，得请求妨害人为一定行为或不为一定行为的权利。物权方法依物上请求权的内容不同分为以下几种。

第一，请求返还原物。这是指物之所有人或他物权人于其物被他人非法占有时，有权请求不法占有人返还原物，以恢复其对物的占有。

第二，请求排除妨害。这是指他人以非法占有以外的方式妨害物权人行使其权利时，物权人有权请求其排除妨害，以恢复物权人的物权控制状态。

第三，消除危险。这是指物权人对于尚未发生但有可能发生的妨害，也有权请求有关当事人采取措施加以阻止。

所有权的债权保护方法是指通过行使债权请求权对权利人的自身利益加以保护的方法。债权方法旨在填补受害人所遭受的损失，相比较而言，物权方法更能充分地保护物权人的利益，因此在适用次序上，债权方法是次于物权方法的，即只有当物权方法不能使物权得到完整的保护时，才适用债权方法。

债权方法的内容主要以赔偿财产损失为主，但也不排除其他方法，如恢复原状、返还不当得利等。赔偿损失时，应确定损失的范围，即现有财产的减少和可得财产的失去，但不包括精神损失。

4. 所有权的种类

（1）国家所有权

国家所有权是指国家对全民所有的财产进行占有、使用、收益和处分的权利。

国家所有权的主要特征是国家所有权权能及行使的特殊性。

（2）集体所有权

集体所有权是指集体经济组织对其所有的财产依法进行占有、使用、收益和处分的权利。集体所有权的主体具有多元性，客体具有广泛性。

（3）私人所有权

私人所有权是指公民个人对其所有的财产依法进行占有、使用、收益和处分的权利。

5. 建筑物区分所有权

（1）建筑物区分所有权的概念和特征

建筑物区分所有权是指根据使用功能，将一栋建筑物与结构上区分为由各个所有人独自使用的专有部分和由多个所有人共同使用的共有部分，每个所有人享有的对其专有部分的专有权与对共有部分的共有权的结合。建筑物所有权是由专有权和共有权两方面构成的，因此权利的客体也包括两个方面，即专有部分和共有部分。专有部分主要是指根据建筑物的结构和功能而分割出来的具有独立建筑构造和独立使用功能的部分。共有部分则指建筑物的共用部分和附属设施等不具有独立使用功能的建筑部分。

专有部分经分割后方可成为建筑物区分所有权的客体，它必须具备以下条件：第一，具有独立的建筑结构；第二，具有独立的使用功能；第三，通过登记后，具有法律上的独立性。

（2）建筑物区分所有权的内容

建筑物区分所有权的内容包括以下两个方面。

第一，建筑物各区分所有人的专有权。这是指各区分所有人对其所使用的专有部分的单独所有权，如住宅楼中的各套公寓的所有权。这种单独所有权在进行登记以后，具有与普通的单独所有权相同的法律效力，权利人可以行使完全的占有、使用、收益和处分的权利。

第二，建筑物区分所有人的共有权。这是指全体共有人对建筑物的专有部分之外的其他部分享有的权利。这种共有权具有以下的法律特征：①这种共有权与专有权密不可分。②这种共有权是法定的权利，无须当事人的约定；③这种共有权是为了共有人的共同利益而设定的，由共有人共同行使。

6. 共有

（1）共有的概念和特征

共有是指两个或两个以上的公民或法人对同一项财产共同享有所有权。两个或两个以上的所有权主体称为共有人，共同拥有的标的称为共有财产，这种特殊的所有权称为共有权。根据“一物一权”的基本物权原则，共有权是单独的物权，并非在一项财产上的两个以上所有权。

共有的法律特征包括：第一，主体的多数性，即共有的主体是两个或两个以上的民事主体。第二，客体的统一性，即共有物是特定的财产，共有物在共有关系存续期间不能分割，共有人的所有权及于整个共有物。第三，内容的共通性，即全体共有人的共同利益制约和影响着各共有人对共有物享有的权利和承担的义务。

（2）按份共有

按份共有，又称分别共有，是指两个或两个以上的共有人按照各自的份额分别对共有财产享有权利和承担义务的一种共有关系。按份共有人虽然对共有物享有不同的份额，但各共有人的权利并非局限于其份额，而是及于共有财产的全部。所以共同共有人与分别所有是不同的。分别所有是不同的所有人对财产的不同的具体部分单独享有所有权。按份共有人的权利和义务是指按份共有人按照特定的份额分别对共有财产享有占有、使用、收益和处分的权利，同时也按各自的份额分担义务。

（3）共同共有

共同共有是指两个或两个以上的民事主体基于某种共同关系而对某项财产不分份额地共同享有权利和承担义务。共同共有的法律特征主要有：第一，共同共有以一定的共同关系的存在为前提。例如，夫妻关系是夫妻共有的前提，家庭关系是家庭共有的前提。第二，共同共有的财产不分份额。第三，各共同共有人对整个共有财产平等地享有权利和承担义务。

5.1.3 相邻关系

1. 相邻关系概述

相邻关系，是指两个或两个以上相互毗邻的不动产的所有人或使用人因对不动产行使所有权或使用权时应当给予便利而发生的权利、义务关系。不动产的所有人或使用人又称相邻人；相邻方享有的要求他人给予方便的权利又称相邻权。相邻权是为调节在行使不动产所有权中的权益冲突而产生的一种权利。

相邻关系具有以下特征。

第一，相邻关系的主体是相互毗邻的不动产的所有权人或使用权人。

第二，相邻关系的客体是行使不动产权利时所体现的利益。

第三，相邻关系的内容主要是一方有权要求另一方给予必要的便利，而另一方的权利因此受到限制。

2. 相邻关系的种类

(1) 土地通行和占用

根据我国《民法通则》的规定和有关司法解释的规定，调整土地通行和占用的相邻关系时应遵循以下基本法律要求：①相邻一方因生产和生活的需要必须临时或长期通过另一方使用的土地上的，另一方应当予以准许。因此而给另一方造成损失的，通行一方应当给予适当的补偿。②相邻一方因修建施工、架设电线、埋设管道等需要临时占用他方使用的土地的，他方应当允许。占用的一方如果未按照双方约定的范围、用途和期限使用的，应当责令其及时清理现场，排除妨碍，恢复原状，赔偿损失。③发生矛盾在经过调解无效时可向法院提起诉讼。

(2) 建筑物内通行

根据我国《民法通则》的规定和有关司法解释的规定，调整建筑物内通行的相邻关系时应遵循以下基本法律要求。

第一，对于一方所有的或者使用的建筑物范围内历史形成的必需通道，所有权人或者使用权人不得堵塞。

第二，因堵塞而影响他人生产、生活，他人要求排除妨碍或者恢复原状的，应当予以支持。但如果有条件另开通道的，也可以另开通道。

(3) 用水与排水

根据我国《民法通则》的规定和有关司法解释的规定，调整用水与排水的相邻关系时应遵循以下基本法律要求。

第一，相邻多方共临同一水源时，各方均可以自由使用水源，但不得影响相邻方的用水。相邻一方擅自堵截、改变水路或者独占自然用水，影响他方正常生产、生活的，他方有权请求排除妨碍，因此造成他方损失的，截水一方应负赔偿责任。

第二，相邻一方必须使用另一方的土地排水的，应当予以准许，但排水一方应当在必要限度内使用并采取适当的保护措施。如果因此而给另一方造成损失的，受益人应当给受害人适当的补偿。

第三，相邻一方可以采取其他的合理的措施排水而未采取，向他方土地排水毁损或可能毁损他方财产，他方要求致害人停止侵害、消除危险、恢复原状、赔偿损失的，人民法院应当予以支持。

(4) 开挖土地

相邻一方在自己的土地上挖水沟、水池、地窖、水井和地基时，应注意他方房屋、地基及其他建筑物的安全。如果因此而影响他方建筑物的安全和正常使用的，人民法院应当区别情况，责令其消除危险、恢复原状或者赔偿损失。

(5) 种植林木

相邻一方在自己的土地上种植林木的，应当注意不影响他方土地或者建筑物的正常使用。如果一方种植的林木根枝伸延，危及另一方土地或建筑物的安全和正常使用的，应当责令林木种植人消除危险、恢复原状或者赔偿损失。处理纠纷时，如果当事人达不成协议时，可提起诉讼。

(6) 房屋滴水

相邻一方建造房屋应尽量避免房檐滴水对他方造成的损害。因相邻房屋滴水而发生的纠纷，人民法院对有过错一方造成损害的，应当责令过错方排除妨碍或者赔偿损失。

（7）采光与通风

相邻各方建造房屋或其他建筑物，必须与邻居保持适当的距离，不得妨碍邻居的通风和采光。相邻一方违反有关规定修建建筑物，影响他方通风、采光的，受害人有权要求停止侵害、恢复原状或赔偿损失。

3. 相邻关系的处理原则

根据我国《民法通则》的规定，调整相邻关系时应采取以下原则：第一，有利生产、方便生活；第二，团结互助、公平合理。

5.1.4 用益物权

1. 用益物权的概述

用益物权是指对他人的物在一定范围内，加以使用和收益的定限物权。用益物权具有以下特征：（1）用益物权是一种定限物权；（2）用益物权是以对标的物的使用和收益为目的；（3）用益物权一般是在他人的物上设立的物权；（4）用益物权以对物的占有为前提；（5）用益物权是独立物权。

2. 国有土地使用权

国有土地使用权是指公民或法人依法对国有土地享有的占有、使用和收益的权利。国有土地使用权具有以下法律特征：第一，国有土地使用权的主体是符合法定条件的公民和法人。第二，国有土地使用权的客体为全民所有的土地，包括城市和农村的属于国有的土地、草原、滩涂、荒地、山岭和林地等，但不包括上述土地之上的市政公用设施及地下的埋藏物或自然资源。第三，国有土地使用权是从国家土地所有权中分离出来的用益物权。第四，国有土地使用权具有排他性，是一项独立的物权。

国有土地使用权的取得方式主要有以下几种：第一，国有土地使用权的出让。这是指土地使用人依法向国家支付一定的土地使用权出让金，国家将一定范围的土地使用权在一定年限内让与土地使用权人行使的行为。第二，国有土地使用权的转让。这是指已取得国有土地使用权的主体以合同方式将土地使用权再移转给其他合法的国有土地使用权主体的行为。第三，国有土地使用权的行政划拨。这是指国家根据有关法律法规的规定，通过无偿的行政划拨的方式将土地使用权划拨给一定的土地使用权人，由取得使用权的主体在使用过程中向国家缴纳土地使用税的行为。通过无偿的行政划拨方式取得的土地使用权不得转让、出租、抵押和继承，国家可以随时根据需要收回其土地使用权。第四，国有土地使用权的出租。这是指土地使用权人通过合同方式将土地使用权随同地上建筑物或其他地上附着物出租给一定的承租人使用，由承租人向出租人支付一定租金的行为。第五，其他方式。这是指土地使用权人通过继承、互易、赠与、受遗赠等方式取得国有土地使用权。

根据我国有关法律法规的规定，国有土地使用权的内容主要包括权利和义务两个方面。国有土地使用权人的权利主要有以下几点。

第一，占有权。这是指土地使用权人享有对依法取得的土地的直接支配和控制权。

第二，使用权。这是指土地使用权人可以依照土地的用途和性质对国有土地进行开发、利用和经营，也可以在符合法定条件的前提下将国有土地使用权转让、出租或抵押，但必须得到县、市以上人民政府的批准。

第三，收益权。这是指土地使用权人可以通过对土地的直接利用或将土地使用权转让、出租或抵押获得一定的利益。

国有土地使用权人的义务主要有以下几点。

第一，遵守国家法律、法规的规定从事土地的开发、利用和经营活动，并不得损害社会公共利益。

第二，依照法律规定的程序行使国有土地使用权，取得、变更、延长或终止土地使用权均应履行登记手续。

第三，合理有效地利用土地。

第四，按照法律的规定缴纳相应的土地使用权出让金、土地使用费或土地使用税。

3. 土地承包经营权

（1）土地承包经营权的概念

土地承包经营权是指由公民或集体组织对国家所有或集体所有的土地从事生产活动，依照承包合同的规定而享有的占有、使用和收益的权利。土地承包经营权具有以下法律特征。

第一，承包经营合同是确认土地承包经营权的主要依据。

第二，土地承包经营权的主体是公民或集体组织。

第三，土地承包经营权的客体为全民所有的土地和集体所有的土地。

第四，土地承包经营权属于一种新型的用益物权。

（2）土地承包经营权的取得

土地承包经营权的取得必须通过签订土地承包经营合同方可获得。所谓土地承包合同是指由土地的所有权人（发包方）与公民或集体组织（承包方）签订的规定发包方将土地交付承包方自主经营的书面合同。承包人在合同规定的期限内依照承包合同的内容而享有对土地的占有、使用和收益的权利。

根据我国有关法律的规定，农民集体所有的土地由本集体经济组织的成员承包经营的，承包期限为30年；国有土地由公民或集体组织承包经营，或农民集体所有的土地由本集体经济组织以外的公民或单位承包经营的，承包期限由承包合同约定。

另外，根据我国有关司法解释，承包人可以将承包经营权转让或转包给第三人，但必须先征得集体经济组织的同意。承包经营权的转让是指承包人自找对象，由第三人代替自己向发包人履行承包合同的行为。承包经营权的转包则是指承包人将自己承包项目的部分或全部，以一定的条件发包给第三人，第三人对承包人履行合同，承包人应就第三人的行为向发包人负责，即承包人应与第三人共同承担承包风险。

（3）土地承包经营权的内容

土地承包经营权的内容主要是由承包经营合同具体规定的，具体包括权利和义务两个方面。土地承包经营权人的权利主要有以下几点。

第一、自主经营权。这是指土地承包人有权根据土地的性质和特点在合法的范围内自主地决定如何对土地进行开发、利用和经营。

第二、收益权。这是指土地承包人通过承包活动所获得的收益，在依法上缴国家税款和集体提留之后有权自己享有。

第三，转让或转包权。这是指土地承包人有权将承包经营权转让或转包给第三人，但必须先征得发包人的同意。

土地承包经营权人的义务主要有以下几点。

第一，必须依照国家法律、法规的规定和合同的约定从事承包经营活动，不得损害国家和集体的利益。

第二，必须按合同规定上缴国家税收和集体提留，履行承包义务。

第三，必须保证土地的保值和增值和可持续发展，不得进行掠夺式的开发和经营，也不得破坏自然资源和生态环境。

第四，必须接受发包方的监督，并接受其必要的指导和管理。

4. 宅基地使用权

（1）宅基地使用权的概念

宅基地使用权是指公民在依法取得的宅基地上建造自有房屋或其他建筑物从而对此宅基地享有的占有和使用的权利。宅基地使用权具有以下法律特征。

第一，宅基地使用权属于一种用益物权，宅基地的所有权依然属于国家或集体所有。第二，宅基地使用权的主体是公民，而且主要为农村集体经济组织的成员。第三，宅基地使用权的客体主要是集体所有的用于建造自有房屋的土地。第四，宅基地使用权必须办理法定的申请程序，经过有关部门的批准后方可取得。第五，宅基地使用权受国家法律的保护，非经法定程序，任何机关和个人都不得任意剥夺公民依法取得的宅基地使用权。

（2）宅基地使用权的取得

公民取得宅基地使用权，必须办理法定的手续。根据我国有关法律的规定，公民应当向宅基地所在地的土地管理部门申请，经过批准后方可取得宅基地使用权。任何人不得未经准许擅自占地建造房屋，尤其不得随意占用耕地。

（3）宅基地使用权的内容

宅基地使用权的内容包括权利和义务两个方面。宅基地使用权人的权利主要有：第一，公民有权在依法取得的宅基地上建造房屋和其他地上建筑物或种植一定数量的林木，并可依法享有房屋和林木的所有权。第二，公民享有对其合法取得的宅基地的长期使用权，但是国家在法定的情形下有权征用、征收公民的宅基地。

宅基地使用权人的义务主要有：第一，公民应当按照国家规定的程序和标准使用宅基地。第二，公民使用宅基地时应当服从国家的生产建设需要，服从国家合法的征收和征用行为。第三，公民不得擅自转让、变相买卖宅基地或以其他的非法方式转让宅基地。

5.1.5 担保物权

1. 抵押权

（1）抵押权的概念和特征

抵押权是指债权人对于债务人或者第三人不移转占有而提供担保的财产，在债务人不履行债务时，依法享有的就担保的财产变价款并优先受偿的权利。抵押权的特征主要有以下几点。

第一，抵押权是从属于债权的担保物权，是就抵押物买得的价金优先受偿的权利。

第二，抵押权不移转抵押物的占有。

第三，抵押权具有物上代位性。

第四，抵押权人在全部债权受清偿前，可就抵押物的全部行使其权利。

（2）抵押权的设定

抵押权主要通过抵押人和抵押权人之间签订的抵押合同而设定。

抵押合同是指债权人和债务人或第三人之间设定抵押权的法律行为。基于抵押合同而成立的抵押权称为约定抵押权。根据法律的规定，有些抵押合同必须办理抵押物登记方可生效；还有些抵押合同登记是抵押权对抗第三人的条件。

（3）抵押权的实现

抵押权的实现，也称抵押权的实行，是指抵押权所担保的债务已届清偿期，而债务人未履行债务时，抵押权人可以通过行使抵押权，以抵押物的价值优先受偿。

抵押权的实现应具备以下条件：第一，债务履行期限届满；第二，债务人尚未履行债务；第三，须抵押权有效存在。

抵押权的实现方法主要有：第一，变卖；第二，拍卖；第三，以抵押物实物折抵债务，但必须有当事人的协议。

（4）最高额抵押

最高额抵押是指抵押人与抵押权人达成协议，在最高债权额限度内，以抵押物的价值对连续发生的债权作担保。最高额抵押的法律特征主要有以下几点。

第一，最高额抵押所担保的对象是将来发生的债权。

第二，最高额抵押担保的对象具有不特定性。

第三，最高额抵押所担保的债权依赖于确定的基础法律关系。

第四，最高额抵押必须在抵押合同中明确约定，法律要求办理登记的还应当办理登记手续。

第五，最高额抵押具有担保的最高限额。

第六，最高额抵押是对一定期限内连续发生的债作担保。

2. 质权

（1）质权的概念和特征

质权是指债务人或者第三人将其动产或财产权利证书转移给债权人占有，以之作为债务的担保，债务人不履行债务时，债权人有权就该动产或财产权利的价值优先受偿的权利。质权的法律特征主要有以下几点。

第一，质权的设定必须移转占有，以某些特定财产作质物时，还必须依法办理登记手续。

第二，质权的标的主要为动产或权利，不包括不动产。

第三，质权具有物上代位性、从属性和不可分性。这是担保物权具有的一般特征。

（2）动产质权

动产质权是指债务人或者第三人将其动产移交债权人占有，当债务人不履行债务时，债权人享有的就该动产的价值优先受偿的权利。

根据我国法律的规定，动产质权的设立必须有质权人和出质人订立的书面质押合同，并且需有质物的交付。质物必须是可以转让的特定物，法律禁止流通的物或种类物不能作为质权的标的。

根据我国《担保法》的规定，质押合同应当包括以下主要条款：①被担保的主债权种类、数额；②债务人履行债务的期限；③质物的名称、数量、质量和状况；④质押担保的范围；⑤质物移交的时间；⑥当事人认为需要约定的其他事项。

（3）权利质权

权利质权是指以可让与的财产权利作为标的的质权。

根据可转让财产权的不同性质，我国《担保法》将权利质权分为不同的类型，分别规定了不同的成立要件。

第一，以票据等有价证券设定权利质押的，除有书面质押合同外，还须交付权利凭证，质权自凭证交付之日起生效。

第二，以可转让的股票设定权利质押的，除有书面质押合同外，还须向证券登记机构办理出质登记，质权自登记之日起生效。

第三，以股份出质的，质押合同自股份出质记载于股东名册之日起生效。

第四，以依法可转让的知识产权出质的，除有书面质押合同外，还应向有关的管理部门办理登记，质权自登记之日起生效。

3. 留置权

（1）留置权的概念

留置权是指债权人按照合同的约定占有债务人的动产，债务人不按照合同约定的期限履行债务的，债权人有权留置该动产，并依照法律的规定将动产折价或者以拍卖、变卖后的价款优先受偿的权利。留置权的法律特征主要有：第一，留置权具有从属性；第二，留置权具有不可分性；第三，留置权是法定的担保物权；第四，留置权只发生在特定的合同关系中。

（2）留置权的设定

留置权是法定的担保物权，无须当事人的约定，但必须符合法定的构成要件方可成立。根据我国有关法律的规定，留置权应具备的成立要件主要有以下几点。

第一，债权人与债务人之间有法定的可以产生留置权的合同关系。如保管合同、加工承揽合同等。

第二，债权人基于合同规定而占有债务人的动产。

第三，债务已届清偿期而债务人未履行义务。

（3）留置权的效力

留置权人有如下权利、义务：留置权人的权利有占有权、收取孳息权、请求偿还必要费用、实行留置权。留置权人的义务有保管义务、返还留置物的义务。

留置物所有人有如下权利、义务：留置物所有人的权利有损害赔偿请求权、返还请求权、对留置物为法律上的处分的权利。留置物所有人的义务有偿还保管费用、损害赔偿留置物的义务。

（4）留置权的实现

根据我国《担保法》的规定，留置权的实现应依以下的程序进行。

第一，债权人行使留置权以后，债务人应当在不少于两个月的期限内履行债务。此期限称为履行债务的宽限期，它可以由双方自行约定，但不得少于两个月。

第二，宽限期届满，债务人仍不履行债务的，债权人可以与债务人协议以留置物折价，也可以依法拍卖或变卖留置物，以所得的价款优先受偿。

5.2 债权法

5.2.1 债的概述

1. 债的概念

债是指特定当事人之间的一种民事法律关系，在这种民事法律关系中，一方享有请求他方为一定行为或不为一定行为的权利，而他方则负有满足该项请求的义务。享有权利的一方为债权人，承担义务的一方为债务人。在大多数民事法律关系中，当事人往往互为债权债务，即一方在享有权利的同时，也承担相应的义务。

2. 债的法律特征

债作为一种特定当事人之间的民事法律关系，与同为财产关系的所有权关系相比，债的关系具有如下法律特征。

（1）债的主体都是特定的。在所有权关系中，其权利主体是特定的，义务主体则是不特定的，即除所有人之外的一切人皆为义务人。所以，所有权又被称为绝对权、对世权。在债的关系中，由于债是特定当事人之间的一种民事法律关系，不仅其权利主体是特定的，而且义务主体也是特定的。因此，债权又被称为相对权、对人权。

（2）债权表现为一种请求权。请求权是与支配权相对称的一个概念。在所有权关系中，所有人能直接行使其权利，支配其所有物，故所有权为支配权。而在债的关系中，债权人的权利只有通过特定的义务主体为一定行为或不为一定行为才能实现，即没有相对人的履行义务，债权就无从实现，故债权为请求权。

（3）债权的客体不同于所有权的客体。在所有权关系中，其客体只能是物。而在债的关系中，债的客体主要是给付行为。

3. 债权法

债权法又称债法或债务关系法，是指调整特定当事人之间的民事法律关系，即债权债务关系的法律规范的总称。在理论上，债权法有形式债权法与实质债权法之分。形式上的债权法一般是指民法典中以“债权”命名的编、章。实质上的债权法则不仅包括形式上的债权法，而且还包括与债有关的单行法（如《合同法》），其他法律、法规、司法解释、国际条约中有关债的内容。债权法为民法的重要组成部分，民法所具有的特征自然也为债权法所具有。除此之外，债权法还具有自己的特征，这些特征表现在以下几方面。

（1）债权法是调整财产关系的法律

民事关系包括财产关系和人身关系两大类。债权法所调整社会关系的范围虽然非常广泛，但是在这些社会关系中，无论是各种合同关系，还是损害赔偿关系、无因管理关系、不当得利关系，它们本质上都是一种财产关系。

（2）债权法是调整动态财产关系的法律

财产关系可以分为动态财产关系和静态财产关系。静态财产关系主要是指财产的占有和归属关系，它所要解决的是现存财产归谁占有和归谁所有的问题。动态财产关系则表现为一种财产流转关系，它所要解决的是财产在不同主体间变动的问题。一般而言，静态财产关系由物权法调整，动态财产关系由债权法调整。

（3）债权法的内容多为任意性规范

由于所有权关系直接关系到一个国家的基本经济制度，因此各国对所有权关系的调整一般采用强制法，当事人往往没有选择的余地。而债的关系由于仅涉及特定的当事人，一般与社会利益或他人利益无直接关系，故在不违背公序良俗的前提下，法律允许当事人自由设立、变更、终止债的关系，而不作过多干预。因此，债权法的内容多为任意性规范。

5.2.2　债的发生根据

债的发生是指一种新的债权债务关系的产生。债的关系成立后，主体变更不属于债的发生，而是既存之债的转移。债与其他民事法律关系一样，它的发生必须以一定的法律事实为根据。能够引起债发生的那些事实，就是债发生的根据。我国债的发生根据有以下几点。

1. 合同

合同是平等主体的自然人、法人、其他组织之间设立、变更、终止民事权利义务关系的协议。任何一种民事合同的成立，都意味着在当事人之间发生债的关系。因此，合同行为是引起债务关系发生的最主要、最普遍的根据。

2. 侵权行为

侵权行为是指行为人不法侵害他人的财产权利或人身权利的行为，根据我国《民法通则》第一百一十七条、第一百一十八条及有关法规的规定，侵权行为一经发生，也能在加害人和受害人之间产生权利义务关系，即受害人有要求加害人赔偿其财产损失或身心损害所带来的经济损失的权利，加害人则负有赔偿这种损失的义务。因此，侵权行为也是我国较为普遍的债的发生根据。

3. 不当得利

凡是没有法律或契约上的根据，有损于他人而取得的利益就称为不当得利。不当得利，它可能表现为得利人的财产增加，致使他人不应减少的财产减少了；也可能表现为得利人应支付的费用没有支付，致使他人应当增加的财产没有增加。

4. 无因管理

既未受人之托，也不负有法律规定的义务，自觉为他人管理事务，称为无因管理。

无因管理的管理人既无法定义务，也未受他人之托，然而一经管理他人事务，就会在管理人与其事务被管理者之间产生一定的权利和义务关系，即管理人应像管理自己的事务那样尽心管理，并应及时通知或寻找其事务被管理者，如有下落，应将所管理的事务及时返还，而其事务被管理者则负有赔付管理者在管理过程中所支付的合理的费用及直接损失的义务。

5. 缔约上的过失

缔约过失是指当事人一方在缔结合同过程中具有过失，从而致使合同的不成立、无效或被撤销，有过失的一方当事人应当赔偿对方因信赖该合同能够成立或生效而所遭受的损失。

6. 其他原因

除上述几种原因外，债的关系还可因其他法律事实而发生。例如，拾得遗失物，可在拾得人和遗失物所有人之间产生债的关系；实施救助行为，会在救助人和受益人之间产生债的关系。

5.2.3 债的分类

根据不同的划分标准，债可分为不同的种类。

（1）意定之债与法定之债

根据债的发生原因不同，债可以分为意定之债和法定之债。意定之债是指债的发生及其内容均由当事人依其自由意思而决定的债，这是最为常见的也是数量最多的一类债。法定之债是指由法律直接规定的非因协议而产生的债，它包括侵权之债、不当得利之债、无因管理之债，以及因遗嘱、因拾遗、因抢救公物等所生之债等。

（2）特定物之债和种类物之债

特定物之债和种类物之债是根据债的标的物属性的不同而划分的。以特定物为标的物的债称为特定物之债，以种类物为标的物的债称为种类物之债。前者在债发生时，其标的物即已存在并已特定化。后者在债发生时，其标的物尚未特定化，甚至尚不存在，但当事人双方必须就债的标的物的种类、数量、质量、规格或型号等达成协议。

（3）简单之债和选择之债

简单之债和选择之债是根据债权债务人可为行为的选择性来划分的。凡是债的内容明确规定债务人只能为或不为一种行为，没有选择的余地，这种债称为简单之债，也称为不可选择之债。凡是债的内容规定当事人可以在两种以上行为中选择一种行为，这种债称为选择之债。其中，选择权属于债权人的，称为选择债权；选择权属于债务人的，称为选择债务。有选择的规定而没有指明选择归属的，各国民法一般认定选择权归债务人。

4. 单一之债和多数人之债

单一之债和多数人之债是根据债的主体数的多少的不同而划分的。单一之债是指债的主体，即债权债务人各为一人的债。例如，在买卖关系中，买受人和出卖人均各为一人时，这种因买卖而产生的债，就是单一之债。多数人之债，顾名思义，是指债的主体为多数人的一种债。其中，有债权人为多数人的，也有债务人为多数人的，还有双方均为多数人。多数人之债，按各自的权利义务范围和相互关系的不同，又可以分为按份之债和连带之债。按份之债实质上是债的主体各自按一定的份额享有权利和承担债务的一种债。在按份之债中，如果债权人为多数人，债权人所享有的债权就是一种按份债权，每个债权人只能就自己的债权份额享有要求清偿的权利；未经委托，不得代表其他债权人受偿。如果债务人为多数人，债务人所负的债务就是一种按份债务，每个债务人只需就自己的债务份额承担清偿的义务；不经债务转移，不负有清偿其他债务人债务的义务。关于连带之债，我国《民法通则》第八十七条规定：“债权人或者债务人一方人数为二人以上的，依照法律的规定或者当事人的约定，享有连带权利的每个债权人，都有权要求债务人履行义务；负有连带义务的每个债务人，都负有清偿全部债务的义务，履行了义务的人，有权要求其他负有连带义务的人偿付他应当承担的份额。”

5.2.4　债的担保

1. 债的担保概述

（1）债的担保的概念

债的担保是指法律为保证特定债权人利益的实现而特别规定以第三人的信用或以特定的财产保障债务人履行义务，债权人实现权利的制度。因债的担保而发生的权利，对于债权人来说是从属于其主债权的一种从权利，这种从权利以主债的存在为前提，因主债的变更而变更，因主债的消灭而消灭。

（2）债的担保的形式

债的担保的形式也就是债的担保的方式、方法。主要包括人的担保、物的担保和金钱担保。人的担保即保证；物的担保有抵押、质押和留置；金钱担保即定金。

2. 保证

（1）保证的概念及种类

保证是指保证人和债权人约定，当债务人不履行债务时，保证人按照约定履行债务者承担责任的行为。在保证关系中，保证人是以自身信用和不特定财产为他人债务提供担保的人，而债务被担保的人是被保证人。保证涉及的当事人有三，即债权人、债务人（即被保证人）和保证人，通常由三个不同的合同把他们联系起来，故保证所涉及的法律关系是由三个不同的法律关系构成的。一是债权人与债务人之间的主债权债务关系，它是保证关系存在的前提和保证担保对象；二是保证人与被保证人之间的委托关系；三是保证人与债权人之间的保证关系，这是保证法律关系的主要方面，即通常所说的保证关系。

（2）保证合同内容及保证关系的成立

保证关系实质上是一种合同关系。依照我国《担保法》的规定，保证人与债权人可以就单个主合同分别订立保证合同，也可以协议在最高债权额度内就一定连续发生的借款合同或者某项商品交易合同订立一份保证合同。一般来说，保证合同包括以下内容：①被保证的主债权种类、数额；②债务人履行债务的期限；③保证的方式；④保证担保的范围；⑤保证的期间；⑥双方认为需要约定的其他事项。

保证合同可以在主债务合同成立之前订立，也可以在其成立之后订立。保证合同订立时若不完全具备上述内容的，事后仍然可以补充。

（3）保证关系的效力

保证的效力分为两个方面：一是债权人与保证人之间的效力；二是保证人与被保证人之间的效力。由于保证目的即最终效力在于确保债权人的债权得以正常实现，因而无论是学理研究还是立法实践，都把重点放在债权人与保证人之间的效力上。

保证对债权人的效力是指债权人因保证合同之债而获得请求权，即在债务人不履行债务时，请求保证人代为履行或负责赔偿及申请法院予以强制执行等效力。其中，最为主要的就是对保证人的请求权。

（4）保证责任范围及保证责任的消灭

保证人所负责任为财产责任，其责任范围只能等于或小于被保证人的债务。保证人究竟是对债务的全部或一部分作保，由保证人和债权人在保证合同中约定，有约定的，则从约定。若保证范围没有约定或约定不明确的，保证人应对全部债务承担责任。同一被保证人有两个或两个以上保证人时，他们之间依约承担责任，没有约定承担份额的，保证人承担连带责任。按照保证人责任承担的不同，分为一般保证和连带保证。如果保证合同中约定，当债务人不能履行主债务时，由保证人承担责任，则为一般保证的方式。如果保证合同中约定，保证人承担连带责任，则为连带保证的方式。作为一般保证人享有先诉抗辩权，即债权人必须先向债务人提起诉讼并且就债务人的财产强制执行债权仍得不到实现的时候，才能向一般保证人请求承担保证责任。对于连带保证人来说，只要主债务人到期不能履行债务，债权人就可以要求连带保证人承担责任。

3. 定金

定金是指当事人一方在合同未履行之前，一方预先支付另一方一定数额金钱的担保形式。定金作为从属于主债的从债，其成立不仅应有当事人的合意，而且应有定金的实际交付。仅有当事人协议并无定金的实际交付的，不能产生定金之债。

定金与预付款是不同的。定金具有证约的功能，预付款却没证明合同成立的作用。定金只作一种担保手段，本身并不是履行债务的行为，而预付款的交付属于债务人履行债务的行为，不具有担保的作用。因此，这类合同发生违约时，预付款不产生定金那样的后果，即无论哪一方应负支付违约金或赔偿金的责任，预付款都应返还预付的一方。

定金与违约金也不同，虽然两者含有制裁性，但前者是在合同履行之前的一种给付，后者则是违约之后的偿付。

我国《担保法》第九十一条规定：“定金的数额由当事人约定，但不得超过主合同标的额的百分之二十。”

定金对合同当事人都有一定的约束作用。定金合同生效后，给付定金的一方有违约行为的，无权要求返还定金；接受定金的一方有违约行为的，双倍返还定金。

5.3　知识产权法

5.3.1　知识产权概述

1. 知识产权的概念及特点

（1）知识产权是指权利人对其所创作的智力劳动成果在一定的期限内所享有的专有权利，各种智力创作如发明、文学和艺术作品，以及在商业中使用的标志、名称、图像及外观设计，都可以被认为是某一个人或组织所拥有的知识产权。

工业产权是与知识产权相似的一个概念。工业产权是人们依照法律对应用于商品生产和流通中的创造发明和显著标记等智力成果，在一定的期限和地区内享有的专有权。根据《保护工业产权巴黎公约》的规定，工业产权包括发明、实用新型、外观设计、商标、服务标记、厂商名称、货源标记、原产地名称及制止不正当竞争的权利。这个工业产权的范围，原则上为缔约国所承认。在我国，工业产权主要是指专利权、商标权。工业产权与版权统称为知识产权。

（2）知识产权的特点

①独占性。独占性又称为排他性、垄断性或专有性，即在一定的区域和期限内，知识产权专属于创造人或其所属单位，排除他人享有同样的权利，如商标权人排除他人在同一商品或服务上使用与自己的注册商标相同或近似的商标；专利权人排除他人未经许可使用自己的专利产品、专利方法及使用依照该专利方法直接获得的产品。独占性原则其实是对权利人的一种法律保护，也是权利人之所以申请专利权、商标权的原因所在。

②地域性。一国的专利法、商标法所保护的知识产权，除在一定的情况下使用统一保护知识产权的国际公约及个别国家承认另一国批准的专利有效以外，只在该国范围内有效，对其他国家不发生法律效力，即不发生域外效力。如果想在他国得到保护，必须依他国法律的规定履行必要的程序，经审查批准获得专利权、商标专用权。

③时间性。知识产权的时间性是指该种权利具有一定的有效期限，并不是永久存续的权利。工业产权的客体，特别是专利权的客体，是人类的共同财富，不允许永久独占。法律只保护权利人在有效期内的独占权。当法律规定的有效期届满后，知识产权即丧失其效力，不再受法律保护，任何人可以自由地使用而不发生侵权问题。

2. 知识产权的范围

广义的知识产权从权利类型来说，包括著作权、专利权、商标权和其他知识产权；从保护对象上说则是作品、发明创造、商标等商业标识、未公开信息、植物新品种、集成电路等各类知识产品、信息产品。狭义的知识产权是指由著作权、专利权、商标权三个部分组成的传统知识产权，涉及的对象为作品、发明创造、商标。

3. 我国的知识产权法律体系

知识产权法是指因调整智力成果归属、利用和保护而产生的各种社会关系的法律规范的总称。我国自 20 世纪 80 年代以后开始全面建设知识产权制度，于 1983 年、1985 年、1991 年和 1993 年先后颁布并实施了《商标法》《专利法》《著作权法》和《反不正当竞争法》及这些法律的实施细则、条例等配套法规。为了“入世”的需要，于 2000 年修订了《专利法》，

2001 年修订了《著作权法》和《商标法》。在知识产权国际保护方面，我国于 1985 年成为《保护工业产权巴黎公约》成员国，1992 年成为《保护文学和艺术作品伯尔尼公约》成员国，还先后成为一些著作权、著作邻接权、专利、商标等专门公约的缔约国。

5.3.2 著作权法

1. 著作权的概念

著作权又称为版权，是指文学、艺术和自然科学、社会科学作品的作者及其相关主体依法对作品所享有的人身权利和财产权利。著作权自作品创作完成之日起产生，在中国实行自愿登记原则。

2. 著作权的主体

（1）著作权人和作者

著作权的主体即著作权人，是作品的所有人，著作权利益的承担者。著作权人有两类：一是作者；二是作者以外的人。作者的著作权基于完成创作这个法律事实，作者以外的人则可基于其他法律事实而获得著作权。

作者首先是创作作品的自然人。由法人或者其他组织主持，代表法人或者其他组织意志创作，并由法人或者其他组织承担责任的作品，法人或者其他组织视为作者。认定作者的身份通常情况下以署名为准。在作品上署名的公民、法人或者非法人单位被推定为作者，无须其他证明。在发生著作权争议时，相对人能提出相反证明的，署名人就有可能不是真实作者。

除作者以外其他自然人、法人或社会组织依法也可以成为著作权的主体，如继承人、受遗赠人、受让人、作品原件的合法持有人、作者所在单位，在法律规定的情况下都可以成为著作权人。在特定的条件下，国家也可成为著作权人。

（2）演绎作品的著作权人

基于已有作品进行再创作而产生的新的作品统称为演绎作品。演绎创作所派生出来的新作品，其著作权由演绎者享有，但行使著作权时，不得侵犯原作品的著作权。

首先，对作品进行演绎创作应得到作者的同意。

其次，演绎创作时应当保持原作品的完整性，要在演绎作品上标明原作品及作者。

最后，演绎者所享有的著作权仅限于演绎作品，而不延及原作品，因而演绎者不得妨碍原作者或其他人对原作品的利用。对第三人而言，使用演绎作品须获得演绎者和原作者双重许可。

（3）合作作品的著作权人

两人以上合作创作的作品为合作作品。合作作品的著作权由合作者共同享有。合作者行使著作权应以协商一致为基础，在意见不一致的情况下，任何一方无正当理由不得阻止他方行使著作权。可以分割使用的合作作品的著作权具有双重性，合作者对合作作品整体享有著作权，各位作者对各自创作的部分享有独立的著作权并可以单独行使其著作权，但是单独行使著作权不得影响对合作作品整体的利用。

（4）汇编作品的著作权人

汇编作品是指对作品、作品的片段或者不构成作品的数据或者其他材料选择、编排体现独创性的新生作品。汇编作品作为一个整体由汇编者享有著作权。汇编人汇编有著作权的作品时应当经过原作品著作权人的授权，并支付报酬。在行使汇编作品著作权时，不得侵犯原作品的著作权。汇编作品中具体作品的著作权仍归其作者享有，作者有权单独行使著作权。

（5）电影类作品的著作权归属

电影作品和以类似摄制电影的方法创作的作品，如电视剧、录像作品是一种特殊类型的作品，众多的创作者都为作品作出了贡献。在尊重这个事实的前提下需由法律确定谁为著作权人。《著作权法》第十五条规定电影类作品的著作权由制片人享有和行使。参加作品创作的其他人员，如编剧、导演、作词、作曲等作者享有署名权，并可对各自创作的可以单独使用的部分单独行使著作权。

（6）职务作品的著作权归属

职务作品是作为雇员的公民为完成所在单位的工作任务而创作的作品。职务作品可以是作品分类中的任何一种形式。认定职务作品时应考虑的前提条件有两个：一是作者和所在单位存在劳动关系；二是作品的创作属于作者的职责范围。一般职务作品的著作权由作者享有，单位或其他组织享有在其业务范围内优先使用的权利，期限为两年。单位的优先使用权是专有的，未经单位同意，作者不得许可第三人以与单位使用的相同方式使用该作品。在作品完成两年内，如单位在其业务范围内不使用，作者可以要求单位同意由第三人以与单位使用的相同方式使用，单位没有正当理由不得拒绝。特殊的职务作品，除署名权以外，著作权的其他权利由单位享有。所谓特殊职务作品是指《著作权法》第十六条第二款所列作品，即工程设计、产品设计图纸、计算机软件、地图等科学技术作品。

（7）委托作品的著作权人

委托作品是作者基于他人委托而创作的作品。委托创作作品著作权的归属由委托人和受托人通过合同约定，合同未作明确约定或者没有订立合同的，著作权属于受托人，即作者。

（8）原件所有权转移的作品的著作权归属

绘画、书法、雕塑等美术作品原件的转移并不意味着作品的著作权的转移，作品原件所有人只取得原件物的所有权和作品原件的展览权。

3. 著作权的客体——作品

（1）作品的含义

作品是著作权的客体。《著作权法》所称作品，指文学、艺术和科学领域内，具有独创性并能以某种有形形式复制的智力创作成果。

（2）作品的种类

《著作权法》第三条、第六条规定的作品类型如下：文字作品；口述作品；音乐、戏剧、曲艺、舞蹈、杂技艺术作品；美术、建筑作品；摄影作品；电影作品和以类似摄制电影的方法创作的作品；工程设计、产品设计图、地图、示意图等图形作品和模型作品；计算机软件；民间文学艺术作品。

《著作权法》不予保护的对象包括违禁作品和不适于用《著作权法》保护的对象。违禁作品是指因内容违反法律而被禁止出版、传播的作品。《著作权法》不宜给予著作权保护的对象包括法律、法规、国家机关的决议、决定、命令和其他具有立法、行政、司法性质的文件，以及其官方正式译文；时事新闻；历法、数表、通用表格和公式。

4. 著作权的内容

（1）著作人身权和财产权

著作权的内容主要是指著作权人享有的权利，包括人身权和财产权。著作人身权是指作者享有的与其作品有关的以人格利益为内容的权利，具体包括发表权、署名权、修改权和保护作品完整权。

著作财产权是指作者对其作品进行全面支配的权利，包括对作品加以利用和处分其作品的权利，具体包括复制权、发行权、出租权、展览权、表演权、放映权、广播权、信息网络传播权、摄制权、改编权、翻译权和汇编权。

（2）著作权的行使和转移

著作权人享有的著作财产权可以自己行使，也可以授权他人行使。许可他人行使著作财产权的法律形式为许可使用合同，具体有出版合同、表演合同、改编合同、播放合同等。

著作权属于公民的，公民死亡后，其著作财产权依照继承法的规定转移。著作权中的署名权、修改权和保护作品完整权由作者的继承人或受遗赠人保护。著作财产权由承受其权利义务的法人或者其他组织享有；没有承受其权利义务的法人或者其他组织的，由国家享有。

（3）著作权的期限

作者的署名权、修改权、保护作品完整权的保护期不受限制。公民的作品，其发表权和财产权的保护期为作者终生及其死亡后 50 年，截止于作者死亡后第 50 年的 12 月 31 日。如果是合作作品，截止于最后死亡的作者死亡后第 50 年的 12 月 31 日。法人或者其他组织的作品、著作权（署名权除外）由法人或者其他组织享有的职务作品，其发表权和财产权的保护期为 50 年，截止于作品首次发表后第 50 年的 12 月 31 日，但作品自创作完成后 50 年内未发表的，不再保护。电影类作品和摄影作品的保护期与法人作品相同。

（4）著作权的限制

著作权的限制是平衡著作权人与公众利益，保障作品的利用和传播的一项重要制度，应重点掌握的是作品的合理使用。合理使用是指在法律明文规定的范围内使用作品可以不经著作权人许可，也不必向其支付报酬。合理使用的作品应当是已经发表的且使用目的一般限于非商业性。根据《著作权法》第二十二条的规定，下列行为属于合理使用：①为个人学习、研究或欣赏，使用他人已经发表的作品；②为介绍、评论某部作品或者说明某个问题，在作品中适当引用他人已经发表的作品；③为报道时事新闻，在报纸、期刊、广播电台、电视台等媒体不可避免地再现或者引用已经发表的作品；④报纸、期刊、电台、电视台等媒体刊登或者播放其他报纸、期刊、广播电台、电视台等媒体已经发表的关于政治、经济、宗教问题的时事性文章，但作者声明不许刊登、播放的除外；⑤报纸、期刊、广播电台、电视台媒体刊登或者播放在公众集会上发表的讲话，但作者声明不许刊登、播放的除外；⑥为学校课堂教学或者科学研究，翻译或者少量复制已经发表的作品，供教学或者科研人员使用，但不得出版发行；⑦国家机关为执行公务在合理范围内使用已经发表的作品；⑧图书馆、档案馆、纪念馆、博物馆、美术馆等为陈列或者保存版本的需要，复制本馆收藏的作品；⑨免费表演已经发表的作品。该表演未向公众收取费用，也未向表演者支付报酬；⑩对设置或者陈列在室外公共场所的艺术作品进行临摹、绘画、摄影、录像；⑪将中国公民、法人或者其他组织已经发表的以汉语言文字创作的作品翻译成少数民族语言文字在国内出版发行；⑫将已经发表的作品改成盲文出版。

5. 邻接权

邻接权是与著作权相关的、类似的权利，通常指表演者、录音制作者、广播电视组织在传播作品的活动方面因劳动和投资而享有的权利。简言之，邻接权是作品传播者的权利。我国著作权法中称为“与著作权有关的权益”。邻接权包括下列几种：(1) 出版者包括出版社和杂志社的版式、装帧设计专有权；(2) 表演者的权利，即演员、演出组织对其表演所享有的表明表演者身份、保护表演形象不受歪曲的人身权利和许可他人从现场直播、许可他人录音录像、许可他人复制、发行录有其表演的录音录像制品、许可他人通过信息网络传播其表演，并获得报酬的财产权利；(3) 录制者的权利，即录音制作者和录像制作者对其制作的录音录像制品，享有许可他人复制、发行、出租、网络传播并获得报酬的权利；(4) 播放者的权利，这是指广播电台和电视台对其播放的广播电视节目享有许可他人转播、录制的权利。

5.3.3 专利法律制度

1. 专利的概念

在我国，“专利”一词一般指专利权的本身，也可以指依专利法获得专利权的标的，即发明创造。根据我国《专利法》的规定，专利即专利权，是指国务院专利行政部门根据发明创造人或其权利受让人的申请，经严格审查，依法授予其对某个发明创造成果在一定的期限内享有的独占权。

2. 专利权主体

(1) 专利权人

专利权主体即专利权人，是指能够申请并取得专利，享有专利权并同时承担相应义务的自然人、法人和其他组织。按照我国《专利法》的规定，专利权人包括单位和自然人，自然人中又可分为中国人和外国人。

(2) 专利申请人

专利申请人即专利申请权人，是指对某项发明创造根据法定或约定有权以自己的名义提出专利申请的人。在我国，职务发明创造的专利申请权属于发明人或设计人所属的单位所有，包括临时工作单位，申请批准的专利权也归所在单位；非职务发明创造的专利申请权则属于发明人或设计人本人，申请批准的专利权也归本人所有。

①职务发明创造

职务发明创造是指发明人、设计人执行本单位的任务或者主要利用本单位的物质条件所完成的发明创造。它具体包括以下4种情况。

a. 发明人、设计人属于本职工作范围内的发明创造。

b. 发明人、设计人履行本单位交付的本职工作之外的任务所完成的发明创造。

c. 发明人、设计人退职、退休或者调动工作1年内作出的与其在原单位承担的本职工作或者分配的任务有关的发明创造。

d. 发明人、设计人主要利用本单位物质条件完成的发明创造。

以上4种情况中，发明人、设计人是指对发明创造的实质性特点作出创造性贡献的人，发明人、设计人只能是自然人。物质条件是指资金、设备、零部件、原材料或者不对外公开的技术资料。利用本单位的物质技术条件所完成的发明创造，单位与发明人、设计人订有合同，对申请专利的权利和专利权的归属作出约定的，按照约定办理。在职务发明创造中，发明人、设计人虽不是专利申请权人和专利权人，但所在单位如果是国有企事业单位，应依法对其给予物质奖励和精神奖励。

②共同发明创造

共同发明创造是指两个或两个以上单位、个人合作完成的发明创造。该发明创造成果除当事人另有协议外，专利申请权和专利权都归共同发明创造人共有，共有人不得擅自处分专利申请权和专利权。

③委托发明创造

委托发明创造是指一个单位或者个人接受其他单位或者个人委托所完成的发明创造。委托发明创造除另有协议的外，申请专利的权利属于完成的单位或者个人；申请被批准后，申请的单位或者个人为专利权人。

（3）专利权人与专利申请人的区别

所谓专利权人即指享有专利权的人。专利权人与专利申请人是两个不同的概念。一项技术申请专利后未必都能获得批准成为专利技术，相应地专利申请人也就未必能成为专利权人。反之，专利权人未必都是专利申请人，因为专利权是可以通过转让或继承获得的。

3. 专利权客体

专利权的客体是指专利法保护的对象，即依法可以取得专利权的发明创造。我国专利法所称的发明创造，是指发明、实用新型和外观设计。

（1）发明

专利法所称的发明，是指对产品、方法或者其改进所提出的新的技术方案。所以，发明分为产品发明和方法发明。其中产品发明包括制造产品的发明、材料物品的发明、具有特定用途的物品发明。方法发明包括制造产品方法的发明，使用产品方法的发明，测量方法、通信方法的发明等。

发明和发现是两个截然不同的概念。发明是指所制造的产品或提出的生产方法是前所未有的。发现则是指揭示自然界已经存在但尚未被人们所认识的事物。科学发现依法不能授予专利权。

（2）实用新型

实用新型是指对产品的形状、构造或者二者的结合所提出的适于实用的新的技术方案。实用新型在一些国家被称为小发明。

（3）外观设计

外观设计是指对产品的形状、图案、色彩或者其结合所作出的富有美感并适于工业上应用的新设计。外观设计与发明和实用新型的区别是：它只涉及美化产品的外表和形状，而不涉及产品的制造和设计技术。法律所保护的对象是该设计本身，而不是负载该设计的物品。

（4）对专利权客体的限制

根据我国《专利法》的规定，下列各项不授予专利权：①科学发现；②智力活动的规则和方法；③疾病的诊断和治疗方法；④动物和植物品种；⑤用原子核变换方法获得的物质。

4. 专利权内容

专利权内容是指专利权人依法所享有的权利和承担的义务。

（1）专利权人的权利

①专利实施权。专利实施权又称为独占权。独占权是指专利权人对自己的专利享有独占的、排他的实施权。我国《专利法》第十一条规定：发明和实用新型专利权被授予后，除本

法另有规定的以外，任何单位或个人未经专利权人许可，都不得实施其专利，即不得为生产经营目的制造、使用、许诺销售、销售、进口其专利产品，或者使用其专利方法及使用、许诺销售、销售、进口依照该专利方法直接获得的产品。外观设计专利权被授予后，任何单位或个人未经专利权人许可，都不得实施其专利，即不得为生产经营目的制造、许诺销售、销售、进口其外观设计专利产品。

②许可实施权。许可实施权是指专利权人通过签订书面专利实施许可合同的方式，允许他人在一定的条件下使用其专利的权利，被许可人向专利权人须支付专利使用费。专利权人与被许可人订立的专利实施许可合同应当自合同生效之日起 3 个月内向国务院专利行政部门备案。

③专利转让权。专利转让权是指专利权人可依法将专利权让与他人的权利，即发生了专利权主体的变更。究其原因，不外乎买卖、赠与、继承、企业分立、合并等原因。专利权的转让应当符合法定条件，即专利权人应当与他人签订书面专利转让合同，并经国务院专利行政部门登记和公告之后方能生效。中国公民或单位向外国人转让专利权必须经国务院对外经济贸易主管部门会同国务院科学技术行政部门批准，因为有些专利牵涉到国家安全或者重大利益需要保密，专利权人不能直接转让给外国人。

④标记权。专利权人享有在其专利产品或该产品的包装上标明专利标记和专利号的权利。

⑤请求保护权。当专利权人的上述 4 项权利受到不法侵犯时，专利权人既可以请求专利管理机关处理，也可以直接向人民法院起诉，从而依法追究专利侵权人的民事、行政、刑事责任。

（2）专利权人的义务

①缴纳专利年费的义务。年费实际上是专利权人付给专利局的管理费用。专利权人应从授予专利权的当年开始缴纳专利年费，不按规定缴纳年费的，专利权应予终止。

②职务发明创造取得专利后，作为专利权人的单位有向发明人或设计人给予报酬奖励的义务。

5. 授予专利权的原则、程序及条件

（1）授予专利权的原则

①先申请原则。先申请原则是指两个以上申请人分别就同一项发明创造提出专利权申请的，专利权授予最先申请的人，如果是同一天申请的，申请人应当在一定的期限内自行协商，协商不成的，则由国务院专利行政部门裁决。

②一发明一申请原则。一发明一申请原则是指一件申请案只能就一项发明创造提出专利申请。只有结合密切、属于一个总的发明构思的两项以上的发明创造，才可以作为一项申请合案提出。

③优先权原则。我国作为《保护工业产权巴黎公约》的成员国，对于成员方的国民符合优先权条件的专利申请，依法给予优先权。但其他国民在向我国国务院专利行政部门提出申请时，应同时附上书面优先权申请文件。

（2）授予专利权的程序

①专利的申请

专利权必须经过申请和审查之后才能产生。目前，申请专利的手续必须以书面形式办理。这就要求申请人必须向专利局提交有关专利申请文件。专利申请文件主要有以下几类。

a. 请求书。请求书是申请人向专利局表示请求授予专利权的愿望的一个文件，通常是专

利局印成固定的表格，申请人按照要求填写。

请求书的内容主要涉及两项：一是发明创造的情况，即发明或实用新型、外观设计的名称；二是外观设计专利请求书应当写明使用该外观设计的产品名称及这些产品所属的类别。

b. 说明书。说明书是发明和实用新型专利申请文件的重要部分，也是最长的部分，用以说明发明或实用新型的实质内容，说明书具有两个重要作用。

第一，按照专利制度技术公开的原则，它起到公开技术内容的作用。申请人通过说明书将发明内容向社会公开，有助于科学技术的交流和快速发展，只有在技术公开的前提下，专利法才能授予该项发明创造享有独占权。

第二，划定并说明专利权范围的作用。说明书是发明人撰写权利要求书的根据基础，专利授权以后，说明书也就变成了表明专利范围的权利证明书。说明书所公开的技术特征直接决定着专利权的范围，发明人对技术创新的贡献大，公开的技术内容多，其享有的专利权的范围就大。

按照我国《专利法》的规定，充分公开是对发明和实用新型专利申请的最基本要求，而充分公开的客观标准为：说明书应当对技术方案作出清楚、完整的说明，“使所属技术领域的技术人员能够理解”“所属技术领域的技术人员能够实现”。说明书未能达到充分公开的要求，可能导致专利申请被驳回。

c. 权利要求书。权利要求书是记载发明或者实用新型的技术特征，限定专利保护范围的法律文件。该文件中的权利要求是由发明或者实用新型的技术特征组成的。该发明或者实用新型被授予专利权后，专利权的保护范围以权利要求的内容为准。可见，权利要求书的第一个作用是把发明人的独占范围与公众有权使用的技术清楚地划分开来。权利要求书的另一个作用是告知受专利保护的发明创造的权利范围。在专利权保护期限内，专利权人对发明专利享有独占实施权，他有权阻止他人使用其发明，并对非法使用者追究侵权责任。

通常，一份权利要求书包括至少一项独立权利要求，还可以包括从属权利要求。所谓独立权利要求是指从整体上反映发明或者实用新型的技术方案，记载为达到发明或者实用新型目的必要技术特征的权利要求。所谓从属权利要求是对独立权利要求或引用的权利要求作进一步限定的权利要求。

权利要求书与说明书是专利申请文件中两个最为重要的部分，二者分别为独立的文件，但相互之间有着密切的关系。在专利法上体现为，权利要求书必须得到说明书的支持。也就是说，每一项权利所要求保护的技术方案应当在说明书中充分公开，权利要求的范围不得超出说明书记载的内容。根据我国《专利法》规定：“权利要求书应当以说明书为依据，说明要求专利保护的范围”“发明或者实用新型专利权的保护范围以其权利要求的内容为准，说明书及附图可以用于解释权利要求。外观设计专利权的保护范围以表示在图片或者照片中的该外观设计专利产品为准”。

d. 摘要。摘要是对说明书公开内容的概括，它仅提供一种技术情报，不具有法律作用。摘要应当写明发明或者实用新型的技术领域，需要解决的技术问题，主要技术特征和用途。

e. 图片或者照片。申请外观设计专利要提交每件外观设计不同角度、不同侧面或者不同状态的照片或图片，以清楚地显示请求保护的对象。一般情况下应有 6 面视图：主视图、俯视图、仰视图、左视图、右视图、后视图，必要时还应有剖视图、剖面图、状态参考图。请求保护色彩的外观设计申请，还应当提交彩色和黑白的图片或者照片各一份，并且在黑白图片或者照片上注明请求保护的色彩。

在专利申请时还可根据申请人的具体要求另外递交各种附加申请文件。比如，发明专利提前公开声明、实质审查请求书，代理人委托书、著录项目变更申报书、费用减缓请求书、外观设计简要说明等，这些文件是否递交要视申请人需要而定。

②我国专利的审查制度

按照我国专利法，发明专利申请被受理后，专利局将对该申请案进行初步审查。初步审查的内容包括申请发明专利的申请案是否满足专利法有关形式方面的要求，如专利申请文件的撰写是否合格，文件的种类是否齐全，文件的份数是否足够等。符合要求的申请案将在申请日起第18个月之后被公之于众。在申请案被公开后至申请日起3年内的任何时间，申请人都可以向专利局提出实质审查，其中包括新颖性、创造性和实用性的审查。符合要求的申请案被授予专利权，并予以公告。

实用新型专利和外观设计专利的审查程序相对简单。专利局在受理申请案后便进行初步审查。审查的内容与前面发明专利的初步审查内容和程序大致相同。对于符合要求的申请案授予专利权并予以公告。但是由于实用新型和外观设计专利不进行实质审查，因而其专利质量水平不高，许多不具备专利性的申请也可能被批准授予专利权。

③专利的复审和无效宣告程序

根据我国专利法，专利申请人可以在接到专利局驳回专利申请决定之日起3个月内向专利复审委员会提出复审请求。复审委员会将对其提出的复审理由进行审查，并将复审结果通知有关当事人。发明专利申请人对于专利复审委员会的复审决定仍然不服的，可以在收到通知之日起的3个月内以专利复审委员会为被告，向北京市第一中级人民法院提起行政诉讼。

如果有人认为专利局授权不当，依法向专利复审委员会提出宣告该专利权无效的请求。专利复审委员会将对无效宣告请求进行审查，再作出维持专利权或宣告专利权无效的决定。

（3）授予专利权的条件

一项发明创造，不一定都能取得专利权，只有该项发明创造符合《专利法》规定的条件，才能授予专利权。这些条件既包括形式条件，又包括实质条件，这两个方面都不能缺少，但其关键是实质条件。授予专利权的实质条件有以下几点。

①授予发明和实用新型专利权的条件

根据《专利法》第二十二条的规定，授予专利权的发明和实用新型，应当具备新颖性、创造性和实用性。

a. 新颖性。新颖性是指在申请日以前没有同样的发明或者没有实用新型在国内外出版物上公开发表过，没有在国内公开使用过或者以其他方式为公众所知，也没有同样的发明或者实用新型由他人向国务院专利行政部门提出过申请并且记载在申请日以后公布的专利申请文件中。这里的“其他方式”是指演说、讲演、报告或授课等口头形式。我国《专利法》把提出专利申请的日期作为确定新颖性的时间界限，即要求在申请日以前没有同样的发明创造公开过，这样，发明创造才具备新颖性。但是，我国《专利法》第二十四条规定，申请专利的发明创造在申请日前6个月内，有下列情形之一的，不丧失新颖性：在中国政府主办或者承认的国际展览会上首次展出的；在规定的学术会议或者技术会议上首次发表的；他人未经申请人同意而泄露其内容的。

b. 创造性。创造性也称为先进性，是指与申请日以前已有的技术相比，该发明有突出的实质性特点和显著的进步，该实用新型有实质性特点和进步。

c. 实用性。实用性是指该发明创造能够制造或者使用，并且能够产生积极的效果。

（4）授予外观设计专利权的条件

根据我国《专利法》的规定，外观设计取得专利权的实质条件如下。

①新颖性，是指申请专利的外观设计与其申请日以前已经在国内外出版物上公开发表的外观设计不相同和不相近的。

②美观性，是指外观设计被使用在产品上时能使人产生一种美感，增加产品对消费者的吸引力。

③合法性，是指申请专利的外观设计不得与他人在先取得的合法权利相冲突。所谓在先取得的合法权利包括商标权、著作权、企业名称权、肖像权、知名商品特有包装或装潢使用权等。

6. 专利权的期限、终止

（1）保护期限

专利权人对其发明创造所享有的独占权，仅在法律规定的期限内受到法律的保护。超过法律规定的有效期限，专利权就自行终止，这个发明创造就成为全社会的公共财富，任何人都可以自由地利用已失效的专利。

专利权在我国的期限，发明专利为 20 年，实用新型和外观设计专利为 10 年，均自申请之日起算。

（2）专利权的终止

专利权的终止有以下两种情况。

①期限届满终止，这称为正常终止。

②期限届满以前终止，这称为提前终止。提前终止或者由于专利权人没有按期缴纳年费，或者是专利权人以书面声明放弃专利权。

专利权终止应由国务院专利行政部门登记和公告。

7. 专利权的保护

（1）专利侵权行为

①专利侵权行为的特点如下。

a. 未经专利权人许可。

b. 以生产经营为目的。

c. 实施了受法律保护的有效专利。

②专利侵权行为的界定。对侵权行为的判断，是以专利权保护的范围为准的。发明或实用新型专利的保护范围以其权利要求书中的内容为准。外观设计专利权的保护范围以表示在图片或照片中的该外观设计专利产品为准，即保护范围以使用这种外观设计的特定产品为准，在其他产品上使用相同的外观设计，不构成侵权。

a. 对发明和实用新型专利侵权行为的界定。发明和实用新型专利权被授予之后，任何单位或个人未经专利权人许可，以生产经营为目的制造、使用、许诺销售、销售、进口其专利产品或者使用其专利方法，以及使用、许诺销售、销售、进口依照该专利方法直接获得的产品的行为是专利侵权行为。所谓“许诺销售”是以做广告、在商店货架或展销会陈列等方式作出销售商品的意思表示。

b. 对外观设计专利侵权行为的界定。外观设计专利权被授予之后，任何单位或个人未经专利权人许可，以生产经营为目的制造、许诺销售、销售、进口其外观设计专利产品的行为也是专利侵权行为。

（2）不视为专利侵权行为的情形

有下列情形之一的，不视为侵犯专利权。

①专利权人制造、进口或者经专利权人许可而制造、进口的专利产品或者依照专利方法直接获得的产品售出后，使用、许诺销售或者销售该产品的。

②在专利申请日前已经制造相同的产品，使用相同的方法或者已经做好制造、使用的必要准备，并且仅在原有范围内继续制造、使用的。

③临时通过中国领陆、领水、领空的外国运输工具，依照其所属国与中国签订的协议或者共同参加的国际条约，或者依照互惠原则，为运输工具自身需要而在其装置和设备中使用有关专利的。

④专为科学研究和实验而使用有关专利的。

为生产经营目的使用或者销售不知道是未经专利权人许可而制造并售出的专利产品或者依照专利方法直接获得的产品，能证明其产品合法来源的，不承担赔偿责任。

（3）专利侵权纠纷的解决途径

未经专利权人许可实施其专利，即侵犯其专利权，引起纠纷的，由当事人协商解决。不愿协商或者协商不成的，专利权人或者利害关系人可以向人民法院起诉，也可以请求管理专利工作的部门处理。管理专利工作的部门处理时，认定侵权成立的，可以责令侵权人立即停止侵权行为，当事人不服的，可以自收到处理通知之日起 15 日内依照《中华人民共和国行政诉讼法》向人民法院起诉。侵权人期满不起诉又不停止侵权行为的，管理专利工作的部门可以申请人民法院强制执行。

（4）侵犯专利权的法律责任

我国《专利法》对专利侵权行为规定了 3 种责任形式。

①民事责任

对于专利侵权行为，专利权人和利害关系人可以向法院起诉，还可以在起诉前向法院申请采取责令停止侵害的行为和采取财产保全措施。如果侵权行为成立，法院将根据不同的情况追究侵权人的民事责任，具体责任形式有责令停止侵权、赔偿损失、消除影响等。

②行政责任和刑事责任

国家管理专利工作的部门对于某些侵犯专利权的行为和责任人可依法给予责令改正、罚款、行政处分等制裁措施。对构成犯罪的，依法追究行为人的刑事责任。

5.3.4　商标法律制度

1. 商标及商标法

（1）商标的概念

商标是商品和商业服务的标记，它是商品生产者或经营者用以标明自己所生产或销售的商品和商业服务者用以标明自己所提供的服务，与其他人生产或销售的同类商品和提供的同类服务相区别的标记。我国《商标法》第八条规定，任何能够将自然人、法人或者其他组织的商品与他人的商品区别开的可视性标志，包括文字、图形、字母、数字、三维标志和颜色组合，以及上述要素的组合，均可以作为商标申请注册。

（2）商标的分类

按照不同的标准，可以将商标分为不同的种类。

①按照商标的构成分类商标可分为平面商标和立体商标。

②按照商标的使用对象分类可分为商品商标、服务商标、集体商标和证明商标。

集体商标是指以团体、协会或者其他组织名义注册，供该组织成员在商事活动中使用，以表明其身份的标志，如行业协会可以申请注册集体商标，核准之后由协会会员共同使用。证明商标是指由某种商品或服务具有监督能力的组织所控制，而由该组织以外的单位或个人用于其商品或服务，用以证明商品或服务的原产地、原料、制造方法、质量或者其他特定品质的标志，如国际羊毛局的“纯羊毛”标志、农业部管理下的“绿色食品”标志等。

③按照商标的信誉分类可分为驰名商标和普通商标。

驰名商标是指在市场上享有较高声誉并为公众所熟知的注册商标。认定驰名商标应当考虑下列因素：相关公众对该商标的知晓程度；该商标使用的持续时间；该商标的任何宣传工作的持续时间、程度和地理范围；该商标作为驰名商标受保护的记录；该商标驰名的其他因素。由于驰名商标是企业重要的无形资产，它的含金量远远高于普通商标，因此对驰名商标的保护不受地域性的限制。普通商标是指驰名商标、优质产品商标以外的商标。

（3）商标禁止使用的文字、图形

我国《商标法》第十条规定了商标禁止使用的文字、图形。这些文字、图形包括以下几方面。①与中华人民共和国的国家名称、国旗、国徽、军旗、勋章相同或者近似的，以及同中央国家机关所在地特定地点的名称或者标志性建筑物的名称、图形相同的。②与外国的国家名称、国旗、国徽、军旗相同或者近似的，但该国政府同意的除外。③与政府间国际组织的旗帜、徽记、名称相同或者近似的，但经该组织同意或者不易误导公众的除外。④与表明实施控制、予以保证的官方标志、检验印记相同或者近似的，但经授权的除外。⑤与“红十字”“红新月”的名称、标志相同或者近似的。“红十字”组织和“红新月”组织均是国际卫生组织，后者是伊斯兰国家间国际卫生组织。如“红十字”药房、“红新月”创可贴均不得作为商标使用。⑥带有民族歧视性的，如“黑鬼”牙膏、“回回”挂面均属此类。⑦夸大宣传并带有欺骗性的，如“绿色”卷烟、“金牌”火腿肠等均属此类。⑧有害于社会主义道德风尚或者有其他不良影响的，如以“纳粹”作为商标的依法不予以注册并禁止使用。

县级以上行政区划的地名或者公众知晓的外国地名，不得作为商标。但是地名具有其他含义或者作为集体商标、证明商标组成部分的除外，已经注册使用的地名商标继续有效。此外，下列标志也不得作为商标注册。①仅有本商品的通用名称、图形、型号的，如“啤酒”牌啤酒等均属此类。②仅直接表示商品的质量、主要原料、功能、用途、重量、数量及其他特点的，如“钢铁”保险柜、“坚固”挂锁、“准确”手表等均属此类。③缺乏显著特征的。

上述 3 种标志经过使用取得显著特征，并便于识别的，可以作为商标注册。以三维标志申请注册商标的，仅由商品本身的性质产生的形状，为获得技术效果而需有的商品形状或者使商品具有实质性价值的形状，不得注册，如以地名作为商标注册或使用，该商品应来源于该地理名称的地区，否则不予注册并禁止使用。但是已经善意取得注册的继续有效，如“金华”火腿、“嘉兴”肉粽均已作为集体商标注册，其他地区的同类商品不得再使用上述地理标志。但地理标志具有其他含义的除外，如吉林“长春”市、湖南“凤凰”县等地名也可作为商标注册。

2. 商标注册原则

（1）商标注册

经过商标局核准注册并刊登在商标公告上的商标称为注册商标。注册商标由商标注册人使用，享有专用权，具有排他性，他人不得侵犯。注册商标所有人可将自己的注册商标有偿地转让或许可他人使用。使用注册商标应当标明“注册商标”字样或者标明注册标记。在商品上不便标明的，应当在商品包装或者说明书及其他附着物上标明。

商标注册与不注册的区别在于：非注册商标不享有法律赋予的商标专有权，当非注册商标与注册商标相同或相似并用于相同或相似的产品上时，非注册商标应立即停止使用。

（2）商标注册原则

①一件商标一份申请的原则

一件商标一份申请的原则，即一份申请只能请求注册一件商标，不能在一份申请中提出注册两件或两件以上的商标，但允许申请注册的同一商标使用于不同类别的商品上。

②自愿注册为主、强制注册为辅的原则

自愿注册原则是指商标使用人对其使用的商标是否注册，完全听其自愿，国家不加干预。强制注册原则在我国体现为对于一些关系到人民生命健康的特殊商品必须使用注册商标，目前主要有人用药品和烟草制品两类。

③注册在先为主、使用在先为辅的原则

我国《商标法》规定，两个或两个以上的商标注册申请人，在同一种商品或类似商品上，以相同或近似的商标申请注册的，初步审定并公告申请在先的商标，同一天申请的，初步审定并公告使用在先的商标。商标注册的申请日期，以商标局收到申请书的日期为准。

3. 商标权法律关系的要素

（1）商标权主体

商标权主体即商标权人，是指依法享有注册商标专用权并同时承担相应义务的自然人、法人或其他组织。外国人和外国企业在我国也可申请商标注册，但应按其所属国和我国签订的协议或共同参加的国际条约办理或按对等原则办理。外国人或外国企业在中国申请商标注册及办理其他商标事宜的，均应委托我国认可的具有商标代理资格的机构代理。

（2）商标权客体

商标权客体是我国《商标法》的保护对象，即国家商标主管机关核准的注册商标。在我国，未注册商标得不到法律的保护，其使用人也不享有商标专用权，但驰名商标不管是否在我国注册，均可依法获得一定的保护。

（3）商标权内容

①商标权人依法享有的权利

a. 商标专用权。商标专用权是指商标权人在核准的商品或服务项目上有使用注册商标的排他权，它是商标权人最重要、最基本的权利。除驰名商标外，普通注册商标的排他使用均限定于核准商品或服务上。可见，商标专用权的权利内容包括两个方面。一是商标权人对自己的注册商标有完全的所有权，他可以依法占有、使用和处分其商标，有权获得根据行使商标权而获得的收益。二是商标权人有权禁止他人未经自己许可使用与自己注册商标相同或相似的商标；有权禁止他人假冒自己的注册商标；有权禁止他人在相同或相似的商品上注册与自己已注册商标相同或相似的商标。

b. 转让权。转让权是指商标权人依法将注册商标让与他人的权利。该转让导致商标权主体的变更，原来的商标权人（即转让人）不再享有商标权，而受让人获得了商标权。导致转让的原因多种多样，转让人和受让人应当签订转让协议，并共同向商标局提出申请，经商标局核准后予以公告。若当事人自行转让商标权，则由商标局责令其限期改正或撤销其注册商标。

c. 许可使用权。许可使用权又称为许可权，是指商标权人依法按照书面商标权使用许可合同，许可他人使用其注册商标的权利。我国《商标法》规定，商标注册人可以通过签订商标许可使用合同，许可他人使用其注册商标。许可人应当监督被许可人使用其注册商标的商品质量。被许可人应当保证使用该注册商标的商品质量。经许可使用他人注册商标的必须在使用该注册商标的商品上标明被许可人的名称和商品产地。商标使用许可合同应当报商标局备案。

②商标权人依法承担的义务

a. 依法缴费的义务。

b. 不得连续 3 年停止使用注册商标的义务。商标权人连续 3 年停止使用注册商标的，任何人都可以向商标局申请撤销该商标。

c. 对使用注册商标的商品质量负责的义务。

4. 注册商标的期限、续展

我国《商标法》规定，注册商标有效期为 10 年，从商标核准注册之日起算。

所谓注册商标的续展，是指在注册商标有效期满时，需要继续使用该注册商标的，经过法定手续延长商标专用权的有效期。我国《商标法》规定，每次续展的有效期限为 10 年，续展的次数法律不作限制。续展注册商标有效期自该商标上一届有效期满次日起计算。因此，只要商标注册人愿意，其注册商标专用权可以一直延续下去。

注册商标的续展申请，应在商标有效期满前的 6 个月内向商标局提出，如果因故不能在规定期限内提出，可以给予 6 个月的宽展期。如果超过 6 个月的宽展期仍未提出续展申请，注销注册，商标专用权即告丧失。

5. 注册商标的转让、使用许可

（1）注册商标的转让

注册商标的转让是指商标注册人将其所有的注册商标的专用权，依照法定程序移转给他人的法律行为。注册商标的转让，必须在自愿原则下进行，由转让人和受让人共同向商标局申请转让注册。转让注册商标时，应符合下列条件。

①使用注册商标的商品必须是受让人合法生产、经营的商品。

②受让人是自然人、法人或其他组织。

③转让国家规定并由国家工商行政管理局公布的人用药品和烟草制品上的注册商标，受让人应提供有关部门的证明文件。

（2）注册商标的使用许可

①注册商标使用许可的概念

注册商标的使用许可是指注册商标所有人通过订立许可使用合同，许可他人使用其注册商标的法律行为。

②注册商标使用许可的形式

注册商标使用许可的形式主要有两种：一是独占使用许可；二是普通使用许可。前者是指许可人允许被许可人在规定的地区和指定的商品上独占地、排他地使用注册商标。在合同规定的范围内，许可人不能再允许第三人使用其注册商标，许可人自己也不能使用。后者是指许可人可以允许不同的人同时使用某一注册商标的使用许可。在此类合同中，同一注册商标可以同时为不同的主体使用。目前在我国实践中，较多存在的是普通使用许可。

③注册商标使用许可的条件

注册商标使用许可时，应同时遵循下列条件。

a. 被许可人应是自然人、法人或其他组织。

b. 被许可人使用的商标，必须与核准注册的商标一致，不得改变注册商标的文字、图形或其组合。

c. 被许可使用的商品必须是注册商标核定使用的商品中的部分或全部，超出此范围的商品，商标注册人无权许可他人使用。

d. 许可使用商标的期限不能超过注册商标的专用权期限。

e. 未经许可人的授权，被许可人不得擅自转让、注销或变更获得许可使用的注册商标，也不得将商标许可第三人使用。

6. 商标专用权的保护

依照我国《商标法》的规定，商标专用权的保护，以核准注册的商标和核定使用的商品为限。

（1）侵犯商标权的表现形式

①未经商标注册人的许可，在同一种商品或者类似商品上使用与其注册商标相同或者近似的商标。这一侵权行为包括以下 4 种情况：a. 在同一种商品上使用与他人注册商标相同的商标；b. 在同一种商品上使用与他人注册商标近似的商标；c. 在类似商品上使用与他人的注册商标相同的商标；d. 在类似商品上使用与他人的注册商标近似的商标。

②销售侵犯他人注册商标专用权的商品。这里的销售包括批发和零售，未领取营业执照但有该销售行为的也构成侵权。该规定并不要求销售者明知，即无论销售者在主观上是否明知，只要其销售的商品是侵犯注册商标专用权的商品，即构成对商标专用权的侵犯。

③伪造、擅自制造他人注册商标标识或者销售伪造、擅自制造的注册商标标识的行为。商标标识是商标的物质载体。伪造、擅自制造他人注册商标标识的行为不仅侵犯了商标专用权，也扰乱了社会经济秩序，构成侵权。

④未经商标注册人同意，变更其注册商标并将该更换商标的商品又投入市场的行为。

⑤给他人的注册商标专用权造成其他损害的行为。这主要是指在同一种或类似商品上，将与他人注册的相同或近似的商标作为名称或商品装潢使用，并足以造成误认行为；故意为侵犯他人注册商标专用权行为提供仓储、运输、邮寄、隐匿等便利条件的行为。

（2）商标侵权行为的处理

我国对商标侵权行为的处理实行双轨制，既有行政救济又有司法救济，商标权人可以任意选择。行政救济指区、县以上的工商行政管理部门对商标侵权者的处罚。一旦发现商标侵权行为，商标权人或利害关系人可以向侵权人所在地或侵权行为地县级以上工商行政管理部门要求处理。工商部门在认定商标侵权行为成立后，有权责令行为人立即停止侵权行为，没收、销毁侵权商品和侵权商品标识，收缴直接用于商标侵权的工具，并可处以罚款。当事人对行政处罚决定不服的，可以自收到处理通知之日起 15 日内依法向人民法院起诉。

（3）侵犯商标权的法律责任

根据我国《商标法》的规定，追究侵犯商标权的法律责任包括民事责任、行政责任和刑事责任 3 种形式。承担民事责任的方式主要有停止侵害、消除影响、赔偿损失。承担行政责任的方式主要有责令立即停止侵权行为、封存或收缴其商标标识、罚款等。刑事责任方面，犯罪人将会被处以 3 年以下有期徒刑、拘役或管制，并处或单处罚金，情节特别严重的，处 3 年以上 7 年以下有期徒刑，并处罚金。

5.4 国有资产管理法律制度

5.4.1 国有资产管理法概述

1. 国有资产的含义及分类

国有资产是法律上确定为国家所有并能为国家提供经济和社会效益的各种经济资源的总和，即属于国家所有的一切财产和财产权利的总称。国有资产具体包括以下几方面。

（1）依据国家法律取得的应属于国家所有的财产。

（2）基于国家行政权力行使而取得的应属于国家所有的财产。

（3）国家以各种方式投资形成的各项资产。

（4）由于接受各种馈赠所形成的应属于国家的财产。

（5）由于国家已有资产的收益所形成的应属于国家所有的财产。

国有资产可以分为经营性国有资产、行政事业单位国有资产及资源性国有资产。经营性国有资产是指国家作为出资者在企业中依法拥有的资本及其权益。具体来说，经营性国有资产是指从事产品生产、流通、经营服务等领域，以赢利为主要目的的，依法经营或使用，其产权属于国家所有的一切财产。经营性国有资产具有运动性、增值性、经营方式的多样性的特征。具体包括企业国有资产，行政事业单位占有、使用的非经营性资产通过各种形式为获取利润转作经营的资产，国有资源中投入生产经营过程的部分。行政事业单位国有资产是指由行政事业单位占有、使用的，在法律上确认为国家所有、能以货币计量的各种经济资源的总和，其包括国家拨给行政事业单位的资产、行政单位按照国家政策规定运用国有资产组织收入形成的资产，以及接收捐赠和其他经法律确认为国家所有的资产。行政事业性国有资产具有配置领域的非生产性、使用目的的服务性、资金补偿、扩充的非直接性、占有、使用的无偿性等特征。资源性国有资产是指在人们现有的知识、科技水平条件下，对某种资源的开发能带来一定的经济价值的国有资源。

2. 国有资产管理法的含义

国有资产管理法是指调整在管理国有资产过程中发生的经济关系的法律规范的总称。国有资产管理法律制度包括国有资产管理和经营管理体制、国有资产收益和处分法律制度、国有资产清产核资法律制度、国有资产产权界定法律制度、国有资产产权登记法律制度、国有资产评估法律制度、国有资产统计法律制度、国有资产流失查处法律制度。

5.4.2 国有资产评估制度

1. 国有资产评估概述

国有资产评估是评估机构根据特定目的按照法定原则和程序，运用科学的方法对国有资产的现时价格进行评定和估算。国有资产评估应当遵循独立性、真实性、科学性和可行性原则。国有资产的评估范围包括固定资产、流动资产、无形资产及其他资产。

2. 国有资产的评估项目

国有资产的评估项目分为法定评估情形和自愿评估情形。法定评估情形是指国有资产占有单位有下列情形之一的，应当进行资产评估：①资产拍卖、转让；②企业兼并、出售、联营、股份经营；③与外国公司、企业和其他经济组织或者个人开办中外合资经营企业或者中外合作经营企业；④企业清算；⑤依照国家有关规定需要进行资产评估的其他情形。自愿评估情形是指国有资产占有单位有下列情形之一，当事人认为需要的，可以进行资产评估：(1) 资产抵押及其他担保；(2) 企业租赁；(3) 需要进行资产评估的其他情形。但属于以下行为时则必须进行资产评估：(1) 企业整体资产的租赁；(2) 国有资产租赁给外商或非国有单位；(3) 国家行政事业单位占有的非经营性资产转为经营性资产；(4) 国有资产行政主管部门认为应当评估的其他情形。另外对于应当进行资产评估的情形没有进行评估，或者没有按照规定立项、确认的，该经济行为无效。

3. 国有资产评估管理制度

国有资产评估工作，按照国有资产管理权限，由国有资产管理部门负责管理和监督。国有资产评估组织工作，按照占有单位的隶属关系，由行业主管部门负责，国有资产管理部门和行业主管部门不直接从事国有资产评估业务。

国家对国有资产评估工作实行统一领导、分级管理的原则。国家国有资产管理局负责组织、管理、指导和监督全国的资产评估工作。地方各级国有资产管理部门按照国家政策法规和上级国有资产管理部门的规定，负责管理本级的资产评估工作。上级国有资产管理部门对下级国有资产管理部门在资产评估管理工作中不符合规定的做法，有权进行纠正。

国有资产评估组织工作，具体由各级政府的行业主管部门对所属单位的资产评估立项和评估结果进行初审，签署意见，并对本行业的资产评估工作负责督促和指导。

4. 国有资产评估机构

资产评估机构，必须是经工商行政管理部门注册登记，具有法人资格，并持有国务院或者省、自治区、直辖市（含计划单列市）国有资产管理部门颁发的资产评估资格证书的单位。只有同时具备上述条件的资产评估公司、会计师事务所、审计事务所等单位，才能从事国有资产评估业务。资产评估机构是社会公正性服务机构，实行自主经营、自负盈亏，独立承担法律责任。资产评估机构从事资产评估业务不受地区、行业限制，实行有偿服务。

国家对资产评估机构实行统一领导、分级管理的原则，国家国有资产管理局负责组织、管理、指导和监督全国资产评估机构的工作，并直接管理中央级的资产评估机构。省、自治区、直辖市国有资产管理部门或经省国有资产管理部门授权的计划单列市国有资产管理部门管理和监督本级的资产评估机构。根据国家国有资产管理局1993年修订的《国有资产评估管理办法》的规定，从事资产评估业务的机构必须具备以下条件方可申请资产评估资格。

(1) 经工商行政管理部门核准注册登记，具有法人资格，有与开展评估业务相适应的资金和固定的办公地点。

(2) 具备一定数量能胜任工作的专业评估专职人员，其中会计经济人员、工程技术人员共不少于10人（其中土地、建筑、机电设备、会计、经济等各类专业人员分别不少于2人）；具有中级以上专业技术资格的应占50%以上；专职的评估人员不得少于40%，最低不少于8人；资产评估专职人员只能在一家评估机构专职从业。

(3) 直接从事资产评估业务的人员必须有30%以上经过省以上国有资产管理行政部门认可的培训；

(4) 会计师事务所、审计事务所、财务咨询公司等机构从事资产评估业务，应在机构内设立专职的资产评估机构，配备专职评估人员。

(5) 国有资产管理部门规定的其他条件。

具备以上条件的社会服务机构，征得主管部门同意后，按其所属关系向国家或省、自治区、直辖市和计划单列市国有资产管理部门申请资产评估的资格，申请时须提交规定的文件资料。

国家或者省一级国有资产管理部门收到申请单位报来的以上文件资料后，根据国家有关规定和其自身的条件认真组织审查，通过审查进一步确认申请单位是否具备资产评估工作的条件，对具备条件的机构，发给《资产评估资格证书》。

5. 资产评估的规则及程序

1）资产评估的规则

根据规定，资产评估机构开展资产评估业务，应遵守以下规则：(1) 严格遵守国家法律、法规和政策、制度；(2) 坚持独立、客观、公正的原则；(3) 按规定的期限完成评估工作并及时提交资产评估报告书；(4) 对委托单位提供的数据材料及评估结果负有保密责任，并应有完善的评估档案保管制度；(5) 评估机构和评估人员如与委托单位或其他当事人有利害关系的，应当回避，委托单位或其他当事人也有权要求其回避；(6) 资产评估机构在执业中发现当事人和有关单位有弄虚作假、营私舞弊等违反国家法律、法规的行为，应及时向国有资产管理部门反映，否则，视同评估机构弄虚作假或营私舞弊；(7) 资产评估机构应以良好的服务质量赢得客户，不得采用不正当的手段承揽业务；(8) 国有资产管理部门的其他有关规定和行业自律性的其他规则。

2）资产评估的程序

依照《国有资产评估管理办法》的规定，国有资产评估按照下列程序进行。

(1) 申请立项。国有资产占有单位发生依法应当进行资产评估的经济情形时，应于该经济行为发生之前，按隶属关系申请评估立项。资产评估立项原则上由被评估国有资产占有单位申报。资产评估立项申请书，应经其主管部门签署意见后，报国有资产管理部门。资产评估立项申请书，应由申报单位和上级主管部门盖章，并附该项经济行为审批机关的批准文件和国有资产管理部门颁发的产权证明文件。国有资产管理部门应当自收到资产评估立项申请书之日起 10 日内进行审核，并作出是否准予资产评估立项的决定，通知申请单位及其主管部门。超过 10 日不批复的自动生效，并由国有资产管理部门补办批准手续，国家决定对全国或者特定行业的国有资产进行评估的，视为已准予资产评估立项。

(2) 资产清查。申请单位收到准予资产评估立项通知书后，可以委托资产评估机构评估资产。评估机构依据批准的评估立项通知书接受评估委托，按其规定的范围进行评估，对占有单位整体资产评估时，应在资产占有单位全面进行资产和债权、债务清查的基础上，对其资产、财务和经营状况进行核实。

(3) 评定估算。评估机构对委托评估的资产，在核实的基础上，根据不同的评估目的和对象，依照国家的法律、法规和政策规定，考虑影响资产价值的各种因素，运用科学的评估方法，选择适当的评估参数，独立、公正、合理地评估出资产的价值。资产评估机构在评估后应向委托单位提交资产评估结果报告书。

(4) 验证确认。委托单位收到资产评估报告书后，提出资产评估结果确认申请报告，连同评估报告书及有关材料报其主管部门审查并签署意见。主管部门审查同意后，报批准立项的国有资产管理部门确认资产评估结果。国有资产管理部门对评估结果的确认工作，分为审核验证和确认两个步骤，即先对资产评估是否独立公正、科学合理进行审核验证，然后提出审核意见，并下达资产评估结果确认书。资产评估报告不符合要求的，分情况作出修改、重评或不予确认的决定。经国有资产管理部门确认的资产评估价值，作为资产经营和产权变动的底价或作价的依据。

6. 国有资产评估的法律责任

根据国务院《国有资产评估管理办法》的规定，无论被评估单位、资产评估机构，还是资产评估管理机构，若发生违法违规行为的，均应承担相应的法律责任。

（1）国有资产占有单位违反规定，提供虚假情况和资料，或者与资产评估机构串通作弊，致使资产评估结果失实的，国有资产管理部门可以宣布评估结果无效，可根据情节轻重，单处或者并处下列处罚：①通报批评；②限制改正，并处以相当于评估费用以下的罚款；③提请有关部门对单位主管人员和直接责任人员给予行政处分，并可处以相当于本人3个月基本工资以下的罚款。

（2）资产评估机构作弊或者玩忽职守，致使评估结果失实的，国有资产管理部门可以宣布资产评估结果无效，并可根据情节轻重，对该评估机构给予下列处罚：①警告；②停业整顿；③吊销国有资产评估资格证书。国有资产管理部门或者行业主管部门工作人员违反规定，利用职权牟取私利，或者玩忽职守，造成国有资产损失的，国有资产管理部门或者行业主管部门可以按照干部管理权限，给予行政处分，并可以处以相当于本人3个月基本工资以下的罚款。利用职权牟取私利的，由有查处权的部门依法追缴其非法所得。

上述机构和人员违反规定，情节严重构成犯罪的，依法追究刑事责任。

5.4.3 国有资产产权登记制度

国有资产产权登记是指国有资产管理部门代表政府对占有国有资产的企业、行政事业单位的资产、负债、所有者权益等产权状况，依法确认产权归属关系的法律行为。

1. 国有资产产权登记的分类

国有资产产权登记分为企业国有资产产权登记和行政事业单位产权登记两类。前者的法律依据是1996年1月国务院正式颁布的《企业国有资产产权登记管理办法》；后者的法律依据是1995年2月国家国有资产管理局、财政部发布的《行政事业单位国有资产管理办法》。

2. 企业国有资产产权登记制度

按照《企业国有资产产权登记管理办法》的规定，国有企业、国有独资公司、持有国家股权的单位及其他形式占有国有资产的企业，应当依照规定，向国有资产管理部门申报、办理产权登记。

企业国有资产产权登记分为占有产权登记、变动产权登记、注销产权登记。同时，实行产权登记年度检查制度。占有产权登记适用于所有占有、使用国有资产的企业。变动产权登记适用于企业发生名称、住所或法定代表人改变的；国有资产占企业实收资产比例发生变化的；企业分立、合并或者改变经营形式的；等等。注销产权登记适用于企业发生解散、被依法撤销或者被依法宣告破产等情形。产权登记年度检查制度适用于办理了占有产权登记的企业，其主要内容是出资人的资金实际到位情况；企业国有资产的结构变化，包括企业对外投资情况、国有资产增减变动情况等。

企业国有资产产权登记的主管机关是国有资产管理部门，按照“统一政策、分级管理”的原则，由县级以上人民政府国有资产管理部门按企业产权归属关系组织实施。各级国有资产管理部门负责本级企业单位的产权登记。对极少数特殊类别的国有资产，国家国有资产管理局可委托有关机关办理产权登记手续。

3. 行政事业单位国有资产产权登记制度

行政事业单位国有资产产权登记也可分为设立产权登记、变动产权登记、撤销产权登记。同时，实行产权登记年度检查制度。其各自的含义与企业国有资产产权登记的各类型含义相差不大。

行政事业单位国有资产产权登记的内容主要包括单位基本情况和资产状况两个部分，前者包括单位名称、地址、单位负责人、开户银行及账号、成立日期、编制人数、单位性质等；后者包括资产总额、负债总额、国有资产总额、主要财产情况和非经营性资产转经营性资产情况等。

5.4.4 国有企业财产监督管理制度

1. 国有企业财产监督管理机构

在国务院统一领导下，国有资产实行分级行政管理。国务院授权有关部门或者有关机构，对指定的或者其所属的企业财产的经营管理实施监督。根据国务院的授权，省、自治区、直辖市人民政府可以确定有关部门或者有关机构，对指定的或者其所属的企业财产的经营管理实施监督。

2. 国有企业财产监督管理的原则

企业对国家授予其经营管理的财产依法自主经营，享有占有、使用和依法处分的权利。对于企业财产的监督管理应当遵循以下原则：政企职责分开；政府的社会经济管理职能和国有资产所有者职能分开；企业财产的所有权与经营权分离；投资收益和产权转让收入用于资本的再投入；资本保全和维护所有者权益；企业独立支配其法人财产和独立承担民事责任。

3. 国有企业财产的分级管理和分工监督制度

分级管理是指国务院国有资产管理行政主管部门和地方各级国有资产管理部门履行不同的管理职责。国务院国有资产管理行政主管部门履行下列职责：会同有关部门拟定企业财产管理法规和制定企业财产管理规章、制度；汇总和整理国有资产的信息，建立企业财产统计报表制度，并纳入国家统计体系；组织清产核资、产权登记、产权界定、资产评估等基础管理工作，对国有资产保值增值状况进行监督检查，并对违法行为依法给予行政处罚；制定企业财产保值增值指标体系，从总体上考核国有资产经营状况；在国务院规定的职权范围内，会同有关部门协调解决国有资产产权纠纷；国务院规定的其他职责。地方各级人民政府可以根据国务院的规定设立国有资产管理部门，对地方管辖的国有资产依法实施行政管理。

分工监督制度是指国务院授权有关部门或者有关机构（以下统称国务院授权的监督机构）对国务院管辖的企业和国务院指定由其监督的地管辖的企业实施分工监督。

首先，国务院有关部门对国务院指定由其监督的企业和企业集团履行下列监督职责：对企业财产的保值增值状况实施监督；依照法定权限和程序，会同有关部门提出厂长（经理）的任免（聘任、解聘）建议，或者决定厂长（经理）任免（聘任、解聘）和奖惩；商有关部门提出监事会的人员组成；需报国务院审定的，应当按照有关规定履行报审手续；向企业派出监事会。

其次，国务院授权的全国性总公司对其所属企业履行下列监督职责：对企业财产的保值增值状况实施监督；依照法定条件和程序，决定或者批准厂长（经理）的任免（聘任、解聘）和奖惩；有关部门提出监事会的人员组成；向企业派出监事会。

另外，除国务院授权的监督机构监督的企业外，省、自治区、直辖市人民政府可以根据相关条例规定，确定有关部门或者有关机构（以下统称省级人民政府确定的监督机构），对省级人民政府管辖的企业和省级人民政府指定由其监督的下级地方人民政府管辖的企业实施分工监督。

国有资产管理部门和监督机构在履行职责时，不得干预企业的经营权。

4. 监事会制度

监事会是监督机构根据需要派出的对企业财产保值增值状况实施监督的组织。

（1）监事会成员的组成

国务院授权的监督机构对所监督的企业派出的监事会，其成员可以从下列人员中委派和聘请：监督机构委派的代表；财政部、国家经济贸易委员会和国家国有资产管理局等政府有关部门及有关银行派出的代表；监督机构聘请的经济、金融、法律、技术和企业经营管理等方面的专家；监督机构聘请的被监督企业的领导人和企业职工代表；监督机构聘请的其他人员。省级人民政府确定的监督机构派出的监事会，其成员可以参照前款规定委派和聘请。

监事会由不少于 5 人、不超过 15 人的奇数成员组成。监督机构委派和政府其他部门派出的监事人数不得超过监事会成员总数的三分之二。监事会主席由政府或者监督机构在监事会成员中指定。监事会每届任期 3 年。监事连任不得超过两届。

（2）监事的条件和职责

监事应当符合下列条件：能够维护所有者的权益；坚持原则，清正廉洁，办事公道；熟悉有关业务，有 10 年以上的从业经验。

监事会履行下列职责：审查经注册会计师验证的或者经厂长（经理）签署的企业财务报告，监督、评价企业经营效益和企业财产保值增值状况；根据工作需要，查阅企业的财务账目和有关资料，对厂长（经理）和有关人员提出询问；对厂长（经理）的经营业绩进行监督、评价和记录，向派出监事会的监督机构提出对厂长（经理）任免（聘任、解聘）及奖惩的建议；根据厂长（经理）的要求，提供咨询意见。

（3）监事会的召开

监事会会议每年召开 1 ～ 2 次。经监事会主席或者三分之一以上的监事提议，或者应厂长（经理）的请求，监事会可以举行临时会议。监事会会议由监事会主席主持。监事会主席缺席时，可以委托其他监事代其主持会议。监事会会议应当建立会议记录。监事会决议应当由监事记名表决，经全体监事的过半数同意方为有效。

监事会对派出的监督机构负责，并定期向其报告工作。监事必须执行监事会的决议。监事不得泄露被监督企业的商业秘密。除被聘请担任监事的企业领导人和职工代表外，监事不得兼任被监督企业的任何职务，不得接受被监督企业的任何报酬。监事均为兼职。监事会履行职责所必要的开支，由派出的监督机构支付。监事会及其监事不得干预企业的经营权。

5. 法律责任

（1）国有资产管理部门有下列行为之一的，由政府责令改正；造成严重后果的，对主管领导人员和直接责任人员由上级机关或者所在单位给予行政处分：未按照规定履行监督职责，对企业财产流失的总体情况不掌握、不反映、不提出相应建议的；在组织开展清产核资、产权登记、产权界定和资产评估中，滥用职权，处罚不当，造成严重后果的；超越权限干预企业经营权，侵犯企业合法权益的。

（2）监督机构有下列行为之一的，由政府责令改正；造成严重后果的，对主管领导人员和直接责任人员由上级机关或者所在单位给予行政处分：未按照规定履行监督职责，对被监督企业财产流失的情况不掌握、不反映、不采取相应措施的；超越权限干预企业经营权，侵犯企业合法权益的。

（3）审批企业产权变动的部门有下列行为之一的，由政府责令改正；造成严重后果的，对主管领导人员和直接责任人员由上级机关或者所在单位给予行政处分：①违反国家有关规定，超越权限，擅自批准企业产权变动的；②审批企业产权变动不当，造成企业财产损失的；③在审批企业产权变动中，滥用职权，牟取私利的。

（4）监事会及其监事有下列行为之一的，由监督机构责令改正；造成严重后果的，按照规定程序，改组监事会，免去或者解聘有关的监事：①未按照规定履行监事会或者监事职责的；②超越监事会或者监事职权，干预企业经营权，侵犯企业合法权益的；③泄露企业商业秘密，利用监事职权谋取私利的；④以任何形式接受企业的报酬或者收受财物的。

（5）企业有下列行为之一的，由监督机构责令改正；造成严重后果的，对厂长（经理）和直接责任人员给予经济处罚，免除（解聘）其职务，或者给予降职、撤职处分：①企业经营管理不善，连续两年亏损，亏损额继续增加的；②在承包、租赁、股份制改组、联营或者与外商合资经营、合作经营及向境外投资过程中，弄虚作假，以各种名目侵占企业财产的；③向其他企业投资或者向境外投资，未在财务报告中如实反映收益状况或者未及时足额收取应得利润，造成企业财产流失的；④擅自转让企业产权的；⑤未按照规定进行清产核资、产权登记、资产评估及不如实填报报表，隐瞒真实情况的。

本章小结

财产关系法可分为物权法、债权法及知识产权法。物权法是为了维护国家基本经济制度，维护社会主义市场经济秩序，明确物的归属，发挥物的效用，保护权利人的物权而制定的法规。债权法是调整特定当事人之间请求为一定行为或不为一定行为的财产关系的法律规范的总称，也即调整债权债务关系的法律规范的总称。物权法的重心在于保护所有权不受侵犯，旨在维护财产的“静的安全”；而债权法的重心仍在于保护和促进财产流转，意在维护财产的“动的安全”。知识产权法是指因调整知识产权的归属、行使、管理和保护等活动中产生的社会关系的法律规范的总称。另外为了保护国有资产的利益，本章还对调整在管理国有资产过程中发生的经济关系的国有资产相关法律制度作了简要介绍。

本章案例

请扫描右侧二维码阅读案例内容。☞

练习题

1. 简述物权法的原则。
2. 简述所有权的内容。
3. 简述质权、留置权的概念及特征。
4. 简述知识产权的特征。
5. 简述债产生的根据。
6. 简述国有资产评估及国有资产产权登记的概念。

第6章

竞争法律制度

本章提要

本章主要介绍竞争法概述、竞争法的基本原则、竞争法的功能和地位，反不正当竞争法律制度、反垄断法律制度和竞争执法相关知识。旨在说明在市场经济条件下，为了保证市场经济健康、有序运行，维护市场经济公平、公正、公开竞争的良好秩序。各国都制定反不正当竞争法和反垄断法律制度，同时对于不正当竞争行为严格执法。

导入案例

腾讯正式起诉360不正当竞争

由于备受360隐私保护器滋扰和诬蔑，腾讯公司正式起诉360不正当竞争，要求奇虎及其关联公司停止侵权、公开道歉并作出赔偿。法院已受理此案。

9月27日，奇虎及其关联公司通过各种途径传播“360隐私保护器”。该隐私保护器直接针对QQ，将QQ安全检查模块的例行安全检查和QQ用户的正常操作列为“QQ窥视用户隐私”行为，在QQ用户中制造恐慌情绪。对此，腾讯公司当天发表声明称该保护器是对腾讯QQ安全功能的误解，但360方面继续通过各种恶意方式扩大事件影响。10月11日，腾讯QQ产品团队发布“关于腾讯QQ被诬蔑‘窥视用户隐私’的严正声明”，在详解QQ安全检查原理和机制的同时，谴责了360的故意抹黑行为，并宣布将“采取法律途径维护自己的正当权益”。

腾讯公司在诉状中称，“该‘360隐私保护器’通过监测腾讯QQ聊天软件的运行，利用虚假宣传手段，误导和欺骗用户，诬蔑原告和原告的产品‘窥视’用户的隐私，给原告及原告的产品和服务的声誉造成极大损害。同时，被告还通过官方博客、官方论坛、制作专题等方式,称‘QQ窥探用户隐私已久’‘QQ侵犯用户隐私’‘QQ承认窥探隐私’‘QQ正偷窥您的隐私’‘请慎重选择QQ’，诋毁原告及原告的产品和服务。”

腾讯方面指出，许多用户下载360隐私保护器后发现，把任何程序如微软MSN Messenger、Word甚至360自己的软件更名为“QQ.exe”,这个所谓的隐私保护器都会报告“腾讯QQ正在窥视你的隐私”。盛邦（中国）首席顾问、著名律师于某曾指出，“360与腾讯之间在某些产品上存在针锋相对的竞争关系，是同业竞争者。如果360为了市场竞争需要，故意通过此款定制软件抹黑腾讯QQ，以达到诋毁竞争对手及其产品的目的，获取不当的竞争优势，很可能构成不正当竞争”。

中国电子商务协会政策法律委员会副主任、法律专家阿拉木斯认为，360作为一款计算机软件的提供商，既不是执法机构，也不是网络“警察”，这样随意去认定另一家与其有竞争关系的公司侵权是十分荒谬的，其本身才是赤裸裸的侵权。

6.1 竞争法概述

在实行市场经济条件下，市场主体之间的竞争随时随地都存在。由于市场经济自身的缺陷，很可能导致无序竞争、恶意竞争、有些市场主体滥用垄断地位损害竞争对手以维护自己利益等情形。因此，各国为了给市场经济主体营造一个公平、公正和公开的竞争环境，克服市场经济自身的不足，促进市场经济健康发展，大部分国家都制定了竞争法来规制市场主体的行为，主要表现为反不正当竞争法和反垄断法。

6.1.1 竞争和竞争法的概念

竞争详细解释之一为互相争胜。《庄子•齐物论》中说：“有竞有争。”郭象注：“并逐曰竞，对辩曰争。”唐元稹《唐故赠左散骑常侍裴公墓志铭》：“冬曹晋阳，宠备幽穸，而又勤尽让，不为竞争。”康有为《大同书》戊部第一章：“况当世界竞争优胜劣败之时，岂可坐弃人才哉！”解释之二特指商品生产者为争取有利的产销条件而进行的相互斗争。

竞争的概念有三种意思：(1) 为了胜负或优劣而进行的争斗；(2) 市场主体为了追求自身利益而力图胜过其他市场主体的行为和过程；(3) 企业竞争是人类社会最为公开化和透明化的过程。经济学上的竞争是指经济主体在市场上为实现自身的经济利益和既定目标而不断进行的角逐过程。它是指在市场上存在大量潜在的供应商和消费者，因此，没有人能控制产品、价格等市场因素，是与垄断相反的经济形式。

可见，市场经济条件下竞争主要是各种市场主体之间为了各自的利益而实行各种行为。为了对各种市场主体的行为进行规范，从而演变出竞争相关的法律，即竞争法。

竞争法是指市场经济国家规范市场行为，保护和促进市场竞争的法律规范的总称。竞争法调整的社会关系是商品竞争关系。竞争是市场经济最重要的运行机制。没有竞争，市场就没有活力，经营者就没有动力。竞争法包括反不正当竞争法和反垄断法。不正当竞争和垄断都是市场竞争过程中出现的违反公平竞争规则的行为，都会给市场竞争秩序带来危害。竞争法就是要通过查处这些行为，来规制市场主体的竞争活动，创造一个自由、公平的竞争环境，规制市场主体的竞争行为，维护正常的竞争秩序，是竞争法最本质的特征和最基本的任务。

6.1.2 竞争法的依据

现代经济法起源于国家对竞争的规制，竞争法从一开始便作为经济法的一个组成部分而存在和发展现代意义的经济法，即作为一个独立法律部门的经济法，首先在实行市场经济的资本主义国家产生。19世纪末20世纪初，西方主要发达国家相继完成工业革命，资本主义由自由竞争阶段进入垄断阶段。在垄断资本主义条件下，垄断组织利用其拥有的市场支配地位操纵价格，控制市场，排斥和限制其他竞争者参与竞争，从而严重破坏竞争，窒息生产活力，并由此引发一系列的社会问题，加深了无产阶级和资产阶级的矛盾，加深了资产阶级内部各阶层之间的矛盾，也加深了经济危机，直接威胁到资本主义国家利益。

在自由资本主义条件下被奉为万能的市场调节，此时则表现出严重的缺陷与不足，面对市场失灵的严重现实，单纯依靠“看不见的手”即市场调节已无能为力，个别资本家之间的妥协也无济于事，因此必须伸出另一只“看得见的手”即国家之手来干预经济，而国家干预经济则主要是通过制定经济政策和经济法律、法规来实现的。正是在这种历史条件下，当时的西方发达资本主义国家纷纷根据本国垄断的危害情况，制定了大量的经济法律、法规，用于规范社会经济活动和经济关系，巩固和维护垄断资本主义社会的经济秩序。例如，1890 年美国国会通过了第一个反托拉斯法案即《保护贸易和商业不受非法限制与垄断之害法》（简称《谢尔曼法》）；1896 年德国制定了世界上第一部《反不正当竞争法》；1919 年德国制定了世界上第一部以经济法命名的法规《煤炭经济法》等。这些大量涌现出来的、体现国家干预经济、保护和促进竞争的法律、法规，已大大突破了传统民法、商法的范围，标志着现代意义经济法的产生。而上述这些法律、法规许多本身就是竞争法的重要内容，其中美国用以反托拉斯的《谢尔曼法》则是被公认的现代竞争法产生的标志。正如有的学者指出的：“经济法是‘规制以垄断资本主义国家的垄断为中心的经济从属关系的法’，国家为了维护竞争秩序而介入市场的法，就是本来意义的经济法”。因此，经济法的产生、发展，正是以竞争立法为契机的，它是以竞争法为基本内容之一而形成和发展起来的。

6.1.3 竞争法的调整对象

每种法律的调整对象都是一定的社会关系，竞争法同样调整的是特定的社会关系，是因市场竞争引起的特定的社会关系。竞争法的调整对象就是竞争关系和竞争管理关系。竞争关系是平等的竞争主体之间形成的一种社会关系，它是竞争法所调整的基础性的社会关系，不仅具有广泛性，而且也是竞争管理关系发生的前提和基础，没有竞争关系，就不可能有竞争管理关系。竞争关系包括合法的竞争关系和违法的竞争关系，它们都是竞争法的调整内容。

6.1.4 竞争法的特点

每一法律部门都有自己的特点，竞争法也不例外，竞争法的主要特点有以下几点。

1. 适用对象的多样性

竞争是一种市场行为，是经营者之间所发生的以实现利益最大化为目的而进行的行为，竞争关系是作为平等的市场主体的经营者之间基于竞争而形成的权利义务关系，因此，竞争法的适用对象，主要是经营者。但同时，竞争法也适用于部分管理机关，因为，经营者之间的竞争行为，是一种自发的行为，需要通过“有形的手”来加以制约，以避免无序的竞争所带来的社会资源的浪费。规定竞争管理机关的权利义务，是竞争法的一项重要内容。

2. 竞争法既规范影响市场结构的行为又规范具体竞争行为

也就是竞争法既规范不正当竞争行为（如假冒、商业贿赂等），同时也规范可能损害市场结构的行为，也就是各种垄断、限制竞争行为。

3. 调整方法的复杂性

调整方法是特殊法律部门特殊原则的集中体现。民事法律关系中，民事主体的法律地位是平等的，不允许任何一方享有凌驾于他方之上的特权，因此，民法的调整方法只能是自愿和平等；行政法是规制行政管理活动的法律规范，其调整方法是当事人的命令与服从。竞争法调整的对象包括了竞争关系和竞争管理关系两个方面，而这两种关系中，前者属于平等主体之间的关系，后者属于不平等主体之间的关系，如果用简单的一种方法来调整这两种完全不同的关系，显然是不可能的。竞争法既用自愿平等的方法调整着横向的关系，又用命令和服从的方法调整着纵向和竞争管理关系，“竞争性调整正是这种被动性适应和主动性竞争的混合”。

4. 竞争法是公法和私法、实体法与程序法的结合

公法一般指调整国家管理活动的法律规范，调整公权与私权关系的法，体现管理和服从关系。私法是指规范平等主题之间财产及人身关系的法。行政法、刑法属于公法，民法属于私法，甚至可以说民法和私法是同义语。除了基本的法律部门外，公法和私法在具体法律部门或者法律规范中常常是相互交叉的，常常出现既不是单纯的公法又不是单纯的私法的法律部门。这种法律部门的出现反映了法律所调整的法律关系的复杂多样性，竞争法就是属于这样的法律部门。

竞争法的内容，从调整对象来看，已经不能简单归入公法或私法的范畴，充分体现了经济法的特性，是公法与私法的结合，或者是公法与私法之外的新兴领域的产物。

各国竞争立法模式不同，但是有一个共同点，就是实体法与程序法并存于一法，这就不同于民法、刑法等有另外的民事诉讼法和刑事诉讼法来规定程序法。

6.2 竞争法的基本原则

竞争法的基本原则不仅是国家竞争政策在法律上的集中反映，是竞争法内容的高度抽象和概括，同时也是弥补竞争关系中法律漏洞和缺陷的工具。竞争法的基本原则主要有以下几项。

1. 适度自由原则

适度自由原则，即在竞争法的全部具体规范中，其共同体现出来的以经济规律的客观要求为“度”，适当限制经济主体自由的原则。

适度自由原则并不意味着对市场主体的行动自由一概加以限制，它要求区分不同的情况，允许和鼓励那些有利于经济发展的自由，而对真正危及经济发展或不正当掠夺利益的行为坚决打击、限制。但是市场行为形式多样，错综复杂，这就使适度自由的“度”变得难以把握。各国根据不同的具体历史情况和经济发展的目标，对于即使是同样的市场行为，往往也会作出大相径庭的规定。我国建立市场经济体制的时间尚短，不能像某些人主张的那样，先放任自由，让市场充分发育了，再对那些危害极大的市场行为进行限制，而应吸取西方国家的教训，在培育市场、赋予经济主体充分、全面自由的同时加上适当的约束。在具体的“度”上，应根据经济发展的水平，尊重客观经济规律，确立一个可以灵活操作的，既能保持高速发展又不致引发大量危及社会整体利益的标准。在对待企业兼并问题上的规制就是如此。

2. 公平竞争原则

一般来说，公平竞争原则是指各个竞争者在同一市场条件下共同接受价值规律和优胜劣汰的作用与评判，并各自独立承担竞争的结果。公平竞争既是竞争群体利益的要求，也是国家规制竞争活动的指导思想。

3. 国家干预适度原则

国家干预适度原则是要求国家干预经济生活要从社会公益的角度出发，把握适度、得当。在国家干预适度原则中，“适度”是一个高度抽象的、弹性的标准。“市场失灵”要产生效率损失，国家干预则是为了最大限度地挽回这种效率损失。但是，由于国家也是一个有限理性的经济主体，它在干预经济活动挽回一部分效率损失的时候，也可能会导致效率损失。当国家干预能以最低的效率损失挽回最大的效率损失时，就是最佳的、最理想的国家干预，即国家干预的适度。

4. 整体效率优先原则

整体效率优先原则是指通过众多竞争法规范体现出来的在效率与其他因素发生冲突时，优先考虑整体效率的竞争法原则。

5. 社会公益原则

社会公益原则是指国家规制市场经济生活要以社会公益为基本的出发点和最终归宿。也就是说，在国家干预市场，调整市场结构，规范市场行为，维护市场秩序，保护和促进公平竞争的过程中要始终以社会公益为基本尺度。在此原则中，所强调的“社会”是严格区分于“国家”的，而“公益”则涵盖了政治、经济及道德等社会各方面的诸多利益。

6.3 竞争法的功能

竞争法是伴随着国家对市场主体的竞争行为的干预而形成的法律学科。从法律部门的划分标准看，竞争法是现代经济法的重要组成部分，属于经济法范畴。

弥补市场缺陷，需由政府在尊重市场经济规律的前提下对经济进行适度干预，经济法恰恰适应了这一要求，它既突破了经济是市民的私事、国家不干预的观念，又避免了计划经济中国家无处不在的缺陷。

竞争法主要以义务性规范和禁止性规范的形式来规定竞争主体的各种相关义务。作为调整竞争关系的基本法律规范，竞争法的内容几乎涉及所有的经济领域和经济活动，它从根本上维护了整个国家的市场结构和市场秩序，使竞争机制的作用能得以正常发挥，并由此带来国家经济的繁荣和发展。正是如此，现代竞争法被一些国家的法学家们称作国家的“经济宪法”或国家经济的“基石”。

竞争法在市场经济中所发挥的作用是多方面的，主要可以归纳为以下几点。

1. 维持合理的市场结构，创造公平合理的竞争环境

市场结构是否合理，是决定竞争制度是否有效的一个重要因素。我国目前的市场结构形式的特点是以垄断性竞争市场为主、垄断市场和自由竞争并存。垄断性市场是指没有竞争或竞争程度很弱的市场。垄断性竞争市场是既包括垄断因素，又包括竞争因素的市场。这类市场的特点是并非所有的市场主体都可以进入，而必须达到一定的规模经济水平，产品也存在着较大的差别，即客观上存在进入市场的壁垒；但是，市场主体之间并不排斥竞争，相反，由于市场主体数量和规模的原因，相互之间的竞争强度更大，层次更高。自由竞争市场是指不存在进入市场限制、任何市场主体皆可参与竞争的市场。这类市场的特点是参与竞争的市场主体数量多，竞争激烈。竞争法的任务就是要根据国家的产业政策和国民经济的发展需要，规定反垄断的例外适用，维持一些与国计民生和国家安全密切相关的行业的垄断状态；对其

他部门和行业，则要规定企业兼并和控制的标准，严格控制企业间的协调市场行为和其他限制竞争的策略，防止经济权力的过度集中。正是如此，竞争法的制定和实施，有助于保持整个市场结构的合理性，为所有的市场主体创造一个公平合理的竞争环境。

2. 鼓励与保护公平竞争

鼓励与保护公平竞争是竞争法的宗旨和基本任务，它主要通过以下途径来实现这一作用：首先，创制、完善公平竞争的社会条件。市场经济的发展具有不平衡性，不同国家不同地区及不同时期的市场经济，由于社会环境、历史文化等的不同而各有特点。这些特点可能有利于市场竞争的开展，也可能不利于市场竞争的开展。因此，立法者总是试图通过竞争立法，扬长避短，不断创新，完善市场竞争条件，以此促进和保护公平竞争。其次，确立公平竞争的原则和制度。竞争法建立包括主体地位平等、自愿竞争、公平竞争奖励等原则和制度，为具体竞争行为提供模式，以规范、引导竞争者公平竞争，在制度方面为公平竞争提供保障。最后，保护竞争者的竞争权。一方面由竞争法明确规定竞争者的正当竞争权，界定竞争权的内容和范围，即予以授权；另一方面，具体规定当竞争者的公平竞争权受到侵犯时的救济措施与制度。

3. 保护经营者的合法权益

反竞争行为的客观存在直接增加了正当经营者的竞争风险和成本，尤其是一些具体的不正当竞争行为如侵犯商业秘密、商业诽谤、假冒注册商标等，往往是不正当行为人直接针对竞争对手实施的侵权行为。多对竞争对手的合法利益造成严重伤害。因此，竞争法制裁、打击各种反竞争行为，保护经营者的合法利益。

4. 促进资源优化配置

资源优化配置是指在市场经济条件下，不是由人的主观意志而是由市场根据平等性、竞争性、法制性和开放性的一般规律，由市场机制通过自动调节对资源实现的配置，即市场通过实行自由竞争和“理性经济人”的自由选择，由价值规律来自动调节供给和需求双方的资源分布，用“看不见的手”进行优胜劣汰，从而自动地实现对全社会资源的优化配置。

5. 促进企业的技术进步和发展

在市场经济条件下，市场主体通过公平、公开和公正的竞争，市场主体为了保护优势地位，必须通过技术创新，投入先进工具才能保持竞争优势，从而促进企业的技术进步和发展。

6. 保护国家和社会公共利益

反竞争行为在损害经营者、消费者个体利益的同时，还严重破坏市场竞争秩序、弱化竞争功能，抑制生产活力和生产效率，损害国家和社会的整体利益。更严重的是，当垄断和限制竞争行为的破坏达到一定程度时，会导致一国市场结构的严重失衡，甚至会动摇一国的经济基础。竞争法正是通过对竞争的有效保护，维护公平的竞争秩序、构建合理的市场结构，促进技术进步和国民经济的稳定增长，以实现对国家和社会整体利益的保护。

6.4 竞争法的地位

竞争法是伴随着国家对市场主体的竞争行为的干预而形成的法律学科。从法律部门的划分标准看，竞争法是现代经济法的重要组成部分，属于经济法范畴。

从 16 世纪到 19 世纪 70 年代，资本主义处于自由竞争的时期。在这一时期，自由竞争是经济活动的主导方式，国家对经济领域基本上采取不干预的自由放任主义的政策，只扮演一个消极的“守夜人”的角色。在自由竞争思潮和自然法思想的影响下，法律的主要任务是维护私人自治，即个人享有财产和缔结契约的绝对权利，国家的活动仅限于保障个人的这些权利并充当私人之间纠纷的调解人，而不应干预个人的自由。因此，调整私人之间经济关系的民法成了这一时期法律的最重要的部分，民法中的个人权利本位、绝对私有权、契约自由、过错责任等原则及相应的主要制度，都充分体现了资本主义上升时期的资产阶级自由追逐其个人利益的需要。但在16世纪六七十年代，自由竞争发展到了顶点，自由资本主义走向了集中和垄断。垄断的出现使资本主义的各种社会矛盾日益尖锐，经济危机频繁发生，经济上的自由放任主义观念发生了动摇，资产阶级开始摈弃“干预越少的政府是越好的政府”的信条，将政府对经济生活的干预纳入了法制的轨道，在法律制度上，各国都出现了私法公法化的现象，私权绝对、契约自由等原则得到了限制，社会本位的立法思想的影响进一步扩大。20世纪的德国，为了准备和应付战争，通过立法干预经济，限制个人的财产权利和契约自由，控制物资和价格，从而也引发了学者对这种法律现象的研究，“经济法”的概念也随之产生。此后，经济法作为国家干预社会经济生活的形式，逐步得到各国的承认，并成为法律体系中一个重要的法律部门。

6.5　反不正当竞争法律制度

6.5.1　不正当竞争与反不正当竞争法

1. 不正当竞争的概念和基本特征

不正当竞争是指经营者违反法律的规定，损害其他经营者的合法权益、扰乱社会经济秩序、违反市场秩序和市场规则及相应的法律规范的竞争。所谓经营者，是指从事商品经营或者营利性服务的法人、其他经济组织和个人。

不正当竞争是对正当竞争行为的违反和侵害。正当竞争是指经营者采用符合国家法律、遵守社会公认的商业道德、信守诚实信用原则的商业手段进行竞争的行为。因此，凡是在竞争过程中，采用虚假、欺诈、损人利己的违反国家法律手段进行的竞争，都是不正当竞争行为，都会损害其他的经营者的合法权益，扰乱社会经济秩序。对于依法应当追究法律责任的不正当竞争行为，反不正当竞争法已经作出明确规定。

不正当竞争具有两个基本特征：①违反市场经济运行的公平合理原则和市场规则，对市场经济的正常运行起着干扰和破坏作用。②不正当竞争一般都直接和严重地损害竞争者或消费者的经济利益。

长期以来，世界各国对于不正当竞争都有着明确的定义，《保护工业产权巴黎公约》第10条规定：凡在工商业活动中违反诚实信用的竞争行为即构成不正当竞争行为；德国《反不正当竞争法》规定：在营业中为竞争目的采取违反善良风俗的行为；美国《联邦贸易委员会法》第5条规定：在商业中或者影响商业的不公平竞争方法、不公平或者欺骗性的行为或惯例；中国《反不正当竞争法》第2条第2款规定：经营者违反本法规定，损害其他经营者的合法权益，扰乱社会经济秩序的行为。

2. 反不正当竞争法

反不正当竞争法的概念有广义和狭义两种理解。广义的反不正当竞争法，是指调整发生在市场竞争中的不正当竞争行为的法律规范的总称，包括垄断、限制竞争行为在内的所有破坏竞争的行为。狭义的反不正当竞争法，是指对不正当竞争行为进行规制的法律规范的总称，不包括调整垄断行为和限制竞争行为的法律规范。

我国反不正当竞争法采取了和反垄断法分别立法的体例。我国于1993年9月2日第八届全国人民代表大会常务委员会第三次会议通过了《中华人民共和国反不正当竞争法》，并于1993年12月1日起施行。最高人民法院也于2007年1月12日公布了《最高人民法院关于审理不正当竞争民事案件应用法律若干问题的解释》，并于当年2月1日起实施。

6.5.2 反不正当竞争法调整对象和特征

1. 反不正当竞争法调整对象

我国《反不正当竞争法》的调整范围在借鉴各国立法经验的同时，主要从我国市场经济发展的现有水平和实际需要出发，对现实生活中表现比较典型或随着经济发展会日益突出的那些破坏竞争秩序的不正当竞争行为，以及部分限制竞争行为进行规范。其调整范围有如下。

（1）主要调整狭义上的不正当竞争行为

由于我国处于从计划经济向市场经济过渡时期，市场经济尚未发育完善，典型的经济垄断和限制竞争行为在经济生活中并不突出；而以欺诈利诱为特征的各种不正当竞争行为开始大量出现，尤其是制售假冒伪劣商品、制作发布虚假广告、抽奖式有奖销售、商业贿赂行为等最为突出。这些行为涉及面广，发案数量多，持续时间长，已在相当程度上破坏了正常的商品交易秩序，妨碍了市场经济的健康发展，对其进行规制和予以制裁实属当务之急。

根据我国《反不正当竞争法》的规定，这类不正当竞争行为主要有：采用假冒或混淆手段从事市场交易的行为；侵犯他人商业秘密的行为；利用贿赂性销售进行竞争的行为；损害竞争对手的商业信誉、商品声誉的行为；进行虚假的广告宣传，损害经营者或消费者的利益，破坏市场秩序的行为；违反本法规定的有奖销售行为。

（2）行政性垄断及限制竞争行为

针对我国目前存在的严重部门垄断和地区封锁及其他限制竞争行为，我国《反不正当竞争法》也做了相应的禁止和制裁的规定，如政府利用行政权力限制商品流通，限制正当竞争的行为；公用企业或其他具有独占地位的经营者限定他人购买指定商品，排挤其他竞争对手的行为；以排挤竞争对手为目的，以低于成本的价格销售商品的行为；搭售商品或附加其他不合理条件的行为；串通投标的行为等。

2. 反不正当竞争法的特征

我国《反不正当竞争法》最显著的特征是调整对象的特殊性，即调整发生在市场竞争中的不正当竞争行为。法律明确规定经营者的哪些行为是不正当竞争行为，应予以制止。对行为主体而言，法律不是直接规定其享有哪些权利，而是规定其负有哪些不作为的义务。反不正当竞争法是从制止不正当竞争行为，制裁违法行为来保护自由、公平、合理竞争，保护其他经营者的合法权益，维护社会经济秩序。

6.5.3 不正当竞争行为的表现类型

1. 假冒行为

假冒行为，又称商业混同行为，是指经营者采用欺骗性手段从事市场交易，使自己的商品或服务与特定竞争对手的商品或服务混淆，造成或足以造成购买者误认误购的不正当竞争行为。

假冒行为具体包括以下几种。

(1) 假冒他人注册商标。

假冒他人注册商标，即经营者在同种或类似商品或服务上使用与其他经营者注册商标相同或者近似的商标的行为。假冒他人注册商标的表现形式有：①未经注册商标所有人许可，在同一种商品上使用与其注册商标相同的商标的；②明知是假冒注册商标的商品而进行销售的；③伪造、擅自制造他人注册商标标识的；④销售伪造、擅自制造他人注册商标标识的。

(2) 仿冒知名商品特有的名称、包装、装潢。

知名商品是指在市场上具有一定知名度，为相关公众所知悉的商品。特有的商品名称、包装、装潢，是指商品名称、包装、装潢非为相关商品所通用，并具有显著的区别性特征。

知名商品及其特有的名称、包装、装潢的认定原则是：①商品的名称、包装、装潢被他人擅自作相同或者近似使用，足以造成购买者误认的，该商品即可认定为知名商品；②特有的名称、包装、装潢依照使用在先的原则认定；③县级以上工商行政管理机关在监督检查时，对知名商品和特有的名称、包装、装潢一并予以认定；④对使用与知名商品近似的名称、包装、装潢，可以根据主要部分和整体印象相似、一般购买者施以普通注意力会发生误认等综合分析认定；一般购买者已经发生误认或者混淆的，可以认定为近似。

擅自将他人知名商品特有的名称、包装、装潢作相同或者近似使用，造成与他人的知名商品相混淆，使购买者误认为是该知名商品的行为，是仿冒知名商品的名称、包装、装潢和不正当竞争行为。

(3) 仿冒他人的企业名称或姓名。

企业名称又称商号，是用来区分不同的厂商，也就是将这个企业区别于另外一个企业的标识或名称。一个驰名的商号也是企业巨大的无形资产，如同仁堂、冠生园等，企业名称与商标有共同之处，就是都具有识别功能，不同的是企业名称表现形式单一，只能用文字表示，不能使用图案，而且企业名称是用来区分企业的，而不是用来区分不同的企业所销售的商品和提供的服务的。

姓名是指自然人对于姓名设定、变更和专用的人格权。自然人有权决定、使用和改变自己的姓名，有权禁止他人干涉、盗用、假冒。

冒用他人的企业名称或者姓名的行为的要件为：①被冒用的客体是企业的名称或者姓名，目的也是为了得到经济利益，被冒用的企业名称或者姓名一般都是比较知名的，能够产生经济利益的；②冒用行为引起消费者的误认；③在主观上存在故意。

(4) 在商品上伪造或冒用认证标志、名优标志等质量标志，伪造产地，对商品作引人误解的虚假表示。

认证标志是指产品质量认证标志，是指经国际或国内权威的质量认证机构认证合格后对符合认证要求的企业颁发认证书，并允许其按规定使用的标志。目前我国国家技术监督局批准颁发的认证标志有方圆标志、长城标志和 PRC 标志，方圆标志分为合格标志和安全认证标志；长城标志是电子产品专用认证标志。

名优标志是优质产品的荣誉标记，通常是由有关的组织或部门颁发的。它分为两级：一级是国家级的，有金质奖牌、银质奖牌两种；另一级是部级、省级的，有“优”字标志图案。

原产地标志是标于商品之上的用于表明商品来源于特定的国家或地区的一种标记，其实质为地理标记。

2. 商业贿赂行为

商业贿赂行为是指经营者在市场交易活动中，为争取交易机会，特别是为获得相对于竞争对手的市场优势，通过秘密给付财物或者其他报偿等不正当手段收买客户的负责人、雇员、合伙人、代理人和政府有关部门工作人员等能够影响市场交易的有关人员的行为。

我国《反不正当竞争法》第 8 条规定：经营者不得采用财物或者其他手段进行贿赂以销售或者购买商品。在账外暗中给予对方单位或者个人回扣的，以行贿论处；对方单位或者个人在账外暗中收受回扣的，以受贿论处。经营者销售或者购买商品，可以以明示方式给对方折扣，可以给中间人佣金。经营者给对方折扣、给中间人佣金的，必须如实入账。接受折扣、佣金的经营者必须如实入账。

3. 虚假宣传行为

引人误解的虚假宣传是指经营者利用广告或其他方法，对商品的质量、制作成分、性能、用途、生产者、有效期限、产地等作引人误解的宣传的行为。引人误解的虚假宣传，既包括虚假宣传，也包括引人误解的宣传两种类型。

广告是经营者和消费者之间进行信息沟通的媒介，广告利用是否恰当在一定程度上关系到产品的销路，关系到经营者的经营状况。特别是当前信息社会，消费者接触信息的途径非常广泛，但是作为经营者发布广告的内容必须真实，不得进行虚假宣传欺骗消费者。虚假宣传不仅损害消费者的利益，也使其他经营者丧失公平交易的机会，同时破坏市场经济的健康发展。

我国《反不正当竞争法》第 9 条规定：经营者不得利用广告或者其他方法，对商品的质量、制作成分、性能、用途、生产者、有效期限、产地等作引人误解的虚假宣传。广告的经营者不得在明知或者应知的情况下，代理、设计、制作、发布虚假广告。

4. 侵犯商业秘密的行为

商业秘密是指不为公众所知悉、能为权利人带来经济利益，具有实用性并经权利人采取保密措施的技术信息和经营信息。因此商业秘密包括两部分：非专利技术和经营信息。例如，管理方法，产销策略，客户名单、货源情报等经营信息；生产配方、工艺流程、技术诀窍、设计图纸等技术信息。商业秘密关乎企业的竞争力，对企业的发展至关重要，有的甚至直接影响到企业的生存。

商业秘密的主要特点如下。

第一，秘密性。秘密性指商业秘密所处的状态应当是秘密的，没有被公开过，这也是商业秘密最本质的特征。确定商业秘密的私密性，最客观的标准是：“不为公众所知悉”。这种不为“公众所知悉”是相对的，事实上，一方面商业秘密是必须为一定范围内的特定人所知悉的，除商业秘密权利人外，知悉商业秘密的人通常还包括权利人内部为使用商业秘密而合法知悉或掌握商业秘密的职员；合法受让商业秘密因而知悉和掌握商业秘密的权利人，根据有关合同或协议的约定有权使用商业秘密的当事人，等等。

第二，价值性。商业秘密正是“因其属于秘密而具有商业价值”。所以价值性是商业秘密必须具备的特征，主要能够给权利人带来现实的或潜在的经济价值。

第三，措施性。措施性是指权利人应对商业秘密进行管理，要采取合理的保密措施，即权利人仅有主观意识还不够，还必须实施客观的保密措施，如签订保密合同、订立保密协议、建议保密制度、加强保密教育、加强门卫保卫措施等。

经营者侵犯商业秘密的不正当竞争行为有以下几种表现形式。

（1）经营者以盗窃、利诱、胁迫或者其他不正当手段获取权利人的商业秘密。

（2）经营者披露、使用或允许他人使用以盗窃、利诱、胁迫或其他不正当手段获取的权利人的商业秘密。

（3）经营者违反约定或者违反权利人有关保守商业秘密的要求，披露、使用或者通知他人使用其所掌握的商业秘密。

（4）第三人在明知或应知商业秘密是经营者通过不正当手段获得并加以不法披露、使用或允许他人使用的情况下，仍然去获取、使用或者披露权利人的商业秘密。

5. 低价倾销行为

低价倾销行为是指经营者以排挤竞争对手为目的，在一定时间和一定范围内，以低于成本的价格销售商品或者提供服务的行为。低价倾销违背企业生存原理及价值规律，在市场竞争中往往引发价格大战，中小企业纷纷倒闭等恶性竞争事件，甚至导致全行业萎缩的严重后果。

低价倾销行为的特点如下。

（1）行为的主体只能是处于卖方地位的经营者。由于这种行为是针对销售行为而言的，因而处于买方地位的经营者不可能构成这种行为的主体。而且在大多数情况下，是大型企业或者在特定市场上具有经营优势地位的企业。

（2）行为人主观上存在故意，并具有排挤竞争对手的目的。行为人以低于成本的价格销售商品，必然在一定时期内亏损，经营者明知亏本还自愿低于成本价销售，不是出于一时无奈就是一种有意的安排。事实上，不正当亏本销售是经营者有意采取的一种行动，其真正目的在于通过低于成本的价格争夺顾客，将竞争对手排挤出市场，从而获得垄断地位，再牟取高额的垄断利润。因此，低价倾销必须是出于故意，并有排挤竞争对手的目的。

（3）行为人客观上实施了以低于成本的价格销售商品或者提供服务的行为。成本是构成商品价格的主要成分和基础依据，商品价格应是成本、税金和合理利润的总和，因此，正常的价格总是高于成本的。但是低价倾销以排挤竞争对手为目的，违背价值规律以低于成本的价格进行销售，这势必扰乱正常的竞争秩序。正是基于此，在判断是否构成低价倾销时，必须以行为人客观上是否实施了低价倾销行为为要件。

（4）侵犯的客体是社会正常竞争秩序。经营者以低于成本的价格销售商品时，表面上看，受损失的是销售者自己，与其他经营者无关，消费者还会因此受益。但事实上并非如此，因为从长远看，经营者低于成本价格销售商品的目的在于排挤竞争对手，然后通过独占市场而推行垄断价格。因此，低价倾销行为在实质上是违反竞争规律的，是对正常竞争秩序的破坏。

低价倾销也有例外情况。根据我国《反不正当竞争法》第 11 条第 2 款的规定，有下列情形之一的，不属于不正当竞争行为，即低价倾销之例外。

（1）销售鲜活商品

这类商品主要是指农副产品，如蔬菜、瓜果、水产品、畜肉品等。因为这类产品具有保鲜期短、易变质、易腐烂、销售时间性强等特点，所以，以低于成本的价格销售，并不构成不正当竞争。但是需要注意的是，如果经营者以排挤竞争对手为目的，故意低于成本价销售鲜活商品，同样构成低价倾销。

（2）处理有效期限即将届满的商品或者其他积压的商品

具有有效期限的商品主要包括食品、饮料、营养品、药品、化妆品等。按照我国《产品质量法》《药品管理法》等法律法规的规定，这类商品超过有效期限后是严禁销售的。积压的商品一般是指因供过于求、被新产品所替代等原因而长期滞销的产品。处理有效期限即将届满或者积压的商品，往往是经营者不得已而为之的降价行为，它不具有排挤竞争对手的目的，所以不属于不正当竞争行为。

（3）季节性降价

季节性商品是指那些市场需求随着季节变化而呈明显变动的商品，如服装、冷饮、电取暖炉等。一旦过了销售季节，其市场需求极少，还按原价销售，就难以售出。这既不利于企业资金的流动，也不利于资源的利用。如果采用降价销售，甚至以低于成本的价格甩卖，过季商品就能很快脱手，可以避免生产经营上的困难和社会资源的浪费。

（4）因清偿债务、转产、歇业降价销售商品

有的企业因经营管理不善等原因而负债累累，为了偿还债务而将商品以低于成本的价格销售，这是一种不得已的处置措施。此外，企业基于客观原因而转产、歇业时，也需要尽快处理原有的设备、材料、商品等，在处理过程中以低于成本的价格销售商品，不是不正当竞争行为。但是如果假借适用例外的规定，而行低于成本价销售之实，目的是排挤竞争对手，则应当认定为低价倾销，如谎称转产、搬迁、还债等，以低于成本价销售商品来排挤竞争对手，就属于不正当竞争行为。

6. 强行搭售行为

强行搭售行为是指经营者利用自己的经济优势或经营上的优势，在销售商品或提供服务时，违背购买者的意愿，搭售其他商品或附加其他不合理的交易条件的行为。根据《民法通则》和《合同法》的有关规定，在交易过程中一方或者双方均可以附加一定的条件，但是附加的条件必须合理合法，否则，可能构成不正当竞争行为。

构成强行搭售行为，必须满足以下几个要件。

（1）其行为主体是经营者，并且通常是具有经营优势的经营者。

（2）经营者利用其经济优势违背相对交易人的意愿强行搭售商品或服务，交易人被迫接受。

（3）经营者主观上存在故意，客观上侵害了相对交易人的权益。

（4）搭售行为在一定条件下存在违法性。

（5）搭售行为不但阻碍甚至剥夺了同行业竞争对手相关产品的交易机会。

7. 不正当有奖销售行为

有奖销售是指商业企业根据自身的现状，经营商品的种类，商品的特征及消费者的需求，通过给予奖励、刺激和诱导消费者参与购买的商品的活动。有奖销售是一种有效的促销手段，其方式大致可分为两种：一种是奖励给所有购买者的附赠式有奖销售；另一种是奖励部分购买者的抽奖式有奖销售。法律并不禁止所有的有奖销售行为，而仅仅对可能造成不良后果、破坏竞争规则的有奖销售加以禁止。

不正当有奖销售是指经营者在销售商品或提供服务时，以提供奖励（包括金钱、实物、附加服务等）为名，实际上采取欺骗或者其他不正当手段损害用户、消费者的利益，或者损害其他经营者合法权益的行为。

不正当有奖销售的行为的特点如下。

（1）不正当有奖销售的主体是经营者。有关机构、团体经政府和政府有关部门批准的有奖募捐及其彩票发售活动不适用反不正当竞争法。

（2）经营者实施了法律禁止的不正当有奖销售行为，如欺骗性有奖销售或巨奖销售。

（3）经营者实施不正当有奖销售，目的在于争夺顾客，扩大市场份额，排挤竞争对手。

我国禁止以下列方式进行有奖销售。

（1）谎称有奖销售或对所设奖的种类，中奖概率，最高奖金额，总金额，奖品种类、数量、质量、提供方法等作虚假不实的表示。

（2）采取不正当手段故意让内定人员中奖。

（3）故意将设有中奖标志的商品、奖券不投放市场或不与商品、奖券同时投放，或者故意将带有不同奖金金额或奖品标志的商品、奖券按不同时间投放市场。

（4）抽奖式的有奖销售，最高奖的金额超过5000元（以非现金的物品或者其他经济利益作为奖励的，按照同期市场同类商品或者服务的正常价格折算其金额）。

（5）利用有奖销售手段推销质次价高的商品。

（6）其他欺骗性有奖销售行为。

8. 诋毁商誉行为

诋毁商誉行为是指经营者捏造、散布虚假事实，损害竞争对手的商业信誉、商品声誉，从而削弱其竞争力的行为。

商誉是社会公众对市场经营主体名誉的综合性积极评价，它是经营者长期努力追求，刻意创造，并投入一定的金钱、时间及精力才取得的。良好的商誉本身就是一笔巨大的无形财富。在经济活动中，最终又通过有形的形式（如销售额、利润）回报它的主体。法律对通过积极劳动获得的商誉给予尊重和保护，对以不正当手段侵犯竞争者商誉的行为予以严厉制裁。

诋毁商誉的行为特点如下。

（1）行为的主体是市场经营活动中的经营者，其他经营者如果受其指使从事诋毁商誉行为的，可构成共同侵权人。新闻单位被利用和被唆使的，仅构成一般的侵害他人名誉权行为，而非不正当竞争行为。

（2）经营者实施了诋毁商誉行为，如通过广告、新闻发布会等形式捏造、散布虚假事实，使用户、消费者不明真相产生怀疑心理，不敢或不再与受诋毁的经营者进行交易活动。若发布的消息是真实的，则不构成诋毁行为。

（3）诋毁行为是针对一个或多个特定竞争对手的。如果捏造、散布的虚假事实不能与特定的经营者相联系，商誉主体的权利便不会受到侵害。应注意的是，对比性广告通常以同行业所有其他经营者为竞争对手而进行贬低宣传，此时应认定为商业诋毁行为。

（4）经营者对其他竞争者进行诋毁，其目的是败坏对方的商誉，其主观心态出于故意。

9. 串通招标、投标行为

招标是指招标人（买方）发出招标通知，说明采购的商品名称、规格、数量及其他条件，邀请投标人（卖方）在规定的时间、地点按照一定的程序进行投标的行为。投标是与招标相对应的概念，它是指投标人应招标人的邀请或投标人满足招标人最低资质要求而主动申请，按照招标的要求和条件，在规定的时间内向招标人递价，争取中标的行为。

招标和投标是在市场经济条件下进行大宗货物的买卖、工程建设项目有发包与承包，及服务项目的采购与提供时，所采用的一种交易方式。招标投标的交易方式，是市场经济的产物，采用这种交易方式，须具备两个基本条件：一是要有能够开展公平竞争的市场经济运行机制；二是必须存在招标采购项目的买方市场，对采购项目能够形成卖方多家竞争的局面。

可见，招标和投标需要良好的公平竞争环境。若是投标者串通投标，抬高标价或压低标价，或者是投标者和招标者之间相互勾结，以排挤竞争对手。那么招投标就难以保证公平竞争。

串通招标投标行为的主要表形有以下几种情形。

（1）一个投标者与招标组织者串通。这是招标活动中常见的一种现象。在招标活动中，招标方或其个别人员，与某一投标者相互勾结，采用透露标底等非法手段；或让该企业以低价中标，再通过调整合同价款，增加变更、签证等方式，使其获利。这种方式的危害是十分巨大的。中标后，承包者不是千方百计干好工程，而是把心思放在偷工减料等歪门邪道上，致使有的工程建成之日就是大修之日，甚至是倒塌之日。

（2）投标者相互串通，损害招标者利益。为避免在招标中泄露标底等行为，有些地方采用无标底招标或复合标底招标。这种做法有一定的积极意义，但也给投标者串通招标提供了可乘之机。几个投标者串通一气，统一口径提高投标价格。这样，无论谁中标，几家都可以平分提高部分的差价，获取不义之财。

（3）在邀请招标活动中，暗定一家，其他人“陪标”。招标投标法颁布后，议标被取消，但邀请招标又为某些招标者串通招标提供了可乘之机。例如，招标者已暗定一家承包者甲，但又不敢违反法律规定不招标，就采用邀请招标方式。邀请另两家实力和水平都远不如甲的承包者，或者直接由甲安排两家承包者“陪标”，使甲在评标中脱颖而出，中取标的。

（4）招投标双方串通，在制定资格预审文件、招标文件、评标办法、确定评标人员等环节，制定倾向于特定投标者，排挤其他投标者的条件，增加特定投标人中标的可能性。

（5）串通投标还有一种特殊的行为方式，即特定投标人既不与其他投标者相勾结，也不与招标者串通，而是通过其他途径找到该招标项目所在地区的行政长官或招标单位的上级主管部门，利用行政干预的手段，迫使招标单位确定该特定投标人中标。这种串通行为最突出的表现就是地方保护或部门（行业）保护。这种串通的隐蔽性很强，而对市场经济公平竞争的秩序冲击巨大。

10. 限购排挤行为

限购排挤行为是指公用企业或者其他依法具有独占地位的经营者为了排挤其他经营者而采取的限定他人购买其指定的经营者的商品的行为。例如，煤气公司提供煤气，在安装煤气管道时，强制用户和消费者必须购买某工厂生产的燃气具，否则，不予安装。由于这类行为限制了用户和消费者的自由选择权，使生产同种商品的其他经营者完全被排斥在特定的市场之外，妨碍了市场公平竞争，因此应依法禁止。

我国《反不正当竞争法》规定，公用企业或者其他依法具有独占地位的经营者，不得限定他人购买其指定的经营者的商品，以排挤其他经营的公平竞争。

6.6 反垄断法律制度

6.6.1 世界各国反垄断立法概述

1865 年美国南北战争结束后，随着全国铁路网的建立和扩大，原来地方性和区域性的市场迅速融为全国统一的大市场。大市场的建立一方面推动了美国经济的迅速发展，另一方面也推动了垄断组织即托拉斯的产生和发展。1879 年美孚石油公司即美国石油业第一个托拉斯的建立，标志着美国历史上第一次企业兼并浪潮的开始，托拉斯从而在美国成为不受控制的经济势力。过度的经济集中不仅使社会中下层人士饱受垄断组织滥用市场势力之苦，而且也使市场普遍失去了活力。在这种背景下，美国在19世纪80年代爆发了抵制托拉斯的大规模群众运动，这种反垄断思潮导致1890年《谢尔曼法》的诞生。《谢尔曼法》是世界上最早的反垄断法，从而也被称为世界各国反垄断法之母。美国最高法院在其一个判决中指出了《谢尔曼法》的意义，即“谢尔曼法依据的前提是，自由竞争将产生最经济的资源配置，最低的价格，最高的质量和最大的物质进步，同时创造一个有助于维护民主的政治和社会制度的环境”。

从《谢尔曼法》问世到第二次世界大战结束，这期间除美国在1914年颁布了《克莱顿法》和《联邦贸易委员会法》作为对《谢尔曼法》的补充外，其他国家的反垄断立法几乎是空白。然而，第二次世界大战一结束，形势产生了很大的变化。首先，在美国的督促和引导下，日本在1947年颁布了《禁止私人垄断和确保公正交易法》，德国于1957年颁布了《反对限制竞争法》。1958年生效的《欧洲经济共同体条约》第85条至第90条是欧共体重要的竞争规则。此外，欧共体理事会1989年还颁布了《欧共体企业合并控制条例》，把控制企业合并作为欧共体竞争法的重要内容。意大利在1990年颁布了反垄断法，它是发达市场经济国家中颁布反垄断法最晚的国家。现在，经济合作与发展组织（OECD）的所有成员国都有反垄断法。

发展中国家反垄断立法的步伐比较缓慢。直到20世纪80年代后期，尽管有联合国大会的号召，联合国贸发会还就管制限制性商业实践提供了技术援助，但是颁布了反垄断法的发展中国家仍然不足12个，它们包括亚洲的韩国、印度、巴基斯坦和斯里兰卡。发展中国家当时对反垄断法普遍不感兴趣的主要原因是，这些国家的许多产业部门或者主要产业部门是由国有企业经营的。为了维护国营企业的利益，国家自然就会在这些部门排除竞争。此外，当时所有的社会主义国家实行计划经济体制，不允许企业间开展竞争，这些国家自然也没有制定反垄断法的必要性。

20世纪80年代后期以来，随着世界各国经济政策总的导向是民营化、减少政府行政干预和反垄断，各国反垄断立法的步伐大大加快了。这一方面表现在亚洲、非洲和拉丁美洲的许多发展中国家纷纷制定或者强化了它们的反垄断法；另一方面表现在苏联和东欧集团的国家也都积极进行这方面的立法。到1991年，中欧和东欧地区的绝大多数国家包括保加利亚、罗马尼亚、克罗地亚、爱沙尼亚、哈萨克斯坦、立陶宛、波兰、俄罗斯、匈牙利等都颁布了反垄断法。近年来，随着这些地区的许多国家积极地申请加入欧盟，它们又都根据欧共体竞争法进一步强化了自己的反垄断法。据统计，世界上目前颁布了反垄断法的国家大约有84个。发展中国家以及前苏联和东欧国家现在之所以积极制定和颁布反垄断法，主要的原因是国有垄断企业的经济效益普遍不能令人满意。因此，除了一些特殊的行业，这些国家都已经开始在原先国家垄断经营的部门注入了私人经济，甚至在电信、电力、煤气等传统上被视为自然垄断的行业引入了竞争机制。现在，世界各国都已经普遍地认识到，垄断不仅会损害企业的效率，损害消费者的利益，而且还会遏制一个国家或者民族的竞争精神，而这种竞争精神才是一个国家经济和技术发展的真正动力。

6.6.2　我国反垄断立法概述

早在改革开放初期，国务院就针对计划经济时期的地区封锁和部门分割问题在1980年7月发布了《关于推动经济联合的暂行规定》。由于受到当时计划经济观念的局限，随后颁发的《关于开展和保护社会主义竞争的暂行规定》虽然注意到了竞争的重要性，但仍更强调计划与国家干预的主导性。也恰恰是因为这样的原因，尚未完全具有自主经营权利的公有制经济单位往往可以通过上级审批的形式（即管制行为）将彼此间的限制竞争行为合法化甚至制度化，如划分地域市场、分工协作、协调价格等。因而在这一时期，更为突出的问题除了进一步打破“条块分割”的局面外，更多集中在不正当竞争行为方面，而非限制竞争问题。

伴随着国家鼓励企业自主经营及“莫干山会议”后价格双轨制的尝试，1986 年通过的《民法通则》不仅为商品经济的发展提供了法律框架和保障，更为我国法治进程掀开了新篇章，为进一步深化改革，尤其是市场经济改革创造了前提。在这样的背景下，在计划外的商品流通领域，国营企业的自主经营权、乡镇企业和私营企业的发展，以及一定程度上的契约自由既促进了生产力的发展，也为企业间通过限制彼此经营自由的契约来实现限制竞争的目的创造了可能。但由于有着行政计划的干预，因此在计划外的商品生产与流通环节，不同程度的限制竞争行为，如横向的联营与纵向的合作，仍更多地被视为是积极的尝试，并通过《国务院关于进一步推动横向经济联合若干问题的规定》（1986 年）及地方相关规定加以引导。随即国务院法制局又牵头，与国家体改委、国家工商行政管理局等七部门成立联合小组，从 1987 年开始起草《禁止垄断和不正当竞争条例》，以实现疏堵结合的目标。可惜相关国际研讨会后仍由于在经济体制改革的一些基本问题上争议较大，起草工作一度搁置。

直到 1992 年 1 月 17 日中美两国政府签署了《关于保护知识产权的谅解备忘录》才再次推动了我国竞争法制定工作的重启，并在 1992 年 10 月“十四大”决议建设中国特色的社会主义市场经济后，才于 1993 年 9 月 2 日由第八届全国人大常委会第三次会议通过了《反不正当竞争法》，同年 12 月 1 日起施行。然而在这一部法律中除了禁止公用企业滥用独占地位行为和政府部门限制市场竞争行为外，并无其他有关限制竞争行为的规定。直到 20 世纪 90 年代末伴随对国企改制的加速和对私营经济的鼓励，各类限制竞争行为的负面作用也随之日益凸显时，《价格法》（1997 年），《合同法》（1999 年）及各省直辖市有关执行《反不正当竞争法》的规范性文件中才逐渐增加了对价格卡特尔、专利技术转让、划分市场、联合抵制等涉及限制竞争行为的规范，并于 2001 年“两会”后不久通过《国务院关于禁止在市场经济活动中实行地区封锁的规定》加强对滥用行政权力排除、限制竞争行为（也称“行政垄断”）的整饬力度。“入世”以后，国务院一些部委于 2003 年 1 月 2 日颁布《外国投资者并购境内企业暂行规定》（2006 年修订为《关于外国投资者并购境内企业的规定》），其中反垄断审查方面的条款初步确立了我国企业合并控制制度（即我国现行《反垄断法》中经营者集中规则）的雏形，使相关工作基本上有法可依。2004 年商务部与工商总局借鉴了德国《反限制竞争法（第六次修订版）》向国务院提交了《反垄断法（送审稿）》，两年后鉴于德国法进一步向欧共体竞争法看齐，国务院也更多吸收了后者的元素，并参考德国法和美国法的经验制定了《反垄断法（草案）》，于 2006 年 6 月 7 日原则通过后送交全国人大常委会审议。2007 年 8 月 30 日十届人大常委会表决通过反垄断法草案，于 2008 年 8 月 1 日起正式实施。

6.6.3 反垄断法所规定的垄断行为

《反垄断法》规定的垄断行为分为垄断协议、滥用市场支配地位、经营者集中和滥用行政权力排除、限制竞争等四类。

1. 垄断协议

垄断协议是指两个或者两个以上的经营者（包括行业协会等经营者团体），通过协议或者其他协同一致的行为，实施固定价格、划分市场、限制产量、排挤其他竞争对手等排除、限制竞争的行为。垄断协议可分为横向垄断协议与纵向垄断协议。

横向垄断协议是指具有竞争关系经营者之间以协议、决定或其他方式实施的排除、限制竞争的行为。例如，在生产或者销售过程中处于同一阶段的生产商之间、零售商之间或者批发商之间达成协议。横向垄断协议的主要表现有以下几个方面。

（1）固定或者变更商品价格。价格竞争是经营者之间最重要、最典型的竞争方式，它为世界各国所禁止，经营者不得通过协议、决议或者协调等串通方式实行统一确定、维持或变更价格的价格垄断。

（2）限制商品的生产数量或者销售数量。这是一种典型的横向垄断协议。商品的供应数量减少，必然导致市场价格上升，损害消费者的利益。

（3）分割销售市场或者原材料采购市场。它是指经营者之间分割地域、客户或者商品市场的行为。这种画地为牢的行为限制了经营者之间正常的自由竞争。

（4）限制购买新技术、新设备或者限制开发新技术、新产品。购买新技术、新设备，开发新技术、新产品可以有效地降低生产成本，提高生产效率，推动科学技术的发展进步。经营者之间的限制开发协议是破坏竞争，阻碍一国科学技术发展的行为。

（5）联合抵制交易。它也称集体拒绝交易，即经营者之间联合起来不与其他的竞争对手、供货商或者客户进行交易的行为。其目的是排斥了其他竞争对手，维护了自身垄断地位。

（6）国务院反垄断执法机构认定的其他横向垄断协议。

纵向垄断协议是指在生产或者销售过程中处于不同阶段的经营者与交易相对人之间达成的协议。这里的协议双方主体分别处于商品的生产、流通、销售的各个环节，彼此之间没有竞争关系，是相互依赖的关系。纵向垄断协议的主要表现有以下几个方面。

（1）固定向第三人转售商品的价格。固定转售商品价格协议是严重的垄断行为，限制了竞争，损害了消费者的利益。

（2）限定向第三人转售商品的最低价格。限制最高转售价格实际是限制了销售商的涨价幅度，有利于保护消费者的利益，但限制最低转售价格，不利于保护消费者利益，法律加以明确禁止。

（3）国务院反垄断执法机构认定的其他纵向垄断协议。经营者之间的协议、决定或者协同行为，虽然排除、限制了竞争，构成了垄断协议，但该类协议在其他方面所带来的好处要大于其对竞争秩序的损害，法律特别规定对其实行豁免，排除适用反垄断法的规定。

2. 滥用市场支配地位

市场支配地位是指经营者在相关市场内具有能够控制商品价格、数量或者其他交易条件，或者能够阻碍、影响其他经营者进入相关市场能力的市场地位。认定经营者具有市场支配地位，应当根据下列因素：（1）该经营者在相关市场的市场份额，以及相关市场竞争状况；（2）该经营者控制销售市场或者原材料采购市场的能力；（3）该经营者的财力和技术条件；（4）其他经营者对该经营者在交易上的依赖程度；（5）其他经营者进入相关市场的难易程度；（6）与认定经营者市场支配地位有关的其他因素。

其中，在多数情况下，市场份额是最重要和最直观的因素。因此，《反垄断法》推断当经营者在相关市场的市场份额达到一定比例时，可推定其具有市场支配地位，除非其有证据证明其不具有市场支配地位。不过，市场支配地位本身并不违法，只是对这种地位加以滥用才是违法的。我国《反垄断法》对滥用市场支配地位的行为做出了列举，具体表现在以下几方面。

（1）垄断高价和低价

垄断高价和低价是指拥有市场支配地位的企业凭借其市场支配地位，不适当地采取低价买入或者高价销出的办法牟取高额垄断利润的行为。通常，在卖方市场条件下，垄断价格通常是垄断高价，占有市场支配地位的经营者向购买者索取高价。在买方市场条件下，垄断价格通常是垄断低价，占有市场支配地位的经营者强制销售者按照低价进行交易。通过低价购买产品来盘剥即供应商（生产商、批发商）。垄断价格行为的主要目的在于榨取高额垄断利润，它主要影响横向企业所在经济阶段上的竞争。

（2）掠夺性定价

掠夺性定价是指占有市场支配地位的经营者无正当理由，以低于成本的价格销售商品。掠夺性定价虽然暂时表现为低价，但是经营者的上述行为仅是一种策略行为，他期待通过掠夺性定价排挤竞争对手获得垄断地位，进而抬高价格获得垄断利润。

（3）拒绝交易

拒绝交易又称抵制，是指占市场支配地位的企业无正当理由拒绝向其购买者销售或供应商品的行为。

（4）强制交易

强制交易是指占有市场支配地位的经营者限定交易相对人只能与其进行交易或者只能与其指定的经营者进行交易。通常强制交易行为是发生在上下游企业之间，经营者强制相对人只能和他或他指定的经营者进行交易，限定相对人与其竞争者进行交易。支配企业通过与其交易对方订立排他性交易契约，可达到抑制竞争者甚至将其逐出市场的目的，也会妨碍下游竞争者的进入。

（5）搭售或者附加不合理的交易条件

搭售或者附加不合理的交易条件，是指经营者利用其在经济或技术等方面的优势地位，在销售某种产品时强迫交易相对人购买其不需要、不愿购买的商品，或者接受其他不合理的条件。附加不合理的交易条件情形为：限制转售价格；限制销售地域；限制交易对象等。

（6）差别待遇

差别待遇又称歧视待遇，是指占有市场支配地位的企业没有正当理由而对条件相同的交易对象采取不同的价格或者其他不同的交易条件。差别待遇行为是一种纵向行为，它通常会影响到其前置或后置经济阶段上企业的竞争，会使受歧视者处于不利的竞争地位。

（7）其他滥用市场支配地位的行为

由于列举方式本身非周延性，加之市场竞争行为的多样性，滥用市场支配地位方式层出不穷，因此，我国《反垄断法》第 17 条第 1 款第七项授权国务院反垄断执法机构有权认定其他滥用市场支配地位行为。

3. 经营者集中

经营者集中是指经营者通过合并、资产购买、股份购买、合同约定（联营、合营）、人事安排、技术控制等方式取得对其他经营者的控制权或者能够对其他经营者施加决定性影响的情形。其中，合并是最重要和最常见的一种经营者集中形式。经营者集中是一把双刃剑，一方面，有利于发挥规模经济的作用，提高经营者的竞争能力。另一方面，过度集中又会产生或加强市场支配地位，限制竞争，损害效率。经营者集中是指下列情形：（1）经营者合并；（2）经营者通过取得股权或者资产的方式取得对其他经营者的控制权；（3）经营者通过合同等方式取得对其他经营者的控制权或者能够对其他经营者施加决定性影响。

经营者集中达到国务院规定的申报标准的，经营者应当事先向国务院反垄断执法机构申报，未申报的不得实施集中。但是，经营者集中有下列情形之一的，可以不向国务院反垄断执法机构申报：（1）参与集中的一个经营者拥有其他每个经营者50%以上有表决权的股份或者资产的；（2）参与集中的每个经营者50%以上有表决权的股份或者资产被同一个未参与集中的经营者拥有的。

4. 滥用行政权力排除、限制竞争

行政机关和法律、法规授权的具有管理公共事务职能的组织不得滥用行政权力，排除、限制竞争。具体而言，行政机关和法律、法规授权的具有管理公共事务职能的组织不得滥用行政权力，实施以下排除、限制竞争的行为。

（1）限定或者变相限定单位或者个人经营、购买、使用其指定的经营者提供的商品。

（2）妨碍商品在地区之间的自由流通，主要包括：①对外地商品设定歧视性收费项目、实行歧视性收费标准，或者规定歧视性价格；②对外地商品规定与本地同类商品不同的技术要求、检验标准，或者对外地商品采取重复检验、重复认证等歧视性技术措施，限制外地商品进入本地市场；③采取专门针对外地商品的行政许可，限制外地商品进入本地市场；④设置关卡或者采取其他手段，阻碍外地商品进入或者本地商品运出；⑤妨碍商品在地区之间自由流通的其他行为。

（3）以设定歧视性资质要求、评审标准或者不依法发布信息等方式，排斥或者限制外地经营者参加本地的招标投标活动。

（4）采取与本地经营者不平等待遇等方式，排斥或者限制外地经营者在本地投资或者设立分支机构。

（5）强制经营者从事《反垄断法》规定的垄断行为。

（6）行政机关不得滥用行政权力，制定含有排除、限制竞争内容的规定。

6.6.4　反垄断法适用除外

《反垄断法》的适用除外制度，是指对本来应当适用反垄断法规定的行为，因种种理由而被排除适用。从各国反垄断法的立法情形看，适用除外的排除方式大体有两种：一种是由反垄断法本身加以规定；另一种是在特别法的规定中加以适用除外。

反垄断法中设立适用除外制度的原因，从理论上讲，在现代市场经济条件下，国家干预市场经济活动的最大理由就是市场失灵的存在，即市场机制因本身的自发性、盲目性、滞后性等缺陷而不能有效地配置社会资源，从而造成经济的低效率和社会的动荡。20世纪初席卷整个西方世界的经济大危机就是市场失灵的大暴露，它说明自由资本主义的市场经济体制已失去了自律调整的功能，为了维护经济的均衡发展，国家适时的经济政策成为必要。由于国家的经济政策具有广泛性，不可能全部都以法律的手段加以实施，而法治国家的依法行政原则，又要求经济政策的实施需有一个基本的法律框架，并且，对企业行为加以规制也必须要有一个法律依据，这就是经济政策产生的一般原因。正是这种一般原因使人们看到了政策与法的关系，看到了反垄断法的作用，以及在反垄断法中设立适用除外制度所具有的必然性。

我国《反垄断法》第2条规定：中华人民共和国境内经济活动的垄断行为，和中华人民共和国境外的垄断行为，对境内市场竞争产生排除、限制影响的，都适用中国反垄断法；第15条规定：经营者能够证明所达成的协议属于下列情形之一的，不适用中国反垄断法第13条、第14条禁止卡特尔的规定：（1）为改进技术、研究开发新产品的；（2）为提高产品质量、降低成本、增进效率，统一产品规格、标准或者实行专业化分工的；（3）为提高中小企业经营者竞争力的；（4）为实现节约能源、保护环境、救灾救助等社会公共利益的；（5）因经济不景气，

为缓解销售量严重下降或者生产明显过剩的；（6）为保障对外贸易和对外经济合作中的正当利益的；（7）法律和国务院规定的其他情形。属于前款第一项至第五项情形，不适用中国《反垄断法》第 13 条、第 14 条规定的，经营者还应当证明所达成的协议不会严重限制相关市场的竞争，并且能够使消费者分享由此产生的利益；第 28 条规定经营者集中具有或者可能具有排除、限制竞争效果的，国务院反垄断执法机构应当作出禁止经营者集中的决定。但是经营者能够证明该集中对竞争产生的有利影响明显大于不利影响，或者符合社会公共利益的，国务院反垄断执法机构可以作出对经营者集中不予禁止的决定；第 56 条规定农业生产者及农村经济组织在农产品生产、加工、销售、储存等经营活动中实施的联合或者协同行为，不适用中国反垄断法。

6.7 竞争执法

6.7.1 竞争执法概述

随着经济全球化和国际市场竞争日益加剧，各国越来越重视竞争政策与竞争法律的制定与实施。竞争是市场经济的灵魂，在实行市场经济的各个国家，从它发展的历程来看，无一不是通过有效竞争来促使市场经济的繁荣和发展的。因此，竞争执法对维护竞争秩序和市场经济有序运行是至关重要的。良好的竞争执法，能够有效地维护竞争的有序开展，从而使市场经济能够有序地运行，只有它有序地运作了，市场经济能够得到发展和进步。

竞争执法是指竞争执法机构依维护市场秩序的法律规定，拟定制止垄断和不正当竞争的规定制度及具体措施、办法，并且组织实施，查处市场交易当中的垄断、不正当竞争案件的法定职责的活动。确保市场交易符合自愿、平等、公平和诚实信用原则及公认的商业道德。竞争执法主要包括两类：一是反不正当竞争执法；二是反垄断执法。

竞争执法机构是国家法律法规规定的，行使竞争执法权，处理竞争案件的组织。由于竞争立法模式的不同，在统一竞争立法（即将反不正当竞争法和反垄断法统一的一体化立法）的国家往往设置一个统一的竞争执法机构专司解释竞争法律法规、调查处理竞争案件和竞争事宜；反之，采用分别立法的国家则会针对限制竞争行为和垄断行为设立分别的执法机构。

世界主要国家和地区针对不同的竞争立法模式设置了不同的竞争执法机构，主要有以下几个。

（1）美国采用统一竞争立法，其统一竞争立法机构是：联邦一级的司法部反托拉斯局和联邦贸易委员会；州一级的州司法总长办公室下设的反托拉斯处和消费者保护处。反托拉斯局于 1903 年作为司法部的一个独立机构而建立；联邦贸易委员会是根据 1914 年《联邦贸易委员会法》所设置的一个独立执法机构，内设三个主要职能部门：消费者保护局、竞争局和经济专家局，其基本职能是制止商业贸易领域内的反竞争行为。

（2）德国采用分别立法，其反限制竞争行为和反垄断行为的竞争执法机构分别是：对联邦经济部负责的联邦卡特尔局和各州卡特尔局；反不正当竞争行为的执法机构是相关行政机关。

（3）我国台湾地区统一竞争执法机构是：隶属行政院的公平交易委员会，省为建设局，县为县政府。

应当指出是，不同的国家在设置竞争执法机构时都面临一个问题：是另设置独立的机构还是在原有机构中增加职权。美国选择了前者，德国采用了后者。我国台湾地区也曾有仿照德国做法的考虑，但最后还是设置了“独立行使职权、又超一般行政机关地位”的独立竞争执法机构——公平交易委员会。

6.7.2 反不正当竞争执法

1. 反不正当竞争法的执法机关

反不正当竞争法的执法机关包括两类：第一类是司法机关，即最高人民法院和地方各级人民法院。人民法院执行反不正当竞争法的权限主要是：（1）处理有关反不正当竞争的民事纠纷。根据《反不正当竞争法》第20条规定，被侵害的经营者的合法权益受到不正当竞争行为损害的，可以向人民法院提起诉讼；（2）依法追究不正当竞争行为人的刑事责任。对于严重扰乱社会经济秩序的不正当竞争行为，触犯刑律的，可以追究其刑事责任；（3）处理经营者不服行政机关处罚决定的行政争议，当事人可以根据有关法律向人民法院提起行政诉讼。

第二类是行政执法机关。《反不正当竞争法》第3条规定，各级人民政府应当采取措施，制止不正当竞争行为，为公平竞争创造良好的环境和条件。县级以上人民政府工商行政管理部门对不正当竞争行为进行监督检查；法律、行政法规规定由其他部门监督检查的，依照其规定。

下列不正当竞争行为，由其他行政机关进行监督检查。

（1）《反不正当竞争法》规定的行政垄断行为，由实施该行为的政府及其所属部门的上级机关责令改正。

（2）《反不正当竞争法》对串通招标投标行为规定了行政处罚，在《招标投标法》实施以前也由工商行政管理机关监督检查，但按照《招标投标法》规定，串通投标招标行为“由国务院规定的有关行政监督部门决定”行政处罚，国务院对具体行政执法机关已按照部门和行业作出了规定，工商行政管理机关已无处罚权。

（3）《反不正当竞争法》规定，公用企业限制竞争行为由工商机关监督检查，但是，《电信条例》规定电信企业限制竞争行为及其虚假宣传行为由信息产业主管部门监督检查。对于《电信条例》实施后发生的电信企业限制竞争行为，工商机关已无权查处，但对于电信企业限制竞争及宣传以外的不正当竞争行为，工商行政管理机关当然可以根据《反不正当竞争法》进行处罚。

（4）《价格法》规定，低价倾销行为和价格歧视行为由物价监督检查部门监督检查。

（5）保险公司给予投保人、被保险人或者受益合同规定以外的保险费回扣或者其他利益的贿赂行为，根据《反不正当竞争法》关于管辖权除外条款的规定适用《保险法》。

（6）产品未经认证或者认证不合格而擅自使用认证标志出厂销售的行为，由标准化行政主管部门处理。

2. 行政执法机关的职权

根据《反不正当竞争法》规定，工商行政管理部门在监督检查不正当竞争行为时，享有以下职权。

（1）询问权。按照规定程序询问被检查的经营者、利害关系人、证明人，并要求提供证明材料或者与不正当竞争行为有关的其他资料。

（2）查询、复制权。查询、复制与不正当竞争行为有关的协议、账册、单据、文件、记录、业务函电和其他资料。

（3）检查权。检查与不正当竞争行为有关的财物，必要时可以责令被检查的经营者说明该商品的来源和数量，暂停销售，听候检查，不得转移、隐匿、销毁该财物。

（4）行政处罚权。有权对违反《反不正当竞争法》的行为给予行政处罚，如罚款、责令停止违法行为、没收违法所得、吊销营业执照等。

监督检查部门工作人员监督检查不正当竞争行为时，应当出示检查证件。监督检查部门在监督检查不正当竞争行为时，被检查的经营者、利害关系人和证明人应当如实提供有关资料或者情况。

3. 我国反垄断执法机构的设置及职责

为了保证反垄断法律的统一实施，《中华人民共和国反垄断法》规定，国务院设立反垄断委员会，负责组织、协调、指导反垄断工作。我国《反垄断法》正式实施后不久，就成立了国务院反垄断委员会，委员会主任由国务院副总理担任，商务部部长、国家发改委主任、国家工商行政管理总局局长及国务院副秘书长任副主任。成员单位除商务部、国家发改委、国家工商行政管理总局 3 家国务院反垄断执法机构外，还包括工业和信息化部、财政部、交通运输部、国资委、国家知识产权局等 14 家单位。

我国《反垄断法》规定，反垄断执法为中央事权，由国务院规定的承担反垄断执法职责的部门负责。根据法律和国务院规定，我国负责反垄断执法的国务院反垄断执法机关有 3 家，分别是中华人民共和国国家发展与改革委员会，负责价格垄断行为的查处；中华人民共和国商务部，负责经营者集中反垄断审查；中华人民共和国国家工商行政管理总局，负责垄断协议、滥用市场支配地位、滥用行政权力排除、限制竞争方面的反垄断执法工作。同时规定，国务院反垄断执法机关根据工作需要，可以授权省、自治区、直辖市人民政府相应的机构，负责有关反垄断执法工作。

为适应反垄断执法需要，组建了反垄断机构，配备专业执法人员。我国将国家工商行政管理总局原公平交易局更名为反垄断与反不正当竞争执法局。该局内设反垄断执法处和反垄断法律指导处，具体负责反垄断立法和执法相关工作。反垄断执法处主要负责垄断协议和滥用市场支配地位行为案件的受理、立案、调查和处罚工作。反垄断法律指导处主要负责研究拟定反垄断法配套规章、行政解释及具体措施、办法，承担制止滥用行政权力排除、限制竞争行为等方面的工作。

4. 对涉嫌垄断行为的调查

反垄断执法机构依法对涉嫌垄断行为进行调查。

对涉嫌垄断行为，任何单位和个人有权向反垄断执法机构举报。反垄断执法机构应当为举报人保密。举报采用书面形式并提供相关事实和证据的，反垄断执法机构应当进行必要的调查。

反垄断执法机构调查涉嫌垄断行为，可以采取下列措施。

（1）进入被调查的经营者的营业场所或者其他有关场所进行检查；（2）询问被调查的经营者、利害关系人或者其他有关单位或者个人，要求其说明有关情况；（3）查阅、复制被调查的经营者、利害关系人或者其他有关单位或者个人的有关单证、协议、会计账簿、业务函电、电子数据等文件、资料；（4）查封、扣押相关证据；（5）查询经营者的银行账户。

反垄断执法机构及其工作人员对执法过程中知悉的商业秘密负有保密义务。反垄断执法机构对涉嫌垄断行为调查核实后，认为构成垄断行为的，应当依法作出处理决定，并可以向社会公布。

对反垄断执法机构调查的涉嫌垄断行为，被调查的经营者承诺在反垄断执法机构认可的期限内采取具体措施消除该行为后果的，反垄断执法机构可以决定中止调查。中止调查的决定应当载明被调查的经营者承诺的具体内容。

本章小结

竞争法律制度是保障市场经济条件下经营者公平竞争，促进资源有效利用，维护市场秩序的重要手段。竞争法律制度包括竞争法的调整对象、基本原则、功能、特点、地位、反不正当竞争法律制度，反垄断法律制度及竞争法执法。不正当竞争行为包括假冒行为、商业贿赂行为、虚假宣传行为、侵犯商业秘密的行为、低价倾销行为、强行搭售行为、不正当有奖销售行为、诋毁商誉行为、串通招标投标行为和限购排挤行为。《反垄断法》所规定的垄断行为有：垄断协议、滥用市场支配地位、经营者集中和滥用行政权力排除、限制竞争等四类。

本章案例

请扫描右侧二维码阅读案例内容。

练习题

1. 简述反不正当竞争行为的概念和种类。
2. 简述我国《反垄断法》所规定的垄断行为。
3. 简述我国竞争执法机构和权限。

第7章 消费者权益保护法律制度

本章提要

消费者权益保护法是保护消费者权益的法律，在市场经济条件下，每个人都会成为消费者，与每个消费者的日常生活息息相关。相对经营者来说，消费者是弱势群体。为了保护消费者合法权益，各国都制定有消费者权益保护相关法律。我国消费者权益保护法规定了消费者权益保护法的适用范围、基本原则、消费者权利、经营者义务、消费争议的解决途径和违反消费者权益保护法的责任。作为消费者，应该了解其内容，善于使用法律的武器保护自己的利益。

导入案例

大食客饮食公司（简称大食客）没有主动提示，便自行收取安先生 4 人消毒餐具费 6 元，被安先生告上法庭。近日获悉，朝阳法院支持了安先生的诉求。

2009 年 4 月 11 日，安先生一行 4 人到大食客亚运村店就餐。吃饭完毕，他拿到价格明细一看，其中包括餐位费 6 元。询问服务员后，安先生才知道每人被收取 1.5 元的消毒餐具费。他找服务员协商此事，双方发生争执。安先生说，大食客本来就应免费为顾客提供洗净消毒的餐具，费用也该自行承担，无权向顾客收取。另外，大食客在收取这项费用前，并没有事先告知，侵犯了他的知情权。他告上法庭，要求返还消毒餐具费 6 元，索赔通信费和交通费 30 元。

庭审时大食客表示，公司没有主动提示安先生，但消毒餐具包装上已经注明“有偿使用，每套 1.5 元”的字样。大食客同意退还安先生的消毒餐具费，并赔偿交通费和通信费。大食客提交了一套消毒餐具佐证，这套餐具塑料膜包装印有“温馨提示：本消毒餐具有偿使用”字样，字体较小，另印有“每套：1.5 元”字样，字体稍大。

法庭审理后认为，大食客收费前未主动提示，而是采取在餐具包装上印制收费信息的被动方式提示，这种方式不足以确保安先生知晓收费事项。

7.1 消费者权益保护法概述

7.1.1 消费和消费者的概念

消费是人类通过消费品满足自身欲望的一种经济行为。具体来说，消费包括消费者的消费需求产生的原因、消费者满足自己的消费需求的方式、影响消费者选择的有关因素。

消费又分为生产消费和个人消费。前者指物质资料生产过程中的生产资料和活劳动的使用和消耗。后者是指人们把生产出来的物质资料和精神产品用于满足个人生活需要的行为和过程，是“生产过程以外执行生活职能”，它是恢复人们劳动力和劳动力再生产不可少的条件。通常讲的消费，是指个人消费。生产决定消费，消费反过来影响生产。因为只有在消费中产品才成为现实的产品，并创造出新的生产需要。生产的目的是消费，但并不都是为了消费。

从法律意义上讲，消费者应该是为个人的目的购买或使用商品和接受服务的社会成员。消费者与生产者及销售者不同，他或她必须是产品和服务的最终使用者而不是生产者、经营者。也就是说，他或她购买商品的目的主要是用于个人或家庭需要而不是经营或销售，这是消费者最本质的一个特点。作为消费者，其消费活动的内容不仅包括为个人和家庭生活需要而购买和使用产品，而且包括为个人和家庭生活需要而接受他人提供的服务。但无论是购买和使用商品还是接受，其目的只是满足个人和家庭需要，而不是生产和经营的需要。

消费者具有以下特点。

（1）消费者的消费性质属于生活消费

消费者的生活消费包括两类：一类是物质资料的消费，如衣、食、住、行、用等方面的物品消费；另一类是精神消费，如旅游、文化教育等方面的消费。

（2）消费者的消费客体是商品和服务

商品，指的是与生活消费有关的并通过流通过程推出的那部分商品，不管其是否经过加工制作，也不管其是否为动产或不动产。服务，指的是与生活消费有关的有偿提供的可供消费者利用的任何种类的服务。

（3）消费者的消费方式包括购买、使用（商品）和接受（服务）

关于商品的消费，即购买和使用商品，既包括消费者购买商品用于自身的消费，也包括购买商品供他人使用或使用他人购买的商品。关于服务的消费，不仅包括自己付费自己接受服务，而且也包括他人付费自己接受服务。无论是商品的消费还是服务的消费，只要其有偿获得的商品和接受的服务是用于生活消费，就属于消费者。

（4）消费者的主体包括公民个人和进行生活消费的单位

生活消费主要是公民个人（含家庭）的消费，而且对公民个人的生活消费是保护的重点。但是，生活消费还包括单位的生活消费，因为在一般情况下，单位购买生活资料最后都是由个人使用，有些单位还为个人进行生活消费而购买商品和接受服务。

7.1.2 消费者权益保护法的概念和调整对象

消费者权益保护法是指调整在保护消费者权益过程中发生的经济关系的法律规范的总称。消费者权益保护法由于其现代性及社会公益性的特征尤为突出，因此它是经济法的重要部门法。

消费者权益保护法的调整对象是消费过程中所发生的社会关系，主要包括以下几个方面。(1) 国家机关与经营者之间的关系，主要是指国家有关管理部门在对经营者的生产、销售、服务活动进行监督管理、维护消费者合法权益中发生的关系；(2) 国家机关与消费者之间的关系，主要是指国家有关管理部门在为消费者提供指导、服务与保护过程中所发生的关系；(3) 经营者与消费者之间的关系，主要是指经营者因进行违法经营给消费者造成的损害，消费者请求赔偿，以及消费者对经营者进行监督而发生的关系。其他个人或组织对经营者的监督关系。

7.1.3 消费者权益保护法的立法概述

1. 消费者权益保护法国外立法状况

“二战”以后，由于科学技术的迅速发展，商品制造机械化、规格化，商品构造日趋精密、复杂，并且交通发达，国际间商品流通迅速，损害消费者利益日益成为一个严重的社会问题，为了保护消费者的权益，国外有关立法逐渐兴起，并日趋完备。

美国是消费者权益保护立法比较完备的国家之一，也是较早注意用法律手段保护消费者利益的国家。尽管迄今为止，美国还没有一部专门的保护消费者权益的基本法，但众多的有关保护消费者权益内容的单项法律填补了这一空白。根据美国宪法规定，联邦和州均可立法。从联邦立法看，数量多，范围广，涉及消费领域的方方面面，如食品、药品、信贷、产品表示、欺骗广告、使人误导的市场销售技巧等。其中比较重要的有 20 余项，如《联邦食品、药品和化妆品法》(1906 年制定，1938 年修改)、《商标法》(1946 年)、《儿童玩具安全法》(1966 年)、《消费者信用保护法》(1968 年)、《马克尤逊—摩西保证法》(1970 年)、《消费品安全法》(1972 年)、《消费者租赁法》(1976 年)、《联邦危险品法》《信息公开法》《平等信用机会法》等。在制止不正当竞争方面，有《谢尔曼法》(1890 年)、《克莱顿法》(1914 年)、《罗宾逊•帕特曼法》(1936 年)、《哈特• 斯科特• 罗迪诺反托拉斯改进法》(1976 年) 等与保护消费者有关的许多法律。此外，根据联邦规定，有的政府机构如美国联邦贸易委员会制定了大量的保护消费者权益的法规，对联邦法律进行了补充和完善，成为联邦立法的重要组成部分。从各州立法看，也制定了相当数量的保护消费者权益的法律，规定不尽一致，但州法比联邦法律更为严格和具体，保护消费者权益的措施也比较多。

日本也是较早开展消费者权益保护立法的国家之一，其立法比较系统和全面。1968 年 5 月 30 日，日本颁布了《保护消费者权益基本法》，该法明确了国家、地方、公共团体和企业必须履行的职责，并且明确了消费者应尽的义务，同时规定了保护消费者的有关措施及保护消费者会议制度。围绕着保护消费者基本法，日本还制定了一系列有关的法律，可以说已经形成了比较完善的法律体系。这些有关的法律主要有《食品卫生法》《药事法》《消费品安全法》《家庭用品质量表示法》《计量法》《工业标准化法》《商标法》《分期付款销售法》《垄断禁止法》《不正当竞争防止法》等。

英国是保护消费者立法比较健全的国家，各方面的立法都较为完备。1987 年 5 月 1 日通过，1988 年 3 月 1 日开始全面施行的《消费者利益保护法》是一部基本法，它是参照欧洲经济共同体有关产品责任政策的规定制定的，这使英国成为第一个颁布与欧洲经济共同体有关有缺陷产品政策相一致的法律条文的国家。其他有关的一系列法律主要有《商标法》(1938 年)、《不正当广告法》(1889 年、1970 年)、《广告法》(分期付款购买) (1967 年)、《食品与药品法》(1955 年)、《消费信贷法》(1974 年)、《货物销售法》(1893 年、1979 年)、《垄断和限制性做法（调查与控制）法》(1948 年)、《竞争法案》(1979 年) 等。此外还有

1970 年的《农业法》、1948 年的《公司法》、1971 年的《工业管理法》等也都与保护消费者利益有关。

国际间的有关消费者权益保护立法，主要是联合国的保护消费者准则。联合国大会于 1985 年 4 月 9 日未经投票通过了第 391248 号决议及其附件《保护消费者准则》，使各国在消费者权益保护立法上有了一致的努力目标。这套准则明确了保护消费者的目标和一般原则，特别是明确了消费者的权利和各国政府的责任；规定了消费领域方面的各种准则，以及各国政府在保护消费者问题上的合作。

2. 消费者权益保护法在我国的立法状况

我国是社会主义国家，党和政府以为人民服务为宗旨，一贯重视维护人民群众的利益，也就是消费者的利益，制定和颁布了许多直接保护消费者的法规。特别是我国自改革开放以来，为更有效地保护广大消费者的合法权益，维护社会主义市场经济的运行程序，大力加强了经济和民事方面的立法，如《民法通则》（1986 年）、《食品卫生法》（1982 年）、《药品管理法》（1984 年）、《产品质量法》（1993 年）、《计量法》（1985 年）、《标准化法》（1987 年）、《商标法》（1982 年制定，1993 年修改）、《反不正当竞争法》（1993 年）等。这些法律和法规中都规定有保护消费者权益的条款，对保护消费者权益起到了重要作用，但彼此之间缺乏协调性和统一性，执行起来很不一致。1993 年 10 月 31 日第八届全国人民代表大会常务委员会第四次会议通过《中华人民共和国消费者权益保护法》，并自 1994 年 1 月 1 日起施行。该法于 2009 年 8 月 27 日第十一届全国人民代表大会常务委员会第十次会议通过修正。

7.1.4　我国消费者权益保护法的适用范围和基本原则

1. 我国消费者权益保护法的适用范围

消费者权益保护法的适用范围是指该法效力所及的时间、空间和主体的范围。《消费者权益保护法》规定，消费者为生活消费需要购买、使用商品或者接受服务，其权益受本法保护；本法未作规定的，受其他有关法律、法规保护。可见，《消费者权益保护法》主要调整为生活消费需要购买、使用商品或者接受服务而产生的关系，或者是一种生活消费关系。生产消费不属于《消费者权益保护法》调整的范围，但是基于我国农业特殊情况的考虑，为了切实保护广大农民的合法权益，《消费者权益保护法》规定，农民购买、使用直接用于农业生产的生产资料，参照本法执行。

2. 我国消费者权益保护法的基本原则

消费者权益保护法的基本原则是在市场经济条件下国家必须将消费者作为特殊主体对其权益加以保护的客观要求在法律上的反映。它是集中体现消费者权益保护法的基本价值和调整方法，并对消费者权益保护法的制定、执行、实用及解释具有普遍指导意义，贯穿于消费者权益保护法始终的基本准则和基本精神。具体包括以下几个基本原则。

（1）自愿、平等、公平、诚实信用原则

经营者与消费者进行交易，应在自觉自愿的基础上进行，要相互尊重和理解；平等协商，讲诚实，守信用，遵守法律法规、职业道德和社会公德，文明经商，文明消费，以善意的方式履行各自义务，不得侵犯对方利益，也不得逃避法律和合同。

（2）对消费者给予特别保护原则

在消费关系中消费者客观上处于弱者的地位，因此国家对消费者给予特别的保护。当消费者的权利保护与其他权利（如经营者的民事权利）保护发生冲突时，应当优先保护消费者的权利。同一纠纷有多种法律可适用时，应当优先适用《中华人民共和国消费者权益保护法》，当然也不排斥其他法（如《合同法》）对消费者的共同保护。

（3）国家援助消费者原则

国家采取措施，保障消费者依法行使权利，其目的在于维护消费者的合法权益。因此，国家要根据经济、文化发展的水平，不断完善消费者的权利并促使其实现；帮助、指导和教育消费者提高自我保护意识；加强经营者的监督管理，促使一切从事商品生产、销售或提供服务的单位和个人依法文明经营，自觉保护消费者利益；在消费者受侵害时，提供必要的法律帮助，在消费纠纷处理中，依法保障消费者的利益。同时国家制定有关消费者权益的法律、法规和政策时，应听取消费者的意见和要求。

（4）行政监督与社会监督相结合原则

强有力的行政监督是保护消费者利益的重要环节。因此国家行政管理机关要加强对经营者的监督，要求其向消费者提供符合法律、法规、规章要求或合同约定的商品与服务。有关国家行政机关应依照法律法规的规定，惩处经营者在提供商品和服务中侵害消费者合法权益的违法犯罪行为。

保护消费者合法权益是全社会的共同责任，国家鼓励、支持一切组织和个人对损害消费者合法权益的行为进行社会监督。

7.1.5 我国消费者权益保护法的地位

1. 消费者权益保护法是经济法尤其是市场管理法的重要组成部分

消费者权益保护法针对的不是特定的消费者，而是对消费者阶层整体的保护。这体现了社会本位，并且其在立法形式内容上都有了重大的突破，因而其属于经济法。

狭义的消费者权益保护法对市场经济中的重要主体——消费者的权利和经营者的义务做了规定；而广义的消费者权益保护法则直接规范了市场经济运行的众多环节。这就构建了市场经济中消费者与经营者的基本权利义务框架，是市场管理的重要组成部分。因而其属于市场管理法。

2. 与反不正当竞争法、产品质量法的关系

消费者权益保护法与反垄断法、反不正当竞争法、产品质量法等有着天然的内在联系和许多共通之处，只是在立法的角度和侧重点方面各不同相而已。消费者权益保护法从对消费者权益的保护入手，体现对消费者权益最直接的保护，侧重对消费者权利的规定；产品质量法则从产品的质量规制入手；而反不正当竞争法则从竞争秩序的规范入手，在规范经营者的行为中体现对消费者的保护。此外，竞争法中只规定了受损害的经营者的救济程序，而消费者因不正当竞争而受损害的救济则规定在消费者权益保护法中。

7.2 消费者的权利和责任

7.2.1 消费者权利的概念和性质

1. 消费者权利的概念

消费者权利也称消费者权益，是消费主体的权利和利益的合称。消费者利益由多种利益因素构成，主要包括物质经济利益、精神文化利益、安全健康利益、时效利益、环境利

益等。消费者的合法权益，指的是消费者所享有的，由法律、法规确认，受法律、法规保护的权利。

消费者的权利是保护消费者的权益的核心问题，作为一个消费者，如果不明了自己究竟应当享有什么权利，在实际生活中，就无法维护自己的权利。所以，作为一个消费者，首先要明白的就是自己享有哪些权利，这是保护自己合法权益的基本前提，消费者只有享有法律意义上的权利，才能理直气壮地请求国家予以保护。因此，消费者权利是切实维护消费者权益的重要组成部分。

2. 消费者权利的概念的起源与发展

回顾历史，“消费者权利”概念的第一次提出是在20世纪60年代美国消费者运动再度兴起的背景下，美国总统肯尼迪于1962年3月15日向国会提出的“消费者权利咨文”中首次出现的。它最初被提出时只包含了四项权利，即安全消费的权利、了解事实真相的权利、选择商品的权利、意见被尊重的权利。1969年，尼克松总统在此基础上又补充了消费者有获得救济的权利。它们被公认为是消费者的五项基本权利。1975年，福特总统又添加了新的内容，即消费者有受教育的权利。

随着消费者运动的不断深入，国际消费者联盟提出了消费者的八项权利，分别是：得到必需的物资和服务借以生存的权利；享有公平的价格待遇和选择的权利；安全保障的权利；获得足够资料的权利；寻求咨询的权利；获得公平赔偿和法律帮助的权利；获得消费者教育的权利；享有健康环境的权利。这些权利被称为“消费者的人权”。为了更好的保护消费者权利，1983年国家消费者组织联盟作出决定，将每年的3月15日定为“国家消费者权益日”。

1985年4月9日，联合国大会通过的《消费者保护指南》补充了消费者的结社权。但是，消费者的权利不只限于上述几项，随着消费者权益的扩张，消费者享有了更多的权利。

3. 消费者权利的性质

从消费者运动和消费者权利的历史发展来看，消费者权利的性质主要体现在以下三个方面。

第一，消费者权利是人的基本生存权。人是有需求的，人的需求在一般情况下首先体现为人为了生存，维持生命的基本生存需求；体现为生理、安全的需求；体现为对作为基本生活需要的商品和服务的需求。那么消费者通过交换，以商品和服务来满足这种需求，就意味着生存的实现，生命的持续就有了保障。否则，生存就是乌托邦，就没有生命，就没有人，就没有历史。这是一条基本规律，尽管它时常有意、无意地被人们忽视和掩盖。也许正基于此，消费者权利是以确保消费者的生命健康和安全为中心的，即使其中的了解权，也可从生存权中求得根据。消费者为了确保安全和自卫，首先必须获得有关商品的情报。当初肯尼迪总统提出的“知的权利”，直译应为“被告知的权利”，已由其最初的被动状态发展成为今日的能动状态，即为了生存权，为了确保消费者生命，身体之安全，必须首先享有了解权。日本学者奥岛孝康指出：经济上弱者的权利，具有以生存为起点的权利性质，即使消费者的选择自由，也显著地向生存权倾斜，至于竞争政策的问题，公权力的介入问题，其结果也无非是在现代经济社会中确保消费者的生存权。这种观点不无道理。

第二，消费者权利是人的发展权。人的需求当然首先表现为对维持生存的基本需求，但人的需求不会、也不可能只停留在生存需求的水平上。当人的生存需求得到满足或基本得到满足以后，高层次的需求也就应运而生。在现代市场经济条件下，它体现为人对作为高层次需求的商品和服务的需求，显然，对这种需求的满足，就意味着对人的求知、审美等的满足，是人超越生活，获得自身的完善和发展的重要表现。消费者权利的实现即是对每个人的发展的肯定。

第三，消费者权利是社会的安定剂。这是就消费者权利的功能而言的。消费者权利的确认和实现，乃是协调生产者和消费者的利益冲突，确保社会经济的发展和社会安定。在资本主义社会，企业以获取利润为其目的，而不是以满足消费者的需要为目的，因而生产者和消费者处于根本的利益冲突之中。第二次世界大战后，各主要资本主义国家的劳资关系、阶级关系趋于缓和，生产者与消费者之间的关系却变得紧张起来，20 世纪 50 年代以来各国兴起的消费者运动，正是这种矛盾冲突尖锐化的表现，各国政府为保障经济发展和社会安定，遂通过立法确认消费者权利，并据以制定消费者政策，完善消费者行政，以协调生产者与消费者之间的利益冲突。在我国这样的集体主义国家，社会生产的目的在于不断满足人民群众日益增长的物质文化生活需要，且生产者大多数是社会主义公有制企业，它们与消费者之间在根本利益上是没有冲突的。因此，表面上看，似乎不应发生消费者保护问题，也无承认消费者权利的必要。结合我国所处的社会历史阶段分析，这个结论是错误的。我国迄今仍处于社会主义初级阶段，经济性质上属于社会主义市场经济，获取利润仍是企业生产的目的，反过来说，营利性是企业的一大特征，与资本主义企业的不同点只在于，获取利润不是社会主义公有企业的唯一目的。因此，企业与消费者之间，既有根本利益的一致，也有矛盾和冲突。再加上我国还允许存在相当数量的非公有制生产者，所以，我国同样存在消费者问题，要从立法上确认消费者权利并保障其实现，这样才有利于社会经济发展的稳定。事实上，我国的消费者问题不少，早就需要确认并保障消费者的权利。

7.2.2 消费者的权利

发达国家消费者保护起步早，通过制定、完善相关法律，建立了较为完备的消费者保护法律体系，对消费者权利的保护，早已超出了基本权利范围，赋予了更广泛的内容，如合同解除权、购物反悔权、个人信息保密权、方便救济的权利、不作为诉讼权等，实现了对消费者较为全面的保护。

我国 1993 年颁布的《消费者权益保护法》列举了消费者的九项权利。这些权利包括：保障安全权、知悉真情权、自主选择权、公平交易权、依法求偿权、依法结社权、获取知识权、获得尊重权、监督批评权。

1. 保障安全权

保障安全权是指消费者在购买、使用商品或者接受服务时所享有的保障其人身安全和财产安全不受损害的权利，它是消费者最基本的，也是最重要的权利。保障安全权表明消费者有权要求经营者提供的商品和服务，符合保障人身、财产安全的要求，即消费者在购买、使用商品时，有权要求其符合国家的安全、卫生标准，不致因此受到伤害；在有偿取得服务时，有权要求其设施、用品、用料等安全、卫生，并有相应保护措施，不危及人身、财产安全。

2. 知悉真情权

知悉真情权，又称了解权或知情权，是指消费者享有知悉其购买、使用的商品或者接受的服务的真实情况的权利，这是每位消费者做出消费决定的前提。消费者有权根据商品或者服务的不同情况，要求经营者提供商品的价格、产地、生产者、用途、性能、规格、等级、主要成分、生产日期、有效期限、检验合格证明、使用方法说明书、售后服务，或者服务的内容、规格、费用等有关情况。经营者不应拒绝消费者了解商品和服务的要求，或对这一要求采取不合作态度。

3. 自主选择权

自主选择权是指消费者享有自主选择商品或者服务的权利。消费者有权自主选择提供商品或者服务的经营者，自主选择商品品种或者服务方式，自主决定购买或者不购买任何一种商品、接受或者不接受任何一项服务。消费者在自主选择商品或者服务时，有权进行比较、鉴别和挑选。

4. 公平交易权

消费者的公平交易权是指消费者在购买商品或者接受服务时，享有获得质量保障、价格合理、计量正确等公平交易条件的权利，有权拒绝经营者的强制交易行为。为了保障消费者公平交易权的实现，必须依反垄断法和反不正当竞争法等对劣质销售、价格不公、计量失度等不公平交易行为加以禁止。

5. 依法求偿权

依法求偿权即在经营者提供的商品或服务不符合国家有关质量标准，不能实现应有的使用价值或计价、计量不符合法定要求，侵害消费者权益时，消费者有权要求清除或采取补救措施;因购买、使用商品或接受服务受到人身、财产损害的，消费者有权要求经营者合理赔偿，并有权在交涉不成时向有关部门投诉和向法院起诉。

6. 依法结社权

依法结社权是指消费者享有依法成立维护自身合法权益的社会团体的权利。消费者作为弱者，有时靠自己单个力量是难以维护自己权利的，因此法律赋予消费者有权成立保护自身利益的自治团体，主要是各级消费者协会。

7. 获取知识权

获取知识权是指消费者享有获得有关消费和消费者权益保护方面的知识的权利。消费者应当努力掌握所需商品或者服务的知识和使用技能，正确使用商品，提高自我保护意识。

8. 获得尊重权

获得尊重权是指消费者在购买、使用商品或者接受服务时享有其人格尊严、民族风俗习惯得到尊重的权利。经营者不得对消费者进行侮辱、诽谤，不得搜查消费者的身体及其携带的物品，不得侵犯消费者的人身自由。消费者的正常消费活动或正当交涉不受驱赶，经营者不得以野蛮服务方式侵犯消费者人身权利。

9. 监督批评权

消费者对商品和服务及保护消费者权益工作享有进行监督的权利。消费者有权检举、控告侵害消费者权益的行为和国家机关及其工作人员在保护消费者权益工作中的违法失职行为，有权对保护消费者权益工作提出批评、建议。

上述九项消费者权利是消费者权益保护法的主要保护对象，为了保障消费者权利的实现，经营者、国家和社会都要履行相应的义务，否则就要承担相应的法律责任。

7.2.3 消费者的责任

我国《消费者权益保护法》的宗旨是保护消费者的合法权益，维护社会经济秩序，促进社会主义市场经济健康发展。该法只强调和研究企业对消费者权益保护的责任，忽视消费者自身的消费责任有直接关系。因为消费者责任、企业责任和政府责任是一个统一的有机整体，消费者权益需要政府、企业和消费者的共同保护才能真正实现。同时，从消费者方面说，权益责任是统一的，有权益必有责任，只讲权益不讲责任是不行的。因此，在研究和强调消费者权益保护的政府责任和企业责任的同时，还必须研究和强调消费者自身的消费责任。

消费者的消费责任有两层含义：一是消费是消费者自己的事，消费者应当做好自己分内的事，这是消费者消费应当承担的义务；二是消费者没有把自己分内的消费的事做好而发生了问题，应当由消费者自己承担责任。

可见，消费者的责任，并非指与具体责任形式相联系的法律上的义务，而是消费者应有的一种自我保护意识、社会意识和社会责任。因为消费者保护既是社会的责任、政府的责任、法律的责任，也是消费者自己的责任。

在保护消费者权利的运动中，消费者逐渐认识到了保护权利的同时，也应尽到自己的一份责任。于是消费者运动的国际协调机构“国际消费者联盟”于 1979 年提出消费者拥有八项权利的同时，还提出了五项消费者的“责任”。这五项消费者的责任是：批评性意识，指对商品、服务的用途、价格、质量产生敏感意识，持有怀疑态度的意识。自我主张与行动，指消费者自作主张、进行公平交易的责任。社会责任，指消费者要时刻意识到自己的消费行为对他人的影响，特别是对弱者的影响。环境意识，指消费者要认识到自己的消费行为对环境的影响。团结合作，指为拥护、促进消费者的利益，作为消费者要团结一心、互相合作。

这五项责任伴随着权利提出后，得到了广大消费者的积极响应，英国发起了“绿色消费者”活动，一些国家还通过立法加以提倡。例如，日本从 1983 年开始，在其消费者保护基本法的历次修订中，都明确规定了消费者的责任。日本的“消费者责任”是指消费者对靠自己的自由判断所采取的行动、所进行的选择必须负责。1990 年以后，日本消费者要求环保型生活，消费者的责任意识进一步得到了加强。2004 年修订该法，名称改为《消费者基本法》，在第 7 条规定了消费者的两项任务：“1. 消费者应当努力主动地学习与其消费生活有关的必要知识及收集必要的信息等，自主且合理的行动。2. 消费者应当努力考虑合理保护与消费生活相关的环境保全及知识产权等”以唤醒消费者的责任意识。

消费者必须对自己的决定和行为负责任，为此消费者应当努力学习有关知识、收集必要信息。消费者不仅要尽到对自己的责任，还应当在经济系统中发挥选择的作用，即消费者应该自觉地意识到今天所进行的购物选择不仅是自己的行为，它关系着明天什么样的商品和服务将继续被提供、什么样的商品将得到开发、将以什么方式销售、提供给消费者，消费者应该认识到这一点，并有所行动。

消费者对保护环境也有不可忽视的责任。从生活中注意对环境的保护，使地球环境不再持续恶化，是消费者的责任。消费者应该意识到选购、使用对环境污染小的商品和服务，能减少对环境的污染。消费者还应该意识到自己的消费习惯也能影响环境和他人。

消费者的自觉且具有导向性的行动是消费者主体的体现，也是消费者保护更高层次的要求。我国应当借鉴日本的做法，对消费者提出倡导性要求，即规定消费者应努力学习和收集与消费生活相关的知识与信息，自主且合理地行动；消费者应当努力考虑自己的消费行为对他人、对环境的影响。

7.3 经营者的权利和义务

7.3.1 经营者的权利

1. 经营者的概念

经营者是指从事商品经营或者营利性服务的法人、其他经济组织和个人。经营者是向消费者提供其生产、销售的商品或者提供服务的公民、法人或者其他经济组织，它是以营利为目的从事生产经营活动并与消费者相对应的另一方当事人。

2. 经营者的权利

我国现行《消费者权益保护法》中基本没有涉及经营者权利的相关内容，但是，在市场经济条件下经营者作为市场经济的主体也应该有相应的权利，只有这样才能体现权利和义务的一致。目前关于这方面的研究不是很多，但是经营者应该有经营自主权、维护正常经营秩序权、享有在政府指导价规定的幅度内制定价格的权利、依法诉讼权等。

（1）经营自主权

经营自主权是指经营者在不违反国家法律的基础上所拥有的调配使用自己的人力、物力、财力，自行组织生产经营的权利。经营自主权的权利主体是很广泛的，它包括各种不同性质的企业、经济组织、个体工商户、专业户等，而且各种不同的经营自主权主体所享有的经营自主权内容是不同的，且呈现出逐步扩大的趋势，如国有企业的经营自主权，参照《全民所有制工业企业转换经营机制条例》为例，就具体包括生产经营决策权、物资采购权、投资决策权、劳动用工权等十四项权利；至于集体企业、私营企业、三资企业、个体工商户等则享有更广泛的经营自主权。尽管不同性质企业享有的经营自主权的内容存在着一定的差异，但是在行政诉讼中，根据行政诉讼法的规定，只要行政机关实施了干预、截留、取消、限制法律赋予相对人在从事生产经营活动中，对其财产占有、使用、处分及其人财物等方面的自主权，相对人便可以提起行政诉讼。对于促进经营者自主决策、自我约束、自我发展具有十分重要的意义，同时也是保护经营者合法权益、推动经营者转换机制、增强经营者活力的需要。

（2）维护正常经营秩序权

经营者作为市场经济的主体，依法应该享有获得正常经营秩序的权利，若是正常的经营秩序不能保证，就谈不上发展的问题。若是一味的强调保护消费者的权益，不顾经营者的合法权益的保护，经营者的经营积极性难以提高，整个市场经济的活力难以发挥。若是消费者为了保护自己的合法利益，采用合法的途径解决纠纷，导致经营者正常的经营秩序不能保证，那么有失公平和正义，所以必须赋予经营者维护正常经营秩序权。

（3）享有在政府指导价规定的幅度内制定价格的权利

政府指导价是指依照价格法规定，由政府价格主管部门或者其他有关部门，按照定价权限和范围规定基准价及其浮动幅度，指导经营者制定的价格。其中的基准价是指确定具体价格时作为计算基准的价格，经营者可以在这一基准价的基础上，在规定的浮动幅度内自行制定和调整价格；浮动幅度则是政府指导价的一项作价办法，政府为了指导经营者制定商品价格和服务收费标准，一般允许经营者根据市场状况和自身商品或者服务特点，在政府规定的基准价基础上，有一定的上下灵活变动的范围，这个上下浮动的范围就是浮动幅度。基准价和浮动幅度具有强制性，经营者在上下浮动幅度内有灵活性。

经营者对实行政府指导价的商品和服务项目，可以根据市场状况和商品或服务特点，接受政府价格主管部门或者其他有关部门的定价指导，在政府规定的基准价及其浮动幅度内自主制定和调整价格。比如政府规定中准价格及其上下浮动幅度，经营者就有权在规定的中准价格和浮动幅度内自行制定价格；政府规定最高价格和下浮幅度，经营者就有权自行制定向下浮动的价格；政府规定最低价格和上浮幅度，经营者就有权自行制定向上浮动的价格。

以上经营者的几项权利，是经营者在市场经济条件下进行经营活动必须具有的权利。不仅要保护消费者的合法权益，同时也要注重经营者合法权益的维护，只有这样才能实现法律的公平和正义。

7.3.2 经营者的义务

经营者的义务是指经营者依法必须为一定行为或不为一定行为，以满足和实现消费者的生活消费需要的责任。依据我国《消费者权益保护法》第三章的规定，在保护消费者权益方面，经营者负有下列义务。

1. 依法定或约定履行义务

经营者向消费者提供商品或者服务，应当依照《中华人民共和国产品质量法》和其他有关法律、法规的规定履行义务，即经营者必须依法律规定履行义务。此外，经营者和消费者有约定的，应当按照约定履行义务。经营者与消费者的约定，可以是口头形式，也可以是书面形式，一旦约定生效，经营者应当履行承诺。当然，约定内容应是法律、法规许可的事项。如果约定内容违法，比如约定提供毒品，则不受法律保护。

经营者提供商品或者服务，按照国家规定或者与消费者的约定，承担包修、包换、包退或者其他责任的，应当按照国家规定或者约定履行，不得故意拖延或者无理拒绝。这是《消费者权益保护法》为体现依法定或约定履行义务的精神而作的具体规定。

2. 听取意见和接受监督的义务

经营者应当听取消费者对其提供的商品或者服务的意见，接受消费者的监督。这是与消费者的监督批评权或称质询权相对应的经营者的义务，对此加以法律规定对于改善消费者的地位是甚有裨益的。它要求经营者切实把消费者当作上帝，认真听取消费者对其提供的商品或者服务在质量、价格、品种、数量、服务态度、售后服务等方面的意见和建议，不断改进经营作风，提高经营水平，更好地服务于消费者，同时也达到其营利的目的。

3. 保障人身和财产安全的义务

这是与消费者的保障安全权相对应的经营者的义务。经营者应当保证其提供的商品或者服务符合保障人身、财产安全的要求。对可能危及人身、财产安全的商品和服务，应当向消费者做出真实的说明和明确的警示，并说明和标明正确使用商品或者接受服务的方法及防止危害发生的方法。

经营者发现其提供的商品或者服务存在严重缺陷，即使正确使用商品或者接受服务仍然可能对人身、财产安全造成危害的，应当立即向有关行政部门报告和告知消费者，并采取防止危害发生的措施。

4. 不作虚假宣传的义务

这是与消费者的知悉真情权相对应的经营者的义务。经营者应当向消费者提供有关商品或者服务的真实信息，不得作引人误解的虚假宣传，否则即构成侵犯消费者权益的行为和不正当竞争行为。

此外，经营者对消费者就其提供的商品或者服务的质量和使用方法等具体问题提出的询问，应当作出真实、明确的答复。在价格标示方面，商店提供商品应当明码标价。

5. 标明经营者真实名称和标记的义务

经营者应当标明其真实名称和标记。租赁他人柜台或者场地的经营者，应当标明其真实名称和标记，即使租赁期满后，在法律规定的情况下，消费者仍有权要求其承担责任。

6. 出具凭证和单据的义务

经营者提供商品或者服务，应当按照国家有关规定或者商业惯例向消费者出具购货凭证或者服务单据；消费者索要购货凭证或者服务单据的，经营者必须出具。由于购货凭证或者服务单据具有重要的证据价值，对于界定消费者和经营者的权利义务也具有重要意义。因此，明确经营者出具相应的凭证和单据的义务，有利于保护消费者权益。

7. 提供符合要求的商品或服务的义务

经营者应当保证在正常使用商品或者提供服务的情况下说明其提供的商品或者服务应当具有的质量、性能、用途和有效期限；但消费者在购买该商品或者接受该服务前已经知道其存在瑕疵的除外。

此外，经营者以广告、产品说明、实物样品或者其他方式表明商品或者服务的质量状况的，应当保证其提供的商品或者服务的实际质量与表明的质量状况相符。

8. 承担“三包”和其他责任的义务

“三包”即包修理、包更换、包退货。经营者提供商品或者服务，按照国家规定或者与消费者的约定，承担包修理、包更换、包退货或者其他责任的，应当按照国家规定或者约定履行，不得故意拖延或者无理拒绝。

9. 不得从事不公平、不合理交易的义务

为了保障消费者的公平交易权，经营者不得以格式合同、通知、声明、店堂告示等方式作出对消费者不公平、不合理的规定，或者减轻、免除其损害消费者合法权益应当承担的民事责任。此外，格式合同、通知、声明、店堂告示等含有对消费者作出的不公平、不合理的规定或者减轻、免除经营者损害赔偿责任等内容的，其内容无效。

10. 不得侵犯消费者人身权的义务

消费者的人身权是其基本人权，消费者的人身自由、人格尊严不受侵犯。经营者不得对消费者进行侮辱、诽谤，不得搜查消费者的身体及其携带的物品，不得侵犯消费者的人身自由。

7.4　消费者合法权益的保护和争议的解决

7.4.1　消费者合法权益的保护

1. 国家对消费者合法权益的保护

依据我国《中华人民共和国消费者权益保护法》第四章的规定，国家对消费者合法权益的保护主要体现在以下几个方面。

（1）在立法方面的保护

国家制定有关消费者权益的法律、法规和政策时，应当听取消费者的意见和要求。此外立法机关在把消费者政策上升为法律时，也应听取消费者的意见和要求。

（2）在行政管理方面的保护

各级人民政府应当加强领导，组织、协调、督促有关行政部门做好保护消费者合法权益的工作。各级人民政府应当加强监督，预防危害消费者人身、财产安全行为的发生，及时制止危害消费者人身、财产安全的行为。

各级人民政府工商行政管理部门和其他有关行政部门应当依照法律、法规的规定，在各自的职责范围内，采取措施，保护消费者的合法权益。有关行政部门应当听取消费者及其社会团体对经营者交易行为、商品和服务质量问题的意见，及时调查处理。

（3）在惩处违法犯罪行为方面的保护

有关国家机关应当依照法律、法规的规定，惩处经营者在提供商品和服务中侵害消费者合法权益的违法犯罪行为。人民法院应当采取措施，方便消费者提起诉讼。对符合《中华人民共和国民事诉讼法》起诉条件的消费者权益争议，必须受理，及时审理。

2. 社会对消费者合法权益的保护

保护消费者的合法权益是全社会的共同责任，国家鼓励、支持一切组织和个人对损害消费者合法权益的行为进行社会监督。

（1）新闻舆论机构

广播、电视、报刊等大众传播媒介，应做好维护消费者合法权益的宣传，在积极宣传消费者权益保护法律和消费知识的同时，对侵害消费者合法权益的行为也有责任予以批评、揭露。任何单位和个人不得干涉新闻机构对消费者权益保护的舆论监督活动，但要特别重视新闻曝光的真实性。

（2）经营者自治组织

行业协会或地区性经营者组织，要加强对经营者的教育，组织经营者开展维护消费者权益的各项活动，同时也积极参与社会监督和处理纠纷，找出问题的原因并帮助解决，维护消费者和经营者双方的合法权益。

（3）消费者组织

在保护消费者合法权益方面，各种消费者组织起着至关重要的作用，为此，我国《消费者权益保护法》第五章专门对消费者组织作了明文规定。依据该法规定，消费者协会和其他消费者组织是依法成立的对商品和服务进行社会监督的保护消费者合法权益的社会团体。消费者组织不得从事商品经营和营利性服务，不得以牟利为目的向社会推荐商品和服务。

消费者协会的职能有：向消费者提供消费信息和咨询服务；参与有关行政部门对商品和服务的监督、检查；就有关消费者合法权益的问题，向有关行政部门反映、查询，提出建议；受理消费者的投诉，并对投诉事项进行调查、调解；投诉事项涉及商品和服务质量问题的，可以提请鉴定部门鉴定，鉴定部门应当告知鉴定结论；就损害消费者合法权益的行为，支持受损害的消费者提起诉讼；对损害消费者合法权益的行为，通过大众传播媒介予以揭露、批评。

各级人民政府对消费者协会履行职能应当予以支持，同时要保持其独立性和公正性。

7.4.2 消费者权益争议的解决

1. 争议的解决途径

《消费者权益保护法》中所说的争议是指消费者与经营者之间因商品质量造成消费者人身、财产损失而引发的纠纷。争议的实质是经营者与消费者之间的价值目标不同和物质利益的冲突，但二者之间的关系是对立统一的关系。《消费者权益保护法》第 34 条规定了解决争议的 5 种途径和方式：（1）与经营者协商和解；（2）请求消费者协会调解；（3）向有关行政部门申诉；（4）根据与经营者达成的仲裁协议提请仲裁机构仲裁；（5）向人民法院提起诉讼。

2. 赔偿责任主体的确定

赔偿责任主体是有关争议的认定、消费者请求权的落实及最终解决争议的问题。《消费者权益保护法》第 35 条至第 39 条列举了消费者购买、使用商品后合法权益受到侵害时的各种情况和具体关系。大体分为两种情况：一种是消费者或其他受害人，可以向责任主体的任何一方提出赔偿要求；另一种是消费者或其他受害人，只能向特定的责任方提出请求，然后再由付出赔偿金的一方向其他应负责任的责任方追偿。

1）消费者可向任一方责任主体提出赔偿请求

（1）消费者或者其他受害人因商品缺陷造成人身、财产损害的，可以向销售者要求赔偿，也可以向生产者要求赔偿。属于生产者责任的，销售者赔偿后，有权向生产者追偿。属于销售者责任的，生产者赔偿后，有权向销售者追偿。

（2）使用他人营业执照的违法经营者提供商品或者服务，损害消费者合法权益的，消费者可以向其要求赔偿，也可以向营业执照的持有人要求赔偿。

2）消费者须先向特定的责任方提出赔偿请求

（1）消费者在购买、使用商品时，其合法权益受到损害的，可以向销售者要求赔偿。销售者赔偿后，属于生产者的责任或者属于向销售者提供商品的其他销售者的责任的，销售者有权向生产者或者其他销售者追偿。

（2）消费者在接受服务时，其合法权益受到损害的，可以向服务者要求赔偿。

（3）消费者在购买、使用商品或者接受服务时，其合法权益受到损害，因原企业分立、合并的，可以向变更后承受其权利义务的企业要求赔偿。

（4）消费者在展销会、租赁柜台购买商品或者接受服务，其合法权益受到损害的，可以向销售者或者服务者要求赔偿。展销会结束或者柜台租赁期满后，也可以向展销会的举办者、柜台的出租者要求赔偿。展销会的举办者、柜台的出租者赔偿后，有权向销售者或者服务者追偿。

（5）消费者因经营者利用虚假广告提供商品或者服务，其合法权益受到损害的，可以向经营者要求赔偿。广告的经营者发布虚假广告的，消费者可以请求行政主管部门予以惩处。广告的经营者不能提供经营者的真实名称、地址的，应当承担赔偿责任。

3. 法律责任的确定

1）民事责任的确定

（1）关于承担民事责任的概括性规定

经营者提供商品或者服务有下列情形之一的，除《消费者权益保护法》另有规定外，应当依照《中华人民共和国产品质量法》和其他有关法律、法规的规定，承担民事责任：

①商品存在缺陷的；

②不具备商品应当具备的使用性能而出售时未作说明的；

③不符合在商品或者其包装上注明采用的商品标准的；

④不符合商品说明、实物样品等方式表明的质量状况的；

⑤生产国家明令淘汰的商品或者销售失效、变质的商品的；

⑥销售的商品数量不足的；

⑦服务的内容和费用违反约定的；

⑧对消费者提出的修理、重做、更换、退货、补足商品数量、退还货款和服务费用或者赔偿损失的要求，故意拖延或者无理拒绝的；

⑨法律、法规规定的其他损害消费者权益的情形。

（2）关于承担民事责任的具体性规定

①致人伤害的民事责任。

经营者提供商品或者服务，造成消费者或者其他受害人人身伤害的，应当支付医疗费、治疗期间的护理费、因误工减少的收入等费用，造成残疾的，还应当支付残疾者生活自助具费、生活补助费、残疾赔偿金及由其扶养的人所必需的生活费等费用。

②致人死亡的民事责任。

经营者提供商品或者服务，造成消费者或者其他受害人死亡的，应当支付丧葬费、死亡赔偿金及由死者生前扶养的人所必需的生活费等费用。

③侵犯其他人身权的民事责任。

经营者侵害消费者的人格尊严或者侵犯消费者人身自由的，应当停止侵害、恢复名誉、消除影响、赔礼道歉，并赔偿损失。

④造成财产损害的民事责任。

经营者提供商品或者服务，造成消费者财产损害的，应当按照消费者的要求，以修理、重做、更换、退货、补足商品数量、退还货款和服务费用或者赔偿损失等方式承担民事责任。消费者与经营者另有约定的，按照约定履行。

⑤违反约定的民事责任。

对国家规定或者经营者与消费者约定包修、包换、包退的商品，经营者应当负责修理、更换或者退货。在保修期内两次修理仍不能正常使用的，经营者应当负责更换或者退货。对包修、包换、包退的大件商品，消费者要求经营者修理、更换、退货的，经营者应当承担运输等合理费用。

经营者以邮购方式提供商品的，应当按照约定提供。未按照约定提供的，应当按照消费者的要求履行约定或者退回货款；并应当承担消费者必须支付的合理费用。

经营者以预收款方式提供商品或者服务的，应当按照约定提供。未按照约定提供的，应当按照消费者的要求履行约定或者退回预付款；并应当承担预付款的利息、消费者必须支付的合理费用。

⑥行政机关认定为不合格商品的民事责任。

依法经有关行政部门认定为不合格的商品，消费者要求退货的，经营者应当负责退货。

⑦欺诈行为的民事责任。

经营者提供商品或者服务有欺诈行为的，应当按照消费者的要求增加赔偿其受到的损失，增加赔偿的金额为消费者购买商品的价款或者接受服务的费用的一倍。

2）行政责任的确定

根据《消费者权益保护法》第50条的规定，经营者有下列情形之一，《中华人民共和国产品质量法》和其他有关法律、法规对处罚机关和处罚方式有规定的，依照法律、法规的规定执行；法律、法规未作规定的，由工商行政管理部门责令改正，可以根据情节单处或者并处警告、没收违法所得、处以违法所得一倍以上五倍以下的罚款，没有违法所得的，处以一万元以下的罚款；情节严重的，责令停业整顿、吊销营业执照。

（1）生产、销售的商品不符合保障人身、财产安全要求的；

（2）在商品中掺杂、掺假，以假充真，以次充好，或者以不合格商品冒充合格商品的；

（3）生产国家明令淘汰的商品或者销售失效、变质的商品的；

（4）伪造商品的产地，伪造或者冒用他人的厂名、厂址，伪造或者冒用认证标志、名优标志等质量标志的；

（5）销售的商品应当检验、检疫而未检验、检疫或者伪造检验、检疫结果的；

（6）对商品或者服务作引人误解的虚假宣传的；

（7）对消费者提出的修理、重做、更换、退货、补足商品数量、退还货款和服务费用或者赔偿损失的要求，故意拖延或者无理拒绝的；

（8）侵害消费者人格尊严或者侵犯消费者人身自由的；

（9）法律、法规规定的对损害消费者权益应当予以处罚的其他情形。

经营者对上述行政处罚决定不服的，可以自收到处罚决定之日起15日内向上一级机关申请复议，对复议决定不服的，可以自收到复议决定书之日起15日内向人民法院提起诉讼；也可以直接向人民法院提起诉讼。

3）刑事责任的确定

依据我国《消费者权益保护法》的有关规定，追究刑事责任的情况主要包括以下几种。

（1）经营者提供商品或者服务，造成消费者或者其他受害人人身伤害，构成犯罪的，依法追究刑事责任。经营者提供商品或者服务，造成消费者或者其他受害人死亡，构成犯罪的，依法追究刑事责任。

（2）以暴力、威胁等方法阻碍有关行政部门工作人员依法执行职务的，依法追究刑事责任；拒绝、阻碍有关行政部门工作人员依法执行职务，未使用暴力、威胁方法的，由公安机关依照《中华人民共和国治安管理处罚条例》的规定处罚。

（3）国家机关工作人员有玩忽职守或者包庇经营者侵害消费者合法权益的行为的，由其所在单位或者上级机关给予行政处分；情节严重，构成犯罪的，依法追究刑事责任。

本章小结

消费者权益保护法是指调整在保护消费者权益过程中发生的经济关系的法律规范的总称。消费者应该是为个人的目的购买或使用商品和接受服务的社会成员。消费者享有保障安全权、知悉真情权、自主选择权、公平交易权、依法求偿权、依法结社权、获取知识权、获得尊重权、监督批评权。同时消费者承担的责任有批评性意识、自我主张与行动、社会责任和环境意识等。经营者享受经营自主权、维护正常经营秩序权、享有在政府指导价规定的幅度内制定价格的权利、依法诉讼权等。同时要承担依法定或约定履行义务、听取意见和接受监督的义务、保障人身和财产安全的义务、不作虚假宣传的义务、标明经营者真实名称和标记的义务、出具凭证和单据的义务、提供符合要求的商品或服务的义务、承担“三包”和其他责任的义务、不得从事不公平、不合理交易的义务和不得侵犯消费者人身权的义务。经营者损害消费者的权益，应当承担相应的民事、行政或刑事责任。

本章案例

请扫描右侧二维码阅读案例内容。☞

练习题

1. 消费者有哪些基本权利？
2. 经营者有哪些义务？
3. 消费者权益争议的解决途径有哪些？

第8章

产品质量法律制度

本章提要

产品质量法是调整因产品质量而产生的社会关系的法律规范的总称。主要包括产品质量管理监督制度和产品质量责任制度。产品质量管理监督制度包括产品质量检验制度、产品质量认证制度、企业质量认证制度、产品质量社会监督制度、生产者和销售者必须依法履行产品质量义务，否则要承担民事、刑事或行政责任。

导入案例

产品质量有瑕疵造成损失须担责

产品质量是企业生存的根本，因产品质量导致他人损失的应给予赔偿。日前，安徽省蚌埠市禹会区人民法院审结该起产品质量损害赔偿纠纷，依法判决橡塑制品厂退还贸易责任公司货款 4200 元，并赔偿损失 19000 余元。

2009 年 5 月，贸易责任公司经某业务单位驾驶员介绍，说储气囊可以装双氧水。于是，贸易责任公司的法定代表人知道被告单位出售储气囊，遂通过电话与橡塑制品厂的厂长取得联系，且橡塑制品厂厂长介绍储气囊可以装双氧水。双方谈妥价格后，贸易责任公司在支付 4200 元后从橡塑制品厂购买了 1 只 40 吨的储气囊。5 月 23 日原告从化工原料经营部购得 38.38 吨的双氧水，价值 22000 余元，货到当天卖了 15.25 吨，还余 23.13 吨双氧水全部装入了从橡塑制品厂处购买的储气囊中，并存放在承租的化工厂厂房中。2009 年 6 月 12 日下午，化工厂工作人员发现存放原告双氧水的房间冒烟了，便打电话通知原告，原告的法定代表人随后赶到现场，发现储气囊开口胶破裂，23.13 吨双氧水全部泄漏。6 月 15 日，原告的法定代表人打电话给被告单位的厂长，要求来人处理储气囊泄漏事宜，而被告一直未派人处理。由于被告出售的产品储气囊存在安全隐患，给原告造成了产品之外物品的损失。原告遂诉至法院。

法院认为，因产品存在缺陷造成受害人财产损失的，侵害人应当恢复原状或者折价赔偿。受害人因此遭受其他重大损失的，侵害人应当赔偿损失。被告经传票合法传唤，无正当理由，拒不到庭，应视为其对自己民事权利的放弃，故原告要求被告退货款 4200 元并赔偿 23.13 吨双氧水的损失19000余元的诉请，予以支持。遂作出上述判决。

（资料来源：中国法院网）

8.1 产品质量法概述

8.1.1 产品和产品质量的概念

1. 产品的概念

产品是指凡与自然物相对的一切劳动生产物，是人类用生产资料对劳动对象加工、改造而成的物质成果，是人们和社会需要的物化体现。在法律上，一般对产品多作狭义理解，并非任何产品都在产品责任法调整范围之内。

在国际上，各国法律对承担产品责任的产品都进行了一定的限制。《欧共体产品责任指令》规定：产品是指初级农产品和狩猎物以外的所有动产，即使已被组合在另一动产或不动产之内。初级农产品是指种植业、畜牧业、渔业产品，不包括经过加工的这类产品。产品也包括电。

英国1987年颁布的《消费者保护法令》规定：产品是指任何可移动的有形物品、电及组装于其他物品内的部件及原材料。美国1979年《统一产品责任示范法》规定：任何具有内在价值，能够整体或部分转让，用于贸易或商业销售的物品，但人体组织、器官、血液组成成分除外。目前，国际上对产品责任法的调整范围有扩大化的倾向。

我国《产品质量法》规定:产品是经过加工、制作，用于销售的产品。根据这一规定,《产品质量法》调整的产品包括以下几个方面。

（1）以销售为目的，通过工业加工、手工制作等生产方式获得的具有特定使用性能的物品。所谓加工、制作是指改变原材料、毛坯或半成品的形状、性质或表面状态，使之达到规定要求的各种工作的统称。

（2）初级农产品（指种植业、畜牧业、渔业产品等，如小麦、鱼等）及未经加工的天然形成的产品（如石油、原煤、天然气等）不适用该法的规定，但不包括经过加工的这类产品。

（3）虽然经过加工、制作，但不用于销售的产品，纯为科学研究或为自己使用而加工、制作的产品，不属于该法调整的范围。

（4）建设工程不适用该法规定。但建设工使用的建筑材料、建筑构配件和设备，适用该法的规定。

（5）军工产品不适用该法的规定。

2. 产品质量的概念

产品质量是由各种要素所组成的，这些要素也被称为产品所具有的特征和特性，不同的产品特征和特性各异。因此，产品所具有的特征和特性的总和，便构成了产品质量的内涵。国际标准化组织颁布的ISO/DIS9000：2000标准，将质量的含义规定为："产品、体系或过程的一组固有特性满足顾客和其他相关方要求的能力。"本定义所称的"要求"往往随时间而变化，与科学技术的不断进步有着密切的关系。"要求"可转化成具有具体指标的特征和特性。"要求"可以包括使用性能、安全性、可靠性、可维修性、经济性和环保等几个方面。

（1）产品的使用性能是指产品在一定条件下，实现预定目的或者规定用途的能力。任何产品都具有其特定的使用目的。

（2）产品的安全性是指产品在使用、储运、销售等过程中，保障人体健康和人身、财产安全免受侵害的能力。

（3）产品的可靠性是指产品在规定条件下和规定的时间内，完成规定功能的程序或者能力。一般可用功能效率、平均寿命、失效率、平均故障时间、平均无故障工作时间等参量进行评定。

（4）产品的可维修性是指产品在发生故障以后，能迅速维修，恢复功能的能力。通常采用平均修复时间等参量表示。

（5）产品的经济性是指产品的设计、制造、使用等各方面所付出或所消耗成本的程度。同时，也包含其可获得经济利益的程度，即投入与产出的效益能力。

（6）环保性，即产品在使用中，不会对周围环境造成不良影响。

我国《产品质量法》第 26 条规定产品质量应当符合下列要求。

（1）不存在危及人身、财产安全的不合理的危险，有保障人体健康和人身、财产安全的国家标准、行业标准的，应当符合该标准。

（2）具备产品应当具备的使用性能，但是，对产品存在使用性能的瑕疵作出说明的除外。

（3）符合在产品或者其包装上注明采用的产品标准，符合以产品说明、实物样品等方式表明的质量状况。

8.1.2　产品质量法

1. 产品质量法的概念

产品质量法是调整因产品质量而产生的社会关系的法律规范的总称。主要调整两大类社会关系：（1）在国家对企业的产品质量进行监督管理过程中产生的产品质量管理关系；（2）产品的生产者、销售者与产品的用户和消费者之间因产品缺陷而产生的产品质量责任关系。

2. 产品质量法的立法历程

我国的产品质量立法主要发端于 20 世纪 80 年代，如《工业企业全面质量管理暂行办法》《国家监督抽查产品质量的若干规定》《工业产品生产许可证试行条例》《进口商品质量监督管理办法》《工业产品质量责任条例》等一系列单行法规。此外，还在许多相关法律当中规定产品质量责任。在此基础上，我国于 1993 年 2 月 22 日通过了《中华人民共和国产品质量法》，并于 1993 年 9 月 1 日起施行。由此标志着我国产品质量管理进入了一个新的时期。

1993 年颁布实施的《产品质量法》，对提高全民产品质量意识和我国产品质量的总体水平等发挥了积极作用，但仍存在一些问题，如某些地方垄断和地方保护主义严重，产品质量意识淡薄；企业内部质量管理松弛，产品质量低劣；市场监督乏力，制假售假得不到有效控制；行政性壁垒严重，妨碍公平竞争等。为了加强对产品质量的监控，2000 年 7 月经九届全国人大常委会十六次会议审议，通过了《产品质量法（修正案）》。新法由原来的 51 条增加到 74 条，其中新增 25 条，修改了 20 多条，涉及内容十分广泛。新法主要强调了以下几点：一是明确了各级人民政府在产品质量工作中的责任，即必须组织、督促生产经营者提高产品质量，不得进行任何形式的地方保护；二是建立企业产品质量约束机制，即不得生产、销售假冒伪劣产品，不得拒绝产品质量监督部门依法组织的产品质量监督检查；三是补充、完善了产品质量监督管理的行政执法手段和必要的行政强制措施；四是加大了对产品质量违法行为的法律制裁力度；五是加强了对产品质量监督部门及产品质量检验机构、认证机构的约束；六是建立了产品质量的社会监督机制。

为了适应我国加入世界贸易组织的形势和需要，并履行我国有关承诺，进一步规范进出口商品检验工作，2002年4月，新《进出口商品检验法》修订颁布。修订后的商检法适应了新时期商检工作的实际需要，对于规范进出口商品检验行为、维护社会公共利益、促进对外经济贸易关系的顺利发展发挥了巨大的作用。

与此同时，我国开始探索制定质量缺陷产品召回制度。2002年10月通过的《上海市消费者保护条例》规定："有关行政管理部门应当依法要求经营者立即中止出售存在严重缺陷、对消费者人身财产安全可能造成危害的商品或服务，并对已售出的商品采取召回措施。"

随着经济的发展，汽车开始大量进入家庭，然而在加入世界贸易组织之初，当因汽车质量导致的安全事故发生时，发达国家普遍实行的汽车召回制度在我国还是空白。因此，需要建立和实行缺陷产品召回管理制度。2004年3月15日，由国家质检总局、国家发改委、商务部、海关总署联合制定的《缺陷汽车产品召回管理规定》正式发布，并从2004年10月1日起开始实施。这是我国以缺陷汽车产品为试点首次实施召回制度。

国家质量监督检验检疫总局公布的数据显示，从2004年开始实施缺陷汽车召回制度以来，截至2008年年底，总计召回缺陷汽车184万多辆，涉及54家国内外汽车制造商的180种车型，召回次数达155次。

继汽车之后，我国又颁布实施了《儿童玩具召回管理规定》《食品召回管理规定》和《药品召回管理办法》，人们普遍关心的儿童玩具、食品、药品召回制度得到完善。

此外，食品安全关系到人们的身体健康和生命安全，食品质量安全是近年来百姓反映比较强烈的问题。尽管我国早已实施《食品卫生法》(1995年）等相关法律法规，但是，因分段立法，条款相对分散，单个法律法规调整范围较窄，食品安全事故时有发生。因此，亟须出台一部法律，实现从田间到餐桌的无缝隙监管。经过3年酝酿、4次全国人大常委会审议、7次法律委审议、1万余条群众建议，2009年6月1日，《食品安全法》走下案头，走到了百姓生活当中。《食品安全法》把食品监管从卫生上升到了安全的高度，强化了食品生产经营者作为食品安全第一责任人的责任，对食品添加剂进行全方位的严格监管，确立了以一个监管部门为主、其他部门履行相关职责并相互配合的分段监管体制，在全程监管过程中实现无缝对接。《食品安全法》明确明星代言问题食品要承担连带责任；提出了建立食品安全风险评估制度、建立食品召回制度、取消食品免检制度；明确了制定食品安全标准的基本原则；强调任何单位或者个人不得对食品安全事故隐瞒、谎报、缓报，不得毁灭有关证据等重要内容。

截至目前，我国已初步形成了以《产品质量法》《标准化法》《计量法》《食品安全法》等法律为基础，以《认证认可条例》《缺陷汽车产品召回管理规定》等行政法规为补充，以一大批部门规章和地方性法规为配套的质量法律体系、产品质量法规正逐步完善。

3. 产品质量法的立法目的

制定产品质量法的主要目的为：一是，为了加强国家对产品质量的监督管理，促使生产者、销售者保证产品质量；二是，为了明确产品质量责任，严厉惩治生产、销售假冒伪劣产品的违法行为；三是，为了切实地保护用户、消费者的合法权益，完善我国的产品质量民事赔偿制度；四是，为了遏制假冒伪劣产品的生产和流通，维护正常的社会经济秩序。

4. 产品质量法的适用范围

我国产品质量法的适用范围具体如下。

（1）产品质量法适用的地域范围。凡在我国境内从事产品的生产、销售活动，包括进口产品在我国国内的销售，都必须遵守《产品质量法》的规定。按照我国香港、澳门两个特别行政区基本法的规定，只有列入这两个基本法附件3的全国性法律，才能在这两个特别行政区适用。《产品质量法》因没有列入其中故不适用于香港和澳门两个特别行政区，但在我国境内从事产品生产、销售活动的除外。

（2）产品质量法所称的“产品”的范围。产品质量法所称的产品是经过加工、制作的产品。各种直接取之于自然界，未经加工制作的产品，如稻、麦、蔬菜、饲养的鱼虾等种植业、养殖业的初级产品，采矿业的原油、原煤等直接开采出来未经炼制、洗选加工的原矿产品等，均不适用产品质量法的规定，但这些产品质量与合同约定不符的，也要承担违约责任；若因过错造成他人损害的需承担民法上对侵权责任，而不适用本法关于产品责任的规定。产品质量法所称的产品必须是用于销售的产品。不作为商品的产品，如自己制作、自己使用或馈赠他人的产品，不属于国家进行质量监督管理的范围，不适用产品质量法。

（3）建设工程不适用产品质量法规定。建设工程，包括房屋、公路、桥梁、隧道等工程。由于建设工程的质量问题与一般加工、制作的产品有较大的不同，对建设工程的质量问题，应当适用建筑法等法律的规定。但用于建设工程的各种建筑材料和建筑构配件、设备等，属于产品质量法的“产品”范围内的，适用产品质量法规定。

5. 我国产品质量法体系

中国产品质量法体系由《中华人民共和国产品质量法》和有关产品质量的其他法律规范组成。

（1）《中华人民共和国产品质量法》是基本法。

（2）其他法律规范，如《计量法》《标准化法》《食品卫生法》《药品管理法》《工业产品质量责任条例》《产品质量认证管理条例》等专门法。

（3）其他法中的相关规定，如《民法通则》《合同法》《消费者权益保护法》中的相关规定。

6. 我国产品质量法的特点

我国产品质量法是一部综合性的法律规范，它调整的社会关系相当广泛，不同于国际上仅仅调整平等民事主体之间产品责任关系的产品责任法，它把产品质量的监督管理和产品责任合二为一，它的立法宗旨是加强对产品质量的监督管理，提高产品质量水平，明确产品质量责任，保护消费者的合法权益，维护社会经济秩序，体现了国家干预市场的经济法精神。中国的产品质量法是经济法的一个重要组成部分。

8.2 产品质量的管理与监督

8.2.1 产品质量的管理与监督概述

产品质量的管理与监督制度是用法律、法规的形式，调整生产者、销售者与政府有关行政主管部门之间在产品质量监督管理过程中所发生的权利、义务、责任关系而形成的一系列管理制度的总称。这一制度强调的是事前控制、事中监督、事后追惩相结合，而不是单纯依靠事后追惩来解决产品质量问题，这体现了我国产品质量法与西方各国产品质量法的不同特色。

我国的产品质量管理与监督管理制度包括产品质量检验制度、产品质量认证制度、企业质量体系认证制度、产品质量检查制度和产品质量社会监督制度。

8.2.2 产品质量的管理与监督的范围

产品是指经过加工、制作，用于销售的产品。未经加工的天然产品，如原煤、谷物、渔产品等，因质量非人为可以控制；经加工、制作的生活自用品等，因不用于销售，不属于国家直接监督的产品。建设工程不是一般商品，国家依据建设法另行监督，但建设工程使用的建筑材料、建筑构配件和设备，具备产品特征的，仍然属于国家直接监督管理的产品。药品和食品质量由政府有关职能管理部门依据药品管理法、食品卫生法进行监督管理。

产品质量监督管理的范围，指哪些经营者经营的产品需要接受国家的质量监督管理。产品经营活动有 4 个主要环节：生产、运输、仓储和销售。我国《产品质量法》规定，在中华人民共和国境内从事产品生产、销售活动的经营者，都必须遵守产品质量法。因此，产品生产者和销售者应当接受国家对产品质量的监督，也是承担产品责任的主体。运输和仓储过程中发生的产品质量问题，应当由生产者和销售者根据运输合同或保管合同向运送人或保管人要求赔偿，而不是由国家直接进行产品质量监督。

8.2.3 产品质量的管理与监督主管部门和职权

我国产品质量法规定国务院产品质量监督部门主管全国产品质量监督工作。国务院有关主管部门在各自的职责范围内负责产品质量监督工作。县级以上地方产品质量监督部门主管本行政区域内的产品质量监督工作。县级以上地方人民政府有关部门在各自的职责范围内负责产品质量监督工作。

国务院产品质量监督部门是指国家质量技术监督局。国务院有关主管部门包括国家经贸委、农业部、信息产业部、国家工商行政管理局等在各自的职责范围内，负有对产品质量监督职责的有关部门。县级以上地方产品质量监督部门是指各省、自治区、直辖市人民政府的产品质量监督部门。县级以上地方人民政府有关主管部门是指按照有关地方人民政府的规定，对本行政区域内的有关产品质量工作负有监督职责的政府主管部门。政府产品质量监督部门“主管”产品质量监督工作的主要职责包括：统一规划和组织对产品质量的监督抽查，发布产品质量监督抽查结果的公告；责令监督抽查质量不合格的企业限期改正；负责对企业质量体系认证机构和产品质量认证机构的认可；对违反《产品质量法》规定的行为进行调查并可在法定范围内采取的必要的强制措施；对违反《产品质量法》规定的行为依法实施行政处罚等。其他法律对一些特殊产品的质量的监督部门已有规定的，应依有关特别法的规定执行。例如，对食品卫生和药品的质量监督，应分别按食品卫生法和药品管理法的规定执行。

产品质量监督部门在执法过程中的主要职权有：现场（生产、销售活动场所）检查权；向当事人调查、了解情况权；查阅、复制书面证据（合同、发票、账簿及其他资料等）权；查封或扣押有严重质量问题的产品及其相关原辅料、包装物、生产工具权。

8.2.4 产品质量的管理与监督管理相关制度

1. 产品质量检验制度

1）产品质量检验制度和合格产品的概念

产品质量检验制度，是指按照特定的标准、方法和程序，对产品质量进行检测，以判明产品是否符合国家产品质量标准的法律制度。我国《产品质量法》明文规定：产品质量应当检验合格，不得以不合格产品冒充合格产品。

产品质量合格，是指产品的质量指标符合有关的标准和要求。按照《产品质量法》规定，作为合格产品，至少应同时具备以下条件。

（1）必须符合保障人体健康和人身、财产安全的强制性的国家标准、行业标准和要求，不存在危及人身、财产安全的不合理的危险。

（2）符合生产者自行制定的产品质量企业标准或技术要求，但该企业标准或技术要求不得与强制性的国家标准、行业标准和地方标准相抵触，并应保证产品具备应当具有的使用性能；对在产品买卖合同中约定了产品质量标准的，或者在产品或者其包装上注明了所采用的产品标准的，或者生产者以产品说明、实物样品等方式表明了产品的质量状况的，应当符合相关的标准或质量状况。

不合格产品，是指不符合合格产品中所列标准和要求的产品。不合格产品通常可分为处理品和劣质品。处理品是指不符合合格品标准和要求，但不存在危及人体健康，人身、财产安全的危险，仍有一定使用价值的产品。企业在日常生产过程中难免会生产出一些残次品，这些产品在不违反国家有关规定的前提下可以较低的价格出厂销售，但这类不合格产品在出厂时必须向消费者明示该产品的实际质量状况，不得将这类处理品冒充质量合格的产品出厂销售。对劣质产品，主要可从以下两个方面判定：一是看其是否符合保障人体健康，人身、财产安全的强制性的国家标准、行业标准和地方标准，不符合上述标准的产品是劣质产品，如电冰箱不符合国家用电安全标准，该电冰箱为劣质电冰箱；二是看其是否具备产品应当具备的基本使用性能，不具备基本使用性能的产品是劣质产品，如电冰箱不制冷，该电冰箱为劣质产品。劣质产品不得出厂销售，更不得冒充合格产品出厂。

产品质量检验的主体是企业；检验的标准有国家标准、行业标准、地方标准、企业标准；检验形式由企业自己检验和委托他人检验两种。

2）产品质量检验机构

（1）产品质量检验机构的概念、任务和设立条件

产品质量检验机构，是指承担产品质量监督检验、仲裁检验等公证检验工作的技术机构。按照《中华人民共和国标准化法》的规定，产品质量检验机构分为两类：一类是县级以上人民政府产品质量监督部门根据需要依法设置的检验机构；另一类是县级以上人民政府产品质量监督部门授权的其他单位的产品质量检验机构。此外，还有一类检验机构属于社会中介组织性质的，它们不隶属任何政府部门和事业单位，依法设立，经有关部门考核合格后，依法独立承担产品质量检验任务。

产品质量检验机构的任务是，对产品是否合格或者是否符合标准进行检验，承担其他标准实施的监督检验。法定检验机构提供的检验数据具有法律效力，是判明产品是否合格及解决产品质量纠纷的依据。

产品质量检验机构设立的条件如下。

①必须具备相应的检测条件和能力。产品质量检验机构必须具备相应的检测条件和能力，是指国家有关部门规定的产品质量检验机构应当具备的与其承担的检验任务相适应的条件和能力，包括组织机构条件，检验技术人员条件，技术设备条件，以及质量体系、工作环境、管理制度等方面的条件。

②必须经考核合格。产品质量检验机构必须经省级以上人民政府产品质量监督部门或者

其授权的部门依照有关规定，对检验机构所具备的检验测试能力进行考核，对考核合格的申请人，发给合格证书后，方可承担产品质量检验工作，其出具的检验数据才具有法律效力。

以上是《产品质量法》对产品质量检验机构设立条件的规定，国家其他法律、国务院颁布的行政法规对产品质量检验机构的资格条件、设置、考核、管理等有特殊规定的，依照法律、行政法规的相应规定执行。

（2）从事产品质量检验认证的社会中介机构。

从事产品质量检验的社会中介机构，是指经省级以上人民政府产品质量监督部门或者其授权的部门考核合格，经依法注册登记，依靠自己的知识、技术设备和经验，提供产品质量监督抽查检验、生产许可证产品的质量检验、产品质量的认证检验、产品质量争议的仲裁检验等检验服务的社会组织。从事产品质量认证的社会中介机构，是指经中国产品质量认证机构国家认可委员会审查评定，并经国务院产品质量监督部门批准，从事产品质量认证工作的社会组织。

上述两类社会中介机构与政府机关、权力机关、司法机关等国家机关，不得存在上下级关系、领导与被领导关系等，不得承担政府行政管理方面的任何职能；中介机构在人、财、物方面完全独立，与国家机关没有任何关系，即《产品质量法》所规定的“不得与行政机关和其他国家机关存在隶属关系或者其他利益关系”。

（3）产品质量检验认证机构的工作原则

根据《产品质量法》的规定，产品质量检验机构、认证机构必须依法按照有关标准，客观、公正的出具检验结果或者认证证明。

产品质量检验机构、认证机构的作用和任务，决定了他们在产品质量监督管理中处于一种“中间人”“裁判员”的位置，它们能否依法客观、公正地履行职责，对于生产者、销售者，对于国家检验、认证制度，对于广大的消费者都有着直接关系。因此，修改后的《产品质量法》专门增加词条，即要求产品质量检验机构、认证机构必须依法按照有关标准，客观、公正的出具检验结果或者认证证明。

（4）产品质量认证机构的跟踪调查职责

依照国家规定对准许使用认证标志的产品进行认证后的跟踪检查，是产品质量认证机构的一项重要义务，为了保证认证标志依法使用，产品质量认证机构应当依照国家规定对准许使用认证标志的产品进行认证后的跟踪检查，对不符合认证标准而使用认证标志的进行查处，以维护产品质量认证的信誉，维护广大消费者的合法权益。

为此，《产品质量法》规定，产品质量认证机构应当依照国家规定对准许使用认证标志的产品进行认证后的跟踪检查，对不符合认证标准而使用认证标志的，责令改正；情节严重的，撤销其使用认证标志的资格。

3）产品质量检验制度的特点

产品质量检验制度是产品质量的自我检验，具有自主性和合法性的特点。

（1）所谓自主性，是指这种检验是企业为保障产品质量合格，适合并满足用户和消费者的要求，依法主动进行的，在不违反法律强制性规定的前提下，企业可选择适合自己的检验标准和检验程序。

（2）所谓合法性，是指企业的质量检验必须依法进行，遵循国家的有关规定。产品出厂时，可由企业自行设置的检验机构检验合格，也可经过企业委托有关产品质量检验机构进行。按照我国法律规定，产品质量检验机构必须具备相应的检验条件和能力，并须经过省级以上的人民政府产品质量监督管理部门或者其授权的部门考核合格后，方可承担产品质量检验工作。

为鼓励企业提高产品质量，扶优扶强，引导消费，国家质检总局按照《国务院关于进一步加强产品质量工作若干问题的决定》（国发〔1999〕24 号）要求，制定了《产品免于质量监督检查管理办法》，规定对质量长期稳定在较高水平，执行的产品标准达到或者严于国家标准要求，经省级以上质量技术监督部门连续三次以上监督检查均为合格，具备完善的质量保证体系，生产经营符合国家法律法规的要求和国家产业政策，经济效益在本行业排名前列等条件的产品授予免检资格。

产品质量国家免检工作每年进行一次，由国家质检总局公布当年度开展免检的产品类别目录，符合条件的企业自愿向所在地省级质量技术监督部门提出申请，由省级质量技术监督部门进行审查，国家质检总局征求有关方面的意见并按规定的程序进行审定后，向符合规定条件的企业颁发免检证书，并向社会公布。获得免检资格的产品在有效期内免于各级政府部门的质量监督检查。获得免检证书的企业在免检有效期内可以自愿在免检产品或者其包装上使用规定的免检标志。

国家免检制度以引导消费、促进出口、服务经济为中心，紧紧围绕国务院确定的经济工作主旋律，为国民经济持续、快速、健康发展做贡献。免检工作坚持扶优扶强、宁缺毋滥、保持权威性和含金量、简化手续、不向企业收费等五项原则。同时，还坚持做到减轻企业负担与促进完善企业自律机制相结合，严格事前审查与加强事后监督相结合。经过严格审查，目前共有 1489 家企业申报的产品获得国家免检资格。免检产品的种类有电视机、电冰箱等 66 大类产品，涉及日用消费品、食品、工业生产资料、农业生产资料、建筑工程材料。获得免检的产品是质量过硬、深得消费者信赖的好产品。获得免检资格的生产企业是行业内的排头兵、佼佼者。这些企业在采用先进科学技术，提高产品质量，增强消费者满意度方面进行了不懈努力，取得了显著成效，在日益激烈的市场竞争中，经过千锤百炼、大浪淘沙，在众多企业中脱颖而出，从而也带动了全行业总体质量水平的提高。

免检制度实施 5 年来，不仅受到企业的赞誉，还受到社会各界的普遍欢迎。目前，社会上已经形成企业积极争创免检产品、商家大力宣传免检产品、消费者放心购买免检产品的良好氛围。

2. 产品质量认证制度

1）产品质量认证的概念和作用

产品质量认证，是指依照规定的产品标准和相应的技术要求，由国家认可的质量认证机构根据企业申请，对企业产品质量进行检查认证，并对合格者颁发产品质量认证证书，准许企业在其产品或包装上使用该认证标志。产品质量认证分为安全认证和合格认证两种类型，其功能和特点与企业质量体系认证相似，但只能用于产品。

推行产品质量认证制度的目的，是通过对符合认证标准的产品颁发认证标志，便于消费者识别，也有利于提高经认证合格的企业和产品的市场信誉，增强产品的市场竞争能力，以激励企业加强质量管理，提高产品质量水平。同时，由作为第三方的认证机构对产品质量进行认证，已成为许多国家保证产品质量的一种普遍做法。经过质量认证的产品可以方便地进入国际市场，有利于进一步促进我国对外经济贸易的发展。

2）我国产品质量认证发展

产品认证制度起源于 20 世纪初，它是以市场经济模式发展的工业发达国家为了贯彻标准、提高质量、保证安全、保护消费者利益，努力促进商品流动，理顺关系、统一规则、全面展开国际交流、推动国际贸易的发展，从而成为普遍采用的方式。

由于各方面的原因，我国的质量认证工作开展较晚。1978 年 9 月，我国以中国标准化协会名义参加 ISO 为正式成员后，才引入质量认证的概念。经国家有关部门多次组织人员到国外开展认证工作较早的国家和 ISO / IEC 等国际组织考察，翻译出版了一批资料，开展了宣传工作，逐步提高了国内有关部门和人员的认识，基本上统一了对在我国开展质量认证工作的看法。1981 年 4 月，经国务院标准化行政主管部门批准，成立了我国第一个产品质量认证机构——中国电子元器件质量认证委员会（QCCECC），按照国际电子委员会电子元器件质量评定体系的章程和程序规则，组建了机构，制定了有关文件，开展了产品认证工作。1984 年 10 月，成立了中国电子产品认证委员会（CCEE）。

1988 年 12 月《中华人民共和国标准化法》公布，该法第 15 条规定："企业对有国家标准或者行业标准的产品，可以向国务院标准化行政主管部门或者国务院标准化行政主管部门授权的部门申请产品质量认证，认证合格的，由认证部门授予认证书，准予在产品或者其包装上使用规定的认证标志，已经取得认证证书的产品不符合国家标准或者行业标准的，以及产品未经认证或者认证不合格的，不得使用认证标志出厂销售。"

标准化法颁布以后，我国的质量认证工作开始纳入了法制轨道。1991 年 5 月《中华人民共和国产品质量认证管理条例》发布，1992 年 1 月国家技术监督局又颁发了《中华人民共和国产品质量认证管理条例实施办法》，这使我国的质量认证工作进入了"有法可依、有章可循"的新阶段，随着我国改革开放的进一步深入，国际贸易的日益发展，质量认证工作有了更快的进展。到目前为止，我国产品质量认证机构已有 8 个（除前面提到的两个产品质量认证机构外，又相继成立了卫星电视地面接收站质量保证能力认证委员会、水泥认证委员会、中国汽车用安全玻璃认证委员会、中国橡胶避孕套质量认证委员会、中国方圆标志认证委员会、中国消防产品质量认证委员会等产品质量认证机构），获准产品质量认证的企业已由 1990 年年底的 793 家增加到 1994 年的 1992 家，已取得各个产品质量认证委员会颁发合格或安全认证证书的产品类别达到 276 种（一种产品可能颁发多张产品质量认证证书和认证标志）。

3）国家推行产品质量认证制度的主要内容

（1）认证标准

①国际标准、国家标准、行业标准。行业标准和国家标准是我国国内的标准，由国务院有关主管部门依法制定。按照标准化法的规定，国家标准由国务院标准化行政主管部门（现为国家质量技术监督局）或者法律规定的国务院其他主管部门制定（例如，按照食品卫生法的规定，食品卫生的国家标准由国务院卫生行政部门制定；按照药品管理法的规定，药品的国家标准由国务院药品监督管理部门制定）。行业标准由国务院有关行政主管部门制定，报国务院标准化行政主管部门备案。

国际标准是指由国际标准化组织（ISO）和国际电工委员会（IEC）所制定的标准，以及国际标准化组织确认并公布的其他国际组织制定的标准。

这些标准中的产品质量标准，是组织产品生产、检验产品质量、进行质量管理的基本技术依据。

②我国名、特产品，依据国家质量技术监督局确认的标准。

③对于我国和国外认证机构签订了双边、多边认证合作协议的产品，依据协议中规定的标准。

（2）认证原则

产品质量认证的原则，是企业自愿申请的原则。

（3）认证机构

国务院产品质量监督部门和由其授权的部门。

（4）认证形式

①产品质量安全认证。对涉及人身、财产安全的产品的认证。

②产品质量合格认证。对产品的质量符合要求和达到某一水平的认证。

（5）认证标志

认证标志是由产品质量认证机构设计，按照法定程序批准发布的一种专用标志。国际上比较著名的认证标志有英国的风筝标志、德国的 VDE 标志、美国的 UL 标志。中国的认证标志有长城认证标志、PRC 认证标志、方圆认证标志。

4）我国产品质量的认证证书

认证证书是证明产品质量符合认证要求和许可产品使用认证标志的法定证明文件。认证证书由国务院标准化行政主管部门组织印刷并统一规定编号。由认证机构向申请质量认证并被检验、审核通过的申请者颁发，根据产品特点，认证证书有效期分为 3 年、4 年或 5 年。但认证证书持有者每年必须定期接受认证委员会对其认证证书有效性的确认。

在认证证书有效期满前 3 个月，证书持有者必须向认证机构重新提出认证申请，以使认证证书连续有效。在认证证书有效期限内，出现下列情况之一，必须按照有关规定重新认证。(1）认证产品批准变更;（2）使用新的商标名称;（3）认证证书持有者变更;（4）部分产品型号、规格受到撤销处理。

出现下列情况之一的，认证机构将会注销认证证书持有者的认证证书，责令停止使用认证标志。

（1）由于认证标准变更，企业认为达不到标准要求时，不再申请认证。

（2）在认证证书有效期届满时，证书持有者未在认证证书有效期届满前 3 个月向认证委员会提出重新认证申请的。

有下列情况之一的，认证机构将会责令认证证书持有者整修使用认证证书和认证标志。

（1）认证证书持有者或者认证产品生产企业不能保持产品质量稳定合格。

（2）监督检查发现认证产品生产企业的质量体系和产品质量达不到认证时的要求，属生产企业责任。

（3）用户对获准认证产品提出严重质量问题。

（4）认证证书持有者未按期缴纳认证费用。

5）我国产品质量的认证标志

我国认证标志分为方圆标志、长城标志和 PRC 标志。

（1）方圆标志分为合格认证标志和安全认证标志。获准合格认证的产品，使用合格认证标志，获准安全认证的产品，使用安全认证标志。认证委员会采用以方圆标志为基础而变形的其他认证标志时，须报国务院标准化行政主管部门审批后方可使用。

（2）长城标志为电工产品专用认证标志。长城标志的颜色及其印制，应当遵守国务院标准化行政主管部门及中国电工产品认证委员会有关认证标志管理办法的规定。

（3）PRC 标志为电子元器件专用认证标志。PRC 标志的颜色及其印制，应当遵守国务院标准化行政主管部门及中国电子元器件质量认证委员会有关认证标志管理办法的规定。

6）使用认证标志应注意的问题

（1）认证委员会负责对符合认证要求的申请人颁发认证证书并准许其使用与认证证书内容相一致的认证标志。

（2）认证证书持有者可以将认证标志标示在产品、包装物、产品使用说明书、出厂合格证上。使用认证标志时，须在图案正下方标出认证委员会代码、证书编号、认证依据的标准编号。

（3）企业使用认证标志及其图案必须准确，严格根据国务院标准化行政主管部门公布的认证标志样式，按比例放大或缩小。

认证标志图案各部分的比例应当遵守相应认证委员会的规定。

3. 企业质量体系认证制度

1）企业质量体系认证制度的概念

企业质量体系认证是指国务院质量监督部门或由它授权的部门认可的认证机构，依据国际通用的“质量管理和质量保证”系列标准，对企业的质量体系和质量保证能力进行审核，通过颁发企业质量体系认证书，证明企业的质量体系和质量保证能力符合相应要求的制度。

所谓国际通用的“质量管理和质量保证”系列标准，指的是国际标准化组织（ISO）于1987年3月正式发布的ISO9000系列国际标准。目前这些标准已转变为我国的国家标准。

企业的质量体系通常包括以下几方面的构成要素：一是保证质量体系有效运行的组织机构；二是保证质量体系运行的物质和人力等资源；三是企业有关质量管理的各项规章制度，包括各岗位人员在质量体系运行中应尽的质量职责、质量管理工作的程序等；四是产品自原材料输入到成品输出的全过程的质量管理和质量保证。质量体系认证即由认证机构对上述各方面所包含的全部要素进行审查，确认这些要素是否符合相应的标准，从而确定企业是否具有质量保证能力。

企业质量体系认证由国务院产品质量监督部门认可的或者其授权的部门认可的认证机构负责。目前主要包括国务院产品质量监督部门直接设立的认证委员会和授权其他行政主管部门设立的行业认证委员会。认证机构的主要职责是：制定实施认证的具体规则、程序，受理认证申请，对申请人的质量体系按标准评审，批准认证，颁发认证证书；对证书持有人进行事后监督等。

2）企业质量体系认证的法律依据和程序

企业质量体系认证的法律依据是《产品质量法》。该法规定：国家根据国际通用的质量管理标准，推行企业质量体系认证制度。

认证程序是：（1）企业根据自愿原则申请质量体系认证；（2）认证机构接受企业申请；（3）经认证合格的，由认证机构颁发企业质量体系认证证书。

3）企业质量体系认证的目的

（1）在合同的条件下，是为了提高供方的质量信誉，向需方提供质量担保，增强企业在市场上的竞争能力。

（2）在非合同的条件下，是为了加强企业内部的质量管理，实现质量目标。

4）企业质量体系认证的标准

企业质量体系认证的标准是国家质量技术监督局颁布的GB/TI9000-ISO9000系列国家标准，该标准等同于国际标准化组织（ISO）推荐采用的ISO9000“质量管理和质量保证”系列国际标准。

IS09000 是指质量管理体系标准，它不是指一个标准，而是一族标准的统称。IS09000 是由 TC176（TC176 指质量管理体系技术委员会）制定的所有国际标准。IS09000 是 ISO 发布之 12000 多个标准中最畅销、最普遍的产品。

（1）IS09000 系列标准发展简介

IS09000 质量体系认证是由国家或政府认可的组织以 IS09000 系列质量体系标准为依据进行的第三方认证活动，以绝对的权力和威信保证公开、公正、公平及相互间的充分信任。其系列标准发展历程如下。

① 1980 年，“质量”一词被定义为企业动作及绩效中所展现的组织能力。导致一些行业标准与国家标准的产生，而由于跨国贸易的逐渐形成，跨行业、跨国度的新标准也呼之欲出。

② 1987 年，国际标准化组织（ISO）成立 TC176 技术委员会，联系 53 个国家，致力于 IS09000 系列标准的发展。颁布 IS09000 系列质量保证体系标准。

③ 1992 年，中国等同采用 IS09000 系列标准，形成 GB/TI9000 系列标准。欧共体提出欧共体内部各国企业按照 IS09000 系列标准完善质量体系，美国把此作为“进入全球质量运动会的规则”。

④ 1994 年国际标准化组织 ISO 修改发布 IS09000-1994 系列标准。世界各大企业如德国西门子公司、日本松下公司、美国杜邦公司等纷纷通过了认证，并要求他们的分供方通过 IS09000 认证。

⑤ 1996 年，我国政府部门如电子部、石油部、建设部等逐步将通过 IS09000 认证作为政府采购的条件之一，从而推动了我国 IS09000 认证事业迅速发展。2000 年国际标准化组织 ISO 修改发布 IS09000 系列 -2000 系列标准，更适应新时期各行业质量管理的需求。

（2）实施 IS09000 标准的意义

①强化品质管理，提高企业效益；增强客户信心，扩大市场份额。

负责 IS09000 品质体系认证的认证机构都是经过国家认可机构认可的权威机构，对企业的品质体系的审核是非常严格的。这样，对于企业内部来说，可按照经过严格审核的国际标准化的品质体系进行品质管理，真正达到法治化、科学化的要求，极大地提高工作效率和产品合格率，迅速提高企业的经济效益和社会效益。对于企业外部来说，当顾客得知供方按照国际标准实行管理，拿到了 IS09000 品质体系认证证书，并且有认证机构的严格审核和定期监督，就可以确信该企业是能够稳定地生产合格产品乃至优秀产品的信得过的企业，从而放心地与企业订立供销合同，扩大了企业的市场占有率。

②促使企业质量管理走上规范化、程序化、法制化的轨道。

IS09000 族标准的核心是建立文件化质量体系。书面规定了必需的质量要素内容及实施程序。要求管理人员、操作人员和验证人员都必须按文件执行并加以记录。标准的实施保证企业的质量管理水平与世界等同。

③质量代表了一个企业的生产水平、管理水平和文化水平

产品质量的提高意味着经济效益的提高。当今世界经济的发展正经历着由数量型增长向效益型增长的转变。市场竞争也由价格竞争为主转向质量竞争为主。因此，要想使企业立于不败之地，只有靠强化质量管理，提高产品质量。

④降低质量成本，提高企业利润。

质量成本 = 预防成本 + 鉴定成本 + 失败成本，其比例关系为：1 ∶ 10 ∶ 100（员工教育成本是预防成本，质量检验成本是鉴定成本，不合格品费用是失败成本）。以上比例意味着投入一元钱做质量的事先预防，将减少 10 元的检验费用，减少 100 元不合格品给企业带来的损失。企业在质量控制上投入最大的预防成本和适当的鉴定成本，建立更稳定的质量保证基础而尽量减少甚至杜绝失败成本，创造企业最大利润。

⑤满足客户要求，赢得用户信赖，扩大市场份额。

在市场竞争日益加剧的时代，社会和用户对质量的期望值越来越高，已经不能满足于只凭抽检而证明的合格产品，他们要求产品从原材料到最终服务的全过程都是受控的，要求生产者对质量有更高的承诺和切实的验证手段。ISO9000 族标准迎合了质量时代的需要。

⑥取得市场通行证。

随着全球经济一体化进程的加速和不可逆性，越来越多的企业家意识到市场竞争的规则在逐步统一。ISO9000 族标准已经成为全球企业在质量控制上的基本要求，要取得国际市场甚至国内市场的准入证，就必须踏进质量认证这道门槛。

⑦提高了企业的知名度和声誉。

第三方认证的方式和特点，使企业的知名度及声誉得以大大提高，特别是国际互认的实现，更使企业的这种无形资产通过 ISO9000 质量体系认证充分升值，长远效益不可限量。

⑧全员素质发生质变。

尽管市场经济的压力使每个企业家有了切肤之痛，但企业员工的市场意识、质量意识都尚未发生质变。通过实施 ISO9000 族标准，理解工业化国家从几百年市场经济运行中总结出的管理经验，促进职工观念的转变，对企业在市场经济的海洋中遨游具有重要的划时代意义，是企业永续经营的成功关键。

⑨有效地避免产品责任。

各国在执行产品品质法的实践中，由于对产品品质的投诉越来越频繁，事故原因越来越复杂，追究责任也就越来越严格。尤其是近几年，发达国家都在把原有的“过失责任”转变为“严格责任”法理，对制造商的安全要求提高很多。例如，工人在操作一台机床时受到伤害，按“严格责任”法理，法院不仅要看该机床机件故障之类的品质问题，还要看其有没有安全装置，有没有向操作者发出警告的装置等。法院可以根据上述任何一个问题判定该机床存在缺陷，厂方便要对其后果负责赔偿。但是，按照各国产品责任法，如果厂方能够提供 ISO9000 品质体系认证证书，便可免赔，否则，要败诉且要受到重罚（随着我国法制的完善，企业界应该对“产品责任法”高度重视，尽早防范）。

5）企业质量体系认证与产品质量认证的区别

企业质量体系认证和产品质量认证的显著区别是：认证的对象不是产品，而是企业的质量体系；认证依据的标准不是产品标准而是质量管理标准；认证的结论不是产品是否符合产品标准，而是证明企业质量体系是否符合质量管理标准。获得企业质量体系认证的企业，并不等于获得产品质量认证，因不得在其产品上使用产品质量认证标志。

4. 产品质量检查制度

1）产品质量监督检查

产品质量监督检查，是指国务院产品质量监督管理部门和各级地方人民政府产品质量监督管理部门及法律规定的其他部门，根据法律、行政法规赋予的职责，代表人民政府履行职责，执行公务，对流通领域的产品质量实施监督的一种行政行为。产品质量监督检查是国家对产品质量实施的一项强制性行政管理措施。

根据《产品质量法》第15条的规定，国家对产品质量实行以抽查为主要方式的监督检查制度，对可能危及人体健康和人身、财产安全的产品，影响国计民生的重要工业产品及消费者、有关组织反映有质量问题的产品进行抽查。除抽查方式外，国家对产品质量的监督检查方式还包括产品质量统一监督检查、产品质量定期监督检验等其他方式。

2）产品质量监督抽查

产品质量监督抽查，是国家产品质量监督部门及地方产品质量监督部门按照产品质量监督计划，定期在流通领域抽取样品进行监督检查，了解被抽查企业及其产品的质量状况，并按期发布产品质量监督抽查公报，对抽查的样品不合格的企业采取相应处理措施的一种国家监督活动。监督检查工作由国务院产品质量监督部门规划和组织。法律对产品质量的监督检查另有规定的，依照有关法律的规定执行。

（1）监督抽查的种类

产品质量监督抽查包括国家监督抽查和地方监督抽查。

国家监督抽查，是指由国家产品质量监督部门规划和组织的对产品质量进行定期或专项监督抽查，并发布国家监督抽查公报的制度。

地方监督抽查，是指县级以上地方产品质量监督部门在本行政区域内进行的监督抽查活动。地方抽查，不得以“国家监督抽查”的名义进行，发布其质量公报不得冠以“国家监督抽查”字样。

（2）监督抽查的产品范围

产品质量监督抽查的产品范围包括以下三个方面。

①可能危及人体健康，人身、财产安全的产品，如食品、药品、医疗器械和医用卫生材料、化妆品、压力容器、易燃易爆产品等。

②影响国计民生的重要工业产品，如农药、化肥、种子、计量器具、烟草，以及有安全要求的建筑用钢筋、水泥等。

③消费者、有关社会组织反映有质量问题的产品，包括群众投诉、举报的假冒伪劣产品，掺杂掺假，以假充真，以次充好，以不合格产品冒充合格产品，造成重大质量事故的产品等。

（3）监督抽样的要求

根据《产品质量法》的规定，抽取的样品应当在市场上或企业成品仓库内的代销产品中随机抽取。这是因为产品质量监督抽查活动是产品质量监督部门代表政府进行的一种市场监督管理活动，这种监督管理活动的范围一般应仅限于流通环节，而不能扩大到企业内部，并且对于未进入流通的产品，企业也不负质量责任。要求随机抽取样品，则可以防止生产者、销售者弄虚作假，保证抽样检查的客观性、公正性。

（4）禁止重复抽样

重复抽样会扰乱企业的正常经营秩序，加重企业负担，必须坚决禁止。为此，《产品质量法》特别规定国家监督抽查的产品，地方不得另行重复抽查；上级监督抽查的产品，下级不得另行重复抽查。按照国务院1992年8月发布的《国务院关于进一步加强质量工作的决定》的规定，为了防止重复抽查，全国性抽查计划由国家技术监督局统一组织协调。

（5）对抽查检验的要求

《产品质量法》规定，根据监督抽查的需要，可以对产品进行检验。检验抽取样品的数量不得超过检验的合理需要，并不得向被检查人收取检验费用。监督抽查所需检验费用按照国务院规定列支。

（6）对抽查检验的异议程序

为了保证质量监督抽查结果的准确和公正，被抽查的生产者、销售者如果对抽查检验的结果有异议的，有权要求复检。《产品质量法》规定，生产者、销售者对抽查检验的结果有异议的，可以自收到检验结果之日起 15 日内向实施监督抽查的产品质量监督部门或者其上级产品质量监督部门申请复检，由受理复检的产品质量监督部门作出复检结果。

（7）抽查检验后的处理

《产品质量法》第 17 条规定，依照本法规定进行监督抽查的产品质量不合格的，由实施监督抽查的产品质量监督部门责令其生产者、销售者限期改正。逾期不改正的，由省级以上人民政府产品质量监督部门予以公告；公告后经复查仍不合格的，责令停业，限期整顿；整顿期满后经复查产品质量仍不合格的，吊销营业执照。监督抽查的产品有严重质量问题的，依照本法第五章的有关规定处罚。这里所指的有严重质量问题，是指产品存在不符合保障人体健康和人身、财产安全的不合理危险，产品属于以假充真、以次充好，以不合格产品冒充合格产品；产品属于国家明令淘汰的产品的产品，失效、变质的产品，伪造产品产地、伪造或者冒用他人厂名、厂址，伪造或者冒用认证标志等质量标志的产品等。如果在抽查中有上述严重质量问题，应分别依照《产品质量法》第五章的有关规定给予行政处罚。

5. 产品质量社会监督制度

产品质量社会监督，是指用户、消费者及其他社会组织对产品质量进行监督的制度。《产品质量法》规定，用户、消费者有权就产品质量问题，向产品的生产者、销售者查询；向产品质量监督部门、工商行政管理部门及有关部门申诉，接受申诉的部门应当负责处理。保护消费者权益的社会组织可以就消费者反映的产品质量问题建议有关部门负责处理，支持消费者对因产品质量造成的损害向人民法院起诉。

任何单位和个人有权对违反《产品质量法》规定的行为，向产品质量监督部门或者其他有关部门检举。产品质量监督部门和有关部门应当为检举人保密，并按照省、自治区、直辖市人民政府的规定给予奖励。

8.3 生产者与销售者的产品质量责任和义务

8.3.1 生产者的产品质量责任和义务

1. 生产者的产品质量责任和义务概述

生产者对产品质量负责包括两方面的含义：一是指生产者必须严格履行其保证产品质量的法定义务；二是指生产者不履行或不完全履行其法定义务时，必须依法承担相应的产品质量责任。所谓生产者的法定产品质量义务，是指生产者必须依照法律的规定，为保证其生产的产品的质量必须作出一定行为或者不得作出一定行为。生产者的产品质量责任，是指生产者违反国家有关产品质量的法律、法规的规定，不履行或者不完全履行法定的产品质量义务时所应依法承担的法律后果。产品质量责任是一种综合责任，包括承担相应的行政责任、民事责任和刑事责任。

生产者作为市场经济活动的主体，通过从事产品的生产活动以获取利润，谋求发展。生产者生产的产品最终总要进入消费领域，为消费者使用。生产者只有努力使自己生产的产品在适用性、安全性、可靠性、维修性、经济性等质量指标上，都符合相应的标准和要求，才能满足消费者的需要，实现产品的价值，生产者也才能取得相应的经济效益，在激烈的市场竞争中求得生存和发展。鉴于生产者是产品的直接创造者，其产品的开发、设计和制造决定了产品质量的全部特征和特性，产品的生产环节对其质量好坏具有根本的作用。因此，法律规定，生产者必须对其生产的产品质量负责。生产者应当将保证产品质量作为其首要义务，通过强化质量管理，增加技术投入，增加产品的花色、品种、性能，改进产品售后服务等措施，不断提高其产品质量水平。

2. 生产者的产品质量责任和义务

1）生产者应当保证其生产的产品符合法定要求

（1）不存在危及人身、财产安全的不合理的危险，有保障人体健康和人身、财产安全的国家标准、行业标准的，应当符合该标准。这是法律对生产者保证产品质量义务的强制性规定，生产者不得以合同约定或者其他方式免除或减轻自己的此项法定义务。产品不得存在危及人身、财产安全的不合理的危险，是法律对产品质量最基本的要求，直接关系到产品使用者的人体健康和人身、财产安全。生产者违反这一质量保证义务的，将要受到严厉的法律制裁。生产者要保证其产品不存在危及人身、财产安全的不合理的危险，首先应当在产品设计上保证安全、可靠。产品设计是保证产品不存在危及人身、财产安全的不合理危险的基本环节。其次，在产品制造方面保证符合规定的要求。制造是实现设计的过程，在实际经济生活中，制造上的缺陷往往是导致产品存在危及人身、财产安全的不合理的危险的主要原因。另外，在产品标识方面还要保证清晰、完整。对涉及产品使用安全的事项，应当有完整的中文警示说明、警示标志，并且标注清晰、准确，以提醒人们注意。

生产者要保证其生产的产品不存在危及人身、财产安全的不合理危险，必须使其产品符合保障人体健康、人身财产安全的国家标准、行业标准。对尚未制定有关的国家标准、行业标准的新产品，生产者必须按照保证其产品不存在危及人身、财产安全的不合理的危险的法定要求，通过制定企业标准等措施，保证其产品具备应有的安全性能。

（2）具备产品应当具有的使用性能。所谓产品具有应当具有的使用性能，是指某一特定产品应当具有其基本的使用功能，比如电冰箱应当具备制冷性能，保温瓶应当具有保温性能等，并在正常使用条件下应有合理的使用寿命。产品应当具有使用性能主要体现在两方面：一方面是在产品标准、合同、规范、图样和技术要求及其他文件中明确规定的使用性能；另一方面是隐含需要的使用性能。这里所讲的隐含需要是指消费者对产品使用性能的合理期望，通常是被人们公认的、不言而喻的、不必作出规定的使用性能方面的要求。具备产品应当具备的使用性能是《产品质量法》对生产者保证产品质量所规定的又一法定义务。但是，当生产者对产品使用性能的瑕疵作出说明时，可以免除生产者的此项义务。这里所说的瑕疵，是指产品质量不符合应有的使用性能，或者不符合采取的产品标准、产品说明、实物样品等明示担保条件，但是产品不存在危及人身、财产安全的不合理的危险，未丧失产品原有的使用价值。依照《产品质量法》规定，对产品使用性能的瑕疵，生产者应当予以说明后方可出厂销售，并可免除生产者对已经明示的产品使用性能的瑕疵承担责任。如果生产者不对产品的瑕疵作出说明而予以销售的，生产者应当承担相应的产品质量责任。当然，如果除说明的产品的瑕疵之外，产品还存在未明示的瑕疵的，生产者仍应对未明示部分的产品瑕疵承担相应的担保责任。

（3）产品质量应当符合明示的质量状况，即产品质量应当“符合在产品或者其包装上注明采用的产品标准，符合以产品说明、实物样品等方式表明的质量状况”。这是法律对生产者保证产品质量所规定的明示担保义务。所谓产品质量的明示担保，是指产品的生产者对产品质量性能的一种明示的自我声明或者陈述，由生产者根据事实自愿作出，多见于生产者证明产品符合某一标准、某些状态要求的产品说明、实物样品、广告宣传中。在产品或者包装上注明采用的产品标准，是表明产品质量符合自身标注的产品标准中规定的质量指标，判定产品是否合格，则以该项明示的产品标准作为依据。当然，生产者明示采用的产品标准不得与强制性的国家标准、行业标准相抵触。产品说明是生产者向消费者提供的文字说明性资料。告知消费者关于产品的有关性能指标、使用方法、安装、保养方法、注意事项，以及有着“三包”的事项等。所以，产品说明也是生产者向社会明确表示的保证和承诺。实物样品实际上是一种实物标准，实物样品清楚地表明了产品的质量状况。消费者根据实物样品购买的产品应当同样品的质量保证相符。

2）生产者须遵守的产品标识和包装标识义务

所谓产品包装，是指为在产品运输、储存、销售等流通过程中保护产品，促进销售，按照一定技术方法采用的容器、材料和附着物并在包装物上附加有关标识而进行的操作活动的总称。所谓产品标识，是指用于识别产品或其特征、特性所做的各种表示的统称。产品标识可以用文字、符号、标志、标记、数字、图案等表示。产品标识由生产者提供，其主要作用是表明产品的有关信息，帮助消费者了解产品的质量状况，说明产品的正确使用、保养方法，指导消费。随着市场经济的发展和扩大产品出口的需要，产品标识日益为人们所看重，认为其是产品的组成部分。如果产品标识指示不当或者存有欺骗性，则易引起消费者的误解，产生产品质量纠纷。这次修改《产品质量法》，特别强调产品或者其包装上的标识必须真实，本条规定的生产者对产品标识应当标明的内容，这是生产者应当履行的义务。

根据不同产品的特点和使用要求，产品标识可以标注在产品上，也可以标注在产品包装上。产品或者其包装上的标识应当符合以下要求。

（1）有产品质量检验合格证明。所谓产品质量检验合格证明，是指生产者出具的用于证明产品质量符合相应要求的证件。合格证明包括合格证、合格印章等各种形式。合格证的项目内容由企业自行决定。合格证一般注明检验人员或者其代号、检验、出厂日期等事项。一些不便于佩戴合格证的产品，可用合格章。产品质量检验合格证明只能用于经过检验合格的产品上，未经检验的产品或者检验不合格的产品，不得使用产品质量检验合格证明。出厂产品的检验，一般由生产自身设置的检验部门进行检验。对不具备检测能力和条件的企业，可以委托社会产品质量检验机构进行检验。

（2）有中文标明的产品名称、生产厂厂名和厂址。所谓用中文标明，是指用汉字标明。根据需要，也可以附以中国民族文字。产品名称是区别于此产品与他产品的文字语言标记。产品名称一般能反映出产品的用途、特色、所含主要成分等最突出的特点。生产厂厂名和厂址是生产产品的企业名称、称谓和企业的主要生产经营场所所在地的实际地址，是一个企业区别于其他企业的语言文字符号。企业的厂名和厂址在企业办理营业执照时便已经确定，标注产品的生产厂厂名和厂址时应当与企业营业执照上载明的厂名和厂址一致。企业这样做也是遵守了市场经济活动中诚实信用原则，有助于消费者选择和识别产品及来源，维护其合法权益。

（3）需要根据产品的特点和使用要求标注产品标识。产品的规格、等级、成分、含量等标识的标注，应当按照不同产品的不同特点及不同的使用要求进行标注。法律、法规、规章或者其他规范性文件要求标明上述内容的，生产者就应当予以标明。需要事先让消费者知晓的，应当在外包装上标明，或者预先向消费者提供有关资料。对法律的上述规定必须遵守。

例如食品，国家制定了食品标签强制性标准，生产者应当履行法律规定的产品标识义务。对于一些可以分类规范的产品的标识，国家可以制定相应的法规，分别明确规定每类产品的标识要求，如对于彩电、空调机、电冰箱等耐用消费品，一般价格高，使用、操作复杂，这些产品应标明产品的维修保养方法，并附有中文使用说明书。

（4）限时使用产品的标识要求。限时使用产品即限期使用的产品，应当在显著位置清晰地标明生产日期和安全使用期或者失效日期。所谓限期使用的产品，是指具备一定使用期限，并且能够在此期限内能够保证产品质量的产品，如食品、药品、农药、化肥、水泥、化妆品、饮料等产品，都应当具有一定的使用期限。所谓安全使用期，一般泛指保证产品质量的期限。安全使用期包括保质期、保存期、有效期、保鲜期等。保质期是保持产品质量符合规定要求的有效期限。保存期是指产品最长的存放期限，在此期限内，保证产品不失效、不变质。需要说明的是，产品的保存期不同于保质期。在保存期的期末，产品的内在质量不一定能够保持原来的质量。产品超过保存期，一般不宜再使用了。有效期是指产品保持原有效力、作用的期限。一般超过有效期限的产品，其效力、作用均有明显下降或者失去原有的效力、作用。保鲜期是指保持产品的期限。超过保鲜期的产品，一般仍然可以使用，但不如保鲜期内那么新鲜。对限期使用的产品，可以由两种标注方法：一种方法是标注生产日期和安全使用期，两者都不可缺少。另一种方法是可以仅标注失效日期，而可以不再标注生产日期、保存期、保质期等标识。需要强调的是，限期使用的产品，其生产日期和安全使用期或者失效日期应当在显著位置清晰地标明。所谓显著位置，是指易使人发现的明显位置。所谓清晰，是指达到一般人能够清楚地辨识的程度。在现实中，有的生产者故意将上述日期标在不容易使人发现的位置上，或者故意标得十分模糊，意图使过了期限的产品继续销售。为了维护消费者的利益，这次《产品质量法》修改特别强调这一要求。

（5）涉及使用安全的标识要求。使用不当，容易造成产品本身损坏或者可能危及人身、财产安全的产品，要有警示标志或者中文警示说明。所谓警示标志，是指用以表示特定的含义，告诫、提示人们应当对于某些不安全因素引起高度注意和警惕的图形。例如，表示剧毒、危险、易燃、易爆等意思，均有专用的对应的图形标志。所谓中文警示说明，是指用来告诫、提示人们应当对不安全因素引起高度重视和警惕的中文文字说明。中文警示说明也可以理解为用中文标注的注意事项。一般标注在产品或者产品说明书、产品外包装上。例如，在燃气热水器上注明“注意室内通风”字样。总之，对上述产品标注中文警示说明和警示标志是为了保护被使用的产品免遭损坏，保护使用者的安全、健康。

（6）产品标识的例外规定。裸装的食品和其他根据产品的特点难以附加标识的裸装产品，可以不附加产品标识。像一些裸装产品如商店销售的面条、馒头，还有散装的饼干等没有包装的食品及日用杂品，是很难标注《产品质量法》所规定的产品标识的，所以法律在此没有强制规定生产者对这些产品必须标注产品标识的义务。

（7）特殊产品包装要求的规定。危险物品、储运中不能倒置和其他有特殊要求的产品属于特殊产品。包括易碎品，如玻璃及玻璃制品、陶瓷等；易燃、易爆品，如酒精、汽油、炸药、雷管、鞭炮等；剧毒品，如农药等；储运中不能倒置的产品，如电冰箱、装有液体的包装容器等；有其他特殊要求的产品，如古董、古玩、艺术品、工艺品等产品。众所周知，产品包装的好坏既直接关系到对被包装产品的保护，又能通过产品包装上的标识明确地告知仓储者、运输者、销售者及用户和消费者许多有关该产品的信息。对特殊产品的包装需要有明确的要求。

特殊产品包装质量必须符合相应要求，依照国家有关规定做出警示标志或者中文警示说明，标明储运注意事项。例如，毒品、限剧药物必须在产品包装的显著部位，用黑色标注“毒”或者用红色标注“限剧”字样，并附有剧毒品的相应警示标志。对于危险品，应当在显著部位用红色标注“爆炸品”或者“易爆品”等字样，并附有相应警示标志。对于有毒或者腐蚀性物品，必须用黑色加注“切勿入口”等字样。对于装卸、搬运操作或者存放保管条件有相应要求或者应提出注意事项的产品，应当醒目标明“向上”“防潮”“防雨”“小心轻放”“防晒”“冷藏”“怕压”等字样。对于农药等含有害、有毒物质的产品，包装容器必须密闭，不得有外溢、渗漏、脱盖、破损等问题，防止污染或者损害人体健康与安全。食品包装必须使用无毒、清洁、卫生的物料，直接接触食品的纸张、塑料、橡胶等制品和涂料，必须符合国家卫生标准。对于放射性物质、电磁波辐射等，其包装容器必须符合国家有关环境保护的规定，在储存、运输过程中严加防护和管理。

3）生产者应遵守的禁止性规定

生产者不得从事以下禁止性行为。

（1）生产者不得生产国家明令淘汰的产品。

所谓国家明令淘汰的产品，是指国家行政机关按照一定的程序，采用行政的措施，对涉及耗能高、技术落后、污染环境、危及人体健康等方面的因素，宣布不得继续生产、销售、使用的产品。例如，国务院办公厅 1991 年的 67 号文件宣布淘汰了 6 种农药；卫生部先后宣布淘汰了 100 多种药品；等等。这是国家采取的宏观调控的行政手段，对社会具有普遍的约束力。

因为国家淘汰的产品多是产品性能落后，耗能高，效能小，环境污染较大，毒副反应大，对人体健康或者人身、财产安全和动植物安全危害较大，必须禁止生产者生产国家明令淘汰的产品。生产者违反这一规定的，将依法追究其法律责任。

（2）生产者不得伪造产地，不得伪造或者冒用他人的厂名、厂址。

产地是指产品生产的所在地。一些产品因产地不同，其性能和质量指标可能会有较大的差异。特别是一些土特产品，与产地的气候、地质条件、环境状况有着密切的联系，如我国的名酒“茅台”，其质量就是与茅台酒厂所在地茅台镇的水质、气候条件密切相关，在其他地方，用同样的原料、同样的技术制造出来的酒与在茅台镇制造的茅台酒，口感、质量就有很大的差别。同时，有的产地在某一方面有独到的生产、制造与加工手段，拥有较好的技术优势。总之，产地这种标志，在一定程度上也表示产品的质量与信誉，对消费者起到了诱购的作用。生产者在甲地生产产品，却在产品标识上标注乙地的地名，以利用消费者对乙地产品的信赖，造成消费者的误解，是一种典型的欺骗行为，也是法律所不允许的。

伪造是指生产者捏造、编造不真实的生产厂的厂名和厂址；冒用是指生产者非法使用他人的厂名、厂址。

厂名是指企业的名称，是一个企业区别于其他企业的重要标志；厂址是指企业进行生产、经营活动的固定场所。厂名、厂址被明确具体地标注在企业的营业执照上，自企业宣告成立时就已确定。

伪造厂名、厂址，使得消费者在产品质量出现问题时，无法找到生产者，是一种对消费者的欺骗行为，应为法律所禁止。同时，我国《民法通则》第 99 条规定：“法人、个体工商户、个人合伙享有名称权。”企业对其厂名享有名称权，任何人未经其允许，使用其厂名，都是侵犯企业名称权的行为，应承担侵权责任。而企业的厂址往往是与厂名联系在一起的，特定厂名的企业有特定的厂址，冒用他人的厂址在实践中与冒用他人厂名的效果一样，都是利用消费者对被冒用企业的信赖，欺骗消费者，因此也是不允许的。

（3）生产者不得伪造或者冒用认证标志等质量标志。

质量标志是指有关主管部门或者组织，按照规定的程序颁发给生产者，用以表明该企业生产的产品的质量达到相应水平的证明标志。质量标志具有以下特征。

①质量标志的作用是表明产品质量的水平，是产品的质量信誉标志，为消费者选购产品起到了信誉指南的作用。它与厂名、厂址、商标等有着显著的区别，后者具有专用性和专有性，必须依法注册登记。质量标志无此特征。企业获得质量标志后，可以标注使用，也可以不使用，由企业自己决定。

②质量标志必须由发证机关或组织颁发，并须经过一定的评审、考核程序，获准后方可使用。

目前我国比较常见的质量标志是产品质量认证标志。主要有：由国务院产品质量监督部门认可的专门机构颁发的方圆认证标志、长城认证标志、PRC认证标志和由国际羊毛局颁发的纯羊毛认证标志等。

质量认证标志等产品质量标志表明的是产品质量所达到的水平和质量状态，只有经具备认证资格的机构经过一定的程序对达到一定条件的企业授权后，企业才能使用质量标志。因此，任何以非法手段使用、冒充这些质量标志的行为，都是对产品质量事实真相的隐瞒，是对消费者的欺骗，应为法律所禁止。

（4）生产者生产产品，不得掺杂、掺假，不得以假充真、以次充好，不得以不合格产品冒充合格产品。

掺杂、掺假是指生产者在产品中掺入杂质或者造假，致使产品中有关物质的成分或者含量不符合国家有关法律、法规、标准规定的欺骗行为。这类行为有以下特征：①行为人以牟取非法利润为目的，行为动机一般是故意的；②该行为的结果是使产品的成分和含量不符合法律、法规、标准的要求，致使产品质量降低甚至失去应有的使用性能；③该行为造成了对消费者的欺骗，严重扰乱了正常的社会经济秩序，造成消费者的财产损失，甚至会危及消费者的人身安全。

以假充真是指生产者以牟取非法利润为目的，用一种产品冒充另一种与其特征、特性不同的产品的欺骗行为；以次充好是指生产者以低等级、低档次的产品，冒充高等级、高档次的产品的欺骗行为，也包括用废、旧、弃产品冒充新产品的行为。这类行为的行为人的目的是为了牟取非法利润，一般为故意，结果是造成了对消费者的欺骗，损害消费者的合法权益。

所谓合格产品，对于有国家强制性标准的产品来说，是指符合国家的强制性标准；对于没有国家强制性标准的产品来说，是指符合生产者在产品上明确标注所采用的标准。以不合格产品冒充合格产品，是对消费者的欺骗行为，会造成消费者的财产损失，对于可能危及人体健康和人身、财产安全的产品，甚至会造成消费者的人身伤害。

8.3.2 销售者的产品质量责任和义务

1. 建立并执行进货检查验收制度，验明产品合格证明和其他标识

进货检查验收制度，是指销售者根据国家有关规定和同生产者或其他供货者之间订立的合同的约定，对购进的产品质量进行检查，符合合同约定的予以验收的制度。这是法律对销售者规定的一项重要的法律义务。其目的是为了对销售者销售的货源进行把关，保证销售者所销售产品的质量。这是遏制《产品质量法》禁止销售的产品进入市场的一项有效的措施。

执行进货检查验收制度，不仅是保证产品质量的一个措施，也是保护销售者自身合法权

益的一个措施。销售者对所进货物经过检查验收，发现存在产品质量问题时，可以提出异议，经进一步证实所进产品不符合质量要求的，可以拒绝验收进货。如果销售者不认真执行进货检查验收制度，对不符合质量要求的产品，予以验收进货，则产品质量责任随即转移到销售者这一方。因此，销售者必须认真执行进货检查验收制度。

进货检查验收制度的内容包括验明产品合格证明和验明其他标识。

（1）验明产品合格证明。产品合格证明，是产品合格证、合格印章等的统称，也是生产者出具的用于证明出厂产品的质量经过检验，符合相应要求的标志。销售者在对进货产品进行检验时，首先应当检验产品的合格证明，如果产品没有合格证明，销售者可以拒收。

（2）验明其他标识。产品标识，是指用于识别产品或者其特征、特性所做的各种表示的统称。验明标识，是指检查进货产品的标识，包括有中文说明的产品名称、生产厂名、厂址；根据产品的特点和使用要求，需要标明产品规格、等级、所含主要成分的名称和含量，需要事先让消费者知晓的，应当在外包装上予以标明，或者预先向消费者提供有关资料；限期使用的产品，在显著位置上应当清晰地标明生产日期和安全使用期或者失效日期；使用不当，容易造成产品本身损坏或者可能危及人身、财产安全的产品，要有警示标志或者中文警示说明。这些标识都必须符合法律规定的要求。对于标识不符合法律规定的要求的产品，销售者可以要求供货者退货或者更换。

我国的其他有关法律也对进货检查验收作了规定，如食品卫生法规定，食品生产经营者采购食品及其原料，应当按照国家有关规定索取检验合格证或者化验单，销售者应当保证提供。需要索证的范围和种类，由省、自治区、直辖市人民政府卫生行政部门规定。《药品管理法》规定，收购药品，必须进行质量验收；不合格的，不得收购。

对进货产品的检查验收，一般是通过对产品的感观检查来实现的。所谓感观检查，是指销售者对进货产品通过运用看、摸、捻、品等方法，对进货产品的质量进行感观上的判定。这是产品内在质量检查的一种常用的方法。比如，对毛纺织品类产品，可以用摸的方法，通过手感来判定是否为纯毛产品。感观检查的方法，对于销售者来说，是简便易行的方法，非常实用。

销售者除了验明产品合格证明和其他标识以外，如果对进货产品的内在质量发生怀疑或者为了确保大宗货物的质量可靠，也可以对内在质量进行检验，或者委托依法设立的产品质量检验机构进行检验。但是，对原装、原封的产品，不必对其内在质量进行检验。根据有关行政法规的规定，原装、原封、原标记无异状的产品内在质量，由生产者负责。

根据合同法的规定，买受人收到标的物时应当在约定的检验期间内检验。没有约定检验期间的，应当及时检验。当事人约定检验期间的，买受人应当在检验期间内将标的物的数量或者质量不符合约定的情形通知出卖人。买受人怠于通知的，视为标的物的数量或者质量符合约定。当事人没有约定检验期间的，买受人应当在发现或者应当发现标的物的数量或者质量不符合约定的合理期间内通知出卖人。买受人在合理期间内未通知或者自标的物收到之日起两年内未通知出卖人的，视为标的物的数量或者质量符合约定，但对标的物有质量保证期的，适用质量保证期，不适用该两年的规定。出卖人知道或者应当知道提供的标的物不符合约定的，买受人不受上述规定的通知时间的限制。

2. 应当采取措施，保持销售产品的质量

销售者应当采取措施，是指销售者应当根据产品的不同特点，采取不同的措施，如采取必要的防雨、通风、防晒、防霉变、分类等方式，对某些特殊产品的保管，应采取控制温度等措施，保持进货时的产品质量状况，尤其是药品和食品等。采取措施，还应包括配置必要

的设备和设施。按照药品管理法的规定，药品仓库必须制定和执行药品保管制度，采取必要的冷藏、防潮、防虫、防鼠等措施。销售者应当保持产品质量的义务规定，为了促使销售者增强对产品质量负责的责任感，加强企业内部质量管理，增加对保证产品质量的技术投入，保证消费者购买产品的质量。

保持销售产品的质量，是指销售者通过采取一系列保管措施，使销售产品的质量基本保持着进货时的质量状况。当然，销售的产品由于其质量的特征和特点，经过一段时间，可能会发生一定的变化，但这种变化应限制在合理的范围内。比如，有些食品刚出厂时味道鲜美，存放一段时间后，由于食品内部的一些变化，使得该食品的味道不如刚出厂时的味道，但是并没有变质，这应当认为是一种合理的变化。

3. 遵守产品质量产品标识的义务

产品或者其包装上的标识应当有产品质量检验合格证明，有中文标明的产品名称、生产厂厂名和厂址，根据产品的特点和使用要求，需要标明产品规格、等级、所含成分的名称和含量的，用中文相应予以标明；需要事先让消费者知晓的，应当在外包装上标明，或者预先向消费者提供有关资料；限期使用的产品，应当在显著位置清晰地标明生产日期和安全使用期或者失效日期，使用不当，容易造成产品本身损坏或者可能危及人身、财产安全的产品，有警示标志或者中文警示说明。

产品标识，是用于识别产品或者其特征的重要标志。销售者在进货时，应认真执行进货检查验收制度，特别是要检查产品的标识是否符合法律的规定，对于标识符合法律规定的要求的产品可以验收进货，对于标识不符合法律规定的要求的产品，则应拒收。销售者在把好进货关的同时，也应采取措施保持产品的标识能够符合法律规定的要求，不得擅自将产品的标识加以涂改，特别是限期使用的产品，不能为了经济利益而改变产品的安全使用期或者失效日期。销售者由于对于所进的产品不能做到逐一检验，因而，在销售过程中，应当对所销售产品的标识经常进行检查，发现不符合法律规定的，要及时撤下柜台，以保证销售产品的标识符合法律的规定。

4. 不得违反禁止性规定

（1）销售者不得销售国家明令淘汰并停止销售的产品和失效、变质的产品。

（2）不得伪造产地，不得伪造或者冒用他人的厂名、厂址。

（3）不得伪造或者冒用认证标志等质量标志。

（4）销售产品，不得掺杂、掺假，不得以假充真、以次充好，不得以不合格产品冒充合格产品。

8.4　产品质量法律责任

8.4.1　产品质量法律责任概述

1. 产品质量法律责任和产品责任

产品质量责任是指生产者、销售者及其他对产品质量负有责任的人违反我国产品质量法规定的产品质量义务所应当承担的法律责任。产品质量义务就是根据法律或者合同的规定或者约定，当事人在产品质量方面应当为一定行为或者不为一定行为的行为。产品质量责任是一种综合的法律责任，《产品质量法》明确规定了认定产品质量责任的依据，主要在三个方面：

一是国家法律、行政法规明确规定的对于产品质量规定的必须满足的条件，如《产品质量法》规定，可能危及人体健康和人身、财产安全的工业产品，必须符合保障人体健康和人身、财产安全的国家标准或者行业标准；未制定国家标准、行业标准的，必须符合保障人体健康和人身、财产安全的要求。二是明示采用的产品标准，作为认定产品质量是否合格及确定产品质量责任的依据。无论何种标准，一经生产者采用，并明确标注在产品标识上，即成为生产者对消费者的明示承担有关责任的担保承诺。三是产品缺陷。

产品质量法律责任包括民事责任、行政责任、刑事责任。

产品责任又称产品侵权损害赔偿责任，是指产品存在可能危及人身、财产安全的不合理危险，造成消费者人身或者除缺陷产品外的其他财产损失后，缺陷产品的生产者、销售者应当承担的特殊的侵权法律责任。

根据《产品质量法》的规定，我国产品责任可以大致分为两类：一类是生产者应当承担的产品责任，即产品存在缺陷，造成人身或者除缺陷产品以外的其他财产损失后，缺陷产品的生产者应当承担的赔偿责任；另一类是销售者应当承担的产品责任，即由于销售者的过错，使产品存在缺陷造成人身或者除缺陷产品以外的其他财产损失后，销售者应当承担的赔偿责任。销售者不能指明缺陷产品的生产者或者不能指明缺陷产品的供货人的，销售者也应当承担赔偿责任。各国法律对于产品责任的归责原则基本上都是无过错的归责原则，即不以产品提供者的主观过错作为其承担产品损害赔偿责任的原则，只以产品本身对他人造成人身或者财产的损害事实作为承担赔偿的法律依据。我国《产品质量法》关于产品责任的归责原则采用的是过错责任和无过错责任相结合的具有中国特色的立法体制，即生产者承担的是无过错责任，销售者承担的是过错责任原则，这种立法体制是符合我国国情的。

2. 产品质量责任与产品责任的区别

首先，两者的性质不同。产品责任是一特殊的民事侵权。产品质量责任是再生产者、销售者及对产品质量有直接责任的人违反了法律行政法规规定的质量要求，对其作为或者不作为所应当承担的法律后果。它包括相应的责任、产品瑕疵担保（合同责任）、产品侵权赔偿责任（产品质量）及刑事责任，是一种综合责任。

其次，责任主体不同。产品责任的主体只限于生产者和销售者，通常与生产者和销售者的职员无关；但产品质量责任的责任主体除了生产者和销售者外，还包括对产品质量负有直接责任的个人。

再次，两者的责任范围不同。产品责任是一种民事责任，生产者和销售者只承担侵权的损害赔偿责任；而产品质量责任除侵权损害赔偿责任以外，其责任形式还有合同责任行政责任和刑事责任。

最后，责任产生的时间不同。产品责任只能产生于损害结果发生之后，没有损害的事实就不可能产生产品责任，而产品质量责任则产生于产品的生产、销售、管理、使用、消费等任何一个环节，只要上述任何一个环节出现违反产品质量法规定的产品质量义务的行为或者存在损害的事实，就有可能产生产品质量责任，并不一定在产品使用中有损害事实作为承担责任的要件。

8.4.2 产品质量民事责任

产品质量民事责任，是指违反产品质量义务所应当承担的民事法律后果。产品质量民事责任的主要目的在于对受害人的补偿，而行政责任和刑事责任主要在于对侵害人的惩罚。可见，民事责任是产品质量责任的主要形式。产品质量民事责任可分为产品瑕疵责任和产品缺陷责任。

1. 产品瑕疵责任

产品瑕疵责任又称产品瑕疵担保责任，是指因生产或销售的产品存在瑕疵，即产品质量不符合明示或默示的质量要求，生产者或销售者承担的责任。

我国的产品瑕疵责任有如下特点。

（1）产品瑕疵责任是由法律直接规定的责任，是一种特殊侵权责任，当事人无权协商。

（2）产品制造者、销售者对产品瑕疵造成的损害负连带责任。如果产品瑕疵属于产品运输者、仓储者的责任，由产品制造者、销售者追偿。

（3）受害者即是因产品瑕疵而遭受人身或财产损害的消费者。

根据我国《产品质量法》的规定，作出下列瑕疵责任。

（1）不具备产品应当具备的使用性能而事先未作说明。

（2）不符合以产品说明、实物样品等方式表明的质量状况。

（3）不符合在产品或者在其包装上注明采用的产品标准。

产品存在上述三种情况，都说明产品存在质量瑕疵，这些瑕疵产品是消费者从销售者手中取得的，即消费者支付了价款后取得的物权，由此，消费者有权按照《中华人民共和国产品质量法》的规定要求销售者承担修理、更换、退货。

2. 产品缺陷责任

产品缺陷责任是指产品制造者、销售者或者提供有缺陷产品导致他人遭受财产、人身损害后所应承担的民事法律后果。

产品缺陷责任的构成要件如下。

（1）产品存在缺陷

根据我国《产品质量法》的规定，产品存在缺陷是产品缺陷责任的构成要件的必要条件。缺陷是指产品存在危及人身、他人财产安全的不合理危险。

产品缺陷一般包括以下几种情况。

①生产缺陷，是指在产品生产过程中，因原料、配件、工艺、程序等方面存在错误，导致制作或最终产品上具有不合理的危险性；产品达不到产品规格要求，也即“不符合标准”。

②设计缺陷，是指产品在设计时在产品结构、配方等方面存在不合理的危险。

③经营缺陷，是指产品在经营过程中存在不合理危险。如没有适当的警示说明，运输者、销售者对产品缺陷有责任的，也属经营缺陷。比如说如果药品生产厂家不按规定要求规范制作药品说明书，为了不影响药品销路而故意删除药品说明书中“不良反应”说明，尽管该药品质量合格，仍属有“缺陷”之产品，仍应负产品侵权法律责任。

（2）损害事实的存在

如果产品有缺陷但未造成损害后果，就不发生产品缺陷责任问题。换句话说，产品缺陷责任的发生依损害事实的存在为根据。这种损害既包括对财产的损害，也包括对人身的损害。受害人既可以是产品的购买人，也可能是产品的使用人，或者是既非购买人又非使用人的第三人。

（3）损害后果与产品缺陷之间有因果关系

损害后果是由于产品的缺陷所致，而不是由于他人把产品作为实施侵权的工具造成的。

产品缺陷责任中的因果关系表现为产品缺陷与损害后果之间的相互联系，而不是表现为某种具体行为与损害后果之间的因果联系，因而只要受害人能够证明其所受损害是产品缺陷在事实上的结果，法律上的因果关系即告成立，而不必证明该缺陷是其损害发生的唯一原因或直接原因。

3. 产品责任的免责事由

1）特有免责事由

根据《产品质量法》第 41 条的规定，产品生产者能够证明有下列情形之一的，不承担赔偿责任：（1）未将产品投入流通的；（2）产品投入流通时，引起损害的缺陷尚不存在的；（3）将产品投入流通时的科学技术水平尚不能发现缺陷的存在的。对此，《侵权责任法》没有规定，应当按照该法第 5 条，适用《产品责任法》的规定。

“未将产品投入流通”，是各国产品责任法普遍规定的免责事由。投入流通的含义，包括任何形式的出售、出租、租赁及抵押、出质、典当等。处于生产阶段或者已经生产完毕但没有出厂而是在仓储中，不认为已经投入流通。未投入流通的产品，即使有缺陷并造成了他人损害，生产者不承担责任。例如，工人在生产线或者成品库中夹带出厂的产品，即使有缺陷并造成损害，不得请求生产者承担损害赔偿责任。

“产品投入流通时引起损害的缺陷不存在”，也是产品责任的免责事由，生产者不承担赔偿责任；如果在销售环节也不存在缺陷的，则销售者也不承担赔偿责任。投入流通，是指产品从生产厂家出厂进入流通环节，将产品交付给使用者之前。如果生产者将产品投入流通时，产品无缺陷而在销售中形成缺陷，则不适用该免责事由，生产者与销售者应当承担连带责任。

“将产品投入流通时的科学技术水平尚不能发现缺陷的存在的”，称作发展风险抗辩或者科技发展水平抗辩。各国法律用语或表述略有不同，理解大体一致，即制造者无法控制的产品致损风险。美国判例法中称为工艺水平抗辩，包括科学技术水平无法发现的发展缺陷以及已知却无法以现有技术克服的缺陷，被称为“系统风险”。美国法院对此可否作为抗辩，意见不一，在过失侵权之诉中，被告可以此为抗辩。但在严格责任之诉中，美国法院往往不承认工艺水平的抗辩。美国《产品责任示范法》第 107 条规定工艺水平抗辩。欧共体《关于产品责任的指令》第 7 条（e）、英国、法国、德国等主要欧洲国家立法及日本《制造物责任法》第 4 条都承认发展风险的抗辩。对此，我国的立法规定是明确的，应当注意的是，适用发展风险抗辩，应当与《侵权责任法》第 46 条的跟踪观察缺陷相联系，即将“产品投入流通时的科学技术水平尚不能发现缺陷的存在的”，应当规定其生产者以跟踪观察义务，为强制性义务，发现危险或者损害，必须召回，否则构成跟踪观察缺陷，应当承担产品责任。

2）一般免责事由

在实践中，以下事由也可据以抗辩。

（1）受害人自身的原因引起的损害

例如，受害人在使用产品的时候，没有按照产品所标示的使用说明加以使用，产品的销售者或者制造者不承担损害赔偿责任。在美国一些州法上，受害人对损害发生也有过错时，生产者可以“新行为介入说”拒绝承担责任，也可以根据“比较过失”原则主张分担责任。

（2）第三人的原因导致产品缺陷

如果产品造成的使用者或者第三人的损害，是由于第三人的原因而引起的，则应当由该第三人承担责任，不能由产品的制造者或者销售者承担责任。对此，可以参照《侵权责任法》

第 28 条的规定处理。

（3）旧产品

美国《产品责任示范法》规定，产品出售人只对产品在有效期限内造成的损害负责。

（4）对明显的危险无警告义务

明显的危险性就是指公众普遍认知或意识到的产品危险性。这种危险性本身就能引起消费者、所有者的注意，如果使用者知其危险而不权衡利弊，减少乃至避免此风险，则可将这理解为受害人的“同意”，即受害人甘冒风险，或将其作为重大共同过失。法律要求制造人对于产品的可预见的危险予以警告以避免损害的发生，但不应不合理地要求制造人对产品引起的每一损害承担责任，如刀锋利可以伤人等。

4. 产品质量责任的诉讼时效

诉讼时效是指民事权利受到侵害的权利人在法定的时效期间内不行使权利，当时效期间届满时，人民法院对权利人的权利不再进行保护的制度。在法律规定的诉讼时效期间内，权利人提出请求的，人民法院就强制义务人履行所承担的义务。而在法定的诉讼时效期间届满之后，权利人行使请求权的，人民法院就不再予以保护。值得注意的是，诉讼时效届满后，义务人虽可拒绝履行其义务，权利人请求权的行使仅发生障碍，权利本身及请求权并不消灭。当事人超过诉讼时效后起诉的，人民法院应当受理。受理后查明无中止，中断，延长事由的，判决驳回其诉讼请求。

（1）产品瑕疵责任的诉讼时效

对于产品瑕疵责任的诉讼时效，现行的《产品质量法》并未进行明确规定，只能适用《民法通则》第 136 条，关于出售质量不合格的商品未声明的诉讼时效的规定，确定产品瑕疵责任的诉讼时效为一年，自当事人知道或应当知道其权益受到损害时起计算。

（2）产品责任的诉讼时效

根据《产品质量法》第 45 条，因产品存在缺陷造成损害要求赔偿的诉讼时效期限为 2 年，自当事人知道或应当知道其权益受到损害时起计算。因产品存在缺陷造成损害要求赔偿的请求权，在造成损害的缺陷产品交付最初用户、消费者满 10 年丧失；但是，尚未超过明示的安全使用期的除外。

8.4.3 产品质量行政责任

生产者、销售者有违反《产品质量法》规定的情形的，由有关行政管理部门，视情节轻重分别给予责令更正、责令停止生产、没收违法所得、没收违法产品、罚款、吊销营业执照等行政处罚。行政处罚视情节，既可单处，也可并处。

8.4.4 产品质量刑事责任

产品质量刑事责任是指生产者、销售者违反法律规定的产品质量义务并触犯刑事法律构成犯罪时，由司法机关按照刑事法律的规定强制其承担的法律后果。

司法实践中，违反《产品质量法》的刑事责任主要发生在以下场合。

（1）生产、销售假药、劣药，已经危害或足以危害人体健康的。

（2）生产、销售不符合卫生标准的食品，造成严重食物中毒事故的。

（3）在食品、饮料、酒类中掺入有毒、有害物质，造成伤亡事故的。

（4）生产销售假农药、假化肥、假种子，造成严重后果的。

（5）生产或销售不符合卫生标准的化妆品和不符合保障人身健康、财产安全标准的医疗器械、医用卫生材料、电器、压力容器、易燃易爆产品等。

本章小结

本章主要介绍了我国产品质量法的立法目的、适用范围、基本原则，我国产品质量法的管理与监督制度，该制度主要包括产品质量检验制度、产品质量认证制度、企业质量认证体系制度、产品质量抽查制度等。同时也介绍了我国生产者与销售者的产品质量责任和义务，以及产品质量责任。本章的重点和难点为产品质量管理和监督制度及产品责任。

本章案例

请扫描右侧二维码阅读案例内容。

练习题

1. 简述我国产品质量的管理与监督制度。
2. 产品责任的构成要件有哪些？
3. 简述产品瑕疵与产品责任。

第9章

会计与审计法律制度

本章提要

会计法律制度和审计法律制度是国家管理经济活动的一种有效手段，它属于经济监督法的范畴。会计法律制度和审计法律制度，对于加强国家宏观调控和改善企业微观经营，敦促社会经济组织与各级政府部门依法经营、依法行政，都具有很重要的作用。学习会计法律制度和审计法律制度，对于理解与掌握经济法的理论与实践是有益的。

导入案例

网络销售信用诈骗案

投诉人于5月1日在某某网下单购买两款二手笔记本电脑，计2600元（交易号2005050123892434）。被投诉人卖家用户名为“北外小生”，被投诉人在某某网上以较低的价格出售二手笔记本电脑，投诉人在下单之前已和卖家协调，货款分两次付清，一次用“支付宝”付1100元，另一次直接汇款到卖家所指定的邮政储蓄账户。5月2日投诉人通过邮政汇款将1500元汇到卖家所指定的账户之前，电话通知卖家发货，发货后传真发货单，卖家也表示同意。

但是投诉人在5月2日将1500元汇到卖家所指定的邮政储蓄账户内之后，卖家没有任何回音，也无任何动静，其间打卖家的电话总是无人接听或无法接通；向某某网的站内邮箱发电子邮件，卖家也没有回复（其间卖家也登录过）。卖家也就从此消失了。

于是投诉人于5月2日投诉到某某网，并随后于5月5日向诚信联盟投诉部投诉。诚信联盟投诉部于5月12日把投诉信息反馈给某某网。某某网对卖家的所有交易信息进行调查，发现卖家有严重的炒作信用的行为，信用评价都是伪造的，有重大诈骗嫌疑，于是某某网对卖家在某某网所注册的账户进行冻结，对卖家的店铺做监管处理，并将相关的ID冻结。

问题：

1. 结合案例分析消费者如何防范网上的信用欺诈。
2. 国家或商家应采取哪些措施来降低商家的信用炒作？

9.1 会计法律制度

9.1.1 会计法律制度的理论基础

会计是伴随着人类生产实践和经济管理的客观需要而产生并发展起来的，它作为一种决策的工具与管理的手段，无论在微观层面上，还是在宏观层面上均发挥着其他经济手段所不可替代的作用，各种会计主体之间通过这种手段进行社会活动，也即会计活动的过程中产生的经济关系，需要内容不同的法律规范来调整，这些内容各异但调整对象却趋同的法律规范的总称，就构成了广义上的会计法，即会计法律制度。一般而言，“会计法”一词多被作为理论研究的术语，广义上可以作为经济法的一个子部门来研究，狭义上仅指形式意义上的《会计法》，而“会计法律制度”一词常用于实务研究中，其与广义上“会计法”的范畴基本相当，涵盖了一个国家特定时期的全部会计法律规范。

一般认为，会计法律制度是由国家制定的，调整在社会经济活动中发生的会计核算、会计监督、会计管理及其他会计关系的法律规范的总称，它有广义和狭义之分。广义的会计法律制度是指由国家权力机关和行政机关制定的调整各种会计关系的法律规范的总称，包括会计法律、行政法规、行政规章等。狭义的会计法律制度专指由国家最高权力机关通过一定的立法程序颁布施行的会计法律，在我国即由全国人民代表大会常务委员会依照法定程序制定的，以国家强制力保障其实施的《中华人民共和国会计法》。它的作用在于规范会计行为，加强经济管理，保证以经济活动为内容的会计信息真实、完整，维护社会主义市场经济秩序，促进我国社会经济健康发展。

同时，从经济学的视角分析可以对会计法律规范的含义作如下归纳：会计法律规范，是一种法律规范，也就是由国家以法律的形式制定或认可，并由国家强制力保证实施的规范；会计法律规范协调的经济关系，是社会进行资源配置并由此而产生的收益和财富分配中形成的关系；会计法律规范协调的经济关系，都是依据财务会计信息所进行的。当然，也有学者指出，会计法律制度是调整会计关系的法律，有广义和狭义之分。

会计关系是指会计机构、会计人员在办理会计事务、企业在对外报送、披露财务报告过程中发生的经济关系，以及国家在监督管理会计工作过程中发生的经济关系，即会计法律制度是调整会计行为与会计关系的法律规范的总称。

“会计法律制度是调整会计行为和会计关系的法律规范的总称”这一定义显而易见，该定义将会计法律制度的调整对象分为会计行为和会计关系两种。会计行为可以简单地理解为生成会计信息的行为，即相关会计人员按照确认、计量、记录和报告的程序生成会计信息的行为。会计关系主要是指相关利益主体在获取和利用会计信息这一公共产品的过程中所发生的经济关系。同样，这里的会计法律制度，也应该是一个完整的体系，不仅包括以《会计法》的形式出现的会计法律规范，也涵盖税法、公司法、银行法和证券法等部门法中所包含的会计法律规范，同时，还应包括一系列会计法规，以及作为技术性规范的会计准则。可见，会计法律制度的调整对象主要是相关主体的会计行为，以及伴随着会计行为所发生的会计关系，而会计关系本质上也是社会关系的一种。

9.1.2 会计规范化的必要性

所谓会计规范化，是指作为单个主体内部经济管理手段的会计行为受到法律或者其他规则的约束，会计关系受到相关法律调整或者影响的过程。会计规范化的结果形成会计规范体系。也就是说，会计规范——一种技术性与独立性相当强的规范，为什么“非得给它穿上法律的外衣”？抑或会计活动为什么必须经由法律的调整？会计信息乃整个会计活动所发生经济关系的核心，它具有需求主体的多样性，企业的决策者、投资者、潜在投资者、债权人及政府和公共物品性两个最基本的特征。

因此，会计信息的生成与传递不仅给利害关系人在经济决策时提供依据，更为重要的是会计信息的使用还会带来经济后果，而单位、会计机构及会计人员通常拥有会计信息的优势，正是利用这种信息优势的不对称性，信息生产者向外界披露对自己有用的信息使自己获利，或进行舞弊、欺诈和违法行为。于是，在政府、投资者及社会公众等利害关系人与信息生产者之间形成了博弈，但在双方和多方之间明显缺乏适应市场要求的游戏规则，通过法律对信息供给的生成和披露会计信息的规则予以规范，矫正这种会计信息的不对称性，终结双方的博弈过程，从而为会计信息产品的使用者——消费者形成法律保护。所以，必须对这种产品的加工生产在法制化的要求下完成。

同时，这些不同会计信息的使用者也是市场经济不同利益主体的反映者，他们追求利益的行为，在既有的法律和制度框架下除了有民商法、刑法等予以调整外，还应建立主体权益保护机制和市场信息及市场信号的基础保障机制，以维护市场秩序和降低市场风险。在会计规范化的理念下，会计法律制度广义的可以以经济法的形式兼具两种机制的作用，适应现代化社会的需要，对现代社会复杂的社会经济关系给予法律制度上的调整，并使其呈现出一种有序状态，既包含了会计法律制度广义的对社会经济生活调整的广泛性和深入性，同时也包含了会计法律制度对社会经济生活调整的有效性和有用性。

综上所述，这就是为什么技术性与独立性相当强的“会计规范”必须上升到“会计法律规范”的高度，或者说会计活动中所产生的经济关系为什么必须经由法律规范来调整。可见，会计法律制度绝非单纯意义上的“法律人看来的追究责任的法律机制在会计领域运作的方式”，也非“在会计人看来更像是对会计行为外加的一个大而无用的法律框架而已”。否则，就可能如美国著名公司法学者和经济学家田曰鱿招在其名著《现代股份公司与私人财产》中指出的“由于会计标准不具刚性，而法律又未对其施加任何的具体限制，因此，董事以及会计人员可以在有限的范围内尽可能地组合数字”，行业权力与财富向控制企业的少数人手里集中的趋势在所难免，企业的其他利害关系人则无法有效地保障自己的合法权益。

9.1.3 会计法的概念

1. 会计和会计法

会计是以货币计量作为统一尺度，根据凭证，按照规定的程序，对各企业、各单位的经济活动和财务开支，全面地、系统地、真实地、准确地进行记录、计算、分析、检查和监督的一种活动。它是管理和监督经济的一种重要活动。

会计法是调整会计关系的法律规范的总称。会计关系是指国家在管理会计工作过程中和会计机构、会计人员在办理会计事务过程中所发生的经济关系。会计法调整的会计关系是一种以货币为计量单位作为统一衡量或计量的尺度；根据会计凭证，按照规定的程序，全面地、系统地、真实地、准确地、连续地记录和反映经济活动和财务收支的情况；有一套专门的核算、分析、监督和检查方法的社会经济关系。

会计法作为国家管理经济活动的一种法律手段，它属于经济监督法的范畴，是现代国家进行经济管理所运用的法律制度中的重要组成部分，是实现经济管理职能的法律，它对于加强宏观调控和改善微观经营，对于提高国民经济管理水平和企事业单位的经营素质，提高经济效益和社会效益都具有很重要的作用。

我国在1985年第六届全国人大常委会第九次会议上通过并公布了《中华人民共和国会计法》。由于原来该法的适用范围过窄，随着改革开放的深入发展，随着其他各类经济成分的发展和壮大，有必要扩大《会计法》的适用范围，因此，1993年第八届全国人大常委会第五次会议修正了《会计法》。1999年第九届全国人大常委会第十二次会议再次修正了《会计法》。修正后的《会计法》共7章52条，包括总则、会计核算、公司、企业会计核算的特别规定、会计监督、会计机构和会计人员、法律责任、附则，适用范围包括国家机关、社会团体、公司、企业事业单位、个体工商户和其他组织。根据《会计法》制定的《企业会计准则》，进一步扩大了《会计法》的适用范围。《企业会计准则》第2条规定："本准则适用于设在中华人民共和国境内的所有企业。设在中华人民共和国境外的中国投资企业应当按照本准则向国内有关部门编报财务报告。"

除了《会计法》以外，我国还颁布了一系列法律、法规，如《中华人民共和国注册会计师法》《会计人员职权条例》《企业会计准则》《企业财务通则》等，它们与《会计法》共同构成了我国的会计法律制度。

2. 会计法确定的会计原则

会计法确定的会计原则，是指导会计活动，对会计核算、会计监督等活动的基本要求，它为我国会计制度的规范化提供了法律依据。《会计法》在总则中规定了会计原则。

（1）合法性原则

各项会计事务应遵循合法的原则。《会计法》规定：国家机关、社会团体、公司、企业、事业单位和其他组织办理会计事务，必须遵守《会计法》；会计机构、会计人员必须遵守法律、法规，按照《会计法》的规定办理会计事务，进行会计核算，实行会计监督。我国的会计工作既然是由国家颁布的法律、法规调整，就必须强调依法办理会计事务，依法从事会计工作。

（2）统一领导、分级管理的原则

《会计法》规定：国务院财政部门主管全国的会计工作。县级以上地方各级人民政府财政部门管理本行政区域内的会计工作。由于会计工作同国家财经收支关系非常密切，会计工作是财经工作的一项基础工作，因此它的管理体制必须同财经管理体制相适应，即实行统一领导、分级管理的原则。《会计法》颁布后，在各级财政部门成立了专门的会计事务管理部门，加强了统一领导、分级管理的体制，同时还规定由各地方、各部门、各单位领导人直接领导会计机构、会计人员和其他人员执行《会计法》，以保证对会计工作的领导。

（3）统一性原则

《会计法》规定了我国会计制度的统一性。国家统一的会计制度，由国务院财政部门根据《会计法》制定。各省、自治区、直辖市人民政府的财政部门、国务院业务主管部门、中国人民解放军总后勤部，在同《会计法》和国家统一的会计制度不相抵触的前提下，可以制定适用于本地区、本部门和军队的会计制度或者补充规定，报国务院审核批准或备案。

9.1.4　会计核算的法律规定

1. 会计核算及其内容

会计核算，是指通过会计形式，根据财政、财务制度，对资金和物资的收支进行审核和计算的全部活动，它是会计工作的一种基本职能。

会计核算的内容包括一个实行独立核算的单位在生产经营或者执行业务过程中所发生的一切可以用货币计价反映的经济活动。根据《会计法》的规定，应当办理会计手续，进行会计核算的事项有：款项和有价证券的收付；财物的收发、增减和使用；债权债务的发生和结算；资本、基金的增减和经费的收支；收入、费用、成本的计算；财务成果的计算和处理；其他需要办理会计手续、进行会计核算的事项。

这些事项主要是从事后核算的角度进行规定的，既包括各单位在生产经营或者执行业务过程中引起资金增减变化的事项，也包括需要在账簿中记录、反映的事项。法律要求一切经济业务活动都必须由经办人员和会计人员按照规定办理会计手续，包括正确填制原始凭证、进行会计检验和据实记录、加强财务收支的审批和领报手续等，同时，还要求一切业务都必须于发生时在账簿上进行记录、计算、反映、审核。这些要求都是保证会计核算数字准确的基础。

2. 会计年度和记账单位

我国会计年度采用公历制，自公历 1 月 1 日起至 12 月 31 日止，这与我国财政年度期间的规定是一致的。会计年度要求在以一年为单位的会计期限内，定期总结各个单位的经济活动和财务收支的结果，并在会计制度上必须将生产经营和业务活动按时间划分期限（年、季、月），从而便于加强管理。

《会计法》规定，会计核算以人民币为记账本位币。业务收支以外国货币为主的单位，也可以选定某种外国货币为记账本位币，但是编报的会计报表应当折算反映为人民币。

3. 会计核算的方法和程序

《会计法》原则上规定了会计方法和程序。根据《会计法》的规定，各单位必须按照国家统一的会计制度的规定设置会计科目和会计账簿，并应建立财产清查制度，保证账簿记录与实物、款项相符。

（1）凡符合应当办理会计手续、进行会计核算的事项，必须填制或者取得原始凭证，并及时送交会计机构。会计机构必须对原始凭证进行审核，对不合法的原始凭证，有权拒绝受理，并向领导报告；对不正确、不完整的原始凭证，有权退回更正、补充，并根据经过审核过的原始凭证编制记账凭证。

（2）会计机构根据经过审核过的原始凭证和记账凭证，按照会计制度关于记账规则的规定记账。

（3）各单位应当建立财产清查制度，保证账簿记录与实物、款项相符。

（4）各单位按照国家统一的会计制度的规定，根据账簿记录编制会计报表，报送财政部门和有关部门。会计报表必须及时、准确。各单位应当按照国家规定，按季、按月编制和报送会计报表。年终或工程竣工及单位合并、撤销、关闭应进行清理的，都应办理决算，编制或报送会计报表。

（5）会计报表由单位领导人和会计机构负责人、会计主管人员签名或者盖章。设置总会计师的单位，还须由总会计师签名或者盖章。

只有坚持会计资料（包括会计凭证、会计账簿、会计报表等）的真实性、准确性和完整性，并且会计核算的内容必须是经过审核过的原始凭证和记账凭证，再经过层层把关，才能克服和纠正会计工作中存在的数字不实、账目不清，甚至伪造、变造凭证，报送虚假报表等现象。因此，会计资料的真实性、准确性、完整性是会计核算的基础工作，它能保证会计核算如实地反映各单位生产经营和一切经济活动的情况。

4. 建立会计档案制度

会计凭证、会计账簿、会计报表及其他会计资料，应当按照国家规定建立档案，妥善保管，会计档案的保管期限和销毁办法，由国务院财政部门会同有关部门制定。会计档案资料是各单位经济活动的历史记录和证据，充分利用会计档案资料，对于指导生产经营管理、查证经济财务问题都有重要作用。

9.1.5 会计监督的法律规定

1. 会计监督的概念

会计监督是指会计机构和会计人员依照法律的规定，通过会计手续对经济活动的合法性、合理性和有效性进行的一种监督。一般来说，通过会计监督可以防止和消除会计核算中的差错、遗漏，保证会计数字的真实、准确和完整；可以随时发现财务收支和资金运用中的成果、经验，保证资金合理、有效地运用；还可以防止各种违反制度规定的财务收支，避免损失浪费，等等。

《会计法》规定了会计监督的主体、内容和外部监督等问题。

2. 会计监督的主体和对象

根据《会计法》的规定，各单位的会计机构、会计人员对本单位实行会计监督。这说明，会计机构、会计人员是会计监督的主体。各单位的会计机构、会计人员行使会计监督权，这是由会计工作的性质决定的。会计监督的对象是本单位的经济业务，也就是《会计法》第 7 条所规定应当办理会计手续、进行会计核算的各种事项。如果说会计核算是对单位的经济活动和财务收支进行连续、系统、完整的记录、计算和反映，那么会计监督则是在如实反映的基础上进行的监督活动，如各项收入支出费用是否符合计划、预算，是否合理、合法；各项资金的收支使用是否按计划、预算办事，是否符合专款专用的原则；各项财务的收发、保管、使用、转移和报废是否按照规定的程序和制度执行，等等，这些都要经过会计监督来解决。因此，会计监督是会计工作的基本环节。

3. 会计监督的内容

根据《会计法》的规定，会计监督包括以下内容。

（1）会计机构、会计人员对不真实、不合法的原始凭证，不予受理，对记载不准确、不完整的原始凭证，予以退回，要求更正、补充。

（2）会计机构、会计人员发现账簿记录与实物、款项不符时，应当按照有关规定进行处理，如果会计机构、会计人员无权自行处理的，应当立即向本单位领导人报告，请求查明原因做出处理。

（3）会计机构、会计人员对违法的收支，不予受理。会计机构、会计人员认为是违法的收支，应当制止和纠正；制止和纠正无效的，应当向单位领导人提出书面意见，要求处理。单位领导人应当自接到书面意见之日起 10 日内做出书面决定，并对决定承担责任。

会计机构、会计人员对违法的收支，不予制止和纠正，又不向单位领导人提出书面意见的，应当承担责任。

（4）会计机构、会计人员对严重违法损害国家和社会公众利益的收支应当向主管单位或者财政、审计、税务机关报告，接到报告的机关应当负责处理。

上述会计机构、会计人员对本单位实行的会计监督，也可以称为内部监督。

4. 外部监督

外部监督是指审计机关、财政机关和税务机关依照法律、法规和国家其他有关规定对各单位会计事务进行的监督。

外部监督同内部监督相比，更具有强制性。各单位必须接受审计机关、财政机关和税务机关的监督，如实提供会计凭证、会计账簿、会计报表和其他会计资料及有关情况，不得拒绝、隐匿、谎报。

经国务院财政部门或者省、自治区、直辖市人民政府的财政部门批准的注册会计师组成的会计师事务所，可以按照国家的有关规定承办查账业务。

《会计法》不仅规定了会计监督工作是各单位的会计机构和会计人员的职责，而且还规定了各单位的行政领导人、上级主管单位的行政领导人及审计机关、财政机关、税务机关、注册会计师事务所对会计监督工作同样要承担责任。这样就使会计监督成为这些单位人人有责的一项任务，从而组成了一个从内到外、从上到下严密的会计监督网，保证会计监督工作的贯彻执行，发挥会计工作在社会主义建设中应有的作用。

9.1.6　会计机构和会计人员

会计机构的设置和会计人员的配备及会计机构、会计人员有哪些职权，如何保证这些职权的行使，都是会计工作中的重大问题。在目前情况下，《会计法》对这些问题的规定只是一些基本要求。《会计法》规定，各单位可根据会计业务的需要设置会计机构，或者在有关机构中设置会计人员并指定会计主管人员。不具备条件的，可以委托经批准设立的会计咨询、服务机构进行代理记账。大中型企业、事业单位和业务主管部门可以设置总会计师。总会计师由具有会计师以上专业技术任职资格的人员担任。会计机构内部应当建立稽核制度，出纳人员不得兼管稽核、会计档案的保管和收入、费用、债权债务账目的登记工作。根据《会计法》的规定，会计机构、会计人员的主要职责是：按照《会计法》的会计核算的规定进行会计核算；按照《会计法》的会计监督的规定进行会计监督；拟定本单位办理会计事务的具体办法；参与拟订经济计划、业务计划，考核、分析预算、财务计划的执行情况；办理其他会计事务。

《会计人员职权条例》对会计人员的职责做了具体规定：（1）按照国家财务制度的规定，认真编制并严格执行财务计划、预算，遵守各项收入制度、费用开支范围和开支标准，分清资金渠道，合理使用资金，保证完成财政上缴任务；（2）按照国家会计制度的规定，记账、算账、报账，做到手续完备，内容真实，数字准确，账目清楚，日清月结，按期报账；（3）按照银行制度的规定，合理使用贷款，加强现金管理，做好结算工作；（4）按照经济核算制原则，定期检查、分析财务计划和预算的执行情况，挖掘增收节支的潜力，考核资金使用效果，揭露经营管理中的问题，及时向领导提出建议；（5）按照国家会计制度的规定，妥善保管会计凭证、账簿、报表等档案资料；（6）遵守、宣传、维护国家财政制度和财经纪律，同一切违法乱纪行为作斗争；（7）会计人员对上级机关和审计、财政、税务等部门到本单位了解、检查财务会计工作，要负责提供有关资料，如实反映情况。

会计人员应当具备必要的专业知识，国有企业、事业单位的会计机构负责人、会计主管人员的任免应当经过主管单位同意，不得任意调动或者撤换；会计人员忠于职守，坚持原则而受到错误处理的，主管单位应当责成所在单位予以纠正；会计人员玩忽职守，丧失原则，不宜担任会计工作的，主管单位应当责成所在单位予以撤职或者免职。

会计人员调动工作或者离职时，必须与接管人员办理交接手续，一般会计人员办理交接手续时，由会计主管人员监督交接；会计主管人员办理交接手续时，由单位行政领导人监督交接，必要时可以由主管单位派人会同监督。

9.2 审计法律制度

9.2.1 审计法的概念

审计是独立于被审计的机构和人员，对被审计单位的财政、财务收支及其有关的经济活动的真实、合法和效益进行审查、评价的一种监督活动。审计具有下列特征。

（1）审计既是经济监督的一种形式，又是经济监督的一种方法。审计是对财政、财务的收支和经济活动进行监督的工具。这种监督职权，是由国家设立的专门机构审计机关行使，属于外部监督，在性质上不同于内部监督。

（2）审计必须是由会计人员以外的第三者依法站在公正的立场上进行的审查、评价。在我国，这种审计监督职权，是由国家设立的专门机构审计机关来行使的。

（3）审计对各单位的经济活动的监督是间接的，必须通过对会计活动所提供的一切会计资料的审查来进行。

（4）审计的目的是为了严肃财经法纪，提高经济效益，加强宏观控制和管理。审计监督是国家加强财政经济宏观控制和管制的基本手段之一。审计机关对本级人民政府各部门、下级人民政府、国家金融机构、全民所有制企业事业单位及其他有国家资产单位的财政、财务收支及其经济活动进行监督，以便从宏观上加强调控和管理，保障国家财政经济宏观调控措施贯彻执行，以及国家管理财政经济制度的实施。

（5）审计监督必须依法进行。审计是国家以法律形式规定的，没有法律就没有审计。审计是对财政、财务的收支及经济活动的真实、合法、效益进行监督，而财政、财务制度和经济活动又都是由国家法律统一规定的，因此，审计机关必须依照国家法律、行政法规和政策的规定进行监督；审计工作人员必须依法行使审计监督职权。审计监督的最基本的法律规范，就是审计法。

审计法是指调整审计关系的法律规范的总称。所谓审计关系，是指审计机关和审计人员运用正确的方法，在对被审计单位的预算和财政收支、财务收支状况及其记录，进行审核、评价等活动过程中所发生的一种经济监督关系，对这些关系的法律调整就是审计法。

为了加强国家的审计监督，维护国家的财经秩序，促进廉政建设，保障国民经济的健康发展，我国曾于 1988 年 10 月由国务院制定了《中华人民共和国审计条例》。1994 年 8 月 31 日第八届全国人大常委会第九次会议通过了《中华人民共和国审计法》，自 1995 年 1 月 1 日起施行，《中华人民共和国审计条例》同时废止。《审计法》是一部具有中国特色的审计法律，它在我国社会主义市场经济法律体系中发挥着重要作用。

自从宪法中确立了审计制度以后，我国的审计制度经过近 30 年的发展和完善，已经初步形成了较为完整的体系，充分有效地发挥了我国审计机关的审计职能，满足了市场经济建设的需要，为市场经济的科学发展提供了坚实的保障。

9.2.2　审计机关领导体制

根据《宪法》第91条、第109条和《审计法》第2条、第4条、第11条的规定，国家审计署由国务院设立，属于国务院总理领导的部门，主管全国审计工作；在地方上，审计机关实行双重领导体制，即“地方各级审计机关对本级人民政府和上一级审计机关负责并报告工作，审计业务以上级审计机关领导为主。”审计经费由本级财政支出，并且列入本级财政预算，这也就需要本级人民政府承担审计经费。由此可见，在我国的管理体制下，审计机关是行政管理部门，我国的审计类型是行政型审计管理体制，实行的是双重领导体制。

我国地方审计机关实行双重领导体制，目前来看，这是适应我国现阶段国情的。

第一，这是和我国的国家管理体制相呼应的。我国采取的是单一制国家结构，地方国家机关都由中央机关统一领导，国家的最高行政机关是国务院，国务院统一领导全国各级国家行政机关。地方各级人民政府负责管理本行政区域内的工作，同时领导直属的各工作部门和它的下级人民政府。地方审计机关虽然是由各地方各级人民政府设立的，但是要求审计机关在接受本级政府领导的同时，还必须接受上一级审计机关的领导。

第二，这种结构也符合我国现阶段要求建立社会主义市场经济体制、转变政府职能的要求。只有建立健全了社会主义市场经济体制，政府职能转变为指导性职能，才能合理划分中央与地方的经济管理权限，有利于中央和地方的双重积极性的发挥。在这种形式下，审计工作的发展方向需要由上级审计机关进行把握，这样能够更有利于审计业务的开展和实现其保驾护航的作用。

第三，这也有利于强化审计监督。一方面，本级人民政府领导审计机关，有利于加强政府对本级财政、财务收支的监督，也有利于地方各级人民政府了解本地的经济发展情况，更有利于及时解决本地财政经济管理中的问题。另一方面，上一级审计机关领导下级审计机关，有利于上级审计机关进行业务指导，在一定程度上保障了独立行使审计监督权，能够更好的在国家宏观经济管理中发挥作用，有利于保障国家政令畅通和法制的统一，更好地维护我国社会主义市场经济秩序。

总之，这种管理体制在社会主义初级阶段，有力地推进了我国审计事业的平稳起步，促进了我国社会主义市场经济社会的发展。但随着改革开放的不断深入，此种领导体制在一定程度上不利于坚持审计机关的独立性和审计监督的客观公正性，其弊端也日益显露出来，因此，探索适应当前市场经济发展的新型管理体制成为当务之急。

9.2.3　审计管辖范围的划分

审计管辖范围的划分有多种方式，可以按审计职业的职责范围划分，也可以按监督范围划分，还可以按审计管辖范围及审计分工范围划分。

我国《审计法》第28条规定：“审计机关根据被审计单位的财政、财务隶属关系或者国有资产监督管理关系，确定审计管辖范围。上级审计机关可以将其审计管辖范围内的审计事项，授权下级审计机关进行审计；上级审计机关对下级审计机关审计管辖范围内的重大审计事项，可以直接进行审计，但是应当防止不必要的重复审计。”以上规定说明我国审计管辖范围的划分主要依据的是被审计单位的隶属关系和国有资产监督管理关系。

根据《审计机关审计管辖范围划分的暂行规定》第4条，具体的划分标准如下。

（1）财政、财务关系隶属中央的被审计单位，由审计署审计管辖；财政、财务关系隶属地方的被审计单位，由地方审计机关审计管辖。不能按财政、财务隶属关系确定审计管辖范围的被审计单位，其国有资产属中央部门监督管理的，由审计署审计管辖；国有资产属地方部门监督管理的，由地方审计机关审计管辖。

（2）国有资产占控股或主导地位的被审计单位，按股份确定审计管辖范围。中央单位所占股份小于地方的，由占主导地位的地方审计机关审计管辖，中央单位所占股份大于地方单位所占股份或占主导地位的，由审计署审计管辖。

（3）国家建设项目（含技术改造项目），实行业主制的，审计管辖归属与业主的审计管辖一致。业主的审计管辖归属根据本条第一项确定。未实行业主制的，或中央与地方共同投资的建设项目，比照前两项规定划分。

（4）国税、关税系统及省级（含计划单列市，下同）财政决算，由审计署审计管辖。省级财政预算执行情况由审计署和省级审计机关审计。

（5）国有企业、事业单位兴办的经济实体比照本条第一项、第二项的规定确定审计管辖范围。

（6）中央统借统还或按贷援协议规定应当由审计署审计的世界银行、亚洲银行及其他国际组织和外国政府的贷援款项目，由审计署审计管辖。

（7）中央单位缴纳和代收代管的属地方的各项资（基）金，在中央单位发生的财务收支，由审计署负责审计。地方单位缴纳和代收代管的属中央的各项资（基）金，在地方单位发生的财务收支，由地方审计机关负责审计。

9.2.4 审计监督制度

我国实行审计监督制度。审计监督制度是指审计机关和审计人员依照法律规定的职权和程序对被审计单位进行审计监督的一种制度。审计监督制度经过《审计法》调整就成为审计监督法律制度。审计监督制度包括下列内容。

1. 审计机关和审计人员

根据1982年《中华人民共和国宪法》，自1983年9月以来，我国从中央到地方设置了各级审计机关，并于1984年开始在部门、单位内部成立内部审计机构，实行内部审计监督。

审计机关是代表国家执行审计监督权的国家行政机关，具有宪法赋予的独立性和权威性，实行统一领导分级负责的原则。

国务院设审计署，在国务院总理领导下，负责组织领导全国的审计工作，对国务院负责并报告工作；地方审计机关包括省、自治区、直辖市、设区的市、自治州、县、自治县、不设区的市、市辖区的人民政府的审计机关，分别在省长、自治区主席、市长、州长、县长、区长和上一级审计机关的领导下，负责本行政区域内的审计范围内的审计事项，对本级人民政府和上一级审计机关负责并报告工作。审计业务以上级审计机关领导为主。审计机关也可以根据工作需要，在其审计管辖的范围内派出审计特派员。审计特派员根据审计机关的职权，依法进行审计工作。

审计人员应当具备与其从事的审计工作相适应的专业知识和业务能力。审计人员的职权是依法行使审计机关的任务和职责，并受法律保护，任何组织和个人不得拒绝、阻碍审计人员依法执行职务，不得打击报复审计人员。审计人员的法定义务是依法审计、忠于职守、坚持原则，客观公正、实事求是、廉洁奉公，对其在执行职务中知悉的国家秘密和被审计单位的商业秘密，负有保密的义务。审计人员办理审计事项时，与被审计单位或者审计事项有利害关系的人员，应当回避。

审计机关负责人依照法定程序任免。审计署的审计长由总理提名，全国人民代表大会决定，国家主席任命。罢免权属全国人民代表大会。人民代表大会闭会期间，任免权属全国人大常委会。省、自治区、直辖市的审计长，由全国人大常委会批准任免。地方各级审计局主要负责人的任免应事前征得上级机关的同意。审计机关负责人没有违法失职或者其他不符合任职条件情况的，不得随意撤换。《审计法》的这项规定，从组织上保证了审计机关可以独立行使审计监督权，可以防止行政机关及其负责人用选拔或更换审计机关负责人的办法干预审计工作，也可以防止对敢于坚持原则、依法从事审计工作的审计机关负责人进行报复。

2. 审计机关审计监督的对象

根据《审计法》的规定，审计机关对国务院各部门和地方人民政府各部门的财政收支，国有的金融机构和企业事业组织的财务收支，以及其他依照《审计法》规定应当进行审计的财政收支、财务收支进行经济监督。审计机关对上述所列财政收支或者财务收支的真实、合法和效益，依法进行审计监督。

3. 审计机关的职责

审计机关具有下列职责。

（1）审计机关对本级各部门（含直属单位）和下级政府的预算的执行情况和决算及预算外资金的管理和使用情况进行审计监督。审计署在国务院总理领导下，对中央预算执行情况进行审计监督，向国务院总理提出审计结果报告。

地方各级审计机关分别在省长、自治区主席、市长、州长、县长、区长和上一级审计机关领导下，对本级预算执行情况进行审计监督，向本级人民政府和上一级审计机关提出审计结果报告。

（2）审计署对中央银行的财务收支，进行审计监督。审计机关对国有金融机构的资产、负债、损益，进行审计监督。

（3）审计机关对国家的事业组织的财务收支，进行审计监督。

（4）审计机关对国有企业的资产、负债、损益，进行审计监督。

（5）审计机关对与国计民生有重大关系的国有企业、接受财政补贴较多或者亏损数额较大的国有企业，以及国务院和本级地方人民政府指定的其他国有企业，应当有计划地定期进行审计。

（6）对国有资产占控股地位或者主导地位的企业的审计监督，由国务院规定。

（7）审计机关对国家建设项目预算的执行情况和决算，进行审计监督。

（8）审计机关对政府部门管理的和社会团体受政府委托管理的社会保障基金、社会捐赠资金及其他有关基金、资金的财务收支，进行审计监督。

（9）审计机关对国际组织和外国政府援助、贷款项目的财务收支，进行审计监督。

（10）其他法律、法规规定应由审计机关进行审计的事项。

审计机关有权对与国家财政收支有关的特定事项，进行专项审计调查，并向本级人民政府和上一级审计机关报告审计调查结果。

4. 审计机关的权限

按照《审计法》的规定，审计机关有审计监督权，具体来说，审计机关有下列权限。

（1）审计机关有权要求被审计单位按照规定报送预算或者财务收支计划、预算执行情况、决算、财务报告，社会审计机构出具的审计报告，以及其他与财政收支或者财务收支有关的资料，被审计单位不得拒绝、拖延、谎报。

（2）审计机关进行审计时，有权检查被审计单位的会计凭证、会计账簿、会计报表及其他与财政收支或财务收支有关的资料和资产，被审计单位不得拒绝。

（3）审计机关进行审计时，有权就审计事项的有关问题向有关单位和个人进行调查，并取得有关证明材料，有关单位和个人应当支持，协助审计机关工作，如实向审计机关反映情况，提供有关证明材料。

（4）审计机关进行审计时，被审计单位不得转移、隐匿、篡改、毁弃会计凭证、会计账簿、会计报表及其他与财政收支或者财务收支有关的资料，不得转移、隐匿所持有的违反国家规定取得的资产。

（5）审计机关对被审计单位正在进行的违反国家规定的财政收支、财务收支行为，有权予以制止；制止无效的，经县级以上审计机关负责人批准，通知财政部门和有关主管部门暂停拨付与违反国家规定的财政收支、财务收支行为直接有关的款项，已经拨付的，暂停使用。采取该项措施不得影响被审计单位合法的业务活动和生产经营活动。

（6）审计机关认为被审计单位所执行的上级主管部门有关财政收支、财务收支的规定与法律、行政法规相抵触的，应当建议有关主管部门纠正；有关主管部门不予纠正的，审计机关应当提请有关机关依法处理。

对于审计结果，审计机关可以向政府有关部门通报或者向社会公布，但应依法保守国家秘密和被审计单位的商业秘密，并遵守国务院有关规定。

5. 审计程序

审计工作是否依法进行还在于是否有一套完整的审计工作程序。审计工作必须按法定程序进行，才能保证审计监督的合法性、有效性，才能在不损害被审计单位合法权益的前提下，充分发挥审计工作的审计监督作用。因此，审计程序也是审计监督制度的重要环节。

审计工作程序按下列顺序进行。

（1）组成审计组，向被审计单位送达审计通知书

审计机关根据审计项目计划确定的审计事项组成审计组，并应当在实施审计 3 日前，向被审计单位送达审计通知书。被审计单位应当配合审计机关的工作，并提供必要的工作条件。

（2）进行审计，取得证明材料

审计人员通过审查会计凭证、会计账簿、会计报表，查阅与审计事项有关的文件、资料，检查现金、实物、有价证券，向有关单位和个人调查等方式进行审计，并取得证明材料。审计人员在进行调查时，应出示审计人员的工作证件和审计通知书副本。

（3）提出审计报告

审计组对审计事项实施审计后，应当向审计机关提出审计报告，审计报告报送审计机关前，应当征求被审计单位的意见。被审计单位应当自接到审计报告之日起 10 日内，将其书面意见送交审计组或者审计机关。

（4）做出审计评价，出具审计意见书

审计机关审定审计报告，对审计事项做出评价，出具审计意见书；对违反国家规定的财政收支、财务收支行为，需要依法给予处理、处罚的，在法定职权范围内做出审计决定或者向有关主管机关提出处理、处罚意见。

审计机关应当自收到审计报告之日起30日内，将审计意见书和审计决定送达被审计单位和有关单位。审计决定自送达之日起生效。

我国的审计监督实行“三级二审，二审终审”制度。被审计单位对审计机关的“审计结论和决定”不服，可以向其上一级审计机关申请复审。实行复审制度的目的，是为了保障“审计结论和决定”的正确性，以维护国家财经秩序，保护被审计单位和有关方面的合法权益。上一级审计机关应当在收到复审申请之日起30日内，进行复审，并且做出“复审结论和决定”。但是在特殊情况下，做出“复审结论和决定”的期限，可以适当延长。上级审计机关办理复审事项，应当按照三种情况分别处理：①如果原“审计结论和决定”认定事实清楚，定性和处理恰当，则应当维持原“审计结论和决定”；②如果原“审计结论和决定”认定事实清楚，定性和处理不当，则应当纠正原“审计结论和决定”中不适当的定性或者处理；③如果原“审计结论和决定”事实不清楚，或者证明材料不足，则应当重新进行审查、核实。

上一级审计机关的“复审结论和决定”和审计署的“审计结论和决定”，都是终审结论和决定。但是，被审计单位如果对终审结论和决定不服，则可以向终审审计机关或者其上级审计机关提出申诉。

9.2.5 内部审计和社会审计

1. 内部审计

根据《审计法》规定，国务院各部门和地方人民政府各部门、国有金融机构和企业事业组织，应当按照国家有关规定建立健全内部审计制度。各部门、国有金融机构和企业事业组织的内部审计，应当接受审计机关的业务指导和监督。

（1）内部审计的概念

内部审计是指由部门或单位内部相对独立的审计机构和审计人员对本部门或本单位的财政收支、财务收支、经营管理活动及其经济效益进行审核和评价，查明其真实性、正确性、合法性和有效性，并提出意见和建议的一种专职经济监督活动。

（2）内部审计机构

我国的内部审计机构，是根据审计法规和其他财经法规的规定设置的，主要包括部门内部审计机构和单位内部审计机构。但是，无论是部门内部审计机构还是单位内部审计机构，都有其专职业务，其性质和会计检查并不相同，因此必须单独设立，并由本部门或本单位主要领导人直接领导。

（3）内部审计机构的职责权限

内部审计机构和审计人员的职权有：检查凭证、账表决算、资金和财产，查阅有关的文件和资料；参加有关会议；对审计中的有关事项进行调查并索取证明资料；对正在进行的严重违反财经法纪，严重损失浪费行为做出临时的制止决定；对阻挠、破坏审计工作及拒绝提供有关资料的，经单位领导人批准，可以采取必要的临时措施，并提出追究有关人员责任的建议；提出改进管理，提高效益的建议，以及纠正、处理违反财经法纪行为的建议；对审计工作的重大事项，向对其进行指导的上级内部审计机构和审计机关反映。

2. 社会审计

社会审计是指社会审计组织依法独立承办审计查证和咨询服务的审计监督活动。社会审计是受国家审计机关或部门、单位的委托所进行的审计工作。

1）社会审计组织和人员

社会审计组织是指根据国家法律或条例规定，经政府有关部门审核，注册登记的会计师事务所和审计事务所。

社会审计人员主要由注册会计师组成。在我国，注册会计师考试合格者只取得成为注册会计师的资格，只有加入会计师事务所，从事审计业务工作两年以上的，并具备相应的业务能力，才能准予注册成为执业注册会计师。

2）社会审计组织的业务范围和职权

社会审计的业务范围是根据审计法规和其他经济法规而确定的。具体包括：(1)审计业务；(2) 会计咨询业务；(3) 股份制试点企业有关业务。

社会审计组织的职权包括：社会审计组织接受国家机关委托办理业务，根据业务需要，有权查阅有关财务会计资料和文件，查看业务现场和设施，向有关单位和个人进行调查与核实。

其他委托人委托社会审计机构办理业务，需要查阅资料、文件和进行调查的，按照依法签订的业务约定书的约定办理。

9.3 法律责任

9.3.1 会计、审计人员的法律责任

1. 会计人员的法律责任

根据《会计法》的规定，会计人员违反关于会计核算的规定，情节严重的，给予行政处分；会计人员伪造、变造、故意毁灭会计资料的，或者利用虚假的会计资料偷税，或者损害国家利益、社会公共利益的，由财政、审计、税务机关或者其他有关主管机关依据法定职责负责处理，追究责任，构成犯罪的，依法追究刑事责任；会计人员违反会计监督的规定，情节严重的，给予行政处分；给公私财产造成重大损失，构成犯罪的，依法追究刑事责任。

2. 审计人员的法律责任

根据《审计法》的规定，审计人员滥用职权、徇私舞弊、玩忽职守，构成犯罪的，依法追究刑事责任；不构成犯罪的，给予行政处分。

9.3.2 其他人员的法律责任

其他人员的法律责任，主要指除了会计人员、审计人员之外的人员和单位，违反《会计法》《审计法》的责任。主要包括以下内容。

1. 单位领导人的责任

单位领导人违反《会计法》关于会计核算的规定，情节严重的，给予行政处分；伪造、变造、故意毁灭会计资料的，或者利用虚假的会计资料偷税，或者损害国家利益、社会公共利益的，由财政、审计、税务机关或者其他有关主管部门依据法定职责负责处理，追究责任；构成犯罪的，依法追究刑事责任。

单位领导人接到会计机构、会计人员关于对违法的收支制止和纠正无效的，提出要求处理的书面意见，其对违法的收支仍决定予以办理或无正当理由逾期不做出处理决定，造成严重后果的，给予行政处分；给公私财产造成重大损失，构成犯罪的，依法追究刑事责任。

单位领导人对依照《会计法》的规定履行职责的会计人员进行打击报复的，给予行政处分；情节严重的，依法追究刑事责任。

2. 其他人员的责任

其他人员伪造、变造、故意毁灭会计资料的，或者利用虚假的会计资料偷税或者损害国家利益、社会公共利益的，由有关主管部门依据法定职责负责处理，追究责任；构成犯罪的，依法追究刑事责任。

其他人员对依照《会计法》的规定履行职责的会计人员进行打击报复的，给予行政处分；情节严重的，依法追究刑事责任。

凡是报复陷害审计人员，构成犯罪的，依法追究刑事责任；不构成犯罪的，给予行政处分。

3. 被审计单位的责任

被审计单位违反《审计法》规定，拒绝或拖延提供与审计事项有关的资料，或者拒绝、阻挠检查的，审计机关责令改正，可以通报批评、给予警告；拒不改正的，依法追究责任。

被审计单位违反《审计法》规定，转移、隐匿违法取得的资产的，审计机关、人民政府或者有关主管部门在法定职权范围内有权予以制止，或者申请法院采取保全措施。审计机关认为对负有直接责任的主管人员和其他直接责任人员依法应当给予行政处分的，应当提出给予行政处分的建议，被审计单位或者其上级机关、监察机关应当依法及时做出决定；构成犯罪的，依法追究刑事责任。

审计机关发现被审计单位违反《审计法》规定，转移、隐匿、篡改、毁弃会计凭证、会计账簿、会计报表及其他与财政收支或财务收支有关资料的，有权予以制止。审计机关认为对负有直接责任的主管人员和直接责任人员依法应给予行政处分的，应当提出给予行政处分的建议，被审计单位或者其上级机关、监察机关应依法及时做出决定；构成犯罪的，依法追究刑事责任。

审计机关对被审计单位违反国家规定的财务收支行为，审计机关、人民政府或者有关主管部门在法定的职权范围内，依照法律、法规的规定，责令限期缴纳应予上缴的收入，限期退还违法所得，限期退还被侵占的国有资产，以及采取其他纠正措施，并可依法给予处罚。

对被审计单位违反国家规定的财政收支、财务收支行为负有直接责任的主管人员和其他直接责任人员，审计机关认为依法应当给予行政处分的，应当提出给予行政处分的建议，被审计单位或者其上级机关、监察机关应当依法及时做出决定。

被审计单位的财政收支、财务收支违反法律、法规的规定，构成犯罪的，依法追究刑事责任。

4. 有关部门的责任

审计机关对本级各部门（含直属单位）和下级政府违反预算的行为或者其他违反国家规定的财政收支行为，审计机关、人民政府或者有关主管部门在法定的职权范围内，依照法律、法规的规定做出处理。

本章小结

（1）会计是一种记录社会经济组织的经济活动和财务开支的活动。会计法则是规范会计活动的法律规范的总称。

（2）根据我国的具体情况，我国会计法确定了会计工作应遵循的基本原则。

（3）会计法全面地规定了会计工作的内容与程序,并就会计核算等基本问题做了具体规定。

（4）对会计工作实施全面的会计监督，以保证会计工作的合法进行。

（5）审计是审计机构和审计人员，对被审计单位的财政、财务收支及其有关经济活动进行审查与评价的一种监督活动。审计法则是规范审计活动的法律规范的总称。

（6）为了实施审计法，国家设置了审计机关并赋予其相应的职责权限，对审计内容进行审计并实施审计监督。

（7）违反会计法与审计法的单位与人员应承担相应的法律责任。

本章案例

请扫描右侧二维码阅读案例内容。☞

练习题

1. 叙述会计法律制度和审计法律制度的本质。
2. 叙述会计法应遵循的基本原则及其在会计工作中的体现。
3. 叙述会计核算的法律规定。
4. 叙述会计监督的基本内容。
5. 叙述审计法规定的审计机关与审计人员及其相应的职责权限。
6. 叙述审计监督的内容与范围及审计方式。
7. 叙述会计责任与审计责任的基本内容。

第10章
合同法律制度

本章提要

本章介绍合同的概念与特征、合同的订立程序、合同的履行、合同的违约、合同的担保等相关内容，旨在通过本章的学习对合同法基本原理有一个全面了解。

导入案例

湖南卫视国际传媒有限公司诉演员索赔百万

因演出合同纠纷，为索求赔偿，湖南卫视国际传媒有限公司将演员刘颖（艺名刘雨鑫）告上法庭。本网获悉，北京市第二中级人民法院已受理此上诉案。

2008年11月27日，湖南卫视国际传媒有限公司与刘雨鑫签订协议，约定刘雨鑫出演湖南卫视国际传媒有限公司制作的100集室内情景剧《万家灯火》中陈艺丹一角，刘雨鑫的经纪人在协议书上签字。协议签订后，刘雨鑫出任了该剧角色，完成了前50集的拍摄工作并领取了相应的报酬。

2009年11月，湖南卫视国际传媒有限公司起诉至一审法院称，同年3月14日公司给剧组放假休整，并规定剧组成员4月8日按时归组完成后50集拍摄。但至起诉时止，刘雨鑫既未返回剧组又未向剧组说明情况，湖南卫视国际传媒有限公司通过各种方法均无法联系到刘雨鑫，《万家灯火》的拍摄只好中途停止。为避免损失继续扩大，无奈之下湖南卫视国际传媒公司只好请人重新增补剧本、调整剧情、更换新演员，并因此额外支出了多笔费用，且电视剧的质量、价格及签约率也受到了严重影响，湖南卫视国际传媒公司的预期利润遭受巨大损失。为此，请求判令刘雨鑫赔偿各项损失及违约金共计100余万元。

一审法院经审理认为，湖南卫视国际传媒有限公司向刘雨鑫支付的劳务费及差旅费是刘雨鑫履行合同期间应得的报酬，且最终制作完成的电视剧中确实使用了刘雨鑫出演的戏份，故上述费用属于刘雨鑫履行合同的对价，不应该返还。湖南卫视国际传媒有限公司的现有证据能够证明因刘雨鑫违约其聘请他人修改剧本并为此支付了相应的剧本创作费用8.6万元，此项费用确系湖南卫视国际传媒有限公司的损失，刘雨鑫应予赔偿。关于预期利润50万元。因该部分损失属湖南卫视国际传媒有限公司的间接损失，不属于在签订合同时能够预见或应该预见到的因违反双方之间合同可能造成的损失，故该部分损失不应由刘雨鑫负担。据此，判决刘雨鑫赔偿湖南卫视国际传媒有限公司经济损失 8.6 万元。

一审法院判决后，湖南卫视国际传媒有限公司不服，上诉至二中院。

目前，该案正在进一步审理中。

（资料来源：中国法院网）

10.1 合同法概述

10.1.1 合同的概念和特征

1. 合同的概念

在市场经济条件下，市场主体进行合同活动无处不在，合同活动对商品流通和财产转移等起着重要作用。合同是指平等主体的双方或多方当事人（自然人或法人）关于建立、变更、消灭民事法律关系的协议。此类合同是产生债权的一种最为普遍和重要的根据，所以又称债权合同。《中华人民共和国合同法》（以下简称《合同法》）第 2 条规定：“本法所称合同是平等主体的自然人、法人、其他组织之间设立、变更、终止民事权利义务关系的协议。”“婚姻、收养、监护等有关身份关系的协议，适用其他法律的规定。”因此，劳动合同、婚姻、收养、监护等有关身份关系的协议都不属于《合同法》的调整范围。

2. 合同的特征

（1）合同的性质是一种民事法律行为

民事法律行为是指民事主体设立、变更、终止民事权利和民事义务关系的行为，它以意思表示为核心要素。这是它与其他法律事实在性质上的不同之处。合同作为民事法律行为，只有在合同当事人所作出的意思表示是合法的、符合法律要求的情况下，合同才具有法律约束力，并受到国家法律的保护。由于合同是一种民事法律行为，因此民法关于民事法律行为的一般规定，如民事法律行为的形式、生效要件、无效和撤销等，均可适用于合同。

（2）合同的主体是平等主体的自然人、法人和其他组织

合同关系是民法中最具典型意义的平等关系，合同关系的当事人地位一律平等，自愿协商是订立合同的前提，是合同关系的灵魂，任何一方都不得将自己的意志强加给另一方，任何第三人也不得将自己的意志强加给合同当事人。

（3）合同是双方或多方协商一致的法律行为

合同的签订必须是由双方当事人构成，他们互为意思表示一致，当事人对合同事项有争议或分歧，即不能达成合同。

（4）合同是以设立、变更或终止民事权利义务关系为目的的

民事主体订立合同，是为了追求预期的目的，即在当事人之间引起民事权利和民事义务关系的产生、变更或消灭。民事权利义务关系的产生是指在当事人之间形成某种法律关系，从而具体地享受民事权利、承担民事义务。民事权利义务关系的变更是指当事人通过订立合同使原有的合同关系在内容上发生变化，如价款、质量标准、履行期限等方面的变更。民事权利义务关系的消灭或终止是指当事人通过订立合同消灭原合同关系。

10.1.2　合同法的概念和特征

1. 合同法的概念

从广义上看，合同法是民法的重要组成部分，它是指调整合同法律关系的法律规范的总称。合同法规定了合同的一般原则，规定了合同的订立、变更、终止及违约责任，以及与此相关的权利义务。合同法是规范交易关系、保障我国市场经济秩序的最重要的法律。

从狭义上看，合同法是指1999年3月15日第九届全国人民代表大会第二次会议通过的《中华人民共和国合同法》，该法于同年10月1日起实施。《合同法》包括三部分：总则、分则和附则。1999年12月1日最高人民法院审判委员会第1090次会议通过关于适用《中华人民共和国合同法》若干问题的解释（一）和2009年2月9日最高人民法院审判委员会第1462次会议通过关于适用《中华人民共和国合同法》若干问题的解释（二）是对《合同法》适应新形势的完善，是《合同法》的重要组成部分和最新成果。

2. 合同法的特征

（1）合同法以任意性规范为主

市场经济的本质是自由和竞争的经济，商品、技术、资金、劳务等社会资源的交换应当在市场主体之间自由地进行，这就要求市场主体在交易中能够独立自主，并能充分表达其意志，法律应为市场主体的交易活动留下广阔的活动空间，政府对经济活动的干预应限制在合理的范围内，因此，合同法采取了约定优先的原则，即有约定依约定、无约定依法定的规则，合同法中的大多数规则，允许当事人通过协商加以改变，而非强行性规范，以充分体现当事人的意思自治，使当事人的市场行为能最大限度地反映和符合市场经济的供需规律和价值规律。可以说，合同法就是任意法。

（2）合同法以平等协商和等价有偿为原则

由于合同法规范的对象是交易关系，而交易关系本质上需要遵守平等协商和等价有偿原则。商品交换必然要求遵循价值规律，实行等量劳动的交换，因此决定了合同法较之于民法的其他法律更强调平等协商和等价有偿原则。由于合同法强调平等协商和等价有偿原则，因而合同法突出表现了民法的调整对象和调整方法的特点。

（3）合同法具有统一性和国际性

市场经济是开放的经济，它要求消除对市场的分割、垄断、不正当竞争等现象，使各类市场成为统一的而不是分割的市场。各类市场主体能够在统一的市场中平等地从事各种交易活动，同时市场经济要求促使国内市场和国际市场的接轨，促进市场经济的高度发展和财富的迅速增长。由此决定了作为市场经济基本法的合同法，不仅应反映国内统一市场的需要而形成一套统一规则，同时也应该与国际惯例相衔接。近几十年来，合同法的国际化已成为法律发展的重要趋势，调整国际贸易的合同公约，如《关于国际货物买卖合同成立统一法公约》（1964年）、《关于国际货物买卖统一法公约》（1964年）、《联合国国际货物销售合同公约》（1980年）等，都是合同法统一化的标志。

（4）合同法是财产法

交易关系的本质是财产关系，即社会财富在社会成员之间的交换关系，合同法以交易关系为调整对象，通过规范以财产为内容的民事权利——债权，实现保障当事人权益、鼓励交易、创造财富、维护社会交易关系顺利进行的目的，所以说，合同法是财产法。

根据《合同法》第2条，“婚姻、收养、监护等有关身份关系的协议，适用其他法律的规定。”因为身份关系并不属于交易关系，当然不应受合同法的调整。例如，离婚协议应由婚姻法调整，一方违反该协议，另一方不得基于合同法的规定而请求另一方承担违约责任。

10.1.3 合同法的基本原则

合同法的基本原则是合同法的主旨和根本准则，也是制定、解释、执行和研究合同法的指导思想，合同法的基本原则的功能还在于：在合同约定不明或有漏洞时，可以依据合同法基本原则予以适当纠正，甚至可以以合同法的基本原则作为处理合同纠纷的依据。合同法的基本原则包括如下内容。

1. 平等原则

平等原则是指地位平等的合同当事人，在权利义务对等的基础上，经充分协商达成一致，以实现互利互惠的经济利益目的的原则。这一原则包括三方面内容。

（1）合同当事人的法律地位一律平等。在法律上，合同当事人是平等主体，没有高低、从属之分，不存在命令者与被命令者、管理者与被管理者。这意味着不论所有制性质，也不论单位大小和经济实力的强弱，其地位都是平等的。

（2）合同中的权利义务对等。所谓对等，是指享有权利，同时就应承担义务，而且，彼此的权利、义务是相应的。这要求当事人所取得的财产、劳务或工作成果与其履行的义务大体相当；要求一方不得无偿占有另一方的财产，侵犯他人权益；要求禁止平调和无偿调拨。

（3）合同当事人必须就合同条款充分协商，取得一致，合同才能成立。合同是双方当事人意思表示一致的结果，是在互利互惠基础上充分表达各自意见，并就合同条款取得一致后达成的协议。因此，任何一方都不得凌驾于另一方之上，不得把自己的意志强加给另一方，更不得以强迫命令、胁迫等手段签订合同。同时还意味着凡协商一致的过程、结果，任何单位和个人不得非法干涉。例如，工商行政管理部门在依法维护市场秩序时，与企业之间是管理与被管理的关系，但在购买商品时，与企业的法律地位是平等的，不能因为是工商行政管理部门就可以不管企业愿意不愿意，将自己的意志强加给企业。法律地位平等是自愿原则的前提，如果当事人的法律地位不平等，就谈不上协商一致，谈不上什么自愿。

2. 自愿原则

自愿原则是合同法的重要基本原则，合同当事人通过协商，自愿决定和调整相互权利义务关系。自愿原则体现了民事活动的基本特征，是民事关系区别于行政法律关系、刑事法律关系的特有的原则。民事活动除法律强制性的规定外，由当事人自愿约定。自愿原则也是发展社会主义市场经济的要求，随着社会主义市场经济的发展，合同自愿原则就越来越显得重要了。

自愿原则意味着合同当事人即市场主体自主自愿地进行交易活动，让合同当事人根据自己的知识、认识和判断，以及直接所处的相关环境去自主选择自己所需要的合同，去追求自己最大的利益。合同当事人在法定范围内就自己的交易自治，涉及的范围小、关系简单，所需信息小、反应快。自愿原则保障了合同当事人在交易活动中的主动性、积极性和创造性，而市场主体越活跃，活动越频繁，市场经济才越能真正得到发展，从而提高效率，增进社会财富积累。

自愿原则是贯彻合同活动的全过程的。自愿原则包括：（1）订不订立合同自愿，当事人依自己意愿自主决定是否签订合同；（2）与谁订合同自愿，在签订合同时，有权选择对方当事人；（3）合同内容由当事人在不违法的情况下自愿约定；（4）在合同履行过程中，当事人可以协议补充、协议变更有关内容;(5)双方也可以协议解除合同;(6)可以约定违约责任,在发生争议时,当事人可以自愿选择解决争议的方式。总之,只要不违背法律、行政法规强制性的规定,合同当事人有权自愿决定。

当然,自愿也不是绝对的,不是想怎样就怎样,当事人订立合同、履行合同,应当遵守法律、行政法规,尊重社会公德,不得扰乱社会经济秩序,损害社会公共利益。在合同法的起草过程中,有的同志建议规定合同自由原则。但是合同自由不是绝对的。许多国家都规定合同自由是在法律规定范围内的自由。一方面,只要当事人的意思不与强行性规范、社会公共利益和社会公德相抵触,就承认合同的法律效力,按当事人的合意赋予法律效力;另一方面,当事人的意思应在法律允许的范围内表示,唯有如此,合意才获得法律约束力。违反强制性规范或社会公共利益的合意无效。所以,合同的法律效力源自法律,由国家的强制力保障。

3. 诚实信用原则

诚实信用原则要求当事人在订立、履行合同,以及合同终止后的全过程中,都要诚实,讲信用,相互协作。诚实信用原则具体包括:(1)在订立合同时,不得有欺诈或其他违背诚实信用的行为;(2)在履行合同义务时,当事人应当遵循诚实信用的原则,根据合同的性质、目的和交易习惯履行及时通知、协助、提供必要的条件、防止损失扩大、保密等义务;(3)合同终止后,当事人也应当遵循诚实信用的原则,根据交易习惯履行通知、协助、保密等义务,称为后契约义务。

4. 公平原则

公平原则要求合同双方当事人之间的权利义务要公平合理,要大体上平衡,强调一方给付与对方给付之间的等值性,合同上的负担和风险的合理分配。具体包括:(1)在订立合同时,要根据公平原则确定双方的权利和义务,不得滥用权利,不得欺诈,不得假借订立合同恶意进行磋商;(2)根据公平原则确定风险的合理分配;(3)根据公平原则确定违约责任。

5. 遵守法律和维护社会公德原则

遵守法律,尊重公德,不得扰乱社会经济秩序,损害社会公共利益,是合同法的重要基本原则。一般来讲,合同的订立和履行,属于合同当事人之间的民事权利义务关系,主要涉及当事人的利益,只要当事人的意思不与强制性规范、社会公共利益和社会公德相抵触,就承认合同的法律效力,国家及法律尽可能尊重合同当事人的意思,一般不予干预,由当事人自主约定,采取自愿的原则。但是,合同绝不仅仅是当事人之间的问题,有时可能涉及社会公共利益和社会公德,涉及维护经济秩序,合同当事人的意思应当在法律允许的范围内表示,不是想怎么样就怎么样。为了维护社会公共利益,维护正常的社会经济秩序,对于损害社会公共利益、扰乱社会经济秩序的行为,国家应当予以干预。至于哪些要干预,怎么干预,都要依法进行,由法律、行政法规作出规定。

10.1.4 合同法的分类

依据不同的标准,可以对合同作出不同的分类,这种分类不仅可以针对不同的合同确定不同的规则,并且有助于司法机关在处理合同纠纷时准确地适用法律,正确地处理合同纠纷。

一般来说,合同可以作出如下分类。

1. 诺成合同与实践合同

根据合同的成立是否需要交付标的物,可将合同分为诺成合同和实践合同。

诺成合同又称不要物合同，是指当事人双方意思表示一致就可以成立的合同。大多数的合同都属于诺成合同，如买卖合同、租赁合同、借款合同等。实践合同又称要物合同，是指除当事人双方意思表示一致以外，尚须交付标的物才能成立的合同。在实践合同中，仅有双方当事人的意思表示一致，还不能产生合同上的权利义务关系，必须有一方实际交付标的物的行为，才能产生合同成立的法律效果。例如，赠予合同，必须由赠予人将赠予物交给受赠人，合同才成立；又如小件寄存合同，必须要寄存人将寄存的物品交给保管人，合同才能成立。实践中，大多数的合同都属于诺成合同，少部分为实践合同。

2. 要式合同与不要式合同

根据法律对合同的形式是否有特定要求，可将合同分为要式合同与不要式合同。

要式合同是指根据法律规定必须采取特定形式的合同。对于一些重要的交易，法律常要求当事人必须采取特定的方式订立合同。例如，中外合资经营企业合同必须由审批机关批准，合同方能成立。不要式合同是指当事人订立的合同依法并不需要采取特定的形式，当事人可以采取口头方式，也可以采取书面形式。除法律有特别规定以外，合同均为不要式合同。根据合同自由原则，当事人有权选择合同形式，但对于法律有特别的形式要件规定的，当事人必须遵循法律规定。

3. 双务合同和单务合同

根据合同当事人是否互相负有给付义务，可将合同分为双务合同和单务合同。

双务合同是指当事人双方互负对待给付义务的合同，即双方当事人互享债权，互负债务，一方的权利正好是对方的义务，彼此形成对价关系。例如，在买卖合同中，卖方有获得价款的权利，而买方正好有支付价款的义务；反过来，买方有取得货物的权利，而卖方正好有交付货物并转移货物所有权的义务。单务合同是指合同双方当事人中仅有一方负担义务而另一方只享有权利的合同。例如，在借用合同中，只有借用人负有按约定使用并按期归还借用物的义务；又如在赠予合同中，赠予人负担交付赠予物的义务，而受赠人只享有接受赠予物的权利，不负担任何义务。在实践中，大多数的合同都是双务合同，单务合同比较少见。

4. 有偿合同与无偿合同

根据合同当事人之间的权利义务是否存在对价关系，可以将合同分为有偿合同与无偿合同。

有偿合同是指当事人一方给予对方某种利益，对方要得到该利益必须为此支付相应代价的合同。实践中，绝大多数反映交易关系的合同都是有偿的，如买卖合同、租赁合同、加工承揽合同、运输合同、仓储合同等。无偿合同是指一方给付对方某种利益，对方取得该利益时并不支付相应代价的合同，如赠予合同、借用合同等。实践中，无偿合同数量比较少。而有的合同既可以是有偿的，也可以是无偿的，如自然人之间的保管合同、委托合同等，双方既可以约定为有报酬的，即有偿的保管、委托，也可以约定为没有报酬，即无偿的保管、委托。

需要注意的是，双务合同不一定就是有偿合同，无偿合同不一定就是单务合同。在无偿合同中，一方当事人可能也要承担一定的义务，如借用合同是无偿合同，借用人无须向出借人支付报酬，但属于双务合同，出借人有交付借用物的义务，借用人负有正当使用和按期返还的义务。

5. 主合同与从合同

根据合同相互间的主从关系，可以将合同分为主合同与从合同。

主合同是指不以其他合同的存在为前提而能够独立存在的合同。从合同是指不能独立存在而以其他合同的存在为存在前提的合同。例如，甲与乙订立借款合同，丙为担保乙偿还借款而与甲签订保证合同，则甲乙之间的借款合同为主合同，甲丙之间的保证合同为从合同。

6. 有名合同与无名合同

根据法律是否明文规定了一定合同的名称，可以将合同分为有名合同与无名合同。

有名合同又称典型合同，是指由法律赋予其特定名称及具体规则的合同，如我国《合同法》所规定的 15 类合同，都属于有名合同。对于有名合同的内容，法律通常设有一些规定，但这些规定大多为任意性规范，当事人可以通过约定来改变法律的规定。也就是说，法律关于有名合同内容的规定，主要是要规范合同的内容，并非要代替当事人订立合同。从合同法的发展趋势来看，为了规范合同关系，保护合同当事人权益，各国合同立法都扩大了有名合同的范围，但这种发展趋势并非意味着对当事人合同自由的干预加强，而是为了进一步规范合同关系，促使当事人正确订约。

无名合同又称非典型合同，是指法律上尚未确定一定的名称与规则的合同。根据合同自由原则，合同当事人可以自由决定合同的内容，因此即使当事人订立的合同不属于有名合同的范围，只要不违背法律的禁止性规定和社会公共利益，也仍然是有效的。可见，当事人可以自由订立无名合同。

10.2　合同的订立

10.2.1　合同的订立和合同的成立

1. 合同的订立和合同的成立的概念

合同的订立是指缔约人作出意思表示并达成合意的行为和过程。合同成立是指合同订立过程的完成，即合同当事人经过平等协商对合同基本内容达成一致意见，合同订立阶段宣告结束，它是合同当事人合意的结果。

合同作为合同当事人从建立到终止权利义务关系的一个动态过程，始于合同的订立，终结于适当履行或者承担责任。任何一个合同的签订都需要当事人双方进行一次或者多次的协商，最终达成一致意见，而签订合同则意味着合同的成立。

2. 合同成立的条件

合同成立是合同订立的重要组成部分，合同的成立必须具备以下条件。

1）订约主体存在双方或者多方当事人

所谓订约主体即缔约人，是指参与合同谈判并且订立合同的人。作为缔约人，他必须具有相应的民事权利能力和民事行为能力，有下列几种情况。

（1）自然人的缔约能力

自然人能否成为缔约人，要根据其民事行为能力来确定。具有完全行为能力的自然人可以订立一切法律允许自然人作为合同当事人的合同。限制行为能力的自然人只能订立一些与自己的年龄、智力、精神状态相适应的合同，其他合同只能由其法定代理人代为订立或者经法定代理人同意后订立。无行为能力的自然人通常不能成为合同当事人，如果要订立合同，一般只能由其法定代理人代为订立。

（2）法人和其他组织的缔约能力

法人和其他组织一般都具有行为能力，但是他们的行为能力是有限制的，因为法律往往对法人和其他组织规定了各自的经营和活动范围。所以，法人和其他组织在订立合同时要考虑到自身的行为能力。超越经营或者活动范围订立的合同，有可能不能产生法律效力。

（3）代理人的缔约能力

当事人除了自己订立合同外，还可以委托他人代订合同。在委托他人代理时，应当向代理人进行委托授权行为，即制作授权委托书，在委托书中注明代理人的姓名或名称、代理事项、代理的权限范围、代理权的有效期限、被代理人的签名盖章等内容。如果代理人超越代理权限或者无权代理，则所订立的合同就可能不能产生法律效力。

2）对主要条款达成合意

合同成立的根本标志在于合同当事人的意思表示一致。但是在实际交易活动中常常因为相距遥远，时间紧迫，不可能就合同的每一项具体条款进行仔细磋商；或者因为当事人缺乏合同知识而造成合同规定的某些条款不明确或者缺少某些具体条款。合同法规定，当事人就合同的标的、数量质量等主要条款协商一致，合同就可以成立。其含义为：其一，合同当事人一旦就合同的主要条款达成协议合同即可成立，对于次要条款或者非必要条款并未达成协议并不影响合同成立。其二，达成一致的协议意味着合同双方意思表示一致，至于当事人的意思表示是否真实，则是考虑合同效力的主要因素。

10.2.2 合同订立的形式

当事人订立合同的形式有口头形式、书面形式和其他形式。

（1）口头形式，是以口头语言的方式订立合同，其意思表示是用口头语言的形式来表示的。

（2）书面形式，是以文字等有形的表现方式所订立的合同，如合同书、信件和数据电文。

（3）其他形式是指不同于书面形式和口头形式的公证形式、鉴证形式等。

订立合同采用何种形式，通常由当事人自由选择。但法律、行政法规规定采用书面形式的，应该采用书面形式。

10.2.3 合同订立的程序

合同是当事人之间设立、变更、终止民事权利义务关系的协议。合同本质上是一种合意。使合同得以成立的合意是指当事人对合同必备条款达成一致意见。当事人合议的过程，对合同内容协商一致的过程，就是经过要约、承诺完成的。向对方提出合同条件作出签订合同的意思表示称为“要约”，而另一方如果表示接受就称为“承诺”。一般而言，一方发出要约，另一方作出承诺，合同就成立了。但是，有时要约和承诺往往难以区分。许多合同是经过了一次又一次的讨价还价、反复协商才得以达成的。

1. 要约

1）要约的概念

要约在不同的情况下可以称为“发盘”“发价”等，要约是指希望和他人订立合同的意思表示。发出要约的人称为“要约人”，接收要约的人称为“受要约人”。

2）要约的构成要件

一项订约的建议要成为一个要约，要取得法律效力，必须具备一定的条件。如果不具备这些条件，作为要约在法律上就不能成立。按照大陆法系的合同法理论对要约的解释，要约成立的要件有如下4个。

（1）要约是特定合同当事人的意思表示

发出要约的目的在于订立合同，要约人必须使接收要约的相对方能够明白是谁发出了要约以便作出承诺。因此，发出要约的人必须能够确定，必须能够特定化。虽然合同双方都可以作为要约人，但作为要约人必须是特定的合同当事人。无论是自然人还是法人，只要是具有相应民事权利能力与民事行为能力的人，都可以作为要约人。如果是代理人，必须取得本人的授权，还必须说明谁是被代理人。作为要约人只要能够特定即可，并不一定需要说明要约人的具体情况，也不一定需要知道他究竟是谁。一个要约，如果处于能够被承诺的状态就可以，不需要一切情况都清清楚楚，如自动售货机，消费者不需要了解究竟是哪家公司安置的，谁是真正的要约人。只要投入货币，作出承诺，便会完成交易。

（2）要约必须向要约人希望与之缔结合同的相对人发出

合同因相对人对于要约的承诺而成立，所以要约不能对希望与其订立合同的相对人以外的第三人发出。但相对人是否必须是特定的人，则有不同的看法。一种观点认为，要约必须是向特定人发出，向不特定人发出的订约建议是要约邀请。因为，向特定人发出的要约，一旦承诺合同就成立，而向不特定的人发出的订约建议，承诺了也不会当然导致合同成立。另一种观点认为，要约可以向不特定的人发出。现实中有许多向不特定人发出要约的情况，如自动售货机的设置，电车、渡船、公共汽车的行驶，戏院、电影院的开设。但不是说在一切情况下都可以向不特定的人发出要约。

要约一般应向特定人发出。因为，相对人的特定化意味着要约人对谁有资格作为承诺人，作为合同相对方作出了选择，这样对方一承诺，一个合同就成立了。如果相对人不确定，则作为合同的另一方当事人就是不确定的，既然不确定，作出承诺后合同也不一定成立。如果是这种情况，把一项订约的建议作为一个要约就是不合适的，只能作为一个要约邀请。如果向不特定的人以出让某一特定物为内容的订立合同的建议，如果视为是一个有效的要约，则会造成一物数卖，当然不行。如果要把向不特定人发出的订约建议作为要约，必须限定条件来达到这一目的：在一物数卖的情况下，凡作出承诺的，合同均成立，但要约人要对作出承诺而得不到履行的受要约人承担违约责任。但这样规定是对要约进行了法律上的限制，不是对要约的肯定，而是对要约的否定。自动售货机、公共运输事业在欧洲大陆法系一般认为是要约方，但这种看法并非没有异议。一般认为，悬赏广告是向不特定人发出的要约。一般情况下，悬赏广告所要求的事项是特定的，完成所要求事项的承诺人只有一个人，或只有很少的人。但无论有几人，如果符合广告的条件，做了广告所要求的行为，发出悬赏广告的人都必须按照广告的约定支付报酬。否则，要承担法律责任。

（3）要约必须具有缔约目的并表明经承诺即受此意思表示的拘束

这一点很重要，很多类似订约建议的表达实际上并不表示如果对方接受就成立了一个合同，如“我打算五千元把我的钢琴卖掉”，尽管是特定当事人对特定当事人的陈述，也不构成一个要约。能否构成一个要约要看这种意思表示是否表达了与被要约人订立合同的真实意愿。这要根据特定情况和当事人所使用的语言来判断。当事人在合同中一般不会采用诸如“如果承诺合同就成立”这样明确的词语来表示，所谓“表明”并不是要有明确的词语进行说明，而是整个要约的内容表明了这一点。

（4）要约的内容必须具备足以使合同成立的主要条件

这要求要约的内容必须是确定的和完整的。所谓确定的是要求必须明确清楚，不能模棱两可、产生歧义。所谓完整的是要求要约的内容必须满足构成一个合同所必备的条件，但并不要求一个要约事无巨细、面面俱到。要约的效力在于，一经被受要约人承诺，合同即可成立。因此，如果一个订约的建议含混不清、内容不具备一个合同的最根本的要素，是不能构成一个要约的。即使受要约人作出承诺，也会因缺乏合同的主要条件而使合同无法成立。一项要约的内容可以很详细，也可以较为简明，一般法律对此并无强制性要求。只要其内容具备使合同成立的基本条件，就可以作为一项要约。合同的基本条件也没有必要全部确定，只要能够确定就可以。但究竟怎样才算具备了使合同成立的基本条件，如果法律有类似规定的要依据规定进行判断，最重要的是要根据具体情况进行判断。按照美国统一商法典的规定的做法，一个货物买卖合同只要有标的和数量就是一个成立生效的合同。因为价格、履行地点与时间可以事后确定。《联合国国际货物销售合同公约》第 14 条规定："向一个或一个以上特定的人提出的订立合同的建议，如果十分确定并且表明发价人在得到接受时承受约束的意旨，即构成发价。一个建议如果写明货物并且明示或暗示地规定数量和价格或规定如何确定数量和价格，即为十分确定。"此条仅要求货物是明确的，数量和价格只要能够确定就可以，就算是满足了要约的条件。

要约的四个要件中最重要的两个为：一是内容具体确定；二是表明经受要约人承诺，要约人即受该意思表示约束。我国合同法规定了要约的三个要件。至于要约是否必须向特定人发出，在多数情况下是这样的，但在某些特殊场合则有例外，如悬赏广告，构成要约的商业广告等，因此，对该条件未作规定。

3）要约邀请

要约邀请又称要约引诱，是邀请或者引诱他人向自己发出订立合同的要约的意思表示。要约邀请可以是向特定人发出的，也可以是向不特定的人发出的。寄送的价目表、拍卖公告、招标公告、招股说明书、商业广告等为要约邀请。

（1）寄送的价目表

寄送的价目表，无论在大陆法系还是在英美法系国家，都认为是要约邀请。根据对要约构成要件的分析，价目表仅指明什么商品、什么价格，并没有指明数量，对方不能以"是""对"或者"同意"等肯定词语答复成立合同，自然不符合作为要约的构成要件，只能视作要约邀请。发送的商品价目表，是商品生产者或者销售者推销商品的一种方式。这种方式当然表达行为人希望订立合同的意思，但并不表明他人表示承诺就立即达成一个合同。实际上，寄送的价目表与货物标价陈列在性质上没有什么差别，只是方式有所不同，商品标价陈列亦作为要约邀请。在商店买卖商品，虽然商品的价格是标明的，但要买多少，总是由顾客提出要求。

（2）拍卖公告

拍卖是一种特殊买卖方式。一般认为，在拍卖活动中，竞买人的出价为要约，拍卖人击槌（或者以其他方式）拍定为承诺。拍卖人在拍卖前刊登或者以其他形式发出拍卖公告、对拍卖物的宣传介绍或者宣布拍卖物的价格等，都属于要约邀请。

（3）招标公告

招标投标是一种特殊的签订合同的方式，广泛应用于货物买卖、建设工程、土地使用权出让与转让、租赁、技术转让等领域。为了公平、合理、有效地使用纳税人的财产，防止官商勾结产生腐败，一些国家规定，凡涉及国家与私人企业之间的大宗交易，如国家订货、市政建设等都必须采用招标投标方式。我国在土地使用权出让与转让、建设工程等方面也规定采用招标投标方式。这种方式的好处是，能够在最接近公平、合理的价格上达成交易、签订合同。所谓招标是指招标人采取招标通知或者招标公告的方式，向不特定的人发出，以吸引投标人投标的意思表示。所谓投标是指投标人按照招标人的要求，在规定的期限内向招标人发出的包括合同全部条款的意思表示。对于招标公告或者招标通知，一般都认为属于要约邀请，不是要约。而投标是要约，招标人选定中标人，为承诺。英美法也认为招标属于要约邀请，但认为招标有一定的法律意义，因为招标中对有关合同条件的说明，对达成协议的双方都有约束力。

（4）招股说明书

招股说明书是股份有限公司在公司设立时由公司发起人向社会公开募集股份时或者公司经批准向社会公开发行新股时，向社会公众公开的说明文书。按照我国公司法的规定，公司成立时，发起人向社会公开募集股份时，必须向国务院证券管理部门递交募股申请，并报送有关文件，招股说明书是其中之一。招股说明书应当附有发起人制作的公司章程并载明下列事项：发起人认购的股份数；每股的票面金额和发行价格；无记名股票的发行总数；认股人的权利、义务；本次募股的起止期限及逾期未募足时认股人可撤回所认股份的说明。发起人向社会公开募集股份，必须公告招股说明书，并制作认股书。公司经批准向社会公开发行新股时，必须公告招股说明书和财务会计报表及附属明细表，并制作认股书。规定要制定招股说明书并向社会公告，其目的是让社会公众了解发起人或者公司的情况和认股人自己所享有的权利和承担的义务。

招股说明书是向社会发出的要约邀请，邀请公众向公司发出要约，购买公司的股份。认股人认购股份，为要约，公司卖出股份，为承诺，买卖股份的合同成立。但是，如果发起人逾期未募足股份的情况下，则依法失去承诺的权利，认股人撤回所认购的股份。招股说明书是要约邀请，但并非一般的要约邀请，是具有法律意义的文件。这一点与一般的要约邀请不同。

（5）商业广告

商业广告是指商品经营者或者服务提供者承担费用、通过一定的媒介和形式直接或间接地介绍自己所推销的商品或者所提供的服务的广告。商业广告的目的在于宣传商品或者服务的优越性，并以此引诱顾客购买商品或者接受服务。对于商业广告，均认为是要约邀请。但法律并不排除商业广告如果符合要约的要件也可以成为要约。因此，《合同法》规定，商业广告的内容符合要约规定的，视为要约。商业广告是否构成要约也是很复杂的问题，一般的商业广告并不能构成一个要约，但也不排除有些内容确定的广告是要约。而问题是如何认定一个广告是“内容确定”的，依什么原则去认定这一点。有人认为，如果广告中含有“保证现货供应”“先来先买”，或者含有确切的期限保证供货等词语，即表明广告中含有一经承诺即受拘束的意思，这种广告就应视为要约，如广告中称：“我公司现有某型号的水泥1000吨，每吨价格200元，先来先买，欲购从速。”

4）要约与要约邀请的区别

要约邀请与要约不同，要约是一个一经承诺就成立合同的意思表示，而要约邀请只是邀请他人向自己发出要约，自己如果承诺才成立合同。要约邀请处于合同的准备阶段，没有法律约束力。有的学者认为，要约邀请不是意思表示，只是事实行为。但要约邀请也并不是单纯地建议他人与自己进行有关合同的讨论，而是明确提出订立合同的建议，只不过仅指明合同的类型，并没有提出合同的具体内容。虽然在理论上，要约与要约邀请有很大区别，但事实上往往很难区分。当事人可能原意是发出要约，但由于内容不确定只能被看作是一个要约邀请。当事人可能原意是发出要约邀请，但由于符合了要约的条件而会被判定为是一个要约。要约与要约邀请的区分一般有以下几个方面。

（1）根据当事人的意愿来做出区分，由于要约中应当含有当事人受要约约束的意旨，而要约邀请只是希望对方主动向自己提出订立合同的意思表示。因此，如果当事人在其订约的建议中提出“须以我方最后确认为准”或“仅供参考”，则表明当事人不愿接受要约的约束力，因此订约提议只是要约邀请，而不是要约。同时，如果当事人在其行为或提议中特别声明是要约还是要约邀请，则可直接根据此特别声明来判断。

（2）依法律规定做出区分，法律如果明确规定了某种行为为要约或要约邀请，即应按照法律的规定做出区分。例如，我国《合同法》第15条规定：寄送的价目表、拍卖公告、招标公告、招股说明书、商业广告等为要约邀请。据此对这些行为应认定为要约邀请。

（3）根据订约提议的内容是否包含了合同的主要条款来确定该提议是要约还是要约邀请。

（4）根据意思表示是针对特定人还是不特定人发出，可以做出区分。

（5）根据交易的习惯即当事人历来的交易做法来区分（如询问商品的价格，根据交易习惯，一般认为是要约而不是要约邀请）。

5）要约的生效时间及其效力

要约何时生效，有人认为，应采取“发信主义”，即要约发出之后就生效。但大多数人认为应当采取“到达主义”，要约必须自到达受要约人时才生效。世界上许多国家和国际公约都持这种观点。如《德国民法典》第130条规定，在相对人以非对话方式向其为意思表示时，意思表示以通知达到相对人时发生效力。我国台湾地区“民法典”第94条规定，对话人为意思表示者，其意思表示，以相对人了解时，发生效力；第95条规定，非对话而为意思表示者，其意思表示，以通知达到相对人时，发生效力。《联合国国际货物销售合同公约》第15条和《国际商事合同通则》第2.3条中也都规定，要约于送达受要约人时生效。

我国合同法这一规定也是参照国外一般规定作出的。我国《合同法》第16条规定：要约到达受要约人时生效。采用数据电文形式订立合同，收件人指定特定系统接收数据电文的，该数据电文进入该特定系统的时间，视为到达时间；未指定特定系统的，该数据电文进入收件人的任何系统的首次时间，视为到达时间。

需要说明的是，要约“到达受要约人时”并不是指一定实际送达到受要约人或者其代理人手中，要约只要送达到受要约人通常的地址、住所或者能够控制的地方（如信箱等）即为送达。“送达到受要约人时”生效，即使在要约送达受要约人之前受要约人已经知道其内容，要约也不生效。在对话要约时，以采用“其意思表示以相对人了解时发生效力”的解释较为妥当。

要约生效后，要约人即受到要约的约束，不得随意撤销或变更要约。同时，要约生效后，受要约人可以对要约作出承诺，使之成立合同。

6）要约的有效期限

要约的有效期限也就是承诺的生效期间，通常要约中都会规定其有效期限。如果要约中没有明确规定其有效期限的，则推定是在合理的时间内，而对于以对话方式作出的要约，推定为当场。

7）要约的撤回、撤销

（1）要约的撤回

要约的撤回是指在要约发出之后但在发生法律效力以前，要约人欲使该要约不发生法律效力而作出的意思表示。要约得以撤回的原因是，要约尚未发生法律效力，所以不会对受要约人产生任何影响，不会对交易秩序产生任何影响。在此阶段，应当允许要约人使尚未生效的要约不产生预期的效力。

撤回要约的条件是撤回要约的通知在要约到达受要约人之前或者同时到达受要约人，如果撤回要约的通知在要约到达受要约人以后到达，则要约已经生效，是否能够使要约失效，就要看是否符合撤销的条件。因此，要约人如欲撤回要约，必须选择快于要约的方式向受要约人发出撤回的通知，使之能在要约到达之前到达受要约人。按照通常情况，撤回的通知应当先于或最迟与要约同时到达受要约人，但如果因为其他原因耽误了，撤回的通知在要约到达之后才到达受要约人，在这种情况下，受要约人应当及时向要约人发出通知，告知其撤回的通知已经迟到，要约已经生效。如果受要约人怠于通知时，要约人撤回要约的通知视为未迟到，仍发生撤回要约的效力。

（2）要约的撤销

要约的撤销是指要约人在要约发生法律效力之后而受要约人承诺之前，欲使该要约失去法律效力的意思表示。

要约的撤销与要约的撤回的不同在于：要约的撤回发生在要约生效之前，而要约的撤销发生在要约生效之后；要约的撤回是使一个未发生法律效力的要约不发生法律效力，要约的撤销是使一个已经发生法律效力的要约失去法律效力；要约撤回的通知只要在要约到达之前或与要约同时到达就发生效力，而要约撤销的通知在受要约人发出承诺通知之前到达受要约人，不一定发生效力。

在法律规定的特别情形下，要约是不得撤销的。《合同法》第19条规定："有下列情形之一的，要约不得撤销：（一）要约人确定了承诺期限或者以其他形式明示要约不可撤销；（二）受要约人有理由认为要约是不可撤销的，并已经为履行合同做了准备工作。"

要约撤销的效力要追溯到其生效之时，也即要约一经撤销，则视为要约自始不再生效。

8）要约的失效

要约的失效也可以称为要约的消灭或者要约的终止，指要约丧失法律效力，要约人与受要约人均不再受其约束。要约人不再承担接受承诺的义务，受要约人也不再享有通过承诺使合同得以成立的权利。《合同法》第20条规定了要约失效的四种情况，具体如下。

（1）拒绝要约的通知到达要约人。

受要约人接到要约后，通知要约人不同意与之签订合同，则拒绝了要约。在拒绝要约的通知到达要约人时，该要约失去法律效力。但是，受要约人的通知中，可能明确地说明拒绝要约，这当然没有疑问。但有的通知中，既没有说明接受要约，也没有明确拒绝要约，也没有明确提出反要约。这时，要根据该通知的具体内容进行判断，搞清楚受要约人究竟是什么意思。比如，回复中仅仅是询问价格有没有降低的可能，是否能提前几天交货等，这种答复不足以证明受要约人拒绝了要约。

如果受要约人的回复没有作出承诺，但提出了一些条件，要约人在规定期限内仍不作答复，可以视为拒绝要约。按照商事通则的解释，视为"默示拒绝"。商事通则对默示拒绝还举了一例说明：甲收到了乙发出的要约，其中规定该要约两周内是不可撤销的。甲通过邮件回复提出了部分不同的条件，对此乙不予接受。尽管离期限届满还有几天时间，但甲可能不再承诺原来的要约，因为通过发出反要约，甲实际上默示地拒绝了原来的要约。

也有这种情况，受要约人拒绝了要约，但又反悔，这时可以撤回拒绝的通知，但撤回拒绝的通知也应像撤回要约一样，必须在拒绝的通知到达之前或者同时到达要约人。

（2）要约人依法撤销要约。

（3）受要约人未在承诺期限内承诺。

要约中确定了承诺期限的，表明要约人规定了要约发生法律效力的期限，超过这个期限不承诺，要约的效力当然归于消灭。

最通常的情形是，要约中没有规定承诺期限，受要约人也不对要约作答复，这种情况下，要约什么时候失效？一般而言，在通常的情况下如果要约人发出要约后一段合理期间内没有收到承诺，则要约失效。本项的承诺期限包括合理的期限。确定该合理期间当然要考虑到通信方式的便捷程度。

（4）受要约人对要约的内容作出实质性变更。

受要约人对一项要约的内容作出实质性的变更，为反要约。反要约是否就使原要约失去效力了呢？一般的看法是，提出反要约就是对要约的拒绝，使要约失去效力，要约人即不受其要约的约束。

2. 承诺

1）承诺的概念

所谓承诺，是指受要约人同意接受要约的全部条件以缔结合同的意思表示。在商业交易中，与“发盘”“发价”等相对称，承诺称作“接受”。在一般情况下，承诺作出生效后合同即告成立。

2）承诺的成立要件

作为使合同得以成立生效的承诺，必须具备一定的条件，其必要条件如下。

（1）承诺必须由受要约人作出。要约是要约人向特定的受要约人发出的，受要约人是要约人选定的交易相对方，受要约人进行承诺的权利是要约人赋予的，只有受要约人才能取得承诺的能力，受要约人以外的第三人不享有承诺的权利。因此，第三人进行承诺不是承诺，只能视作对要约人发出了要约。如果订约的建议是向不特定人发出的，并且如果该订约建议可以构成要约，则不特定人中的任何人均可以作出承诺。不过实际上，最后能够作出承诺的，只能是特定的人，比如悬赏广告。

（2）承诺须向要约人作出。承诺是对要约的同意，是受要约人与要约人订立合同，当然要向要约人作出。如果承诺不是向要约人作出，则作出的承诺不视为承诺，达不到与要约人订立合同的目的。

（3）承诺的内容须与要约保持一致。这是承诺最核心的要件，承诺必须是对要约完全的、单纯的同意。因为受要约人如果想与要约人签订合同，必须在内容上与要约的内容一致，否则要约人就可能拒绝要约人而使合同不能成立。如果受要约人在承诺中对要约的内容加以扩张、限制或者变更，便不能构成承诺，而应当视为对要约的拒绝，但认为同时提出了一项新的要约，称为反要约。判断承诺的内容是否与要约的内容一致并非易事，受要约人对要约简单地回答同意并不多见，因此，必须对受要约人的承诺进行分析。如果仅仅是表述的形式不同，而不是实质的不一致，则不应当否定承诺的效力。如果承诺中提出了一些新的条件，就要分析这些新的条件是否从实质上改变了要约的内容，如果没有从实质上改变要约则应当认为是对要约的承诺，如果从实质上改变了要约的内容，则不应认为是一项承诺，而应是对要约的拒绝并可能构成反要约。

（4）承诺必须在要约的有效期内作出。如果要约规定了承诺期限，则承诺应在规定的承诺期限内作出，如果要约没有规定承诺期限，则承诺应当在合理的期限内作出。如果要约的承诺期限已过，或者已超过一个合理的时期，则不应再作出承诺。如果承诺期限已过而受要约人还想订立合同，当然也可以发出承诺，但此承诺已不能视为是承诺，只能视为是一项要约。原来的要约人不再受原要约的拘束，他可以不答应受要约人，当然也可以答应，如果答应，是作为受要约人承诺要约人的要约。

3）对承诺的内容应当与要约的内容相一致的理解

指受要约人必须同意要约的实质内容，而不得对要约的内容作出实质性更改，否则，不构成承诺，应视为对原要约的拒绝并作出一项新的要约，或称为反要约。

所谓实质性内容实际上是指未来合同的重要条款，按照《合同法》第 30 条的规定，有关合同的标的、数量、质量、价款或者报酬、履行期限、履行地点和方式、违约责任和解决争议的方法等条款属于实质性内容。如果承诺对要约中包含的上述条款作出了改变，就意味着更改了要约的实质性内容。这样的承诺将不产生使合同成立的效果，只能作为一种反要约而存在。承诺不能更改要约的实质内容，并非不能对要约的非实质性内容作出更改。对非实质内容作出更改，不应影响合同成立。

《合同法》第 31 条规定："承诺对要约的内容作出非实质性变更的，除要约人及时表示反对或者要约表明承诺不得对要约的内容作出任何变更的以外，该承诺有效，合同的内容以承诺的内容为准。"这就是说，即使是非实质性内容的变更在以下两种情况下承诺也不能生效：第一，要约人及时表示反对，即要约人在受到承诺通知后，立即表示不同意受要约人对非实质性内容所作的变更。如果经过一段时间后仍不表示反对，则承诺已生效。第二，要约人在要约中明确表示，承诺不得对要约的内容作出任何变更，否则无效，则受要约人作出非实质性变更也不能使承诺生效。

4）承诺方式

承诺方式是指，受要约人将其承诺的意思表示传达给要约人所采用的方式。对一项要约作出承诺即可使合同成立，因此承诺以何种方式作出是很重要的事情。一般说来，法律并不对承诺必须采取的方式作规定，而只是一般规定承诺应当以明示或者默示的方式作出。

所谓明示的方法，一般依通知，可以口头或者书面表示承诺。一般说来，如果法律或要约中没有规定必须以书面形式表示承诺，当事人就可以以口头形式表示承诺。

所谓以行为承诺，如果要约人对承诺方式没有特定要求，承诺可以明确表示，也可由受要约人的行为来推断。所谓的行为通常是指履行的行为，比如预付价款、装运货物或在工地上开始工作等，如甲写信向乙借款，乙未写回信但直接将借款寄来。

缄默是不作任何表示，即不行为，与默示不同。默示不是明示但仍然是表示的一种方法，而缄默与不行为是没有任何表示，所以不构成承诺。但是，如果当事人约定或者按照当事人之间的习惯做法，承诺以缄默与不行为来表示，则缄默与不行为又成为一种表达承诺的方式。但是，如果没有事先的约定，也没有习惯做法，而仅仅由要约人在要约中规定如果不答复就视为承诺是不行的。

如果要约人在要约中规定承诺需用特定方式的，承诺人作出承诺时，必须符合要约人规定的承诺方式。即使是这种要求的方式在一般人看来是很特别的，只要不为法律所禁止或者不属于在客观上根本不可能，受要约人都必须遵守。例如，要约人限定承诺应以电报回答，则受要约人以书面回答，不发生承诺的效力。但如果要约人仅仅是希望以电报回复，受要约人则不必一定用电报回答。如果某些交易习惯上对承诺的方法有限定，则一般遵守交易习惯的要求，但如果要约人明确反对或者规定特定方式的，受要约人应当尊重要约人的意思，并按照要约人要求的方式作出承诺。如果要约规定了一种承诺方式，但并没有规定这是唯一的承诺方式，则一般来说，受要约人可以比要约规定的方式更为迅捷的方式作出承诺。反之，受要约人如果使用比要约的规定更为迟缓的方式，则为无效。

5）承诺生效的时间及其效力

承诺的效力，即承诺所产生的法律效果。简言之，承诺的效力表现为承诺生效时合同成立。具体而言，在诺成合同，承诺生效合同即告成立；在实践合同，若交付标的物先于承诺生效，承诺同样使合同成立，若交付标的物后于承诺生效，则合同自交付标的物时成立。因此，承诺生效的时间在合同法上具有重要意义。

对于承诺的生效时间，两大法系有着不同的立法例。欧洲大陆法系采用到达主义或送达主义，即主张承诺的意思表示于到达要约人支配的范围内时生效，如《德国民法典》第 130 条规定，在相对人以非对话方式向其（要约人）为意思表示时，意思表示于通知到达要约人时发生效力。《联合国国际货物销售合同公约》也采纳了这一主张。英美法系采用发送主义或送信主义，即主张如果承诺的意思表示是以邮件、电报方式作出，则承诺于投入邮筒或交付电信局时生效，除非要约人与承诺人另有约定。

我国合同法采用到达主义。《合同法》第 26 条规定：承诺通知到达要约人时生效。承诺不需要通知的，根据交易习惯或者要约的要求作出承诺的行为时生效。采用数据电文形式订立合同的，承诺到达的时间适用本法第 16 条第 2 款的规定。

6）承诺的撤回

承诺的撤回是指受要约人阻止承诺发生法律效力的意思表示。由于承诺一经送达要约人即发生法律效力，合同即刻成立，因此撤回承诺的通知应当在承诺通知到达之前或者与承诺通知同时到达要约人。如果撤回承诺的通知晚于承诺的通知到达要约人，则承诺已经生效，合同已经成立，受要约人便不能撤回承诺。

《德国民法典》第 130 条规定："在向另一方作出意思表示时，如果另一方不在场，那么意思表示以其到达另一方时发生效力。如果撤销的通知先于或者同时到达另一方，则意思表示不发生效力。"《意大利民法典》第 1328 条规定："承诺得被撤回，但撤回的通知要在承诺之前送达要约人。"

在英美法，对于通过信件和电报传递的承诺由于采取发信主义，承诺的信件与电报交发即生效，因此，承诺的撤回是不可能的。所以，对于以信件和电报传递的承诺，英美法是不允许撤回的。英美法认为，受要约人不享有撤回权是合理的，可以防止承诺人在发出承诺之后根据市场行情变化投机取巧，看行情涨落，如果不利，就以电话等快速迅速方式撤回承诺。而大陆法认为，如同撤回要约一样，受要约人应当有权决定承诺。

《国际货物销售合同公约》第 22 条规定："接受得予撤回，如果撤回通知于接受原应生效之前或同时送达发价人。"《国际商事合同通则》第 2.10 条也规定："承诺可以撤回，只要撤回通知在承诺本应生效之前或同时送达要约人。"可见，两者的规定都采用了送达主义原则，而没有采纳发信主义原则，允许受要约人撤回承诺。通则解释说，对于承诺的撤回，规定了与要约的撤回相同的原则，即受要约人可以改变其想法并撤回承诺。合同法采纳了欧洲大陆法与国际公约的规定。

我国《合同法》第 27 条规定：承诺可以撤回。撤回承诺的通知应当在承诺通知到达要约人之前或者与承诺通知同时到达要约人。

10.2.4　合同的内容

合同的内容从合同关系的角度讲，是指合同权利和合同义务。合同当事人之间的权利义务关系，是通过合同中的具体条款加以明确的，也就是说，合同的条款反映着合同的具体内容。

1. 合同的示范性条款

尽管不同性质的合同的具体条款各不相同，但作为明确合同当事人基本权利和义务并具有共同性特点的主要条款，对合同的成立和履行具有重要意义。因而一般被认为是合同所不可缺少的基本条款。我国《合同法》第 12 条将这些条款作为示范性条款加以规定，以提示缔约人。这些条款主要有：当事人的名称或者姓名和住所；标的、数量、质量、价款或者报酬、履行期限、地点和方式、违约责任、解决争议的方法等。

2. 合同的主要条款和普通条款

1）合同的主要条款

合同的主要条款是指合同必须具备的条款，欠缺它，合同就不能成立，它决定着合同的类型，确定着当事人各方权利义务的质与量。《合同法》第 12 条规定的合同条款，对于某一特定合同而言，并非都是主要条款。已被废止的《中华人民共和国经济合同法》第 12 条规定的合同条款也不全是主要条款。

合同的主要条款有时是法律直接规定的，当法律直接规定某种特定合同应当具备某些条款时，这些条款就是主要条款。例如，《合同法》要求借款合同应有借款币种的条款（《合同法》第 197 条第 2 款），该条款即为借款合同的主要条款。合同的主要条款更多地是由合同的类型和性质决定的。按照合同的类型和性质的要求应当具备的条款，就是合同的主要条款。例如，价款条款是买卖合同的主要条款，却不是赠予合同的主要条款。合同的主要条款也可以由当事人约定产生。例如，买卖合同中关于交货地点的条款，如一方提出必须就该条款达成协议，它就是主要条款；如双方均未提出必须在某地交货，则该条款不是主要条款。

2）合同的普通条款

合同的普通条款是指合同中主要条款以外的条款。它主要包括以下类型。

（1）法律未直接规定，也非合同的类型和性质要求必须具备的，当事人也无意使之成为主要条款的合同条款。例如，关于包装物返还的约定和免责条款等均属此类。

（2）当事人未写入合同中，甚至从未协商过，但基于当事人的行为，或基于合同的明示条款，或基于法律的规定，理应存在的合同条款。这种条款可分为以下几种。

①该条款是实现合同目的及作用所必不可少的，只有推定其存在，合同才能达到目的及实现其功能。

②该条款对于经营习惯来说是不言而喻的，即它的内容实际上是公认的商业习惯或经营习惯。

③该条款是合同当事人之间一系列交易的惯有规则。

④该条款实际上是某种特定的行业规则，即某些明示或约定俗成的交易规则在行业内具有不言自明的默示效力。

⑤直接根据法律规定而成为合同的普通条款。例如，《合同法》第 253 条第 1 款规定，承揽人应当以自己的设备、技术和劳力，完成主要工作，但当事人另有约定的除外。当事人对此未作任何约定时，该法律规定即成为合同的普通条款。

3）特意待定条款

特意待定条款是指当事人有意将合同条款留待以后谈判商定，或由第三人确定，或根据具体情况加以确定，它不妨碍合同的成立。

3. 格式条款

格式条款又称为标准条款、标准合同、格式合同、定式合同、定型化合同，也有人称作附合合同等。格式条款是自 19 世纪发展起来的，是由于某些行业进行频繁地、重复性地交易的过程中为了简化合同订立的程序而形成的。这些行业一般是发展较大的具有一定规模的企业，往往具有垄断性，如水、电、热力、燃气、邮电、电信、保险、铁路、航空、公路、海运等行业，有公用事业，也有一般的大企业。格式条款具有以下特点。

（1）作为要约，其对象具有广泛性。要约向公众发出，任何人只要同意要约的规定就可以签订合同。

（2）条款具有持久性。格式条款一般是经过认真研究拟定的，在一个相当长的时期内不会改变。

（3）条款具体细致。格式条款往往内容繁复，条款甚多，具体细致。

（4）由事业者提出。无论是由事业者自行拟定或由某行业协会拟定，无论以何种形式（可以合同书形式、票证形式或者其他形式）表现，甚至其条款并不在书面形式上记载，但是都由事业者一方提出。但如果格式合同是由政府部门拟定的，一般不作为格式条款。但也有学者认为，如果涉及部门利益，有明显不合理条款，政府部门拟定的格式合同也应作为《合同法》中的格式条款。

使用格式条款的好处是简捷、省时、方便、降低交易成本，但其弊端在于，提供商品或者服务的一方往往利用其优势地位，制定有利于自己而不利于交易对方的条款，这一点在消费者作为合同相对方时特别突出。因此，必须在立法上予以限制。合同法规定了提供格式条款一方在拟定格式条款及在订立合同时应当遵循的原则和义务。首先，应当遵循公平的原则确定双方的权利和义务，不能利用自己的优势地位制定不公平的条款欺负对方当事人。其次，提供格式条款的一方当事人应当采取合理的方式提请对方注意免除或者限制其责任的条款，并按照对方提出的要求，对该类条款予以说明。

如果提供格式条款的一方当事人免除其责任、加重对方责任、排除对方当事人的主要权利，则该条款无效。对格式条款的理解发生争议的，应当按照通常理解予以解释。对格式条款有两种以上解释的，应当作出不利于提供格式条款一方的解释。格式条款和非格式条款不一致的，应当采用非格式条款。

10. 2. 5　合同成立的时间和地点

1. 合同成立的时间

（1）一般规定。合同于承诺生效时成立。

（2）合同书形式的合同成立的时间。当事人采用合同书形式订立合同的，自双方当事人签字或者盖章时合同成立。双方当事人签字或者盖章不在同一时间的，最后签字或者盖章时合同成立。

（3）确认书形式的合同成立时间。当事人采用信件、数据电文形式订立合同的，可以在合同成立之前要求签订确认书。签订确认书时合同成立。

（4）合同的实际成立。法律、行政法规规定或者当事人约定采用书面形式订立合同，当事人未采用书面形式但一方已经履行主要义务，对方接受的，该合同成立。

2. 合同成立的地点

（1）一般规定。承诺生效的地点为合同成立的地点。采用数据电文形式订立合同的，收件人的主营业地为合同成立的地点；没有主营业地的，其经常居住地为合同成立的地点。

（2）书面合同的成立地点。当事人采用书面合同书形式订立合同的，双方当事人签字或者盖章的地点为合同成立的地点。

10.2.6 缔约过失责任

1. 缔约过失责任的概念

所谓缔约过失责任是指在合同订立过程中，一方当事人因违背其依据诚实信用原则所尽的义务，而致另一方的信赖利益的损失，则应承担民事责任。

2. 缔约过失责任的特点

缔约过失责任具有以下特点。

（1）此种责任发生在合同订立阶段，只有在合同尚未成立，或者虽然成立，但因为不符合法定的生效要件而被确认为无效或被撤销时，缔约人才应承担缔约过失责任。若合同已经成立，则因一方当事人的过失而致他方损害，应按违约责任处理。所以，正确确定合同成立的时间，是衡量是否应承担缔约责任的关键。

（2）一方当事人违反了依据诚实信用原则所产生的义务，根据诚实信用原则的要求，当事人在订立合同时负有一定的附随义务，这些义务即先契约义务，具体包括：无正当理由不得撤销要约的义务、使用方法的告知义务、合同成立前重要情事的告知义务、协作和照顾的义务、忠实义务、保密义务、不得滥用谈判自由的义务等。只要当事人违背了其负有的应依诚信原则产生的先契约义务并破坏了缔约关系，就构成缔约上的过失。

（3）造成了另一方信赖利益的损失。由于缔约过失行为直接破坏了缔约关系，因此所引起的损害是指他人因信赖合同的成立和有效，但由于合同不成立和无效的结果所蒙受的不利益，此种不利益即为信赖利益的损失。当然，只有在此种损失与缔约过失行为有直接因果关系的情况下，信赖人才能基于缔约上过失而请求损害赔偿。

3. 缔约过失责任的构成

缔约过失责任有以下构成要件。

（1）此种责任发生在合同订立阶段。

缔约过失责任与违约责任的基本区别在于，它发生在缔约过程中而不是发生在合同成立以后。只有在合同尚未成立，或者虽然成立，但因为不符合法定的生效要件而被确认为无效或被撤销时，缔约人才应承担缔约过失责任。

（2）一方当事人违反了依据诚实信用原则所产生的义务。

由于合同尚未成立，因此当事人并不负有合同义务，也不可能违反某种合同义务。然而，在订约阶段，当事人依据诚实信用原则应负有诚实、忠实、保密等义务，这是法定的义务。一方违反这些义务而给另一方造成信赖利益损失，应承担缔约过失责任。

（3）造成了另一方信赖利益的损失。

所谓信赖利益的损失主要是指一方实施某种行为后，足以使另一方对其产生信赖（如相信其会订立合同），并因此而支付了一定的费用，后因对方违反诚信原则使该费用不能得到补偿。

（4）一方当事人违反依据诚实信用原则所产生的义务有过错。

4. 缔约过失责任的主要类型

一般来说，缔约过失责任可有以下类型。

（1）假借订立合同，恶意进行磋商。例如，甲就某项合同的订立与乙进行谈判，目的在于阻止乙与丙订立合同，或者使乙丧失其他商业机会。行为人要负此种缔约过失责任，必须在主观上具有恶意。所谓“恶意”，是指假借磋商、谈判，而故意给对方造成损害。受害人的一方必须证明另一方具有假借磋商、谈判而使其遭受损害的恶意。

（2）故意隐瞒与订立合同有关的重要事实或者提供虚假情况。当事人在订立合同的过程中，必须依据诚实信用原则，履行重要事实的告知义务，包括以下内容。

①财产状况、履约能力等方面的告知义务。即在订约时，一方应当向对方如实告知其财产状况、履约能力等情况，不得为了争取与对方订约，吹嘘或夸大自己的财产状况和履约能力。

②瑕疵告知义务。出卖人应将标的物的瑕疵告知对方，不得故意隐瞒产品瑕疵，尤其是对于隐蔽瑕疵，必须向对方如实告知。

③性能和使用方法的告知义务。这就是说，出卖人应向买受人明确告知产品的性能、使用方法，标的物是否属于易燃和易爆或有毒物品等情况。在订约过程中，一方当事人故意隐瞒上述与订立合同有关的重要情况，或提供虚假情况，实际上已构成欺诈，如因此给对方造成财产损失，应负赔偿责任。

（3）泄露或不正当地使用商业秘密。当事人在谈判过程中，一方可能会接触、了解另一方的商业秘密，包括产品的性能、销售对象、市场营销情况等各种商业秘密，对此应依据诚实信用原则负保密义务，不得向外泄露或作不正当使用（如将该秘密转让他人）。《合同法》第 43 条规定：“当事人在订立合同过程中知悉的商业秘密，无论合同是否成立，不得泄露或不正当地使用。泄露或者不正当地使用该商业秘密给对方造成损失的，应当承担损害赔偿责任”。

（4）其他违背诚实信用原则的行为。一方在与另一方协商订约时，明确向另一方许诺，如果另一方完成了某项工作，则他将会与另一方订约，而在另一方信赖其许诺而完成某项工作后，该当事人拒绝订约。此种情况主要是指在订约过程中违背许诺，而给另一方造成损失。

在上述几种情况下，一方必须给另一方造成损失，才负缔约过失责任。一方由于合同不成立和无效的结果所蒙受的不利益，在法律上又称为“信赖利益的损失”。在一般情况下，此种损失主要表现为一种费用的支出不能得到补偿。应当注意的是，信赖利益的损失不应包括因合同的成立和生效所能获得的各种利益（如利润损失），此种损失属于违约责任的范围，而不属于缔约过失责任范围。

10.3 合同的效力

10.3.1 合同效力概述

1. 合同效力的概念

合同效力，指已经成立的合同在当事人之间产生的法律约束力，即法律效力。这个“法律效力”不是说合同本身是法律，而是说由于合同当事人的意志符合国家意志和社会利益，国家赋予当事人的意志以约束力，要求合同当事人严格履行合同，否则即依靠国家强制力，要当事人履行合同并承担违约责任。合同的效力可分为四大类，即有效合同、无效合同、效力待定合同和可变更、可撤销合同。

2. 合同的生效和合同的成立

当事人订立合同的目的，就是要使合同生效，产生约束力，从而实现合同所规定的权利和利益，如果合同不能生效，则合同等于一纸空文，当事人也就不能实现订约目的。从实践来看，如果当事人依据法律的规定订立合同，合同的内容和形式都符合法律规定，则这些合同一旦成立便能生效，正如我国《合同法》第 44 条的规定:“依法成立的合同，自成立时生效”。但也有不一致的情况，如法律和行政法规规定需经批准和登记才能生效的合同，必须经过批准和登记。区分合同的成立与合同的生效很有意义，它们的区别主要表现在以下几方面。

（1）二者的构成条件不同

合同成立的条件包括订约主体存在双方或多方当事人，订约当事人就合同的主要条款达成合意。至于当事人意思表示是否真实，则在所不问。而合同生效的条件主要有：行为人具有相应的民事行为能力；意思表示真实；不违反法律或者社会公共利益及符合法定形式。

（2）二者的法律意义不同

合同成立与否基本上取决于当事人双方的意志，体现的是合同自由原则，合同成立的意义在于表明当事人双方已就特定的权利义务关系取得共识。而合同能否生效则要取决于是否符合国家法律的要求，体现的是合同守法原则，合同生效的意义在于表明当事人的意志已与国家意志和社会利益实现了统一，合同内容有了法律的强制保障。

（3）二者作用的阶段不同

合同成立标志着当事人双方经过协商一致达成协议，合同内容所反映的当事人双方的权利义务关系已经明确。而合同生效表明合同已获得国家法律的确认和保障，当事人应全面履行合同，以实现缔约目的。简单地说，合同的成立标志着合同订立阶段的结束，合同的生效则表明合同履行阶段即将开始。

3. 合同生效时间

合同生效时间包括三种情况：一是依法成立的合同，自成立时生效。这是合同生效时间的一般规定，即如果没有法律、行政法规的特别规定和当事人的约定，合同成立的时间就是合同生效的时间。二是法律、行政法规规定应当办理批准、登记等手续生效的，自批准、登记时生效。三是双方当事人在合同中约定合同生效时间的，以约定为准。

10.3.2　合同的生效要件

合同的效力，仅存在于已经成立并且具备法定要件的合同，而并非是所有已成立的合同。只有满足一定的要求，合同的效力才能够实现。具体地讲，根据《合同法》的规定，合同的生效应当符合下列条件：（1）当事人具有相应的民事行为能力；（2）意思表示真实；（3）不违反法律和社会公共利益；（4）合同必须具备法律所要求的形式。

10.3.3　无效合同

1. 无效合同的概念

所谓无效合同，是相对于有效合同而言的，它是指合同虽然已经成立，但因为其在内容和形式上违反了法律、行政法规的强制性规定和社会公共利益，所以应确认为无效。例如，当事人订立的非法买卖枪支弹药的合同、订立进口“洋垃圾”的合同等属于违法的无效的合同。

2. 无效合同的概念特征

无效合同具有以下几个特征。

（1）无效合同的违法性

无效合同种类很多，但都具有违法性。所谓违法性，是指违反了法律和行政法规的强制性规定及社会公共利益。这就意味着：第一，无效合同必须是违反了法律和行政法规的强制性规定。判断无效的标准，应当以法律和行政法规的规定为依据。至于行政规章及地方性法规等地方性文件，可以作为判断合同无效的参考依据，但在许多情况下不应作为判定合同无效的唯一依据，特别是对于那些不合理的，甚至与法律、行政法规的规定明显冲突的地方性法规或规章规定，显然不应该作为判定无效的依据。第二，所谓违法是指违反了法律和行政法规的强行性规定，而并非指违反了法律和行政法规的任意性规定，对于法律的任意性规定，当事人是可以通过协议而加以改变的。第三，违法性还包括合同的内容违反了社会公共利益。例如，当事人订立进口“洋垃圾”的合同，即使其内容并未违反现行法律规定，但因为其内容违反了社会公共利益和公共道德，所以是无效的。无效合同的违法性表明此类合同根本不符合国家意志，因此不能使此类合同发生法律效力。

（2）对无效合同的国家干预

由于无效合同具有违法性，因此对此类合同应实行国家干预，这种干预主要体现在，法院和仲裁机构不待当事人请求合同无效，便可以主动审查合同是否具有无效的因素，如发现合同属于无效合同，便应主动地确认合同无效。正是从这个意义上说，无效合同是当然无效的。对无效合同的国家干预还体现在，有关国家行政机关可以对一些无效合同予以查处，追究有关无效合同当事人的行政责任。

（3）无效合同具有不得履行性

所谓无效合同的不得履行性，是指当事人在订立无效合同以后，不得依据合同继续履行，也不承担不履行合同的违约责任。即使当事人在订立合同时不知该合同的内容违法（如不知合同标的物为法律禁止流转的标的物），当事人也不得履行无效合同。若允许履行，则意味着允许当事人实施不法行为。当然，尽管当事人不能继续履行无效合同，但当事人可以依据法律的规定，对无效合同予以修正，如果经过修正使合同在内容上已符合法律的规定，则该合同已转化为有效合同。

（4）无效合同自始无效

由于无效合同从本质上违反了法律规定，因此国家不承认此类合同的法律效力。合同一旦确认无效，就将产生追溯力，使合同自订立之时起就不具有法律效力，以后也不能转化为有效合同。对已经履行的，应当通过返还财产、赔偿损失等方式使当事人的财产恢复到合同订立之前的状态。当然，之所以确认为无效合同，是因为当事人一方或双方在订立合同时违反了法律的强行性规定或社会公共利益。

3. 无效合同的情形

我国《合同法》规定具有以下情形的合同无效：（1）一方以欺诈、胁迫的手段订立的合同，损害国家利益；（2）恶意串通，损害国家、集体或第三者利益；（3）以合法形式掩盖非法目的；（4）损害社会公共利益；（5）违反法律、行政法规的强行性规定。

无效的合同自始没有法律约束力。

10.3.4　效力待定合同

1. 效力待定合同的概念

效力待定合同，是指合同虽然已经成立，但因为其不完全符合有关生效要件的规定，所以其效力能否发生，尚未确定，一般须经有权人表示承认才能生效。

不能产生法律效力，在一段合理的时间内合同效力暂不确定，由有追认权的当事人进行补正或有撤销权的当事人进行撤销，再视具体情况确定合同是否有效。处于此阶段中的合同，为效力待定的合同。合同效力待定，意味着合同效力既不是有效，也不是无效，而是处于不确定状态。设立这一不确定状态，目的是使当事人有机会补正能够补正的瑕疵，使原本不能生效的合同尽快生效，以实践合同法尽量成就交易、鼓励交易的基本原则。

2. 效力待定合同的特征

效力待定合同的特征如下。

（1）效力待定合同已经成立，但因其不完全符合有关生效要件的规定。

（2）效力待定合同既非完全无效，也非完全有效，而是一种效力不确定的中间状态。

（3）其效力能否发生，尚未确定，有待于其他行为或事实使之确定。

3. 效力待定合同的类型

《合同法》将效力待定合同规定为三类。

（1）限制民事行为能力人订立的合同

合同作为一种民事法律行为也必须要求合同当事人具有相应的民事行为能力。限制民事行为能力人所签订的合同从主体资格上讲是有瑕疵的，因为当事人缺乏完全的缔约能力、代签合同的资格和处分能力。

限制民事行为能力人签订的合同要具有效力，一个最重要的条件就是要经过其法定代理人的追认，这种合同一旦经过法定代理人的追认就具有法律效力，在没有经过追认前，该合同虽然成立，但是并没有实际生效。所谓追认，是指法定代理人明确无误地表示同意限制民事行为能力人与他人签订的合同。这种同意是一种单方意思表示，无须合同的相对人同意即可发生效力。

对于限制民事行为能力人签订的合同，并非所有的都必须经过法定代理人的追认。限制民事行为能力人签订的纯获利益的合同或者与其年龄、智力、精神健康状况相适应而订立的合同，不必经法定代理人追认就具有法律效力。所谓“纯获利益”在我国一般是指限制民事行为能力人在某合同中只享有权利或者利益，不承担任何义务，如限制民事行为能力人接受奖励、赠予、报酬等，对于这些纯获利益的合同，他人不得以行为人的限制民事行为能力为由，主张该合同不具有效力。同时，限制民事行为能力人也可独立订立与其年龄、智力、精神健康状况相适应的合同，这类合同一般是日常生活方面的合同，如购买书本、乘坐交通工具等；对于不能完全辨认其行为的精神病人在其健康状况允许时，可订立某些合同，而不经法定代理人追认。除此之外，限制民事行为能力人订立的合同就必须经过其法定代理人的同意后才具有法律效力。

（2）无权代理人以本人名义订立的合同

无权代理合同，就是无代理权人代理他人从事民事行为所签订的合同。根据《民法通则》第 66 条的规定，因无权代理而签订的合同有以下三种情形。

①根本没有代理权而签订的合同，是指签订合同的人根本没有经过被代理人的授权，就

以被代理人的名义签订的合同。

②超越代理权而签订的合同，是指代理人与被代理人之间有代理关系存在，但是代理人超越了被代理人的授权范围与他人签订的合同。例如，甲委托乙购买电视机300台，但是乙擅自与他人签订了购买500台电视机的合同，这就是超越代理权而签订的合同。

③代理关系终止后签订的合同，是指行为人与被代理人之间原有代理关系，但是由于代理期限届满、代理事务完成或者被代理人取消委托关系等原因，被代理人与代理人之间的代理关系已不复存在，但原代理人仍以被代理人的名义与他人签订的合同。

行为人没有代理权、超越代理权或者代理权终止后以被代理人名义订立的合同，未经被代理人追认，对被代理人不发生效力。

行为人没有代理权、超越代理权或者代理权终止后以被代理人名义订立合同，相对人有理由相信行为人有代埋权的，该代理行为有效，该代理行为构成表见代理。所谓表见代理，是行为人没有代理权、超越代理权或者代理权终止后签订了合同，如果相对人有理由相信其有代理权，那么相对人就可以向本人主张该合同的效力，要求本人承担合同中所规定的义务，受合同的约束。

构成表见代理合同要满足以下条件。

①行为人并没有获得本人的授权就与第三人签订了合同。具体有没有代理权、超越代理权或者代理权终止这三种情形。

②合同的相对人在主观上必须是善意的、无过失的。所谓善意，是指相对人不知道或者不应当知道行为人实际上无权代理；所谓无过失，是指相对人的这种不知道不是因为其大意造成的。如果相对人明知或者理应知道行为人是没有代理权、超越代理权或者代理权已终止，而仍与行为人签订合同，那么就不构成表见代理，合同相对人也就不能受到保护。

（3）无处分权人处分他人财产而订立的合同

所谓无处分权人，就是对归属于他人的财产没有权利进行处置的权利或者虽对财产拥有所有权，但由于在该财产上负有义务而对此不能进行自由处分的人。例如，A将某物租赁给B使用，B却将该物非法转让给C，则B与C之间的买卖合同就属于因无权处分而订立的合同。

因无权处分他人财产而签订的合同一般具有如下特点。

①无处分权人实施了处分他人财产的行为。这里所说的处分，是指法律意义上的处分，如财产的转让、财产的赠与、在财产上设定抵押权等行为。财产只能由有处分权的人进行处分，无处分权人对他人财产进行处分是对他人的财产的侵害，即使是对共有财产享有共有权的共有人，也只能依法处分其应有的部分，不能擅自处分共有财产，因为共有财产属于全体共有人所有，某个共有人未经其他共有人同意擅自处分共有财产，就构成无权处分行为。

②无处分权人处分他人财产而签订的合同必须经过权利人的事后追认或者在合同订立后取得对财产的处分权。这里的权利人，是指对财产享有处分权的人。所谓追认是指权利人事后同意该处分财产行为的意思表示。这种追认可以直接向买受人作出，也可以向处分人作出；可以用口头形式作出，也可以用书面形式作出。不管用何种形式，追认都必须用明显的方式作出，沉默和不作为都不视为追认。追认是一种单方的意思表示，其目的就是使无权处分而订立的合同发生法律效力。在权利人追认前，因无权处分而订立的合同处于效力待定状态，在得到追认以前，买受人可以撤销该合同；在追认以后，则合同将从订立合同时起就产生法律效力，任何一方当事人都可以请求对方履行合同义务。

如果无处分权人订立合同后取得处分权，该合同仍为有效合同。无权处分的本质是处分人在无权处分的情况下处分他人财产，从而侵害了他人的财产权。如果处分人在合同订立后取得了财产权利或者取得了对财产的处分权，就可以消除无权处分的状态，从而使合同产生效力。

以上三类合同分别是由于有关当事人缺乏缔约能力、缺乏订立合同的资格或缺乏处分能力造成的，如果给有关权利人赋予承认权，使之能够以其利益判断做出承认而使合同有效或者拒绝而使合同无效，往往是有利于权利人的利益，有利于促进交易的。因此，将这类合同规定为效力待定合同，是符合权利人的意志和利益的。

10.3.5　可变更、可撤销合同

1. 可变更、可撤销合同概念

可撤销合同，又称为可撤销、可变更的合同，它是指当事人在订立合同时，因意思表示不真实，法律允许撤销权人通过行使撤销权而使已经生效的合同归于无效。例如，因重大误解而订立的合同，误解的一方有权请求法院撤销该合同。

2. 可变更、可撤销合同的特征

可变更、可撤销合同具有以下几个特征。

（1）可撤销的合同主要是意思表示不真实的合同。如当事人在订立合同时，因重大误解而使其表示出来的意思与其真实意思不符。尽管意思表示不真实也不符合生效要件的规定，但当事人订立这些合同时可能并没有故意违反法律、行政法规的强制性规定及公序良俗，所以在这一点上与无效合同是有区别的。

（2）必须要由撤销权人主动行使撤销权，请求撤销合同。由于可撤销合同主要涉及当事人意思表示不真实的问题，而当事人意思表示是否真实，局外人常常难以判断，即使局外人已得知一方当事人因意思表示不真实而受到损害，然而当事人不主动提出撤销，却自愿承担损害的后果，法律也应允许这种行为有效，因此法律要将是否主张撤销的权利留给撤销权人，由其决定是否撤销合同。对此类合同的撤销问题，法院应采取不告不理的态度。如果当事人不主动提出撤销，法院不能主动地宣告合同的撤销。而无效合同因在内容上具有明显的违法性，因此对无效合同的效力的确认，不能由当事人选择。即使当事人对无效合同不主张无效，司法机关和仲裁机构也应当主动干预，宣告合同无效。

（3）可撤销合同在未被撤销以前仍然是有效的。对于可撤销合同，撤销权人有权决定是否提出撤销。如果撤销权人未在规定的期限内行使撤销权，或者撤销权人仅仅要求变更合同的条款，并不要求撤销合同。在这种情况下，可撤销合同仍然有效，当事人仍应依合同规定履行义务，任何一方均不得以合同具有可撤销的因素为由而拒不履行其合同义务。而无效合同则是当然无效的，对无效合同也不得要求当事人继续履行。

（4）可撤销合同在《民法通则》称为可变更、可撤销的合同，也就是说对此类合同，撤销权人有权请求予以撤销，也可以不要求撤销，而仅要求变更合同的内容。所谓变更，是指当事人之间通过协商改变合同的某些内容，如适当调整标的价格，适当减少一方承担的义务，通过变更使当事人之间的权利义务趋于公平合理。在变更的情况下，合同仍然是有效的。而无效合同则是当然无效的，当事人不得在变更与要求确认无效之间随意作出选择。

撤销权人行使撤销权而撤销合同，与享有解除权的人行使解除权而解除合同一样，都会导致合同关系的终止，但两者在性质上是不同的。撤销权针对的是意思表示不真实的合同，因意思表示不真实才使得受害一方享有撤销权；而解除权则可能是基于法律规定的原因而产生的（如不可抗力、对方根本违约等），也可能是基于双方事先约定而使当事人在出现某种情况时享有解除权。撤销既可以针对合同，也可以针对于其他法律行为而实施。解除原则上只适用于合同，而不适用于其他行为。

3. 可变更、可撤销合同的类型

可变更、可撤销的合同的种类有：（1）因重大误解订立的合同；（2）订立合同时显失公平的；（3）一方以欺诈、胁迫的手段或乘人之危，使对方在违背真实意思的情况下订立的合同，受损害方有权请求人民法院或仲裁机构变更或撤销。

对于可变更、可撤销的合同，当事人有权诉请法院或仲裁机构予以变更、撤销，当事人请求变更的，人民法院或者仲裁机构不得撤销。

4. 可变更、可撤销合同撤销权的行使

撤销权是一种权利，具有撤销权的当事人既可以行使撤销权，向人民法院或者仲裁机构请求撤销或者变更该合同，也可以放弃撤销权，不行使该权利。当事人可以以两种方式放弃撤销权：第一种是具有撤销权的当事人知道撤销事由后明确表示放弃撤销权。以明示的方式放弃撤销权的行为是很典型的对权利的处分的方式。放弃撤销权的明确表示可以是用口头的方法明确表示，也可以是用书面的方法明确表示。任何默示的方式都不构成对撤销权的放弃。第二种是具有撤销权的当事人以自己的行为放弃了撤销权。具有撤销权的当事人在放弃其具有的撤销权时，并不一定要向当事人明确表示，他也可以以自己的行为来放弃该撤销权，如该当事人在合同履行期限到来时，自动履行了合同中规定的义务或者向对方要求合同中规定的债权。还比如具有撤销权的当事人向法院起诉对方当事人违约而不是申请撤销合同等都是对撤销权放弃的行为。当事人以自己的行为表明了其愿意接受合同的约束，放弃了按法律应当享有的撤销权。

具有撤销权的当事人放弃撤销权后，造成的法律效果就是该撤销权终止，合同产生绝对的效力，该当事人不得再以相同的理由要求撤销该合同，而应按照合同的规定履行自己的义务，否则就构成违约。

10.3.6 合同无效或被撤销的法律后果

合同被确认无效或者被撤销后，将导致该合同自始无效。所谓自始无效，就是指合同被确认无效后，将溯及既往，从合同成立之时就无效。特别是对无效合同来说，因其内容违反法律和社会公共利益，当事人即使事后追认，也不能使这些合同生效，更不能产生当事人所预期的法律效果。

部分无效的合同是指有些合同条款虽然违反法律规定，但并不影响其他条款效力的合同。如某一买卖合同标的物超过了国家限制性的规定，则超过的部分无效，但整个合同效力继续存在。合同的部分无效既可以是量上的部分无效，也可以是质上的部分无效。所谓量上的部分无效是指合同有一部分是在法律许可的范围之内的，可以将范围之外的部分确认为无效。如买卖合同的标的数量超过了国家规定的数量，则超过部分无效，在法律范围内的部分仍然有效。所谓合同质上的部分无效是指合同的内容是由各种不同的条款组成的，而可以将其中的一个条款或者数个条款确认为无效。如当事人约定的法律适用条款违反了法律的规定，那么该法律适用条款无效，但其他条款仍然有效。

合同无效或者被撤销后，因该合同取得的财产，应当予以返还；不能返还或者没有必要

返还的，应当折价补偿。有过错的一方应当赔偿对方因此所受到的损失，双方都有过错的，应当各自承担相应的责任。

10.4　合同的履行

从合同成立的目的来看，任何当事人订立合同，都是为了能够实现合同的内容。而合同内容的实现，有赖于合同义务的执行。当合同规定的义务被执行时，就是合同当事人正在履行合同；当合同规定的全部义务都被执行完毕时，当事人订立合同的目的也就得以实现，合同也就因目的实现而消灭。因此，合同的履行是合同目的实现的根本条件，也是合同关系消灭的最正常的原因。由此可见，合同的履行是合同制度的中心内容，是合同法及其他一切制度的最终归宿或延伸。

10.4.1　合同履行的概念

合同的履行指的是合同规定义务的执行。任何合同规定义务的执行，都是合同的履行行为；相应地，凡是不执行合同规定义务的行为，都是合同的不履行。因此，合同的履行，表现为当事人执行合同义务的行为。当合同义务执行完毕时，合同也就履行完毕。

10.4.2　合同履行的原则

合同履行的原则是指法律规定的所有种类合同的当事人在履行合同的整个过程中所必须遵循的一般准则。根据中国合同立法及司法实践，合同的履行除应遵守平等、公平、诚实信用等民法基本原则外，还应遵循以下合同履行的特有原则。除诚实信用原则、公平原则和平等原则等基本原则外，还有以下专属合同履行的原则。

1. 适当履行原则

适当履行原则又称正确履行原则或全面履行原则，是指当事人按照合同规定的标的及其质量、数量，由适当的主体在适当的履行期限、履行地点以适当的方式，全面完成合同义务的履行原则。《合同法》第 60 条第 1 款规定：“当事人应当按照约定全面履行自己的义务。”全面履行原则和实际履行原则既有联系又有区别。实际履行原则强调债务人按照合同约定交付标的物或者提供服务，至于交付标的物或提供的服务是否适当，则无力顾及。因此，适当履行必然是实际履行，而实际履行未必是适当履行。

2. 协作履行原则

协作履行原则是指当事人不仅适当履行自己的合同义务，而且应基于诚实信用原则要求对方当事人协助其履行债务的履行原则。它一般包括的内容有：(1) 债务人履行合同债务，债权人应适当受领给付。(2)债务人履行债务，时常要求债权人创造必要的条件，提供方便。(3)因故不能履行或不能完全履行时，应积极采取措施避免或减少损失，否则还要就扩大的损失自负其责。(4) 发生合同纠纷时，应各自主动承担责任，不得推诿。《合同法》第 60 条第 2 款规定：“当事人应当遵循诚实信用原则，根据合同的性质、目的和交易习惯履行通知、协助、保密等义务。”

3. 经济合理原则

经济合理原则要求在履行合同时，讲求经济效益，付出最少的成本，取得最佳的合同利益。

如债务人选择最经济合理的运输方式，选择合理期限履行合同，选择设备体现经济合理原则，变更合同、对违约进行补救体现经济合理原则。

4. 情事变更原则

情事变更原则是指合同依法成立后，因不可归责于双方当事人的原因发生了不可预见的情事变更，致使合同的基础丧失或动摇，若继续维护合同原有效力则显失公平，允许变更或解除合同的原则。情事变更原则有其存在的合理性和生命力，我国最高人民法院的司法解释已经承认了该原则，在我国《合同法》草案征求意见稿中也有规定，但该法在最后通过时删除了情事变更原则。情事变更原则的适用条件如下。

（1）须有情事变更原则的事实。

（2）情事变更须发生在合同成立以后，履行完毕以前。

（3）须情事变更的发生不可归责于双方当事人。

（4）须情事变更是当事人不可预见的。

（5）须情事变更使履行原合同显失公平。

情事变更原则的效力体现在两个方面：一是变更合同，使合同履行公平合理；二是解除合同。

10.4.3 合同履行的规则

1. 当事人就有关合同内容约定不明确时的履行规则

合同生效后，当事人就质量、价款或者报酬、履行地点等内容没有约定或者约定不明确的，可以协议补充；不能达成补充协议的，按照合同有关条款或者交易习惯确定。依照上述办法仍不能确定的，适用《合同法》第 62 条的规定。

（1）质量要求不明确的，按照国家标准、行业标准履行；没有国家标准、行业标准的，按照通常标准或者符合合同目的的特定标准履行。

（2）价款或者报酬不明确的，按照订立合同时履行地的市场价格履行；依法应当执行政府定价或者政府指导价的，按照规定履行。

（3）履行地点不明确，给付货币的，在接受货币一方所在地履行；交付不动产的，在不动产所在地履行；其他标的在履行义务一方所在地履行。

（4）履行期限不明确的，债务人可以随时履行，债权人也可以随时要求履行，但应当给对方必要的准备时间。

（5）履行方式不明确的，按照有利于实现合同目的的方式履行。

（6）履行费用的负担不明确的，由履行义务一方负担。

2. 执行政府定价或者政府指导价的合同履行规则

执行政府定价或者政府指导价的，在合同约定的交付期限内政府价格调整时，按照交付时的价格计价。逾期交付标的物的，遇价格上涨时，按照原价格执行；价格下降时，按照新价格执行。逾期提取标的物或者逾期付款的，遇价格上涨时，按照新价格执行；价格下降时，按照原价格执行。

3. 第三人代为履行或代为接受履行合同的规则

合同生效后，通常应由合同当事人亲自履行和亲自接受履行。但在不涉及人身性质的合同中，当事人也可以约定由第三人代为履行或代为接受履行，在这种情况下，第三人只是合同的履行主体，而不是合同当事人。由于合同仅在当事人之间产生约束力，因此，在第三人代为履行或代为接受履行合同时，应当遵守下列规则。

（1）当事人约定由债务人向第三人履行债务的，债务人未向第三人履行债务或者履行债务不符合约定，应当向债权人承担违约责任。

（2）当事人约定由第三人向债权人履行债务的，第三人不履行债务或者履行债务不符合约定，债务人应当向债权人承担违约责任。

4. 提前履行和部分履行的规则

合同生效后，当事人应当按照合同约定的期限全面履行合同义务。当出现当事人提前或部分履行时，应遵守下列规则。

（1）债务人提前履行债务损害债权人利益的，债权人可以拒绝债务人的履行。债务人提前履行债务不损害债权人利益的，债权人应当接受债务人的履行。债务人提前履行债务给债权人增加的费用，由债务人负担。

（2）债务人部分履行债务损害债权人利益的，债权人可以拒绝受领。债务人部分履行债务不损害债权利益的，债权人应当受领。债务人部分履行债务给债权人增加的费用，由债务人负担。

10.4.4　双务合同履行中的抗辩权

抗辩权与请求权相对而言，是能够阻止请求权效力的权利。其特征为：一是抗辩权人对请求权的存在没有异议，而以另外的法律事实为依据拒绝履行义务；二是抗辩权的效力在于阻止请求权效力的发挥，但不以请求权为限。

抗辩权的类型可分为两种：一是永久性抗辩权或称消灭的抗辩权，行使这种抗辩权可以永久性地阻止债权人的请求权；二是延期（延缓）的抗辩权或称一时性抗辩权，行使这种抗辩权仅能暂时地阻止债权人的请求权。同时履行抗辩权和不安抗辩权属于典型的一时性抗辩权。

双务合同中的履行抗辩权就是指双务合同中，一方当事人有依法对抗对方要求或否认对方权利主张的权利。或者说，当事人在特定情况下享有拒绝履行合同义务的权利。双务合同履行抗辩权对债务人而言是一种自我保护手段，可以避免自己履行后得不到对方履行的风险；而这一权利的存在让对方承担了及时履行、提供担保等压力，可以对实现自己的债权起担保作用。因此，抗辩权制度实际上是债权保障的法律制度，就防患于未然而言，作用比违约责任更积极，与合同的担保制度相比有异曲同工之妙。同时，抗辩权的行使，应以履行可能为基本前提，合同当事人应抱有合同实现的期望，而不以消灭对方请求权为目的。

1. 同时履行抗辩权

1）同时履行抗辩权的概念

同时履行抗辩权是指当事人互负债务，没有先后履行顺序的，应当同时履行，一方在对方履行前有权拒绝其履行要求。一方在对方履行债务不符合约定时，有权拒绝其相应的履行要求。

同时履行抗辩权只适用于双务合同，如买卖、互易、租赁、承揽、保险等合同。只有在双务合同中，当事人之间才存在对待给付，即当事人之间的给付具有对等关系或对应关系，一方为给付是为了换取对方的给付。正是这种对应关系，使得同时履行抗辩权具有公平性。单务合同（如赠予合同）和不真正的双务合同（如委托合同）不适用同时履行抗辩权。

2）同时履行抗辩权的适用条件

（1）在同一双务合同中互负对待给付义务

主张同时履行抗辩权，必须基于同一双务合同中当事人互负的对待给付义务。如果双方当事人的债务不是基于同一合同而发生的，即使在事实上有密切关系，也不得主张同时履行抗辩权。这里的债务，首先应为主给付义务。但在从给付义务的履行与合同目的的实现具有密切关系时，应认为它与主给付义务之间有牵连关系，可产生同时履行抗辩权。

（2）双方债务均已届清偿期

同时履行抗辩权制度旨在使双方当事人所负的债务同时履行，因此，只有在双方所负债务同时届期时，才能主张同时履行抗辩权。这就意味着，同时履行抗辩权仅适用于同时履行的双务合同。所谓同时履行，是指双方当事人所负担的给付应同时提出，相互交换。例如，在买卖合同中，如当事人没有约定履行的先后顺序，买方的价金交付与卖方的所有权移转应同时进行。在非同时履行的双务合同中，无论是先履行方还是后履行方，均不得主张同时履行抗辩权。

（3）对方未履行债务

一方向他方请求履行债务时，须自己已为履行或提出履行，否则，对方可行使同时履行抗辩权，拒绝履行自己的债务。但是，如果一方未履行或未提出履行的债务与对方所负债务无对价关系，对方不得主张同时履行抗辩权。

（4）对方的债务可能履行

同时履行抗辩权的宗旨是促使双方当事人同时履行债务，如果对方的对待给付已不可能，则不发生同时履行抗辩权问题，而应依合同解除制度解决。

3）当事人一方违约与同时履行抗辩权

（1）迟延履行与同时履行抗辩权

关于迟延履行与同时履行抗辩权之间的关系，存在两种对立的学说。第一种学说认为，同时履行抗辩权的存在本身即足以排除迟延责任。对此，有人从抗辩权排除债务之届期的角度加以论证，有人以下述理由加以阐释：因有抗辩权之存在，迟延履行系非可归责于债务人的原因。第二种学说主张，同时履行抗辩权须经行使才能排除迟延责任。它有两种见解：其一，抗辩权之行使，溯及地排除已发生的迟延效果；其二，已发生的延迟责任，不因抗辩权的行使而受影响。

（2）受领迟延与同时履行抗辩权

在双务合同中，债权人受领迟延，其原有的同时履行抗辩权不因此而消灭。所以，债务人在债权人受领迟延后请求为对待给付的，债权人仍可主张同时履行抗辩权。

（3）部分履行与同时履行抗辩权

债务人原则上无部分履行的权利，因此，双务合同的一方当事人提出部分履行时，对方当事人有权拒绝受领，但若拒绝受领违反诚实信用原则，则不在此限；若受领部分给付，可以提出相当部分的对待给付，也可以主张同时履行抗辩权，拒绝为给付，除非如此违背诚实信用原则。

（4）瑕疵履行与同时履行抗辩权

债务人瑕疵履行，债权人可请求其消除缺陷或另行给付，在债务人未消除缺陷或另行给付时，债权人有权行使同时履行抗辩权，拒绝给付，同时履行抗辩权属延期的抗辩权，只是暂时阻止对方当事人请求权的行使，非永久的抗辩权。对方当事人完全履行了合同义务，同时履行抗辩权消灭，当事人应当履行自己的义务。当事人行使同时履行抗辩权致使合同迟延履行的，迟延履行责任由对方当事人承担。

2. 不安抗辩权

1）不安抗辩权的概念

不安抗辩权又称先履行抗辩权，指双务合同成立后，应当先履行的当事人有证据证明对方不能履行义务，或者有不能履行合同义务的可能时，在对方没有履行或者提供担保之前，有权中止履行合同义务。在双务合同中，应当先履行的当事人没有后履行抗辩权，故法律设立不安抗辩权，使其在对方无力履行的情况下享有拒绝履行合同义务的权利。

2）不安抗辩权的适用条件

不安抗辩权的适用，必须具备以下条件。

（1）双方当事人因同一双务合同而互负债务。

不安抗辩权为双务合同的效力表现，其成立须双方当事人因同一双务合同而互负债务，并且该两项债务基于对价关系。

（2）后给付义务人的履行能力明显降低，有不能为对待给付的现实危险。

不安抗辩权制度保护先给付义务人是有条件的，不允许在后给付义务人有履行能力的情况下行使不安抗辩权，只能在其有不能为对待给付的现实危险，危及先给付义务人的债权实现时，才能行使不安抗辩权。

所谓后给付义务人的履行能力明显降低，有不能为对待给付的现实危险，包括其经营状况严重恶化；转移财产、抽逃资金，以逃避债务；丧失商业信誉，其他丧失或者可能丧失履行能力的情况。履行能力明显降低，有不能为对待给付的现实危险，须发生在合同成立以后，如果在订立合同时即已经存在，先给付义务人若明知此情却仍然缔约，法律则无必要对其特别保护；若不知此情，还可以通过合同无效等制度解决。

我国《合同法》第 68 条规定：应当先履行债务的当事人，有确切证据证明对方有下列情形之一的，可以中止履行：①经营状况严重恶化；②转移财产、抽逃资金，以逃避债务；③丧失商业信誉；④有丧失或者可能丧失履行债务能力的其他情形。当事人没有确切证据中止履行的，应当承担违约责任。

同时，根据《合同法》第 69 条：当事人依照本法第 68 条的规定中止履行的，应当及时通知对方。对方提供适当担保时，应当恢复履行。中止履行后，对方在合理期限内未恢复履行能力并且未提供适当担保的，中止履行的一方可以解除合同。

（3）后给付义务人未提供适当担保。

后给付义务人的履行能力明显降低，有不能为对待给付的现实危险，但若提供适当担保时，先给付义务人的债权不会受到损害，故不得行使不安抗辩权；只有在未提供适当担保，危及先给付义务人的债权实现时，才成立不安抗辩权。

3）不安抗辩权的行使

为了兼顾后给付义务人的利益，也便于他能及时提供适当担保，先给付义务人行使不安抗辩权，应及时通知后给付义务人，并负有举证证明后给付义务人的履行能力明显降低，有不能为对待给付的现实危险的义务。

4）不安抗辩权的效力

不安抗辩权具备其成立要件时，先给付义务人在后给付义务人未为对待给付或提供适当担保前，有权拒绝自己的给付。后给付义务人恢复履行能力或者提供了适当担保时，先给付义务人应当履行合同。后给付义务人在约定的或合理的期限内未恢复履行能力并且不提供担保的，先给付义务人有权解除合同。

3. 先履行抗辩权

1）先履行抗辩权的概念

先履行抗辩权是指当事人互负债务，有先后履行顺序的，先履行一方未履行之前，后履行一方得拒绝其履行请求，先履行一方履行债务不符合约定的，后履行一方得拒绝其相应的履行要求的权利。

在传统民法上，有同时履行抗辩权和不安抗辩权的理论，却无先履行抗辩权的概念。我国合同法首次明确规定了这一抗辩权。先履行抗辩权发生于有先后履行顺序的双务合同中，基本上适用于先履行一方违约的场合，这些都是它不同于同时履行抗辩权之处。

先履行抗辩权基本与同时履行抗辩权是一样的，唯一的不同是先履行抗辩权的债务履行有先后顺序；同时履行抗辩权的债务履行没有先后顺序。

2）先履行抗辩权的适用条件

（1）须双方当事人互负债务。

（2）两个债务须有先后履行顺序。至于该顺序是当事人约定的还是法律直接规定的，在所不问。如果两个对立的债务无先后履行顺序，就适用同时履行抗辩权而不成立先履行抗辩权。

（3）先履行一方未履行债务或其履行不符合约定。

3）先履行抗辩权的效力

先履行抗辩权是为后履行一方设定的抗辩权，因此，先履行抗辩权的启动可以产生阻止后履行方履行给付义务的效力。但这种阻止效应只是暂时性的，并非终止后履行一方的给付。从这个意义上说，先履行抗辩权也属于一种延期的抗辩权。在先履行一方采取相应的补救手段，完全履行了合同债务以后，先履行抗辩权的效力消灭，后履行方需恢复合同债务的履行。而且，先履行抗辩权的启动，不对后履行方主张违约责任产生影响，即先履行抗辩权不具有阻断违约责任主张的效力。

10.5 合同的保全

10.5.1 合同保全的概念和特点

1. 合同保全的概念

合同保全是指法律为防止因债务人财产的不当减少致使债权人债权的实现受到危害，而设置的保全债务人责任财产的法律制度。具体包括债权人代位权制度和债权人撤销权制度。其中，债权人的代位权着眼于债务人的消极行为，当债务人有权利行使而不行使，以致影响债权人权利的实现时，法律允许债权人代债务人之位，以自己的名义向第三人行使债务人的权利；而债权人的撤销权则着眼于债务人的积极行为，当债务人在不履行其债务的情况下，实施减少其财产而损害债权人债权实现的行为时，法律赋予债权人有诉请法院撤销债务人所为的行为的权利。

2. 合同保全的特点

合同保全具有如下特点。

（1）合同保全是债的对外效力的体现，也是合同相对性原则的例外。

根据债的相对性和合同相对性的原理，合同之债主要在合同当事人之间产生法律效力。法律赋予债权人在一定条件下行使代位权或撤销权，而行使这两项权利的直接后果就会对当事人以外的第三人产生效力，这就与合同相对性原则不同。因此，人们说合同保全是合同相对性原则的例外。

（2）合同保全主要发生在合同有效成立期间。也即在合同生效之后到履行完毕前，合同保全措施都可以被采用。

这说明合同保全措施的运用，与合同履行期间债务人是否实际履行义务，并没有必然的联系。但合同如果没有生效或者已被宣告解除、无效乃至被撤销的，债权人就没有了行使代位权或撤销权的事实和法律依据。

（3）合同保全的基本方法是代位权和撤销权的行使。

这两种措施都是通过防止债务人的财产不当减少或恢复债务人的财产，从而保证债权人权益的合法实现。根据合同保全原则，无论债务人是否实施了违约行为，只要债务人采取不正当的手段处分其财产，并且这种行为直接导致债权人的利益受到危害时，债权人就可以行使保全措施。也可以这样说，合同保全措施的根本目的就在于保障合同债权人的权利实现。

3. 合同保全的功能

正是基于合同保全是债的对外效力的体现的认识，立法上设置合同保全制度就在于弥补合同担保、强制执行制度和违约责任制度在保证债权实现方面的不足。特别是在市场经济条件下，维护合同交易的安全与便捷正日益成为全社会关注的热点。合同保全制度在这方面无疑会发挥它应有的功能和作用。具体来讲，合同保全制度有以下几项功能。

(1)合同保全制度可以有效地防止债务人的财产消极与积极的不正当减少。司法实践中，经常看到在合同关系成立后，一些债务人在欠下债务时，不是想方设法偿还债务，而是采取一些不正当的手法故意躲债。有的是将个人财产非法转让给第三者；有的则明知可以从第三人处取得一定财产，却怠于行使权利，故意不取得；更有甚者还串通他人合谋隐藏、转移财产规避债务，等等。合同保全制度的设置对上述避债行为会起到防范和遏制作用。

（2）由于合同保全制度使债权人对第三人产生效力，这就为缓解减轻当前存在的较严重的“三角债”“讨债难”现象提供了法律依据，也有利于充分保障债权人合法权益的实现。

10.5.2 债权人的代位权

1. 代位权的概念和特点

债权人的代位权是指债务人怠于行使其到期债权，对债权人造成损害的，债权人向人民法院请求以自己的名义代位行使债务人债权的权利，但该债权专属于债务人自身的除外。代位权的行使范围以债权人的债权为限。债权人行使代位权的必要费用由债务人负担。

债权人的代位权具有如下特点。

（1）代位权针对的是债务人怠于行使权利的行为。

（2）代位权是债权人以自己的名义代位行使债务人的债权。

（3）代位权的行使是债权人向人民法院提出请求。

（4）债权人的代位权是一种权利而不是义务。

总之，代位权实际上是债权人以行使他人权利为内容以保全自己的债权的一项权利。

2. 代位权行使的条件

代位权的行使应符合如下要件。

（1）债权人对债务人的债权合法并已届清满。

（2）债务人对次债务人的债权也届清满。

（3）债务人对次债务人的债权不是专属于债务人自身的债权，即不具有人身性。

（4）债务人有存在怠于行使到期债权的事实。

所谓的怠于行使是指债务人不以诉讼方式或仲裁方式主张其享有的且有金钱给付内容的到期债权。

（5）债务人怠于行使债权已经危害到债权人的债权，故有保全的必要。

3. 代位权的行使范围和费用负担

（1）代位权的行使范围

根据《合同法》第 73 条规定，代位权的行使范围以债权人的债权为限。“以债权人的债权为限”的含义包括如下两点：第一，某一债权人行使代位权，只能以自身的债权为基础，不能以未行使代位权的全体债权人的债权为保全的范围。第二，债权人在行使代位权时，其代位行使的债权数额应与其债权数额大致相等。

（2）代位权的费用负担

根据《合同法》第 73 条规定，“债权人行使代位权的必要费用，由债务人负担”。《合同法解释》第 19 条规定，“在代位权诉讼中，债权人胜诉的，诉讼费由次债务人负担，从实现的债权中优先支付”。

4. 债权人代位权的行使

债权人代位权的行使方式，在立法上有两种：一种是直接行使方式；一种是裁判行使方式。裁判行使方式能够有效担保行使结果的公平，直接行使容易导致权利的滥用。根据我国合同法的规定，代位权的行使必须通过法院进行，即应采取裁判行使的方式。

5. 债权人代位权的效力

债权人代位权的效力，及于债权人、债务人和次债务人。

（1）对于债权人的效力

代位权的行使对债权人的效力主要体现在债权人以诉讼方式行使代位权。至于次债务人应向谁清偿债务，即债权人可否直接受领代位权诉讼所取得的财产，最高人民法院司法解释规定：债权人向次债务人提起的代位权诉讼经人民法院审理后认定代位权成立的，由次债务人向债权人履行清偿义务。

（2）对于债务人的效力

债权人提起代位诉讼后，对债务人产生法律效力。

第一，债权人代位行使债务人的权利，在人民法院认定代位权成立以前，债务人对次债务人的权利只是受限制，但并未丧失。当债权人以次债务人为被告提起代位权诉讼时，如债权人未将债务人列为第三人，债务人有权要求作为第三人参加诉讼，且可以对债权人的债权提出异议，经审查成立的，人民法院应当裁定驳回债权人的起诉。

第二，在债权人开始提起代位权诉讼后，债务人以次债务人为被告提起的诉讼将受到限制，即只能对超出债权人行使代位权请求数额的债权部分起诉债务人；受理债务人起诉的人民法院在代位权诉讼裁决发生法律效力以前，应当依法中止诉讼。债务人不得为妨害债权人代位行使的权利处分对次债务人的债权，即不得为抛弃、免除、让予或其他足以使代位权行使无意义的行为。不管债务人是否参加诉讼，人民法院对代位权诉讼作出的裁决均对债务人有影响。

第三，当代位权成立，债权人胜诉后，债务人与债权人、次债务人的相应的债权债务法律关系将全部或部分消灭。如果债权人的债权未能全部受偿，债权人还可就剩余部分向债务人行使请求权；如次债务人的债务在债权人行使代位权后尚有余额，债务人还可就余额部分向次债务人主张。

（3）对于次债务人的效力

对次债务人来说，债务人对其享有的权利，无论是债务人自己行使还是债权人代位行使，次债务人的法律地位和利益均无影响。因此，次债务人对债务人的一切抗辩均可向债权人主张，如不可抗力抗辩、诉讼时效抗辩、同时履行抗辩、不安抗辩、权利瑕疵抗辩等。但是这种抗辩应以债权人行使代位权之前所产生为限。

如果经人民法院审理认定债权人对次债务人的代位权成立，由次债务人向债权人履行清偿义务，债权人与债务人、债务人与次债务人之间相应的债权债务关系即予消灭。

10.5.3　债权人的撤销权

1. 债权人的撤销权的概念和特点

撤销权是指因债务人放弃到期债权或者无偿转让财产，或者债务人以明显不合理的低价转让财产，对债权人造成损害的，并且受让人知道该情形的，债权人可以请求人民法院撤销债务人的这种行为。撤销权又称废罢诉权。例如，某甲欠某乙债无力偿还，但甲还有其他财产，如汽车等，本来可以用这些财产抵债，但甲将这些财产以明显不合理的低价卖给丙或者无偿送给丙，丙也知道这情况，那么乙可以请求人民法院撤销甲的行为。

撤销权作为债权法的权利，兼有请求权和形成权的特点。一方面，债权人行使撤销权，可请求因债务人的行为而获得利益的第三人返还财产，从而恢复债务人的责任财产的原状。另一方面，撤销权的主要目的是撤销债务人与第三人的民事行为为内容，当然撤销权的主要目的是撤销民事行为，而返还财产只是因行为的撤销所产生的后果。

2. 撤销权行使的条件

撤销权的行使必须符合客观要件和主观要件。

客观要件是指债务人实施了一定的有害于债权人的债权的行为，才能使债权人行使撤销权或称诈害行为。这种行为主要是处分财产的行为，而这种处分主要是法律上的处分。主要有放弃到期债权、无偿转让财产、以明显不合理的低价转让财产等。债务人的处分行为必须已经成立或生效，其财产将要或已经发生了移转，由于这种移转，使债务人已不具有足够的资产清偿对债权人的债务，明显有害于债权，债权人才能行使撤销权。

主观要件是指债务人与第三人具有恶意，即明知行为有害于债权而仍为之。一方面，债务人必须具有恶意。债务人知道或应当知道其处分财产的行为将导致其无资产清偿债务，从而有害于债权人的债权而仍然实施该行为。另一方面，要求第三人也具有恶意。第三人在债务人以明显不合理的低价转让财产时，已经知道该行为对债权具有损害。

3. 撤销权的行使

撤销权的行使必须由享有撤销权的债权人以自己的名义向法院提起诉讼，请求法院撤销债务人的不当处分财产的行为。如果债权为连带债权，则所有的债权人可以共同行使撤销权，也可以由连带债权人中的一人提起诉讼。如果数个债权因同一债务人的行为而受到损害，则每个债权人均有权提起诉讼请求撤销债务人的行为。关于撤销权的行使，还应注意以下几个问题。

（1）根据《合同法》第 74 条，撤销权的行使范围以债权人的债权为限。

（2）关于撤销之诉中的被告，债权人依照《合同法》第 74 条的规定提起撤销权诉讼时只以债务人为被告，未将受益人或者受让人列为第三人的，人民法院可以追加该受益人或者受让人为第三人。

（3）撤销权自债权人知道或者应当知道撤销事由之日起一年内行使。自债务人的行为发生之日起五年内没有行使撤销权的，该撤销权消灭。

（4）债权人依照《合同法》第 74 条的规定提起撤销权诉讼的，由被告住所地人民法院管辖。

4. 撤销权的效力

债权人行使撤销权，其效力依判决的效力而产生，并对债权人、债务人、相对人或受益人均产生效力。同时，一经撤销即从行为发生时失去效力，因此撤销可以发生溯及既往的效果。具体来说，撤销权的效力应体现在以下几个方面。

（1）对债务人的效力

债务人的行为一旦被撤销，则该行为自始无效。如果债务人已与他人达成买卖合同但尚未交付财产，则该合同将因被撤销而自始无效，如果已经交付财产，则应根据有偿或无偿及第三人是善意还是恶意等因素综合考虑，进而决定是否应撤销合同并返还财产。如果债务人处分财产行为被撤销，则债务人免除他人债务的行为视为没有免除，承担他人债务的行为视为没有承担，为他人设定担保的行为视为没有设定，让予财产的行为视为没有让予。

（2）对相对人和受益人的效力

在债务人不当处分财产的行为被撤销以后，如果财产已经为相对人或受益人占有或受益的，则他们应向撤销权人返还财产和受益，如果原物不能返还，则应折价赔偿。撤销如果不能对相对人和受益人生效，则在撤销以后债权人不能请求相对人或受益人返还财产，这样不利于保护债权人的利益。当然，如果相对人或受益人在取得财产时出于善意且支付了一定的代价，那么就不应撤销债务人与相对人之间的民事行为，因而也不发生返还问题。

（3）对其他债权人的效力

在撤销债务人的行为以后，对某一债权人取回的财产或利益，应作为一般债权人的共同担保，一般债权人对这些财产应平等受偿。

10.6 合同的违约

合同依法成立后，当事人应当按照约定全面履行自己的义务，当事人一方不履行合同义务或者履行合同义务不符合约定的，应当依法承担违约责任，但是具有法定的或是约定的免责事由的除外。

10.6.1 违约行为概述

违约行为是指合同当事人违反合同义务的行为。当事人一方不履行合同义务或者履行合同义务不符合约定的，即构成违约行为。

根据违约行为发生的时间，违约行为总体上可分为预期违约和实际违约；而实际违约又可分为不履行（包括根本违约和拒绝履行）、不符合约定的履行和其他违反合同义务的行为；而不符合约定的履行又可分为迟延履行、质量有瑕疵的履行、不完全履行（包括部分履行、履行地点不当的履行和履行方法不当的履行）。

1. 预期违约

1）预期违约的概念

预期违约又称先期违约、事先违约、提前违约、预期毁约，是指当事人一方在合同规定的履行期到来之前，明示或者默示其将不履行合同，由此在当事人之间发生一定的权利义务关系的一项合同法律制度。

2）预期违约的特征

预期违约属于合同履行前的违约，而不是合同在履行期限到来之后的违约，所以预期违约与实际违约的根本区别在于它们发生的时间不同。正是由于预期违约发生在合同成立以后，履行期限到来之前，因此它具有以下特点。

（1）预期违约表现为将来不履行合同义务，而不像实际违约表现为现实违反合同义务。当事人签订合同后，大多数都有一定的履行期限，在期限到来之前债权人不能请求债务人履行债务，所以合同履行期限前发生的违约是“可能的违约”。如果债务人以自己的行为表明不履行债务或明确表示不履行债务，即使这种行为发生在合同履行期之前，债务人的行为也会违反合同规定的义务，同时表明他根本漠视了其应负的合同债务，因此应构成违约。

（2）预期违约是对期待债权的侵害而不是现实的债权的侵害。由于合同规定了履行期限，在履行期限届至之前，债权人不得违反合同请求债务人提前履行债务，以提前实现自己的债权，因此在履行期限届至以前，债权人享有的债权只是期待权而不是现实债权，对债务人来说，这种期限也体现为一种利益即期待利益，该利益应当为债务人享有。

（3）预期违约的主张人可以是合同的任何一方当事人。主张的唯一条件就是对方当事人具有法律规定的将不能履行合同或者将不履行合同的危险，如特定物买卖合同的出卖人在合同履行期届至前将标的物转卖给第三人，或买受人在付款期到来之前转移财产和存款以逃避债务，对方当事人可以主张其承担预期违约责任。

（4）在补救方式上与实际违约也有差别。预期违约是一种可选择的违约救济手段，在一方当事人明确表示违约情况下，当事人一方可以直接解除合同，使合同关系消灭，并可要求预期违约方承担损害赔偿责任；也可以等待合同履行期的到来，在另一方当事人实际违约时，依照实际违约请求对方当事人承担违约责任。在默示预期违约时，一方当事人可以中止履行合同（如果已有合同义务的履行时），要求预期违约方提供充分的保证，如果在合理的期限内默示违约方未能提供充分担保的，另一方当事人可以解除合同，并可以要求损害赔偿。

（5）预期违约是一种可能违约。由于预期违约发生在合同履行期限届至以前，因此是否履行合同取决于一方当事人的行为。如果一方当事人严格履行合同，则预期违约缺乏实际存在的基础，也有一种可能是因一方当事人最终仍不履行合同而转为实际违约，因而预期违约并不必然承担违约责任。而实际违约一般必然承担责任。

3）预期违约的形态及构成要件

预期违约包括明示毁约和默示毁约两种形态。明示毁约是指一方当事人无正当理由，明确肯定地向另一方当事人表示他将在履行期限到来时不履行合同，也称为“明示预期违约”。所谓默示毁约，是指在履行期间到来之前，一方以自己的行为表明其将在履行期到来之后不履行合同，而另一方有足够的依据证明一方将不履行合同，而一方也不愿意提供必要的履行担保的行为。

（1）明示毁约的构成要件

①毁约方必须向对方作出不履行债务的明确表示。表示的方式既可以是口头的，也可以是书面的，在性质上是一种将不履行合同义务的意思通知。表示的内容既可以是直接拒绝履行合同义务，如通知其不打算履行，也可以是以其他借口拒绝履行合同义务，如主张合同不成立、无效，以此为借口不履行。

②毁约方必须是在合同履行期到来以前，作出拒绝履行义务的表示。如果在履行期到来后才提出毁约，就构成实际违约。而且，毁约方所作的意思表示必须明确包括将要毁约的内容，而不能仅仅是表示履行的困难和不愿意履行。

③毁约方必须表示不履行合同的主要义务。毁约方拒绝履行应当对对方从合同履行中获得的利益有重大影响，导致其合同目的的落空。如果仅仅是拒绝履行合同的部分内容，并且不妨碍债权人追求的根本目的，就不能构成预期违约。

④明示毁约必须无正当理由。如果提出毁约有正当理由，就不能构成明示毁约。所谓正当理由，包括债务人享有法定的解除权；债务人因合同具有显失公平的原因而享有撤销权；合同关系自始不存在、条件不成熟；因不可抗力致使合同不能履行；合同本身具有无效因素等。在实践中，一方提出不履行合同义务常常有可能会找出各种理由和借口，如果这些理由能够成为法律上的正当理由，则不构成明示毁约。各种正当理由主要包括因债权人违约而使债务人享有解除合同的权利；因合同具有无效因素而应被宣告无效；合同应被撤销；合同根本没有成立；债务人享有抗辩权以及因不可抗力发生而使合同不能履行等。在具有正当理由的情况下，一方拒绝履行义务是合法的，因此不构成明示毁约。

（2）默示毁约的构成要件

①一方预见另一方在履行期到来时，将不履行或不能履行合同。一方之所以作出如此预见，是因为另一方自己的行为产生的，如经营状况严重恶化，转移财产、抽逃资金以逃避债务，丧失商业信誉等。

②一方的预见有确切的证据。一方预见另一方在履行期到来时不会或不能履约，毕竟只是一种主观臆断，为了平衡双方当事人的利益，一方必须借助一定的证据来说明自己判断的恰当性。

③被要求提供履行担保的一方不能在合理期间内提供充分的担保。在一方预见到另一方将不履行或不能履行合同后，必须向对方提出提供履行担保的要求，并且只有在另一方在合理期间内未提供担保后，才能构成默示毁约。

2. 实际违约

1）实际违约的概念和形态

实际违约是指合同履行到来之后，一方当事人不履行合同义务或者履行合同义务不符合约定。

实际违约根据主体的不同可以分为债务人的债务履行和债权人的债务受领。不履行合同义务包括履行不能和拒绝履行，履行合同义务不符合约定包括迟延履行、不适当履行和部分履行及其他不符合约定的履行行为。

2）实际违约的具体形态

（1）履行不能，指在履行期到来之后一方当事人无法履行合同义务。不能履行包括法律上不能履行和事实上不能履行。法律上不能履行，指合同的履行义务在合同签订后被法律规定为非法，如若履行将违反法律，所以不能履行。事实上不能履行，指一方当事人不具备履行合同义务的能力，如粮油公司与某农场签订粮食采购合同，但次年某农场经营不善粮食急剧减产，导致无法履行合同义务，便属于事实上不能履行。在履行不能的情况下，债权人可以要求债务人赔偿损失、支付违约金或者定金。

（2）拒绝履行，指在履行期到来之后一方当事人可以履行但是拒不履行。

履行不能与拒绝履行的区别在于一方当事人在履行期限到来时是否具备履行能力。区分履行不能与拒绝履行的意义在于两者的违约责任的形式是不一样的。在履行不能的情况下，由于一方当事人已经不具备履行能力，因此不能要求一方当事人实际履行债务，而只能要求其赔偿损失、支付违约金或者定金。在拒绝履行的情况下，一方当事人仍然具备履行能力，因此不仅可以要求其赔偿损失、支付违约金或者定金，也可以要求其实际履行债务。

（3）迟延履行，又称逾期履行，指一方当事人迟于合同约定的履行期限履行债务，包括履行期限过后履行完毕和履行期限过后仍未履行完毕。

迟延履行的成立应当以履行期限为标准。如果债务的履行期限不确定的，债务人可以随时履行，债权人也可以随时要求履行，但应当给对方必要的准备时间。债务人的履行只有超过了必要的准备时间的，才构成迟延履行。债务人在履行期限过后履行完毕的，债权人可以要求债务人赔偿损失、支付违约金或者定金。债务人在履行期限过后仍未履行完毕的，债权人不仅可以要求其赔偿损失、支付违约金或者定金，也可以要求其实际履行债务。

迟延履行与拒绝履行的区别在于迟延履行的债务人主观上是愿意履行债务的，只是因为某些原因导致履行行为超过了履行期限，所以债权人不得轻易解除合同，除非债务人的迟延履行导致债权人的合同目的不能实现，或者债权人向债务人发出履行催告后的合理期限内债务人仍不履行。

（4）不适当履行，又称瑕疵履行，指在约定的履行期限届满时，一方当事人交付的标的物质量不符合合同的约定。

（5）部分履行，指在约定的履行期限届满时，一方当事人交付的标的物数量不符合合同的约定。在这种情况下，债权人有权要求违约方依据合同规定的数量条款继续履行，交付尚未交付的货物、金钱，也可以要求对方赔偿损失、支付违约金或者定金。如果一方的部分履行行为导致债权人合同目的不能达到的，债权人有权解除合同并要求违约一方赔偿损失，对于已经履行的部分，双方可以协商如何处理，协商不成的，债权人应当向债务人返还原物。

如果一方在部分履行后超过合理期限补齐合同约定数量的，将构成迟延履行。如果一方在部分履行后不能补齐合同约定数量的，将构成履行不能。

10.6.2　违约责任

1.　违约责任的概念和特点

1）违约责任的概念

违约责任，也称为违反合同的民事责任，是指合同当事人因不履行合同义务或者履行合同义务不符合约定，而向对方承担的民事责任。违约责任与合同债务有密切联系。

2）违约责任的特点

违约责任具有以下特点。

（1）违约责任的产生是以合同当事人不履行合同义务为条件的。

（2）违约责任具有相对性。合同关系具有相对性，由于合同关系的相对性，决定了违约责任的相对性。这种相对性是指违约责任只能在特定的当事人之间即合同关系的当事人之间发生；合同关系以外的人，不负违约责任，合同当事人也不对其承担违约责任。

（3）违约责任主要具有补偿性。违约责任的补偿性，是指违约责任旨在弥补或补偿因违约行为造成的损害后果。

（4）违约责任可以由当事人约定。违约责任尽管具有明显的强制性特点，但是作为民事责任的一种，仍有一定的任意性，即当事人可以在法律规定的范围内，对一方的违约责任作出事先的安排。

（5）违约责任是民事责任的一种形式。民事责任是指民事主体在民事活动中，因实施违法行为而依照民法应承担的民事法律责任。

2. 违约责任的构成要件

违约责任的构成要件，是指违约当事人应具备何种条件才应承担违约责任。违约责任的构成要件可分为一般构成要件和特殊构成要件。一般构成要件，是指违约当事人承担任何违约责任形式都必须具备的要件。特殊构成要件，是指各种具体的违约责任形式所要求的责任构成要件。例如，赔偿损失责任构成要件包括损害事实、违约行为、违约行为与损害事实之间的因果关系、过错；违约金责任的构成要件是过错和损害行为。各种不同的责任形式的责任构成要件是各不相同的。

违约责任的构成要件有两个：（1）有违约行为；（2）无免责事由。前者称为违约责任的积极要件，后者称为违约责任的消极要件。

3. 承担违约责任的主要方式

《合同法》规定的承担违约责任的主要方式有继续履行、采取补救措施、损害赔偿、违约金和定金。

1）继续履行

（1）继续履行的概念

如果违约方不履行合同义务，无论他是否已经承担损害赔偿责任或者违约金责任，都必须根据相对方的要求，并在能够履行的情况下，按照约定继续履行合同义务。

继续履行又称强制继续履行，即如果违约方出现违约行为，非违约方必须借助于国家的强制力才能使其继续按照约定履行合同义务。要求违约方继续履行是合同法赋予债权人的一种权利，其目的主要是为了维护债权人的合法权益，保证债权人在违约方违约的前提下，还可以实现订立合同的目的。

（2）继续履行的构成要件

①违约方在履行合同义务过程中有违约行为。

②非违约方在合理期限内要求违约方继续履行合同义务。

③违约方能够继续履行合同义务，一方面违约方有履行合同义务的能力；另一方面合同义务是可以继续履行的。

（3）继续履行的例外

由于合同的性质等原因，有些债务主要是非金钱债务，当违约方出现违约行为后，该债务不适合继续履行。对此，合同法作出了专门的规定，包括以下内容。

①法律上或者事实上不能履行。

②债务的标的不适于强制履行或者履行费用过高。

③债权人为在合理期限内要求违约方继续履行合同义务。

2）采取补救措施

（1）采取补救措施的含义

补救措施是指在发生违约行为后，为防止损失的发生或者进一步扩大，违约方按照法律规定或者约定及双方当事人的协商，采取修理、更换、重做、退货、减少价款或者报酬、补充数量、物资处置等手段，弥补或者减少非违约方的损失的一种违约责任形式。

采取补救措施有两层含义：一是违约方通过对已经作出的履行予以补救，如修理、更换、维修标的物等使履行符合约定；二是采取措施避免或者减少债权人的违约损失。

（2）采取补救措施的条件

①违约方已经完成履行行为但履行质量不符合约定。

②采取补救措施必须具有可能性。

③补救对于债权人来讲是可行的，即采取补救措施并不影响债权人订立合同的根本目的。

④补救行为必须符合法律规定、约定或者经债权人同意。

3）赔偿损失

（1）赔偿损失的含义

赔偿损失是指违约方不履行合同义务或者履行合同义务不符合约定而给对方造成损失时，按照法律规定或者合同约定，违约方应当承担受损害方的违约损失的一种违约责任形式。

（2）损害赔偿的适用条件

①违约方在履行合同义务过程中发生违约行为。

②债权人有损害的事实。

③违约行为与损害事实之间必须有因果关系。

（3）损害赔偿的基本原则

①完全赔偿原则

完全赔偿原则是指违约方应当对其违约行为所造成的全部损失承担赔偿责任。完全赔偿原则的目的是补偿债权人因债务人违约所造成的损失，所以，损害的赔偿范围除了包括该违约行为给债权人所造成的直接损害外，还包括该违约行为给债权人的可得利益的损害。

②合理限制原则

完全赔偿原则是为了保护债权人免于遭受违约损失，因此是完全站在债权人的立场上，根据限制原则，债权人也不能擅自夸大损害事实而给违约方造成额外损失。对此，合同法也对债权人要求赔偿的范围进行了限制性规定，包括以下内容。

a. 应当预见规则。《合同法》规定，当事人一方不履行合同义务或者履行合同义务不符合约定，给对方造成损失的，损失赔偿额应当相当于因违约造成的损失，包括合同履行后可以获得的利益，但不得超过违反合同一方订立合同时预见到或者应当预见到的因违反合同可能造成的损失。

b. 减轻损害规则。《合同法》规定，当事人一方违约后，对方应当采取适当措施防止损失的扩大；没有采取适当措施致使损失扩大的，不得就扩大的部分要求赔偿。当事人因防止扩大而支出的合理费用，由违约方承担。

c. 损益相抵规则。损益相抵规则是指受违约损失方基于违约行为而发生违约损失的同时，又由于违约行为而获得一定的利益或者减少了一定的支出，受损方应当在其应得的损害赔偿额中，扣除其所得的利益部分。

（4）损害赔偿的计算

①法定损害赔偿。即法律直接规定违约方应当向受损方赔偿损失时损害赔偿额的计算方法。如上文中所说的应当预见规则、减轻损害规则及损益相抵规则都属于合同法对于损害赔偿的直接规定。

②约定损害赔偿。即合同当事人双方在订立合同时预先约定违约金或者损害赔偿金额的计算方法。合同法规定，当事人可以约定一方违约时应当根据违约情况向对方支付一定数额的违约金，也可以约定因违约产生的损失赔偿额的计算方法。

4）违约金

（1）违约金的概念

违约金是指当事人在合同中或订立合同后约定的，或者法律直接规定的，违约方发生违约行为时向另一方当事人支付一定数额的货币。违约金是因有违约行为而按照约定或者法律规定适用，即为违约责任。

（2）违约金的特点

①违约金具有约定性。对于约定违约金来说，是双方当事人协商一致的结果，是否约定违约金，违约金的具体数额都是由当事人双方协商确定的。对于法定违约金来说，法律仅仅规定了违约金的支付条件及违约金的大小范围，至于违约金的具体数额还是由双方当事人另行商定。

②违约金具有预定性。约定违约金的数额是合同当事人预先在订立合同时确定的，法定违约金也是由法律直接规定了违约金的上下浮动的范围。一方面，由于当事人知道违约金的情况，这样在合同履行过程中，违约金可以对当事人起着督促作用；另一方面一旦违约行为发生，双方对违约责任的处理明确简单。

③违约金是独立于履行行为以外的给付。违约金是违约方不履行合同义务或者履行合同义务不符合约定时向债权人支付的一定数额的货币，它并不是主债务，而是一种独立于合同义务以外的从债务，如果违约行为发生后，债权人仍然要求违约方履行合同义务而且违约方具有继续履行的可能性，违约方不得以支付违约金为由而免除继续履行合同义务的责任。

④违约金具有补偿性和担保性的双重作用。违约金可以分为赔偿性违约金和惩罚性违约金。赔偿性违约金的目的是为了补偿债权人因债务人违约而造成的损失，这表现了违约金的补偿性；惩罚性违约金的目的是为了对违约行为进行惩罚和制裁，与违约造成的实际损失没有必然联系，违约金的支付是以当事人有违约行为为前提，而不必证明债权人的实际损失究竟有多大，这体现了违约金具有明显的惩罚性。这是违约金不同于一般的损失赔偿金的最显著的地方，也正是违约金的担保作用的具体体现。

（3）约定违约金的构成要件

①违约方存在违约行为。只要债务人有违约行为发生，债权人就可以根据约定的或者法律规定要求其支付违约金。一般来说，各种违约行为（如预期违约、不适当履行、拒绝履行等）都可以导致违约金的支付，但是，如果当事人在合同中仅仅就某种具体的违约行为规定了违约的，则应当根据该特定行为作为支付违约金的条件。

②有违约金的约定。约定违约金成立的首要条件是当事人对一方违约后以支付违约金的形式承担违约责任有过约定，该约定可以是在订立合同时确定了违约金条款，也可以是在事后订立违约金的补充协议。如果没有违约金的事先约定，又没有法定违约金的规定，即使违约方违约，债权人也不能要求违约方支付违约金。

③约定的违约金条款或者补充协议必须有效。约定的违约金条款或者补充协议作为合同内容的组成部分，其成立和生效必须符合合同法规定的合同成立和生效条件。只有这样，违约金才能产生效力。

④约定违约金的数额不得与违约造成的实际损失有悬殊的差别。一般来说，违约金的主要作用体现在它的赔偿性，所以，违约金的数额与违约所造成的实际损失的数额基本相等。合同法规定，约定的违约金低于造成的损失时，当事人可以请求人民法院或者仲裁机构予以增加；约定的违约金过分高于造成的损失的，当事人可以请求人民法院或者仲裁机构予以适当减少。

5）定金

所谓定金，是指合同当事人为了确保合同的履行，根据双方约定，由一方按合同标的额的一定比例预先给付对方的金钱或其他替代物。对此担保法做了专门规定。《合同法》第 115 条规定："当事人可以依照《中华人民共和国担保法》约定一方向对方给付定金作为债权的担保。债务人履行债务后，定金应当抵作价款或者收回。给付定金的一方不履行约定的债务的，无权要求返还定金；收受定金的一方不履行约定的债务的，应当双倍返还定金。"据此，在当事人约定了定金担保的情况下，如一方违约，定金罚则即成为一种违约责任形式。

6）违约责任各种形式相互之间的适用情况

（1）继续履行与采取补救措施

继续履行与采取补救措施是两种相互独立的违约责任承担方式，在实际操作中，一般不被同时适用。强制继续履行是以最终保证合同的全部权利得到实现、全部义务得到履行为目的的，适用于债务人不履行合同义务的情形。

采取补救措施主要是通过补救措施，使被履行而不符合约定的合同义务能够完全得到或者基本得到履行。采取补救措施主要适用于债务人履行合同义务不符合约定的情形，尤其是质量达不到约定的情况。

（2）继续履行、采取补救措施与解除合同

无论是继续履行还是采取补救措施，其目的都是要使合同的权利义务最终得到实现，它们都属于积极的承担违约责任的形式。而解除合同是属于一种消极的违约责任承担方式，一般适用于违约方的违约行为导致合同的权利义务已经不可能实现，或者实现合同目的已经没有实际意义的情况。因此，继续履行及采取补救措施与解除合同之间属于两种相互矛盾的违约责任形式，两者不能被同时适用。

（3）继续履行（或采取补救措施）与赔偿损失（违约金或定金）

违约金的基本特征与赔偿损失一样，体现在它的补偿性，主要适用于当违约方的违约行为给非违约方造成损害时而提供的一种救济手段，这与继续履行（或采取补救措施）并不矛盾。所以，在承担违约责任时，赔偿损失（或违约金）可以与继续履行（或采取补救措施）同时采用。

违约金在特殊情况下与定金一样，体现在它的惩罚性，这是对违约方的违约行为的一种制裁手段，而无论是继续履行还是采取补救措施都不具备这一功能，而且两者之间并不矛盾。所以，在承担违约责任时，定金（或违约金）可以与继续履行（或采取补救措施）同时采用。

需要说明的是，如果违约金是可以替代履行的，即当违约方按照约定交付违约金后即可以免除违约方的合同履行责任，则违约金与继续履行或者采取补救措施不能同时并存；如果定金是解约定金，则定金同样与继续履行或者采取补救措施不能同时并存。

（4）赔偿损失与违约金

在违约金的性质体现赔偿性的情况下，违约金被视为是损害赔偿额的预定标准，其目的在于补偿债权人因债务人的违约行为所造成的损失。因此，违约金可以替代损失赔偿金，当债务人支付违约金以后，债权人不得要求债务人再承担支付损失赔偿金的责任。所以，违约金与损害赔偿不能同时并用。

（5）定金与违约金

当定金属于违约定金时，其性质与违约金相同。因此，两者不能同时并用。

（6）定金与损害赔偿

定金可以与损害赔偿同时使用，并可以独立计算。但在实际操作中可能会出现定金与损害赔偿的并用超过合同总价，因此，必须对定金的数额进行适当限制。

10.6.3 违约的免责事由

免责事由也称免责条件，是指当事人对其违约行为免于承担违约责任的事由。合同法上的免责事由可分为两大类，即法定免责事由和约定免责事由。法定免责事由是指由法律直接规定、不需要当事人约定即可援用的免责事由，主要指不可抗力；约定免责事由是指当事人约定的免责条款。

1. 不可抗力

1）不可抗力的概念

所谓不可抗力，是指不能预见、不能避免并不能克服的客观情况。

不可抗力的要件为：（1）不能预见，即当事人无法知道事件是否发生、何时何地发生、发生的情况如何。对此应以一般人的预见能力为标准加以判断；（2）不能避免，即无论当事人采取什么措施，或即使尽了最大努力，也不能防止或避免事件的发生；（3）不能克服，即以当事人自身的能力和条件无法战胜这种客观力量；（4）客观情况，即外在于当事人的行为的客观现象（包括第三人的行为）。

2）不可抗力的范围

不可抗力主要包括以下几种情形：（1）自然灾害，如台风、洪水、冰雹；（2）政府行为，如征收、征用；（3）社会异常事件，如罢工、骚乱。

在不可抗力的适用上，有以下问题值得注意：（1）合同中是否约定不可抗力条款，不影响直接援用法律规定；（2）不可抗力条款是法定免责条款，约定不可抗力条款如小于法定范围，当事人仍可援用法律规定主张免责；如大于法定范围，超出部分应视为另外成立了免责条款，依其约定；（3）不可抗力作为免责条款具有强制性。当事人不得约定将不可抗力排除在免责事由之外。

3）不可抗力的免责效力

因不可抗力不能履行合同的，根据不可抗力的影响，违约方可部分或全部免除责任。但有以下情形的例外：（1）金钱债务的迟延责任不得因不可抗力而免除。（2）迟延履行期间发生的不可抗力不具有免责效力。

2. 免责条款

免责条款是指当事人在合同中约定免除将来可能发生的违约责任的条款，其所规定的免责事由即约定免责事由。对此，合同法未作一般性规定（仅规定格式合同的免责条款）。值得注意的是，免责条款不能排除当事人的基本义务，也不能排除故意或重大过失的责任。

10.6.4　对违约行为与侵权行为竞合时责任承担的处理

合同法规定，因当事人一方的违约行为，侵害对方人身、财产权益的，受损害方有权选择依照合同法的要求其承担违约责任或者依照其他法律要求其承担侵权责任。

由此可见，当违约方引起对方人身、财产权益受到侵害的违约行为同时也符合侵权行为的特征时，则受害方既可以根据合同追究违约方的违约责任，也可以根据合同追究违约方的侵权责任。此时受害方具备要求违约方承担违约责任和侵权责任的双重请求权。

但是，在违约责任与侵权责任竞合的情况下，受害方只能在两项请求权中选择一项行使。如果允许受害方就两项请求权都加以适用，势必造成违约方必须承担双重责任，加重了违约方的负担。所以，一般只允许受害方在要求违约方承担违约责任和侵权责任之中选择一种承担方式。

10.7　合同的担保

10.7.1　合同担保的概念和特征

1. 合同担保的概念

合同担保是指合同当事人依据法律规定或双方约定，由债务人或第三人向债权人提供的以确保债权实现和债务履行为目的的措施，旨在保障债务的履行和债权的实现。担保方式主要有保证、抵押、质押、留置和定金 5 种。

2. 合同担保的特征

（1）从属性。从属性是指合同担保从属于所担保的债务所依存的主合同，即主债依存的合同。合同担保以主合同的存在为前提，因主合同的变更而变更，因主合同的消灭而消灭，因主合同的无效而无效。

（2）补充性。补充性指的是合同担保一经成立，就在主债关系基础上补充了某种权利义务关系。

（3）保障性。保障性是指合同担保是用以保障债务的履行和债权的实现。

10.7.2　保证

1. 保证和保证合同

保证是指保证人和债权人约定，当债务人不履行债务时，保证人按照约定履行债务或者承担责任的行为。在保证关系中，担保合同履行的第三人就是保证人，被担保履行合同义务的一方当事人是被保证人。

保证合同是指保证人和债权人达成的明确相互权利义务，当债务人不履行债务时，由保证人承担代为履行或连带责任的协议。保证合同主要包括以下几种情况：一是保证人与债权人订约作为保证合同成立的典型形式；二是保证人与债权人、主债务人共同订立合同；三是保证人单独出具保证书。

保证合同具有如下法律特征。

（1）保证合同是有名合同

根据在法律上有无法定名称及内容，将合同分为有名合同与无名合同。保证合同是一种有名合同，即由法律直接规定其名称及内容的合同。

（2）保证合同是从合同

根据有无主从关系，合同可分为主合同与从合同。不以他种合同为存在的前提，能自身独立存在的合同为主合同；必须以他种合同为前提的合同为从合同。保证关系是从属于主债关系而存在的，保证合同也因而具有从属性，是从属于主合同而存在的。

（3）保证合同是单务合同

根据双方权利义务的有无关联性，可将合同分为双务合同与单务合同。当事人双方都承担一定义务的合同，称为双务合同。在双务合同中，当事人的权利与其义务是相互关系的，有权利必担义务，有义务也必享有权利。而单务合同则是当事人一方只承担义务不享有权利，另一方只享有权利而无须承担义务的合同，权利义务并没有关联性。保证合同便是保证人一方承担保证义务而不享有权利，主债权人只享有权利而无须承担义务的合同。保证合同是单务合同。

（4）保证合同是无偿合同

根据合同的权利有无对价的特性，可将合同分为有偿合同与无偿合同。有偿合同是指享有权利必须偿付相应的代价的合同，如获取货物必须支付货款的买卖合同，使用他人财产须交付租金的租赁合同等。享有权利而不必偿付相应代价的合同，如赠予、借用、无息贷款等。保证合同是无偿合同，也即债权人享有保证请求权，而不必向保证人偿付代价。

（5）保证合同是诺成合同

根据合同的成立是否须以交付标的物为要件的标准，可将合同分为诺成合同和实践合同。诺成合同是当事人双方就合同必要条款经协商达成一致时即为成立的合同。除当事人经协商达成一致外，还需要交付标的物才能成立的合同，称为实践合同，或称为要物合同。保证合同是一种担保之债，属于比较典型的诺成性合同。其成立无须担保人交付财产，只要双方当事人意思表示一致，合同就告成立，可见，保证合同是诺成合同。

（6）保证合同是附停止条件的合同

根据合同有无一定条件作为其效力发生或消灭的依据，合同可分为附条件的合同和不附条件的合同。附条件合同的所附条件实际上反映着当事人的动机和目的。这里所说的条件有停止条件和解除条件两类。停止条件是指在条件未出现时，合同的效力将停止或静止状态；解除条件是指条件出现时，合同效力随即解除。

2. 保证人

保证人是指与债权人约定，为主合同债务提供担保，当债务人不能履行债务时，由其按照约定履行债务或者承担责任的一方当事人。保证合同是主债务合同的从合同，是由债权人和保证人来订立的，而不是债务人和保证人，因为保证人的保证义务对象是债权人，设定保证的目的是为了防止债务人不履行债务造成债权人的损失无可救济，从而使债权人的权利得到更为充分的保障。保证是一种人的担保，它以人的信誉和财产来提供担保，相对来说，保证这种担保方式的风险比较大。

自然人、法人或者其他组织均可以为保证人，保证人可以为两人以上。但法律对保证人仍有相应的限制。根据《担保法》的规定，国家机关不得为保证人，但经国务院批准为使用外国政府或者国际经济组织贷款进行转贷的除外（在转贷时，一般要求国内有关主管机关负责借入，这种保证得由国家机关提供。例如，外国政府贷款的转贷，就要求借款单位提供省、直辖市、自治区或计划单列市计划委员会的还款担保）；学校、幼儿园、医院等以公益为目的的事业单位、社会团体不得为保证人（最高人民法院《担保法司法解释》第 16 条规定：从事经营活动的事业单位、社会团体为保证人的，如无其他导致保证合同无效的情况，其所签订的保证合同应当认定为有效）；企业法人的分支机构、职能部门不得为保证人；企业法人的分支机构有法人书面授权的，可以在授权范围内提供保证。因此，根据法律规定，除非有特殊情形，否则国家机关、公益性事业单位、社会团体、企业法人的分支机构、职能部门均不得作为保证人为他人提供担保（企业法人的分支机构有法人书面授权的，可以在授权范围内提供担保。最高人民法院《担保法司法解释》第 17、18 条也规定：企业法人的分支机构未经法人书面授权提供保证的，以及企业法人的职能部门提供保证的，保证合同无效）。

3. 保证方式

保证的方式有两种，即一般保证和连带责任保证。

（1）一般保证。一般保证是指与主债务并无连带关系的保证债务。一般保证具有补充性，当债权人未就主债务人的财产先为执行并且无效果之前，便要求保证人履行保证义务时，保证人有权拒绝，这种权利称为先诉抗辩权。先诉抗辩权在以下情况之下不得行使：一是债务人住所变更，致使债权人要求其履行债务发生重大困难；二是人民法院受理债务人破产案件，中止执行程序；三是保证人以书面形式放弃上述权利。

（2）连带责任保证。连带责任保证是指保证人与债务人对主债务承担连带责任的保证。连带保证仍具有一般保证的从属性。连带保证仍以主债务的成立和存续为其存在的必要条件。连带保证不具有补充性。连带保证人与债务人负连带责任，债权人可先向保证人要求其履行保证义务，而无论主债务人的财产是否能够清偿。

4. 保证期间

保证期间又称为保证责任的期限，是指依照法律的规定或者当事人的约定，保证人承担保证责任的期限。保证人仅在此期间内承担保证责任，超过这一期限的，保证人不承担保证责任。也就是说，保证期间是保证人对已经确定的主债务承担保证责任的期间，债权人只能在此期间内向保证人行使请求权，保证人也只在此期间内才承担保证责任，保证期间届满后，债权人请求保证人承担保证责任的，保证人可以保证期间届满为抗辩事由拒绝承担保证责任。

保证期间不因任何事由发生中断、中止、延长的法律后果。保证合同约定的保证期间早于或者等于主债务履行期限的，视为没有约定，保证期间为主债务履行期届满之日起 6 个月。保证合同约定保证人承担保证责任直至主债务本息还清时为止等类似内容的，视为约定不明，保证期间为主债务履行期届满之日起 2 年。主合同对主债务履行期限没有约定或者约定不明确的，保证期间自债权人要求债务人履行义务的宽限期届满之日起计算。

5. 保证责任的免除或消灭

保证人的保证责任免除和消灭的事由主要有以下几种。

（1）保证期限届满而债权人未为请求时，保证责任免除。

（2）债权人放弃物的担保，在放弃权利的范围内保证责任免除。

（3）主债务转让给第三人而未经保证人同意的，保证人的保证责任免除。

（4）保证合同解除或终止时，保证人的保证责任消灭。

（5）主债务消灭，保证债务消灭。主债务因履行、抵销、混同、免除等原因而消灭时，保证债务随之消灭，保证人的保证责任当然消灭。

10.7.3 抵押

1. 抵押的概念

抵押是指债务人或第三人对债权人以一定财产作为清偿债务担保的法律行为。提供抵押财产的债务人或第三人称为抵押人；所提供抵押财产称为抵押物；债权人则为抵押权人，因此享有的权利称为抵押权，为担保物权的一种。抵押设定之后，在债务人到期不履行债务时，抵押权人有权依照法律的规定以抵押物折价或以抵押物的变卖价款较其他债权人优先受偿。

2. 抵押物

抵押物可以是动产或不动产，但法律禁止流通或禁止强制执行的财产不得作为抵押物。

我国《担保法》第 34 条规定，下列财产可以抵押。

（1）抵押人所有的房屋和其他地上定着物；

（2）抵押人所有的机器、交通运输工具和其他财产；

（3）抵押人依法有权处分的国有土地使用权、房屋和其他地上定着物；

（4）抵押人依法有权处分的国有的机器、交通运输工具和其他财产；

（5）抵押人依法承包并经发包方同意抵押的荒山、荒沟、荒丘、荒滩等荒地的土地使用权；

（6）依法可以抵押的其他财产。

我国《担保法》第 37 条还规定了如下不得抵押的财产。

（1）土地所有权。

（2）耕地、宅基地、自留地、自留山等集体所有的土地使用权，但第 34 条第五项以及第 36 条第三款即“乡（镇）、村企业的土地使用权不得单独抵押。以乡（镇）、村企业的厂房等建筑物抵押的，其占用范围内的土地使用权同时抵押”的规定除外。

（3）学校、幼儿园、医院等以公益为目的的事业单位、社会团体的教育设施、医疗卫生设施和其他社会公益设施。

（4）所有权、使用权不明或者有争议的财产。

（5）依法被查封、扣押、监管的财产。

（6）依法不得抵押的其他财产。

3. 抵押合同

抵押合同是抵押权人（通常是债权人）与抵押人（既可以是债务人，也可以是第三人）签订的担保性质的合同。抵押人以一定的财物（既可以是不动产，也可以是动产）向抵押权人设定抵押担保，当债务人不能履行债务时，抵押权人可以依法以处分抵押物所得价款优先受偿。抵押合同是从合同，《担保法》规定，抵押合同应当采取书面形式。

4. 抵押权的效力

1）担保的范围

有约定的，依照约定。没有约定的，抵押担保的范围包括主债权及利息、违约金、损害赔偿金和实现抵押权的费用。

2）对标的物的效力

（1）抵押效力及于从物

《担保法司法解释》第 63 条规定：“抵押权设定前为抵押物的从物的，抵押权的效力及于抵押物的从物。但是，抵押物与其从物为两个以上的人分别所有时，抵押权的效力不及于抵押物的从物。”

（2）对孳息的效力

债务人不履行债务致使抵押物被人民法院依法扣押的，自扣押之日起抵押权人有权收取由抵押物分离的天然孳息及抵押人就抵押物可以收取的法定孳息。收取的孳息首先充作收取孳息的费用，其次是主债权的利息，再次是主债权。

（3）对添附物的效力

对于添附物，依据《担保法司法解释》第 62 条规定可以分如下情形对待：添附物归第三人时适用物上代位的有关规定。抵押物因附合、混合或者加工使抵押物的所有权为第三人所有的，抵押权的效力及于补偿金。添附物归抵押人所有时及于整个抵押物。抵押物所有人为附合物、混合物或者加工物的所有人的，抵押权的效力及于附合物、混合物或者加工物。共有时及于抵押人的份额。第三人与抵押物所有人为附合物、混合物或者加工物的共有人的，抵押权的效力及于抵押人对共有物享有的份额。

3）对抵押人的效力——抵押人的权利

（1）占有、使用、收益的权利。

抵押人在其财产设定抵押后，仍享有对抵押物的使用、收益和处分权。

（2）处分权。

（3）转让标的物的权利。

标的物抵押后抵押人仍可转让其抵押物。但是在我国，抵押人转让抵押物的，受到如下限制：应通知抵押权人并告知受让人转让物已抵押的情况。不通知、不告知的，不影响转让的效力，即转让仍然有效。抵押人转让抵押物所得的价款，应向抵押权人提前清偿所担保的债权或提存。超过债权数额的部分归抵押人所有，不足部分由债务人清偿。抵押物转让后，抵押权人基于物权的追及效力仍然可以向受让人就抵押物行使抵押权。当然，若债务人已经清偿了其债务的，抵押权消灭。

（4）就标的物再次设定抵押权或者质权等担保物权。

（5）就抵押物为他人设定用益物权。

4）对抵押权人的效力——抵押权人的权利

（1）抵押权的保全。在抵押权人因抵押物受到损害而遭受损失时，抵押权人基于其抵押权可以行使如下权利保全其抵押权：在抵押人的行为足以使抵押物的价值减少时，抵押权人有权要求抵押人停止其行为。抵押物价值减少时，抵押权人有权要求抵押人恢复抵押物的，或提供与减少的价值相当的担保。抵押人对抵押物价值的减少无过错的，抵押权人有权在抵押人因损害而得到的赔偿范围内要求提供担保。抵押物价值减少的部分，仍作为债权的担保。

（2）处分抵押物的权利。在债权到清偿期而未受到清偿时，债权人有权将标的物进行处分，以受偿。

（3）优先受偿权。

5. 抵押权的实现

抵押权的实现也称抵押权的实行，是指抵押权人在特定条件下对抵押物行使优先受偿权的行为。抵押权的实现是抵押权最重要的效力，也是抵押权人最主要的权利。抵押权的实现在法定和约定的条件成就时，抵押权人即可通过一定的方式实现抵押权，以处分抵押物所得价款优先受偿。抵押权须于一定期间内行使，否则法院将不予支持。而抵押权的实现途径则不仅关系到抵押权人的利益，而且关系到抵押担保交易的正常运行。

《物权法》第195条第1款规定：债务人不履行到期债务或者发生当事人约定的实现抵押权的情形，抵押权人可以与抵押人协议以抵押财产折价或者以拍卖、变卖该抵押财产所得的价款优先受偿。

10.7.4 质押

1. 质押的概念

质押是指债务人或第三人将其动产或权利凭证移交债权人占有或者将法律法规允许质押的权利依法进行登记，将该动产或权利作为债权的担保，当债务人不履行债务时，债权人有权依法就该动产或权利处分所得的价款优先受偿。

我国《物权法》确立了两类质押，一是动产质押；二是权利质押。所谓动产质押，是为担保债务的履行，债务人或者第三人将其动产出质给债权人占有的，债务人不履行到期债务或者发生当事人约定的实现质权的情形，债权人有权就该动产优先受偿。这里的债务人或者第三人为出质人，债权人为质权人，交付的动产为质押财产。权利质押则是以法律和行政法规所允许出质的财产权利为债权设定担保的，其设立法定手续有交付权利凭证和履行登记手续两类。

2. 质押的特征

（1）质押为担保物权

因质权是为担保债权而设定的，故其为担保物权。这是质权与抵押权、留置权等担保物权相似之处，也是质权不用于用益物权之点。质权虽为物权，但其是对标的物的交换价值加以直接且排他的支配权。因此无论质权的标的为有体物动产还是权利，质权的内容都在于对其交换价值的支配。

（2）质权具有从属性

质权为以担保债权为目的的权利，它与所担保的债权形成主从关系。被担保的主债权为主权利，担保主权利的质权为从权利。质权的从属性表现在3个方面：一是存在上的从属性。质权以主债权的存在为其存在前提。在主债权无效或其他原因主债权不存在时，质权也不能存在；二是转让上的从属性。主债权转让时，质权也随之移转；三是消灭上的从属性。主债权消灭，质权也当然随之消灭。

（3）质权的不可分性

质权设定后，债权人就质押财产之全部行使其权利，质押财产分割、部分让予，债权分割、部分让予或部分清偿，均不影响质押权的存在。质权效力及于被担保债权的全部，及于标的全部，即质权人如果债权原本或利息有一部分未受清偿，也有留置及拍卖标的全部的权利，这是质权的不可分性。

（4）质权的物上代位性与保全性

质权为价值权。质权人有权采取必要措施以保全质押财产的价值。当质押财产的价值非因质权人的过失而减少，足以危害质权人权利时，质权人有权就质押财产减少的价值要求质押人提供相应的担保——称为质权的保全性。当标的灭失毁损而受到赔偿金时（包括损害赔偿金与保险赔偿金），质权人有权就赔偿金优先受偿——称为质权的物上代位性。

10.7.5 留置

1. 留置的概念

留置是指债权人按照合同约定占有债务人的动产，债务人不按照合同约定的期限履行债务的，债权人有权依照法律规定留置该财产，以留置财产折价或者以拍卖、变卖该财产的价款优先受偿的权利。

2. 留置的法律特征

（1）留置权具有法定性

留置权只能发生在特定的合同关系中，如保管合同、运输合同和加工承揽合同。留置权是一种法定权利，依照法律规定而直接产生，不得依当事人的协议而设立。

（2）留置权具有物权性

留置权发生两次效力，即留置标的物和变价并优先受偿。在中国，尽管民法通则将留置权规定在“债权”一节中，但通说认为留置权具有物权性，是一种担保物权。《民法通则》第 89 条第四项规定：“按照合同约定一方占有对方的财产，对方不按照合同给付应付款项超过约定期限的，占有人有权留置该财产，依照法律的规定以留置财产折价或者以变卖该财产的价款优先得到偿还。”根据这一规定，首先，留置权是一种物权。其次，留置权是一种担保物权。

（3）留置权具有不可分性

债权得到全部清偿之前，留置权人有权留置全部标的物。不可分性是物权，特别是担保物权的共性。留置权作为一种担保物权，当然具有不可分性。所谓留置权的不可分性，是指留置权的效力就债权的全部及于留置物的全部。

（4）留置权具有从属性

留置权实现时，留置权人必须确定债务人履行债务的宽限期。留置权为担保债权而设立，故留置权从属于其所担保的债权，它们之间形成主从关系：债权为主权利，留置权为从权利。这种从权利为从物权，而非债权。

10.7.6 定金

1. 定金的概念

定金是指当事人一方在合同价款或者报酬的数额内预付给对方一定数额的货币作为债权的担保。

2. 定金合同

定金应当以书面形式约定。当事人在定金合同中应当约定交付定金的期限，定金合同从实际交付定金之日起生效。定金合同的数额由当事人约定，但不得超过合同标的额的 20%。

3. 定金罚则

定金罚则是指给付定金方不履行合同义务的，无权请求返还定金；接受定金方不履行合同义务的，双倍返还定金。当事人一方不完全履行合同的，应按照未履行部分所占合同约定内容的比例，适用定金罚则。

4. 定金的性质的确定

（1）定金的性质可以由当事人约定。当事人可以在合同中约定定金具有互不排斥的多重性质。例如，对立约定金，当事人可以约定在正式订立主合同后，定金不予以返还，而是转而用作违约定金；对于成约定金、证约定金，也可通过约定使其给付后同时具有违约定金性质。

（2）在有些情况下，即便当事人未约定，也可以推定定金兼具约定性质以外的其他性质。如违约定金、解约定金和成约定金合同，是主合同的从合同，而从合同存在必能证明主合同的存在，故上述三种定金当然同时具有证约定金的性质。

（3）当事人未对定金性质作出约定时，应当作出相应的推定。一般情况下，应当推定该定金仅具有定金的一般性质。

本章小结

合同法律制度是调整民事法律关系的重要法律制度。本章介绍了合同的基本理论，包括合同的概念、合同的订立和效力、合同的履行和保全、合同违约和合同的担保等。其中，合同订立的程序、合同的保全和抗辩权、合同违约和合同的担保是难点。

本章案例

请扫描右侧二维码阅读案例内容。☞

练习题

1. 试述合同的要约和要约邀请的区别和联系。
2. 简述代位权和撤销权的概念和适用条件。
3. 简述同时履行抗辩权、不安抗辩权和先履行抗辩权的概念和适用条件。

第11章 财政与税收法律制度

本章提要

财政与税收是国家凭借其政治权力参与部分社会产品和国民收入分配与再分配的活动。为了规范财政与税收活动，保证国家机器的正常运行，国家制定了财政法律制度与税收法律制度。本章的学习目标，在于理解和掌握财政法律制度与税收法律制度的重要地位及其基本内容与框架，以及相关的诸如国债、外汇等法律规定。

导入案例

伪造信用卡案

外企职员张先生从这个月的账单中发现有几笔交易非常可疑，一个是它的金额比较大，再一个是发生的场合不是张先生曾经去过的场合。张先生的信用卡既没有丢失又没有进行消费，所以他就怀疑肯定是有人以某种犯罪手段盗用了他信用卡的资料进行的恶意消费，这个黑洞到底有多大张先生越想越怕。通过银行方面的查询，银行也怀疑这几笔恶意消费可能是犯罪分子伪造信用卡进行的金融诈骗活动。张先生已向有关部门报了案，公安机关正在关注此事。

2001 年 10 月 23 日澳门警方在一个小区内实施治安突袭行动时，抓获了 4 名犯罪分子并在其住所查获了大量的伪造信用卡，澳门警方马上意识到这是一个涉嫌伪造国际信用卡犯罪的重大线索，在对犯罪嫌疑人的审讯中得知这些伪造的信用卡来自广东省珠海市一个叫米某的人。经警方认定他就是珠海警方费尽周折查找的犯罪嫌疑人米某，真实姓名叫苏某，38 岁，无业，广东紫金县人。珠海警方觉得他们的身后肯定还隐藏着一个更大的伪造信用卡团伙组织，为了知己知彼，侦查人员走访了银行和有关制卡公司。通过了解信用卡的制作过程，警方更加确认苏某的背后肯定是一个有规模、有组织、有分工的国际犯罪团伙，否则他们不能完成信用卡的制作程序。

2001 年 11 月 29 日上午，专案组决定兵分数路开始抓捕行动。根据警方的审讯结果，整个犯罪团伙的分工是，伪卡的制假设备由澳门人林某某提供，化名米某的苏某负责购买信用卡卡胚并由卢某某协助制作伪卡，由吴某某、金某等人提供盗取信用卡信息，伪卡制好后由吴某某、刘某某和澳大利亚人范某某等人带出境外销售。由于吴某某、苏某团伙是跨国、跨境作案，大量的伪卡已经流入国外，为了避免造成更大的损失，2002 年 3 月 18 日公安部在北京向英国、德国、澳大利亚等国家驻华使馆通报了广东警方侦破该案的情况和一些犯罪线索，请求国际刑警组织进一步协查。

问题：

1. 这个犯罪团伙应如何定罪？为什么？银行对卡的发行应如何监管？

2. 信用卡持有者使用中应如何处理安全问题？

11.1 财政法概述

11.1.1 财政法的概念

1. 财政关系

财政关系是国家为了实现其职能，凭借政治权力参与部分社会产品和国民收入分配和再分配所形成的一种特殊分配关系。这种特殊分配关系，是以国家为主导一方的分配关系，包括国家与各级政府之间的财政分配关系。我国的社会主义财政关系，主要是由国家与国有企业，国家与集体经济组织，国家与私营企业、外资企业等其他一些非公有制企业，国家与个人之间，以及中央与地方各级政府、地方各级政府之间各种财政分配关系和财政组织管理关系构成。财政体制、国家预算、国家税收、利润上缴等，则是这些财政关系的外在表现形态。财政活动具有筹集、分配、调节、监督资金的职能，是组织国家收入和支出，保证国家机器正常运转的重要工具，是调节社会再生产的综合杠杆。

2. 财政法的概念

所谓财政法，是指调整财政分配和财政管理活动中形成的财政关系的法律规范的总称。

我国财政法的调整对象是财政关系，即国家在筹集、供应、使用和管理财政资金的过程中，与国有企业、集体企业及其他经济组织与个人，以及中央与地方之间形成的一种特殊的分配关系。对这种财政关系如何调整，调整得适当与否，直接影响着国家和社会的经济、政治、文化教育等各方面的利益。

3. 财政法的基本内容和体系

财政法是我国经济法体系中的重要组成部分，它的基本内容一般包括以下几个方面：一是财政法总则。这是财政法的最基本的行为准则。总则要规定财政法的宗旨、任务、基本原则和适用范围，还要规定财政法主体的法律地位、财政管理体制等。二是预算法。国家预算反映国家的基本财政分配关系。国家预算法在整个财政法体系中处于关键地位，是调整国家基本财政分配关系的法律准则。它要规定国家预算的原则、体制、管理职权、预算收支范围、预算编制、预算执行和监督、预算调整、决算等内容。三是税法。税收是国家财政收入的主要来源。税法调整税收关系，它是财政法的重要组成部分。税法不仅要规定税收的原则、税收管理体制、各类具体税种的实体内容，还要规定税收征收管理、违章处理等程序方面的内容。四是国有资产管理法。国家通过行使国有财产收益权，参与国有企业纯收入的分配，这是财政的基本职能之一，所以调整国有资产管理关系的国有资产管理法也是财政法的组成部分。国有资产管理法要规定国有资产管理的原则、管理体制、国有资产的范围和评估，还要规定国有财产所有者和经营者的权利和义务等内容。五是财政监督法。财政监督法调整国家对各类财政活动进行监督和制约过程中所产生的社会关系，它是财政法的基本内容之一。财政监督法要规定财政监督机关的职权、监督的原则和方法、财政监督程序等内容。

可见，我国财政法的基本内容一般包括财政法总则、国家预算法、国有资产管理法、税收法和财政监督法等。上述基本内容在财政法基本原则的指导下，构成我国社会主义财政法的有机体系。

11.1.2　财政法的地位

在我国社会主义市场经济的法律调整机制中，财政法与其他法律部门相比，更具宏观调控的性质，可以说财政法是对社会主义市场经济进行宏观调控的最重要的法律部门。

一切社会制度下的财政活动，都是在一定的国家财政政策、法律的规范下进行的。因此，随着财政活动和财政分配关系的出现，也就产生了反映和规范财政活动的财政法律制度。财政法律制度的核心，就是财政法。财政法作为社会上层建筑的重要组成部分，体现着掌握国家政权的阶级的意志和根本利益，是国家实现其财政经济职能和社会公共职能的重要工具。国家制度的根本性质决定着财政法的性质。我国是社会主义国家，实行社会主义市场经济体制，因而我国财政法是建立在社会主义经济基础之上，反映社会主义财政分配关系和要求的法律形式。

社会主义市场经济新体制的建立需要一系列配套措施和良好的外部环境。社会主义市场经济的建立和完善，首先需要人们观念上的更新，对政府机构而言，就是要尽快地转变政府职能，减少对市场、对企业的行政干预，采取法律手段和经济杠杆从宏观上调控、引导国民经济的发展。我们要建立的社会主义市场经济体制，就是要使市场在社会主义国家宏观控制下对资源配置起基础性作用，使经济活动遵循价值规律的要求，适应供求关系的变化的经济体制。但同时我们也要看到，市场有其自身的弱点和消极方面，必须加强和改善国家对经济的宏观控制。要使市场健康发展，一个重要的条件就是国家在宏观上保证控制社会总需求与总供给的平衡。而社会总需求与总供给是否平衡，是由国民收入分配和使用状况决定的。社会主义国家财政处于国民收入分配的核心地位，它对国民收入分配和其他方面都是有着直接的制约作用的，这就决定了财政调控机制在宏观调控体系中居于举足轻重的地位。我国财政法是调整国家参与部分社会产品和国民收入分配和再分配的财政活动中形成的财政关系的法律规范的总称，具体说是对财政管理关系、税收关系、预算关系、国有资产管理关系、财政监督关系等财政经济关系的法律调整，发挥宏观调控作用。因此，财政法的功能与作用，决定了它在我国社会主义市场经济法体系中具有十分重要的地位。

11.2　财政法的主要制度

11.2.1　预算法律制度

预算是经法定程序批准的国家各级人民政府和实行预算管理的各部门、各单位对未来一定期间内（通常为一年）的财政或财务收支的详细计划和方案。

预算有国家预算和单位预算之分。国家预算由中央预算（即中央政府预算）和地方预算组成。单位预算是指实行预算管理的国家机关、社会团体、全民所有制事业单位的收支预算和全民所有制企业的财务收支计划中与预算有关的部分。国家预算是国家基本的财政收支计划，是国民经济和社会发展计划的重要组成部分。

预算法是调整预算关系的法律规范的总称，是财政法的重要组成部分。所谓预算关系，是指在国家预算收入、支出和进行预算管理过程中所产生的各种经济关系。1951 年 8 月 19 日中央人民政府政务院颁布了《预算决算暂行条例》，这是新中国成立后的第一个预算管理法规。1991 年 9 月 6 日国务院发布的《国家预算管理条例》，反映了我国财政体制改革的成果。为了适应社会主义市场经济体制的发展和财政改革的需要，1994 年 3 月 22 日第八届全国人民代表大会第二次会议通过了《中华人民共和国预算法》，自 1995 年 1 月 1 日起施行。该法共 11 章 79 条，全面规定了预算管理的基本内容，是国家组织预算收支、管理预算工作的主要法律依据，是我国规范预算活动的基本法。1995 年 11 月 2 日国务院第 37 次常务会议通过了《中华人民共和国预算法实施条例》。除此之外，为了加强财政资金拨付管理，保障资金使用安全，提高财政资金使用效率，2001 年 11 月 3 日，财政部颁发《财政预算资金拨付管理暂行办法》等规章。上述法律、法规和规章，共同构成我国的预算法律制度。

《中华人民共和国预算法》于 1994 年 3 月 22 日第八届全国人民代表大会第二次会议通过。并于 1995 年 1 月 1 日起施行。此后，历经四次审议，第十二届全国人民代表大会常务委员会第十次会议在 2014 年 8 月 31 日表决通过了《全国人大常委会关于修改〈预算法〉的决定》，并决议于 2015 年 1 月 1 日起施行。至此，预算法在出台 20 年后，终于完成了首次修改。

11.2.2　预算法的修订内容

素有“经济宪法”之称的预算法已经完成实施 20 年来的首次大修改，并于 2015 年 1 月 1 日起施行。

1995 年开始施行的原预算法在现在已难以适应形势发展要求，尤其是按照国家治理体系和治理能力现代化的要求，有必要全面修改预算法。财政是国家治理的基础和重要支柱，此次修改突出预算的完整性，政府全部收支要纳入预算管理；遵循预算公开原则，强调预算必须接受社会监督；更加符合经济规律，拓展预算审核重点、完善地方债管理等多处修改，传递出建立现代财政制度的改革方向。

1. 政府全部收支纳入预算接受人民监督

新《预算法》实行全口径预算管理，如第 4 条明确规定“政府的全部收入和支出都应当纳入预算”；第 5 条明确规定“预算包括一般公共预算、政府性基金预算、国有资本经营预算、社会保险基金预算”。

实行全口径预算管理，是建立现代财政制度的基本前提。收入是全口径的，不仅包括税收和收费，还包括国有资本经营收入、政府性基金收入等；支出也要涵盖广义政府的所有活动；同时，将地方政府债务纳入预算管理，避免地方政府债务游离于预算之外、脱离人大监督。

2. 避免“过头税”预算审核重点转向支出预算和政策

原预算法规定预算审查重点是收支平衡，并要求预算收入征收部门完成上缴任务。于是在客观上带来预算执行“顺周期”问题，容易导致收入征收部门在经济增长放缓时，为完成任务收“过头税”，造成经济“雪上加霜”；而在经济过热时，为不抬高基数搞“藏富于民”，该收不收，造成经济“热上加热”。新预算法旨在改变这一现状，将审核预算的重点由平衡状态、赤字规模向支出预算和政策拓展。同时，收入预算从约束性转向预期性，通过建立跨年度预算平衡机制，解决预算执行中的超收或短收问题，如超收收入限定冲抵赤字或补充预算稳定调节基金，省级一般公共预算年度执行中出现短收，允许增列赤字并在下一年度预算中弥补等。这些规定强调依法征收、应收尽收，有助于避免收“过头税”等行为，增强政府“逆周期”调控政策效果。

3. 规范专项转移支付减少“跑部钱进”

针对地方可自由支配的一般性转移支付规模偏小、限定用途的专项转移支付项目繁杂、交叉重复、资金分散、配套要求多等问题，新《预算法》第 16 条、第 38 条、第 52 条等条款对转移支付的设立原则、目标、预算编制方法、下达时限等做出规定。新预算法重点规范了专项转移支付，如强调要建立健全专项转移支付定期评估和退出机制、市场竞争机制能够有效调节事项不得设立专项转移支付，除国务院规定上下级政府应共同承担事项外不得要求下级政府承担配套资金等，有利于减少“跑部钱进”现象和中央部门对地方事权的不适当干预，也有利于地方统筹安排预算。

4. “预算公开”入法从源头防治腐败

与原预算法相比，新《预算法》首次对“预算公开”做出全面规定，第 14 条对公开的范围、主体、时限等提出明确、具体的要求，对转移支付、政府债务、机关运行经费等社会高度关注事项要求公开作出说明，并在第 92 条中规定了违反预算公开规范的法律责任。将预算公开实践成果总结入法，形成刚性的法律约束，是预算法修改的重要进步，有利于确保人民群众知情权、参与权和监督权，提升财政管理水平，从源头上预防和治理腐败。而对于预算不够细化问题，新《预算法》第 32 条、第 37 条、第 46 条等多处做出明确规定，如强调今后各级预算支出要按其功能和经济性质分类编制。财政部部长楼继伟说，按功能分类能明确反映政府职能活动，知道政府支出是用到教育上还是水利上；按经济分类则明确反映政府支出按经济属性究竟是怎么花出去的，知道有多少用于支付工资，多少用于办公用房建设等。两种方式不能偏废，分别编制支出功能分类和经济分类预算有利于更全面理解预算是怎样实现的。

5. 严格债务管理防范债务风险

相比原预算法，新预算法为地方政府债务管理套上预算监管的“紧箍咒”。楼继伟说，目前地方政府债务风险虽总体可控，但大多数债务未纳入预算管理，脱离中央和同级人大监督，局部存在风险隐患。按照疏堵结合、“开前门、堵后门、筑围墙”的改革思路，新《预算法》第 35 条和第 94 条，从举债主体、用途、规模、方式、监督制约机制和法律责任等多方面做了规定，从法律上解决了地方政府债务怎么借、怎么管、怎么还等问题。

6. “勤俭节约”入法违纪铁腕追责

针对现实中的奢侈浪费问题，新《预算法》对于厉行节约、硬化支出预算约束做出严格规定，如第 12 条确定了统筹兼顾、勤俭节约、量力而行、讲求绩效和收支平衡的原则，第 37 条规定严控机关运行经费和楼堂馆所等基本建设支出等。相对于原预算法仅就擅自变更预算、擅自支配库款、隐瞒预算收入等三种情形设置了法律责任，且不够具体明确，新《预算法》重新梳理了违法违纪情形，加大了责任追究力度，在第 92、第 93、第 94、第 95 条中集中详细规定了法律责任，如对政府及有关部门违规举债、挪用重点支出资金，或在预算之外及超预算标准建设楼堂馆所的，对负有直接责任的主管人员和其他直接责任人员给予撤职、开除的处分。此外，构成犯罪的还将依法追究刑事责任等。

11.3 国债法律制度

11.3.1 国债的含义

为了维持国家每年的庞大经费开支，以税收等无偿的手段取得的财政收入满足不了日益扩大的财政资金的需要，于是国家政府以债务人的身份，根据有偿的信用原则取得财政收入，其中最重要的一种形式便是发行国债。所谓国债，就是中央政府举借的债，具体是指中央政府通过在国内外发行债券（或向外国借款）的方法，来募集一部分财政资金，以满足其行使职能的需要。国债作为财政收入特定形式，与税收等其他财政收入等形式相比较，在形式上具有以下几个特征。

（1）国债的自愿性。这是指国债发行或认购应当建立在认购者自愿认购的基础上。这一特征与税收所具有的强制性有明显的差别。

（2）国债的有偿性。所谓有偿性，一是指通过发行国债的方式筹集财政资金，政府必须按期偿还；二是指债权人可以根据事先规定的利息率取得相应的利息。这也是国债区别于其他财政收入形式的重要特征。

（3）国债的灵活性。所谓灵活性，是指国债发行与否及发行多少，一般由政府根据财政资金的余缺状况灵活地加以确定，而不是必须通过法律形式预先规定。

国债的上述三个特征是相互联系、密不可分的，只有同时具备这三个特征，才能称为国债。国债是国家按照有偿原则筹集财政资金的一种形式，同时也是实现宏观调控和财政政策的一个重要手段。

近几年我国发行的国债有三种：一是记账式国债，通过证券交易系统来发行与流通的国债；二是无记名国债，即实物国债，不记名也不挂失，一般可上市流通；三是凭证式国债，是财政部委托商业银行发行的储蓄国债，它可以记名，可以挂失，但不能上市流通。

11.3.2 国债法的概念和中国的国债立法

国债的发行和国债市场的建立与发展，客观上需要市场机制与宏观调控的有机结合，同时也需要经济手段和法律调整手段的有机结合，相互协调，共同作用，才能保证国债市场的有效与健康运行。国债法是国家管理国债市场的主要法律形式。

所谓国债法，是指调整国家在借款和发行、使用、兑付、流通政府债券过程中发生的社会关系的法律规范的总称。国债法的调整对象是以国家为一方主体的债权、债务关系。其主要特征表现为国债法具有公法与私法的双重属性；国债法具有财政政策性；国债法具有宏观调控性3个方面。因此，从国债法的上述特征看，它是财政法的重要内容，属于经济法体系中宏观调控法的主要制度之一。

新中国刚成立时，中央人民政府为了恢复国民经济、解决财政支出的困难，选择了发行国债券来弥补财政亏空的方式。1949年12月2日，中央人民政府委员会第四次会议上通过了《关于发行人民胜利折实公债的决定》，这是新中国成立后的第一项国债立法文件。1953年，我国开始实行第一个五年计划，进入计划经济的时期。在当时国家财力相当薄弱的情况下，开展大规模经济折实，就需要大量的资金，在此情况下，中央政府于1953年12月制定了《1954年国家经济建设公债条例》，此后全国人大常委会连续五年颁布了五项《国家经济建设公债条例》。1958 年以后直至 1980 年的 20 多年中，由于受以“既无内债，又无外债”为荣的思想支配，我国没有发行国债，国债立法也处于“空白”时期。1981 年，我国实行改革开放的政策，为了支持经济体制改革，确保当时预算收支平衡，国务院决定发行国库券和借用地方财力来弥补预算赤字，同年 1 月 16 日国务院颁布了《中华人民共和国国库券条例》，确定的国债发行对象主要是国有企事业单位。此后，在每年国库券发行之前，国务院要发布该年度的《国库券条例》。但是，每年都发布一个条例，不仅损害了法律的稳定性，也使人们对国债发行产生多变与短期化的不良印象，所以，1992 年 3 月 18 日国务院发布的《中华人民共和国国库券条例》，以调整国债关系的基本法规形式出现，将国库券发行、转让等问题做了原则规定，以保持国债立法的稳定性。此后，国务院和有关主管部门发布了一系列国债方面的立法。例如，1992 年 12 月 17 日国务院《关于进一步加强证券市场宏观管理的通知》、1993 年 12 月 31 日由财政部、中国人民银行、中国证监会联合发布的《中华人民共和国国债一级自营商管理办法(试行)》，1997 年 4 月 10 日财政部制定公布的《中华人民共和国国债托管管理暂行办法》等。

11.3.3　国债的发行制度

国债的发行，指国家通过一定的渠道和方式将国家债券转移到最初的投资者手中的行为。国家确定每年需要发行的债券种类、数额和期限后，由财政部代表中央政府发行。

国债发行的对象主要是居民个人、个体工商户、企业、事业单位、机关、社会团体和其他组织等。国债的发行数额、利率、偿还期等，经国务院确定后，由财政部予以公告。国债按期偿还本金，其利息在偿还本金时一次付给，不计复利。

国债发行方式主要有直接公募发行和间接公募发行两种方式。间接公募发行方式主要包括承购包销、代销、公开招标、公开拍卖和直接公募发行等方式。所谓承购包销，是指银行及其中介机构承担购买全部国债券的发行任务和发行风险，然后再通过各自的销售网点转售的方式。代销方式是利用代销者，如银行、证券公司等金融机构的网点，委托其代为向社会公众出售国债的方式，代销者不承担发行的风险和责任。公开招标方式是指由中央财政提出含有国债发行条件和所需费用的标的，然后直接向大宗机构投资者发标。公开拍卖方式是指在拍卖市场上，按照例行的经营性拍卖方式和程序，由发行主体或委托中介行公开向投资者拍卖国债的方式。以上都采用通过中介机构参与发行的方式，因此，均属于间接公募发行方式。直接公募发行方式，是指作为国债发行主体的中央财政机关，自己办理发行手续而无须中介机构介入，直接地向认购者推销其所发国债的方式，这也是国债公募发行的主要方式。

11.3.4　国债的转让制度

国债发行后，只有在偿还期满后才能要求发行主体清偿，或按规定的赎回条件清偿。在国债券到期前，持有者不能要求债务人清偿自己所持有的债权，如果持有者由于种种原因，在到期前需要资金时，可以在证券市场上向第三人出售转让。转让完成后，债券的所有权也随之转移。因此，国债的转让属于国债法律关系中债权主体的变更。

1988 年 4 月和 6 月，我国两次在全国 62 个城市进行国库券流通转让的试点，转让必须在国家指定的交易所内按照国家的有关规定进行，这是我国国债市场发展史上的一个重要转折点。1992 年的《国库券条例》肯定了国债转让的行为：“国库券可以转让，但是应当在国家批准的交易场所办理。”目前，国债转让进一步市场化，极大地方便了投资者，活跃了证券市场。

我国办理国债转让业务的中介机构主要有两大类：一是财政系统的财政证券公司、国债服务部；二是金融系统的信托投资公司、证券公司等。国债交易的主体也有两大类：一是个人投资者，即具有民事行为能力的自然人投资者；二是机构投资者，即以投资为目的，从事相当程度的持续性投资的法人，如证券公司、信托投资公司和银行等。中介机构办理国债转让可采取自营买卖和代理买卖两种形式。由中介机构用自己的资金向国债券出售人买入债券，然后再将其售出的称为自营买卖。代理买卖，是根据国债券出售人或购买人的委托，由中介机构按其指定的价格、数额和交易期限代其买卖国债券的形式。

目前我国国债法律制度还不完善，没有一部国债法，国债的发行和流通缺乏健全而统一的法律规范。譬如，对于财政部发行和管理国债的必要权限、国债发行原则及一定时期内国债发行的总规模、国家偿债基金来源、国债推销机构等均未有明确的法律规定。因此，国家应尽快制定和颁布国债法，完善我国国债法律体系，促进国债市场的健康发展。

11.4 税法概述

11.4.1 税法的概念

税收是国家为了实现其职能，凭借政治上的权力，按照法律规定的标准，对社会组织和个人强制地无偿地取得财政收入所发生的一种特殊分配活动，它体现了以国家为当然主体，在国家与纳税人之间形成的特定分配关系。税收不仅是国家取得财政收入的一种主要手段，而且是国家调控经济生活的重要的经济杠杆之一。

税收在形式上具有强制性、无偿性和固定性。所谓税收的强制性，是指税收是根据国家的法律、法规的规定进行征收的，只要符合税法规定的应纳税条件，就必须无条件地履行纳税义务，不得违抗，否则将受到法律的制裁。税收的无偿性，是指国家对于纳税人是一种无偿的征收，不需要付出相应的对价。税收的固定性，是指税收是按照法律规定的范围、标准、环节、期限等进行的，税收法律法规的相对稳定性决定了税收的固定性特征，从而使国家税收具有客观性的标准。

税收活动必须以税法为依据。税法则是国家制定的调整在税收过程中发生的社会关系的法律规范的总称，是国家向社会组织和个人征税的法律依据。在税收过程中形成的社会关系，主要包括税收分配关系和征纳程序关系，这是税法调整的对象。凡是为了调整税收分配关系和征纳程序关系而制定的一切法律、行政法规等规范性文件都是税法的表现形式。

1979 年以来，随着经济体制改革的发展，我国的税收立法取得了巨大的成就。在实体法方面，有 1980 年 9 月 10 日通过的《中华人民共和国个人所得税法》（该法至今经过两次修正）、《中华人民共和国外商投资企业和外国企业所得税法》《中华人民共和国增值税暂行条例》（1993 年 12 月 13 日）等法律、行政法规；在征管程序税法方面有《中华人民共和国税收征收管理法》（2001 年修订）、《中华人民共和国税收征收管理法实施细则》（2002 年 9 月 7 日）和《中华人民共和国发票管理办法》等法律、行政法规。经过 1994 年税制改革和近年来税收立法的进一步完善，目前我国现行税收法律体系已经初具规模。

税收和税法的关系密不可分，任何一种税收都以一定的法律形式表现出来，并借助于法律的约束力保证其实现。因此，税收与税法之间的关系是一种经济现象所体现出的内容与形式的关系。税收作为社会经济关系，是税法的实质内容，税法作为特殊的行为规范，是税收的法律形式。

11.4.2　税法的构成要素

税法构成是税收法律规范的内部构成。从逻辑上看，任何法律规范都是由条件（假定）、行为模式（处理）和法律后果（制裁）三个部分构成的。税法规范同其他法律规范一样，也是由条件、行为模式、法律后果三部分构成的。条件是指适用该税法的条件或情形，如纳税人的范围、课税客体的情形等；行为模式是指征税主体或纳税主体的权利、义务范围，如纳税人就什么东西缴税、缴多少、怎么缴、什么时间缴纳等；法律后果是指税法主体为一定行为以后的法律后果，如对合法行为的保护和奖励，对违法行为给予制裁。具体分析税法构成要素内容，它一般包括以下几项。

1. 纳税主体

纳税主体又称课税主体，即纳税义务人，是指税法规定的直接负有纳税义务的单位和个人。纳税人是按税种分别确定的，每一种税都有它的纳税人，同一种税也可以有不同的纳税人。法人、非法人的社会组织和个人都可以充当我国税法的纳税义务人。

在我国的税法中，还规定了扣缴义务人，就是负有代扣纳税人应纳税款并将该款项代为缴纳给征税机关的义务的单位和个人。

2. 征税客体

征税客体又称为课税对象，是指税法规定的征税标的，它具体指明国家对什么东西征税。例如，是根据个人每月收入所得，还是根据其财产或某一特定行为征税。在法律上明确规定征税客体，关系到对某种税的征税界限，关系到税源的开发和税收负担的调节等问题。税法必须对每一种税的征税客体做出明确、具体的规定。

3. 税率

税率是指征税客体数额与应纳税额之间的比例，它是法定的计算税额的尺度。税率的调高调低直接关系到国家财政收入的多少和纳税人的负担水平。所以，它是调节国家和纳税人之间经济利益分配的手段，是税收的中心环节。我国现行税率分为比例税率、累进税率和定额税率等。

4. 纳税环节

纳税环节是指在商业生产和流转过程中应当缴纳税款的环节。一种税具体确定在哪个或哪几个环节进行征税，这不仅关系到税制结构和税负平衡问题，而且对于保证国家财政收入，便于纳税人缴纳税款，促进企业加强经济核算等方面，都具有重要意义。

5. 纳税期限

纳税期限是指纳税单位和个人缴纳税款的期限。税法明确规定每种税的纳税期限，是为了保证税收的稳定性和及时性。纳税人按纳税期限缴纳税款，是税法规定的纳税人必须履行的义务。

6. 加成征收、减税、免税

这是根据国家政策对某些纳税人给予鼓励、照顾或限制的一种特殊措施，它把税收的严肃性和灵活性结合起来，使税法能够更好地贯彻党和国家政策，保证国家财政收入和纳税人经济利益的合理调节。加成征收是按该税的基本税率确定纳税人的税款之后，另外再加征的一定成数的税款。它是在原纳税款的基础上按照一定比例征收的，是税率的补充和延伸。减税是对应纳税额少征一部分税额。免税是纳税额全部免除。

7. 法律责任

法律责任是税法规定的纳税人和征税工作人员违反税法规范应当承担的法律后果，是规定对纳税人和征税工作人员违反税法的行为采取的惩罚措施。它是税收的强制性在法律上的集中表现，是税法规范构成的不可缺少的组成部分。

11.5 我国现行实体税法结构

我国实体税法，也就是税收实体法，是指主要规定国家征税和纳税主体纳税的实体权利和义务的法律、法规的总称。中国现行实体税法结构体系包括流转税法、所得税法、财产税法、行为税法和其他实体税法。

11.5.1 流转税法

调整以流转额为征税对象的税收关系的法律、法规的总称，称为流转税法。所谓流转额，是指在商品流转中商品销售收入额和经营活动所取得的劳务或业务收入额。以流转额作为征税对象的一类税收称为流转税，如增值税、消费税、营业税、关税等。凡为规范流转税而制定的法律、法规，均属于流转税法。我国流转税法内容较多，下面仅就几项主要的有代表性的流转税法做一简要阐述。

1. 增值税法

增值税是以商品生产流通和劳务服务各个环节的增值额为征税对象的一种税。所谓增值额，从理论上讲是指商品的价值中由活劳动新创造的价值，由工资、利润、利息和租金等增值因素组成。但在制定税法时，并不一定严格按照理论增值额来规定，而是按照法定增值额来确定扣除项目。法定增值额是指按照法律规定计算出的增值额。我国于 1993 年 12 月 13 日发布的《中华人民共和国增值税暂行条例》（简称《增值税暂行条例》和《增值税暂行条例实施细则》）是我国增值税法的主要法律规范性文件。这两个规范性文件对增值税的内容做了明确的规定。

（1）纳税主体

凡在中华人民共和国境内销售货物或者提供加工、修理修配劳务及进口货物的单位和个人，为增值税的纳税义务人（即纳税人）。

（2）征税对象和征税范围

在我国，货物和加工、修理修配劳务的法定增值额为增值税的征税对象。根据《增值税暂行条例》规定，在我国境内销售货物、进口货物及销售应税劳务，均应缴纳增值税。因此，其征税范围不仅涉及生产环节销售货物的领域，而且在流通环节销售货物也需缴纳增值税。

（3）税率

现行增值税法规定了 17%、13% 和零税率三档税率。其中，17% 为增值税基本税率，13% 为低税率，对出口产品实行零税率。

（4）纳税额的计算公式

应纳税额 = 当期销项税额－当期进项税额。当期销项税额小于当期进项税额不足抵扣时，其不足部分可以结转下期继续抵扣。

（5）纳税期限

增值税的纳税期限分别为 1 日、3 日、5 日、10 日、15 日或者 1 个月。纳税人的具体纳税期限，由主管税务机关根据纳税人应纳税额的大小分别核定。不能按照期限纳税的，可以按次纳税。纳税人进口货物，自海关填发税款缴纳证的次日起 7 日内缴纳税款。

（6）纳税地点

增值税纳税地点是：固定业户向其机构所在地主管税务机关申报纳税；固定业户到外县（市）销售货物的，向其机构所在地主管税务机关申报纳税。未持有其机构所在地主管税务机关核发的外出经营活动税收管理证明，到外县（市）销售货物或者应税劳务的，向销售地主管税务机关申报纳税；非固定业产销售货物或者应税劳务，向销售地主管税务机关申报纳税；进口货物，由进口人或其代理人向报送地海关申报纳税。

2. 消费税法

消费税是以应税消费品的流转额为征税对象的一种税。国务院于 1993 年 12 月 13 日发布了《中华人民共和国消费税暂行条例》（简称《消费税暂行条例》），财政部于同年 12 月 25 日制定了《消费税暂行条例实施细则》。这两个法律规范性文件，对我国消费税法的主要内容做出明确的规定。

（1）纳税人

消费税的纳税人是指在我国境内生产、委托加工和进口《消费税暂行条例》规定的消费品的单位和个人，不分经济性质和所具有的国籍，也不分所处的地区，均是消费税的纳税人。

（2）征税客体和税目

消费税征税客体是生产、委托加工和进口的应税消费品的流转额。税目是征税客体的具体项目。消费税共有 11 个税目，如烟、酒、化妆品、护肤护发品、贵重首饰及珠宝玉石、鞭炮焰火、汽油、柴油、汽车轮胎、摩托车和小汽车。

（3）税率

消费税税率采用比例税率和定额税率。比例税率共设置 25 个不同档次的税率，最低税率为 3%，最高为 45%。对黄酒、啤酒、汽油、柴油等实行定额税率。

（4）应纳税额的计算公式

纳税人自销产品的计税公式：实行从价定率办法计算的，应纳税额 = 销售额 × 税率。实行从量定额办法计算的，应纳税额 = 销售数量 × 单位税额。自产自用应税消费品的应纳税额 = 按纳税人生产的同类消费品的销售价确定的销售额 × 税率（或销售数量 × 单位税额）。进口应税消费品的应纳税额 = 组成计税价格 × 税率。

（5）纳税环节

消费税的纳税环节是结合纳税义务发生和计税依据等相关的规定，从有利于征纳双方具体实施而确定的。对应税工业品的纳税环节确定在销售环节；对自产自销品确定在移送环节；委托加工应税消费品确定在提货环节；进口的应税产品确定在报送进口环节，由海关代缴。

（6）纳税期限

消费税的纳税期限分别为 1 日、3 日、5 日、10 日、15 日或者 1 个月。进口应税消费品，自海关填发税款缴纳证的次日起 7 日内缴纳税款。

（7）纳税地点

消费税的纳税地点基本上是按纳税人的所在地确定的，与纳税环节是一致的。

3. 营业税改革

营业税改征增值税（以下简称营改增）是指以前缴纳营业税的应税项目改成缴纳增值税，

增值税只对产品或者服务的增值部分纳税，减少了重复纳税的环节，是党中央、国务院根据经济社会发展新形势，从深化改革的总体部署出发做出的重要决策，目的是加快财税体制改革，进一步减轻企业赋税，调动各方积极性，促进服务业尤其是科技等高端服务业的发展，促进产业和消费升级、培育新动能、深化供给侧结构性改革。

营业税和增值税，是我国两大流转税主体税种。营改增在全国的推开，经历了2011—2014年营业税改征增值税试点；2016年3月18日召开的国务院常务会议决定，自2016年5月1日起，中国将全面推开营改增试点，将建筑业、房地产业、金融业、生活服务业全部纳入营改增试点，至此，营业税退出历史舞台，增值税制度将更加规范。这是自1994年分税制改革以来，财税体制的又一次深刻变革。

按照国家部署，自2016年5月1日起，在全国范围内全面推开营业税改征增值税改革试点，现行缴纳营业税的建筑业、房地产业、金融业、生活服务业纳税人将改为缴纳增值税，由国家税务局负责征收。纳税人销售取得的不动产和其他个人出租不动产的增值税，国家税务局暂委托地方税务局代为征收。

营改增政策实施后，增值税税率实行5级制（17%、13%、11%、6%、0），小规模纳税人可选择简易计税方法征收3%的增值税。

11.5.2 所得税法

所得税是指以纳税人的所得或收益额为征税对象的一种税。所得税法就是指调整所得税税收关系的法律规范的总称。目前我国制定的所得税法法规主要有《中华人民共和国个人所得税法》（简称《个人所得税法》）、《中华人民共和国企业所得税暂行条例》（简称《企业所得税暂行条例》）、《中华人民共和国外商投资企业和外国企业所得税法》（简称《外商投资企业和外国企业所得税法》）。下面主要介绍《企业所得税暂行条例》和《个人所得税法》。

1. 企业所得税法

《中华人民共和国企业所得税法》已由中华人民共和国第十届全国人民代表大会第五次会议于2007年3月16日通过，自2008年1月1日起施行。企业所得税是对企业纯收益征收的一种税。我国企业所得税法的主要内容如下。

1）纳税人

企业所得税是对我国内资企业和经营单位的生产经营所得和其他所得征收的一种税。纳税人范围比公司所得税大。企业所得税纳税人即所有实行独立经济核算的中华人民共和国境内的内资企业或其他组织，包括以下六类：（1）国有企业；（2）集体企业；（3）私营企业；（4）联营企业；（5）股份制企业；（6）有生产经营所得和其他所得的其他组织。

企业所得税是指对中华人民共和国境内的企业（居民企业及非居民企业）和其他取得收入的组织以其生产经营所得为课税对象所征收的一种所得税。作为企业所得税纳税人，应依照《中华人民共和国企业所得税法》缴纳企业所得税。但个人独资企业及合伙企业除外。除外商投资企业和外国企业外，凡在我国境内实行独立经济核算的企业或者组织，为企业所得税的纳税人。

2）征税对象

企业所得税的征税对象是纳税人取得的所得，包括销售货物所得、提供劳务所得、转让财产所得、股息红利所得、利息所得、租金所得、特许权使用费所得、接受捐赠所得和其他所得，即企业所得税的征税对象是生产、经营所得和其他所得。生产、经营所得是指从事物质生产、交通运输、商品流通、劳务服务，以及经国务院税务主管部门确认的其他营利事业取得的所得；其他所得是指股息、利息、租金、转让各类资产收益、特许权使用费及营业外收益等所得。

3）税率

现规定企业所得税的税率为 25% 的比例税率。

原“企业所得税暂行条例”规定，企业所得税税率是 33%，另有两档优惠税率，全年应纳税所得额 3 万～ 10 万元的，税率为 27%，应纳税所得额 3 万元以下的，税率为 18%；特区和高新技术开发区的高新技术企业的税率为 15%。外资企业所得税税率为 30%，另有 3% 的地方所得税。新所得税法规定法定税率为 25%，内资企业和外资企业一致，国家需要重点扶持的高新技术企业为 15%，小型微利企业为 20%，非居民企业为 20%。

4）应纳税额计算

企业所得税：应纳税额 = 应纳税所得额 × 税率，应纳税所得额 = 收入总额－税收准予扣除项目金额。

5）企业所得税的缴纳

纳税年度：从公历 1 月 1 日起至 12 月 31 日止。纳税人在一个纳税年度中间开业，或者由于合并、关闭等原因，使该纳税年度的实际经营期不足 12 个月的，应当以其实际经营期为一个纳税年度；纳税人清算时，应当以清算期间为一个纳税年度。

纳税申报：2008 年 1 月 1 日起施行的《企业所得税法》第 54 条规定：企业所得税分月或者分季预缴；企业应当自月份或者季度终了之日起 15 日内，无论盈利或亏损，都应向税务机关报送预缴企业所得税纳税申报表，预缴税款；企业应当自年度终了之日起 5 个月内，向税务机关报送年度企业所得税纳税申报表，并汇算清缴，结清应缴应退税款；企业在报送企业所得税纳税申报表时，应当按照规定附送财务会计报告和其他有关资料。

纳税人在规定的申报期申报确有困难的，可报经主管税务机关批准，延期申报。

2. 个人所得税法

个人所得税是一种对个人纯收入征收的税。我国的个人所得税法律制度是在改革开放以后逐步建立的。1980 年 9 月 10 日第五届全国人民代表大会第三次会议通过了《个人所得税法》，同年 12 月 14 日财政部颁布《个人所得税法施行细则》。1993 年 10 月 31 日第八届全国人民代表大会常务委员会第四次会议通过了关于修改《个人所得税法》的决定，将我国一度同时存在的《个人收入调节税暂行条例》和《城乡个体工商业户所得税暂行条例》修改并入《个人所得税法》，统一了我国个人所得税法制度。1999 年 8 月 30 日第九届全国人民代表大会常务委员会第十一次会议对《个人所得税法》进行了第二次修正。

2005 年 8 月 23 日，第十届全国人民代表大会常务委员会第十七次会议首次审议《个人所得税法修正案草案》。2005 年 10 月 27 日，第十届全国人民代表大会常务委员会第十八次会议再次审议《个人所得税法修正案草案》，会议表决通过全国人民代表大会常务委员会关于修改个人所得税法的决定，免征额 1600 元，于 2006 年 1 月 1 日起施行。

2007 年 6 月 29 日，第十届全国人民代表大会常务委员会第二十八次会议通过了《关于修改〈中华人民共和国个人所得税法〉的决定》，对个人所得税法进行了第四次修正。

2007 年 12 月 29 日，第十届全国人民代表大会常务委员会第三十一次会议表决通过了关于修改个人所得税法的决定。个人所得税免征额自 2008 年 3 月 1 日起由 1600 元提高到 2000 元。

2008 年暂免征收储蓄存款利息所得个人所得税。

2010年对个人转让上市公司限售股取得的所得征收个人所得税。

2011年9月1日，个人所得税费用扣除标准调整为3500元。

（1）纳税人

我国个人所得税的纳税人有居民和非居民。居民是指在中国境内有住所，或者无住所而在境内居住满1年的个人。非居民是指在中国境内无住所，又不居住或者无住所而在境内居住不满1年的个人。

（2）征税对象

个人所得税的征税对象是纳税人从中国境内和境外取得的所得，从中国境内取得的所得，是指来源于中国境内的11项所得：工资、薪金所得；个体工商户的生产、经营所得；对企事业单位的承包经营、承租经营所得；劳务报酬所得；稿酬所得；特许权使用费所得；利息、股息、红利所得；财产租赁所得；财产转让所得；偶然所得；经国务院财政部门确定征税的其他所得。

（3）税率

2011年9月1日起，个人所得税根据不同的征税项目，分别规定了三种不同的税率。

①工资、薪金所得，适用7级超额累进税率，按月应纳税所得额计算征税。该税率按个人月工资、薪金应税所得额划分级距，最高一级为45%，最低一级为3%，共7级。

②个体工商户的生产、经营所得和对企事业单位适用5级超额累进税率。适用按年计算、分月预缴税款的个体工商户的生产、经营所得和对企事业单位的承包经营、承租经营的全年应纳税所得额划分级距，最低一级为5%，最高一级为35%，共5级。

③比例税率。对个人的稿酬所得，劳务报酬所得，特许权使用费所得，利息、股息、红利所得，财产租赁所得，财产转让所得，偶然所得和其他所得，按次计算征收个人所得税，适用20%的比例税率。其中，对稿酬所得适用20%的比例税率，并按应纳税额减征30%；对劳务报酬所得一次性收入畸高的，除按20%征税外，应纳税所得额超过2万元至5万元的部分，依照税法规定计算应纳税额后再按照应纳税额加征五成；超过5万元的部分，加征十成。

11.5.3 财产税法

财产税是指以国家规定的纳税人的某些特定财产数量或价值额为征税对象的一类税。调整财产税关系的法律规范的总称，称为财产税法。我国现行财产税法规主要有1986年9月15日国务院发布的《房产税暂行条例》和《契税暂行条例》。现行财产税种较少，征税面也较窄。随着经济的发展，改革的深化，我国在财产税方面将会有较大的改观。我国将开设遗产税和赠予税。

11.5.4 行为税法

行为税是以某种特定行为的发生，对行为人加以课税为目的的一种税。我国现行的行为税法规主要有《印花税暂行条例》《固定资产投资方向调节税暂行条例》《车船使用税暂行条例》《屠宰税暂行条例》等。在我国整个税法体系中，行为税法是不可缺少的组成部分。它对某些特定行为课税，用以规范、引导、控制和管理经济行为、消费行为等，达到调节和保护经济关系的目的。

11.6　税收征收管理法律制度

11.6.1　税收征收管理法概述

我国税收征收管理法律制度，是指规定国家税务机关进行税收征收管理和纳税人纳税程序方面的法律、法规的总称，其主要内容包括税务登记、纳税鉴定、纳税申报、税款征收、财务和票证管理、税务检查、法律责任等。1992 年制订，并于 1995 年修定的《中华人民共和国税收征收管理法》（简称《税收征管法》），对相关内容做出了明确规定。

11.6.2　税收征收管理的基本内容

1. 税务管理

1）税务登记

税务登记是纳税人向税务机关办理书面登记的法定手续。税务登记是纳税人应当履行的义务。凡是税法规定应当纳税的纳税义务人，都必须在领取营业执照之日起 30 日内，持有关证件向当地税务机关申请办理税务登记。

纳税人发生解散、破产、撤销及其他情形，依法终止纳税义务的，应当在向工商行政管理机关或者其他机关办理注销登记前，持有关证件向原税务登记机关申报办理注销税务登记；按照规定不需要在工商行政管理机关或者其他机关办理注册登记的，应当自有关机关批准或者宣告终止之日起 15 日内，持有关证件向原税务登记机关申报办理注销税务登记。

纳税人因住所、经营地点变动，涉及改变税务登记机关的，应当在向工商行政管理机关或者其他机关申请办理变更或者注销登记前或者住所、经营地点变动前，向原税务登记机关申报办理注销税务登记，并在 30 日内向迁达地税务机关申报办理税务登记。

纳税人被工商行政管理机关吊销营业执照或者被其他机关予以撤销登记的，应当自营业执照被吊销或者被撤销登记之日起 15 日内，向原税务登记机关申报办理注销税务登记。

2）账簿、凭证管理

账簿、凭证是纳税人进行生产经营活动必不可少的原始凭证，也是税务机关进行税务监督的主要依据。从事生产、经营的纳税人、扣缴义务人应当按照国务院财政、税务主管部门的规定设置账簿，根据合法、有效凭证记账，进行核算。个体工商户确实不能设置账簿的，经税务机关核准，可以不设置账簿。从事生产、经营的纳税人的财务、会计制度或者财务、会计处理办法，应当报送税务机关备案。从事生产、经营的纳税人的财务、会计制度或者财务、会计处理办法与国务院或者国务院财政、税务主管部门有关税收的规定抵触的，依照国务院或者国务院财政、税务主管部门有关税收的规定计算纳税。

从事生产、经营的纳税人、扣缴义务人必须按照国务院财政、税务主管部门规定的保管期限保管账簿、记账凭证、完税凭证及其他有关资料。账簿、记账凭证、完税凭证及其他有关资料不得伪造、变造或者擅自损毁。

发票由税务机关统一印制和管理，未经县级或县级以上税务机关批准，任何单位、个人都不得自行印制、出售或承印发票。

3）纳税申报

纳税申报是纳税人履行纳税义务的法定手续，也是基层税务机关办理征收业务、核定应收税款、开具纳税凭证的主要依据。

纳税人必须依照法律、行政法规规定或者税务机关依照法律、行政法规的规定确定的申报期限、申报内容如实办理纳税申报，报送纳税申报表、财务会计报表及税务机关根据实际需要要求纳税人报送的其他纳税资料；扣缴义务人必须依照法律、行政法规规定或者税务机关依照法律、行政法规的规定确定的申报期限、申报内容如实报送代扣代缴、代收代缴税款报告表及税务机关根据实际需要要求扣缴义务人报送的其他有关资料。

纳税申报或者代扣代缴、代收代缴税款报告表的主要内容包括：税种、税目，应纳税项目或者应代扣代缴、代收代缴税款项目，计税依据，扣除项目及标准，适用税率或者单位税额，应退税项目及税额、应减免税项目及税额，应纳税额或者应代扣代缴、代收代缴税额，税款所属期限，延期缴纳税款、欠税、滞纳金等。

纳税人办理纳税申报时，应当如实填写纳税申报表，并根据不同的情况相应报送下列有关证件、资料：（1）财务会计报表及其说明材料；（2）与纳税有关的合同、协议书及凭证；（3）税控装置的电子报税资料；（4）外出经营活动税收管理证明和异地完税凭证；（5）境内或者境外公证机构出具的有关证明文件；（6）税务机关规定应当报送的其他有关证件、资料。

纳税人、扣缴义务人不能按期办理纳税申报或者报送代扣代缴、代收代缴税款报告表的，经税务机关核准，可以延期申报。经核准延期办理前款规定的申报、报送事项的，应当在纳税期内按照上期实际缴纳的税额或者税务机关核定的税额预缴税款，并在核准的延期内办理税款结算。纳税人、扣缴义务人因不可抗力，不能按期办理纳税申报或者报送代扣代缴、代收代缴税款报告表的，可以延期办理；但是，应当在不可抗力情形消除后立即向税务机关报告。税务机关应当查明事实，予以核准。

纳税人、扣缴义务人可以直接到税务机关办理纳税申报或者报送代扣代缴、代收代缴税款报告表；经税务机关批准，也可以按照规定采取邮寄、数据电文或者其他方式办理上述申报、报送事项。采取邮寄方式办理纳税申报的，应当使用统一的纳税申报专用信封，并以邮政部门收据作为申报凭据，邮寄申报以寄出的邮戳日期为实际申报日期；采取电子方式办理纳税申报的，应当按照税务机关规定的期限和要求保存有关资料，并定期书面报送主管税务机关。

2. 税款征收

税款征收是税务机关按照税法规定将纳税人应纳的税款收缴入库。它是征收管理的归宿，是体现依法办事、依率计征政策，保证国家财政收入及时足额入库的关键环节。税务机关依照法律、行政法规的规定征收税款，不得违反法律、行政法规的规定开征、停征、多征、少征、提前征收、延缓征收或者摊派税款。除税务机关、税务人员及经税务机关依照法律、行政法规委托的单位和人员外，任何单位和个人不得进行税款征收活动。

1）税款征收方式

税款征收的法定方式主要有查账征收、查定征收、查验征收、定期定额征收及代征、代扣代缴等。税务机关根据保证国家税款及时足额入库、方便纳税人、降低税收成本的原则，确定税款征收的方式。

（1）查账征收方式。查账征收，又称“查账计征”，是指纳税人在规定的纳税期限内根据自己的财务报表或经营成果，向纳税机关申报应纳税收入或所得额及应纳税额，经税务机关核实后，填写纳税缴款书，纳税人据以缴税的方式。待税务机关查账后，根据检查结果多退少补。查账征收在我国适用面比较广泛，是大多数企业法人、团体法人和部分公民向国家申报纳税的主要方式。

（2）查定征收方式。查定征收，是指税务机关通过按期查定纳税人的实物量而确定应纳税额，分期征收税款的一种征收方式。

（3）查验征收方式。查验征收，是指税务机关对便于查验的纳税单位和个人，在应税货物出厂、起运、到货、进场时查验，以核定纳税人在一定时期内应纳税款数额的一种税收征收方式，主要用于生产产品、经营商品货物有据可查的单位和个人。

（4）定期定额征收方式。定期定额征收，是指由税务机关对纳税人一定经营时期的应纳税收入或所得额和应纳税额进行核定并分期征收税款的一种方式。

（5）代征方式。代征，是指税务机关根据有利于税收控管和方便纳税的原则，按照国家有关规定委托有关单位和人员代征零星分散和异地缴纳的税收，受托单位和人员按照代征证书的要求，以税务机关的名义依法征收税款的一种征收方式。

（6）代扣代缴方式。代扣代缴，又称代收代缴，是指由税法规定的代扣代缴义务人依法代扣代缴纳税人应纳税款的一种方式。扣缴义务人依照法律、行政法规的规定履行代扣、代收税款的义务。对法律、行政法规没有规定负有代扣、代收税款义务的单位和个人，税务机关不得要求其履行代扣、代收税款义务。扣缴义务人依法履行代扣、代收税款义务时，纳税人不得拒绝。纳税人拒绝的，扣缴义务人应当及时报告税务机关处理。

税务机关征收税款时，必须给纳税人开具完税凭证。扣缴义务人代扣、代收税款时，纳税人要求扣缴义务人开具代扣、代收税款凭证的，扣缴义务人应当开具。完税凭证，是指各种完税证、缴款书、印花税票、扣（收）税凭证及其他完税证明。

根据《税收征管法》的规定，纳税人有下列情形之一的，税务机关有权核定其应纳税额：（1）依照法律、行政法规的规定可以不设置账簿的；依照法律、行政法规的规定应当设置账簿但未设置的；（2）擅自销毁账簿或者拒不提供纳税资料的；（3）虽设置账簿，但账目混乱或者成本资料、收入凭证、费用凭证残缺不全，难以查账的；（4）发生纳税义务，未按照规定的期限办理纳税申报，经税务机关责令限期申报，逾期仍不申报的；（5）纳税人申报的计税依据明显偏低，又无正当理由的。

企业或者外国企业在中国境内设立的从事生产、经营的机构、场所与其关联企业之间的业务往来，应当按照独立企业之间的业务往来收取或者支付价款、费用；不按照独立企业之间的业务往来收取或者支付价款、费用，而减少其应纳税的收入或者所得额的，税务机关有权进行合理调整。

对未按照规定办理税务登记的从事生产、经营的纳税人及临时从事经营的纳税人，由税务机关核定其应纳税额，责令缴纳；不缴纳的，税务机关可以扣押其价值相当于应纳税款的商品、货物。扣押后缴纳应纳税款的，税务机关必须立即解除扣押，并归还所扣押的商品、货物；扣押后仍不缴纳应纳税款的，经县级以上税务局（分局）局长批准，依法拍卖或者变卖所扣押的商品、货物，以拍卖或者变卖所得抵缴税款。

2）纳税担保和税收保全

在纳税期限内发现纳税人有明显的转移、隐匿其应纳税的商品、货物及其他财产或者应纳税的收入的迹象的，税务机关可以责成纳税人提供纳税担保，以保证其履行纳税义务。纳税担保包括人的担保（即经税务机关认可的纳税保证人为纳税人提供的纳税保证）和财产担保（即纳税人或者第三人以其未设置或者未全部设置担保物权的财产提供的担保）。纳税保证人可以是在中国境内具有纳税担保能力的自然人、法人或者其他经济组织，但法律、行政法规规定的没有担保资格的单位和个人，不得作为纳税担保人。

纳税担保人同意为纳税人提供纳税担保的，应当填写纳税担保书，写明担保对象、担保范围、担保期限和担保责任及其他有关事项。担保书须经纳税人、纳税担保人签字盖章并经税务机关同意，方为有效。纳税人或者第三人以其财产提供纳税担保的，应当填写财产清单，并写明财产价值及其他有关事项。纳税担保财产清单须经纳税人、第三人签字盖章并经税务机关确认，方为有效。

如果纳税人不能提供纳税担保，经县级以上税务局（分局）局长批准，税务机关可以采取下列税收保全措施：（1）书面通知纳税人开户银行或者其他金融机构暂停支付纳税人的金额相当于应纳税款的存款；（2）扣押、查封纳税人的价值相当于应纳税款的商品、货物或者其他财产。在这里，其他财产指的是纳税人的房地产、现金、有价证券等不动产和动产。

个人及其所扶养家属维持生活必需的住房和用品，不在税收保全措施的范围之内。但是，机动车辆、金银饰品、古玩字画、豪华住宅或者一处以外的住房不属于个人及其所扶养家属维持生活必需的住房和用品的范围。税务机关对单价 5000 元以下的其他生活用品，不采取税收保全措施和强制执行措施。

纳税人在前款规定的限期内缴纳税款的，税务机关应当自收到税款或者银行转回的完税凭证之日起 1 日内解除税收保全。纳税人在限期内已缴纳税款，税务机关未立即解除税收保全措施，使纳税人的合法利益遭受损失的，税务机关应当承担赔偿责任。

3）税收强制执行措施

从事生产、经营的纳税人、扣缴义务人未按照规定的期限缴纳或者解缴税款，纳税担保人未按照规定的期限缴纳所担保的税款，由税务机关责令限期缴纳，责令缴纳或者解缴税款的最长期限不得超过 15 日。逾期仍未缴纳的，经县级以上税务局（分局）局长批准，税务机关可以采取强制执行措施：（1）书面通知其开户银行或者其他金融机构从其存款中扣缴税款；（2）扣押、查封、拍卖其价值相当于应纳税款的商品、货物或者其他财产，以拍卖所得抵缴税款。另外，税务机关采取强制执行措施时，对前款所列纳税人、扣缴义务人、纳税担保人未缴纳的滞纳金同时强制执行。

税务机关将扣押、查封的商品、货物或者其他财产变价抵缴税款时，应当交由依法成立的拍卖机构拍卖；无法委托拍卖或者不适于拍卖的，可以交由当地商业企业代为销售，也可以责令纳税人限期处理；无法委托商业企业销售，纳税人也无法处理的，可以由税务机关变价处理，具体办法由国家税务总局规定。国家禁止自由买卖的商品，应当交由有关单位按照国家规定的价格收购。拍卖或者变卖所得抵缴税款、滞纳金、罚款及扣押、查封、保管、拍卖、变卖等费用后，剩余部分应当在 3 日内退还被执行人。

税务机关滥用职权违法采取税收保全措施、强制执行措施，或者采取税收保全措施、强制执行措施不当，使纳税人、扣缴义务人或者纳税担保人的合法权益遭受损失的，应当依法承担赔偿责任。

欠缴税款的纳税人需要出境的，应当在出境前向税务机关结清应纳税款或者提供担保。未结清税款，又不提供担保的，税务机关可以通知出境管理机关阻止其出境。

4）税收优先权

税务机关征收税款，税收优先于无担保债权，法律另有规定的除外；纳税人欠缴的税款发生在纳税人以其财产设定抵押、质押或者纳税人的财产被留置之前的，税收应当先于抵押权、质权、留置权执行。

纳税人欠缴税款，同时又被行政机关决定处以罚款、没收违法所得的，税收优先于罚款、没收违法所得。

5）代位权和撤销权

欠缴税款的纳税人因怠于行使到期债权，或者放弃到期债权，或者无偿转让财产，或者以明显不合理的低价转让财产而受让人知道该情形，对国家税收造成损害的，税务机关可以依照《合同法》第 73 条、第 74 条的规定行使代位权、撤销权。

税务机关行使代位权、撤销权的，不免除欠缴税款的纳税人尚未履行的纳税义务和应承担的法律责任。

6）多缴税款的处理和补税、追征

纳税人超过应纳税额缴纳的税款，税务机关发现后应当立即退还；纳税人自结算缴纳税款之日起 3 年内发现的，可以向税务机关要求退还多缴的税款并加算银行同期存款利息，税务机关及时查实后应当立即退还；涉及从国库中退库的，依照法律、行政法规有关国库管理的规定退还。

因税务机关的责任，致使纳税人、扣缴义务人未缴或者少缴税款的，税务机关在 3 年内可以要求纳税人、扣缴义务人补缴税款，但是不得加收滞纳金。

因纳税人、扣缴义务人计算错误等失误，未缴或者少缴税款的，税务机关在 3 年内可以追征税款、滞纳金；有特殊情况的，追征期可以延长到 5 年。对偷税、抗税、骗税的，税务机关追征其未缴或者少缴的税款、滞纳金或者所骗取的税款，不受前款规定期限的限制。

3. 税务检查

税务检查是税务机关依法对纳税人履行纳税义务和代征人履行代征、代扣、代缴税款义务的情况进行的监督检查。通过税务检查，可以了解税法实施情况，发现违反税法和财务会计法规的问题，有利于严肃税收法纪，纠正错漏，有利于纠正纳税人的行为。

税务机关应当建立科学的检查制度，统筹安排检查工作，严格控制对纳税人、扣缴义务人的检查次数。税务机关应当制定合理的税务稽查工作规程，负责选案、检查、审理、执行的人员的职责应当明确，并相互分离、相互制约，规范选案程序和检查行为。

税务机关有权进行下列税务检查：检查纳税人的账簿、记账凭证、报表和有关资料，检查扣缴义务人代扣代缴、代收代缴税款账簿、记账凭证和有关资料；到纳税人的生产、经营场所和货物存放地检查纳税人应纳税的商品、货物或者其他财产，检查扣缴义务人与代扣代缴、代收代缴税款有关的经营情况；责成纳税人、扣缴义务人提供与纳税或者代扣代缴、代收代缴税款有关的文件、证明材料和有关资料；询问纳税人、扣缴义务人与纳税或者代扣代缴、代收代缴税款有关的问题和情况；到车站、码头、机场、邮政企业及其分支机构检查纳税人托运、邮寄应纳税商品、货物或者其他财产的有关单据、凭证和有关资料；经县级以上税务局（分局）局长批准，凭全国统一格式的检查存款账户许可证明，查询从事生产、经营的纳税人、扣缴义务人在银行或者其他金融机构的存款账户。税务机关在调查税收违法案件时，经设区的市、自治州以上税务局（分局）局长批准，可以查询案件涉嫌人员的储蓄存款。

税务机关对从事生产、经营的纳税人以前纳税期的纳税情况依法进行税务检查时，发现纳税人有逃避纳税义务行为，并有明显的转移、隐匿其应纳税的商品、货物及其他财产或者应纳税的收入的迹象的，可以按照《税收征管法》规定的批准权限采取税收保全措施或者强制执行措施。但是，税收保全措施的期限一般不得超过 6 个月；重大案件需要延长的，应当报国家税务总局批准。

纳税人、扣缴义务人必须接受税务机关依法进行的税务检查，如实反映情况，提供有关资料，不得拒绝、隐瞒。税务机关依法进行税务检查时，有权向有关单位和个人调查纳税人、扣缴义务人和其他当事人与纳税或者代扣代缴、代收代缴税款有关的情况，有关单位和个人有义务向税务机关如实提供有关资料及证明材料。

11.6.3 法律责任

1. 纳税人和扣缴义务人的责任

纳税人和扣缴义务人违反《税收征管法》，有下列行为的，要承担相应的行政法律责任：(1) 具有未按照规定的期限申报办理税务登记、变更或者注销登记的；(2) 未按照规定设置、保管账簿或者保管记账凭证和有关资料的；(3) 未按照规定将财务、会计制度或者财务、会计处理办法和会计核算软件报送税务机关备查的；(4) 未按照规定将其全部银行账号向税务机关报告的；(5) 未按照规定安装、使用税控装置，或者损毁或者擅自改动税控装置的；(6) 未按照规定使用税务登记证件，或者转借、涂改、损毁、买卖、伪造税务登记证件的；(7) 编造虚假计税依据；(8) 拒绝或者以其他方式阻挠税务机关检查的；(9) 偷税；(10) 以转移或者隐匿财产的手段，妨碍税务机关追缴欠缴的税款；(11) 骗取国家出口退税款的；(12) 抗税；(13) 非法印制发票等行为的，应根据相关规定承担限期改正，支付滞纳金，支付罚款，被吊销其营业执照等。另外，构成犯罪的，应承担刑事责任。

2. 税务机关和税务人员的责任

税务机关和税务人员违反《税收征管法》，有下列行为的，要承担相应的行政法律责任：(1) 具有擅自改变税收征收管理范围和税款入库预算级次的；(2) 徇私舞弊或者玩忽职守，不征或者少征应征税款的；(3) 查封、扣押纳税人个人及其所扶养家属维持生活必需的住房和用品的；(4) 与纳税人、扣缴义务人勾结，唆使或者协助纳税人、扣缴义务人实施违法行为的；(5) 滥用职权，故意刁难纳税人、扣缴义务人的；(6) 对纳税人、扣缴义务人及其他检举人进行打击报复的；(7) 违反规定提前征收、延缓征收或者摊派税款的；(8) 擅自做出税收的开征、停征或者减税、免税、退税、补税及其他同税收法律、行政法规相抵触的决定等行为的。另外，构成犯罪的要承担刑事责任。

3. 其他人员和单位的责任

其他人员和单位违反《税收征管法》，有下列行为的，应根据相关规定承担相应的民事责任、行政责任和刑事责任：(1) 未经税务机关依法委托征收税款的；(2) 纳税人、扣缴义务人的开户银行或者其他金融机构拒绝接受税务机关依法检查纳税人、扣缴义务人存款账户，或者拒绝执行税务机关做出的冻结存款或者扣缴税款的决定，或者在接到税务机关的书面通知后帮助纳税人、扣缴义务人转移存款，造成税款流失等行为的。

4. 纳税争议的解决

纳税争议，是指纳税人、扣缴义务人、纳税担保人对税务机关确定纳税主体、征税对象、征税范围、减税、免税及退税、适用税率、计税依据、纳税环节、纳税期限、纳税地点及税款征收方式等具体行政行为有异议而发生的争议。

纳税人、扣缴义务人、纳税担保人同税务机关在纳税上发生争议时，必须先依照税务机关的纳税决定缴纳或者解缴税款及滞纳金或者提供相应的担保，然后可以依法申请行政复议；对行政复议决定不服的，可以依法向人民法院起诉。

当事人对税务机关的处罚决定、强制执行措施或者税收保全措施不服的，可以依法申请行政复议，也可以依法向人民法院起诉。

当事人对税务机关的处罚决定逾期不申请行政复议，也不向人民法院起诉，又不履行的，做出处罚决定的税务机关可以采取《税收征管法》第 40 条规定的强制执行措施，或者申请人民法院强制执行。

11.7　税务代理制度

11.7.1　税务代理的含义

税务代理制度，即会计师事务所、律师事务所、税务咨询机构等社会中介机构代理纳税人办税的一项制度，它是现代市场经济社会中税收征管体系的重要环节。

税务代理制度是随着商品经济的发展和多层次征税制度的形成而逐步建立发展起来的，是目前国外较普遍实行的社会化办税形式。其中，建立较早、专业化程度较高、较规范完善的，首推日本的“税理士制度”。从我国实际情况来看，社会主义市场经济的确立，使得企业利益相对独立，企业之间竞争日益激烈；税收法规也逐渐规范、健全，使得纳税人希望通过一种公正独立的中介机构来为他们服务，这就为我国税务代理制度的建立奠定了基础。鉴于此，为发挥税务代理人在税收活动中的作用，保证国家税收法律、行政法规的正确贯彻执行，维护纳税人、扣缴义务人的合法权益，1994 年 9 月 16 日，国家税务总局发布了《关于开展税务代理试点工作的通知》，并附《税务代理试行办法》，这标志着我国税务代理制的正式诞生。1996 年 11 月 22 日，人事部、国家税务总局联合发布了《注册税务师资格制度暂行规定》。为规范税务代理执业行为，保证税务代理执业质量，2001 年 10 月 8 日，国家税务总局又发布了《税务代理业务规程（试行）》。

税务代理是指税务代理人在税务代理业务范围内，受纳税人、扣缴义务人的委托，代为办理税务事宜的各项行为的总称。税务代理人是指具有丰富的税收实务工作经验和较高的税收、会计专业理论知识及法律基础知识，经国家税务总局及其省、自治区、直辖市国家税务局批准，从事税务代理的专门人员及其工作机构，包括取得税务代理资格的税务师事务所有限责任公司和合伙制税务师事务所等税务师事务所。

国家对从事税务代理活动的专业技术人员实行注册登记制度。只有按照《注册税务师资格制度暂行规定》取得中华人民共和国注册税务师执业资格证书并注册的人员，方可从事税务代理活动。

11.7.2　税务代理的范围

税务代理人可以接受纳税人、扣缴义务人的委托，进行全面代理、单项代理、临时代理或常年代理。税务代理关系一经确定，税务代理人就可以在代理范围内从事代理工作。根据《税务代理业务规程（试行）》的规定，一般来讲，税务代理的业务范围包括：（1）办理税务登记、变更登记和注销税务登记；（2）办理除增值税专用发票外的发票领购手续；（3）办理纳税申报或扣缴税款报告；（4）办理缴纳税款和申请退税手续；（5）制作涉税文书；（6）审查纳税情况；（7）建账建制，办理账务；（8）开展税务咨询，受聘税务顾问；（9）税务行政复议手续；（10）国家税务总局规定的其他业务。

11.7.3 税务代理关系的确立

税务代理关系的确立，应当以委托人自愿委托和税务师事务所自愿受理为前提。

委托人提出书面或口头的委托代理意向后，税务师事务所应派人对委托人的基本情况及委托事项进行了解，重点应了解委托人的生产经营、销售、纳税及财务会计制度等情况。税务师事务所经过了解，对符合下列条件的，可以接受委托：（1）委托的税务代理事项，符合国家的法律、法规，符合《注册税务师资格制度暂行规定》中规定的业务范围；（2）委托人能全面、真实地提供税务代理工作所需要的生产、经营情况和有关的数据、财务账册及文件资料；（3）税务师事务所对委托人委托的事项具备相应的承办能力。

税务师事务所决定接受委托的，应与委托人就委托事项进行协商。双方达成一致意见后，签订税务代理委托协议。税务代理委托协议应当包括：（1）委托人及税务师事务所名称和住址；（2）委托代理项目和范围；（3）委托代理的方式；（4）委托代理的期限；（5）双方的义务及责任；（6）委托代理费用、付款方式及付款期限；（7）违约责任及赔偿方式；（8）争议解决方式；（9）其他需要载明的事项。税务代理委托协议自双方法定代表人签字、盖章时起即具有法律效力，并受法律保护。

税务代理委托协议在履行过程中如遇情况变化，需要变更或修改补充的，双方应及时协商议定。税务代理委托协议约定的履行期满，双方如有续约意向，应及时协商并另行签订。

11.7.4 税务代理业务的实施

税务代理业务的实施是整个税务代理工作的中心环节，税务代理执业人员应严格按照税务代理委托协议约定的范围和权限开展工作。

实施复杂的税务代理业务，应在税务代理委托协议签订后，由项目负责人编制代理计划，经部门负责人和主管经理（所长）批准后实施。

税务代理计划一般应包括：（1）委托人的基本情况；（2）代理事项名称、要求及范围；（3）审验重点内容及重点环节的选择；（4）采取的方法及所需的主要资料；（5）代理工作量及实施进度和时间预测；（6）人员安排及分工；（7）风险评估；（8）代理费用预算；（9）其他。

代理计划经批准后，代理项目负责人及其执业人员应根据代理协议和代理计划的要求，向委托方提出为完成代理工作所需提供的情况、数据、文件资料。必要时，可以书面列示。

根据委托人的授权和工作需要，承办的执业人员应对委托人提供的情况、数据、资料的真实性、合法性、完整性进行验证、核实。承办的执业人员在对委托人提供的代理事项所需资料验证、核实的基础上，制作税务代理报告、涉税文书等，经征求委托人同意后，加盖公章送交委托人或主管税务机关。

税务代理报告实行三级审核签发制，即代理项目负责人、部门经理、经理（所长）签字后，方可加盖公章送出。代理项目负责人、部门经理、经理（所长）应为执业注册税务师。执业注册税务师对其代理的业务所出具的所有文书有签名盖章权，并承担相应的法律责任。

在税务代理过程中，税务代理执业人员如遇下列情况之一的，必须及时向所在地税务师事务所和主管税务机关报告：（1）现行税收法律、法规没有明确规定或规定不够明确的；（2）委托人授意代理人员实施违反国家法律、法规行为，经劝告仍不停止其违法活动的；（3）委托人自行实施违反国家法律、法规行为，经劝告仍不停止其违法活动的。

代理项目实施中的责任，应根据协议的约定确定。凡是由于委托方未及时提供真实的、完整的、合法的生产经营情况、财务报表及有关纳税资料造成代理工作失误的，由委托方承担责任；执业人员违反国家法律、法规进行代理或未按协议约定进行代理，给委托人造成损失的，由税务师事务所和执业人员个人承担相应的赔偿责任。

11.7.5　税务代理工作报告

税务代理工作报告是税务代理执业人员就其代理事项的过程、结果，向委托人及其主管税务机关或者有关部门提供的书面报告，包括审查意见、鉴定结论、证明等。税务代理执业人员在委托事项实施完毕后，应当按照法律、法规的要求，以经过核实的数据、事实为依据，形成代理意见，出具税务代理工作报告。

税务代理工作报告应根据代理项目的不同分别编写，主要包括下列内容：(1) 标题；(2) 委托人名称；(3) 代理事项的具体内容、政策依据；(4) 代理过程；(5) 存在的问题及调整处理意见或建议；(6) 代理结论及评价；(7) 有关责任人签字、盖章。

对外出具的代理报告，由承办的具有注册税务师资格的执业人员签字，经有关人员复核无误后，加盖税务师事务所公章，交委托人签收。委托人对代理事项不要求出具代理报告的，受托人可不出具代理报告，但仍应保存完整的代理业务工作底稿。税务代理工作报告必须资料真实可靠，分析合理有据，责任明确。

11.7.6　税务代理关系的终止

税务代理关系的终止分为自然终止和单方终止。

税务代理时间届满，委托协议书届时失效，税务代理关系自然终止。

有下列情形之一的，委托方在代理期限内可单方终止代理行为：(1) 税务代理执业人员未按代理协议的约定提供服务；(2) 税务师事务所被注销资格；(3) 税务师事务所破产、解体或被解散。

有下列情形之一的，税务师事务所在代理期限内可单方终止代理行为：(1) 委托人死亡或解体、破产；(2) 委托人自行实施或授意税务代理执业人员实施违反国家法律、法规行为，经劝告仍不停止其违法活动的；(3) 委托人提供虚假的生产经营情况和财务会计资料，造成代理错误的。

委托关系存续期间，一方如遇特殊情况需要终止代理行为的，提出终止的一方应及时通知另一方，并向当地主管税务机关报告，终止的具体事项由双方协商解决。

本章小结

财政法是调整财政分配和财政管理活动中形成的财政关系的法律规范的总称。因此，财政法在经济法体系中占有重要的地位。预算法律制度是财政法律制度中的一项基本制度，它调整着国家各级人民政府和实行预算管理的各部门、各单位的预算关系。预算应遵循预算法的规定进行。税法是调整税收过程中发生的社会关系的法律规范的总称。税法是国家向社会组织和个人征税的法律依据。税法的构成要素决定了税法的基本内容。根据经济发展的状况，我国的实体税法主要包括流转税法、所得税法、财产税法、行为税法等几大类。受纳税人、扣缴义务人的委托，税务代理人在税务代理业务范围内，代为办理税务事宜，这就是税务代理。税务代理的基本内容。为了保证税收如期进入国库，国家还专门制定了税收征收管理法律制度。违反财政法和税法规定的当事人，应承担相应的法律责任。

本章案例

请扫描右侧二维码阅读案例内容。

练习题

1. 叙述财政法的调整对象及其地位。
2. 叙述预算法规定的预算管理体制、预算管理职权、预算程序的基本内容。
3. 叙述国债的概念、发行与转让的法律规定。
4. 叙述税法的构成要素及其基本规定。
5. 叙述我国现行实体税法的结构。
6. 叙述流转税的种类及其基本内容。
7. 叙述所得税的种类及其基本内容。
8. 叙述税收征收管理法的基本内容。
9. 叙述违反财政法、税法的行为应承担何种法律责任。

第12章 金融法律制度

本章提要

金融机构属于国家重要的经济部门，金融活动对国民经济的发展有着密切的联系。国家制定金融法律制度包括中央银行法、商业银行法等法律法规，以确定金融机构的法律地位并调整其金融关系。金融法也属于宏观调控法范畴，是防范金融风险的有效手段。学习金融法律制度时，其重点在于了解与掌握金融机构的地位与职责权限，以及金融监管的基本内容。

导入案例

网上银行盗窃案

2007 年 3 月 10 日，上海市民蔡先生向上海市公安局卢湾分局报案，称其在建设银行开户的两张信用卡内的 16.6 万多元人民币被盗。遭盗前，蔡先生曾多次上网进行电子网络购物。侦查员通过查询银行的转账记录发现，蔡先生的两张信用卡被犯罪嫌疑人通过网上银行分 11 次转出，转出金额共计人民币 163014 元（不包括转账手续费），被盗款全部转入了一个在云南昆明开户的建设银行活期账户内。在详细分析案情和银行反馈信息并向被害人了解上网情况后，侦查员初步断定，被害人的计算机极有可能被黑客侵入并安装木马程序，从而导致信用卡银行账号、密码和认证证书被盗取。

据此，上海市警方迅速赴云南昆明开展侦查工作，并很快查明犯罪嫌疑人实施网上盗窃的行为地在昆明市金沙小区金春苑某室内，该室实际居住人是青年男子白某和青年女子葛某。经与银行监控录像比对，确定白某即为取款人。2007 年 3 月 28 日晚，上海专案组侦查员在云南警方的配合下，顺利抓获了犯罪嫌疑人白某和葛某，并查获了作案用的计算机和部分赃物。经查，犯罪嫌疑人白某今年 31 岁，在昆明一家科技公司软件开发部工作；葛某今年 27 岁，是昆明一家公司的职员，两人均为大学文化程度。犯罪嫌疑人白某、葛某到案后，如实供述了犯罪过程：经事先预谋，他们利用在网上购物时发送照片之际，将携带木马程序的病毒植入蔡先生的计算机，进而获取了蔡先生的银行账号、密码和认证证书，同时修改了蔡先生的密码，盗取了蔡先生的信用卡现金。

问题：

1. 本案被告侵入原告的计算机并安装木马程序违反了刑法哪一条款?

2. 本案原告网上银行账户被盗，银行应负哪些责任?

12.1 金融法概述

12.1.1 金融法的概念

金融是指以银行等金融机构为中心的各种形式的信用活动及在信用基础上组织起来的货币流通。例如，货币的发行与回笼，资金的借贷，金银、外汇的买卖，保险，信托，以及有价证券的发行与交易，国内、国际的货币结算，等等，都属于金融的范畴。简而言之，金融是货币资金融通的简称。

金融法，就是确认金融机构的法律地位并调整金融关系的法律规范的总称，它是国家实行金融货币政策、管理金融活动的法律工具。从实质意义上说，金融法是金融法律规范的总称；从立法体系的角度理解，或者说从表现形式意义上理解，金融法是金融规范性文件的总称，包括《银行法》《货币法》《证券法》《保险法》《信托法》和《外汇法》等法律、法规。可见，金融法是个总括性的概念。在我国，由于货币资金融通的绝大部分是由银行完成的，可以说银行法是金融法的核心。

金融法的调整对象是金融关系，是在金融业务活动和金融监管活动中形成的社会关系，即由金融法律规范调整的，在金融活动中形成的具有权利义务内容的社会关系。因此，金融关系包括金融业务关系和金融管理关系。金融法律关系除了具备经济法律关系的一般法律特征外，还有区别于其他经济法律关系的特点：第一，从主体上看，参加金融法律关系的一方当事人必定为金融机构或金融实体；第二，从内容上来说，金融法律关系内容具有纵横交叉、相互结合的特点，因为金融法调整对象既包括金融业务关系，也包括金融管理关系，而这两种关系是相互结合和交织在一起的；第三，从客体上说，金融法律关系的客体一般是作为物的货币、金银或有价证券等。

金融法体系，是在金融法的基本原则的指导下，根据各个具体的金融法律制度的性质的异同和逻辑发展关系，按一定的规则组合而成的和谐统一的整体。我国金融法体系一般包括以下几个方面的规范或制度：(1) 金融法的一般性规范，如金融法的基本原则、金融管理体制等；(2) 银行法律制度；(3) 货币制度；(4) 信贷制度；(5) 结算制度；(6) 信托投资制度；(7) 金融证券制度；(8)票据制度和外汇制度等。金融法规体系是不同于金融法体系的另一个概念，它是由金融方面的法律规范性文件所构成的体系。加强金融法制，首先要加强金融立法工作，建立起为社会主义市场经济服务的金融法规体系。

12.1.2 金融法的地位

金融是现代经济的核心，又是一个高风险行业。各国政府经常面临金融风险和危机的挑战。为了防范和化解金融风险，避免金融危机的发生，国家必须运用金融法律手段，防范和监管金融活动，维护金融市场秩序。我国改革开放以来，金融法作为国家执行货币政策、规范和监管金融、发挥宏观调控作用的宏观经济法律制度，得到了迅速的发展，它在我国经济生活中的地位和作用日益突出。

金融是商品经济高度发展的产物，它连接生产、交换、分配和消费各环节，是社会生产和再生产经济活动的核心。现代社会没有一项经济活动不与金融相联系，没有一项商品生产和流通能够离开银行和银行信用。因此，金融是一种涉及面广、错综复杂的经济活动。要建立起社会主义市场经济体制，就必须深化金融体制改革；要培育和管理好金融活动和金融市场，防范金融风险和避免金融危机，就必须强化金融法制。金融法是建设金融法制，依法治理金融的基础和前提。

我国金融法是国家领导、组织、管理金融事业的一个法律部门，是我国社会主义经济法体系的重要组成部分。

12.2　中央银行法

12.2.1　中央银行的地位

1. 中央银行的地位、职责和组织机构

中央银行产生于 17 世纪后期，而中央银行制度的形成，则在 19 世纪初期。从 1656 年瑞典银行到 1913 年美国联邦储备体系，中央银行制度的建立经历了近 260 年。我国的中央银行萌芽于 20 世纪初，1904 年清朝政府设立户部银行，1908 年更名为大清银行，经理国库，发行纸币，部分地承担了中央银行的职责。1927 年国民党政府制定《中央银行条例》，于 1928 年成立中央银行。新中国的中央银行是中国人民银行。1983 年国务院做出决定，中国人民银行专门行使中央银行的职能。1986 年 1 月 7 日，国务院发布《银行管理暂行条例》，该条例从法律上确认了中国人民银行的中央银行地位。1995 年 3 月 18 日第八届全国人民代表大会第三次会议通过了《中华人民共和国中国人民银行法》(简称《中国人民银行法》)，进一步明确了中国人民银行的法律地位和职责。我国《中国人民银行法》除了规定中央银行的地位、职责、机构，人民币及其发行制度，中央银行法定业务，以及金融监督管理任务外，还规定了中央银行的财务会计制度和法律责任等内容。《中国人民银行法》是我国制定的第一部全面调整中央银行管理和业务关系，规范中央银行行为的金融法律。

《中国人民银行法》规定：中国人民银行是中华人民共和国的中央银行。中国人民银行在国务院领导下，制定和实施货币政策，对金融业实施监督管理。这一规定，确立了中国人民银行的中央银行地位，明确中国人民银行的两大政府职能，即制定和实施货币政策；对全国金融业实施监督管理。可见，中国人民银行的性质属于国务院领导下的国家机关。《中国人民银行法》进一步规定，中国人民银行应当向全国人民代表大会常务委员会提出有关货币政策情况和金融监督管理情况的工作报告。中国人民银行在国务院领导下依法独立执行货币政策，履行职责，开展业务，不受地方政府、各级政府部门、社会团体和个人的干涉。中国人民银行的全部资本由国家出资，属于国家所有。

根据《中国人民银行法》的规定，中国人民银行的职责是：(1) 依法制定和执行货币政策；(2) 发行人民币，管理人民币流通；(3) 按照规定审批、监督管理金融机构；(4) 按照规定监督管理金融市场；(5) 发布有关金融监督管理和业务的命令和规章；(6) 持有、管理、经营国家外汇储备、黄金储备；(7) 经理国库；(8) 维护支付、清算系统的正常运行；(9) 负责金融业的统计、调查、分析和预测；(10) 作为国家的中央银行，从事有关的国际金融活动；(11) 国务院规定的其他职责。

根据《中国人民银行法》的有关规定，中国人民银行为执行货币政策，还可以从事金融业务活动。

按照《中国人民银行法》的规定，中国人民银行的组织机构包括总行的职能机构、分支机构和咨询机构。中国人民银行设行长1人，副行长若干人。中国人民银行行长的人选根据国务院总理的提名，由全国人民代表大会决定；全国人民代表大会闭会期间，由全国人民代表大会常务委员会决定，由国家主席任免。中国人民银行副行长由国务院总理任免。中国人民银行实行行长负责制。中国人民银行总行根据履行职责的需要设置办公厅、综合计划司、调查统计司、资金管理司、稽核司、货币发行司、会计司、国库司、金融管理司、条法司、人事教育司和外事司等职能部门。

中国人民银行根据履行职责的需要设置分支机构，作为中国人民银行的派出机构，分支机构根据中国人民银行的授权，负责本辖区的金融监督管理，承办有关业务。中国人民银行对分支机构实行集中统一领导和管理。

为了保证国家货币政策的准确性、可行性和操作性，《中国人民银行法》规定，在中国人民银行设立货币政策委员会，作为其制定和执行货币政策的咨询机构。

2. 人民币及其发行制度

货币发行是中央银行的主要职责。《中国人民银行法》确定中国人民银行有依法制定和执行货币政策、发行人民币、管理人民币流通的职责，并且专章规定了人民币的地位、发行和流通管理。

我国的法定货币是人民币。以人民币支付我国境内的一切公共的和私人的债务，任何单位和个人不得拒收。人民币由中国人民银行统一印制、发行。中国人民银行对人民币发行的管理是通过划分发行库和业务库予以组织实施的。发行库即发行基金保管库，发行基金是中国人民银行保管的尚未进入流通的人民币票券，它还不是货币。

《中国人民银行法》规定，中国人民银行设立人民币发行库，在其分支机构设立分支库。分支库调拨人民币发行基金，应当按照上级库的调拨命令办理。任何单位和个人不得违反规定，动用发行基金。业务库是各商业银行等银行机构为办理日常业务、收付现金而设置的金库。每日营业终了，营业款项必须全部存进业务库，超过库存限额的钞票必须将超过部分送存人民银行发行库，称为货币回笼。

中国人民银行发行新版人民币，应当将发行时间、面额、图案、式样、规格予以公告。法律严格禁止伪造、变造人民币；禁止出售、购买伪造、变造的人民币；禁止运输、持有、使用伪造、变造的人民币；禁止故意毁损人民币；禁止在宣传品、出版物或者其他商品上非法使用人民币图样。任何单位和个人不得印制、发售代币票券，以代替人民币在市场上流通。残缺、污损的人民币，按照中国人民银行的规定兑换，并由中国人民银行负责收回、销毁。

12.2.2 中央银行的法定业务

中央银行的业务，是中央银行职责的具体化。中央银行的业务一般由中央银行法确定，即中央银行的法定业务。根据《中国人民银行法》的规定，我国中央银行法定业务的具体范围如下。

1. 运用货币政策工具

具体而言，中国人民银行为执行货币政策，可以运用下列货币政策工具。

（1）规定和集中存款准备金

所谓存款准备金，是指具有存款业务的金融机构为应付存款户提款而保留的库存现金和按规定存入中央银行的存款。

将存款准备金集中于中央银行，最初始于 18 世纪的英国。以法律形式规定商业银行必须向中央银行缴存存款准备金，始于 1913 年美国联邦储备法。实行存款准备金制度，主要目的在于保护存款人的资金安全及金融机构本身的安全，还有利于中央银行调节信用规模和控制货币供应量。《中国人民银行法》规定，中国人民银行为执行货币政策，可以要求金融机构按照规定的比例交存存款准备金。

（2）确定中央银行基准利率

基准利率是指在多种利率并存的条件下起决定作用的利率。基准利率变动，其他利率也相应变动。基准利率在西方国家通常是中央银行的再贴现利率，在我国是中央银行对商业银行贷款的利率。中国人民银行根据执行货币政策的需要，可以确定中央银行基准利率。

（3）办理再贴现

中国人民银行可以根据需要，为金融机构开立账户，为已在中国人民银行开立账户的金融机构办理再贴现。所谓贴现，是指企业或者其他经营者为了获得现金，将未到期的票据交给商业银行或者其他金融机构，由商业银行或者其他金融机构按照规定的贴现率，扣除贴现日至票据到期日之间的贴现利息后，将票面金额支付给票据持有人（贴现人）的活动。再贴现就是指商业银行或其他金融机构将贴现所获得的未到期票据，向中央银行所做的票据转让，实际上就是商业银行与中央银行之间的票据买卖和资金让渡的活动。

（4）向商业银行提供贷款

中央银行不办理普通银行贷款业务，贷款对象必须是银行和其他金融机构，它不是为了追求盈利，而是为了调节金融，借以实现对金融活动的管理。《中国人民银行法》规定，为执行货币政策，中国人民银行可以向商业银行提供贷款，并且可以决定对商业银行贷款的数额、期限、利率和方式，但贷款的期限不得超过一年。中国人民银行不得向地方政府、各级政府部门提供贷款，不得向非银行金融机构及其他单位和个人提供贷款，但国务院决定中国人民银行可以向特定的非银行金融机构提供贷款的除外。中国人民银行不得向任何单位和个人提供担保。

（5）在公开市场上买卖国债和其他政府债券及外汇

公开市场政策是中央银行拥有的一般性货币政策工具。所谓公开市场政策是指中央银行在公开市场上买进或卖出有价证券的行为。公开市场有广义和狭义的两种市场形式。广义公开市场是指中央银行除了在公开市场上买卖国债和其他政府债券外，还可以买卖地方政府债券、政府担保的证券、银行承兑汇票等，以达到调节信用和控制货币供应量的目的。狭义的公开市场，是指仅允许中央银行在公开市场上买卖国债和其他政府债券。《中国人民银行法》规定，中国人民银行可以在公开市场上买卖国债和其他政府债券及外汇，可以代理国务院财政部门向各金融机构组织发行、兑付国债和其他政府债券，但不得对政府财政透支，不得直接认购、包销国债和其他政府债券。

（6）国务院确定的其他货币政策工具

中国人民银行为执行货币政策，运用上述所列货币政策工具时，可以规定具体的条件和程序。

2. 中国人民银行的其他金融业务

（1）经理国库

国库就是国家金库，是负责办理国家预算资金的收入和支出的出纳机关。《中国人民银行法》和《中华人民共和国国家金库条例》都规定，中国人民银行依照法律、行政法规的规定经理国库。因此，经理国库是中国人民银行的一项重要职责。

（2）清算服务

所谓清算，是指避免现款支付的麻烦，而以转账方式了结债权债务关系。银行之间的债权债务关系需要通过一个中枢机构办理转账结算，这种中枢机构一般是由中央银行兼任。《中国人民银行法》规定，中国人民银行应当组织或者协助组织金融机构相互之间的清算系统，协调金融机构相互之间的清算事项，提供清算服务。

（3）代理发行国债

中国人民银行可以代理国务院财政部门向各金融机构组织发行、兑付国债和其他政府债券。

（4）为金融机构开立账户

中国人民银行可以根据需要，为金融机构开立账户，但不得对金融机构的账户透支。

除了上述《中国人民银行法》所规定的中国人民银行的职责之外，《中国人民银行法》还从相反的角度，规定了禁止中国人民银行从事的金融业务：不得对政府财政透支，不得直接认购、包销国债和其他政府债券；不得向地方政府、各级政府部门提供贷款；不得向非银行金融机构及其他单位和个人提供贷款，但国务院决定中国人民银行可以向特定的非银行金融机构提供贷款的除外。

12.2.3 中央银行的金融监督管理

金融业是经营风险较大的行业。世界上出现的很多金融危机，大多与金融监管体制的不健全或者监管不力有关。为了本国金融业和金融市场的安全、稳定、积极和健康的发展，维护国家的金融秩序和债权人的合法权益，必须加强对金融业的监督和管理。

当今世界各国的金融监管体制差别很大，并没有统一的监管模式。银行监管组织采用何种模式，主要取决于不同国家的政治、经济、金融、立法的历史背景。目前，各国金融监管模式主要有以下四种：一是欧洲中央银行成立后，欧元区国家中已有多半国家将银行监管从中央银行中分离出来；二是英国、日本、瑞典、丹麦、澳大利亚将银行、证券、保险监管统一于单一的金融监管机构；三是美国由美国联邦储蓄委员会作为伞式监管者，负责监管混业经营的金融控股公司，银行、证券、保险分别由其他监管部门分别监管；四是许多发展中国家仍由中央银行同时负责货币政策和金融监管。但从总的趋势看，越来越多的国家金融监管采用了与央行货币政策职能相分离的模式。

从目前我国的金融监管体制来看，属于一元化的多重管理体制。我国只在中央一级设立中国人民银行、中国证券监督管理委员会和中国人民保险公司，负责全国的金融业的监督管理工作。根据我国现行的《中国人民银行法》的规定，中央银行的金融监督管理职责的具体内容主要包括：一是依法对金融机构及其业务实施监督管理，以维护全国金融业的合法、稳健运行；二是按照法律、行政法规的规定审批金融机构的设立、变更、终止及其业务范围；三是有权对各类金融机构的存款、贷款、结算、呆账等情况随时进行稽核、检查监督；中国人民银行还有权对金融机构违反规定提高或者降低存款利率、贷款利率的行为进行检查监督；四是有权对国家政策性银行的金融业务进行指导和监督；五是有权要求各金融机构按照规定报送资产负债表、损益表以及其他财务会计报表和资料；六是按照金融监督管理的需要，负责统一编制全国金融统计数据、报表，并按照国家有关规定予以公布；七是为了更有效地行使金融监督管理职权，中央银行应当建立、健全本系统的稽核、检查制度，加强内部的监督管理。

我国金融改革开放以来，人民银行管理体制进行了多次重大调整，每一次改革都推动了中央银行职能的强化和金融业的快速健康发展。1983 年 9 月，国务院做出了《关于中国人民银行专门行使中央银行职能的决定》，推进了我国中央银行体制的确立；1992 年 10 月，中国证券监督管理委员会成立，1998 年中国人民银行将证券监管职能全部划转到中国证券监督管理委员会，有力地促进了我国银行管理、证券管理专业化和国际化水平；1993 年 12 月，国务院做出了《关于金融体制改革的决定》，使中国人民银行朝着中央银行的方向迈出重要步伐；1998 年 11 月，中国人民银行成立九家跨省（区、市）分行，同时宣告成立中国保险监督管理委员会，我国监管架构进一步完善，执行货币政策和监管的独立性和专业化水平得到提高。1998 年后，我国金融宏观调控发生了重大变革，取消了对商业银行贷款规模的限额控制，实施货币政策主要靠运用各种货币政策工具进行间接调节，商业银行贷款多少在很大程度上取决于其资金平衡能力和风险控制能力。在这种情况下，让中央银行同时承担货币政策和银行监管职能，不仅会造成宏微观目标的冲突，而且容易造成管理和约束软化。

根据中国共产党第十六次全国代表大会提出的深化行政管理体制改革的任务和十六届二中全会审议通过的《关于深化行政管理体制和机构改革的意见》，2003 年 3 月 10 日，第十届全国人民代表大会第一次会议审议通过了国务院机构改革方案，其中的第三项内容是：健全金融监管体制，设立中国银行业监督管理委员会。中国银行业监督管理委员会（简称银监会）宣布成立。

设立银监会，是我国金融监管体制演进的必然结果。20 世纪 90 年代以前，我国金融监管职能主要由人民银行内部的金融管理司承担。随着金融市场的发展，按照分业经营的要求，监管的组织体系不断调整，银行监管由过去的合规监管向以防范和化解金融风险的审慎监管转变。特别是加入世界贸易组织后，金融立法进程明显加快。但是，如何协调整体金融稳定与微观金融风险的处置，如何在履行货币政策和银行监管双重职责方面形成有效的约束和制衡，始终是人民银行履行职责过程中面临的问题。处理不好，不仅影响货币政策实施的统一效能，也容易引发一定程度上的道德风险。银监会的成立，无疑为解决上述问题提供相应的体制约束和保障，同时也有利于集中精力解决银行监管中的难题，提高监管效率和监管的专业化水平和权威性，推动我国银行业尽快提高国际竞争力。

成立银监会，是我国金融发展史上的一件大事，是完善宏观调控体系、健全金融监管体制的重大决策。这是一个双赢的举措，将使中央银行和监管当局腾出更多的时间和空间，以更细的分工专司其职，迅速提升货币政策和银行监管的专业化水平，从而加快金融改革与发展的进程。中国人民银行作为中央银行在宏观调控体系中的作用将更加突出。中国人民银行不再承担监管职能后，要加强制定和执行货币政策职能，不断完善有关金融机构运行规则和改进对金融业宏观调控政策，更好地发挥中央银行在宏观调控和防范与化解金融风险中的作用，进一步改进金融服务。很明显，在银监会成立后，中国人民银行在集中履行货币政策和金融服务职责的同时，会在宏观经济管理和维护整体金融稳定方面发挥更大的作用。在金融监管方面，中国人民银行的宏观调控和银监会的监管工作是互相补充、互相促进的。中国人民银行要建立密切的联系机制，及时沟通有关金融市场风险和运营情况，共享监管信息。

12.3 商业银行法

12.3.1 商业银行法的地位

1. 商业银行的概念和特征

商业银行，是以经营存、放款为主要业务，并以营利性、安全性和流动性为主要经营原则的信用机构。

商业银行的历史可上溯至16世纪至17世纪在英国出现的金匠，但一般认为，1694年成立的英格兰银行是世界上最早的一家商业银行。在我国，第一家商业银行为1897年成立的中国通商银行，总行设在上海。商业银行最初的业务，只是吸收短期存款，同时发放短期的“商业”贷款，故称为“商业银行”。

随着时代和社会经济的发展，商业银行的业务范围不断扩大，但基本的业务仍然是存款、贷款和汇兑。因此，《中华人民共和国商业银行法》对商业银行所规定的定义仍然是：商业银行是指依照《商业银行法》和《公司法》设立的吸收公众存款、发放贷款、办理结算等业务的企业法人。目前，我国商业银行体系中，除国有商业银行外，还有交通银行、中信实业银行、光大银行、华夏银行、招商银行、福建兴业银行、广东发展银行、深圳发展银行、上海浦东发展银行等。

从《商业银行法》对商业银行所下的定义看，商业银行的性质不是国家机关，而是企业法人，具有《民法通则》赋予一般企业法人的法律地位和权利义务。由于商业银行依照《公司法》和《商业银行法》设立，因此，商业银行除具有一般公司企业法人的基本特点外，与一般的公司企业法人又有区别，主要表现在以下几方面。

（1）设立的法律依据和条件不完全相同。一般公司的设立只需依据《公司法》设立，而商业银行除了需要符合《公司法》所规定的条件之外，还需要符合《商业银行法》所规定的条件，依据《商业银行法》规定的条件和程序设立，并且需要经中国人民银行审查批准。

（2）经营的商品不同。公司经营的是一般商品，而商业银行经营的是特殊商品，即充当一般等价物的货币。

（3）经营的方式不同。一般公司的经营方式，都是将商品的所有权和使用权通过交易同时转让出去，而商业银行经营货币时只转让货币的使用权，保留货币的所有权。

（4）经营商品的权益来源不同。一般公司企业的收益主要来源于经营商品的价值增值，而商业银行收益主要来源于经营货币所获取的利息。

由此可见，商业银行是特殊的公司企业法人。同时，由于商业银行以效益性、安全性、流动性为经营原则，它与同是银行的政策性银行也是不同的。政策性银行不经营商业性信贷业务，不以盈利为目标，而实行保本经营的原则。

2. 商业银行法的概念和地位

商业银行法，就是调整商业银行的设立、变更和终止及其相关金融业务活动所发生的经济关系的法律规范的总称。

为了适应社会主义市场经济体制的需要，1995年5月10日第八届全国人民代表大会常务委员会第十三次会议通过了《中华人民共和国商业银行法》，自1995年7月1日起施行。广义上的商业银行法是一种泛称，实际上是指包括《商业银行法》在内的所有有关商业银行的法律法规。当然，《商业银行法》是其中最主要的规范性法律文件。

2015 年 8 月 29 日中华人民共和国主席令第三十四号，中华人民共和国第十二届全国人民代表大会常务委员会第十六次会议通过。修改内容为：(1) 删去第 39 条第一款第二项。(2) 删去第 75 条第三项中的“存贷比例”，本决定自 2015 年 10 月 1 日起施行。《中华人民共和国商业银行法》根据本决定作相应修改，重新公布。

从性质上来说，《商业银行法》应当属于公司法的特别法。《商业银行法》主要规定了商业银行的设立和组织机构、业务范围及其基本规则，以及中央银行的监管和接管等事宜。

《商业银行法》不属于传统的民商法的范畴。当然，应当承认，商业银行在金融市场上的活动主要是民事活动，特别是在信贷活动中所发生的关系，属于民事法律关系，而且，《商业银行法》中的很多规定，也属于民商法律规范。但是，从总体上分析，《商业银行法》不同于民商法：第一，《商业银行法》中规定了大量的对商业银行监督管理的内容，甚至包括中央银行在必要时对商业银行的接管的规定，这些内容都是民商法所无法容纳的；第二，《商业银行法》中对商业银行的金融业务范围及其在金融业务活动的规则的规定，大部分属于强制性规范，甚至这种强制程度远远超过了《公司法》；第三，商业银行本身并不属于国家的金融调控机关，但它是金融监管机构的主要调控对象，国家和中央银行的金融政策和调控措施，主要是通过商业银行的活动而发生作用，因而可以说，商业银行在金融调控中间接发挥着调控功能和作用；第四，传统的商法是在资本主义发展初期，商品经济尚不发达的条件下，主要为了满足新的商人阶级的需要，才形成了一种有别于一般民事活动的法律体系，从一开始便带有模仿商人习惯法的局限性，其制法过程缺乏类似于民事立法那样的理论准备，包括欧洲各国的商事立法在内。在缺乏理论准备下建立起来的商法体系，随着经济生活的发展，商法内容不断修改和补充，成为发展最为迅速、变化最大而又最缺乏理论指导的法律部门。随着社会经济的发展所带来的商人特殊身份的消失和商业的泛化及国家职能角色的转变，加上商事法律规范本身缺乏共同性，商法本身也日趋捉襟见肘，从而陷入一种尴尬的境地。即使在传统的商法中也不包括银行法的内容。因而，近来有些民商法论著中将《商业银行法》归类于商法的范畴，是没有任何根据的。

3. 商业银行的业务

我国《商业银行法》就商业银行的经营业务列举了以下内容。从理论上来说，这些内容可以归类于三种类型，即资金市场业务、资本市场业务和中介服务业务。

1）资金市场业务

资金市场业务是商业银行的传统业务和主要业务，主要包括从社会吸收资金和向社会发放资金两个方面。从社会吸收资金的业务，可称为负债性业务；向社会发放资金的业务，可称为资产性业务。根据《商业银行法》的规定，商业银行的资金市场业务主要包括：(1) 吸收公众存款。吸收公众存款包括居民个人储蓄和企事业单位储蓄。(2) 发放短期、中期和长期贷款。商业银行向企事业单位和居民个人发放贷款，是商业银行的资产性业务，也是商业银行资金经营的最主要的方式和经营利润的主要来源。(3) 办理票据贴现。所谓贴现，是指企业或者其他经营者为了获得现金，将未到期的票据交给商业银行或者其他金融机构，由商业银行或者其他金融机构按照规定的贴现率，扣除贴现日至票据到期日之间的贴现利息后，将票面金额支付给票据持有人（贴现人），票据到期后，由贴现银行按照票面金额向票据债务人收回款项。

2）资本市场业务

资本市场业务是指商业银行运用其可动用的资金，参与资本市场的经营活动。资本市场业务也可以成为商业银行的投资业务。

商业银行的投资业务是现代商业银行业务范围扩张的结果，也是增强自身经济实力的需要。但是，根据我国目前的实际状况，《商业银行法》对商业银行从事资本市场业务做了严格限制。按照《商业银行法》的规定，商业银行在中国境内不得从事信托投资和股票业务，不得投资于非自用不动产；商业银行在中国境内不得向非银行金融机构和企业投资。

按照我国现行法律规定，商业银行的资本业务主要包括：（1）发行金融债券。作为股制的公司企业，商业银行可以按照《公司法》和其他法律法规的规定，向社会发行金融债券，募集资金，但募集的资金必须用于规定的用途。（2）买卖政府债券和外汇。（3）从事同业拆借。

3）中介服务业务

中介服务业务是指商业银行在无须动用资金的情况下，为客户承办金融服务事项和其他委托事项，并收取服务费或者手续费的业务活动。根据《商业银行法》的规定，商业银行的主要中介服务业务包括：（1）办理国内外结算。结算是银行为在本行开户的客户办理经济往来所引起的货款结算及其他收付款项结算的业务。目前主要的结算方式有现金结算、转账结算和票据结算等。（2）代理发行、代理兑付、承销政府债券。（3）代理买卖外汇。（4）提供信用证服务及担保。（5）代理收付款项及代理保险业务。（6）提供保管箱服务。

各商业银行可以经营上述业务的一部分，也可以经营其全部业务。经营业务的范围由该商业银行的章程规定，并报中国人民银行批准。未经中国人民银行批准，任何单位和个人不得从事吸收公众存款等商业银行业务。

商业银行的业务活动应当遵守以下规则。

（1）商业银行与客户的业务往来，应当遵循平等、自愿、公平和诚实信用的原则。

（2）商业银行开展业务，应当遵守法律、行政法规的有关规定，不得损害国家利益、社会公共利益。

（3）商业银行开展业务，应当遵守公平竞争的原则，不得从事不正当竞争。

（4）商业银行以效益性、安全性、流动性为经营原则，实行自主经营，自担风险，自负盈亏，自我约束。

（5）商业银行应当保障存款人的合法权益不受任何单位和个人的侵犯。

（6）商业银行依法接受中国人民银行的监督管理。

4. 商业银行的组织形式

《商业银行法》规定，商业银行的组织形式、组织机构适用《中华人民共和国公司法》的规定。《公司法》中所规范的公司主要有两种基本形式：有限责任公司和股份有限公司。中国工商银行、中国银行、中国农业银行、中国建设银行等国有独资商业银行，必须适用国有独资公司的规定。在商业银行的组织机构方面，是什么样的公司组织形式，就适用什么样的公司组织机构的规定。例如，中国工商银行是国有独资银行，它必须适用《公司法》关于国有独资公司的规定。

商业银行的组织机构除了适用《公司法》的有关规定外，还应当适用《商业银行法》关于商业银行组织机构的规定。这些规定主要有：一是国有独资商业银行设立监事会。监事会由中国人民银行、政府有关部门的代表、有关专家和本行工作人员的代表组成。监事会对国有独资商业银行的信贷资产质量、资产负债比例、国有资产保值增值等情况及高级管理人员违反法律、行政法规或者章程的行为和损害银行利益的行为进行监督。二是商业银行根据业务需要可以在中华人民共和国境内外设立分支机构。设立分支机构必须经中国人民银行审查批准。在中华人民共和国境内的分支机构，不按行政区划设立。商业银行对其分支机构实行全行统一核算，统一调度资金，分级管理的财务制度。商业银行分支机构不具有法人资格，在总行授权范围内依法开展业务，其民事责任由总行承担。

12.3.2　商业银行的设立、变更、接管和终止

1. 商业银行的设立

《商业银行法》规定，设立商业银行，应当经中国人民银行审查批准。未经中国人民银行批准，任何单位和个人不得从事吸收公众存款等商业银行业务，任何单位不得在名称中使用“银行”字样。

在我国设立商业银行，应当具备法定条件有：一是应当有符合《商业银行法》和《公司法》规定的章程。二是须有符合《商业银行法》规定的注册资本最低限额。设立商业银行的注册资本最低限额为 10 亿元人民币。城市合作商业银行的注册资本最低限额为 1 亿元人民币，农村合作商业银行的注册资本最低限额为 5000 万元人民币。注册资本应当是实缴资本。中国人民银行根据经济发展可以调整注册资本最低限额，但不得少于上述规定的限额。三是有具备任职专业知识和业务工作经验的董事长（行长）、总经理和其他高级管理人员。四是有健全的组织机构和管理制度。五是有符合要求的营业场所、安全防范措施和与业务有关的其他设施。

设立商业银行时，申请人应当向中国人民银行提交文件、资料有：申请书，申请书应当载明拟设立的商业银行的名称、所在地、注册资本、业务范围等；可行性研究报告；中国人民银行规定提交的其他文件、资料。

设立商业银行的申请，经中国人民银行审查后，符合《商业银行法》规定的，申请人应当填写正式申请表，并提交的文件、资料有：章程草案；拟任职的高级管理人员的资格证明；法定验资机构出具的验资证明；股东名册及其出资额、股份；持有注册资本 10% 以上的股东的资信证明和有关资料；经营方针和计划；营业场所、安全防范措施和与业务有关的其他设施的资料；中国人民银行规定的其他文件、资料。

经批准设立的商业银行，由中国人民银行颁发经营许可证，并凭该许可证向工商行政管理部门办理登记，领取营业执照。

商业银行根据业务需要可以在我国境内外设立分支机构。设立分支机构必须经中国人民银行审查批准，在境内的分支机构，不按行政区划设立。设立分支机构，应当按照规定拨付与其经营规模相适应的营运资金额。经中国人民银行审核批准后颁发营业许可证，再向工商行政管理部门办理登记，领取营业执照。

2. 商业银行的变更

商业银行的变更，包括商业银行的分立、合并及其他注册事项的变更。根据《商业银行法》的规定，商业银行变更名称，变更注册资本，变更总行或分支机构所在地，调整业务范围，变更持有资本总额或者股份总额 10% 以上的股东，修改章程，以及中国人民银行规定的其他变更事项的，都应当经中国人民银行批准。更换董事长（行长）、总经理时，应当报经中国人民银行审查其任职条件。

商业银行的分立、合并，适用《公司法》的规定，并应当经中国人民银行审查批准。

3. 商业银行的接管和终止

商业银行已经或者可能发生信用危机，严重影响存款人的利益时，中国人民银行可以对该银行实行接管，对被接管的商业银行采取必要措施，以保护存款人的利益，恢复商业银行

的正常经营能力，但被接管的商业银行的债权债务关系不因接管而变化。

商业银行的接管由中国人民银行决定，并组织实施。接管决定由中国人民银行予以公告。接管自接管决定实施之日起开始。自接管开始之日起，由接管组织行使商业银行的经营管理权力。接管期限届满，中国人民银行可以决定延期，但接管期限最长不得超过2年。

按照《商业银行法》规定，有下列情形之一的，接管终止：（1）接管决定规定的期限届满或者接管延期届满；（2）接管期限届满前，该商业银行已恢复正常经营能力；（3）接管期限届满前，该商业银行被合并或者被依法宣告破产。

商业银行因解散、被撤销和被宣告破产而终止。具体来说包括三种情况：一是商业银行因分立、合并或者出现公司章程规定的解散事由需要解散的，应当向中国人民银行提出申请，并附解散的理由与支付存款的本金和利息等债务清偿计划，经中国人民银行批准后解散；二是商业银行因吊销经营许可证被撤销的，中国人民银行应当依法及时组织成立清算组，进行清算，按照清偿计划及时偿还存款本金和利息等债务；三是商业银行不能支付到期债务，经中国人民银行同意，由人民法院依法宣告破产。

12.3.3　商业银行业务的基本规则

1. 存款业务的基本规则

存款是企业、机关、团体或个人把货币资金存入银行或其他信用机构并获取存款利息的一种信用活动形式。吸收公众存款是商业银行最基本的业务。保护存款人的合法权益是商业银行法的立法宗旨之一。为规范商业银行吸收公众存款的行为，保护存款人的合法权益，我国《商业银行法》等法律、行政法规，对存款人的保护做出了明确的规定。

（1）商业银行办理个人储蓄存款业务，应当遵循存款自愿、取款自由、存款有息、为存款人保密的原则。对个人储蓄存款，商业银行有权拒绝任何单位或者个人查询，但法律另有规定的除外。

（2）对单位存款，除法律、行政法规另有规定的除外，商业银行有权拒绝任何单位或者个人查询；有权拒绝任何单位或者个人冻结、扣划，但法律另有规定的除外。

（3）商业银行应当按照中国人民银行规定的存款利率的上下限，确定存款利率，并予以公告。

（4）商业银行应当按照中国人民银行的规定，向中国人民银行交存存款准备金，留足备付金。

（5）商业银行应当保证存款本金和利息的支付，不得拖延、拒绝支付本金和利息。

总之，商业银行与客户的业务往来，应当遵循平等、自愿、公平和诚实信用的原则。商业银行应当保障存款人的合法权益不受任何单位和个人的侵犯。

2. 贷款业务的基本规则

贷款，是指银行向客户转让货币资金的使用权，并按约定的期限和利息等条件加以回收的一种信用活动形式。贷款业务是商业银行的主要经营业务。商业银行根据国民经济和社会发展的需要，在国家产业政策指导下开展贷款业务。

《商业银行法》规定，商业银行贷款，应当对借款人的借款用途、偿还能力、还款方式等情况进行严格审查，并且必须实行审贷分离、分级审批的制度。借款人应当向贷款银行提供担保，商业银行应当对保证人的偿还能力、抵押物或质物的权属和价值及实现抵押权、质权的可行性进行严格审查。经商业银行审查评估，确认借款人资信良好，确能偿还贷款的，也可以不要求其提供担保。商业银行贷款，还应当与借款人订立书面合同；应当按照中国人民银行规定的贷款利率的上下限，确定贷款利率。

国家要求商业银行资产与负债之间保持合理的比例，实行资产负债比例管理的制度。对此，《商业银行法》要求商业银行贷款应当遵守下列资产负债比例管理规定：资本充足率不得低于 8%；贷款余额与存款余额的比例不得超过 75%；流动性资产余额与流动性负债余额的比例不得低于 25%；对同一借款人的贷款余额与商业银行资本余额的比例不得超过 10%；中国人民银行对资产负债比例管理的其他规定。

3. 其他行为规范

《商业银行法》还明确规定了其他行为，主要有以下几方面。

（1）不得违规贷款

商业银行不得向关系人发放信用贷款；向关系人发放担保贷款的条件不得优于其他借款人同类贷款的条件。所谓关系人，是指本商业银行的董事、监事、管理人员、信贷业务人员及其近亲属，以及包括这些关系人所投资或者担任高级管理职务的公司、企业和其他经济组织。

（2）不得强令贷款

任何单位和个人不得强令商业银行发放贷款或者提供担保。商业银行有权拒绝任何单位和个人强令要求其发放贷款或者提供担保。

（3）不得违反合同约定

借款人应当按期归还贷款的本金和利息。借款人到期不归还担保贷款的，商业银行依法享有要求保证人归还贷款本金和利息或者就该担保物优先受偿。商业银行因行使抵押权、质权而取得的不动产或者股票，应当自取得之日起 1 年内予以处分。借款人到期不归还信用贷款的，应当按照合同约定承担责任。

（4）不得违规从事其他业务

商业银行在我国境内不得从事信托投资和股票业务，不得投资于非自用不动产。商业银行在中国境内不得向非银行金融机构和企业投资。

（5）不得违规办理票据事务

商业银行办理票据承兑、汇兑、委托收款等结算业务，应当按照规定的期限兑现，收付入账，不得压单、压票或者违反规定退票。有关兑现、收付入账期限的规定应当公布。

（6）不得违规借款

商业银行发行金融债券或者到境外借款，应当依照法律、行政法规的规定报经批准。

（7）不得违规同业拆借

应当遵守中国人民银行规定的期限，拆借的期限最长不得超过 4 个月。禁止利用拆入资金发放固定资产贷款或者用于投资。拆出资金限于交足存款准备金、留足备付金和归还中国人民银行到期贷款之后的闲置资金。拆入资金用于弥补票据结算、联行汇差头寸的不足和解决临时性周转资金的需要。

（8）不得违规存放贷款

商业银行不得违反规定提高或者降低利率及采用其他不正当手段，吸收存款，发放贷款。

（9）不得违规开立账户

企业事业单位可以自主选择一家商业银行的营业场所开立一个办理日常转账结算和现金收付的基本账户，不得开立两个以上基本账户。任何单位和个人不得将单位的资金以个人名义开立账户存储。

12.3.4 商业银行的监督管理

1. 中国人民银行的监督管理

商业银行依法接受中国人民银行的监督管理。《商业银行法》对监督管理的具体要求，做出了专章规定，其内容有：一是商业银行应当按照中国人民银行的规定，制定本行的业务规则，建立、健全本行的业务管理、现金管理和安全防范制度。二是商业银行应当定期向中国人民银行报送资产负债表、损益表及其他财务会计报表和资料。三是中国人民银行有权依法对商业银行的存款、贷款、结算、呆账等情况进行检查监督。商业银行应当按照中国人民银行的要求，提供财务会计资料、业务合同和有关经营管理方面的其他信息。

商业银行应当依法接受审计机关的审计监督。

2. 商业银行的财务会计制度

为了加强对商业银行的财务会计活动的管理，规范其行为，《商业银行法》对商业银行的财务会计工作做出了明确的要求。根据《商业银行法》的规定，商业银行应当依照法律和国家统一的会计制度及中国人民银行的有关规定，建立、健全本行的财务会计制度；应当按照国家有关规定，真实记录并全面反映其业务活动和财务状况，编制年度财务会计报告，及时向中国人民银行和财政部门报送会计报表。商业银行不得在法定的会计账册外另立会计账册。商业银行的会计年度自公历 1 月 1 日起至 12 月 31 日止。

商业银行应当于每一会计年度终了 3 个月内，按照中国人民银行的规定，公布其上一年度的经营业绩和审计报告。

商业银行应当按照国家有关规定，提取呆账准备金，冲销呆账。

3. 商业银行的内部监督管理

商业银行应当按照中国人民银行的规定，制定本行的业务规则，建立、健全本行的业务管理、现金管理和安全防范制度。

商业银行应当建立、健全本行对存款、贷款、结算、呆账等各项情况的稽核、检查制度。商业银行对分支机构应当进行经常性的稽核和检查监督。

12.3.5 法律责任

《商业银行法》专章规定了违反《商业银行法》的法律责任。

1. 商业银行的责任

根据《商业银行法》的规定，商业银行具有下列行为的，应当根据《商业银行法》的相关规定承担相应的民事责任、行政责任和刑事责任：(1) 无故拖延、拒绝支付存款本金和利息的；(2) 违反票据承兑等结算业务规定，不予兑现，不予收付入账，压单、压票或者违反规定退票的；(3) 非法查询、冻结、扣划个人储蓄存款或者单位存款的；(4) 未按照中国人民银行规定的比例交存存款准备金的；(5) 未遵守资本充足率、存贷比例、资产流动性比例、同一借款人贷款比例和中国人民银行有关资产负债比例管理的其他规定的；(6) 未经批准设立分支机构的；(7) 未经批准分立、合并的；(8) 同业拆借超过规定的期限或者利用拆入资金发放固定资产贷款的；(9) 违反规定提高或者降低利率及采用其他不正当手段，吸收存款，发放贷款的；(10) 未经批准发行金融债券或者到境外借款的；(11) 未经批准买卖政府债券或者买卖、代理买卖外汇的；(12) 在境内从事信托投资和股票业务或者投资于非自用不动产的；

（13）向境内非银行金融机构和企业投资的；（14）向关系人发放信用贷款或者发放担保贷款的条件优于其他借款人同类贷款的条件的；（15）提供虚假的或者隐瞒重要事实的财务会计报表的；（16）拒绝中国人民银行稽核、检查监督的；（17）出租、出借经营许可证的；（18）不按照规定向中国人民银行报送有关文件、资料的；（19）伪造、变造、转让商业银行经营许可证的，银行工作人员利用职务上的便利，索取、收受贿赂或者违反国家规定收受各种名义的回扣、手续费的；（20）银行工作人员利用职务上的便利，贪污、挪用、侵占本行或者客户资金的；（21）银行工作人员违反规定玩忽职守造成损失的；（22）违反规定徇私向亲属、朋友发放贷款或者提供担保造成损失的；（23）银行工作人员泄露国家秘密、商业秘密等行为的。

2. 其他人的责任

其他人的责任包括自然人和单位的责任。

根据《商业银行法》规定，其他人具有未经批准在名称中使用“银行”字样的；未经批准购买商业银行股份总额 10%以上的；将单位的资金以个人名义开立账户存储的；借款人采取欺诈手段骗取贷款；单位或者个人强令商业银行发放贷款或者提供担保等行为，应当根据《商业银行法》的相关规定承担相应的民事责任、行政责任和刑事责任。

12.4 外汇管理法

12.4.1 外汇管理法的概念

外汇是指以外币表示的可以用于国际清偿的支付手段和资产。根据《外汇管理条例》的规定，外汇的种类有：（1）外国货币，包括纸币、铸币；（2）外币支付凭证，包括票据、银行存款凭证、邮政储蓄凭证等；（3）外币有价证券，包括政府债券、公司债券、股票等；（4）特别提款权、欧洲货币单位；（5）其他外汇资产。

外汇管理也称外汇管制，一般是指国家为了维护本国货币汇价，平衡进出口贸易，对外汇买卖、收入和支出，对结汇、售汇及付汇，以及外汇进出国境等活动实行程度不同的限制措施。1994 年，为了促进社会主义市场经济的发展，建立起与金融体制、外贸体制改革相配套的外汇体制，国家对 1994 年以前实行的外汇管理体制进行了重大的改革。这次外汇体制改革的主要内容如下。

（1）实现汇率并轨，确定以市场供求为基础的单一的有管理的浮动汇率制。汇率是指两个国家不同货币之间的比价或交换比率。在汇率方面，官方汇率和调剂市场汇率并存的制度，称为双轨制。从 1994 年 1 月 1 日起，我国将曾实行的汇率双轨制改为单一率制。汇率也从过去一定几年不变的固定汇率制度，改为有管理的浮动汇率制度。

（2）实行银行结汇、售汇制，取消外汇留成和上缴。结汇，是指境内机构（境内所有企事业单位、机关、社会团体）将外汇收入按当日汇价卖给银行，银行收取外汇，兑付给其人民币的活动。售汇是指境内机构、个人需要外汇，依法持有效凭证到银行用人民币兑换，银行按规定出售外汇的活动。取消外汇留成和上缴，实行结汇、售汇制，使企业用汇的条件较为宽松，调动了企业出口创汇的积极性。

（3）取消外汇收支的指令性计划管理。过去在外汇资金的分配上存在按指令性计划配给，以官方汇率计价的计划管理方式。这次外汇体制改革，取消了这种计划管理办法，使全部外汇供求通过市场来实现，有利于现代企业制度的建立。

（4）停止发行、流通和限期兑换外汇兑换券。
（5）建立银行间外汇交易市场，改进汇率形成机制。
（6）严格外债管理，建立偿债基金制度。
（7）维持外商投资企业外汇管理。

12.4.2 我国外汇法治建设历程

外汇管理法是指调整在外汇管理活动中发生的社会关系的法律规范的总称。这些法律规范主要体现在国务院制定的行政法规和中国人民银行、外汇管理局制定的政府规章之中。例如，1992 年 12 月中国人民银行批准的《银行外汇业务管理规定》，1994 年 3 月中国人民银行发布的《结汇、售汇及付汇管理暂行规定》，1996 年 1 月 29 日国务院发布并于 1997 年 1 月 4 日修订的《中华人民共和国外汇管理条例》等。根据《外汇管理条例》的规定，我国管理外汇的专门机构是国务院外汇管理部门及其分支机构。境内机构、个人、驻华机构、来华人员的外汇收支或者经营活动，都必须遵守《外汇管理条例》的规定。

新中国成立以来，我国一直实行严格的外汇管理。改革开放以后，我国的外汇体制也进行了一定程度的改革，并于 1980 年 12 月 18 日由国务院发布了《中华人民共和国外汇管理暂行条例》，以规范外汇管理。从 1994 年 1 月 1 日起，适应市场经济体制的要求，我国又进行了汇率并轨、银行结售汇、外汇市场等一系列改革。为巩固改革成果，更好地使我国外汇管理适应对外开放的要求，国务院于 1996 年 1 月 29 日发布了《中华人民共和国外汇管理条例》(以下简称《外汇管理条例》)，自同年 4 月 1 日起施行，同时废止了《外汇管理暂行条例》。1997 年 1 月，国务院又修订发布了《外汇管理条例》。与此同时，人民银行、国家外汇管理局还先后发布了一系列外汇管理方面的法规、规章，如《境内居民因私兑换外汇办法》和《境内居民外汇存款汇出境外的规定》（1996 年 5 月 13 日国家外汇管理局发布）、《结汇、售汇和付汇管理办法》（1996 年 6 月 20 日人民银行发布）、《银行间外汇市场管理暂行规定》（1996 年 11 月 29 日人民银行发布）、《关于个人携带外汇进出国境的管理规定》（1996 年 12 月 31 日国家外汇管理局、海关总署联合发布）、《银行外汇业务管理规定》（1997 年 9 月 27 日国家外汇管理局发布）、《非银行金融机构经营外汇业务范围》（1997 年 10 月 10 日国家外汇管理局发布）、《境内居民个人外汇管理暂行办法》(1998 年 9 月 1 日国家外汇管理局发布)等。1998 年下半年，为严厉打击走私活动和制裁外汇违法犯罪行为，第九届全国人民代表大会常务委员会第六次会议于 12 月 29 日通过了《关于惩治骗购外汇、逃汇、非法买卖外汇犯罪的决定》，经国务院 12 月 16 日批准，由监察部、人民银行等五部委于 1999 年 1 月 25 日联合发布了《关于骗购外汇、非法套汇、逃汇、非法买卖外汇等违反外汇管理规定行为的行政处分或者纪律处分暂行规定》，从而形成了较为全面的外汇管理制度。

12.4.3 外汇管理法律制度的基本内容

1. 经常项目的外汇管理

经常项目是指国际收支中经常发生的交易项目，包括贸易收支、劳务收支、单方面转移等。《外汇管理条例》对经常项目的外汇管理做了规定。

1）境内机构的经常项目外汇的管理

境内机构是指中华人民共和国境内的企业事业单位、国家机关、社会团体、部队等，包括外商投资企业。根据《外汇管理条例》的规定：（1）境内机构的经常项目外汇收入必须调回境内，不得违反国家有关规定将外汇擅自存放在境外；（2）境内机构的经常项目外汇收入，应当按照国务院关于结汇、售汇及付汇管理的规定卖给外汇指定银行，或者经批准在外汇指定银行开立外汇账户；（3）境内机构的经常项目用汇，应当按照国务院关于结汇、售汇及付汇管理的规定，持有效凭证和商业单据向外汇指定银行购汇支付，外汇指定银行是指经外汇管理机关批准经营结汇和售汇业务的银行；（4）境内机构的出口收汇和进口付汇，应当按照国家关于出口收汇核销管理和进口付汇核销管理的规定办理核销手续。

2）个人外汇的管理

个人包括中国公民和在中华人民共和国境内居住满 1 年的外国人。属于个人所有的外汇，可以自行持有，也可以存入银行或者卖给外汇指定银行。个人的外汇储蓄存款，实行存款自愿、取款自由、存款有息、为储户保密的原则。个人因私用汇，在规定限额以内购汇；超过规定限额的个人因私用汇，应当向外汇管理机关提出申请，外汇管理机关认为其申请属实的，可以购汇。个人携带外汇进出境，应当向海关办理申报手续；携带外汇出境，超过规定限额的，还应当向海关出具有效凭证。个人移居境外后，其境内资产产生的收益，可以持规定的证明材料和有效凭证向外汇指定银行购汇汇出或者携带出境。居住在境内的中国公民持有的外币支付凭证、外币有价证券等形式的外汇资产，未经外汇管理机关批准，不得携带或者邮寄出境。

3）对驻华机构和来华人员外汇的管理

驻华机构是指外国驻华外交机构、领事机构、国际组织驻华代表机构、外国驻华商务机构和国外民间组织驻华业务机构等。来华人员是指驻华机构的常驻人员、短期入境的外国人、应聘在境内机构工作的外国人及外国留学生等。驻华机构和来华人员的合法人民币收入，需要汇出境外的，可以持有关证明材料和凭证到外汇指定银行兑付。驻华机构和来华人员由境外汇入或者携带入境的外汇，可以自行保存，可以存入银行或者卖给外汇指定银行，也可以持有效凭证汇出或者携带出境。

2. 资本项目的外汇管理

资本项目是指国际收支中因资本输出和输入而产生资产与负债的增减项目，包括直接投资、各类贷款、证券投资等。

按照《外汇管理条例》规定，境内机构的资本项目外汇收入，除国务院另有规定外，应当调回境内；应在外汇指定银行开立外汇账户；卖给外汇指定银行的，须经外汇管理机关批准。

境内机构向境外投资，在向审批主管部门申请前，由外汇管理机关审查其外汇资金来源；经批准后，按照国务院关于境外投资外汇管理的规定办理有关资金汇出手续。此外，境内机构借用国外贷款、金融机构在境外发行外币债券、提供对外担保，均应按《外汇管理条例》的规定经批准后办理。

国家对外债实行登记制度。境内机构应当按照国务院关于外债统计监测的规定办理外债登记。

依法终止的外商投资企业，按照国家有关规定进行清算、纳税后，属于外方投资者所有的人民币，可以向外汇指定银行购汇汇出或者携带出境；属于中方投资者所有的外汇，应当全部卖给外汇指定银行。

3. 金融机构外汇业务的管理

（1）经营外汇资格

金融机构经营外汇业务须经外汇管理机关批准，领取经营外汇业务许可证。未经外汇管理机关批准，任何单位和个人不得经营外汇业务。经批准经营外汇业务的金融机构，经营外汇业务不得超出批准的范围。

（2）经营外汇业务的规则

经营外汇业务的金融机构应当按照国家有关规定为客户开立外汇账户，办理有关外汇业务；金融机构经营外汇业务，应当按照国家有关规定交存外汇存款准备金，遵守外汇资产负债比例管理的规定，并建立呆账准备金。

外汇指定银行办理结汇业务所需的人民币资金，应当使用自有资金。外汇指定银行的结算周转外汇，实行比例幅度管理，具体幅度由中国人民银行根据实际情况核定。金融机构经营外汇业务，应当接受外汇管理机关的检查、监督，应当向外汇管理机关报送外汇资产负债表、损益表及其他财务会计报表和资料。

金融机构终止经营外汇业务，应当向外汇管理机关提出申请。金融机构经批准终止经营外汇业务的，应当依法进行外汇债权、债务的清算，并缴销经营外汇业务许可证。

4. 人民币汇率和外汇市场的管理

人民币汇率实行以市场供求为基础的、单一的、有管理的浮动汇率制度。中国人民银行根据银行间外汇市场形成的价格，公布人民币对主要外币的汇率。

外汇市场交易应当遵循公开、公平、公正和诚实信用的原则。

外汇市场交易的币种和形式由国务院外汇管理部门规定和调整。外汇指定银行和经营外汇业务的其他金融机构是银行间外汇市场的交易者。外汇指定银行和经营外汇业务的其他金融机构，应当根据中国人民银行公布的汇率和规定的浮动范围，确定对客户的外汇买卖价格，办理外汇买卖业务。

国务院外汇管理部门依法监督管理全国的外汇市场。中国人民银行根据货币政策的要求和外汇市场的变化，依法对外汇市场进行调控。

本章小结

通过本章学习需要掌握以下内容，金融是指以银行等金融机构为中心的各种形式的信用活动及在信用基础上组织起来的货币流通活动。金融法，就是确认金融机构的法律地位并调整金融关系的法律规范的总称。金融法的地位及其社会意义。中国人民银行是我国的中央银行，在国务院领导下，制定和实施货币政策，以及从事其他法定的业务。商业银行是以经营存款、放款为主要业务的金融机构，应具有法人资格。商业银行的设立、变更、接管和终止，商业银行的业务范围等基本活动，都应该受到商业银行法的制约。商业银行的业务活动受国家有关部门的监督与管理。外汇属于金融的范畴，因此，外汇结算等事宜既受金融法的调整，也受外汇管理法的调整。外汇管理法的基本内容。违反金融法应承担相应的法律责任。

本章案例

请扫描右侧二维码阅读案例内容。

练习题

1. 叙述金融法的概念及地位。
2. 叙述中国人民银行的职责权限及法定业务。
3. 叙述商业银行的地位及经营的法定业务。
4. 叙述商业银行设立、变更、接管和终止的前提条件。
5. 叙述对商业银行监督的方式与基本内容。
6. 叙述外汇管理法的目标及其基本内容。
7. 叙述违反金融法应承担的法律责任形式及其内容。

第13章 对外贸易法律制度

本章提要

对外贸易是国内贸易的延伸。对外贸易不仅关系到国家外汇收支平衡，而且关系到国内产品的生产与销售，以及他国经济力量对本国经济发展的影响程度。因此，以对外贸易法的形式，对对外贸易实行法律调整，推行国家对外贸易政策和维护对外贸易秩序，是现代国家普遍采取的有效手段。学习对外贸易法，应注意结合我国对外贸易政策、世界贸易组织的规则等内容进行，充分理解和掌握对外贸易法的本质。

导入案例

运输保险纠纷案

2005年，德福有限责任公司从青岛向香港出售罐头一批共500箱，按照规定向保险公司投保一切险。

但是因为海运提单上只写明买方的名称，没有详细注明其地址，货物抵达香港后，船公司无法通知买方来货场提货，又未与德福有限责任公司的货运代理联系，自行决定将该批货物运回起运港——青岛港。

在运回途中因为轮船渗水，有229箱罐头受到海水浸泡。货物运回青岛港后，德福有限责任公司没有将货物卸下，只是在海运提单上补写买方详细地址后，又运回香港。买方提货后发现罐头已经生锈，所以只提取了未生锈的271箱罐头，其余的罐头又运回青岛港。

德福有限责任公司发现货物有锈蚀后，凭保险单向保险公司提起索赔，要求赔偿229箱货物的锈损。

保险公司经过调查，拒绝赔偿。

问题：

保险公司是否可以拒绝赔偿？理由是什么？

13.1　对外贸易法概述

13.1.1　对外贸易的概念

对外贸易是指一个国家或者地区与其他国家或者地区之间所进行的商品与服务的交换活动。《中华人民共和国对外贸易法》（简称《对外贸易法》）所指的对外贸易，包括货物进出口、技术进出口和国际服务贸易；从世界范围看，各国对外贸易总和就构成国际贸易。一国的对外贸易是国际贸易的组成部分。因此，国际贸易和对外贸易是两个不同的概念。

依据通常的分类标准，可以将对外贸易分类。根据贸易对象的性质，对外贸易可分为货物贸易、技术贸易、服务贸易。根据贸易对象的移动方向，对外贸易可分为进口贸易、出口贸易、过境贸易。根据清偿工具的不同，对外贸易可分为自由结汇贸易、易货贸易。

对外贸易是一国国内贸易的延伸，是国民经济活动中的一个重要组成部分，不仅关系到一个国家外汇收支能否平衡，而且关系到其国内产品的生产和销售，以及他国经济力量对本国经济发展的影响程度。因此，为推行一国对外贸易政策和维护对外贸易秩序，对对外贸易实行法律调整，是各个国家普遍采取的管理手段。

13.1.2　对外贸易法的概念

对外贸易法是调整对外贸易关系及确认对外贸易主管机关和对外贸易经营者法律地位的法律规范的总称。我国目前调整对外贸易关系的基本法律是 1994 年 7 月 1 日起施行的《对外贸易法》。《对外贸易法》是一部旨在促进对外贸易发展，维护对外贸易秩序，规范国家对外贸易管理活动的经济法律。它的制定和实施，为我国对外贸易的更快发展提供良好的法律环境和有效的法律保障。

2004 年 4 月 6 日再由中华人民共和国第十届全国人民代表大会常务委员会第八次会议对《中华人民共和国对外贸易法》修订通过，2004 年 7 月 1 日起施行。对外贸易法的修改是在中国国际经济地位正在发生根本性变化，面临着和改革开放初期甚至和十年前完全不同的内外部环境条件下进行的，体现了立法者与时俱进、实事求是的科学精神。

对外贸易法的表现形式可分为两大类：一是国内有关立法，如《对外贸易法》及依据该法而制定的、规范对外贸易管理活动的行政法规、部门规章等相关立法；二是我国参加的国际间的贸易条约及惯例，如《国际货物销售合同公约》等多边条约、公约及协定，这些国际间的贸易条约都是缔约方或者参加方的对外贸易法律规范的组成部分。

《对外贸易法》确立了我国发展对外贸易的基本原则：实行统一的对外贸易制度，依法维护公平的、自由的对外贸易秩序；鼓励发展对外贸易，发挥地方的积极性，保障对外贸易经营者的经营自主权；在对外贸易活动中实行平等互利；根据互惠、平等原则给予外贸对方最惠国待遇或国民待遇；在对外贸易中，根据实际情况，可以采取相应报复性措施。

对外贸易法是指国家对货物进出口、技术进出口和国际服务贸易进行管理和控制的一系列法律、法规和其他具有法律效力的规范性文件的总称，它包括宪法、对外贸易法、行政法规、部门规章。

13.1.3　对外贸易法的修订

（1）进一步完善建设社会主义市场经济的客观需要。按照建设统一、开放、竞争、有序的社会主义市场经济的要求，为国内各类外贸经营者创造平等竞争条件，加快内外贸易一体化进程，进一步提高贸易自由、便利程度，实现国内外两种资源、两个市场的融合。修订对外贸易法是健全完善公开公平透明的外贸环境，建立健全对外贸易促进机制，实现对外贸易的良性健康发展与合理有序竞争，以及促进经济的全面、协调、可持续发展的有力法律保障。

（2）我国对外贸易持续高速发展和对外开放进一步深化的内在需求。1994 年对外贸易法实施近 10 年来，我国对外贸易的格局和数额都发生了巨大变化，外贸大国的地位已经确立。就在人民代表大会常务委员会通过新对外贸易法的前一天，即 2004 年 4 月 5 日，WTO 公布了世界各国排名情况，确认中国 2003 年外贸进出口总额为 8512 亿美元，排名世界第 4 位；对外贸易在国民经济中的地位和作用发生了根本性转变，成为国民经济持续发展的重要推动力。与此相对应，1994 年对外贸易法在对外贸易管理、对外贸易促进、对外贸易救济等诸多方面已不能完全适应对外贸易发展的新情况、新变化、新要求，需要根据实际情况进行修改、补充和完善，更好地促进对外贸易发展。

（3）履行“入世”承诺的外在要求。加入世界贸易组织，为我国运用 WTO 规则，保护和发展自己提供了有利条件。为最大限度、充分地用足、用好 WTO 赋予我国的权利，需要通过相应的国内立法，建立、健全具体的实施机制和程序。修订对外贸易法是将我国“入世”承诺和世界贸易组织规定的我国作为成员国应当享有的权利、承担的义务转化为国内法，这既是履行“入世”承诺的要求，也是完善对外贸易法之下位法的法律基础和保障。

总之，新对外贸易法的颁布是我国从外贸大国走向外贸强国的重要保障。

修改后的对外贸易法共 11 章 70 条，比 1994 年的对外贸易法新增加了 3 章 26 条。此次对外贸易法修订既总结了我国 10 年来持续发展的经验，又适应世界贸易组织规则的要求，同时还注重借鉴各国外贸立法的先进经验，与 1994 年对外贸易法相比，此次修订体现了现阶段我国外贸管理的基本理念，也反映出下一步外贸改革发展的方向和制度保障。虽然酝酿和修改时间较为紧张，仍存在有不足之处，但是从整体上来说是一部符合我国当前对外贸易发展客观需要的法律。

13.1.4 对外贸易法的立法思想

对外贸易法的修改是在中国国际经济地位正在发生根本性变化，面临着和改革开放初期甚至和 10 年前完全不同的内外部环境条件下进行的，体现了立法者与时俱进、实事求是的科学精神。

1. 科学的立法思想和宗旨

科学的发展观要求以人为本，实现城乡发展、统筹区域发展、统筹经济社会发展、统筹人与自然和谐发展、统筹国内发展和对外开放的要求，更大程度地发挥市场在资源配置中的基础性作用。这一指导思想在对外贸易法的修订中得到充分体现。

从立法思想来看，新对外贸易法强调了对外开放对国内经济的促进作用，增加了“扩大对外开放”的表述（新对外贸易法第 1 条、下同），体现统筹国内发展和对外开放的目的。其实质是要通过对外贸易法的实施，进一步完善中国可持续发展的外部保障法律体系，更好地利用国内外两种资源、两个市场，实现中国经济可持续发展。同时，新对外贸易法也强调了在促进对外贸易中国家扶持和促进民族自治地区和经济不发达地区发展对外贸易（第 59 条），以促进区域的统筹发展。

从立法宗旨来看，新对外贸易法更加重视经济和社会、人与自然的统筹发展。1994 年对外贸易法规定了限制和禁止进出口的项目内容，但与 1994 年 GATT 第 11 条、第 12 条、第 18 条和第 20 条相比不完备，不利于充分保护我国的经济安全和国家利益，不利于经济和社会、人与自然的协调发展。新对外贸易法在世界贸易组织协定允许的范围内，不仅增加和完善了限制和禁止进出口的规定，还特别强调了以人为本的思想，更加注重民生问题。例如，在第 16 条第 2 款明确规定：为保护人的健康或者安全，保护动物、植物的生命或者健康，保护环境，可以限制或者禁止进口或者出口。在第 8 条规定自然人可以从事外贸经营，这是宪法中有关国家尊重和保护人权表述的具体体现，也是对自然人经济权给予的国民待遇。

2. 履行 WTO 成员的权利和义务

1994 年的对外贸易法受当时立法环境的约束，以及非 WTO 成员的约束，在享受多边协议的权利方面存在法律不够完备、下位单行法规从条文上与上位法存在冲突、对外贸易谈判主体及采取贸易措施主体的授权条款不明确、缺乏知识产权的保护规定等诸多问题。

新对外贸易法借鉴国际经验，根据世界贸易组织规则，增加了促进对外贸易发展，维护市场公平竞争，合理保护国家和国内产业利益的“主动条款”。新增了与对外贸易有关的知识产权保护、对外贸易调查和对外贸易救济等 3 章内容，共计 17 条，占新对外贸易法全部条款数的近四分之一。新对外贸易法充分利用 WTO 的例外条款，结合我国的具体国情，将维护产业经济安全作为我国对外贸易可持续发展的重要前提和基础，体现了权利和义务的平衡。这种平衡，一方面增强了主动条款的攻击力，另一方面增强了国内产业对进口冲击的防御力，特别是提升和增强国内产业对国际市场的开拓能力。使我国对外贸易法真正成为具有主动性的贸易防御法和积极的市场开拓法，以便遏制国外贸易保护主义，拓宽我国的贸易和投资。

3. 外贸管理与服务并重

1994 年的对外贸易法主要是一部以管理外贸为主的“外贸管理法”。从内容上来看，它主要规定了国家管理外贸经营活动的法律规则和依据，片面强调了政府对外贸企业的监督和管理，忽视了作为一部规范对外贸易经营活动的基本法律，在促进对外贸易、提供对外贸易公共信息服务等方面应有的责任，更缺少维护对外贸易秩序所需的法律保障和服务。

新对外贸易法作为 1994 年对外贸易法的继续和发展，强调发挥政府在外贸管理中的重要作用，如有关建立和健全对外贸易秩序，有关知识产权保护、对外贸易调查与对外贸易救济，建立对外贸易公共信息服务体系，加大对违法行为的处罚力度及构建国内外市场的预警监测体系等相应条款，进一步明确了政府在外贸管理中的重要职责与角度定位，充分体现了政府适度参与外贸管理的重要作用。

同时，新对外贸易法更强调了其对外贸易服务和保护对外贸易发展的功能。例如，增加了保护对外贸易经营者的合法权益的规定（第 1 条），强调了国家建立对外贸易公共信息服务体系，向对外贸易经营者和其他社会公众提供信息服务（第 54 条）。同时，参照国际惯例，国家扶持和促进中小企业开展对外贸易（第 58 条）。

13.2　新对外贸易法的法律功能

新对外贸易法修订历时数年，在借鉴国际经验，总结我国对外开放成果，探索建立符合我国国情的对外贸易法律法规体系等方面做了大量有益工作。新对外贸易法最为突出的有如下四大亮点。

13.2.1 强化开拓国际市场的保障功能

当前，主要国家对外贸易法的一个突出特点就是具有对外市场开拓，对内保护国内产业的功能。增强对外贸易法的开拓国际市场的保障功能，实施对外贸易调查，已经成为各国开拓国际市场，维护本国产业安全的重要法律手段，是当今各国对外贸易法的立法趋势。著名的美国“301 条款”就是一例。根据美国《1988 年综合贸易与竞争法》的规定，“301 条款”及其配套措施分为三种:“一般 301 条款”“特殊 301 条款”及“超级 301 条款”。根据“一般 301 条款”，如果美国贸易代表确信外国的某项立法、政策或做法违反了贸易协定或与贸易协定不一致，或者不公正，并给美国商业造成了负担或限制，那么美国贸易谈判代表就应该采取行动，以实现美国依贸易协定所享有的权利，或者达到消除这一立法、政策或做法的目的。“特殊 301 条款”针对的则是重点监督国家的知识产权贸易。而“超级 301 条款”的关注重点则是贸易自由化，美国贸易谈判代表应关注某些重点国家的主要贸易障碍和扭曲贸易的做法。根据“301 条款”，美国贸易谈判代表可以根据情况对外国采取强制性的“报复”措施。例如，中止或撤回贸易减让、对外国的进口货物或服务给予进口限制，也可以通过谈判要求外国政府改正其做法或提供赔偿等，这表明“301 条款”是贸易单边主义的武器。美国常常使用这个条款对其他国家的贸易措施进行调查，继而与其他国家进行谈判，如果谈判不成就进行单边报复，以迫使他国让步。美国的主要贸易伙伴如欧盟和日本都频遭此条款的调查，深受其苦，对这个法律有切肤之痛，我国也是“301 条款”的主要目标。而我国 1994 年对外贸易法在这方面的功能明显不足。

为最大限度地保护国内产业利益，新对外贸易法在原有的反倾销、反补贴、保障措施、反规避等对外调查的基础上，调整并专门增加了对外贸易调查（第 7 章）。例如，参照美国、韩国的立法实践，明确规定国家可对货物进出口、技术进出口、国际服务贸易对国内产业及其竞争力的影响进行调查，并对调查的主管机关、方式、措施等进行了相应规定（第 38 条、第 39 条）。这些规定为我国今后对外谈判和磋商、签署多双边协议、发起对外调查和贸易救济措施，提供了一个基础性的定量分析框架和评估程序，有利于全面平衡国际经济变化对国内产业及国内就业的影响，有利于全面评价货物进出口、技术进出口、国际服务贸易多双边安排的利弊，有利于准确及时发起对外调查和贸易救济措施。

同时，在第 48 条明确授权国务院对外贸易主管部门依照本法和其他有关法律的规定，进行对外贸易的双边或者多边磋商、谈判和争端解决，增强了运用国家机器维护国家经济安全和企业合法权益的能力。

13.2.2 重视贸易知识产权保护

与贸易有关的知识产权保护是世界贸易组织规则中的重要内容，正日益成为发达国家维护其国家利益的主要手段。在全球化的知识经济中，知识产权的本质已经不只是技术的创新，而是国际贸易中的竞争武器之一。因此，发达国家十分重视知识产权的保护工作，日本甚至提出专利立国战略。

在 WTO 的《与贸易有关的知识产权协定》（即 TRIPs 协定）中，即规定了在保护知识产权时应遵守下述原则，即国民待遇、保护公共秩序、社会道德、公众健康等原则，同时也明确规定：“可采取适当措施防止权利持有人滥用知识产权”。新对外贸易法根据 WTO 的规则，在借鉴美、欧、日等国外立法经验的基础上，增加了第 5 章“与对外贸易有关的知识产权保护”，具体规定了通过实施贸易措施，防止侵犯知识产权的货物进出口和知识产权权利人滥用权利等内容。这些规定有利于中国企业妥善处理与外国专利人之间的知识产权纠纷，也有利于保护外商的合法权益。

还要特别指出的是，新《对外贸易法》第 31 条规定，对于一些国家和地区在知识产权保护方面未给予中华人民共和国的法人、其他组织或者个人国民待遇，或者不能对来源于中华人民共和国的货物、技术或者服务提供充分有效的知识产权保护的，新对外贸易法规定将对该国家或者该地区的贸易采取必要的措施。这将为在境外有效保护我国企业知识产权及产品竞争优势，提供有力的国内法依据。

13.2.3　建立对外贸易预警应急机制

建立对外贸易预警应急机制是各国的通行做法。例如美国商务部 2003 年 9 月建立“工业分析办公室”，负责审查和评估进出口贸易、政府政策对产业及企业的影响；南非、欧盟建立的“进口监测快速反应机制”；以及印度建立的进口监测机制等。从国内产业角度来说，对外贸易预警应急机制一般称为产业损害预警机制。产业损害预警机制主要是通过对货物进出口、技术进出口和国际服务贸易异常情况的连续性监测，分析其对国内产业的影响，及时发布相关预警信息，为国务院领导、政府相关部门、产业和企业决策服务，实现“为之于未有，治之于未乱”。该系统由预警、预案、应对实施三个部分组成，是国家宏观管理的重要组成部分，是国家调控宏观经济的重要手段，也是有效运用贸易救济措施的基础性、前瞻性、预防性工作，对维护国内产业安全具有重要的作用。

“入世”后，特别是面临经济全球化、跨国公司快速发展的情况下，我国产业安全工作面临的形势日趋严峻。对此，商务部产业损害调查局（原国家经贸委产业损害调查局）、国家质检局、人民银行等部门依据各自职能，积极探索建立相关预警机制，取得了积极的进展。其中商务部已经建立了汽车、化肥、钢铁等重点行业的产业损害预警机制，对重点商品进行了监控，并积极推动了区域性和企业级产业损害预警机制建设工作。新《对外贸易法》第 49 条规定，国务院对外贸易主管部门和国务院其他有关部门应当建立货物进出口、技术进出口和国际服务贸易的预警应急机制，应对对外贸易中的突发和异常情况，维护国家经济安全。这一条款的出台，必将强化政府的预警职能，促进我国产业损害预警机制的建设与发展。

13.2.4　透明度原则全面贯彻

透明度原则是世界贸易组织规则中最基本的原则之一，也是实现 WTO 总体目标的关键。透明度原则的核心条款是关贸总协定的第 10 条。随着 WTO 影响的扩大，该原则得到了广泛的传播和应用，成为保障国际贸易可预见性的关键，并已成为各国对外贸易法的强制性规定而列入其对外贸易法主要条款。

透明度原则的具体内容为：一是公布和告知原则，即通知义务。该原则要求成员管理机构必须将正式实施的与贸易有关的法律、法规、条例及政策予以公布；必须将与另一成员方政府或政府机构签订的影响国际贸易政策的现行条约及政府协定予以公布；在实施具体贸易过程中的法令、条例及一般援用的司法判例及行政决定，都应迅速公布。二是关于行政和司法过程中的透明度。要求各成员管理外贸过程及审理外贸案件的过程透明，并要求能对政府管理外贸过程中的决定进行独立的司法审查。三是关于商业经济层面上的透明度。当然，WTO 对透明度原则也有例外，如公开会妨害公共利益，有损国家安全或损害企业正常的利益，如商业秘密等，则可以不公开。

我国在“入世”议定书有关透明度原则问题上的承诺，关键的，或者说具有突破性的一点就是政府在管理外贸工作中取消内部文件（亦称红头文件），即凡是执行的，必须是公开的法律法规、规章制度和政策。新对外贸易法在对外贸易秩序和对外贸易调查两章中的第36条和第38条均强调了对外公告义务。例如，第36条规定：“违反本法规定，危害对外贸易秩序的，国务院对外贸易主管部门可以向社会公告”。在第54条还规定了国家外经贸主管部门必须建立对外贸易公共信息服务体系，向对外贸易经营者和其他社会公众提供信息服务的义务。长期以来，我国对外贸易公共服务体系建设滞后，公共信息服务意识薄弱，而对外贸易公共信息能否及时向对外贸易经营者和其他社会公众提供，关系到我国加入WTO时作出的承诺，关系到我国的国际形象。通过公告，一方面增强了透明度，体现了新对外贸易法与WTO基本原则的一致；另一方面也通过将扰乱对外贸易秩序的行为公开的举措，确保了国民的知情权的实现，使得中国的经济环境更具稳定性和可预见性。达到引导社会公众关注对外贸易法，学习对外贸易法，监督对外贸易法施行的作用。

同时，新对外贸易法在修订过程中还首次征求了外国商会和外商投资企业的意见。立法机关对他们提出关于外商投资企业贸易权、指定经营、知识产权保护等问题的意见和建议进行了认真的研究，并吸纳了合理意见。这种做法既体现了WTO的透明度原则，同时又对对外贸易法修订本身，对整个国家法制建设都将起到积极的作用。

13.3 新对外贸易法确立的对外贸易管理体制

根据我国1994年的《对外贸易法》规定，国务院对外经济贸易主管部门（对外贸易经济合作部）负责全国对外贸易管理工作、法制建设、拟订对外贸易发展战略和政策，同时代表我国政府对外谈判、签约及负责组织实施，它是在国务院领导下的全国对外贸易的中央行政领导机关。

国家计委、国家经贸委、国家科委、国防科工委、海关总署等部门也在各自的职责范围内负责一部分对外贸易管理工作，但不属于国务院对外经济贸易主管部门。

在地方对外贸易管理机构中，各省、市、自治区对外经济贸易委员会（厅、局）属于地方的对外经济贸易主管部门。它受同级政府领导，在业务上受国务院外经贸部的指导。

2003年3月10日，第十届全国人民代表大会第一次会议审议通过了国务院机构改革方案，组建了商务部，我国长达50多年的内外贸管理体制分割的局面被彻底打破。新组建的商务部最大的特点是实现了内外贸易的统一。根据国务院的方案，商务部将成为主管国内外贸易和国际经济合作的国务院组成部门，其主要职责是：制定市场运行的法规政策，监测分析市场运行和商品供求状况，组织开展国际经济合作，负责组织协调反倾销、反补贴的有关事宜和组织产业损害调查等。

2004年的《对外贸易法》确立了新的对外贸易管理体制。

13.3.1 优化对外贸易经营主体结构

是否允许自然人、法人或合伙企业等所有企业从事外贸，这是一国对外贸易法的基石，犹如一国宪法是否保护人权一样重要。20多年来，放开对外贸易经营权一直是中国外贸体制改革主线之一。事实上，我国以往实行的外贸经营权审批制是我国高度集中的计划经济垄断经营制度的直接表现。原《对外贸易法》第 9 条第 1 款规定的许可制度，无疑在有外贸经营权和无外贸经营权的企业之间造成事实上的不平等，限制了市场、限制了竞争，也与世界贸易组织的要求相背离，易被视为贸易壁垒，不符合《中国加入议定书》和《中国加入工作组报告书》中关于“中国将在加入 3 年内取消贸易权的审批制”的承诺。

随着对外开放步伐的加快，我国推出了一系列改革措施，放宽对外贸易经营权。1999 年 142 家私营企业获得自营进出口权，全国大型工业企业全面实行自营进出口经营权登记备案制，原来由国有外贸公司垄断经营的局面已基本被打破，在全国范围内已基本形成了多元化外贸经营主体，多种所有制经济成分、多层次、多渠道的外贸经营格局，具备了放开外贸权的条件。新对外贸易法据此取消了贸易权审批制，改为实行备案登记制（第 8 条、第 9 条）。赋予企业更广泛的外贸经营权，从而为形成以多元经济为核心的外贸体制，充分发挥中国企业在国际市场上的总体优势奠定了基础。同时，新对外贸易法赋予自然人从事外贸的权利，彻底实现了外贸经营主体的国民待遇。根据 1994 年的对外贸易法第 8 条的规定，自然人不能从事对外贸易经营活动。而根据我国的“入世”承诺，在贸易权方面应给予所有外国自然人和企业给予不低于在中国的企业的待遇。虽然中国的自然人能不能成为外贸经营主体并不涉及我们在 WTO 规则下的义务，但这一条款是否增加一直为国内业界所广泛关注。

对此，部分专家和学者认为降低准入门槛，敞开外贸大门，在中国信用体系十分薄弱的今天，容易导致短期内外贸易经营主体的急剧增长，从而可能出现恶性竞争和市场秩序的混乱，最终损害国家利益。事实上，在技术贸易和国际服务贸易、边贸活动中，自然人从事对外贸易经营活动已经大量存在。放开后，国内短时间内出现包括自然人在内的外贸经营主体数量大量增加的可能，但预计不会持续。主要原因是自然人做贸易的风险极大，相比法人、其他组织来说，自然人需要承担无限责任。同时，自然人真正作为主体参与外贸经营的实现，目前还存在配套制度上的阻碍，如合同效力、海关管理、外汇支付、税收等方面的法规中对自然人行为效力的确认，还有待通过对相关配套法规的修改和制定来进一步理顺。

13.3.2　突出公权的贸易救济功能

对外贸易秩序包括对外贸易的管理秩序和经营秩序。前者是为了维护国家的经济利益和政治利益而产生的，所反映的是作为对外贸易管理者的国务院对外贸易主管部门与对外贸易经营者之间的权利义务关系；后者是适应对外贸易活动的客观规律而形成的，所反映的是作为平等主体的对外贸易经营者之间的民商事权利义务关系。依法维护公平、自由的对外贸易秩序则是其中的一项重要内容。无论是在 1994 年对外贸易法还是在新实施的对外贸易法当中，第一章总则的第 1 条都把“维护对外贸易秩序”作为制定本法的一项宗旨。

1994 年对外贸易法分别从对内、对外两个方面对对外贸易秩序进行了规定，试图以此来应对当时已经出现的对外贸易领域的无序竞争及与国外的贸易摩擦。它对内确立了对外贸易经营者应该遵循的行为准则，具体列举了对外贸易领域中的各种不正当竞争行为和其他违法行为。对外则是针对反倾销、反补贴、保障措施的规定。这种体制弱化了对外贸易法对国内产业的保护，不利于发挥公权在对外贸易救济中的作用。

新对外贸易法增加了知识产权保护、对外贸易调查和贸易救济 3 章，强化了对国内产业的保护功能，弥补了中国作为 WTO 成员应当享受的相应权利。特别是在第 46 条、第 45 条规定了贸易转移及国际服务贸易的贸易救济问题，为我国产业维护其自身合法权益提供了法律保障。同时，在第 6 章对外贸易秩序中还对垄断和不正当竞争行为做了相应的规定，明确国务院商务主管部门可以采取禁止进出口等措施消除其危害或者影响，及时发现和处理对外贸易中出现的新情况，更为全面的保障经济安全。

13.3.3 强化行业协会等中介组织的作用

纵览《马拉喀什建立世界贸易组织协定》(即《WTO协定》)及其附件可以发现，在《建立WTO协定》第5条第2款“总理事会可就与涉及WTO有关事项的非政府组织进行磋商和合作做出适当安排”，以及《关于实施1994年关税与贸易总协定第6条的协定》《补贴与反补贴措施协定》《技术性贸易壁垒协定》等协定涉及非政府组织、行业协会或商会。

随着我国市场经济体制的不断完善，政府对经济的管理，由微观管理转向宏观管理，正逐步形成政府宏观调控——行业组织自律性管理和服务——企业自主经营的新格局，对外贸易由于其涉外性质更需要这种协调机制。特别是在处理贸易摩擦的实践中，行业协会、商会扮演着重要角色。例如，作为进口国国内产业的代表，在国内发起反倾销、反补贴、保障措施调查；作为利害关系方，就进口国对其提起的反倾销、反补贴调查应诉；游说、影响反倾销、反补贴、保障措施调查机关等。

与1994年对外贸易法相比，在有关中介组织规定方面，新对外贸易法客观反映了我国市场经济改革的成果，尊重了协会等中介组织在经济活动中的实际作用和发展状况，明确了协会、商会的权利和义务。特别是强调了协会、商会为其会员提供与对外贸易有关的生产、营销、信息、培训等方面服务的职能，以及依法提出有关对外贸易救济措施的申请、反映会员呼声的义务。例如，新对外贸易法第56条规定，对外贸易经营者可以依法成立和参加有关协会、商会。有关协会、商会应当遵守法律、行政法规，按照章程对其成员提供与对外贸易有关的生产、营销、信息、培训等方面的服务，发挥协调和自律作用，依法提出有关对外贸易救济措施的申请，维护成员和行业的利益，向政府有关部门反映成员有关对外贸易的建议，开展对外贸易促进活动。

13.3.4 对外贸易手段实现多元化

新对外贸易法除在第9章对外贸易促进增加规定了出口信用保险、公共信息服务系统、鼓励对外投资、工程承包和对外劳务合作等方式外，很重要的一个突破就是首次以法律条款规定我国参与区域经济贸易协定和区域经济组织的行为。这将为我国的外贸发展提供一个广阔的空间。

目前，以北美自由贸易区和东盟自由贸易区为代表的区域经济贸易合作，已经成为世界经济发展的一个趋势，也是世界各国寻求发展本国经济、抵御经济衰退的一项重要举措。由于自由贸易区具有的积极作用，《关贸总协定》第24条对其作了特别规定，从而使自由贸易区成为最惠国待遇原则的例外，并明确允许各成员在其领土之间建立自由贸易区。我国游离于自由贸易区之外，一方面使我国无法享受区域贸易安排产生的贸易创造效应；另一方面由于区域贸易安排对区内国家实行优惠待遇，其成员对区外贸易伙伴仍保留各自原有的贸易壁垒，因而其贸易转移效果甚至排他性的特征日益明显，致使我国受到程度不同的歧视性影响。同时，自由贸易区是世界贸易组织明文允许存在的例外，不予以积极利用就没有充分利用世界贸易组织规则来为我国谋取应得的利益，因此，无论从理论上还是从实践上我国都应重视和利用自由贸易区来推动我国对外贸易的进一步发展，并发挥我国在自由贸易区内的积极作用。

新对外贸易法第 5 条明确规定，中华人民共和国根据平等互利的原则，促进和发展同其他国家和地区的贸易关系，缔结或者参加关税同盟协定、自由贸易区协定等区域经济贸易协定，参加区域经济组织。这将积极推动我国参加区域经济一体化活动，有利于中国与东盟及中日韩就建立自由贸易区的可能性进行有益的尝试。

13.3.5 健全严格的法律责任

1994 年对外贸易法关于法律责任的规定只有 4 条，比较原则，处罚手段不够，处罚种类也比较单一，主要手段是撤销对外贸易的经营许可。对此，最高人民检察院曾于 1994 年下发了《关于严格贯彻执行〈中华人民共和国对外贸易法〉的通知》，对 1994 年对外贸易法有关违法行为做了补充规定。

新修订的对外贸易法根据外贸管理出现的新情况、新问题，结合外贸管理的实际需要，补充、修改和完善了有关国营贸易等法律责任的规定（第 60 条至第 66 条）。例如，第 63 条规定："违反本法第三十四条规定，依照有关法律、行政法规的规定处罚；构成犯罪的，依法追究刑事责任。国务院对外贸易主管部门可以禁止违法行为人自前款规定的行政处罚决定生效之日或者刑事处罚判决生效之日起 1 年以上 3 年以下的期限内从事有关的对外贸易经营活动。"处罚措施除了包括撤销外贸经营权及罚款等传统手段之外，还包括刑事处罚、行政处罚及从业禁止等多种手段，为维护公平、自由的对外贸易秩序提供了有力的保证。新对外贸易法还特别针对外贸违法行为法律关系比较复杂的特点，对涉及知识产权保护、垄断、不正当竞争、海关管理、税收征管、外汇管理、商检等法律、行政法规规定的违法行为，从法律责任上，与有关法律、行政法规进行了衔接（第 29 条、第 30 条、第 32 条至第 35 条），明确了违法行为的相应法律责任。

13.4 对外贸易代理制度

13.4.1 对外贸易代理的概念

对外贸易代理是指对外贸易经营者根据有关企业、事业单位及个人的委托，在委托单位的授权范围内，以委托人（被代理人）或自己的名义办理进出口业务并收取手续费，盈亏由委托人负责的外贸活动。我国《对外贸易法》第 13 条规定：没有对外贸易经营许可的组织或者个人，可以在国内委托对外贸易经营者在其经营范围内代为办理其对外贸易业务。这一规定是我国对外贸易代理制度的法律基础。对外经营贸易部 1991 年所颁布的《关于对外贸易代理制的暂行规定》是对外贸易代理制度的具体执行依据。

对外贸易代理有直接代理和间接代理两种。直接代理是对外贸易经营者（代理人、受托人）根据委托合同的规定，以委托人（被代理人）的名义，对外谈判签订合同，对外贸易代理活动所产生的权利与义务由委托人（被代理人）承担的对外贸易业务。间接代理是对外贸易经营者（代理人）基于被代理人的委托并在代理权限内以自己的名义对外谈判签订合同，代委托人从事对外贸易代理活动，由此产生的权利与义务直接归属被代理人的对外贸易业务。上述两种对外贸易代理活动的代理人均必须是具有对外贸易经营许可资格的对外贸易经营者。

所谓对外贸易经营者，是指依照《对外贸易法》的规定，有权从事对外贸易经营活动的法人和其他组织。在我国，并非所有的企业或者经济组织都有权从事对外贸易活动，只有对外贸易经营者才能够从事对外贸易活动。根据《对外贸易法》的规定，从事货物进出口与技术进出口的对外贸易经营，必须具备下列条件：经国务院对外经济贸易主管部门许可；有自己的名称和组织机构；有明确的对外贸易经营范围；具有其经营的对外贸易业务所必需的场所、资金和专业人员；委托他人办理进出口业务达到规定的实绩或者具有必需的进出口货源；法律、行政法规规定的其他条件。国际服务贸易企业和组织的设立及其经营活动，应当遵守本法和其他有关法律、行政法规的规定。

从实质上来说，对外贸易代理制度与民事法律上的代理制度并没有本质的区别，而是民事代理制度在对外贸易活动中的具体应用。对外贸易中的直接代理制度，与我国《民法通则》所规定的代理制度基本相同；间接代理制度与我国《合同法》关于委托合同中的间接代理基本相同。

随着我国贸易体制改革的不断深化，企业的对外贸易经营自主权逐步扩大，对外贸易代理制度也将失去其特殊意义，归类于一般的民事代理制度。

13.4.2 对外贸易代理合同

1. 对外贸易代理合同的概念

进行对外贸易代理活动，应当签订书面的对外贸易代理合同。对外贸易代理合同是有关委托人与代理人就对外贸易代理事项而达成的有关双方当事人权利义务的协议。对外贸易代理合同是确定委托人与代理人权利与义务的基本依据。

对外贸易代理合同一般应包括下列内容：（1）双方当事人的名称、地址及合同签订日期、地点；（2）委托合同的期限；（3）代理权的具体内容，包括代理商品（技术、服务）的名称、品质、规格、种类范围、价格、货币、支付等；（4）代理费的计算方式及支付方式、期限；（5）双方的其他权利、义务；（6）违约责任；（7）有关争议的解决方法。委托合同一经签订即具有法律效力，任何一方当事人应严格执行合同，否则应承担违约责任。

2. 双方当事人的权利与义务

（1）代理人（即受托人）的权利与义务

代理人接受委托人（即被代理人）的委托，承受相应的权利与义务：一是勤勉尽责地办理委托事务的义务。代理人应根据委托合同尽职尽责地履行代理职责，并对由于自己的过失所引起的损失承担赔偿责任。二是报告义务。代理人应向被代理人如实报告市场行情、商品价格、经营渠道等方面的情况，并应向被代理人报告代理业务开展情况。三是保守秘密的义务。代理人在代理期间应保守其因代理业务所获取的商业秘密及有关信息，并不得利用有关商业秘密及信息从事不正当的业务竞争。四是对外索赔或理赔的义务。代理人应按委托合同的规定按时对外索赔或理赔，或采取其他补救措施以保护被代理人的合法权益，被代理人应提供费用、证据等方面的协助。五是收取代理费（佣金）的权利。代理人有权获得约定的代理费。此外，对于为被代理人利益，在特殊情况下为进行代理活动所垫付的额外费用及利益，代理人有权要求被代理人做出补偿。六是留置权。如被代理人未按期支付约定的费用或偿付有关费用及利益，代理人对被代理人的有关货物及款项享有留置权，以抵偿有关费用或损失。

（2）被代理人（委托人）的权利与义务

被代理人委托代理人，承受相应的权利与义务：一是办理有关报批手续的义务。被代理人应依国家有关法律、法规的规定办理委托进口或出口商品（包括货物和技术）的有关报批手续，并应及时向代理人说明委托进口或出口商品的有关情况。二是接收委托事务成果的义务。被代理人应在委托权限内接收代理人办理委托事务的成果。三是支付费用或交付商品的义务。被代理人应履行委托合同规定的义务，包括按时向代理人提供进口所需要的资金或委托出口的商品及支付相应的报酬。四是保守秘密的义务。被代理人应保守代理人的商业秘密。即使代理关系终止后，被代理人利用原代理人的信息、经营渠道或商业秘密继续取得利润时，也应向原代理人做出合理补偿。五是报告义务。被代理人应如实提供有关委托信息，按质、按量提供外贸货源。六是监督和检查义务。被代理人对委托事项应进行必要的监督和检查。

13.5　进出口商品与国际服务贸易管理制度

13.5.1　进出口商品管理制度

1. 进口商品的管理

根据《对外贸易法》的规定，国家对限制进口的商品实行配额或者许可证管理。属于配额管理范围内的商品，由国务院对外经济贸易主管部门或者国务院有关部门在各自职责范围内进行分配。属于许可证管理范围内的商品，由对外经济贸易部配额许可证事务局和外经贸部驻各地特派员办事处及对外经济贸易部授权的各省、自治区、直辖市及计划单列市经贸委（厅）、外贸局向进口企业签发进口许可证，海关凭进口许可证及其他有关单证查验放行。

在一般贸易的进口中，对实行配额、许可证管理的商品，进口企业需凭政府主管部门签发的配额证明到指定的发证机构申领进口许可证。

对来料加工、进料加工、补偿贸易、易货贸易、边境小额贸易等贸易方式的进口，对外商投资企业进口、华侨和台港澳同胞捐赠及利用国外政府或国际金融组织贷款项目进口的，凡属进口许可证管理的商品，除另有规定者外，也均需领取进口许可证。

目前，我国对 36 种重要的、国际市场上比较敏感的商品实行进口许可证管理。为了适应社会主义市场经济的发展，保证进口贸易有秩序地进行，国家可以视情况对实行进口许可证管理商品的品种和发证机构进行调整。在经营管理上，国家对进口商品实行目录管理，对少数关系国计民生及国际市场上垄断性强、价格敏感的大宗原材料商品列入目录，实行核定公司经营目录以外的商品，由有进出口经营权的各类企业按照企业的经营范围自主经营。目前列入目录的商品共 12 种。国家将根据国内外市场变化和经营管理情况对目录进行调整。

2. 出口商品的管理

为了适应社会主义市场经济发展的需要，加强出口宏观管理，促进企业转换经营机制，加快对外贸易发展，参照国际惯例，对外经济贸易部于 1992 年 12 月 29 日颁布了《出口商品管理暂行办法》。该办法的主要内容包括以下几点。

（1）国家实行配额许可证管理的出口商品范围

对关系国计民生的大宗资源性出口商品及在我国出口中占有重要地位的大宗传统出口商品，实行计划配额管理。我国在国际市场或某一市场上占主导地位的重要出口商品，国外要求我国主动限制的出口商品，实行主动配额管理。出口金额大且经营秩序易于混乱和重要的名、优、特出口商品，实行一般许可管理。国外对我国有配额的 24 种出口商品，实行被动配额管理。

（2）出口许可证管理

在我国计划配额、主动配额和一般许可管理的出口商品都实行出口许可证管理。

（3）出口商品经营管理

计划配额商品中的 16 种特别重要出口商品，由国家组织统一联合经营。

凡属下述情况之一的货物任何企业不得经营出口：危及国家安全的法律、法规禁止出口的文物、濒临灭绝状态的珍贵的动物或植物；劳改产品及其他货物；违反中华人民共和国承担的国际义务的；国内特别紧缺的。

（4）实行出口配额招标

为了完善配额分配制度，建立平等竞争机制，保障国家的整体利益和对外贸易企业的合法权益、维护对外贸易出口的正常秩序，我国对外经济贸易部于 1995 年 4 月颁布了《出口商品配额有偿招标办法》和《出口商品配额招标办法实施细则》。目前实行出口商品配额招标或有偿招标与有偿使用相结合的商品多达 33 种，实行无偿招标的机电产品有 3 种。

13.5.2 进出口商品检验制度

我国十分重视进出口商品检验工作。早在 1984 年，我国就发布了《输出输入商品检验暂行条例》。随着对外开放政策的实施，对外贸易迅速发展，进出口商品品种日益增多，工作范畴不断扩大。为了加强对进出口商品的检验，保证检验工作质量，维护对外贸易有关各方的合法权益，1984 年 1 月 28 日国务院发布了《中华人民共和国进出口商品检验条例》，同年 6 月 1 日国家商品检验局发布了《中华人民共和国进出口商品检验条例实施细则》；1987 年国家商检局、对外经济贸易合作部等联合发布了《进口商品质量许可证制度实施办法（试行）》和《进出口商品检验样品管理办法》；1989 年 2 月 21 日全国人民代表大会常务委员会制定颁布了《中华人民共和国进出口商品检验法》，2002 年 4 月 28 日第九届全国人民代表大会常务委员会第二十七次会议《关于修改〈中华人民共和国进出口商品检验法〉的决定》对该法进行了修正；1991 年 10 月 30 日全国人民代表大会常务委员会制定了《中华人民共和国进出境动植物检疫法》。目前，我国进出口商品检验工作已基本纳入了法制的轨道，为对外贸易管理提供了重要的法律依据。

国务院设立进出口商品检验部门（简称国家商检部门），主管全国进出口商品检验工作。国家商检部门设在各地的进出口商品检验机构（以下简称商检机构）管理所辖地区的进出口商品检验工作。商检机构和经国家商检部门许可的检验机构，依法对进出口商品实施检验。商检机构和经国家商检部门许可的检验机构，以第三者身份，本着独立公正、实事求是的原则，办理进出口商品检验和对外贸易的公证鉴定业务，出具检验鉴定证书，作为进出口商品的交换、结算、计算、报送、纳税和理、索赔的依据。

进出口商品检验应当根据保护人类健康和安全、保护动物或者植物的生命和健康、保护环境、防止欺诈行为、维护国家安全的原则，由国家商检部门制定、调整必须实施检验的进出口商品目录（简称目录）并公布实施。列入目录的进出口商品，由商检机构实施检验，符合国家规定的免予检验条件的，由收货人或者发货人申请，经国家商检部门审查批准，可以免予检验；进口商品未经检验的，不准销售、使用。

必须实施的进出口商品检验，是指确定列入目录的进出口商品是否符合国家技术规范的强制性要求的合格评定活动，合格评定程序包括：抽样、检验和检查；评估、验证和合格保证；注册、认可和批准及各项的组合。

列入目录的进出口商品，按照国家技术规范的强制性要求进行检验；尚未制定国家技术规范的强制性要求的，应当依法及时制定，未制定之前，可以参照国家商检部门指定的国外有关标准进行检验。法律、行政法规规定由其他检验机构实施检验的进出口商品或者检验项目，依照有关法律、行政法规的规定办理。

经国家商检部门许可的检验机构，可以接受对外贸易关系人或者外国检验机构的委托，办理进出口商品检验鉴定业务。国家商检部门和商检机构的工作人员在履行进出口商品检验的职责中，对所知悉的商业秘密负有保密责任。

1. 出口商品检验制度

《进出口商品检验法》规定必须经商检机构检验的出口商品的发货人或者其代理人，应当在商检机构规定的地点和期限内，向商检机构报检。商检机构应当在国家商检部门统一规定的期限内检验完毕，并出具检验单证，海关凭商检机构签发的货物通关证明验放。经商检机构检验合格发给检验单证的出口商品，应当在商检机构规定的期限内报关出口；超过期限的，应当重新报检。为出口危险货物生产包装容器的企业，必须申请商检机构进行包装容器的性能鉴定。生产出口危险货物的企业，必须申请商检机构进行包装容器的使用鉴定。使用未经鉴定合格的包装容器的危险货物，不准出口。对装运出口易腐烂变质食品的船舱和集装箱，承运人或者装箱单位必须在装货前申请检验。未经检验合格的，不准装运。

法定检验以外的出口商品，对外贸易合同约定由商检机构检验的，依照前款规定办理报验、检验事项。

商检机构根据出口商品的种类和外贸合同的规定，凡列入《进出口商品种类表》的出口商品和对外贸易合同规定由商检机构检验出证的出口商品，均由商检机构负责检验出证或签发放行单。对列入《进出口商品种类表》的出口商品，海关凭商检机构的检验证书或放行单验收，或凭商检机构在报关单上加盖的印章验收。对于未列入《进出口商品种类表》的出口商品，可由生产单位、供货单位或外贸企业自行检验。

2. 进口商品检验制度

凡《进出口商品检验法》规定必须经商检机构检验的进口商品的收货人或者其代理人，应当向报关地的商检机构报检，海关凭商检机构签发的货物通关证明验放。必须经商检机构检验的进口商品的收货人或者其代理人，应当在商检机构规定的地点和期限内，接受商检机构对进口商品的检验。商检机构应当在国家商检部门统一规定的期限内检验完毕，并出具检验证单。

必须经商检机构检验的进口商品以外的进口商品的收货人，发现进口商品质量不合格或者残损短缺，需要由商检机构出证索赔的，应当向商检机构申请检验出证。

对重要的进口商品和大型的成套设备，收货人应当依据对外贸易合同约定在出口国装运前进行预检验、监造或者监装，主管部门应当加强监督；商检机构根据需要可以派出检验人员参加。

3. 进出口商品检验的监督管理

为了保证进出口商品检验的规定得以实施，国家还设置了对其监督管理制度。其具体内容有：一是商检机构对于法定的必须经商检机构检验的进出口商品以外的进出口商品，根据国家规定实施抽查检验。二是商检机构根据便利对外贸易的需要，可以按照国家规定对列入目录的出口商品进行出厂前的质量监督管理和检验。三是为进出口货物的收发货人办理报检手续的代理人应当在商检机构进行注册登记；办理报检手续时应当向商检机构提交授权委托书。四是国家商检部门可以按照国家有关规定，通过考核，许可符合条件的国内外检验机构承担委托的进出口商品检验鉴定业务。五是国家商检部门和商检机构依法对经国家商检部门许可的检验机构的进出口商品检验鉴定业务活动进行监督，可以对其检验的商品抽查检验。六是国家商检部门根据国家统一的认证制度，对有关的进出口商品实施认证管理。商检机构可以根据国家商检部门同外国有关机构签订的协议或者接受外国有关机构的委托进行进出口商品质量认证工作，准许在认证合格的进出口商品上使用质量认证标志。七是商检机构依法对实施许可制度的进出口商品实行验证管理，查验单证，核对证货是否相符。八是商检机构根据需要，对检验合格的进出口商品，可以加施商检标志或者封识。

进出口商品的报检人对商检机构做出的检验结果有异议的，可以向原商检机构或者其上级商检机构以至国家商检部门申请复验，由受理复验的商检机构或者国家商检部门及时做出复验结论。当事人对商检机构、国家商检部门做出的复验结论不服或者对商检机构做出的处罚决定不服的，可以依法申请行政复议，也可以依法向人民法院提起诉讼。

13.5.3　国际服务贸易管理制度

1. 国际服务贸易的发展

服务业将成为 21 世纪各个国家尤其是经济发达国家促进经济发展的首选之器，成为衡量一国国际竞争力的一项重要指标。各国在服务出口贸易中的竞争也会越来越激烈。1978 年以来，我国服务业增加值 GDP 的比重从 23% 上升到 33%，年均增长速度超过 10%。1978 年，我国服务业从业人员只有 4890 万人，2003 年猛增到 2.2 亿人，几乎是同期制造业从业人员的两倍，服务业占全社会就业人员的比重由 12% 上升到 29%。调查显示，近年来北京、济南、重庆、武汉等城市劳动力需求的 80% 以上来自服务业，天津、沈阳、南宁、西安、成都、西宁等城市也在 50% 以上。目前，我国经济的新增长点、消费热点及一些供不应求的领域大都集中在服务业。按照国家外汇管理局 2002 年的统计，我国当年的服务贸易总额为 863 亿美元，逆差为 68 亿美元。各类服务中，旅游服务贸易额较大，为 358 亿美元，顺差为 50 亿美元，大部分为逆差，运输业逆差最大，为 79 亿美元，其次是保险业（-30.37 亿美元），专有权使用和特许排在逆差第三位（-29.81 亿美元）。比较而言，交通运输有进有出，后两项出口很少，主要为进口。从服务贸易构成看，运输和旅游在当年服务贸易中所占的比例达 63.9%，但即使业绩最好的旅游贸易所占的全球份额也只有 3% 左右。

截至 2005 年，根据 WTO 的统计数据，我国服务业的增速不仅明显低于工业的增速（12.3%），也低于 GDP 的增速（9.6%）。而印度的服务业增速不仅快于工业的增速（6.0%），还快于 GDP 的增速（5.9%）。由此可见，目前，我国的经济增长仍主要由急速上升的工业支撑，而与此同时，同是发展中国家的印度，其经济增长的最大推动力则在于服务业。国际服务贸易是指进出口服务的贸易。其内容十分广泛，基本上相当于我国的第三产业，并包括建筑业。

根据我国所缔结或者参加的国际条约、协定中所做的承诺，我国给予其他缔约方、参加方市场准入和国民待遇；对于没有条约、协定关系的其他国家，根据互惠及对等原则，发展相互间的服务贸易。

我国对国际服务贸易做出限制或禁止。国家可以基于下列原则限制国际服务贸易：为维护国家安全或者社会公共利益；为保护生态环境；为建立或者加快建立国内特定的服务行业；为保障国家外汇收支平衡；法律、行政法规规定的其他限制。国家禁止国际服务贸易的是：危害国家安全或者社会公共利益的；违反中华人民共和国承担的国际义务的；法律、行政法规规定禁止的。

2. 服务贸易管理体制

我国商务部作为服务业对外贸易政策的归口管理部门，其宏观管理职能主要是规划进出口发展战略，制定或参与制定贸易法律、法规，对外协调与其他国家的服务贸易关系，并落实服务贸易总协定的有关条款。

但是，中央和地方的服务业对外开放政策不统一，各有关部门在管理上仍然存在多头、交叉、条块分割，存在一些中间地带，造成漏洞，有些部门对隶属系统实行的垄断不利于该行业市场的培育和发展，更不利于行业提高国际竞争力，有些地方政府越权审批外商投资服务项目，一些企业协助外商变相进入中国服务市场的事情时有发生，从而造成谈判与开放相脱节，承诺条件与实际开放的程度相差很大。

3. 服务贸易法律制度与政策体系

长期以来，在中国经济立法中，服务贸易立法相对而言是最为薄弱的环节，在相当一部分领域中，法律甚至处于空白状态。作为对外贸易基本法的《中华人民共和国对外贸易法》将国际服务贸易纳入其调整范围，并以第四章专章制定了“国际服务贸易”，这既是中国服务贸易进一步发展的需要，也体现了中国有关立法与《关贸总协定》和世界贸易组织原则的衔接。

与此同时，中国近年来加快了服务贸易的立法，制定了一大批涉及服务贸易领域的重要立法，并为适应“入世”的需要，对一些与 WTO 原则相抵触的法律、法规进行了部分清理，先后颁布了包括《对外贸易法》《海商法》《商业银行法》《保险法》《广告法》《民用航空法》《注册会计师法》《律师法》《外资金融机构管理条例》等一批重要的服务贸易法律、法规，涵盖金融、分销、物流、旅游、建筑等几十个领域。尤其是一些重要的服务部门立法成就突出，如金融服务业、海运服务业、建筑服务业、律师事务所、注册会计师服务业等。除了少数领域外，我国较好地履行了“入世”承诺，基本形成了与我国“入世”承诺相符合的外商投资服务贸易领域的法律体系。这些法规规范拓展了外国服务者进入我国的领域和地域范围，在扩大对外资开放的同时，促进了我国服务贸易行业的发展，对建立统一开放、有序竞争、规范管理的服务贸易体制起到了重要的作用。

依照效力等级不同，我国调整服务贸易的法律法规可划分为下列四个层次：

（1）全国人民代表大会及其常务委员会制定的有关服务贸易的法律，如《对外贸易法》《中外合资经营企业法》《中外合作经营企业法》《外资企业法》《商业银行法》《保险法》《注册会计师法》《律师法》等。（2）国务院发布的行政法规，如《外商投资开发经营成片土地暂行管理办法》《涉外广告代理条例》《外资金融机构管理条例》等。（3）国务院各部、委、局制定的行政规章，如《关于外国律师事务所在中国境内设立办事处的暂行规定》《关于设立外商投资建筑企业的若干规定》《国际船舶代理管理规定》《国际货物运输代理业管理规定》等。（4）地方性法规，如北京市《关于外商投资开发经营房地产的若干规定》、上海市《鼓励外商投资浦东新区的若干规定》、大连市《涉外房地产开发经营管理办法》、云南省《涉外房地产开发经营管理暂行办法》等。

但是，到目前为止，中国尚没有一个关于国际服务贸易的一般性法律。目前我国有关服务贸易的立法，除了《对外贸易法》的 7 条外，主要表现为各职能部门的规章和内部规范文件，有的是政策性规定，不仅不能体现这一重要贸易领域的立法权威，降低了法规实施的效力，而且与 GATS 规定的服务贸易制度稳定、透明的要求存在差距。最高国家权力机关尚未颁布一部统一的服务贸易基本法。由于部门立法的局限性使我国服务贸易立法凌乱而不统一，不同级别和职能的政府机关分别作出规定，同一政府机关对同一事项反复作出规定，前法不废，后法又立。尤其是制定行政规章的部门往往从本部门的利益出发，为本部门争权力，引起利益冲突。这种状况的存在，不仅影响我国服务贸易的发展，而且其内容与《对外贸易法》及中国作出的具体承诺不能相一致，从而影响了中国服务贸易立法的统一性，如在电信业，基本的有《中华人民共和国电信条例》，根据项目不同，可能要涉及计委和商务部审批，又涉及部委规章，对外商还有《外商投资电信企业管理规定》《外商投资产业指导目录》《中外合资经营企业法》及实施细则，还有国家信息产业部的部令、决议、规定，地方各地的通信管理局又各自有实施或暂行条例，如辽宁、重庆、江西等地就有地方性电信条例，北京也有《北京市电信通信条例》《北京地区移动网增值电信业务暂行管理办法》等，政出多门，也很难达到 WTO 的透明度要求。

另外，在一些重要的服务贸易领域甚至还没有制定法律，如中国还没有制定《旅游法》《电信法》等。参照世界贸易组织的统计，在全世界的 12 大类服务部门和 143 个服务项目之中，我国目前有许多服务行业基本上还是无法可依、无章可循。这些行业中不乏一些我国发展较快或有一定国际竞争力的行业，如旅游、劳务输出、对外工程承包、卫星发射等领域。总体而言，我国服务贸易法律制度现有立法尚未形成完整的体系。

4. 中国服务贸易的管理与开放

在服务贸易领域，中国承诺开放的行业有限。中国提交的初步具体承诺表只涉及了《国际服务贸易分类表》中的 6 大类 32 个项目。中国未予任何承诺的部门分别为通信服务、销售服务、环境服务、健康与社会服务、娱乐、文化与体育服务。①在已经承诺的部门中，其他 WTO 成员意见还比较大，如我国在金融业、电信业、旅游业等对外国公司的设立及成立分支机构仍存在过多的资本限制，已经超出了审慎监管的要求，形成了事实上的进入壁垒，这样的情况还体现在经营业绩要求、数量限制等方面。在承诺开放的服务部门中，中国偏重于对“商业存在”这一服务提供方式作出承诺，其中的重点是中外合资企业和中外合作企业。而对 GATS 中规定的另外三种服务贸易的提供方式规定得很少。②具体承诺无论是数量还是程度都折射出中国不发达的服务贸易和尚处于初级发展阶段的服务贸易立法水平。③在通过立法和实践转化承诺时，也引起不少非议。例如，在构建有关外资公司的法律时，“中国并没有充分征求外资公司的意见，并且在法律条文实施之前设定的过渡期太短”。④对进入我国银行业、保险业市场的外国公司在各种业务授权审核的时间长，许可标准严，对人员流动的限制比较严；很多部门存在超国民待遇问题，缺少规范服务贸易市场准入行为和经营行为的法律或法规；从整体上看，没有合理的利用国民待遇原则来引导外商服务业的流向，造成服务产业之间、地区之间的差距越来越大，等等。

具体而言，中国对服务贸易的具体承诺与转型国家相似，明显高于发展中国家，而略低于发达国家。在市场准入方面，从服务提供方式上看，中国对自然人流动和商业存在的限制最为严厉，有一半多的部门受到约束限制，另外少于一半的部门“不作承诺”。相比而言，对跨境交付与境外消费的限制却较为宽松，不过这两种方式“不作承诺”的比例也很高，其部分原因在于对某些具体服务活动，这两种方式在技术上不可能实现（如建筑工程的跨境交付）。另外，中国在跨境交付上承诺较低的特点与发展中国家十分相仿，这主要是因为跨境交付经常被视为商业存在的替代方式，“不作承诺”可以使更多的外资流入。在国民待遇方面的具体承诺呈现出与市场准入相似的结构，但体现出两个明显的差别：一是对国民待遇限制的频度从总体上说比市场准入要小，特别是在商业存在方式上甚至好于发达经济体，这反映了中国政府消除差别待遇和引入外部竞争的决心；二是在自然人流动方式的承诺上与其他国家（特别是发展中经济体）存在较大的差距，没有限制的部门比例为零，体现出中国政府对此持十分审慎的态度。

本章小结

通过本章学习要了解对外贸易法基于国家调整对外贸易关系而制定，其基本目标是对对外贸易活动进行有效管理。为了规范对外贸易行为，对外贸易法规定了对外贸易经营者的资格与对外贸易代理制度。对外贸易代理合同是从事对外贸易活动的基本形式。除了确定对外贸易主体资格外，对外贸易法还就进出口商品与国际服务贸易管理的内容与形式进行了规定。进出口商品检验涉及国家的安全问题，因此，国家以商品检验法律制度来保证对外贸易中进出口商品的安全。

本章案例

请扫描右侧二维码阅读案例内容。

练习题

1. 叙述对外贸易法调整的社会关系及其本质。
2. 叙述对外贸易管理制度的基本内容。
3. 叙述对外贸易代理合同的性质及双方当事人的权利与义务。
4. 叙述进出口商品管理及其检验的基本内容与形式。
5. 叙述国际服务贸易管理的基本内容与形式。

第14章 循环经济相关法律制度

本章提要

循环经济法是在国家构建循环经济这一经济发展模式中，对社会经济活动给予指导、鼓励、提供帮助和服务，引导和促进社会经济向循环可持续发展时所产生的规范。

自然资源和能源是人类社会赖以生存和发展的重要物质基础，是国家现代化建设的基本物质条件，是国计民生的基本保障。为了有效保护、合理利用自然资源和能源，国家制定了自然资源法和能源法。

环境保护法则是国家管理与保护环境的法律手段。由于环境问题涉及社会的各个方面，因此，在学习环境保护法时，应注意结合自然资源法、能源法的有关法律规定，综合考察环境保护法的基本内容与存在的必然性。

导入案例

合肥循环经济示范园

合肥循环经济示范园于 2006 年 3 月 1 日正式开工建设，并于 2010 年 1 月 22 日被列入《皖江城市带承接产业转移示范区规划》。园区位于合肥东部，南邻巢湖，东望"长三角经济圈"，周边陆、水、空交通便捷，煤、盐、电资源丰富，科技力量雄厚，人文优势凸显。合肥循环经济示范园首期规划 10 平方千米，控制规划 20 平方千米，以打造环保生态型循环经济园区为定位，大力发展绿色化工、冶金材料（钢材深加工）、非金属材料等产业体系，以及以原材料为依托的上下游特色产业。它是合肥市"两集群""两走廊"产业发展格局中的"一核"，是合肥市承接发达地区产业转移的第一站。以合肥循环经济示范园为中心，300 千米经济圈涵盖了巢湖、芜湖、蚌埠、南京、徐州、武汉等城市，人口达 1.2 亿；500 千米经济圈涵盖了上海、杭州、苏州、无锡、宁波、连云港等城市，人口达 5 亿。

合肥循环经济示范园始终践行循环经济理念，大力推进低碳经济，依靠科技进步，推行清洁生产和节能减排，实现资源高效利用、经济快速发展与环境保护优先同步推进。园区遵循"集中、统一、共享、提高"的原则，以更高的起点、更快的速度、更大的强度，着力构造煤化工、盐化工、油化工等循环产业链。力争在每个产业链上，形成企业间原料、中间产品及废弃物的互供互用，实现上下游企业间、每个产业间和清洁生产的“无缝连接”；通过引进先进的化工生产工艺，建设一个投资强度、亩均产值、亩均税收全省第一的科技型、生态型循环经济示范园区。预计，合肥循环经济示范园2014—2015年可实现销售收入500亿元以上，利税100亿元以上。

14.1 循环经济法律制度

“循环经济”作为一个新的名词，其出现率最近一直在上升。随着这个问题讨论的深入，最近国家已经把它列入了国家的立法计划。本章所指的“循环经济法”不是狭义地指某一部具体的法规或者法典，而是广义的涉及循环经济的法律。

14.1.1 循环经济法的定位

关于循环经济法属于哪个部门法，现在还存在争议。有的学者认为是环境法，有的学者认为是经济法，有的学者认为部分属于经济法，部分属于行政法，部分属于社会法，还有学者认为现在循环经济法存在不存在还是个问题，这个问题的探讨不仅仅是一个单纯的法律部门之争的问题，还涉及立法的重点和执法过程中的相关问题，同时对其定位的研究对立法技术也是有帮助的，所以有必要对此作一番探讨。

一般认同循环经济法属于经济法的范畴，而目前看到的关于这个命题的大体理由是：如果循环经济法单纯属于环境法，就不可能从根本上解决环境与经济的拘束和反拘束问题，因此应当属于经济法范畴，才能从社会经济内部协调经济与环境的关系，从根本上解决它们之间的矛盾与冲突。这种说法虽有一定的道理，但是作为循环经济法属于经济法的理由，却没有足够的说服力，似乎循环经济法的地位是可经济法可环境法的，谁对它有好处，它就属于谁，有点“墙头草”的意味。

经济法的调整对象是国家在协调本国经济运行过程中发生的特定经济关系。经济法作为国家调节社会经济之法，其体系包括三个方面的法律，即市场障碍排除法（也即通常所说的“市场行为规制法”，包含反对垄断和限制竞争法及反不正当竞争法等）；国家投资经营法（含国家投资法及国有企业法等）；宏观调控法。国家宏观调控主要是指在现代社会中，国家大量采用促导方式，即对社会经济活动给予指导、鼓励、提供帮助和服务，引导和促进其按照国家所希望的方向和途径运行。国家宏观调控法是调整国家对社会经济宏观调控中发生的各种社会关系的法律规范的总称；其调整对象，包括在宏观调控中发生的国家同它的各级和各部门机关之间，各级和各部门国家机关之间，各国家机关同企业、事业等社会组织或公民之间的社会关系。

而循环经济法就是在国家要构建循环经济这一经济发展模式过程中，对社会经济活动给予指导、鼓励、提供帮助和服务，引导和促进社会经济往循环的可持续发展的方向发展时所产生的。其调整对象就是：在发展循环经济、建立循环型生活中所产生和存在的社会关系。这种关系可分为两大类：一类是从事循环经济相关管理活动的部门与从事生产、服务和消费的社会组织和个人在发展循环经济时产生的社会关系；另一类是从事生产、服务和消费的社会组织和个人之间在发展循环经济时产生的社会关系。而循环经济法的主体则包括一切从事生产、服务和消费活动的社会组织、个人及从事相关管理活动的部门。这里的“社会组织”

可以是企业，也可以是其他社会组织。客体，是指在发展循环经济，实现“废物”的减量化、再利用和资源化目标而需要规范和鼓励的各种主体的行为及其结果。法律关系的内容，主要指有关主体应享有的权利和应履行的义务，在循环经济法中，主要是指各级政府、有关部门、社会组织及个人在建立循环型社会中的权利和义务。

通过对循环经济法的定义、调整对象、主体、客体和法律关系内容来看，循环经济法属于经济法是比较合适的，而且应该是经济法中的宏观调控法。

那种认为循环经济法的部分属于在经济法，部分属于行政法，部分属于社会法的观点，在不能明确循环经济法确切归属的时候，不失为一种明智的选择，但是在可以较为明确判断循环经济法属于经济法的情况下，做这样的细分实在是没有必要的，因为宏观调控在很大程度上本身就是国家从社会本位的角度出发，通过一定的行政手段来对经济进行调控的法，所以，在一定意义上可以说，做这样的细分，是不是对经济法尤其是经济法中的宏观调控法不甚了解的一种表现呢？

20 世纪 60 年代美国经济学家肯尼思• 博尔丁提出循环经济。中国早在 20 世纪 70 年代用行政方式推动环境保护和资源的综合利用、循环使用等工作。近年来环境污染严重，人们的生活环境恶化，专家学者及政府开始重视循环经济的发展。

14.1.2　中国循环经济法制理念

1. 中国循环经济概念

完善循环经济法制需要首先界定循环经济的概念，我国循环经济立法采用的是“循环经济是指在生产、流通和消费等过程中进行的减量化、再利用、资源化活动的总称”。从该概念得出，我国循环经济发展坚持三个原则同时也是三个发展重点。

（1）减量化。在企业生产、居民生活、产品流通和消费者消费等过程中，通过提高技术水平、推行清洁生产、鼓励绿色消费等措施，将资源消耗尽可能地降到最低，生产生活中的废弃物尽可能地降到最低。（2）再利用。废弃物回收后，企业对废弃物经行再利用再制造，再次投入市场作为产品销售，实现资源的循环利用。（3）资源化。废物被作为原材料要发挥其最大利用率，废物再利用强调对废物进行再生循环利用。

大部分学者认为循环经济是经济法，循环经济法是经济法，经济法是社会法，调整社会问题，循环经济法的调整对象与经济法的调整对象是一致的。循环经济法制的结构问题，横向循环经济法律规范之间有较多交叉重复，这也造成了权责不统一、管理混乱的局面。

2. 中国循环经济的立法理念

中国循环经济法制的立法理念是建设资源节约型环境友好型社会。我国经济发展高速增长，产业结构调整急需调整，以解决全国大面积出现的天气污染问题。积极发展循环经济，实现人与自然、社会和谐发展，这是解决现实问题的有效解决对策。韩国是发达国家而我国是发展中国家，两国经济发展阶段不同。韩国工业化已经完成而我国工业化进程还在发展阶段，两国工业化进程不同使得两国发展循环经济法制阶段不同。循环经济法制发展需要经济技术做基础，由于我国技术水平有限不能有效地回收废物，因此我国没有像韩国那样建立《资源循环利用基本法》。《循环经济促进法》（2008 年），针对我国目前粗放型发展方式，我国提高资源循环利用效率大力发展循环经济，发展循环经济能有效保护和改善环境，需要做好资源循环利用，在生产时也尽量使用清洁能源减少煤炭的使用，全社会尽力发展循环经济实现经济社会可持续发展。资源消耗少、经济发展不以环境做代价、经济产出最大化、废物排放最少化这是我国建设资源节约型环境友好型社会的目标。

3. 中国循环经济的立法模式

分析各国循环经济法制的立法模式，笔者将其划分为三类：一是以日本为代表国家，基本法为先，特别法在后，众所周知，日本被评为最干净的国家之一，资源的回收利用率高，第一次世界大战后日本开始进行工业革命，经济和技术发达。我国目前很多技术还不成熟，不宜使用这种立法模式；二是以德国为代表，只制定有关循环经济的特别法，没有循环经济基本法；三是以韩国为代表，先制定特别法，再制定基本法。韩国的立法模式值得中国借鉴，韩国在经济发展中也走了先污染后治理的道路，清溪川是韩国治理环境的典型代表，笔者认为我国循环经济法制应借鉴韩国的有利经验。我国循环经济法制发展应划分为两个阶段：第一阶段制定废物综合利用特别法。循环经济法制建设需要科学技术支撑，我国现有科技水平不能做到利用所有废物的水平，并且不是所有废物都能循环利用，我国只能根据技术水平制定法规，目前我国应把重点放在塑料、建筑材料、家电等废物的循环利用立法上。做好废物综合利用的重点是应做好固体废物的循环利用，并逐步扩展到热能、液体、气体等其他种类的废物的回收，最后制定统一的《废物法》。第二阶段为条件成熟阶段，借鉴韩国循环经济法律制度经验制定《循环经济法》。

14.1.3 我国循环经济的立法实践

我国经济发展过程中缺乏对环境的保护，不仅体现在环境污染大范围的雾霾天气，还体现在法律体系的不健全。我国《宪法》中没有明确涉及循环经济的内容，这意味着我国没有在国家根本法上体现循环经济的重要性。《宪法》仅对环境保护基本政策和原则作了简单规定，如国家保障自然资源合理利用和国家保护改善生态环境这两款规定。

这两款规定将环境等同于自然资源，并将自然资源等同于动植物，对环境的范围没有科学的认识。这两款规定仅为环境保护政策，还不是法律权利义务，不能从宪法角度保障循环经济的发展。由于我国技术水平和经济发展程度，目前《中华人民共和国循环经济促进法》自 2009 年 1 月 1 日起施行。但我国没有循环经济基本法即《循环经济法》。我国环境保护基本法即《环境保护法》中也未提出发展循环经济和建立循环经济社会，该法一些条文中规定要保护环境预防污染、提高资源利用率。

1. 循环经济专门法

（1）《清洁生产促进法》（2003 年）。该法的制定使循环经济在法律层次上被采用，提高资源利用效率、实施污染预防是该法主要内容，要求循环经济从源头减少污染和严格控制生产全过程产生的污染，传统终端治理污染方式向清洁生产转变，特别规制企业清洁生产、推进资源循环使用的法律法规。该法公布实施，表明中国循环发展有法可依，企业源头实施清洁生产是发展循环经济的开始。2012 年新修订的《企业清洁生产促进法》，从建立国家清洁生产推广规划制度、企业清洁生产财政资金投资制度、企业清洁生产严格审核制度、清洁生产强制审核、增强该法实践可用性和转变主管单位职责方面进行具体修改。

（2）《固体废物污染环境防治法》（2004 年修订）。该法确立了生产职责延伸制度、产品废弃包装强制回收利用制度等，并明确规定了固体废物污染防止环境污染、发展企业促进推进清洁生产。《固体废物环境污染防治法》（2004 年修订），体现了资源再利用的具体要求。

现在大量废弃的固体废物对环境的严重污染，该法规定为了防止污染，国家推行固体废物污染物排放量要减少、排放的固体废弃物要合理充分利用进行再利用处理，实现促进资源循环经济。该法从三方面体现资源再利用发展要求——固体废弃物减量化、固体废弃物再利用和企业从源头减少固体废弃物的产生实现清洁生产。《固体废物环境污染防治法》(2004 年修订)，体现了资源再利用经济理念。实际实践中，如何实现法规规定的原则，使原则具有可操作性，是该法存在的主要问题，落实循环经济政策需要实际操作。明确造成污染的各个主体之间的责任关系是该法要解决的主要问题，监督各个污染主体在固体废物污染防治方面如何履行法定义务也应该在该法中有体现。我国法律进一步规定了一些具体的制度让污染主体对自身责任更加明确。例如，强制回收固体废弃物制度和限制产品过度包装制度。这两项制度的建立，对我国具体的固体废物污染防治工作及循环经济的建立有着积极的意义。《固体废物环境污染防治法》（2004 年修订）严格程序规范。权利的实现需要有救济作为保障，国家承担防治固体废物污染职责，公民依法享有生活在没有固体废物污染环境的权利，环境权的实现需要相关法律规范予以保障。循环经济法律责任制度规定了环境污染遭到损害需要赔偿，按照污染者无过错责任规则，污染则负责证明自己无罪、企业环境污染严格按照法定程序监测、污染受害者可以获得法律援助等程序存在的问题做出较明确规定，这些法律制度的贯彻落实将推进公民环境权益实现。

(3)《循环经济促进法》(2008 年)。该法是我国循环经济法制的起点，由以前的循环经济政策到循环经济法律的转变，标志着我国循环经济法制开始发展。该部法律规定了循环经济发展中远期规划制度、产业园区规划制度、循环经济产业指导制度、考核评价指标制度、生产者责任延伸制度和可回收产品强制回收制度等。由于当时我国正处于经济发展的高速增长时期但循环经济发展还处于起步阶段，这些因素决定了我国《循环经济促进法》的立法定位是政策性引导性立法，它在循环经济法中起引导和促进作用，该法是全国循环经济工作处理的指导思想，该法目的是将循环经济思想落实到各个法律部门中从而使循环经济工作健康有序发展。

(4)《可再生能源法》(2006 年)。关注生产环节，生产环节的能源利用率要大大提高，生产要提高可再生能源利用率，生产者要将绿色生产作为指导思想，企业要做好原料的更新换代使用清洁能源，使用清洁能源能促进我国走可持续发展道路。可再生清洁能源法建立了污染物排放限值制度、生产过程入网检测制度、按污染排放量计算电价制度和专项资金用于使用清洁能源制度，这些法律制度规范了能源使用，让企业主动使用清洁能源，改变以前的被动状态。最重要的是，从源头改变，使用再生能源能有效缓解资源紧张状况，同时能促进企业开发可再生能源，不再依靠煤炭发展经济，有效解决了大气污染，从而形成一个良性循环。

四年之后为了应对循环经济发展现状及技术提高，2010 年重新修订该法。该法立足于解决可再生能源发展出现的突出矛盾问题，强化可再生能源全额保障性收购措施，改变过去收购困难的状况。加大政府的财政支持，制定科学完备的财税政策。统一规范国家可再生能源发展基金有效解决可再生能源发电并网难、扶持政策不到位等问题。解决上述问题能保障可再生能源产业合理健康有序发展。

2. 循环经济相关法

与环境保护、污染防治、清洁生产等相关的法律法规和部门规章等是我国循环经济法律体系相关法。具体来说，主要由三部分组成：一是《环境资源保护法》《水资源防治污染法》《大气防治污染法》等由全国人民代表大会常务委员会制定并颁布实施。二是《收回可再生资源条例》《收回废旧家电处理办法》《可回收产品强制收回处理办法》《可回收产品包装物回收管理办法》《大中小城市生活废弃物垃圾管理办法》《城市建筑废弃物管理规定》等由国务院及其他政府部门颁布实施的与循环经济发展相关的规范性法律文件。三是由地方人大和政府颁布实施的规范性法律文件，如《上海市可再生资源回收管理办法》《山西省严格审核清洁生产实施细则》《云南省清洁生产审查实施办法》《贵阳市建设生态城市管理办法》《深圳经济特别区生态新城条例》等。

（1）全国人民代表大会及其常务委员会颁布制定的规范性法律文件《环境保护法》（2014年修订）立法有了实质性发展，多处体现了资源循环经济的发展要求。该法规定单位产生废弃物给环境造成污染的，单位必须把降低环境污染纳入到全年生产计划，建立企业单位环境污染责任制度。全社会各区域各行业积极采取一切有效措施防止建筑施工、生产、流通或者其他活动产生废弃物、扬尘粉尘、有毒有害气体、放射性元素物质对环境造成污染。

《环境保护法》中规定："建立良好的生态环境、保障身体健康、爱护生态环境、建设生态文明国家，实现人与自然和谐共处是环境法的最终目标。"我国《环境资源保护法》第 21 条规定："重工业企业技术建设工程应当采用清洁能源、使用便于回收利用的材料、建设工程应采用先进设备工艺处理污染物"。法规未涉及资源循环利用发展循环经济，也未确立建设资源循环型社会，仅在个别条文中提出使用清洁能源提高资源利用率，因此，目前我国环境基础法层面上还没有资源循环经济规定。

（2）国务院及其政府部门颁布实施的相关行政法规和部门规章

全国首次环境资源保护工作会议（1973 年），国务院部委颁布《改变生态环境保护资源环境若干问题的决议》，提出利用先进生产工艺，用技术手段解决环境污染问题和废物排放问题，提出"防治结合，先预防为主"的防治污染方针。

《关于利用技术改造工业污染的规定》（1983 年），要求引进先进技术来解决污染废弃物的综合循环利用，尽可能地把废弃物再利用转化为资源产品，使用先进工艺减少废物废气的产出。调整企业的产品结构开发清洁产品，尽力为社会开发出好产品。

《关于环境保护若干问题的规定》（1996 年），确立了所有单位开发一切项目都要重视技术，通过先进技术来降低能耗减少污染物排放，企业要加大清洁生产工艺的研发投入。《关于加快推行清洁生产发展若干意见》（1997 年），国家环保局会同相关部门为企业单位发展清洁生产编制《企业清洁生产使用手册》，要求地方政府按确立地方环境保护环境管理政策，将清洁生产纳入政策法规中，促进清洁生产进一步发展。《大型在建建设项目环境保护管理办法》（1998 年），该法规定：所有工业建设项目都应当采取清洁能源，减少污染物排放多的产品的使用，所有工程项目应广泛使用清洁生产技术，最大限度利用资源，防止环境污染和生态破坏。2001 年国务院颁布《报废汽车回收管理办法》，该法制定的目的是规范报废汽车回收活动，加强对报废汽车回收的管理，保护环境。国家对报废汽车回收企业实行资格认定制度。除取得报废汽车回收企业资格认定的外，任何单位和个人不得从事报废汽车回收活动。

2008 年国家发改委公布《汽车零部件再制造试点管理办法》，在节能、减排、降耗成为汽车行业主旋律的大背景下，汽车零部件再制造能有效节约能源和减少环境污染，与目前国家倡导的建设循环经济社会完全一致。

2011 年实施的《废弃电器电子产品回收处理管理条例》第 1 条规定了该法制定的目的是规范废弃电器电子产品的回收处理活动，促进资源综合利用和循环经济发展，保护环境。国务院及其部门颁布的法律法规为循环经济的贯彻实施提供了法律依据，使《循环经济促进法》和《清洁生产促进法》具有一定程度的可操作性。

（3）地方循环经济立法

各地地方立法要结合地方实际情况地域特点制定符合自己特点的循环经济规范性法律文件。我国法规的制定要以立法法为依据，地方立法要在立法法规定的范围内，国务院没有制定的或者制定不符合地方特点实际发展需求的，地方政府可以制定地方法规。我国幅员辽阔，各行政区域环境承受能力不同、能源利用状况不同和经济发展水平不同、科学技术水平不同，所以地方制定法规要结合自己的实际情况。

贵阳市人民代表大会常务委员会发布《贵阳市建设循环经济生态城市条例》（2004 年），提出根据实际情况环境优先发展，统筹规划循环经济发展，分步实施环保城市建设，以人为主，建立清洁环保城市为原则。贵州省政府制定了《贵州省生态文明建设促进条例》，这部法是建立在以前实践探索经验和相关法规经验基础之上的，新法的颁布实施都是建立在以前的立法实践经验基础之上的，法制建设是一个循序渐进的过程。

深圳经济特区人民代表大会常务委员会施行《深圳市资源循环发展促进条例》（2007 年），深圳市是最先在全国范围内提出建立资源循环利用环保城市。该法确立了循环发展城市计划指标、循环发展城市水平考评制度、生产者责任扩大制度、政府节约采办制度与节约科学消费制度等。这些制度的确立促进深圳市建设成为人与自然和谐发展型城市，实现生态、社会和经济和谐发展。

陕西省人民代表大会常务委员会颁布《陕西省循环经济促进条例》（2011 年），该法包括总则、生态经济管理制度、再利用经济原则、奖励措施、法律责任、附则。2012 年，甘肃省人大常委会颁布《甘肃省资源循环经济促进条例》和山西省人大常委会颁布《山西省资源循环经济促进条例》法规建立。

2009 年国务院正式批复了《甘肃省循环经济总体规划》，这是我国第一个由国家批复的区域循环经济发展规划，实现了循环经济由理论到实践的重大突破。2012 年通过了《循环经济促进条例》和山西省 2012 年通过了《山西省循环经济促进条例》。实践证明，结合地方特点制定有利于循环经济发展的地方法规是可行的，这是我国发展循环经济在立法上必须重视的环节。

14.1.4 借鉴德国的循环经济法

德国是世界上最早开展循环经济立法的国家之一，早在 1972 年就制定和颁布了《废弃物处理法》，1986 年颁布了新的废弃物管理法，19% 年又在此基础上颁布了《循环经济和废物管理法》，确立产生废弃物最小法原则、肇事者原则及政府与公民合作三原则。该法规定对废物问题的优先顺序是避免产生—循环使用—最终处置。其主要内容是：首先要减少经济源头的污染物的产生量，因此工业界在生产阶段和消费者在使用阶段就要尽量避免各种废物的排放；其次是对于源头不能消减又可利用的废弃物和经过消费者使用的包装废物、旧货等要加以回收利用，使它们回到经济循环中去；只有那些不能利用的废弃物，才允许作最终的无害化处置。以固体废弃物为例，循环经济要求的分层次目标是：通过预防减少废弃物的产生；尽可能多次使用各种物品；尽可能使废弃物资源化；对于无法减少、再使用、再循环的废弃物则进行焚烧或处理。

德国循环经济法颁布实施以来，德国的循环经济得到了迅速发展，它已经成为企业及普通民众生活的一部分，取得了明显的效果。2003 年家庭废弃物利用率达到 60% 以上，冶金行业，95% 的矿渣、75% 以上的粉尘和矿泥，以及 2000 多万吨废旧钢材被重新利用。如今废弃物处理成为德国经济支柱产业，年均营业额约 410 亿欧元，并创造 20 多万个就业机会。当前我国正大力推行循环经济，努力创建节约型社会，因此深入研究德国的经验，了解和认识德国的循环经济法，对制定我国的相关法规、促进我国循环经济和节约型社会的建设具有重要的借鉴意义。

当前我国正继续落实节约资源和环境保护基本国策，大力建设低投入、高产出，低消耗、少排放、能循环、可持续的国民经济体系和资源节约型、环境友好型社会。

当然，借鉴德国的先进经验不等于全部照搬，而应该结合我国的实际情况，选择发展循环经济的突破点，如德国作为世界发达工业国家之一，在资源和能源的高效利用等方面已处于世界领先地位，因此其将发展循环经济的重点放在了废弃资源的回收再利用和发展可再生资源（能源）等方面。我国的工业化发展水平很低，技术、装备制造水平都无法与发达工业国家相比，经济增长方式十分粗放，资源产出率和资源利用效率低下，特别是我国的人均资源占有量大部分低于世界人均水平的 1/4。因此，我国应把提高资源的利用水平，提高资源产出率作为循环经济发展的突破口和重点。提高资源利用率，就是节约了资源，从输入端减少了物质量，相应的结果就是废弃物排放的减少，使环境保护客观上提升到“变末端治理为源头和过程防控”的境界。这也恰好是循环经济的本质所在。

14.2 自然资源法

14.2.1 自然资源法概述

1. 自然资源的概念

自然资源是自然界中一切可以为人类所利用的物资，包括土地资源、森林资源、草原资源、矿产资源、水资源、野生动植物资源等。自然资源是人类社会赖以生存和发展的重要物质基础，是国家现代化建设的基本物质条件，是国计民生的基本保障。自然资源又可分为生物资源和非生物资源两类，前者有自然更新的能力，可以再生和繁殖，如植物和动物；后者没有再生能力，如各种矿藏。人类应当保护生物资源的生态平衡，使之成为人类永续使用的自然财富。

2. 自然资源法的概念

自然资源法是调整人们在保护、管理、开发、利用自然资源过程中所发生的经济关系的法律规范的总称。自然资源法是国家保护、管理、开发和利用自然资源的法律工具，属于经济管理法，是经济法体系中一个专门性的法律部门，包括土地管理法、森林法、草原法、水法、渔业法、野生动植物保护法、自然保护区法、矿产资源法等。

自然资源法是经济法的一个法律部门，经济法的基本原则对其也适用。但是，由于自然资源法有其固有的特性，在适用经济法的基本原则时，其侧重点也应有所有不同。当然，自然资源法也有其本身特有的原则。主要有以下几点。

（1）遵循客观规律的原则

对于自然资源来说，不仅要遵循客观经济规律，更要遵循自然规律（包括生态平衡、科学技术规范、操作规程等）。实践证明，违反自然规律，破坏自然资源，会给社会带来严重危害。

（2）坚持一切重要自然资源和专有资源属于国家所有的原则

一切重要自然资源和专有资源属于国家所有，既是保证国民经济发展的物质基础，又是人民幸福生活的物质源泉。因此，所有自然资源的立法都必须坚持一切重要自然资源和专有资源属于国家所有的原则。我国《宪法》第 9 条规定：矿藏、水流、森林、山岭、草原、荒地、滩涂等自然资源，都属于国家所有，即全民所有；但法律规定属于集体所有的森林和山岭、草原、荒地、滩涂除外。当然，重要的自然资源和专有资源属于国家所有，并不排除将一部分资源交给社会组织、法人等使用，使用权还可以依法转让。但是，使用者只有使用权，并无所有权。

（3）国家统一领导和分级管理的原则

为了加强国家对自然资源的特殊保护，确保一切国家资源不受侵犯，为了达到统一管理、合理开发和利用自然资源的目的，都必须贯彻国家集中统一领导和分级管理的原则。

（4）保护和改善自然环境，保护自然生态平衡的原则

保护和改善自然环境，保护自然生态平衡的原则作为制定自然资源法的基本原则，已为许多国家在制定法律时所认可，我国《宪法》第 26 条规定了这个原则，即“国家保护和改善生活环境和生态环境，防治污染和其他公害”。保护和改善自然环境，保护自然生态环境就是要求在开发利用自然资源时必须合乎自然规律。

（5）坚持开源与节流相结合的原则

自然资源立法就要坚决贯彻开源与节流相结合的原则。开源就是要鼓励再生和寻找新资源，挖掘可用旧资源，开发潜在资源及人造代用资源等；节流就是要千方百计的提高利用自然资源的目的。

14.2.2　土地管理法概述

1. 土地管理法的概念

土地是人类赖以生存和发展的自然资源，是一切生产、建设和人民生活必需的物质基础，是农业的基本生产资料。我国国土面积约 960 万平方千米（合 144 亿亩），但可耕地面积只占国土总面积的 1/10，即 14.9 亿亩；其他为草地 42.9 亿亩、森林和林地 18.3 亿亩；山岭、荒地、滩涂、河流、湖泊等面积为 67.9 亿亩。由于人口多、可耕地少，人均耕地仅有 1.24 亩左右。随着人口的增长，国民经济的发展，国家建设用地和人民生活用地的要求将与日俱增，随着人民生活水平的提高，人们对农副产品的要求也会日益扩大，土地问题的矛盾将日益尖锐。

土地管理法是调整人们在管理、保护、开发、利用土地过程中所发生的社会关系的法律规范的总称。这些社会关系主要包括土地所有关系、土地使用关系、土地的保护和利用关系、土地的管理和征用关系等。1996 年 6 月 25 日第六届全国人民代表大会常务委员会第十六次会议通过了《中华人民共和国土地管理法》(简称《土地管理法》)。随着经济体制改革不断深入发展，土地问题也必然有所变化。1988 年 4 月 12 日第七届全国人民代表大会第一次会议通过了有关我国《宪法》第 10 条关于土地问题的修正案。1998 年 8 月 29 日第七届全国人民代表大会常务委员会第五次会议通过了关于修改《土地管理法》的决定。1999 年 12 月 27 日国务院发布了《中华人民共和国土地管理法实施条例》。上述法律、法规和规章，是我国土地管理法律体系中最基本的制度。

2. 土地的利用和保护制度

（1）土地的所有权和使用权

我国《宪法》《土地管理法》及《土地管理法实施条例》规定，城市市区的土地属于国家所有；农村和城市郊区的土地，除由法律规定属于国家所有的以外，属于农民集体所有；宅基地和自留地、自留山，属于农民集体所有。任何单位或者个人不得侵占、买卖或者以其他形式非法转让土地。农民集体所有的土地依法属于村农民集体所有的，由村集体经济组织或

者村民委员会经营、管理；已经分别属于村内两个以上农村集体经济组织的农民集体所有的，由村内各该农村集体经济组织或者村民小组经营、管理；已经属于乡（镇）农民集体所有的，由乡（镇）农村集体经济组织经营、管理。

根据土地的所有权和使用权可以分离的原则，宪法修正案进一步规定土地的使用权可以依照法律的规定转让。《土地管理法》则进一步规定国有土地和集体所有的土地的使用权可以依法转让，同时还规定了国家依法实行国有土地有偿使用的制度。

国家依法实行土地登记发证制度。依法登记的土地所有权和土地使用权受法律保护，任何单位和个人不得侵犯。农民集体所有的土地，由县级人民政府登记造册，核发证书，确认所有权。

（2）土地的利用

土地的利用是指开发利用国有土地和集体所有土地及开发利用国有荒山、荒地、滩涂、江河、湖泊和其他水域。

各级人民政府应当依据国民经济和社会发展规划、国土整治和资源环境保护的要求、土地供给能力及各项建设对土地的需求，组织编制土地利用总体规划。

土地利用总体规划按照下列原则编制：严格保护基本农田，控制非农业建设占用农用地；提高土地利用率；统筹安排各类、各区域用地；保护和改善生态环境，保障土地的可持续利用；占用耕地与开发复垦耕地相平衡。

土地利用总体规划应当和城市规划相协调。城市建设用地规模应当符合国家规定的标准，充分利用现有建设用地，不占或者尽量少占农用地。

国家建立全国土地管理信息系统，对土地利用状况进行动态监测。

（3）土地的保护

土地的保护是指为了防止土地资源被荒废、破坏和污染，保持土地数量和质量而采取的积极、有效的措施。为了保护土地资源，《土地管理法》明确规定，国家保护耕地，严格控制耕地转为非耕地。国家实行占用耕地补偿制度。非农业建设经批准占用耕地的，按照“占多少，垦多少”的原则，由占用耕地的单位负责开垦与所占用耕地的数量和质量相当的耕地；没有条件开垦或者开垦的耕地不符合要求的，应当按照省、自治区、直辖市的规定缴纳耕地开垦费，专款用于开垦新的耕地。

（4）国家建设用地和乡（镇）建设用地

国家进行经济、文化、国防建设及兴办社会公共事业，需要征用集体所有的土地或者使用国有土地的单位，必须依照《土地管理法》的规定进行办理。

任何单位和个人进行建设，需要使用土地的，必须依法申请使用国有土地（包括国家所有的土地和国家征用的原属于农民集体所有的土地）；但是，兴办乡镇企业和村民建设住宅经依法批准使用本集体经济组织农民集体所有的土地的，或者乡（镇）村公共设施和公益事业建设经依法批准使用农民集体所有的土地的除外。

建设占用土地，涉及农用地转为建设用地的，应当办理农用地转用审批手续。省、自治区、直辖市人民政府批准的道路、管线工程和大型基础设施建设项目、国务院批准的建设项目占用土地，涉及农用地转为建设用地的，由国务院批准。

征用土地的，按照被征用土地的原用途给予补偿，征用耕地的补偿费用包括土地补偿费、安置补助费及地上附着物和青苗的补偿费。但是，土地补偿费和安置补助费的总和不得超过土地被征用前 3 年平均年产值的 30 倍。

3. 违反《土地管理法》的法律责任

我国《土地管理法》对于各种违反土地管理法的行为分别做出相应的处罚规定。

买卖或者以其他形式非法转让土地的，由县级以上人民政府土地行政主管部门没收违法所得；对违反土地利用总体规划擅自将农用地改为建设用地的，限期拆除在非法转让的土地上新建的建筑物和其他设施，恢复土地原状，对符合土地利用总体规划的，没收在非法转让的土地上新建的建筑物和其他设施；可以并处罚款；对直接负责的主管人员和其他直接责任人员依法给予行政处分；构成犯罪的，依法追究刑事责任。

占用耕地建窑、建坟或者擅自在耕地上建房、挖沙、采石、采矿、取土等，破坏种植条件的，或者因开发土地造成土地荒漠化、盐渍化的，由县级以上人民政府土地行政主管部门责令限期改正或者治理，可以并处罚款；构成犯罪的，依法追究刑事责任。

拒不履行土地复垦义务的，由县级以上人民政府土地行政主管部门责令限期改正；逾期不改正的，责令缴纳复垦费，专项用于土地复垦，可以处以罚款。

14.2.3 森林法

1. 森林法的概念

森林资源是国家重要的植被资源。森林能提供木材和各种林产品，不断满足国家经济建设和人民生活的需要；森林能够蓄水保土、调节气候、防沙固林，保障农、牧业的发展；森林能够防治空气污染，保护和美化生活环境和生态环境，增强人们的身心健康。因此，森林在人类生活中发挥着多种效益，起着很重要的作用。

森林资源，包括森林、林木、林地及依托森林、林木、林地生存的野生动物、植物和微生物。森林，包括乔木林和竹林。林木，包括树木和竹子。

森林法是调整人们在森林的管理、养护、开发、利用、发展过程中所发生的各种社会关系的法律规范的总称。新中国成立以来，党和政府发布过一系列保护森林、发展林业的法规。特别是改革开放以来，我国加强了森林立法。1984 年 9 月 20 日第六届全国人民代表大会常务委员会第七次会议通过了《中华人民共和国森林法》（简称《森林法》），1998 年 4 月 29 日第九届全国人民代表大会常务委员会第二次会议对该法进行了修正。2000 年 1 月 29 日国务院批准发布了《中华人民共和国森林法实施条例》。

2. 森林、林木所有权和使用权

我国《森林法》规定，森林资源属于国家所有，由法律规定属于集体所有的除外。集体所有制单位营造的林木，归该单位所有。农村居民在房前屋后、自留地、自留山种植的林木，归个人所有。城镇居民和职工在自有房屋的庭院内种植的林木，归个人所有。集体或者个人承包国家所有和集体所有的宜林荒山荒地造林的，承包后种植的林木归承包的集体或者个人所有；承包合同另有规定的，按照承包合同的规定执行。国家实行森林、林木所有权和使用权的登记发证制度。

3. 森林的经营管理和保护

（1）森林的经营管理

国务院林业主管部门主管全国林业工作。县级以上地方人民政府林业主管部门主管本地区的林业工作。乡级人民政府设专职或者兼职人员负责林业工作。

各级林业主管部门对管辖区域以内的森林资源的保护、利用、更新，实行管理和监督。林业主管部门的主要职责是：负责组织森林清查，建立资源档案制度，掌握资源变化情况；制订林业长远规划；指导国营农场、牧场、工矿企业等单位编制森林经营方案；组织护林工作；领导和组织植树造林；管理和控制森林采伐工作；协调和处理林木、林地所有权和使用权争议等。

（2）森林保护

保护森林资源是《森林法》的重要内容之一，对此《森林法》做了专章规定。

国家对森林资源实行以下保护性措施：对森林实行限额采伐，鼓励植树造林、封山育林，扩大森林覆盖面积；根据国家和地方人民政府有关规定，对集体和个人造林、育林给予经济扶持或者长期贷款；提倡木材综合利用和节约使用木材，鼓励开发、利用木材代用品；征收育林费，专门用于造林育林；煤炭、造纸等部门，按照煤炭和木浆纸张等产品的产量提取一定数额的资金，专门用于营造坑木、造纸等用材林；建立林业基金制度。国家设立森林生态效益补偿基金，用于提供生态效益的防护林和特种用途林的森林资源、林木的营造、抚育、保护和管理。森林生态效益补偿基金必须专款专用，不得挪作他用。

4. 植树造林和森林采伐

《森林法》对植树造林和森林采伐分别做了专章规定。

各级人民政府应当制定植树造林规划，因地制宜地确定本地区提高森林覆盖率的奋斗目标。各级人民政府应当组织各行各业的城乡居民完成植树造林规划确定的任务。宜林荒山荒地，属于国家所有的，由林业主管部门和其他主管部门组织造林；属于集体所有的，由集体经济组织组织造林。铁路公路两旁、江河两侧、湖泊水库周围，由各有关主管单位因地制宜地组织造林；工矿区，机关、学校用地，部队营区及农场、牧场、渔场经营地区，由各单位负责造林。国家所有和集体所有的宜林荒山荒地可以由集体或者个人承包造林。

5. 违反《森林法》的法律责任

《森林法》对违法行为规定了具体的处罚办法。

盗伐森林或者其他林木的，依法赔偿损失；由林业主管部门责令补种盗伐株数 10 倍的树木，没收盗伐的林木或者变卖所得，并处盗伐林木价值 3 倍以上 10 倍以下的罚款。滥伐森林或者其他林木，由林业主管部门责令补种滥伐株数 5 倍的树木，并处滥伐林木价值 2 倍以上 5 倍以下的罚款。拒不补种树木或者补种不符合国家有关规定的，由林业主管部门代为补种，所需费用由违法者支付。盗伐、滥伐森林或者其他林木，构成犯罪的，依法追究刑事责任。

非法采伐、毁坏珍贵树木的，依法追究刑事责任。

超过批准的年采伐限额发放林木采伐许可证或者超越职权发放林木采伐许可证、木材运输证件、批准出口文件、允许进出口证明书的，由上一级人民政府林业主管部门责令纠正，对直接负责的主管人员和其他直接责任人员依法给予行政处分；有关人民政府林业主管部门未予纠正的，国务院林业主管部门可以直接处理；构成犯罪的，依法追究刑事责任。

14.2.4　草原法

1. 草原法的概念

草原是多年生草本植物为主的植物群，包括天然草原和人工草地，是人类宝贵的自然资源。草原具有适应性强、覆盖面大、更新快的特点，具有保持生态平衡、保持水土、防风固沙、改善环境等效益，同时还具有作为饲料、燃料、工业原料等功用。同时，草原对于改善和提高牧区人民的生活水平也至关重要。草原在全世界分布有 450 多亿亩。我国草原面积 42.9 亿亩，占世界第三位。1985 年 6 月 18 日第六届全国人民代表大会常务委员会第十一次会议通过了《中华人民共和国草原法》（简称《草原法》），2002 年 12 月 28 日第九届全国人民代表大会常务委员会第三十一次会议对该法进行了修订。

2. 草原的所有权和使用权

根据《草原法》的规定，草原属于国家所有，由法律规定属于集体所有的除外。国家所有的草原，由国务院代表国家行使所有权。国家所有的草原，可以依法确定给全民所有制单位、集体经济组织等使用。使用草原的单位，应当履行保护、建设和合理利用草原的义务。

任何单位或者个人不得侵占、买卖或者以其他形式非法转让草原。

3. 草原的管理与保护制度

（1）草原的规划

国家对草原保护、建设、利用实行统一规划制度。国务院草原行政主管部门会同国务院有关部门编制全国草原保护、建设、利用规划，报国务院批准后实施。县级以上地方人民政府草原行政主管部门会同同级有关部门依据上一级草原保护、建设、利用规划编制本行政区域的草原保护、建设、利用规划，报本级人民政府批准后实施。批准的草原保护、建设、利用规划确需调整或者修改时，须经原批准机关批准。

（2）草原的建设

县级以上人民政府应当增加草原建设的投入，支持草原建设。国家鼓励单位和个人投资草原建设，按照谁投资、谁受益的原则保护草原投资建设者的合法权益。国家鼓励与支持人工草地建设、天然草原改良和饲草饲料基地建设，稳定和提高草原生产能力。

（3）草原的利用

草原承包经营者应当合理利用草原，不得超过草原行政主管部门核定的载畜量；草原承包经营者应当采取种植和储备饲草饲料、增加饲草饲料供应量、调剂处理牲畜、优化畜群结构、提高出栏率等措施，保持草畜平衡。

牧区的草原承包经营者应当实行划区轮牧，合理配置畜群，均衡利用草原。

（4）草原的保护

国家实行基本草原保护制度。下列草原应当划为基本草原，实施严格管理：重要放牧场；割草地；用于畜牧业生产的人工草地、退耕还草地及改良草地、草种基地；对调节气候、涵养水源、保持水土、防风固沙具有特殊作用的草原；作为国家重点保护野生动植物生存环境的草原；草原科研、教学试验基地；国务院规定应当划为基本草原的其他草原。

国家对草原实行以草定畜、草畜平衡制度。县级以上地方人民政府草原行政主管部门应当按照国务院草原行政主管部门制定的草原载畜量标准，结合当地实际情况，定期核定草原载畜量。各级人民政府应当采取有效措施，防止超载过牧。

禁止开垦草原。对水土流失严重、有沙化趋势、需要改善生态环境的已垦草原，应当有计划、有步骤地退耕还草；已造成沙化、盐碱化、石漠化的，应当限期治理。对严重退化、沙化、盐碱化、石漠化的草原和生态脆弱区的草原，实行禁牧、休牧制度。

国家支持依法实行退耕还草和禁牧、休牧。

4. 违反草原法的责任

违反草原法应承担相应的法律责任。

草原行政主管部门工作人员及其他国家机关有关工作人员玩忽职守、滥用职权，不依法履行监督管理职责，或者发现违法行为不予查处，造成严重后果，构成犯罪的，依法追究刑事责任；尚不够刑事处罚的，依法给予行政处分。

截留、挪用草原改良、人工种草和草种生产资金或者草原植被恢复费，构成犯罪的，依法追究刑事责任；尚不够刑事处罚的，依法给予行政处分。

无权批准征用、使用草原的单位或者个人非法批准征用、使用草原的，超越批准权限非法批准征用、使用草原的，或者违反法律规定的程序批准征用、使用草原，构成犯罪的，依法追究刑事责任；尚不够刑事处罚的，依法给予行政处分。非法批准征用、使用草原的文件无效。非法批准征用、使用的草原应当收回，当事人拒不归还的，以非法使用草原论处。

非法批准征用、使用草原，给当事人造成损失的，依法承担赔偿责任。

14.2.5　矿产资源法

1. 矿产资源法的概念

矿产资源包括金属、非金属、燃料等呈固体、液体、气体状态的各种各样可以为人类开发利用的，具有一定数量和质量的矿业资源。目前已知的矿物有 3000 多种，已被利用的至少有 150 多种。矿产资源所包括的对象在不断发展变化，这是和科学技术的进步、经济的发展、人们对自然现象的认识和不断深化分不开的，也是和工艺技术条件的改进和提高分不开的。科技的进步和经济的发展，使得越来越多的矿产资源被人们所认识和利用。

矿产资源是国家的宝贵财富，是人类赖以生存和发展的必要的物质条件，是社会主义现代化建设的重要物质基础。

矿产资源法是调整人们在管理、保护、勘探、开发、利用矿产资源过程中所发生的各种社会关系的法律规范的总称。1986 年 3 月 19 日第六届全国人民代表大会常务委员会第十五次会议通过了《中华人民共和国矿产资源法》(简称《矿产资源法》)。1996 年 8 月 29 日第八届全国人民代表大会常务委员会第二十一次会议对该法进行了修正。

2. 矿产资源的权属

矿产资源属于国家所有，由国务院行使国家对矿产资源的所有权。地表或者地下的矿产资源的国家所有权，不因其所依附的土地的所有权或者使用权的不同而改变。

矿产资源使用权，包括探矿权和采矿权。《矿产资源法》规定，国家保障矿产资源的合理开发利用。禁止任何组织或者个人用任何手段侵占或者破坏矿产资源。

3. 矿产资源的管理与保护制度

国家对矿产资源勘查实行统一的区块登记管理制度。矿产资源勘查登记工作，由国务院地质矿产主管部门负责；特定矿种的矿产资源勘查登记工作，可以由国务院授权有关主管部门负责。矿产资源勘查区块登记管理办法由国务院制定。

4. 违反《矿产资源法》的法律责任

凡有下述情况之一的，应依法追究有关单位或者个人的经济、行政或刑事责任。

违反《矿产资源法》规定，未取得采矿许可证擅自采矿的，擅自进入国家规划矿区、对国民经济具有重要价值的矿区范围采矿的，擅自开采国家规定实行保护性开采的特定矿种的，责令停止开采、赔偿损失，没收采出的矿产品和违法所得，可以并处罚款；拒不停止开采，造成矿产资源破坏的，依照《刑法》第 156 条的规定对直接责任人员追究刑事责任。单位和个人进入他人依法设立的国有矿山企业和其他矿山企业矿区范围内采矿的，依照前款规定处罚。

超越批准的矿区范围采矿的，责令退回本矿区范围内开采、赔偿损失，没收越界开采的矿产品和违法所得，可以并处罚款；拒不退回本矿区范围内开采，造成矿产资源破坏的，吊销采矿许可证，依照《刑法》第156条的规定对直接责任人员追究刑事责任。

盗窃、抢夺矿山企业和勘查单位的矿产品和其他财物的，破坏采矿、勘查设施的，扰乱矿区和勘查作业区的生产秩序、工作秩序的，分别依照刑法有关规定追究刑事责任；情节显著轻微的，依照治安管理处罚条例有关规定予以处罚。

买卖、出租或者以其他形式转让矿产资源的，没收违法所得，处以罚款。

14.2.6 能源法

1. 能源法概述

能源包括煤炭、石油、天然气、太阳能、地热能、核能、水能、风能和生物质能等可以通过一定设备变为人类可以利用能量的资源。能源是指在一定的技术条件下，能够产生为人类利用的能量的资源。按照我国《节约能源法》规定，能源是指煤炭、原油、天然气、电力、焦炭、煤气热力、成品油、液化石油气、生物质能和其他直接或者通过加工、转换而取得有用能的各种资源。

能源对经济建设和人民生活都是必不可少的，各国普遍采用法律手段加强国家对能源工作的管理，加强能源立法，以期解决和缓和能源危机给国民经济造成的困境，如美国在1978年发布了《节能法案》《煤炭转换法案》《电价变革》《天然气价格》《能源税》等5个法案所组成的《国家能源政策法》，以保护能源，并向使用煤炭过渡和压缩石油进口。

能源管理是经济管理的一部分，能源关系实质上是一种经济关系。对能源关系的法律调整属于经济法的范畴。能源法也是经济法体系中的一个重要的法律部门。

能源法是调整对能源资源的管理、保护、开发、利用、节约使用过程中所发生的社会关系的法律规范的总称。

2. 能源法的基本内容

1）煤炭法

煤炭是我国主要能源之一。我国煤炭资源非常丰富，到1983年全国预测煤炭32000亿吨，垂深1000米以内的探明储量为7700亿吨，分布面广，相对集中，80%储量在我国北方。煤炭在我国能源消费结构中占74.9%，是第一能源。1996年8月29日第八届全国人民代表大会常务委员会第二十一次会议通过了《中华人民共和国煤炭法》（简称《煤炭法》），对煤炭生产开发规划与煤矿建设、煤炭生产与煤矿安全、煤炭经营、煤矿矿区保护、监督检查及违反《煤炭法》的法律责任等做出了规定。

国家对煤炭开发实行统一规划、合理布局、综合利用的方针。国家依法保护煤炭资源，禁止任何乱采、滥挖破坏煤炭资源的行为。

国务院煤炭管理部门依法负责全国煤炭行业的监督管理。国务院有关部门在各自的职责范围内负责煤炭行业的监督管理。县级以上地方人民政府煤炭管理部门和有关部门依法负责本行政区域内煤炭行业的监督管理。煤炭矿务局是国有煤矿企业，具有独立法人资格。

（1）煤炭资源的权属

煤炭资源属于国家所有。地表或者地下的煤炭资源的国家所有权，不因其依附的土地的所有权或者使用权的不同而改变，其所有权不得转让。但煤炭的探矿权和采矿权可以依照一定的法律程序转让给国有、集体企业或个体户。煤炭资源的开采实行采煤许可证制度。国家对开采煤炭资源的单位和个人征收资源税。

（2）煤炭生产开发规划与煤矿建设

国务院煤炭管理部门根据全国矿产资源勘查规划，编制全国煤炭资源勘查规划，根据全国矿产资源规划规定的煤炭资源，组织编制和实施煤炭生产开发规划。省、自治区、直辖市人民政府煤炭管理部门根据全国矿产资源规划规定的煤炭资源，组织编制和实施本地区煤炭生产开发规划，并报国务院煤炭管理部门备案。煤炭生产开发规划应当根据国民经济和社会发展的需要制定，并纳入国民经济和社会发展计划。

煤矿建设项目应当符合煤炭生产开发规划和煤炭产业政策。开办煤矿企业，应当具备下列条件：①有煤矿建设项目可行性研究报告或者开采方案；②有计划开采的矿区范围、开采范围和资源综合利用方案；③有开采所需的地质、测量、水文资料和其他资料；④有符合煤矿安全生产和环境保护要求的矿山设计；⑤有合理的煤矿矿井生产规模和与其相适应的资金、设备和技术人员；⑥法律、行政法规规定的其他条件。

煤炭管理部门和有关部门的监督检查人员对煤矿企业和煤炭经营企业违反煤炭法律、法规的行为，有权要求其依法改正。

2）电力法

电能被广泛用于国民经济各个部门，是生产和生活现代化的重要标志，现代化水平越高，对电力要求也越高。它是实现生产的自动化和机械化，并将其推向更先进水平，加速和强化生产过程的必不可少的条件。

我国电力管理实行“政企分开、省为实体、联合电网、统一调度、集资办电”的方针。

为了保障和促进电力事业的发展，维护电力投资者、经营者和使用者的合法权益，保障电力安全运行，1995 年 12 月 28 日第八届全国人民代表大会常务委员会第十七次会议通过了《中华人民共和国电力法》，适用于我国境内的电力建设、生产、供应和使用活动。该法共分为十章，包括总则、电力建设、电力生产与电网管理、电力供应与使用、电价与电费，农村电力建设和农业用电、电力设施保护、监督检查及法律责任等均做出了明确的规定。

1996 年 4 月 17 日，为了加强电力供应与使用的管理，保障供电、用电双方的合法权益，维护供电、用电秩序，安全、经济、合理地供电和用电，根据《中华人民共和国电力法》，国务院又颁布了《电力供应与使用条例》，对在我境内的电力供应企业和电力使用者及与电力供应、使用有关的单位和个人之间的供用电行为做出了规定。

3）石油和天然气的法律规定

石油和天然气都具有热值高、运输方便、污染小的特点，是高质能源资源。我国对石油和天然气的勘探、开采和中外合作开采等方面都有法律规定。1980 年石油工业部发布了《油气勘探工作条件（试行草案）》，作为油气勘探工作的准则。为了保护我国的石油资源，制止开采中的混乱现象，加强对石油、天然气资源勘查、开采的管理，国务院在 1981 年发布了《关于严格限制发展小炼油厂和取缔小土炼油炉的通令》，1987 年国务院批转原石油工业部发布了《石油、天然气勘查、开采登记管理暂行办法》。为了利用外国的资金和技术开采海上石油资源，国务院在 1982 年 1 月 30 日发布了《中华人民共和国对外合作开采海洋石油资源条例》。

4）节约能源的法律规定

节约能源是指加强用能管理，采取技术上可行、经济上合理及环境和社会可以承受的措施，减少从能源生产到消费各个环节中的损失和浪费，更加有效、合理地利用能源。

为了贯彻国家对能源实行开发和节约并重的方针，合理利用能源，降低能源消耗，提高经济效益，保证国民经济持续、稳定、协调地发展，国务院在 1986 年 1 月 12 日发布了《节约能源管理暂行条例》。1997 年 11 月 1 日第八届全国人民代表大会常务委员会第二十八次会议通过了《中华人民共和国节约能源法》。该法对于节能管理、合理使用能源和节能技术进步等做出了规定。节能是国家发展经济的一项长远战略方针。国务院和省、自治区、直辖市人民政府应当加强节能工作，合理调整产业结构、企业结构、产品结构和能源消费结构，推进节能技术进步，除低单位产值能耗和单位产品能耗，改善能源的加工转换、输送和供应，逐步提高能源利用效率，促进国民经济向节能型发展。

14.3 环境保护法律制度

14.3.1 环境保护法概述

1. 环境保护的基本含义

环境是指影响人类生存和发展的各种天然的和经过人工改造的自然因素的总体。环境可分为自然环境和人工环境。在环境保护科学中，自然环境不是指漫无边际的客观物质世界，而仅指其中与人类生存发展息息相关的那一部分，即指以人类为基本主体，以人类活动为中心的物质空间。一般地说，它包括以下几个部分：大气圈；水圈，包括河流、湖泊、海洋和地下水；土圈，主要指地球表层土壤；岩石圈，指山脉、矿藏等；生命系统，包括动物、植物和微生物。人工环境是指人类加工创造的各种设施和社会结构，如城市、农村、矿区、油田、工厂、商店、交通通道、文化中心等。

人们对环境问题的认识也不断深化，人们认识到，对关系人类生存和发展的物质条件造成破坏的因素很多，除了防治工业“三废”外，还应把环境概念和环境保护范围扩大到整个生态系统，扩大到包括各种自然资源在内的“生物圈”。在防治工业“三废”的同时，保护资源的合理利用，保持生态平衡，最大限度地避免和消除影响环境的各种因素。只有这样，才能从整体上综合地解决环境问题。

我国的环境保护法律制度也采用大环境概念。《中华人民共和国环境保护法》规定：本法所称环境，是指影响人类生存和发展的各种天然的和经过人工改造的自然因素的总体，包括大气、水、海洋、土地、矿藏、森林、草原、野生生物、自然遗迹、人文遗迹、自然保护区、风景名胜区、城市和乡村等。

在这一治理和预防环境问题的过程中，我国颁布了一系列关于环境保护的法律、法规，开始了我国的现代环境保护工作和现代环境立法的新时代。

2. 环境保护法的概念

环境保护法是解决环境问题、实行环境保护的法律工具。环境保护法是国家实现组织经济职能的重要法律手段。环境保护与经济活动密切相关。其实，环境保护也是一项经济工作，是社会主义经济经营管理中不可缺少的内容和组成部分。环境保护法律关系常常是纵横交错的，环境问题也常常是需要上下左右综合一体地予以解决的。因此，环境保护法可属于广义的经济法体系，但它也有着自己鲜明的特点。

（1）结合性与综合性

结合性是指环境保护法的产生，是已有的环境经济学、环境管理学与法学结合而成的。也可称为诸门科学的边缘学科。

综合性指的是其调整内容和调整手段。环境保护法的调整范围是极其广泛的。环境是一个由多种因素、多种系统和多层结构组成的有机整体。任何一种因素、一个系统或一层结构的改变，都可能引起环境质量的变化，造成环境损害。因此，必须把环境作为一个整体综合治理，运用多种手段综合调整。

（2）社会性与国际性

环境污染损害是不分性别、年龄、民族和阶级等差别的；环境保护的受益者也是没有上述差别的，这就是环境保护法的公害性和公益性，也即其社会性。

与上述特点相联系，环境污染也是不分国界的。特别是对大气、海洋的污染，越来越成为各国必须共同解决的紧迫问题。国际环境法即由此应运而生。

（3）自然性与经济性

环境保护法的主要任务是保护自然环境和自然资源，它必须遵循自然规律，特别是生态平衡规律，在解决环境问题时必须依靠和运用多种自然科学和科学技术手段。这些都是环境保护法不同于其他法的自然性特点。

环境保护法的经济性更是表现在各个方面。环境问题因经济发展而产生，也只能靠经济发展去解决；环境与经济必须协调发展，在贯彻环境保护法时，应当广泛运用经济手段。所有这些都体现了环境保护法的经济性。

14.3.2　环境标准制度与环境影响评价制度

1. 环境标准制度

环境标准即环境保护标准，主要是由国家制定的一系列上升为法律、法规的技术规范所组成的，是环境保护法的重要法律制度。我国现阶段的环境标准体系是由四种两级标准构成的。

（1）环境质量标准。环境质量标准是指为了保护人民健康、社会物质财富和维持生态平衡而对有害物质或因素所作的综合性规定。它是根据有害物质或因素在一定区域和条件下的最高允许浓度做出的规定。环境质量标准是环境政策目标，是制定污染物排放标准的依据。

（2）污染物排放标准。污染物排放标准是指为了实现环境质量目标，结合技术、经济条件和环境特点，对排入环境的污染物或有害因素所作的控制规定。它直接规定污染源的允许排放水平，对污染源具有直接约束力。污染物排放标准是实现环境质量标准的可靠标准，也是控制污染源、促进污染治理的重要手段。

（3）环境基础标准。环境基础标准是指在环境保护工作范围内，对具有指导意义的名词、术语、符号、指南、原则等，所作的全国统一的规定。

（4）环保方法标准。环保方法标准是指在环境保护工作范围内，对全国适用的，以抽样、分析、试验、检查、统计、作业等各种方法为对象而制定的标准。

上述环境基础标准、环保方法标准，为保持全国统一，故只有国家的一级标准；而环境质量标准和污染物排放标准，则分国家和地方两级。国家未制定标准的，可以制定地方标准，也鼓励地方制定严于国家标准的地方标准。

2. 环境影响评价制度

1）环境影响评价的概念

环境影响评价制度作为环境保护立法的一项制度，最早是由美国1970年公布的《国家环境政策法》首先提出来的。2002年10月28日第九届全国人民代表大会常务委员会第三十次会议通过了《中华人民共和国环境影响评价法》，从而正式确立了环境影响评价制度。

2）环境影响评价的范围

根据《环境影响评价法》的规定，对于下列规划和建设项目，应当进行环境影响评价：

（1）编制以下规划，应当进行环境影响评价：国务院有关部门、设区的市级以上地方人民政府及其有关部门，对其组织编制的土地利用的有关规划，区域、流域、海域的建设、开发利用规划；国务院有关部门、设区的市级以上地方人民政府及其有关部门组织编制的专项规划。所谓“专项规划”，是指工业、农业、畜牧业、林业、能源、水利、交通、城市建设、旅游、自然资源开发的有关规划。编制上列专项规划中的指导性规划。

（2）在中华人民共和国领域和中华人民共和国管辖的其他海域内建设对环境有影响的项目，应当进行环境影响评价。

3）建设项目的环境影响评价

国家根据建设项目对环境的影响程度，对建设项目的环境影响评价实行分类管理。建设单位应当按照下列规定组织编制环境影响报告书；环境影响报告表或者填报环境影响登记表（以下统称环境影响评价文件）。（1）可能造成重大环境影响的，应当编制环境影响报告书，对产生的环境影响进行全面评价。（2）可能造成轻度环境影响的，应当编制环境影响报告表，对产生的环境影响进行分析或者专项评价。(3)对环境影响很小、不需要进行环境影响评价的，应当填报环境影响登记表。

建设项目的环境影响报告书应当包括下列内容：（1）建设项目概况；（2）建设项目周围环境现状；（3）建设项目对环境可能造成影响的分析、预测和评估；（4）建设项目环境保护措施及其技术、经济论证；（5）建设项目对环境影响的经济损益分析；（6）对建设项目实施环境监测的建议；（7）环境影响评价的结论。

涉及水土保持的建设项目，还必须有经水行政主管部门审查同意的水土保持方案。

建设项目的环境影响评价，应当避免与规划的环境影响评价相重复。作为一项整体建设项目的规划，按照建设项目进行环境影响评价，不进行规划的环境影响评价；已经进行了环境影响评价的规划所包含的具体建设项目，其环境影响评价内容建设单位可以简化。

建设项目的环境影响评价文件经批准后，建设项目的性质、规模、地点、采用的生产工艺或者防治污染、防止生态破坏的措施发生重大变动的，建设单位应当重新报批建设项目的环境影响评价文件。

建设项目的环境影响评价文件自批准之日起超过5年，方决定该项目开工建设的，其环境影响评价文件应当报原审批部门重新审核；原审批部门应当自收到建设项目环境影响评价文件之日起10日内，将审核意见书面通知建设单位。

建设项目的环境影响评价文件未经法律规定的审批部门审查或者审查后未予批准的，该项目审批部门不得批准其建设，建设单位不得开工建设。

14.3.3　排污收费制度

1. “三同时”制度

凡新建、扩建、改建的基本建设项目和技术改造项目、自然开发项目，以及一切可能对环境造成污染和破坏的工程建设，其防止污染和其他公害的设施，必须与主体工程同时设计，同时施工，同时投产。这就是“三同时”制度。

“三同时”制度与环境影响评价制度密切相关，都是实现预防为主原则的重要制度。“三同时”制度是环境影响评价制度必然的延伸和发展。如果不通过“三同时”制度把环境影响评价中的措施落实，付诸行动，则环境影响报告书就将成为一纸空文。

2. 排污收费制度

排污收费制度是实现“谁污染谁治理”原则的一项具体制度。《环境保护法》规定：排放污染物超过国家或者地方规定的污染物排放标准的企业、事业单位，依照国家规定缴纳超标准排污费，并负责处理。水污染防治法另有规定的，依照水污染防治法的规定执行。征收的超标准排污费必须用于污染的防治，不得挪作他用，具体使用办法由国务院规定。《中华人民共和国水污染防治法》规定：企业、事业单位向水体排放污染物的，按照国家规定缴纳排污费；超过国家或者地方规定的污染物排放标准的，按照国家规定缴纳超标准排污费。排污费和超标准排污费必须用于污染的防治，不得挪作他用；城市污水集中处理设施按照国家规定向排污者提供污水处理的有偿服务，收取污水处理费用，以保证污水集中处理设施的正常运行。向城市污水集中处理设施排放污水、缴纳污水处理费用的，不再缴纳排污费。收取的污水处理费用必须用于城市污水集中处理设施的建设和运行，不得挪作他用。

排污收费制度是用经济办法加强环境保护的一项重要措施。1982 年国务院发布的《征收排污费暂行办法》规定，一切企业、事业单位都应当执行国家发布的《工业“三废”排放试行标准》和地方政府批准发布的地域性排放标准。对超过上述标准的单位要征收排污费。缴费后仍未达到排放标准的排污单位，从开征第三年起，每年提高征收标准的 5%。经过治理达到排放标准或显著降低排污数量和浓度的，经监测属实，应当停止或者减少收费。

14.3.4　环境监督管理体制

1. 环境监测制度

环境监测是指根据保护环境和保障人体健康的需要，运用物理、化学、生物等科学技术手段和方法，对环境中的各种要素、环境质量的各种代表值，进行测定、分析、综合、评价判断等一系列活动的总称。

环境监测是通过对环境中各项要素进行经常性的监测，对排污单位的排污情况进行监测，掌握和评价环境质量状况及其发展趋势，为政府部门制定和执行环境法规、标准，全面开展环境法制工作，提供准确可靠的监测数据和资料。它是国家环境保护工作的耳目，是国家环境监督管理的基础。

国务院环境保护行政主管部门负责建立监测制度，制定监测规范，会同有关部门组织监测网络，加强环境监测管理。国务院和省、自治区、直辖市人民政府的环境保护行政主管部门，应当定期发布环境状况公报。

2. 环境的监督管理

环境监督管理体制是指国家为了保护环境、防治污染而建立的监督管理系统、机构及其工作活动方式的统称。我国《环境保护法》第7条确立了我国环境监督管理体制：国务院环境保护行政主管部门，对全国环境保护工作实施统一监督管理。县级以上地方人民政府环境保护行政主管部门，对本辖区的环境保护工作实施统一监督管理。国家海洋行政主管部门、港务监督、渔政渔港监督、军队环境保护部门和各级公安、交通、铁道、民航管理部门，依照有关法律的规定对环境污染防治实施监督管理。县级以上人民政府的土地、矿产、林业、农业、水利行政主管部门，依照有关法律的规定对资源的保护实施监督管理。

14.3.5 环境污染的防治

1. 防治环境污染的基本含义

环境保护法和环境保护工作的另一项重要任务，就是要防治环境污染和其他公害。

防治污染和其他公害主要指防治废气、废水、废渣、粉尘、垃圾、放射性物质等有害物质，以及噪声、振动、恶臭、电磁波辐射等。

污染源即污染物发生源，是指产生物理的（声、光、热辐射）、化学的（无机物）、生物的（病菌、霉菌等）、有害物质的载体（设备、器具、场所等）。

污染源包括四类：工业污染源、农业污染源、交通运输污染源、生活污染源。当今世界“三大公害”为：大气污染、水污染、噪声污染。

环境污染的特点是：（1）公害性；（2）潜伏性；（3）长久性；（4）复杂性；（5）代价高。环境污染的这些特点，决定了防治污染必须贯彻预防为主的方针，防患于未然。

2. 防治环境污染的基本法律规定

关于加强对污染和公害的防治管理。凡产生环境污染和其他公害的单位，必须把环境保护工作纳入计划，建立环境保护责任制度；采取有效措施，防治在生产建设或者其他活动中产生的废气、废水、废渣、粉尘、恶臭气体、放射性物质及噪声、振动、电磁波辐射等对环境的污染和危害。

关于建立与执行防治污染制度。为防治污染，《环境保护法》确立了一系列必须建立和执行的具体制度。即“十大制度”。除上述环境影响评价制度、“三同时”制度、排污收费制度、环境监测制度外，还有排污申报登记制度，限期治理制度，污染事故报告制度，现场检查制度；禁止污染转移制度，环境调查、评价和发布公报制度。防治污染中，报告、通报制度极其重要。《环境保护法》对此作了具体规定：一是因发生事故或其他突发性事件，造成或可能造成污染事故的，该单位除必须立即采取措施予以防治处理外，还应及时做好两项工作，即应及时通报可能受到危害的单位、居民和向当地环境保护主管部门报告接受调查处理。二是县级以上政府的环境保护主管部门，在环境受到严重污染，威胁居民生命、财产安全时，也必须立即向地方政府报告，由政府采取有效措施，解除或减轻危害。

关于加强对有毒化学物品和含有放射性物质物品的管理。关于禁止污染物非法转移。关于采用新技术和新设备，预防和处理污染等都有规定。

本章小结

循环经济法就是在国家要构建循环经济这一经济发展模式过程中，对社会经济活动给予指导、鼓励、提供帮助和服务，引导和促进社会经济往循环的可持续发展的方向发展时所产生的。其调整对象就是发展循环经济、建立循环型生活中所产生和存在的社会关系。

自然资源法与能源法是国家有效保护、合理利用自然资源和能源的法律规范的总称。由于其涉及国家的经济建设的物质基础，因此，自然资源法与能源法具有重要的地位。土地管理法、森林法、草原法、矿产资源法等都属于自然资源法的范畴，都应该遵循自然资源法的基本原则，这些法律是针对自身调整的。能源法针对不同能源的种类，规定了管理能源的基本制度及其方法。违反自然资源法与能源法应承担相应的法律责任。

环境是影响人类生存和发展的各种天然的和经过人工改造的自然因素的总体。环境保护法则是国家管理和保护环境的有效手段。环境保护法规定基础性的环境标准，并对社会经济活动实施环境影响评价制度。环境保护法确立了“三同时”制度，以规范人们的行为。环境保护法规定了排污收费制度。为了保证良好的环境，国家创制环境监督管理体制，对社会环境实施全面的监督管理。环境保护法还规定了防止环境污染的基本原则与基本做法，违反环境保护法应承担的法律责任。

本章案例

请扫描右侧二维码阅读案例内容。☞

练习题

1. 试述循环经济法的概念和特点。
2. 简述我国循环经济法有哪些立法。
3. 简述自然资源法的基本内容及其应遵循的原则。
4. 简述土地管理法的基本内容与框架。
5. 简述森林法和草原法的基本内容与框架。
6. 简述矿产资源法的基本内容与框架。
7. 简述能源法应遵循的原则及其基本内容。
8. 简述环境保护法的概念、基本原则及其社会意义。
9. 简述环境标准制度的基本内容。
10. 简述环境影响评价的概念、范围及方式。
11. 简述防止环境污染的基本含义与具体内容。
12. 违反环境保护法应承担哪些法律责任？

第15章

劳动与社会保障法律制度

本章提要

劳动法是调整劳动关系及与之密切相关的其他社会关系的法律规范的总称。国家通过制定劳动法律对劳动关系进行干预和规范，遵照倾斜立法原则，以保护和救济处于弱者地位的劳动者。社会保障法是调整社会保障关系的法律制度的总称。社会保障在内容方面不仅包括养老、医疗、失业、工伤等传统项目，还包括公共卫生服务与设施、免费教育、家庭津贴等福利措施；其覆盖的人群也不仅限于劳动者，还扩及全体社会成员。劳动法和社会保障法既不属于传统的公法，也不属于传统的私法，而是属于社会法的范畴。社会法一般是指为解决社会问题而制定的、具有普遍社会意义的、以社会利益为本位的法律，其目的是维护社会弱势群体的生存，增进社会整体的福利，达到社会的实质公正。

导入案例

被告罗某从2009年3月起开始在原告某厂从事木材切头工作。2009年5月3日下午，罗某在该厂进行木材切头时，被飞溅的木屑射伤眼睛，造成右眼球穿通伤、角膜裂伤和外伤性白内障。经治疗，共花费医疗费用6000余元。2009年7月15日，双方经协商达成和解补偿协议，约定于2009年7月30日前原告一次性支付被告经济补偿和医疗费用2.6万元（含原告已经支付的医疗费用4700元），但该协议并未实际履行。

2009年9月2日，劳动部门认定被告罗某属工伤。2009年10月16日，劳动鉴定委员会鉴定确认被告罗某为七级伤残。被告遭受工伤事故前，原告未为职工办理工伤保险。2009年12月24日，被告罗某向劳动争议仲裁委员会提出仲裁申请，要求原告某厂支付误工费、护理费、伙食补助、交通费、医疗费及伤残、医疗、就业补助金共7.8万元。2010年1月29日，劳动争议仲裁委员会作出裁决，某厂应一次性向罗某支付医疗费用、住院伙食补助费、误工工资、护理费、一次性伤残补助金、一次性工伤医疗补助金、一次性伤残就业补助金等共计人民币5.6万元。原告某厂收到裁决后，在法定期限内向法院提起诉讼，请求撤销仲裁裁决，确认原、被告签订的和解补偿协议效力。

一审法院认为，被告罗某在原告某厂务工，原、被告双方建立了劳动关系，被告在工作中遭受工伤事故伤害致残，依法应当享受工伤保险待遇。因被告发生工伤时原告未参加工伤保险，应由原告按照《工伤保险条例》规定的工伤保险待遇项目和标准向被告支付费用。工伤事故发生后，原、被告达成了和解补偿协议，但该协议一直未履行，且协议补偿金额明显低于被告依法应当享受的工伤保险待遇，继续履行该协议不利于保护劳动者的合法权益，故对原告的诉讼请求不予支持。2010年10月9日，江西省石城县人民法院对此案作出一审判决，驳回原告某厂的诉讼请求，原告应在判决生效后10日内向被告罗某支付医疗费用、住院伙食补助费、误工工资、护理费、一次性伤残补助金、一次性工伤医疗补助金、一次性伤残就业补助金等共计人民币5.6万元。

15.1 劳动法律制度

15.1.1 劳动法基本理论

1. 劳动法的概念与调整对象

我国劳动法学界关于劳动法概念的通说为，劳动法是调整劳动关系及与劳动关系密切相关的其他社会关系的法律规范的总称。劳动法的调整对象包括劳动关系及与劳动关系密切相关的其他社会关系。作为劳动法调整对象的劳动关系是指劳动力所有者与劳动力使用者之间在劳动过程中发生的一方提供劳动力，另一方提供劳动报酬的社会关系，由于劳动力具有财产性和人身性双重属性，使得劳动关系不仅仅是特定主体之间的交换关系，同时还是雇用劳动者对于雇主的人身从属关系。与劳动关系密切相关的其他社会关系有时被称为劳动关系的附随关系，其通常存在于劳动关系运行过程前后或者过程中，其目的是为了促使劳动关系的建立、履行或者劳动关系争议的妥善处理等。其主要包括劳动行政关系、社会保险关系、劳动市场服务关系、劳动团体关系及劳动争议处理关系等。劳动行政关系是指劳动行政主管部门为履行行政职能而与劳动者、用人单位及其他劳动关系相关人发生的社会关系。社会保险关系包括基于劳动合同约定，用人单位与劳动者之间就社会保险的办理和费用的缴纳而形成的权利义务关系及社会保险机构因为社会保险费的征缴、社会保险待遇的给付等行为而与劳动者和用人单位发生的社会关系。劳动市场服务关系是指劳动市场服务机构与用人单位和劳动者之间由于为劳动关系的运行提供社会服务而发生的社会关系。劳动团体关系是指工会组织或雇主团体组织与其成员之间，以及相互之间由于协调劳动关系和维护合资所代表的劳动关系当事人的利益而发生的社会关系。劳动争议处理关系是指劳动争议处理机构与劳动争议参加人之间就劳动争议的调解、仲裁所发生的社会关系。

2. 我国劳动法立法状况

在我国劳动法有广义和狭义之说。狭义劳动法是国家的劳动法典，指第八届全国人民代表大会常务委员会第八次会议于1994年7月5日颁布、1995年1月1日正式实施的《中华人民共和国劳动法》。广义的劳动法不仅包括狭义劳动法典，还包括其他各种规范性文件中有关调整劳动关系及其附随关系的法律规范。具体有2007年6月29日第十届全国人民代表大会常务委员会第28次会议通过，自2008年1月1日起施行的《中华人民共和国劳动合同法》、2007年12月29日第十届全国人民代表大会常务委员会第31次会议通过的《中华人民共和国劳动争议调解仲裁法》、2008年9月3日国务院第25次常务会议通过的《中华人民共和国劳动合同法实施条例》、2007 年 12 月 7 日国务院第 198 次常务会议通过的《职工带薪年休假条例》《中华人民共和国工会法》《集体合同规定》等。

3. 劳动法律关系

1）劳动法律关系的含义

劳动法律关系是指当事人依据劳动法律规范，在实现劳动过程中形成的权利义务关系。狭义的劳动法律关系仅指劳动者和用人单位之间的关系，广义的劳动法律关系还包括劳动者团体即工会和雇主团体之间及与成员之间的关系，或称为集体劳动法律关系。劳动法律关系是劳动关系在法律上的表现，是劳动关系为劳动法律规范调整的结果。我国《劳动法》规定，建立劳动关系应当订立劳动合同。劳动者一旦与用人单位依法签订劳动合同，就与该用人单位形成劳动法律关系，双方当事人必须按照劳动法律规范规定和劳动合同约定，行使权利并履行义务。另外工会和雇主团体之间确立的集体劳动合同对于劳动者和用人单位来说也具有约束力。

2）劳动法律关系的特征

（1）劳动法律关系的主体双方具有平等性和隶属性。劳动法律关系主体一方是劳动者，另一方是用人单位。在劳动关系建立前，即在劳动力市场中，劳动者和用人单位是平等的主体，双方是否建立劳动法律关系及建立劳动法律关系的条件由其按照平等自愿、协商一致的原则依法确定。劳动法律关系建立后，劳动者是用人单位的职工，处于提供劳动力的被领导的地位；用人单位则成为劳动力使用者，处于管理劳动者的领导地位，双方形成领导与被领导的隶属关系。

（2）劳动法律关系具有国家意志为主导、当事人意志为主体的特性。劳动法律关系是按照劳动法律规范规定和劳动合同约定形成的，既体现国家意志，又体现双方当事人共同意志。劳动法律关系具有较强的国家干预性质，因此，劳动法律关系体现的国家意志和当事人意志并不是平等的，当事人的共同意志虽为劳动法律关系体现的主体意志，但它必须符合国家意志并以国家意志为指导，国家意志居于主导地位，起统率作用。

（3）劳动法律关系是在社会劳动过程中形成并得以实现的。

3）劳动法律关系的要素

劳动法律关系的要素，是指构成各种劳动法律关系不可缺少的组成部分。任何一种劳动法律关系，都是由劳动法律关系主体、劳动法律关系内容和劳动法律关系客体这三个基本要素构成的。如果缺少其中任何一个要素，就不能形成劳动法律关系。

（1）劳动法律关系主体

劳动法律关系主体是指在实现社会劳动过程中依照劳动法律规范享有劳动权利和承担劳动义务的当事人。它是劳动法律关系的参加者，具有特定性。狭义劳动法律关系主体，一方是劳动者，另一方是用人单位。广义劳动法律关系的主体还包括工会和雇主团体等。

劳动法律关系的劳动者，仅指劳动法规定的能够参加劳动法律关系的一方当事人，是指达到法定年龄、具有劳动能力、能够依法签订劳动合同，独立给付劳动并获取劳动报酬的自然人，其中包括我国公民、外国人和无国籍人。劳动者是劳动法中与用人单位相对应的法律概念。劳动者特征有：达到法定就业年龄，根据我国劳动法规定，已满 16 周岁；具有劳动能力；通过劳动合同建立劳动关系；独立支付劳动；获取劳动报酬。

劳动法律关系中的用人单位是指依法招用和管理劳动者，并按法律规定或合同约定向劳动者提供劳动条件、劳动保护和支付劳动报酬的劳动组织。我国现阶段的用人单位包括企业、事业单位、国家机关、社会团体和个体经济组织，其中企业和个体经济组织是劳动法律关系的主要主体。我国劳动合同法规定中华人民共和国境内的企业、个体经济组织、民办非企业单位、依法成立的会计师事务所、律师事务所等合伙组织和基金会等组织与劳动者建立劳动关系、国家机关、事业单位、社会团体和与其建立劳动关系的劳动者及事业单位与实行聘用制的工作人员订立、履行、变更、解除或者终止劳动合同，适用劳动合同法，因此上述都属于用人单位的范畴。

（2）劳动法律关系内容

劳动法律关系内容是指劳动法律关系主体双方依法享有的权利和承担的义务。

劳动者的权利与义务。依照我国劳动法的规定劳动者享有平等就业和选择职业的权利、取得劳动报酬的权利、休息休假的权利、获得劳动安全卫生保护的权利、接受职业技能培训的权利、享受社会保险和福利的权利、提请劳动争议处理及法律规定的其他劳动权利；劳动者有权依法参加和组织工会；劳动者依照法律规定，通过职工大会、职工代表大会或者其他形式，参与民主管理或者就保护劳动者合法权益与用人单位进行平等协商。劳动者的义务：劳动者应当完成劳动任务，提高职业技能，执行劳动安全卫生规程，遵守劳动纪律和职业道德。”

用人单位的权利与义务。用人单位的权利：①录用职工的权利。②劳动组织方面的权利。③劳动报酬分配的权利。④劳动纪律方面的权利。⑤决定劳动法律关系存续方面的权利。用人单位的义务。劳动法规定：用人单位应当依法建立和完善规章制度，保障劳动者享有劳动权利和履行劳动义务。具体说：①给付义务。即按法定或约定向职工支付劳动报酬和劳动条件。②保护义务。即保护职工在劳动过程中的生命健康和人格尊严。③培训义务。即建立职业培训制度，为职工培养和提高职业技能提供条件。④附随义务。

（3）劳动法律关系客体

劳动法律关系客体是指劳动法律关系主体双方的权利义务共同指向的对象。在我国，劳动法律关系客体只能是劳动者的劳动行为。

15.1.2　劳动合同法律制度

1. 劳动合同法律制度概述

1）劳动合同的概念和特征

劳动合同是劳动者和用人单位之间依法确立劳动关系，明确双方权利义务的书面协议。与一般的民事合同相比，劳动合同有其自身的特征：（1）劳动合同主体具有特定性。劳动合同的主体一方是劳动者，另一方是用人单位。（2）劳动合同的内容具有较强的法定性。一般民事合同，双方当事人对合同的内容、形式、解除等都可以自行约定，但是劳动合同由于涉及财产和人身关系，劳动者在签订劳动合同后，就会隶属用人单位，受到用人单位的管理。为了保护建立劳动关系后处于弱势的劳动者的权益，法律规定了较多的强制性规范，当事人双方签订劳动合同不得违反强制性规定，否则无效。另外，劳动合同的内容还受到集体合同的限制。（3）劳动者在签订和履行劳动合同过程中的地位在发生变化。劳动者与用人单位在签订劳动合同过程时，遵循平等、自愿、协商一致的原则，双方法律地位是平等的，但是在履行劳动合同的过程中，用人单位和劳动者就具有了支配与被支配、管理与服从的从属关系。

2）劳动合同的类型

以合同期限为标准，劳动合同分为固定期限劳动合同、无固定期限劳动合同和以完成一定工作任务为期限的劳动合同。

（1）固定期限劳动合同

固定期限劳动合同，是指用人单位与劳动者约定合同终止时间的劳动合同。用人单位与劳动者协商一致，可以订立固定期限劳动合同。

（2）无固定期限劳动合同

无固定期限劳动合同，是指用人单位与劳动者约定无确定终止时间的劳动合同。

无固定期限劳动合同是一种长期性的合同，但是如果出现法律规定或合同约定的解除或终止条件的，劳动者和用人单位也可以解除或终止无固定期限劳动合同。

用人单位与劳动者协商一致，可以订立无固定期限劳动合同。在下列情况之下，劳动者提出或者同意续订、订立劳动合同的，除劳动者提出订立固定期限劳动合同外，应当订立无固定期限劳动合同：①劳动者在该用人单位连续工作满 10 年的；②用人单位初次实行劳动合同制度或者国有企业改制重新订立劳动合同时，劳动者在该用人单位连续工作满 10 年且距法定退休年龄不足 10 年的；③连续订立两次固定期限劳动合同，且劳动者没有下述情形，续订劳动合同的：严重违反用人单位的规章制度的；严重失职，营私舞弊，给用人单位造成重大损害的；劳动者同时与其他用人单位建立劳动关系，对完成本单位的工作任务造成严重影响，或者经用人单位提出，拒不改正的；以欺诈、胁迫的手段或者乘人之危，使用人单位在违背真实意思的情况下订立或者变更劳动合同，致使劳动合同无效的；被依法追究刑事责任的；劳动者患病或者非因工负伤，在规定的医疗期满后不能从事原工作，也不能从事由用人单位另行安排的工作的；劳动者不能胜任工作，经过培训或者调整工作岗位，仍不能胜任工作的。

连续工作满 10 年的起始时间，应当自用人单位用工之日起计算，包括《劳动合同法》施行前的工作年限。劳动者非因本人原因从原用人单位被安排到新用人单位工作的，劳动者在原用人单位的工作年限合并计算为新用人单位的工作年限。原用人单位已经向劳动者支付经济补偿的，新用人单位在依法解除、终止劳动合同计算支付经济补偿的工作年限时，不再计算劳动者在原用人单位的工作年限。

但连续订立固定期限劳动合同的次数，应当自《劳动合同法》2008 年 1 月 1 日施行后，续订固定期限劳动合同时开始计算。

用人单位自用工之日起满 1 年不与劳动者订立书面劳动合同的，视为用人单位自用工之日起满 1 年的当日已经与劳动者订立无固定期限劳动合同。

地方各级人民政府及县级以上地方人民政府有关部门为安置就业困难人员提供的给予岗位补贴和社会保险补贴的公益性岗位，其劳动合同不适用劳动合同法有关无固定期限劳动合同的规定及支付经济补偿的规定。

（3）以完成一定工作任务为期限的劳动合同

以完成一定工作任务为期限的劳动合同，是指用人单位与劳动者约定以某项工作的完成为合同期限的劳动合同。用人单位与劳动者协商一致，可以订立以完成一定工作任务为期限的劳动合同。

2. 劳动合同的订立

1）劳动合同订立的概念和原则

劳动合同的订立，是指劳动者和用人单位经过相互选择和平等协商，就劳动合同的各项条款协商一致，并以书面形式明确规定双方权利、义务及责任，从而确立劳动关系的法律行为。劳动合同订立应遵循合法原则、公平原则、平等自愿原则、协商一致原则、诚实信用等原则。

2）劳动合同订立的形式

（1）书面形式及要求

我国劳动法规定建立劳动关系，应当订立书面劳动合同。用人单位自用工之日起即与劳动者建立劳动关系。对于已建立劳动关系，未同时订立书面劳动合同的，应当自用工之日起 1 个月内订立书面劳动合同。用人单位与劳动者在用工前订立劳动合同的，劳动关系自用工之日起建立。

为规范现实生活中存在的用人单位和劳动者已建立劳动关系，但却未同时订立书面劳动合同的情形，劳动合同法区分不同情况进行了规定。①自用工之日起 1 个月内，经用人单位书面通知后，劳动者不与用人单位订立书面劳动合同的，用人单位应当书面通知劳动者终止劳动关系，无须向劳动者支付经济补偿，但是应当依法向劳动者支付其实际工作时间的劳动报酬。②用人单位自用工之日起超过 1 个月不满 1 年未与劳动者订立书面劳动合同的，应当向劳动者每月支付两倍的工资，并与劳动者补订书面劳动合同；劳动者不与用人单位订立书面劳动合同的，用人单位应当书面通知劳动者终止劳动关系，并支付经济补偿。③用人单位自用工之日起满 1 年未与劳动者订立书面劳动合同的，自用工之日起满 1 个月的次日至满 1 年的前一日应当向劳动者每月支付两倍的工资补偿，并视为自用工之日起满 1 年的当日已经与劳动者订立无固定期限劳动合同，应当立即与劳动者补订书面劳动合同。

用人单位应当建立职工名册备查。职工名册应当包括劳动者姓名、性别、公民身份证号码、户籍地址及现住址、联系方式、用工形式、用工起始时间、劳动合同期限等内容。

（2）例外情况

作为订立劳动合同应当采用书面形式的例外情况，《劳动合同法》规定，非全日制用工双方当事人可以订立口头协议。

3）劳动合同的主要内容

劳动合同的主要内容是由劳动合同的必备条款和约定条款确定的。

劳动合同必备条款，是指劳动合同必须具备的内容。根据《劳动合同法》的规定，劳动合同应当具备以下条款。

（1）用人单位的名称、住所和法定代表人或者主要负责人。

（2）劳动者的姓名、住址和居民身份证或者其他有效身份证件号码。

（3）劳动合同期限，劳动合同双方当事人可以选择订立固定期限劳动合同、无固定期限劳动合同或以完成一定工作任务为期限的劳动合同。

（4）工作内容和工作地点。

（5）工作时间和休息休假。

工作时间，是指劳动者为履行劳动义务，在法律规定的标准下，根据劳动合同和集体合同的规定提供劳动的时间。工作时间，通常是指劳动者每天应工作的时数或每周应工作的天数。目前我国实行的工时制度主要有标准工时制、不定时工作制和综合计算工时制三种类型。标准工时制是指我国实行劳动者每日工作 8 小时、每周工作 40 小时的标准工时制度。不定时工作制，也称无定时工作制、不定时工作日，是指没有固定工作时间限制的工作制度。主要适用于一些因工作性质或工作条件不受标准工作时间限制的工作岗位。综合计算工时制，也称综合计算工作日，是指用人单位根据生产和工作的特点，分别以周、月、季、年等为周期，综合计算劳动者工作时间，但其平均日工作时间和平均周工作时间仍与法定标准工作时间基本相同的一种工时形式。

休息，是指劳动者在任职期间，在国家规定的法定工作时间以外，无须履行劳动义务而自行支配的时间，包括工作日内的间歇时间、工作日之间的休息时间和公休假日。休假，是指劳动者无须履行劳动义务且一般有工资保障的法定休息时间。如法定假日，是指由国家法律统一规定的用以开展纪念、庆祝活动的休息时间，包括新年、春节、清明节、劳动节，端午节、中秋节、国庆节等。年休假，是指职工工作满一定年限，每年可享有的保留工作岗位、带薪连续休息的时间。

（6）劳动报酬。

①劳动报酬与支付劳动报酬，是指用人单位根据劳动者劳动的数量和质量，以货币形式支付给劳动者的工资。这是劳动者为用人单位提供劳动获得的直接回报，是劳动者提供劳动的直接目的，是劳动者的生活来源。

工资应当以法定货币支付，不得以实物及有价证券替代货币支付。工资必须在用人单位与劳动者约定的日期支付，如遇节假日或休息日，则应提前在最近的工作日支付。工资至少每月支付一次，实行周、日、小时工资制的可按周、日、小时支付工资。对完成一次性临时劳动或某项具体工作的劳动者，用人单位应按有关协议或合同规定在其完成劳动任务后即支付工资。

②特殊情况下的工资支付。劳动者在法定休假日和婚丧假期间及依法参加社会活动期间，用人单位应当依法支付工资。用人单位在劳动者完成劳动定额或规定的工作任务后，根据实际需要安排劳动者在法定标准工作时间以外工作的，应当按照下列标准支付高于劳动者正常工作时间工资的工资报酬：用人单位依法安排劳动者在日标准工作时间以外延长工作时间的，按照不低于劳动合同规定的劳动者本人小时工资标准的150%支付劳动者工资；用人单位依法安排劳动者在休息日工作，不能安排补休的，按照不低于劳动合同规定的劳动者本人日或小时工资标准的200%支付劳动者工资；用人单位依法安排劳动者在法定休假日工作的，按照不低于劳动合同规定的劳动者本人日或小时工资标准的300%支付劳动者工资。实行计件工资的劳动者，在完成计件定额任务后，由用人单位安排延长工作时间的，根据上述原则，分别按照不低于其本人法定工作时间计件单价的150%、200%、300%支付其工资。用人单位安排加班不支付加班费的，由劳动行政部门责令限期支付加班费，逾期不支付的，责令用人单位按应付金额50%以上100%以下的标准向劳动者加付赔偿金。

③最低工资制度。国家实行最低工资保障制度。最低工资制度是国家为适应社会主义市场经济要求，确保公平分配、保障劳动者及其家庭成员的最低生活，用法制化的工资分配制度保证劳动力市场健康有序地运行，保证社会稳定和发展的手段。最低工资的具体标准由各省、自治区、直辖市人民政府规定，报国务院备案。

（7）社会保险。社会保险包括养老保险、失业保险、医疗保险、工伤保险、生育保险五项。参加社会保险、缴纳社会保险费是用人单位与劳动者的法定义务，双方都必须履行。

（8）劳动保护、劳动条件和职业危害防护。劳动保护，是指保护劳动者在工作过程中不受伤害。劳动条件，是指用人单位为劳动者提供正常工作所必需的条件，包括劳动场所和劳动工具。职业危害防护，是对工作可能产生的危害和防护措施。劳动保护、劳动条件和职业危害防护，是保护劳动者身体健康和安全的重要条款。

（9）法律、法规规定应当纳入劳动合同的其他事项。

劳动合同约定条款是指除劳动合同必备条款外，用人单位与劳动者可以在劳动合同中约定试用期、培训、保守秘密、补充保险和福利待遇等其他事项。但约定事项不能违反法律、行政法规的强制性规定，否则该约定无效。

劳动合同约定条款包括以下内容。

（1）试用期

试用期是指用人单位和劳动者双方相互了解，确定对方是否符合自己的招聘条件或求职条件而约定的考察期。

试用期属于劳动合同的约定条款，双方可以约定，也可以不约定试用期。

①试用期期限的强制性规定。劳动合同期限 3 个月以上不满 1 年的，试用期不得超过 1 个月；劳动合同期限 1 年以上不满 3 年的，试用期不得超过 2 个月；3 年以上固定期限和无固定期限的劳动合同，试用期不得超过 6 个月。上述 1 年以上包括 1 年，3 年以下不包括 3 年，3 年以上包括 3 年。

同一用人单位与同一劳动者只能约定一次试用期。以完成一定工作任务为期限的劳动合同或者劳动合同期限不满 3 个月的，不得约定试用期。试用期包含在劳动合同期限内。劳动合同仅约定试用期的，试用期不成立，该期限为劳动合同期限。

用人单位违反规定与劳动者约定试用期的，由劳动行政部门责令改正；违法约定的试用期已经履行的，由用人单位以劳动者试用期满月工资为标准，按已经履行的超过法定试用期的期间向劳动者支付赔偿金。

②试用期工资的强制性规定。劳动合同法规定，劳动者在试用期的工资不得低于本单位相同岗位最低档工资或者劳动合同约定工资的 80%，并不得低于用人单位所在地的最低工资标准。劳动合同约定工资，是指该劳动者与用人单位订立的劳动合同中约定的劳动者试用期满后的工资。

③试用期内劳动合同的解除。劳动者在试用期间被证明不符合录用条件的，用人单位可以解除劳动合同，但应当向劳动者说明理由；劳动者在试用期内提前 3 日通知用人单位，可以解除劳动合同。

（2）培训和服务期

用人单位与劳动者可以在劳动合同中约定由用人单位为劳动者提供专项培训费用，对其进行专业技术培训。专项培训一般并非用人单位的法定义务，因此一般要同时约定劳动者的服务期。服务期是指劳动者因享受用人单位给予的特殊待遇而作出的劳动履行期限承诺。服务期与劳动合同一般期限在时间长度上不一致，前者一般长于后者；劳动合同期满，但是用人单位与劳动者约定的服务期尚未到期的，劳动合同应当续延至服务期满；双方另有约定的，从其约定。

劳动者违反服务期约定的，应当按照约定向用人单位支付违约金。违约金的数额不得超过用人单位提供的培训费用。对已经履行部分服务期限的，用人单位要求劳动者支付的违约金不得超过服务期尚未履行部分所应分摊的培训费用。培训费用，包括用人单位为了对劳动者进行专业技术培训而支付的有凭证的培训费用、培训期间的差旅费用及因培训产生的用于该劳动者的其他直接费用。

（3）保守商业秘密和竞业限制

用人单位与劳动者可以在劳动合同中约定保守用人单位的商业秘密和与知识产权相关的保密事项。

对负有保密义务的劳动者，用人单位可以在劳动合同或者保密协议中与劳动者约定竞业限制条款，并约定在解除或者终止劳动合同后，在竞业限制期限内按月给予劳动者经济补偿。

补偿金的数额由双方约定，劳动者违反竞业限制约定的，应当按照约定向用人单位支付违约金。

竞业限制又称竞业禁止，是对与权利人有特定关系的义务人的特定竞争行为的禁止。用人单位如果要求劳动者签订竞业限制条款，就必须给予劳动者相应的经济补偿，否则该条款无效。

4）劳动合同的效力

（1）劳动合同的生效

劳动合同由用人单位与劳动者协商一致，并经用人单位与劳动者在劳动合同文本上签字或者盖章生效。劳动合同文本由用人单位和劳动者各执一份。劳动合同依法订立即生效，具有法律约束力。除非当事人对劳动合同生效有特殊约定，如约定须经公证或鉴证方可生效的劳动合同，其生效时间开始于鉴证、公证手续办理完毕之日。

（2）无效劳动合同

无效劳动合同，是指劳动合同虽然已经成立，但因违反了法律、行政法规的强制性规定而被确认为无效的劳动合同。

下列劳动合同无效或者部分无效：①以欺诈、胁迫的手段或者乘人之危，使对方在违背真实意思的情况下订立或者变更劳动合同的；②用人单位免除自己的法定责任、排除劳动者权利的；③违反法律、行政法规强制性规定的。

对劳动合同的无效或者部分无效有争议的，由劳动争议仲裁机构或者人民法院确认。无效劳动合同，从订立时起就没有法律约束力。劳动合同部分无效，不影响其他部分效力的，其他部分仍然有效。劳动合同被确认无效，劳动者已付出劳动的，用人单位应当向劳动者支付劳动报酬。劳动报酬的数额，参照本单位相同或者相近岗位劳动者的劳动报酬确定。

3. 劳动合同的履行和变更

1）劳动合同的履行

劳动合同的履行，是指劳动合同生效后，双方当事人按照劳动合同的约定，完成各自承担的义务和实现各自享受的权利，使双方当事人订立合同的目的得以实现的法律行为。依法订立的劳动合同具有约束力，用人单位与劳动者应当按照劳动合同的约定，全面履行各自的义务。在劳动合同的履行中法律对劳动者予以特别的保护，要求用人单位承担一定的义务。（1）用人单位应当按照劳动合同约定和国家规定，向劳动者及时足额支付劳动报酬。用人单位久拖或者未足额支付劳动报酬的，劳动者可以依法向当地人民法院申请支付令，人民法院应当依法发生支付令。（2）用人单位应当严格执行劳动定额标准，不得强迫或者变相强迫劳动者加班。用人单位安排加班的，应当按照国家有关规定向劳动者支付加班费。（3）劳动者拒绝用人单位管理人员违章指挥、强令冒险作业的，不视为违反劳动合同。劳动者对危害生命安全和身体健康的劳动条件，有权对用人单位提出批评、检举和控告。（4）用人单位变更名称、法定代表人、主要负责人或者投资人等事项，不影响劳动合同的履行。（5）用人单位发生合并或者分立等情况，原劳动合同继续有效，劳动合同由承继其权利和义务的用人单位继续履行。（6）用人单位应当依法建立和完善劳动规章制度，保障劳动者享有劳动权利、履行劳动义务。

2）劳动合同的变更

劳动合同的变更是指在劳动合同开始履行但尚未履行完毕之前，因订立劳动合同的主客观条件发生了变化，当事人依照法律规定的条件和程序，对原合同中的某些条款进行修改、补充的法律行为。用人单位与劳动者协商一致，可以变更劳动合同约定的内容。变更劳动合同，应当采用书面形式。变更后的劳动合同文本由用人单位和劳动者各执一份。

4. 劳动合同的解除和终止

1）劳动合同解除

（1）劳动合同解除的含义

劳动合同解除是指在劳动合同订立后，劳动合同期限届满之前，因出现法定的情形，一方单方通知结束劳动关系或双方协商提前结束劳动关系的法律行为。

（2）劳动合同解除的种类

劳动合同解除分为协商解除和法定解除两种情况。

协商解除，又称协议解除，是指劳动合同订立后，双方当事人因某种原因，在完全自愿的基础上协商一致，合意解除劳动合同，提前终止劳动合同的效力。由用人单位提出解除劳动合同而与劳动者协商一致的，必须依法向劳动者支付经济补偿。由劳动者主动辞职而与用人单位协商一致解除劳动合同的，用人单位无须向劳动者支付经济补偿。

法定解除，是指在出现国家法律、法规或劳动合同规定的可以解除劳动合同的情形时，不需双方当事人一致同意，劳动合同效力可以自然或由单方提前终止。法定解除又可分为用人单位的单方解除和劳动者的单方解除。

劳动者可单方面解除劳动合同的情形有以下几点。

①劳动者提前通知解除劳动合同的情形

a. 劳动者在试用期内提前 3 日通知用人单位，可以解除劳动合同。

b. 劳动者提前 30 日以书面形式通知用人单位，可以解除劳动合同。

在此情形下，劳动者不能获得经济补偿，而且劳动者必须履行法定的通知程序。如果劳动者没有履行通知程序，则属于违法解除，如果因此对用人单位造成损失的，劳动者应对用人单位的损失承担赔偿责任。

②劳动者可随时通知解除劳动合同的情形

a. 用人单位未按照劳动合同约定提供劳动保护或者劳动条件的；

b. 用人单位未及时足额支付劳动报酬的；

c. 用人单位未依法为劳动者缴纳社会保险费的；

d. 用人单位的规章制度违反法律、法规的规定，损害劳动者权益的；

e. 用人单位以欺诈、胁迫的手段或者乘人之危，使劳动者在违背真实意思的情况下订立或者变更劳动合同的；

f. 用人单位在劳动合同中免除自己的法定责任、劳动者权利的；

g. 用人单位违反法律、行政法规强制性规定的；

h. 法律、行政法规规定劳动者可以解除劳动合同的其他情形。

对劳动者依据上述情况而解除劳动合同，用人单位需向劳动者支付经济补偿。

③劳动者不需事先告知即可解除劳动合同的情形

a. 用人单位以暴力、威胁或者非法限制人身自由的手段强迫劳动者劳动的；

b. 用人单位违章指挥、强令冒险作业危及劳动者人身安全的。

在上述这两种情形中，劳动者可以立即解除劳动合同，不需事先告知用人单位。

对于劳动者不需事先告知即可解除劳动合同的，用人单位需向劳动者支付经济补偿。

用人单位可单方面解除劳动合同的情形有以下几点。

①提前通知解除的情形（无过失性辞退）

有下列情形之一的，用人单位提前 30 日以书面形式通知劳动者本人或者额外支付劳动者

1 个月工资后，可以解除劳动合同。

a. 劳动者患病或者非因工负伤，在规定的医疗期满后不能从事原工作，也不能从事由用人单位另行安排的工作的；

b. 劳动者不能胜任工作，经过培训或者调整工作岗位，仍不能胜任工作的；

c. 劳动合同订立时所依据的客观情况发生重大变化，致使劳动合同无法履行，经用人单位与劳动者协商，未能就变更劳动合同内容达成协议的。

用人单位选择额外支付劳动者 1 个月工资解除劳动合同，其额外支付的工资应当按照该劳动者上一个月的工资标准确定。如果在解除劳动合同的同时，用人单位应当但却没有及时向劳动者支付经济补偿的，用人单位应按应付经济补偿金额 50% 以上 100% 以下的标准向劳动者加付赔偿金。

如果用人单位没有依据规定解除劳动合同的，属于违法解除情形。用人单位违反规定解除劳动合同，劳动者要求继续履行劳动合同的，用人单位应当继续履行；劳动者不要求继续履行劳动合同或者劳动合同已经不能继续履行的，用人单位应当依照劳动合同法规定的经济补偿标准的 2 倍向劳动者支付赔偿金，支付了赔偿金的，不再支付经济补偿。赔偿金的计算年限自用工之日起计算。

②用人单位可随时通知劳动者解除合同的情形

a. 劳动者在试用期间被证明不符合录用条件的；

b. 劳动者严重违反用人单位的规章制度的；

c. 劳动者严重失职，营私舞弊，给用人单位造成重大损失的；

d. 劳动者同时与其他用人单位建立劳动关系，对完成本单位的工作任务严重影响，或者经用人单位提出，拒不改正的；

e. 劳动者以欺诈、胁迫的手段或者乘人之危，使用人单位在违背真实意思的情况下，订立或者变更劳动合同的；

f. 劳动者被依法追究刑事责任的。

依据上述情形解除劳动合同的，用人单位无须向劳动者支付经济补偿。

③用人单位可以裁减人员的情形（经济性裁员）

有下列情形之一，需要裁减人员 20 人以上或者裁减不足 20 人但占企业职工总数 10% 以上的，用人单位提前 30 日向工会或者全体职工说明情况，听取工会或者职工的意见后，裁减人员方案经向劳动行政部门报告，可以裁减人员。

a. 依照企业破产法规定进行重整的；

b. 生产经营发生严重困难的；

c. 企业转产、重大技术革新或者经营方式调整，经变更劳动合同后，仍需裁减人员；

d. 其他因劳动合同订立时所依据的客观经济情况发生重大变化，致使劳动合同法无法履行的。

裁减人员不足 20 人且占企业职工总数不足 10% 的，无须执行上述程序。

裁减人员时，应当优先留用下列人员。

a. 与本单位订立较长期限的固定期限劳动合同的；

b. 与本单位订立无固定期限劳动合同的；

c. 家庭无其他就业人员，有需要扶养的老人或者未成年人的。

用人单位裁减人员后，在 6 个月内重新招用人员的，应当通知被裁减的人员，并在同等条件下优先招用被裁减的人员。

对于用人单位裁减人员情形的，用人单位应当向劳动者支付经济补偿。

用人单位不得解除劳动合同的情形有以下几点。

劳动者有下列情形之一的，用人单位不得解除劳动合同。

①从事接触职业病危害作业的劳动者未进行离岗前职业健康检查，或者疑似职业病病人在诊断或者医院观察期间的；

②在本单位患职业病或者因工负伤并被确认丧失或者部分丧失劳动能力的；

③患病或者非因工负伤，在规定的医疗期内的；

④女职工在孕期、产期、哺乳期的；

⑤在本单位连续工作满 15 年，且距法定退休年龄不足 5 年的；

⑥法律、行政法规规定的其他情形。

如果用人单位在上述情形下解除劳动合同的，属于违法解除劳动合同情形，劳动者可要求继续履行劳动合同，享受在劳动关系存续期间的待遇；如果劳动者不愿继续履行劳动合同或者劳动合同的履行已经不可能，那么劳动者可要求获得两倍经济补偿的赔偿金。

2）劳动合同的终止

劳动合同终止，是指劳动合同订立后，因出现某种法定的事实，导致用人单位与劳动者之间形成的劳动关系自动归于消灭，或导致双方劳动关系的继续履行成为不可能而不得不消灭的情形。劳动合同终止主要是基于某种法定事实的出现，其一般不涉及用人单位与劳动者的意思表示，只要法定事实出现，一般情况下，都会导致双方劳动关系的消灭。

（1）劳动合同终止的情形

①劳动合同期满的；

②劳动者开始依法享受基本养老保险待遇的；

③劳动者达到法定退休年龄的；

④劳动者死亡，或者被人民法院宣告死亡或者宣告失踪的；

⑤用人单位被依法宣告破产的；

⑥用人单位被吊销营业执照、责令关闭、撤销或者用人单位决定提前解散的；

⑦法律、行政法规规定的其他情形。

（2）劳动合同终止的限制性规定

一般劳动合同期满，劳动合同终止，但也有例外。如果有下列情形，用人单位既不得解除劳动合同，也不得终止劳动合同，劳动合同应当延续至相应的情形消失时终止。

①从事接触职业病危害作业的劳动者未进行离岗前职业健康检查，或者疑似职业病病人在诊断或者医学观察期间的；

②在本单位患职业病或者因工负伤并被确认丧失或者部分丧失劳动能力的；

③患病或者非因工负伤，在规定的医疗期内的；

④女职工在孕期、产期、哺乳期的；

⑤在不同单位连续工作满 15 年，且距法定退休年龄不足 5 年的；

⑥法律、行政法规规定的其他情形。

上述第二项丧失或者部分丧失劳动能力劳动者的劳动合同的终止，按照国家有关工伤保险的规定执行。

（3）劳动合同解除和终止后的法律后果和责任

①劳动合同的解除和终止，只对未履行的部分发生效力，即双方不再继续履行劳动合同。

②用人单位单方解除劳动合同，应当事先将理由通知工会。用人单位违反法律、行政法规规定或者劳动合同约定的，工会有权要求用人单位纠正，用人单位应当研究工会的意见，并将处理结果书面通知工会。

③用人单位违反规定解除或者终止劳动合同，劳动者要求继续履行劳动合同的，用人单位应当继续履行；劳动者不要求继续履行劳动合同或者劳动合同已经不能继续履行的，用人单位应当依照劳动合同法规定的经济补偿标准的 2 倍向劳动者支付赔偿金，支付了赔偿金的，不再支付经济补偿。赔偿金的计算年限自用工之日起计算。用人单位应当在解除或者终止劳动合同时向劳动者支付经济补偿的，在办结工作交接时支付。劳动者应当按照双方约定，办理工作交接。用人单位有未依照规定向劳动者支付经济补偿的，由劳动行政部门责令限期支付经济补偿；逾期不支付的，责令用人单位按应付金额 50% 以上 100% 以下的标准向劳动者加付赔偿金。

④劳动合同解除或终止的，用人单位应出具解除或者终止劳动合同的证明，证明应当写明劳动合同的期限、解除或终止劳动合同的日期、工作岗位、在本单位的工作年限，并在 15 日内为劳动者办理档案和社会保险关系转移手续。用人单位未向劳动者出具解除或者终止劳动合同的书面证明，由劳动行政部门责令改正；给劳动者造成损害的，应当承担赔偿责任。国家采取措施，建立健全劳动者社会保险关系跨地区转移接续制度。

用人单位对已经解除或者终止的劳动合同的文本，至少保存 2 年备查。

劳动者依法解除或者终止劳动合同，用人单位扣押劳动者档案或者其他物品的，由劳动行政部门责令限期退还劳动者本人，并依照有关法律规定给予处罚。

3）劳动合同解除和终止的经济补偿

（1）经济补偿的概念

劳动合同法中的经济补偿是指按照劳动合同法的规定，在劳动者无过错的情况下，用人单位与劳动者解除或者终止劳动合同而依法应给予劳动者的经济上的补助，也称经济补偿金。经济补偿金与违约金、赔偿金不同。

①适用条件不同

经济补偿金是法定的，其主要是针对劳动关系的解除和终止，如果劳动者无过错，用人单位则应给予劳动者一定的经济上的补偿。

违约金则是约定的，是劳动者违反了服务期和竞业禁止的规定，根据劳动合同的约定而向用人单位支付的违约补偿。值得注意的是，劳动合同法禁止用人单位对劳动合同服务期和竞业禁止以外的其他事项约定劳动者承担违约金责任。

至于赔偿金，则是指用人单位和劳动者由于自己的过错给对方造成损害时所应承担的不利的法律后果。对于劳动者来说，并不是只对违反服务期和竞业禁止这两个事项承担违约责任，实际上，劳动者违反其他事项有关规定的，需承担赔偿金的法律责任。

②性质不同。经济补偿金不以过错为条件，没有惩罚性；而违约金和赔偿金均以过错为构成要件，具有惩罚性和赔偿性。

③支付主体不同。经济补偿金的支付主体只能是用人单位，而违约金的支付只能是劳动者，赔偿金的支付主体可能是用人单位，也可能是劳动者。

（2）用人单位应当向劳动者支付经济补偿的情形

①由用人单位提出解除劳动合同并与劳动者协商一致而解除劳动合同的；

②劳动者符合随时通知解除和不需事先通知即可解除劳动合同规定情形而解除劳动合同的；

③用人单位符合提前 30 日以书面形式通知劳动者本人或者额外支付劳动者 1 个月工资后，可以解除劳动合同规定情形而解除劳动合同的；

④用人单位符合可裁减人员规定而解除劳动合同的；

⑤除用人单位维持或者提高劳动合同约定条件续订劳动合同，劳动者不同意续订的情形外，劳动合同期满终止固定期限劳动合同的；

⑥以完成一定工作任务为期限的劳动合同因任务完成而终止的；

⑦用人单位被依法宣告破产终止劳动合同的；

⑧用人单位被吊销营业执照、责令关闭、撤销或者用人单位决定提前解散而终止劳动合同的；

⑨法律、行政法规规定解除或终止劳动合同应当向劳动者支付经济补偿的其他情形。

（3）经济补偿的支付标准

经济补偿，一般根据劳动者在用人单位的工作年限和工资标准来计算具体金额，并以货币形式支付给劳动者。

①关于补偿年限的计算标准

经济补偿按劳动者在本单位工作的年限，每满 1 年支付 1 个月工资的标准向劳动者支付。6 个月以上不满 1 年的，按 1 年计算；不满 6 个月的，向劳动者支付半个月工资标准的经济补偿。

劳动者非因本人原因从原用人单位被安排到新用人单位工作的，劳动者在原用人单位的工作年限合并计入新用人单位的工作年限。原用人单位已经向劳动者支付经济补偿的，新用人单位在依法解除、终止劳动合同计算支付经济补偿的工作年限时，不再计算劳动者在原用人单位的工作年限。

②关于补偿基数的计算标准

月工资按照劳动者应得工资计算，包括计时工资或者计件工资及奖金、津贴和补贴等货币性收入。

劳动者在劳动合同解除或者终止前 12 个月的平均工资低于当地最低工资标准的，按照当地最低工资标准计算。劳动者工作不满 12 个月的，按照实际工作的月数计算平均工资。

劳动者月工资高于用人单位所在直辖市、设区的市级人民政府公布的本地区上年度职工月平均工资 3 倍的，向其支付经济补偿的标准按职工月平均工资 3 倍的数额支付，向其支付经济补偿的年限最高不超过 12 年。

5. 劳务派遣和非全日制用工

1）劳务派遣

劳务派遣是指劳务派遣单位与被派遣劳动者建立劳动关系，并将劳动者派遣到用人单位，被派遣劳动者在用工单位的指挥、监督下从事劳动的新型用工形式。劳务派遣具有如下特征。劳动者的雇佣和使用相分离，劳动者虽然与劳务派遣单位建立劳动关系，但实际使用劳动者的却是用工单位；劳务派遣存在三个主体，劳务派遣单位、劳动者、实际用工单位；劳务派遣关系中存在两个合同，一个是劳务派遣单位与被派遣劳动者之间的劳动合同，另一个是劳务派遣单位与用工单位之间的劳务派遣协议。

我国劳动合同法确认了劳务派遣的合法性，同时对其从各个方面予以规制。具体有以下规定。

（1）劳务派遣单位应当依照公司法的有关规定设立，注册资本不得少于 50 万元。

（2）劳务派遣单位是《劳动合同法》所称用人单位，应当履行用人单位对劳动者的义务。劳务派遣单位与被派遣劳动者订立的劳动合同，除应当载明《劳动合同法》第 17 条规定的事项外，还应当载明被派遣劳动者的用工单位及派遣期限、工作岗位等情况。劳务派遣单位应当与被派遣劳动者订立两年以上的固定期限劳动合同，按月支付劳动报酬；被派遣劳动者在无工作期间，劳务派遣单位应当按照所在地人民政府规定的最低工资标准，向其按月支付报酬。

（3）劳务派遣单位派遣劳动者应当与接受以劳务派遣形式用工的单位（以下称用工单位）订立劳务派遣协议。劳务派遣协议应当约定派遣岗位和人员数量、派遣期限、劳动报酬和社会保险费的数额与支付方式及违反协议的责任。用工单位应当根据工作岗位的实际需要与劳务派遣单位确定派遣期限，不得将连续用工期限分割订立数个短期劳务派遣协议。

（4）劳务派遣单位应当将劳务派遣协议的内容告知被派遣劳动者。劳务派遣单位不得克扣用工单位按照劳务派遣协议支付给被派遣劳动者的劳动报酬。劳务派遣单位和用工单位不得向被派遣劳动者收取费用。劳务派遣单位跨地区派遣劳动者的，被派遣劳动者享有的劳动报酬和劳动条件，按照用工单位所在地的标准执行。

（5）劳务派遣单位不得以非全日制用工形式招用被派遣劳动者。

（6）用工单位应当履行下列义务：①执行国家劳动标准，提供相应的劳动条件和劳动保护；②告知被派遣劳动者的工作要求和劳动报酬；③支付加班费、绩效奖金，提供与工作岗位相关的福利待遇；④对在岗被派遣劳动者进行工作岗位所必需的培训；⑤连续用工的，实行正常的工资调整机制。用工单位不得将被派遣劳动者再派遣到其他用人单位。

（7）被派遣劳动者享有与用工单位的劳动者同工同酬的权利。用工单位无同类岗位劳动者的，参照用工单位所在地相同或者相近岗位劳动者的劳动报酬确定。

（8）被派遣劳动者有权在劳务派遣单位或者用工单位依法参加或者组织工会，维护自身的合法权益。

（9）劳务派遣用工的解除制度与解除和终止劳动合同时的经济补偿金和赔偿金和解除、终止一般劳动合同制度完全一样。

（10）劳务派遣一般在临时性、辅助性或者替代性的工作岗位上实施。

（11）用人单位不得设立劳务派遣单位向本单位或者所属单位派遣劳动者。

2）非全日制用工

非全日制用工，是指以小时计酬为主，劳动者在同一用人单位一般平均每日工作时间不超过 4 小时，每周工作时间累计不超过 24 小时的用工形式。劳动合同法对非全日制用工有如下规定。（1）非全日制用工双方当事人可以订立口头协议。从事非全日制用工的劳动者可以与一个或者一个以上用人单位订立劳动合同；但是，后订立的劳动合同不得影响先订立的劳动合同的履行。（2）非全日制用工双方当事人不得约定试用期。（3）非全日制用工双方当事人任何一方都可以随时通知对方终止用工。终止用工，用人单位不向劳动者支付经济补偿。（4）非全日制用工小时计酬标准不得低于用人单位所在地人民政府规定的最低小时工资标准。（5）非全日制用工劳动报酬结算支付周期最长不得超过 15 日。

15.1.3 集体合同法律制度

1. 集体合同概述

集体合同，又称团体协议、集体协议，是指工会代表职工与所在用人单位为规范劳动关系通过协商、谈判而订立的，以全体劳动者的共同利益为中心内容的书面协议。

集体合同不同于劳动合同：（1）主体不同。集体合同的主体是工会或职工代表与用人单位；劳动合同的主体是劳动者个人与用人单位。集体合同签订生效后，约束的不仅是劳动者本人，而是全体劳动者。（2）签订方式不同。集体合同订立时工会要与用人单位进行集体协商、谈判，协商代表的产生、协商的过程和方式等都有法律予以规定，还需提交职工代表大会或者全体职工讨论通过，由双方首席代表签字，须报劳动行政主管部门审查公布才能生效；而劳动合同由劳动者个人与用人单位进行协商，在双方当事人签字盖章后即可生效，相对简单得多。（3）目的不同。签订集体合同的目的是为确立劳动关系而设定整体上的劳动标准，并在其效力范围内规范、协调、稳定劳动关系；签订劳动合同的目的是确定具体的劳动关系。（4）内容不同。集体合同规定职工集体劳动条件（包括职工集体劳动报酬、工作时间、休息时间、劳动安全卫生、保险福利等），以集体劳动关系中全体劳动者的共同权利和义务为内容，可能涉及劳动关系的各个方面，也可能只涉及劳动关系的某个方面；劳动合同规定劳动者个人劳动条件（包括劳动者个人劳动报酬、工作时间、休息时间、劳动安全卫生、保险福利等），以单个劳动者的权利和义务为内容，一般包括劳动关系的各个方面。（5）效力不同。集体合同对签订合同的单个用人单位或全体用人单位及工会所代表的全体劳动者，都有法律效力。劳动合同对单个用人单位和劳动者有法律效力；集体合同的效力高于劳动合同效力，集体合同具有支配其所代表的劳动者的劳动合同内容的效力。集体合同的标准是关于劳动者权益的最低标准，劳动合同的规定只能比集体合同高，低于集体合同的部分无效。（6）违约责任不同。违反集体合同之后，承担赔偿责任的主体与签订集体合同的主体可能会有区别，而且在工人违反集体合同时，用人单位也不能解除集体合同；劳动合同一方违约，可能会导致劳动合同的解除和赔偿责任的产生。

2. 集体协商

集体合同多以集体协商的形式订立。企业职工一方与用人单位通过平等协商，可以就劳动报酬、工作时间、休息休假、劳动安全卫生、保险福利等事项订立集体合同。集体合同草案应当提交职工代表大会或者全体职工讨论通过。集体合同由工会代表企业职工一方与用人单位订立；尚未建立工会的用人单位，由上级工会指导劳动者推举的代表与用人单位订立。企业职工一方与用人单位可以订立劳动安全卫生、女职工权益保护、工资调整机制等专项集体合同。在县级以下区域内，建筑业、采矿业、餐饮服务业等行业可以由工会与企业方面代表订立行业性集体合同，或者订立区域性集体合同。

3. 集体合同的效力

关于集体合同的效力，劳动合同法中有如下规定：集体合同订立后，应当报送劳动行政部门；劳动行政部门自收到集体合同文本之日起 15 日内未提出异议的，集体合同即行生效。依法订立的集体合同对用人单位和劳动者具有约束力。行业性、区域性集体合同对当地本行业、本区域的用人单位和劳动者具有约束力。集体合同中劳动报酬和劳动条件等标准不得低于当地人民政府规定的最低标准；用人单位与劳动者订立的劳动合同中劳动报酬和劳动条件等标准不得低于集体合同规定的标准。用人单位违反集体合同，侵犯职工劳动权益的，工会可以依法要求用人单位承担责任；因履行集体合同发生争议，经协商解决不成的，工会可以依法申请仲裁、提起诉讼。

15.1.4 劳动争议处理法律制度

1. 劳动争议的概念和特征

劳动争议，又称“劳动纠纷”“劳资争议”，是指劳动者与用人单位之间因劳动关系的权利义务而发生的纠纷、争执。劳动争议的特征有：（1）劳动争议发生在存在劳动关系的用人单位与劳动者之间。（2）劳动争议是在劳动关系存续期间发生的。如果劳动争议发生在劳动关系存续期间，即使后来劳动者离开了用人单位也可依法提起仲裁和诉讼。（3）内容是限定的，只限于与劳动权利义务有关的争议，即因劳动合同、劳动报酬、工作时间和休息时间、劳动保护、保险福利、培训等方面引起的争议。

2. 劳动与社会保障争议处理原则

（1）自愿原则，即进入劳动争议处理程序是根据当事人的自愿申请，选择何种处理程序由当事人自愿。（2）当事人举证义务原则。当事人具有如实举证义务，以证据支持自己的诉讼理由和请求。但是，在当事人举证有困难时，劳动争议处理机构有权取证。用人单位负有主要举证责任。（3）重视调解作用的原则。当事人在仲裁前可选择调解，在仲裁中可选择调解，在诉讼前可选择调解。（4）劳动争议必须经过地方仲裁，对于不服从仲裁决定的，当事人才可以向当地人民法院申请判决。（5）合法、公正、及时处理原则。

3. 劳动与社会保障争议处理方式

《劳动法》第 77 条第 1 款规定：“用人单位与劳动者发生劳动争议，当事人可以依法申请调解、仲裁、提起诉讼，也可以协商解决”。《劳动法》第 79 条规定：“劳动争议发生后，当事人可以向本单位劳动争议调解委员会申请调解；调解不成，当事人一方要求仲裁的，可以向劳动争议仲裁委员会申请仲裁。当事人一方也可以直接向劳动争议仲裁委员会申请仲裁。对仲裁裁决不服的，可以向人民法院提起诉讼。”上述两条规定，概括了我国劳动争议的四种方式，即协商、调解、仲裁、诉讼。

（1）协商。双方当事人在法律允许的范围内可以协商解决纠纷。

（2）调解。劳动争议调解是向本企业劳动争议调解委员会申请调解。企业劳动争议调解委员会是在企业内部设立的、依法调解本单位内部劳动争议、预防劳动争议发生的群众性组织。经调解委员会调解达成的协议，当事人应当履行，但不具有法律效力。

（3）仲裁。争议双方不愿调解或调解不成的，可以申请劳动争议仲裁。负责劳动争议仲裁的机构是劳动争议仲裁委员会。劳动争议仲裁委员会是由国家授权的专门仲裁机关，它行使国家仲裁权，实行一裁终局制，但不具有强制执行权。劳动争议仲裁委员会在县、市、市辖区设立，是负责本行政区域内劳动争议处理工作的专门机构。关于劳动争议仲裁程序，首先是争议当事人应当从知道或者应当知道其权利被侵害之日起 6 个月内，以书面形式向仲裁委员会申请仲裁，仲裁委员会在 7 日内决定是否立案，一般情况下在 60 日内结案。其次劳动争议仲裁委员会组成仲裁庭，审阅案卷、收集证据、查明事实，进行开庭调解和裁决。最后，送达调解协议书或裁决书。调解协议书自送达之日生效；裁决书送达后，双方当事人均可以在接到裁决书之日起 15 日内向当地人民法院提起诉讼，否则，裁决书自第 16 日生效。对于生效的裁决书，义务当事人在法定期限内不履行裁决义务，另一方当事人可以向同级人民法院申请强制执行。

（4）诉讼。在我国劳动争议仲裁是劳动争议诉讼的前置程序。劳动争议诉讼是指劳动争议当事人对仲裁机构裁决不服，持劳动争议裁决书向人民法院提起诉讼，它是解决劳动争议的最后一个程序，也是对劳动争议处理的最终处理。

15.2　社会保障法律制度总论

15.2.1　社会保障法概述

1. 社会保障法的概念和特征

社会保障法是调整社会保障关系的法律规范的总称。这里的社会保障法律关系，即国家在保障人民生存权过程中形成的各种社会关系。

社会保障法有如下特征：社会保障以国家的行政权利为保证施行，强制法的色彩非常浓厚，可以说除了补充项目中的一些任意性规定外，其他都是强制性规定；社会保障法是给付法，具有明显的给付性，给付关系是社会保障法调整的核心关系，各种社会保障法律、法规都有量化的给付内容；社会保障法具有实体法和程序法的统一性，既有主体权利和义务的实体规定，又有资格认定与受给手续等程序性规定，实务性很强；社会保障法具有相邻法律的各种特征，其在立法过程中吸取了各种相邻法律的立法原则和立法技术；社会保障法具有特定的立法技术，由于是社会保险，以数理计算为基础，适用“大数法则”“平均数法则”等一些数理原理；社会保障法具有社会法的最基本特征，体现了社会本位的立法思想，保护弱势群体的倾向明显，以保障公民的社会权为目的。

2. 社会保障法律关系的主体、客体和内容

社会保障法律关系的主体主要包括受益主体、义务主体和行政主体。受益主体即权利主体，是国家实施社会保障的利益归属者、最终受益者。公民，尤其是公民中的弱势群体，是社会保障的受益主体。作为基本人权之一，受益主体的生存权受到各国宪法的保护，在社会保障立法中，生存权又具体表现为社会保障权，享有社会保障，是受益主体的基本权利。义务主体是在社会保障关系中，承担缴费、给付义务的个人或组织。义务主体分为两大类：一类是缴费主体，在社会保险中，个人和用人单位承担缴纳保险费的义务；另一类是给付主体，凡属于现金给付的，均由社会保障行政部门履行，而现物或服务性给付，通常由受托的业务机构履行。行政主体是代表国家组织、施行、管理社会保障事务的行政部门。与其他行政主体不同，社会保障行政主体不以维护国家利益、行使国家权利为目的，而是为实现公民的生存权利而组织公务。

社会保障法律关系的客体是各种社会保障给付，包括现金给付、现物给付和社会服务性给付。

社会保障法律关系的内容具有以下特征：权利与生俱来、终身专属、不可剥夺；在社会救助和社会福利法律关系中，法定权利不以履行义务为前提，体现出权利和义务的不对等性；像用人单位这样的义务主体，其承担着无实质性权利的社会保障义务；国家实施社会保障，无主观权利，即不以维护国家利益为目的。

3. 社会保障法律关系

社会保障法律关系是社会保障法的调整对象，主要包括给付关系、行政关系、争议关系和监督关系。

（1）给付法律关系。社会保障给付是国家通过宪法和具体法律规定的支付义务，给付关系即政府部门与公民之间形成的支付与受付关系。社会保障给付关系体现出平等主体间关系

的特征（公民并非一般意义上的行政管理相对人），即政府部门在给付关系中扮演义务主体，履行法定给付义务；而公民则是权利主体，享有给付请求权和受给权。

（2）行政法律关系。主要是指社会保障行政部门与行政管理相对人之间；社会保障行政部门之间所形成的行政社会关系。在社会保险中，主管部门依法征收各种社会保险费，征缴范围内的公民为缴费义务人；用人单位为缴费和代扣代缴义务人。社会保障实施范围广、内容多，必须建立全国性的行政系统。在社会保障行政系统中，从中央政府、地方政府，到最基层的街道、乡镇办事处，形成了塔形的管理体系；而其内部又有主管部门和经办部门之分。

（3）争议法律关系。社会保障争议的范围包括公民与主管部门之间就受付资格、标准、期限等所发生的争议；公民与用人单位在参加社会保险、缴费等问题上的纠纷；公民与业务机构间的纠纷；用人单位与主管部门之间就缴费等发生的争议。不同的争议主体，适用不同的法律，按不同的法律程序解决。

（4）监督法律关系。对社会保障主管部门的监督，应包括内部监督和外部监督，这里主要是指外部监督。外部监督一般包括金融监督和社会监督，公民与用人单位对主管部门的监督，都属于社会监督。

15.2.2 我国的社会保障立法

1. 改革开放之前的社会保障立法

1951 年公布并实施《劳动保险条例》，该条例是一部综合性的劳动保险法规，包括养老、医疗、疾病、工伤、生育、遗属 6 个项目，以及劳动福利的一些内容。其他社会保障立法方面有 1950 年颁布的《革命工作人员伤亡褒恤条例》《革命烈士优待暂行条例》《革命残疾军人优待抚恤条例》《革命军人牺牲、病故褒恤暂行条例》和《民兵民工伤亡抚恤暂行条例》及 1955 年的《兵役法》和《关于安置复员建设军人工作的决议》，从而形成了统一的社会优抚制度。

2. 改革开放后的社会救助立法

关于最低生活保障制度，1999 年 9 月，国务院颁布了《城市居民最低生活保障条例》，这是我国在城市贫民救济领域的第一部法规。关于农村“五保户”制度，1994 年，国务院颁布了《农村五保供养条例》。供养对象为：无法定抚养义务人，或有法定抚养义务人却无抚养能力的；无劳动能力的；无生活来源的。供养内容为：粮油和燃料、服装和被褥、日用品和零用钱、基本住房、疾病治疗、丧事料理、未成年人教育、生活不能自理者的照料。

3. 改革开放后的社会保险立法

（1）养老保险立法

1984 年开始在部分地区进行社会统筹的试点，1986 年开始在全国推行养老保险改革。1991 年根据各地试行的经验，国务院发布了《关于企业职工养老保险制度改革的决定》，确立了新养老保险制度的基本原则和方向：社会共同负担；建立个人账户；逐步提高个人缴费标准；逐步过渡到省级统筹；建立多层次的养老保险体制；确立了养老保险主管部门。1995 年，根据决定的实施情况，国务院发布了《关于深化企业职工养老保险制度改革的通知》，更明确、更具体地提出了养老保险制度改革的目标、原则和实施办法：适应社会主义市场经济体制要求；适应经济发展水平和社会承受力；适用各种所有制企业和个体劳动者；管理服务社会化；

个人账户与社会统筹相结合，并提出了"老人老办法"、"中人中办法"、"新人新办法"的具体实施办法。1997 年，在各地基本建立养老保险制度的情况下，为了统一实施办法，国务院发布了《关于建立统一的企业职工基本养老保险制度的决定》，提出到 20 世纪末，全国建立统一实施范围、统一费率、统一给付标准、统一实施办法的养老保险制度。

（2）医疗保险立法

改革开放以后，传统的劳动保险和公费医疗进行了一系列改革和试点工作，最终建立了新的医疗保险制度。改革首先在国家全额负担的公费医疗中展开，1989 年，卫生部和财政部联合颁布了《公费医疗管理办法》，1993 年，又联合发出了《关于加强公费医疗用药管理的意见》，改革了国家全额负担的局面，逐渐扩大了个人承担的比例，同时，公费用药的范围也得到了严格限制。1992 年，在各地试点取得一定成果的基础上，劳动部发出了《关于试行职工大病医疗费用社会统筹的意见的通知》。所谓大病，开始是指住院治疗，后来又发展到门急诊的部分项目，如在急诊观察室留院观察治疗、家庭病床、门诊的化学和透析治疗等。1998 年，国务院发布了《关于建立城镇职工基本医疗保险制度的决定》，确立了全国统一的医疗保险制度。其制度特点是：将医疗分成门诊和住院两大块，体现了抓大放小的思路，即费用较小的门诊，逐渐过渡至个人负担，费用较大的住院，由社会统筹基金负担大部分；确立了个人医疗帐户和社会统筹相结合的模式；用人单位和职工个人承担缴纳医疗保险费义务；个人医疗账户按职工年龄分别计入不同的金额，职工用完个人账户金额后，将全额承担门诊或住院的起付费，超过起付费的部分，由社会统筹基金和职工个人按比例承担。

（3）失业保险立法

失业保险在我国一直是空白项目，改革开放以后，失业问题成为影响社会稳定的重大问题，建立失业保险制度成为紧迫的课题。1999 年 1 月，国务院颁布了新的《失业保险条例》，将实施范围扩大到城镇各类企事业单位。其制度特点是：保险对象为有劳动能力而非自愿性失业的职工，并要求其有求职意愿；采取用人单位和职工个人缴费、政府补贴的形式建立失业保险基金；保险基金用于支付失业金、失业期间的医疗等各种补贴、失业期间的职业培训和职业介绍费用，体现了积极促进就业的立法理念；失业保险待遇及受给期限与缴费年限挂钩，体现了权利和义务的一致性。

4. 改革开放后的社会福利立法

（1）特殊群体保护立法

20 世纪 80 年代以来，我国颁布了一系列特殊群体保护的法律、法规，形成了较为完善的特殊群体保护法体系。1988 年，国务院颁布了《女职工劳动保护规定》；1990 年，全国人民代表大会通过了《残疾人保障法》；1991 年，全国人民代表大会常务委员会通过了《未成年人保护法》；1992 年，全国人民代表大会颁布了《妇女权益保障法》；1994 年，全国人民代表大会常务委员会通过了《母婴保健法》；1996 年，全国人民代表大会常务委员会通过了《老年人权益保障法》。上述法律、法规的实施，有力地保护了特殊群体的合法权益。

（2）其他社会福利立法

改革开放以来，我国在职工福利、教育福利、住房福利等方面，也有一些立法活动。如全国人民代表大会常务委员会于 1986 年通过了《义务教育法》；国务院在职工交通补贴、取暖补贴、探亲待遇和物价补贴等方面制定了新规定；国务院于 1994 年颁布了《关于深化城镇住房制度改革的决定》等。

15.3 社会保障法律制度各论

15.3.1 社会保险法律制度

1. 社会保险概述

社会保险是指国家依法建立的，劳动者在年老、患病、伤残、生育和失业时，能够从社会获得物质帮助的制度。其特征有：(1) 广泛性（社会性）。对象广泛；范围广泛；资金来源、使用广泛。(2) 强制性。由国家依法建立的社会保险在实行范围、保险项目、保险待遇、收费标准等方面都具有强制性。(3) 互剂性。社会保险资金由社会统一筹措、统一调剂使用。

我国劳动法规定，国家建立社会保险法律制度，设立社会保险基金，使劳动者在年老、患病、工伤、失业、生育等情况下获得帮助和补偿。用人单位和劳动者必须依法参加社会保险，缴纳社会保险费。劳动者享受社会保险待遇的条件和标准由法律、法规规定，劳动者享受的社会保险金必须按时足额支付。社会保险基金经办机构依法收支、管理和运营社会保险基金，并负有使社会保险基金保值增值的责任，社会保险基金监督机构依法对社会保险基金的收支、管理和运营实行监督。

2. 养老保险法律制度

养老保险是指劳动者在因年老或病残而丧失劳动能力的情况下，退出劳动领域，定期领取生活费用的一种社会保险制度。

我国正在建立和完善基本养老保险制度。基本养老保险制度用于城镇所有企业及其职工（也包括个体劳动者和自由职业者），并实行社会统筹与个人账户相结合的模式，保险费由企业和职工共同负担。企业的缴费比例一般为企业工资总额的 20%左右，全部纳入社会统筹基金。职工的缴费比例为本人缴费工资的 8%，全部计入个人账户。职工跨统筹范围流动时，个人账户随同转移，职工或退休人员死亡时个人账户可以继承。基本养老金由基础养老金和个人账户养老金组成。基础养老金由社会统筹基金支付，职工达到法定退休年龄且个人缴费满 15 年的，基础养老金月标准为省或市上年度职工平均工资的 20%，以后缴费每满一年增加一定比例的基础养老金，总体水平控制在 30%左右；个人缴费不满 15 年的，不发给基础养老金，个人账户全部储存额一次支付给本人。个人账户养老金由个人账户基金支付，月发放标准为本人账户储存额除以 120。个人账户基金用完后，个人账户养老金由社会统筹基金支付。

3. 工伤保险法律制度

工伤保险，即因工伤残或患职业病保险，是指劳动者因为与工作有关的事故或因素负伤、致残、患职业病及死亡，暂时或永久丧失劳动能力时，在医疗救治、经济补偿和职业康复方面获得物质帮助的社会保险项目。

职工有下列情形之一的，应认定为工伤：(1) 在工作时间和工作场所内，因工作原因受到事故伤害的。(2) 工作时间前后在工作场所内，从事与工作有关的预备性或收尾性工作受到事故伤害的。(3) 在工作时间和工作场所内，因履行工作职责受到暴力等意外伤害的。(4) 患职业病的。(5) 因工外出期间，由于工作原因受到伤害或者发生事故下落不明的。(6) 在上下班途中，受到机动车事故伤害的。(7) 法律、行政法规规定应当认定为工伤的其他情形。职工有下列情形之一的，视同工伤：(1) 在工作时间和工作岗位，突发疾病死亡或者在 48 小时之内经抢救无效死亡的。(2) 在抢险救灾等维护国家利益、公共利益活动中受到伤害的。

（3）职工原在军队服役，因战、因公负伤致残，已经取得革命伤残军人证，到用人单位后旧伤复发的。

职工有下列情形之一的，不得认定为工伤或者视同工伤的情形：（1）职工因犯罪或者违反治安管理条例的；（2）酗酒导致伤亡的；（3）自残或自杀的。

职工发生事故伤害或者按照职业病防治法规定被诊断、鉴定为职业病，所在单位应当自事故伤害发生之日或者被诊断、鉴定为职业病之日起 30 日内，向劳动保障行政部门提出工伤认定申请。用人单位未按规定提出工伤认定申请的，工伤职工或者其直系亲属、工会组织在事故伤害发生之日或者被诊断、鉴定为职业病之日起 1 年内，可以直接向用人单位所在劳动保障行政部门提出工伤认定申请。职工发生工伤，经治疗伤情相对稳定后存在残疾、影响劳动能力的，应当进行劳动能力鉴定。劳动能力鉴定由用人单位、工伤职工或者其直系亲属向设区的市级劳动能力鉴定委员会提出申请。另外职工因工作遭受事故伤害或者患职业病进行治疗时，享受伤残待遇。工伤职工达到退休年龄并办理退休手续后，停发伤残津贴，享受基本养老保险待遇。职工因工死亡，其直系亲属按照规定从工伤保险基金领取丧葬补助金、供养亲属抚恤金和一次性工亡补助金。

4. 失业保险法律规定

失业保险是指对非本人意愿失业而失去工资收入的劳动者提供一定时期的物质帮助及再就业服务的社会保险制度。失业保险在劳动者失业时起作用，劳动者在就业年龄中没有失业的，不享受失业保险金，缴纳的失业保险费也不返还。另外，失业保险的享受有期限，失业者根据其缴纳的保险费年限的长短，享受期限不同的领取失业保险金待遇。

我国失业保险制度适用于城镇企业事业单位及其职工，社会团体及其专职人员、民办非企业单位及其职工，有雇工的城镇个体工商户及其雇工也可以纳入失业保险制度。用人单位按照本单位工资总额的 2%、职工按照本人工资的 1%缴纳失业保险费，用人单位招用的农民合同制工人本人不缴纳失业保险费。

职工失业后，应当持本单位为其出具的终止或者解除劳动关系的证明，及时到指定社会保险经办机构办理失业登记，失业保险金自办理失业登记之日起计算。失业人员凭社会保险经办机构开具的领取失业保险金的单证按月到指定银行领取失业保险金。失业人员失业前所在单位和本人按照规定累计缴费时间满 1 年不足 5 年的，领取失业保险金的期限最长为 12 个月；累计缴费时间满 5 年不足 10 年的，领取期限最长为 18 个月；累计缴费期限 10 年以上的，领取期限最长为 24 个月。重新就业后再次失业的，缴费时间重新计算，领取失业保险金的期限可以与前次失业时可以领取未领取失业保险金的期限合并计算，但是最长不得超过 24 个月。失业人员在领取失业保险金期间患病就医的，可以向社会保险经办机构申请领取医疗补助金。农民合同制工人连续工作满 1 年，并且本单位已缴纳失业保险费，劳动合同期满未续订或者提起解除劳动合同的，由社会保险经办机构根据其工作时间长短，向其支付一次性生活补助费。

5. 医疗保险法律制度

医疗保险是保障劳动者患病和非因公负伤时获得必要的物质帮助和医疗服务的社会保险制度。

我国正在建立和完善城镇职工基本医疗保险制度。城镇职工基本医疗保险制度适用于城镇所有用人单位（包括机关）。省级人民政府可以决定乡镇企业及其职工、城镇个体经济组织业主及其从业人员参加基本医疗保险。用人单位缴费率控制在职工工资总额的 6%左右，职工缴费率一般为本人工资收入的2%。城镇职工基本医疗保险制度实行社会统筹与个人账户相结合的模式，基本医疗保险基金由统筹基金和个人账户构成。职工个人缴纳的基本医疗保险费，全部计入个人账户。用人单位缴纳的基本医疗保险费分为两部分，一部分用于建立统筹基金，一部分划入个人账户。划入个人账户的比例为用人单位缴费的30%左右。个人账户的本金和利息归个人所有，可以继承。统筹基金主要用于支付大额医疗费用，个人账户主要用于支付小额医疗费用。统筹基金的起付标准原则上控制在当地职工年平均工资的4倍左右。起付标准以下的医疗费用，从个人账户中支付或由个人自付。起付标准以上、最高支付限额以下的医疗费用，主要从统筹基金中支付，个人也负担一定比例。超过最高支付限额的医疗费用，通过职工大额医疗费用补助、公务员医疗补助、企业补充医疗保险、商业医疗保险等途径解决。

6. 生育保险法律规定

生育保险是指女性劳动者因生育子女而暂时失去劳动能力时，从社会获得物质帮助和医疗保健服务的社会保险制度。我国目前生育保险的享受对象是生育子女的女性劳动者，实际上，生育子女带来的经济压力是由夫妻双方共同负担的，妻子生育子女时丈夫也要承担相应的家庭责任。所以，有些国家，如德国，男性劳动者可以因妻子生育享受“带薪育儿假”。生育保险与女工特殊保护有密切联系。生育是女性特有的生理功能，在孕期、产期、哺乳期等整个过程中，女性需要获得特殊的照顾和保护。只供给符合法定结婚条件（女20周岁）和计划生育要求的女性劳动者享受。

我国生育保险制度适用于城镇企业及其职工。企业按照其工资总额的一定比例向社会保险经办机构缴纳生育保险费，职工个人不缴纳生育保险费。生育保险费的提取比例不超过工资总额的1%。女职工生育时依法享受产假，产假期间发给生育津贴，生育津贴按照本企业上年度职工月平均工资计发，由生育保险基金支付。女职工生育的检查费、接生费、手术费、住院费和医药费也由生育保险基金支付。女职工生育出院后，因生育引起疾病的医疗费，由生育保险基金支付；其他疾病的医疗费，按照医疗保险待遇的规定办理。女职工生育或流产后，由本人或所在企业持当地计划生育部门签发的计划生育证明或婴儿出生、死亡或流产证明，到当地社会保险经办机构办理手续，领取生育津贴和报销生育医疗费。

15.3.2 社会救助法律制度

社会救助是指国家对于遭受灾害、失去劳动能力的公民及低收入的公民给予物质救助，以维持其最低生活水平的一项社会保障法律制度。社会救助主要是对社会成员提供最低生活保障，其目标是扶危济贫，救助社会弱势群体，对象是社会的低收入人群和困难人群。社会救助体现了浓厚的人道主义思想，是社会保障的最后一道防护线和安全网。

我国社会救助法主要有以下内容。

（1）最低生活保障制度

最低生活保障是指政府对收入水平低于政府公告最低生活标准的公民，按照法定程序和标准提供的现金或实物救助，以保证公民基本生活所需的社会救助制度。我国现阶段已经建立其城市居民最低生活保障制度和农村居民最低生活保障制度，所需资金由地方各级人民政府列入财政预算，同时鼓励和引导社会力量提供捐赠和资助。对于持有非农业户口的城市居民，凡共同生活的家庭成员人均收入低于当地城市居民最低生活保障标准的，均享有城市居民最低生活保障的权利。凡农村居民中家庭年人均收入低于当地最低生活保障标准的农村居民，主要是因病残、年老体弱、丧失劳动能力及生存条件恶劣等原因造成生活常年困难的经申请审批后可领取最低生活保障资金。

（2）灾害救助制度

中国是一个自然灾害频繁的国家，水灾、旱灾、风灾、冰雹灾等自然灾害不断，严重影响了人民生活。为做好灾民的救助工作，中国建立了针对突发性自然灾害的社会救助制度。灾害救助制度就是指政府对因遭遇各种自然灾害及其他特定灾害事件而陷入生活困难的公民给予一定的现金和实物或服务援助，以帮助其度过特殊困难时期的一种社会救助制度。目前我国政府的救灾工作方针是“政府主导、分级管理、社会互助、生产自救”，按照灾情和灾害造成损失的大小，根据救灾工作分级管理、救灾资金分级负担的原则，中央和地方政府相应给予资金补助，同时救灾工作也重视和强调民间力量的参与。

（3）农村社会救助制度

目前我国农村社会救助制度主要有“五保”供养、特困户救济、临时救济、灾害救济、最低生活保障和扶贫政策等。凡老年残疾或者未满 16 周岁的村民、无劳动能力、无生活来源又无法定赡养、抚养、扶养义务人，或者其法定赡养、抚养、扶养义务人无赡养、抚养、扶养能力的，享受农村五保供养待遇，在吃、穿、住、医、葬方面给予生活照顾和物质帮助。特困户定期定量救济政策是指对因病因残丧失劳动能力、鳏寡孤独、因灾害等造成家庭生活常年困难的农村特困户发放《农村特困户救助证》，实行定期定量救济。临时救济的对象主要是不符合五保供养条件和农村特困户救济标准，生活水平略高于特困户的一般贫困户。另外对农村还实行扶贫政策和农村医疗救助制度。

（4）城市流浪乞讨人员救助制度

城市流浪乞讨人员救助制度是针对在城市生活无着落的流浪、乞讨人员实行的临时性救助，主要解决其临时的生活困难，并使其返回家庭或所在单位。救助对象必须同时具备 4 个条件：一是自身无力解决食宿；二是无亲友可以投靠；三是不享受城市最低生活保障或者农村五保供养；四是正在城市流浪乞讨度日。

15.3.3　社会福利制度

广义的社会福利是国家为改善和提高全体公民的物质、精神生活质量而采取的所有保障和服务措施。我国从狭义的角度界定社会福利，是指国家和社会通过举办各种福利事业和采取各种福利措施，为社会成员提供基本生活需要并不断改善生活状况的一种社会保障制度，其内容包括以全体社会成员为对象的公共福利、与职业相关的职业福利，也包括以社会特定群体为对象的专门性福利，如福利津贴、住房福利、教育福利、卫生保健福利、社区服务等。

1. 公共福利

公共福利是国家和社会为满足全体社会成员的物质生活和精神生活基本需要而举办的公益性设施和提供的相关服务。公共福利的对象是全体社会成员，具有最彻底的普遍性；内容上具有广泛性，涉及社会成员生活的方方面面，涵盖了住房、教育、卫生、文体、环境等方面；国家是提供公共福利的最主要主体。公共福利包括教育福利、住房福利、卫生福利、文化康乐福利、环境福利等。教育福利方面，我国已初步形成了基础教育、职业教育、成人教育、高等教育相互沟通、协调发展的教育体系，教育经费由国家保障，国家建立以财政拨款为主、其他多种渠道筹措教育经费为辅的体制，逐步增加对教育的投入。住房福利是利用国家和社会的力量着重解决低收入家庭的住房问题。我国实行住房公积金制度，由用人单位和职工共同出资建立，按照“个人存储、单位资助”的方式缴纳，实行专款专用；政府提供优惠政策向城市低收入住房困难家庭提供经济适用房；国家向无力购房的城市低收入家庭提供廉租房等。卫生福利是国家和社会为保护和促进社会成员健康而提供的公共福利，如建立卫生保健机构，提供内容众多、形式多样的卫生保健服务。文化康乐福利是为满足社会成员的精神需要而兴办的具有福利性质的文化活动设施和提供的服务，国家和社会投资建立包括公园、图书馆、纪念馆、博物馆、展览馆、体育场、文化康乐中心等设施，以免费或低费形式向全体社会成员开放，供其享用。环境福利是国家和社会为保护和改善环境、提高社会成员的生活质量而提供的公共福利，政府和社会出资建设环境保护设施和场所，开展环境保护教育，维护环境保护设施、提供有害物品回收服务等。

2. 职业福利

职业福利又称为集体福利，是指国家和用人单位通过兴建集体福利设施，建立福利补贴制度，为职工提供生活上的便利、减轻职工经济上的负担、提高职工生活质量的一项社会福利。职业福利以满足职工的物质生活和精神文化生活需求为目标，从职业福利对象来看，可以分为职工集体福利和职工个人福利；在福利形式上，既包括建立集体福利设施，也包括提供福利服务和福利补贴。职业福利的资金少部分来源于国家，大部分来源于用人单位。

3. 专门福利

专门福利也称为特殊群体福利，是国家和社会向社会特定群体提供的福利形式。老年人、妇女儿童、残疾人因自身的年龄、生理、心理等条件，在社会是弱势群体，容易受到不公平的对待和伤害。以追求社会公平为目标的社会福利应当向他们倾斜，为其提供更多的福利待遇和法律保护。当然，这种倾斜“是以实质公正”为限度的。专门福利主要包括老年人福利、妇女和儿童福利、残疾人福利等。

4. 社区服务

社区服务是由政府倡导和组织，以社会为依托而建立的小型多样的社会福利和社会服务体系。社会服务具有社会性和福利性、区域性和综合性的特征。社区服务以老年人、残疾人、精神病患者等社会特定群体为重点服务对象，同时又面向社区内全体居民，提供医疗保健、文化教育等便民利民服务。

15.3.4 社会优抚制度

1. 社会优抚制度概述

社会优抚是国家和社会对军人及其家属所提供的各种优待、抚恤、养老、就业安置等待遇和服务的一种社会保障制度。我国的军人及军属优待制度、退役军人安置制度、伤残亡军人及军属抚恤制度、革命烈士褒扬制度、劳动模范制度、离休制度都属于社会优抚。优抚对象是法定的，具有身份的特性；体现了权利义务的对等性，优抚对象承担了特殊任务，作出了特殊贡献，理应享受特殊的权利；优抚优待的资金主要由国家财政支出，优抚工作是政府的一项重要行为，优抚优待的资金主要由国家财政投入，还有一部分由社会承担，只有在医疗保险和合作医疗等方面由个人缴纳一部分费用；优抚内容具有综合性的特点，它是特别针对某一特殊身份的人所设立的，内容涉及社会保险、社会救助和社会福利等，包括抚恤、优待、养老、就业安置等多方面的内容，是一种综合性的项目。

2. 社会优待制度

社会优待是指国家和社会对优抚对象从物质上给予优厚待遇，从精神上给予高度评价。与一般社会成员相比，优抚对象享受的待遇更优越，充分体现了国家和社会对于军人、烈士及其家属的尊重与呵护。社会优待的基本内容有对义务兵的优待，国家对义务兵及其家属发放优待金及享受其他优待。残疾军人、复员军人、带病回乡退伍军人及烈士遗属、因公牺牲军人遗属、病故军人遗属享受医疗优惠待遇，在承租、购买住房方面依照有关规定享受优先、优惠待遇。现役军人，残疾军人享有一些生活方面的优待。退役士兵、残疾军人、烈士子女、现役军人子女在教育方面也享有一定的教育优待。国家还实行经济补助政策，拨出专项经费，定期向符合条件的经济补助对象发给一定限额的生活补助费。

3. 社会抚恤制度

社会抚恤是指国家通过发放抚恤金向优抚对象提供生活保障的优抚形式，包括伤残抚恤和死亡抚恤。

伤残抚恤是以特定伤残人士为优抚对象的抚恤形式，抚恤对象包括现役军人和退出现役的军人。现役军人残疾被认定为因战致残、因公致残或者因病致残的，依照《军人抚恤优待条例》规定享受伤残抚恤。非现役军人的伤残抚恤待遇根据民政部修订的《伤残抚恤管理办法》享受。

死亡抚恤是指国家对军人遗属发给一定数额的费用，给予生活帮助的制度，现役军人死亡被批准为烈士、被确认为因公牺牲或者病故的军人遗属享受死亡抚恤待遇，死亡抚恤待遇分为一次性抚恤和定期抚恤两种。

4. 安置保障制度

安置保障是以政府为主导，社会广泛参与，保障军人转化为普通社会成员的法律措施和制度，包括退役安置和离退休安置。退役安置是指国家和社会为退出现役的军人提供资金和服务，以帮助其重新就业的一项优抚保障制度。安置的对象包括转业的军官、复员志愿兵和退伍义务兵。退役安置主要从资金和服务两方面对退役军人提供保障。资金保障方面包括提供安置费、各级临时性生活津贴和生产性贷款；服务保障包括就业安置、就学安置、落户安置、职业培训、技术培训等。

离退休安置是指国家和社会依法直接向军队现役中离退休的军人提供资金和服务，以保证其安度晚年的社会保障项目。

本章小结

劳动法是调整劳动关系及与劳动关系密切联系的社会关系的法律规范的总称，其主要是规范工会、雇主及雇员的关系，并保障各方面的权利及义务。本章对劳动法从以下内容加以介绍：劳动者的主要权利和义务；用人单位的义务和责任；劳动合同的订立、变更与解除制度；集体合同制度；工作时间与休息时间制度，以及劳动争议的处理相关制度等。

社会保障法是调整社会保障关系的法律制度的总称。社会保障是依据法律和规定，为保证社会成员的基本生活权利而提供的救助和补贴。社会保障体系包括社会保险、社会救济、社会福利、优抚安置和社会互助等，其中以养老保险、失业保险和医疗保险等为主体的社会保险制度，是构成社会保障体系的重要内容，本章即对上述社会保障制度都作了简要介绍。

本章案例

请扫描右侧二维码阅读案例内容。

练习题

1. 简述劳动法的概念及其调整对象。
2. 简述劳动合同的种类。
3. 简述劳动合同解除制度。
4. 简述劳动争议处理的程序。
5. 简述养老保险、医疗保险、失业保险及工伤保险的含义及特征。
6. 简述社会保障制度的内容。

附　录

经济仲裁与经济司法

需要了解、学习经济仲裁与经济司法知识的读者，可扫描下面的二维码阅读，也可登录华信教育资源网下载原文学习。

参考文献

[1] 漆多俊 . 经济法学 [M]. 北京：高等教育出版社，2010.

[2] 漆多俊 . 经济法学 [M]. 北京：高等教育出版社，2003.

[3] 张守文 . 经济法理论的重构 [M]. 北京：人民出版社，2004.

[4] 王保树 . 经济法原理 [M]. 北京：社会科学文献出版社，2004.

[5] 李昌麒 . 寻求经济法真谛之路 [M]. 北京：法律出版社，2003.

[6] 刘少军 . 经济本体法论 [M]. 北京：中国商业出版社，2000.

[7] 顾功耘 . 经济法 [M]. 北京：高等教育出版社、上海社会科学院出版社，2000.

[8] 叶明 . 经济法实质化研究（第 1 版）[M]. 北京：法律出版社，2005.

[9] 史际春 . 经济法 [M]. 北京：中国人民大学出版社，2005.

[10] 张守文 . 经济法学 [M]. 北京：北京大学出版社，2005.

[11] 李昌麒 . 经济法学 [M]. 北京：中国政法大学出版社，2002.

[12] 赵玉，江游 . 论经济法的世界观 [J]. 中国社会科学院研究生院学报，2013（7）.

[13] 牟爱州 . 经济发展方式转变与经济法互动研究 [J]. 现代商贸工业，2016（4）.

[14] 刘华 . 论建设高效的经济法律通论教学体系 [J]. 教育教学论坛，2016（4）.

[15] 王柳 . 经济法定义的探究 [J]. 法制博览，2016（4）.

[16] 向华萍 . 竞争法的地位研究 [N]. 现代经济信息，2016-02-25.

[17] 冯玉坤 . 经济法中鼓励性规范和奖励措施刍议 [J]. 法制博览，2016（4）.

[18] 汪胜 . 经济发展方式转变与经济法的互动 [J]. 企业改革与管理，2015（8）.

[19] 张世明 . 经济法学理论演变研究 [M]. 北京：中国民主法制出版社，2002.

[20] 杨紫烜 . 经济法研究 [M]. 北京：北京大学出版社，2000.

[21] 肖江平 . 中国经济法学史研究 [M]. 北京：人民法院出版社，2002.

[22] 张世明 . 经济法学史演变研究 [M]. 北京：中国法制出版社，2002.

[23] 曹平，高桂林，候佳儒 . 中国经济法基础理论新探索 [M]. 北京：中国法制出版社，2005.

[24] 刘少军 . 法边际均衡论——经济法哲学 [M]. 北京：中国政法大学出版社，2007.

[25] 王克稳 . 经济行政法基本论 [M]. 北京：北京大学出版社，2004.

[26][德] 费肯杰 . 经济法 [M]. 张世明，袁剑，梁君，译 . 北京：中国民主法制出版社，2010.

[27] 赵红梅 . 私法与社会法第三法域之社会法基本理论范式 [M]. 北京：中国政法大学出版社，2009.

[28] 单飞跃 . 当代经济法文丛经济法理念与范畴的解析 [M]. 北京：中国检察出版社，2002.

[29] 胡光志 . 虚拟经济及其法律制度研究 [M]. 北京：北京大学出版社，2007.

[30] 刘继锋 . 竞争法 [M]. 北京：对外经济贸易大学出版社，2007.

[31] 毛德龙 . 中国经济法学研究的转型与转型期经济法研究 [M]. 北京：中国法制出版社，2010.

[32] 王全兴 . 经济法前沿问题研究 [M]. 北京：中国检察出版社，2004.

[33] 司正家 . 当代资本主义经济研究 [M]. 北京：中国经济出版社，2007.

[34] 刘文华 . 中国经济法基础理论 [M]. 北京：学苑出版社，2002.

[35] 杨紫煊 . 国家协调论 [M]. 北京：北京大学出版社，2009.
[36] 蔡磊 . 经济法律关系主体论 [M]. 北京：中国社会科学出版社，2007.
[37] 苏永钦 . 民事立法与公私法的接轨民商法论丛 [M]. 北京：北京大学出版社，2005.
[38] 赖源河 . 公平交易法新论 [M]. 北京：中国政法大学出版社，2002.
[39] 韩天森 . 民法· 经济法· 国际经济法论坛 [M]. 重庆：西南师范大学出版社，2007.
[40] 史际春 . 探究经济和法互动的真谛 [M]. 北京：法律出版社，2002.
[41] 苏永钦 . 经济法的挑战 [M]. 北京：清华大学出版社，2005.
[42] 周永坤 . 权力结构模式与宪政 [J]. 中国法学，2005（6）.
[43] 张杰军 . 美日反垄断法执法机构及权限比较研究 [J]. 河北法学，2002（1）.
[44] 王保树，邱本 . 经济法的社会公共性论纲 [J]. 法律科学，2003（3）.
[45] 薛军 . “民法—宪法关系的演变与民法的转型—以欧洲近现代民法的发展轨迹为中心” [J]. 中国法学，2010（1）.
[46] 应松年 . 中国行政程序法立法展望 [J]. 中国法学，2010（2）.
[47] 王保树 . 论经济法的法益目标 [J]. 清华大学学报哲学社会科学版，2001（5）.
[48] 苏力 . 从法学著述引证看中国法学——中国法学研究现状考察之二 [J]. 中国法学，2003（2）.
[49] 曾东红，肖江平 . 进路经济法总论研究反思——以总论中调整对象的地位及其演进为例 [J]. 学术研究，2002（8）.
[50] 李曙光 . 经济法词义解释和理论研究的重心 [J]. 政法论坛，2005（6）.
[51] 赵红梅 . 第三法域社会法理论之再勃兴 [J]. 中外法学，2009（3）.
[52] 丘本 . 在变革中发展深化的中国经济法学 [J]. 政法论坛，2005（6).
[53] 刘少军 . 法财产基本类型与本质属性 [J]. 政法论坛，2006（1）.
[54] 鲁品越，骆祖望 . 资本与现代性的生成 [J]. 中国社会科学，2005（3）.
[55] 徐明月，侯茜 . 经济全球化与反垄断立法 [J]. 现代法学，2004（5）.
[56] 许明月 . 经济法学术研究定位的反思 [J]. 政法论坛，2006（6）.
[57] 史际春，李青山 . 论经济法的理念 [J]. 华东政法学院学报，2003（2）.
[58] 吴越 . 经济法学现实地位与思索方法之考察 [J]. 政法论坛，2006（5）.
[59] 邓峰 . 论经济法上的责任——公共责任与财务责任的融合 [J]. 中国人民大学学报，2003（3）.
[60] 张守文 . 经济法责任理论之拓扑 . 中国法学，2003（4）.
[61] 邓峰 . 资本约束制度的进化与机制的设计——以中美公司法的比较为核心 [J]. 中国法学，2009（1）.
[62] 徐孟洲 . 经济法的对象、根据和体系结构研究 [M]. 北京：法律出版社，2001.
[63] 刘少军 . 规范“虚拟经济”的法律思考 [M]. 北京：法律出版社，2010.
[64] 颜运秋 . 关于“经济法责任”研究思路的回顾与反思 [M]. 北京：北京大学出版社，2005.
[65] 漆多俊、王新红 . 接近司法——经济法的诉讼问题 [M]. 北京：中国检察出版社，2004.
[66] 江晓波 . 新时期经济法的社会经济功能分析 [J]. 企业改革与管理，2015.
[67] 刘琼 . 经济新常态与经济法基本原则 [J]. 全球商业经典，2015.
[68] 何萌 . 经济法与社会法关系初探 [J]. 民营科技，2014.
[69] 秦成德 . 移动电子商务 [M]. 北京：人民邮电出版社，2009.
[70] 秦成德 . 移动支付 [M]. 北京：经济管理出版社，2012.
[71] 秦成德 . 网络金融 [M]. 北京：电子工业出版社，2012.

[72] 秦成德 . 移动商务中的法律问题 . 信息经济学与电子商务：2008 年第十三届中国信息经济学会年会论文集 [C]. 西安：陕西科学技术出版社，2008.
[73] 秦成德，陈静 . 电子商务的法律新问题研究，第七届全国高校电子商务教育与学术研讨大会论文集 [C]. 大连：东北财经大学出版社，2008.
[74] 张树青，秦成德 .P2P 技术对互联网安全的影响 [J]. 西部通信，2006（5）.
[75] 郭养雄，秦成德 . 网络入侵的对策研究 [J]. 西部通信，2006（5）.
[76] 秦成德 . 电子商务中的个人数据保护 . 第七届国际电子商务大会论文集 [C]，2005.
[77] 秦成德 . 电子商务活动中的网络名誉权保护 . 电子商务理论、应用和教学论文集 [C]. 重庆：重庆大学出版社 .2007.
[78] 秦成德 . 网络广告的法律问题研究 [J]. 电子商务研究，2006.
[79] 秦成德 . 电子商务法律与实务 [M]. 北京：人民邮电出版社，2008.
[80] 秦成德 . 电子商务法 [M]. 北京：科学出版社，2007.
[81] 秦成德 . 网络虚拟财产的法律问题研究 [J]. 电子商务研究，2006（3）.
[82] 陈鼎庄，经济法教程 [M]. 厦门：厦门大学出版社，2010.
[83] 黄勇，姚琦，黄蕴华 . 经济法学 [M]. 北京：对外经济贸易大学出版社，2008.
[84] 刘文华，徐孟州 . 经济法学 [M]. 北京：法律出版社，2009.
[85] 杨紫煊，徐杰 . 经济法学 [M]. 北京：北京大学出版社，2009.
[86] 李昌麟主编 . 经济法理念研究 [M]. 北京：法律出版社，2009.